Das Hochstift Paderborn

Porträt einer Region

Josef Drewes (Hrsg.)

Das Hochstift Paderborn

Porträt einer Region

Mit Beiträgen von
Heinrich Schoppmeyer und Georg Vockel

Ferdinand Schöningh

Paderborn · München · Wien · Zürich

Die Deutsche Bibliothek - CIP-Einheitsaufnahme

Das Hochstift Paderborn: Porträt einer Region/Josef Drewes (Hrsg.).
Mit Beitr. von Heinrich Schoppmeyer und Georg Vockel. -
Paderborn; München; Wien; Zürich; Schöningh, 1997
  ISBN 3-506-95293-5

Umschlaggestaltung: INNOVA-GmbH, D-33178 Borchen

Gedruckt auf umweltfreundlichem, chlorfrei gebleichtem
und alterungsbeständigem Papier ⊖ ISO 9706

© 1997 Ferdinand Schöningh, Paderborn
(Verlag Ferdinand Schöningh GmbH, Jühenplatz 1, D-33098 Paderborn)

Alle Rechte vorbehalten. Dieses Werk sowie einzelne Teile desselben sind urheberrechtlich
geschütz. Jede Verwertung in anderen als den gesetzlich zugelassenen Fällen ist ohne vorhe-
rige schriftliche Zustimmung des Verlages nicht zulässig.

Printed in Germany. Herstellung: Ferdinand Schöningh, Paderborn

ISBN 3-506-95293-5

Inhalt

Vorwort 7

Heinrich Schoppmeyer
Geschichte des Hochstifts Paderborn und des Paderborner Landes 9

Georg Vockel
Land und Leute, gestern und heute. Streiflichter aus dem Hochstift 31

Das Hochstift Paderborn im Überblick 38

Wappen im Hochstift Paderborn 40
    Hochstift- und Kreiswappen 41
    Stadt- und Gemeindewappen 42
    Historische Wappen der seit der kommunalen Neugliederung
    eingemeindeten Städte 46

DIE STÄDTE UND GEMEINDEN DES HOCHSTIFTS PADERBORN VON A–Z

Kreis Paderborn 49
    Altenbeken 51
    Bad Lippspringe 61
    Borchen 70
    Büren 82
    Delbrück 99
    Hövelhof 116
    Lichtenau 127
    Paderborn 147
    Salzkotten 197
    Wünnenberg 216

Kreis Höxter 235
    Bad Driburg 237
    Beverungen 259
    Borgentreich 289
    Brakel 309
    Höxter 346
    Marienmünster 378
    Nieheim 405
    Steinheim 424
    Warburg 442
    Willebadessen 469

Literaturhinweise 487

Die Spitzen von Politik und Verwaltung
im Hochstift Paderborn (Namensverzeichnis) 494

Autorenverzeichnis 495

Bildquellenverzeichnis 496

Vorwort

Das Hochstift Paderborn – eine der schönsten Regionen in Nordrhein-Westfalen – ist geprägt durch die hier wohnenden Menschen, durch seinen Kulturreichtum und seine abwechslungsreiche Landschaft mit stillen Flußtälern, weiten Acker- und Weideflächen, sanften Hügeln und bewaldeten Höhenzügen.

In diesem Buch wird in Wort und Bild über die Kreise Höxter und Paderborn mit ihren 17 Städten, drei Großgemeinden und 178 Ortsteilen, über ihre Geschichte und Gegenwart sowie über die Vielfalt und Schönheit der Landschaft zwischen Weser, Alme, Diemel und Ems berichtet.

Das Buch zeichnet sich durch eine Eigenschaft aus, die ihm einen besonderen Charakter verleiht. Viele sachkundige Autoren – Archivare sowie Stadt- und Ortsheimatpfleger – haben Geschichte und Gegenwart ihrer Städte und Gemeinden so dargestellt, wie sie selbst sie sehen. Sie haben unterschiedliche Akzente gesetzt, ganz so, wie sie „ihren" Ort den Leserinnen und Lesern präsentieren möchten. So ist ein Buch entstanden, das nicht aus „objektiver" Distanz geschrieben ist, sondern aus der Nähe seiner Autoren zu ihrer Heimat Leben und Reiz gewinnt – die erste „Selbstdarstellung" aller Städte und Gemeinden im Hochstift Paderborn.

Was die Region „Hochstift" an Sehenswürdigkeiten zu bieten hat, kann, so meine ich, mit Stolz betrachtet werden: Kirchen, Burgen, Schlösser, das Weserbergland, die Steinheimer und Warburger Börde, die Egge und der südliche Teutoburger Wald, die Paderborner Hochfläche, das Bürener und Delbrücker Land, die Senne – an all das denke ich, wenn ich sage: „So schön ist die Heimat, in der wir leben."

Ich sehe vor mir, um nur einige Beispiele zu nennen:

- Das Kloster Corvey, die wohl bedeutendste aller westfälischen Kunststätten.
- Die Kreisstadt Höxter an der Oberweser mit der Alten Dechanei, der Nikolai- und Kilianskirche, dem Rathaus und den schönen Fachwerkhäusern.
- Das im Jahre 1126 von den Grafen von Schwalenberg gestiftete Benediktinerkloster Marienmünster.
- Das Brakeler Rathaus mit den eindrucksvollen Treppengiebeln, die benachbarte Alte Waage, in der während des Zweiten Weltkrieges (1942) meine Berufsausbildung begann, den Marktplatz, die Pfarrkirche St. Michael, die Kapuzinerkirche, die Anlagen am Kaiserbrunnen und die alles überragende Hinnenburg.
- Die Stadt Warburg – das „Westfälische Rothenburg" – oberhalb des Diemeltales mit der Altstädter Pfarrkirche, die Burgkapelle, das Altstädter Rathaus, die Neustädter Pfarrkirche und den in der Nachbarschaft der Stadt gelegenen Desenberg – Wahrzeichen der Warburger Börde.
- Die Bischofs- und Kreisstadt Paderborn mit dem Dom und den 17 Kirchen, die Kaiserpfalz, das Adam- und Eva-Haus, die Alexiuskapelle, das historische Rat-

haus, das Theodorianum, die Universität, das Diözesanmuseum, das Paderquellgebiet mit den idyllischen Fachwerkhäusern an der Dielenpader und die ehemalige Residenz der Paderborner Fürstbischöfe im Stadtteil Schloß Neuhaus.
– Die von den Edelherren von Büren zwischen 1188 und 1204 gegründete gleichnamige Stadt mit der Jesuitenkirche, dem Mauritiusgymnasium, der Marktkirche St. Nikolaus, der Burg- und Königstraße, dem Regionalflughafen im Stadtteil Ahden und der Wewelsburg.

Dieses Buch richtet sich an alle Interessierten, die die Vielfalt der Städte und Gemeinden und die reizvollen Gegensätze der Landschaft im Hochstift Paderborn neu erleben wollen.

Als Herausgeber danke ich Herrn Oberkreisdirektor a. D. Paul Sellmann (Höxter) und Herrn Oberkreisdirektor Dr. Rudolf Wansleben (Paderborn) sowie allen Stadt- und Gemeindedirektoren für die Unterstützung, die ich zur Fertigstellung dieses Buches erfahren habe. Mein besonderer Dank gilt Herrn Professor Dr. Heinrich Schoppmeyer, Herrn Redakteur Georg Vockel, den Herren Archivaren Franz-Josef Dubbi, Horst-D. Krus, Rolf-Dietrich Müller und Michael Pavlicic sowie allen anderen Autoren, die mit großer Sachkenntnis das Zustandekommen dieses umfangreichen Werkes ermöglichten.

Danken möchte ich jetzt schon auch all denen, die nach der Lektüre des Buches dem Herausgeber Kritik und Anregungen zuteil werden lassen, die einer zweiten Auflage des Buches hoffentlich nützlich sein können.

Dem Verlag Ferdinand Schöningh, der in diesem Jahr (1997) seit 150 Jahren besteht, in denen er Geschichte reich dokumentiert und manchmal auf seine Weise auch geschrieben hat, gilt mein besonderer Dank und Glückwunsch zum Jubiläum. Namentlich danke ich Herrn Dr. Michael Kienecker, der meine Idee und Initiative zu diesem Buch von Anfang an gefördert hat. Ebenso gilt mein besonderer Dank dem Lektor für Geschichte und Politik, Herrn Michael Werner, der auf Text und Gestaltung des Buches verdienstvollen Einfluss genommen hat.

Josef Drewes

Heinrich Schoppmeyer

Geschichte des Hochstifts Paderborn und des Paderborner Landes

Die Anfänge in fränkischer Zeit

1.
Das Paderborner Land gehört zu jenen Gebieten Westfalens, in denen sich im 7. und 8. Jahrhundert, aus dem Elb-Weser-Raum vorstoßend, sächsische Gruppen niederließen und die dort sitzenden altfränkischen Völkerschaften teils aus dem Lande schoben, teils überschichteten. Sächsische Breitschwerter (sog. Breitsaxe) und Lanzenspitzen aus Lippspringe und *Balhorn (wüst westlich Paderborns), Wünnenberg und Dörenhagen, eine Streitaxt aus der Wallburg Gellinghausen, kumpfförmige Keramik aus Gräbern bei Leiberg sowie etliche andere Funde deuten an, daß der Raum von der oberen Lippe bis an den Nordrand der Warburger Börde im späten 7. und im 8. Jahrhundert sächsisch beherrscht war. Im engeren Stadtgebiet Paderborns sind darüber hinaus sächsische Keramik, Grubenhäuser und ebenerdige Pfostenbauten des frühen 8. Jahrhunderts archäologisch erschlossen worden. Sächsisch-elbgermanische Funde vergleichbarer Art lassen sich auch über die Grenzen des Paderborner Landes hinaus zwischen Ems, Weser und oberer Lippe nachweisen. Demgegenüber zeigen ein fränkischer Töpferofen des 6./7. Jahrhunderts in Geseke sowie fränkische Gräber und Gräberfelder mit Ost-West-Bestattung am Südrand von Soest, bei Fürstenberg, in Ossendorf und bei Daseburg, daß dieser Raum im frühen 7. Jahrhundert noch unter fränkischer Herrschaft stand.

Den archäologischen Erkenntnissen entsprechen Beobachtungen, die die Ortsnamenforschung vorgelegt hat. Sie identifiziert die zahlreichen Ortsnamen im späteren Hochstift, die sich durch das Ortsnamengrundwort „-hausen" oder „-inghausen" auszeichnen, als Zeichen einer sächsischen Namenmode, die sich im 7. Jahrhundert nördlich des Teutoburger Waldes entfaltete. Mit dem Vorstoß sächsischer Kriegergruppen nach Süden eroberte diese Mode auch den Raum beiderseits der oberen Lippe und südlich des Flusses. Namen wie „Siddinghausen" oder „Iggenhausen" veranschaulichen, was gemeint ist. Allein im heutigen Kreis Paderborn lassen sich 23 „-inghausen"-Namen (noch existierende Siedlungen und heutige Wüstungen) zählen. Sie sind als „Sonderfall" der „-hausen"-Namen anzusehen, zu denen im angegebenen Gebiet fast 50% aller Ortsnamen zu rechnen sind. Aus solchen Erkenntnissen läßt sich eine verhältnismäßig dichte Besiedlung in sächsischer Zeit erschließen.

Obgleich nicht genau formuliert, widersprechen auch die wenigen Nachrichten aus den schriftlichen Quellen, die auf die Besiedlung des Landes in sächsischer Zeit anspielen, diesen Befunden nicht. Der Paderborner Verfasser des Übertragungsberichtes der Gebeine des hl. Liborius (*Translatio S.Liborii*) rühmt das Paderborner Land als reich an durch Adel, Herkunft und Geist ausgezeichneten Männern. Die Vielzahl der Bewohner habe der Üppigkeit der mit fruchtbaren Äckern, artenreichen Wäldern und einzigartigen Quellen und Wasserläufen ausgestatteten Landschaft ganz entsprochen, wenn in ihr auch Städte (*civitates*) gefehlt hätten, in denen man kirchenrechtlich üblicherweise Bischofssitze einrichte.

Politisch gehörte das Paderborner Land in sächsischer Zeit zur Stammesprovinz oder Heerschaft (*herescephe*) der Engern (*Angeri*), deren westlichster Punkt in der Hellwegebene am Salzbach in Werl zu suchen ist; auch Arnsberg und Meschede sind nach Zeugnissen des Hochmittelalters noch ein Bestandteil Engerns gewesen, während im Süden das Diemelland die engrische Grenze markierte und die engrische Heerschaft sich nach Norden bis in den Raum beiderseits der unteren Weser und Leine erstreckte. Danach stellte das Paderborner Land einen südlichen Teilraum des sächsischen Engern dar. Er war über eine frühmittelalterlich belegte West-Ost-Fernverbindung (den später sog. Hellweg) von Westen, durch den später sog. Frankfurter Weg von Südwesten und durch einen vielleicht die Diemelfurt bei Warburg nutzenden Fernweg von Süden her mit den Nachbarlandschaften verbunden.

2.
Für die fränkische Mission und Eroberung Sachsens, die nach früheren Versuchen mit einer neuen Qualität unter Karl dem Großen einsetzte, galt der Paderborner Raum als Dreh- und Angelpunkt. In seiner ersten sächsischen Unternehmung 772, die Karl von seinem hessischen Vorfeld aus unternahm, drang er nach der Eroberung der Eresburg (Obermarsberg) bis zur

---

* Ortsnamen vorangesetzte Sternchen bedeuten Wüstungen.

Weser ins engrische Sachsen ein, zog sich nach der Stellung von Geiseln jedoch wieder zurück. Es scheint sich bei diesem Unternehmen um eine jener Demonstrationen in einem langen Grenzkrieg gehandelt zu haben, die schon häufiger von Seiten der Franken gegen die Sachsen und auch umgekehrt in Szene gesetzt worden waren.

Schenkt man den sog. Einhard-Annalen Glauben, scheint Karl 775 in Quierzy den Entschluß gefaßt zu haben, „den ungläubigen und vertragsbrüchigen Stamm der Sachsen mit Krieg zu überziehen und so lange durchzuhalten, bis sie entweder besiegt und der christlichen Religion unterworfen oder aber gänzlich ausgerottet sind." Mit dieser alternativen Zielsetzung erhielten die fränkischen Unternehmungen eine andere Qualität als bisher und verwandelten sich in Missionskriege. Karl schien sein Ziel rasch zu erreichen; er durchzog 775 Sachsen von Westen nach Osten und zurück von Ost nach West, nahm dabei die Hohensyburg an der mittleren Ruhr ein, brachte den wichtigen Hellweg unter seine Kontrolle, schlug die Sachsen bei der Brunsburg in der Nähe Höxters und deckte mit der erneut eroberten Eresburg zugleich die Straße, die vom fränkischen Fritzlar in das Umfeld Paderborns führte. Damit glaubte er die Sachsen unter fränkische Hegemonie und Kontrolle gebracht zu haben. Doch im folgenden Jahr, 776, waren durch einen sächsischen Gegenstoß alle Erfolge in Frage gestellt. Karl, der in Italien weilte, erschien jedoch mit unerwarteter Schnelligkeit und trieb die Sachsen bis an die Lippequellen zurück. Dort schloß er erneut mit den Sachsen Verträge, durch die sie gelobten, Christen zu werden; zugleich stellten sie sich unter die fränkische Oberherrschaft (*dicio*) und setzten zum Zeichen ihrer guten Absichten ihre Heimat (*patriae*) zum Pfand.

Die Franken feierten ihren Sieg mit dem Bau einer Burg (*civitas*), die sie *Urbs Caroli* (Karlsburg) nannten, eine Bezeichnung, die als Triumphalname zu betrachten und mit der Benennung Konstantinopels nach dem römischen Kaiser Konstantin (313–337) vergleichbar ist. Die Karlsburg war identisch mit Paderborn. Hierhin wurde 777 die erste Reichsversammlung auf sächsischem Boden einberufen; ihr folgten Massentaufen. Das umfangreiche fränkische Bauprogramm, das die Ausgrabungen der letzten Jahrzehnte in Paderborn enthüllten, signalisiert die Bedeutung, die Karl dem Platz seit 776/777 zuwies. 778 war durch sächsische Gegenaktionen unter Widukind alles wieder zerstört, der Triumphalname Karlsburg verschwand als unangebracht, die Benennung Paderborn setzte sich durch. Danach folgten fast Jahr für Jahr fränkische Vorstöße und sächsische Gegenbewegungen, bis die Franken am Ende des 8. Jahrhunderts am Ziel waren. Während der gesamten Kriegszeit blieben Paderborn, das Paderborner Land und die Diemellinie die entscheidende Operationsbasis der Franken.

3.

Zu den Kriegsmitteln in der sächsisch-fränkischen Auseinandersetzung gehörte die Deportation sächsischer Bevölkerung einerseits und die Ansiedlung von Franken andererseits. Zum Jahre 794 berichten zum Beispiel die *Fuldaer Annalen,* daß von den Sachsen jeder dritte Mann fortgeführt worden sei. Die fränkischen *Reichsannalen* melden zum gleichen Jahr einen sächsischen Aufstand im Sintfeld südlich Paderborns, also im Kernbereich des fränkischen Aufmarschraumes. Vereinigt man beide Nachrichten, kann man vermuten, daß die Aussiedlung dieses Jahres das Sintfeld betraf. Im Gegenzug ließen sich hier Franken nieder oder wurden hierher – auch zur Sicherung der Zuwege nach Paderborn – verpflanzt. In diesem Zusammenhang verdient Beachtung, daß der östliche Teil des Sintfeldes, das sog. Soratfeld, zahlreiche Ortsnamen auf „-heim" kennt. Dieses Ortsnamengrundwort deutet häufig fränkische Zusiedlung oder doch fränkische Namengebung an. Einer dieser fränkischen Siedlungskomplexe findet sich im heute so gut wie siedlungsleeren Umfeld der Stadt Lichtenau. Frühmittelalterlich umfaßte er die Orte (Grund)Steinheim, *Nordheim, *Kerkdorp, *Odenheim, *Bülheim, *Sudheim, Holtheim und *Masenheim. Alle diese Orte, die außer Grundsteinheim und Holtheim im Spätmittelalter wüst wurden, lagen in einem Umkreis von rd. 4 km rund um Lichtenau, in dessen Unterstadt ein karolingischer Haupthof rekonstruierbar ist. Dieser Königshof bildete den Orientierungspunkt für die genannten „-heim"-Siedlungen; am deutlichsten kommt dies in den Orten mit „Richtungsnamen" wie Nordheim und Sudheim zum Ausdruck.

Ein dichtes Nebeneinander solcher „-heim"-Orte findet sich jedoch nicht nur an dieser Stelle des Paderborner Landes. Östlich der Egge trifft man diesen Ortsnamentyp ebenfalls an, und wie im Falle des Soratfelds entwickelten diese Orte die Eigenart, sich zu Siedlungsinseln zu verdichten. Das trifft etwa für den Raum Warburg zu. Mit *Rotheim (dessen Name zugleich auf Rodung verweist), Nörde (aus: Nordheim), *Papenheim, *Silheim, *Ostheim, Dalheim, Westheim und Grimmelsheim, auch Peckelsheim sind sie in der Warburger Börde reichlich vertreten. Im Umfeld von Brakel läßt sich das gleiche Phänomen betrachten. Südlich der heutigen Stadt liegt die Wüstung *Sudheim, von der man Scherbenfunde des 8. Jahrhunderts kennt, leicht südöstlich *Ostheim, wo Funde der gleichen Zeitschicht gesichert werden konnten. Nördlich Brakels hat man die Wüstung *Markingheim ermittelt. Auffällig ist, daß die genannten Siedlungsinseln von Paderborn und untereinander jeweils 15–18 km entfernt sind und die Brakeler Siedlungsinsel zwischen den alten sächsischen Wallanlagen von Iburg (bei Driburg) und Brunsberg (bei Höxter) liegt. Hier deutet sich vielleicht an, daß das Paderborner Land im späten 8. und im frühen 9. Jahrhundert mit einem netzartig angelegten System fränkischer Siedlungen überzogen worden ist, zu dem auch noch die heutige Stadt Steinheim und ihr Umfeld zählten.

4.

Mit diesen Basen als Rückhalt ist das Bistum Paderborn gegründet worden. Die Bistumsgründung läßt sich nicht auf einen einzigen Tag und auch nicht auf ein einziges Jahr datieren, sondern ist als ein länger dauernder Vorgang zu begreifen, in dem die gleich zu schildernden Ereignisse des Jahres 799 in Paderborn eine besondere Bedeutung besaßen.

Spätestens 799, wahrscheinlich aber früher hatte Karl der Große damit begonnen, die materiellen Grundlagen für ein mögliches künftiges Bistum bereitzustellen. Dazu hatte er den aufgrund des Kriegsrechts enteigneten sächsischen Besitz, der wie an einer Reihe anderer Stellen des Hellwegs (z.B. in Dortmund) in fränkisches Krongut umgewandelt worden war, in den Besitz der Paderborner Kirche übergeführt. Diese Eigentumsübertragung schloß unausgesprochen den Vorbehalt ein, daß der König beim Aufenthalt in seiner Versammlungspfalz Paderborn nach wie vor Erträge dieses Besitzes für sich und seinen Hof nutzen konnte. Als frühesten Zeitpunkt für eine solche Übertragung kann man die Wiederaufbauphase unmittelbar nach der Zerstörung der *Karlsburg* 778 annehmen. Im Zuge der damaligen Wiederaufbauarbeiten an der älteren Kirche in der Pfalzburg Paderborn (Salvator-Kirche) begann man, wie die jüngeren Ausgrabungen im Paderborner Dombereich verraten, den kirchlichen und den profanen Bereich der Pfalzburg voneinander zu trennen, indem man nördlich der wieder errichteten Kirche bzw. östlich der königlichen Pfalz ein *monasterium* vorsah. Unter dem Paderborner *monasterium* ist in diesem Zusammenhang ein Gebäude zu verstehen, in dem die Missionsgeistlichen des Ortes in Gemeinschaft lebten. Die Einrichtung eines *monasterium* läßt sich als ein Indiz dafür werten, daß Paderborn damals zu einer königlichen Missionsstation ausgebaut wurde. Dazu paßt eine Nachricht, die die Lorscher Annalen überliefert haben: Im Jahre 780 sei Sachsen in Missionssprengel eingeteilt worden. Zugleich kann man das Paderborner *monasterium* als Keim des späteren Domkapitels ansehen. Die Dotationen der damaligen Paderborner Missionsstation hatten ihre Zentren in *Lon, *Haxthusen, *Enenhus südöstlich, südlich bzw. westlich der späteren Stadt sowie in Neuhaus, Wewer, *Redinghusen und *Hilmeringhusen um Lippspringe. Sie und andere Schenkungen waren nach dem Muster fränkischer Fronhofverbände dreistufig organisiert: den genannten Haupthöfen war eine Anzahl Vorwerke nachgeordnet, von denen jeweils zahlreiche bäuerliche Hufen abhingen; Hufen waren aber auch den Haupthöfen direkt angegliedert.

Nach vorausgegangenen fränkischen Versammlungen 780 und 782 an den Lippequellen (im Bereich Lippspringes) und 785 in Paderborn zog Karl im Sommer 799 erneut nach Paderborn, wo er die Ankunft Papst Leos III. erwartete, auf den in Rom ein Attentat verübt worden war. Karl empfing den Papst mit einem der Würde des Gastes angemessenen Zeremoniell vor der Pfalz. Die Empfangsszene ist im sog. *Aachener Karlsepos* (dessen drittes Buch unter der Bezeichnung *Paderborner Epos* bekannt ist) überliefert:

> Da gebietet er (=Karl d. Große) dem Volk, in kreisförmiger Anordnung zu warten, und läßt das Heer in offenem Kreise sich aufstellen. Er selbst begibt sich in die Mitte des Runds, froh die Ankunft des Papstes erwartend (...). Nun kommt Papst Leo heran und tritt in den äußeren Kreis. Staunend sieht er die Völker, verschieden an Tracht und Sprache, Gewandung und Waffen aus den verschiedenen Teilen der Erde. Karl erweist ihm sogleich die Ehre des Fußfalls, umarmt den Hohenpriester und tauscht mit ihm den Kuß des Friedens. Sie reichen einander die Rechte und schreiten nebeneinander und wechseln gar freundliche Worte. Vor dem höchsten Priester wirft sich das ganze Heer dreimal zu Boden, dreimal erweist ihm die Menge demütig die Ehre des Fußfalls. Und für das Volk spricht dreimal ein stilles Gebet der Bischof (=Papst Leo). Der König, der Vater Europas, und Leo, der oberste Hirte auf Erden, sind zusammengekommen und führen Gespräche über mancherlei Dinge. (Übersetzung: *F. Brunhölzl*)

Ein wesentlicher Verhandlungsgegenstand in Paderborn waren Absprachen über die Wiederbegründung des weströmischen Kaisertums, in deren Folge Karl zu Weihnachten 800 in Rom zum Kaiser gekrönt wurde. Das war ein Vorgang von „weltgeschichtlicher Tragweite" (*H. Beumann*). In Paderborn hatte Karl, der sich dem Papst 799 als „Heidensieger" über die Sachsen präsentieren konnte, eine Kirche von „erstaunlicher Größe" errichten lassen; Papst Leo weihte in ihr einen Stephanusaltar. Als zusätzliche Ausstattung schenkte Karl dem Paderborner *monasterium* dazu die Zelle St. Mars-la-Brière (bei Le Mans) in die Hände des Papstes, und dieser stellte über die Schenkung eine Bestätigungsurkunde aus, die fünfzehn Bischöfe bezeugten. Die besondere Hervorhebung, die Paderborn durch all diese Ereignisse erfuhr, können als ein Fingerzeig dafür gelten, daß bei dieser Gelegenheit die Gründung eines Bistums an diesem Platze beschlossen wurde.

Mit dem Gründungsbeschluß war jedoch das Bistum noch nicht eingerichtet, und daher dürfte das *monasterium* in Paderborn zu diesem Zeitpunkt noch nicht zum Domstift hochgestuft worden sein, sondern blieb einstweilen zentrale Missionsstation. Denn nach wie vor unterstand Paderborn dem Bistum Würzburg, das schon bis dahin die Mission im Paderborner Land getragen hatte. Als Zeugen der Würzburger Mission sind die Kilianspatrozinien der frühen Kirchen anzusehen. Kilian und Maria sind urkundlich 822 als Patrone des Domes bezeugt; dabei dürften die Marienhaarreliquie aus dem Reliquienschatz Karls des Großen, die Reliquien Kilians aus dem Würzburger Bestand stammen. Im Nordosten des späteren Hochstifts hatte die Würzburger Mission in Steinheim (S. Maria) ihren Schwerpunkt, und von ihr aus stieß sie nach Schötmar (S. Kilian) vor. Zum Kreis der von Steinheim ausgegangenen Missionskirche müßte auch die Lügder Kirche (S. Kilian) gehören; in Lügde feierte Karl 784 das Weihnachtsfest. Weiter östlich ist der Steinheimer Missionseinfluß in Höxter (S. Kilian, vermutlich um 780/800) spürbar, bevor beiderseits der Weser für die weitere Missionierung der Einfluß des 822 in Corvey angesiedelten Benediktinerklosters maßgebend wurde. Weniger deutlich läßt sich die Würzburger Mission in der Warburger Börde nachweisen. An sich deutet die Wüstung *Papenheim (Stadtgebiet Warburg) wegen des Ortsnamens darauf hin, daß hier die alte zentrale Kirche des Gaues gelegen haben könnte. Hingegen ist das Kilianspatrozinium der ehem. Pfarrkirche von *Kerktorp bei Lichtenau, das später auf die Pfarrkirche in Lichtenau übertragen wurde, wegen der fränkischen Zusiedlung gerade an dieser Stelle des Soratfeldes auf Würzburger Mission zurückzuführen. Entsprechendes dürfte für Korbach (Waldeck) gelten.

War 799 so das Paderborner Land von einer Reihe von vor allem vom Bistum Würzburg beschickten und geleiteten Missionsstationen überzogen und galt das *monasterium* in Paderborn als das künftige Domstift, so fehlte doch ein Bischof. Paderborns erster Bischof, Hathumar, stammte aus sächsischem Adel und war von Karl nach Würzburg zur christlichen Erziehung gegeben worden. Seine Tätigkeit als Bischof von Paderborn ist nicht vor 806 nachweisbar. Spätestens zu diesem Datum wurde auch das *monasterium* in Paderborn in ein Domstift umgewandelt.

5.

Das neugegründete Bistum erfreute sich in den nächsten Jahrzehnten der Gunst der karolingischen Dynastie. Paderborn blieb die wichtigste fränkische Versammlungspfalz in Sachsen. Karls Nachfolger Ludwig der Fromme berief 815 hierher eine Reichsversammlung, und sein Sohn, Ludwig der Deutsche, folgte ihm in diesem Brauch 840 und 845. Im Jahre 822 verlieh Ludwig der Fromme dem Bistum die Immunität und schloß damit die gräflichen Gerichtsbefugnisse des Adels der Region auf kirchlichem Boden aus. Mit der Immunität, die Paderborn 859 bestätigt wurde, verband sich der Königsschutz für das Bistum und seinen Besitz. 885 wurde durch Karl den Dicken dem Paderborner Domklerus das Recht der freien Bischofswahl übertragen.

Von besonderer Bedeutung für die Stabilisierung der christlichen Mission in Sachsen und damit auch auf dem Gebiete des späteren Hochstifts Paderborn waren die Reliquientranslationen und die Stifts- und Klostergründungen. Neben dem bereits erwähnten Corvey, das auf Betreiben der beiden aus einer karolingischen Seitenlinie stammenden Halbbrüder Adalhard und Wala begründet wurde, war die Einrichtung des Frauenkonvents in Böddeken 836 durch den Paderborner Archidiakon Meinolf die früheste Fundierung im Paderborner Land. Ihnen schlossen sich die von Niggenkerken bei Höxter (863) und Neuenheerse (868) an.

Weitreichende Wirkung war mit der Übertragung der Gebeine des hl. Liborius von Le Mans nach Paderborn verbunden (836); das Liborius-Patrozinium überschichtete schließlich um 1000 die ursprünglichen Dompatrozinien Maria und Kilian. Das 822 an seine jetzige Stelle verpflanzte Benediktinerkloster Corvey empfing ebenfalls im Jahre 836 die Reliquien des hl. Vitus aus St. Dénis. Aus Châlons kamen 864 Reliquien der hl. Liutrudis nach Niggenkerken, nach Neuenheerse um 890 solche der hl. Saturnina aus Saints-les-Maquion bei Cambrai. Durch diese Translationen wurden Verbindungen zwischen dem Wesergebiet und Westfranken geknüpft, die zum Teil, wie der 836 geschlossene „Liebesbund ewiger Freundschaft" zwischen Le Mans und Paderborn beweist, bis heute dauern.

Im späten 9. und im 10. Jahrhundert scheint das Bistum Paderborn die Bedeutung, die es in karolingischer Zeit besaß, eingebüßt zu haben. Das spiegelt sich darin wider, daß die Königsbesuche in Paderborn selten wurden. Es dauerte über einhundert Jahre, bis nach dem Aufenthalt Ludwigs des Deutschen wieder ein Königsbesuch in Paderborn nachweisbar ist.

Die Ausbildung des Hochstifts im Hochmittelalter

1.

Mit Beginn der zweiten Hälfte des 9. Jahrhunderts geriet das Bistum in die Konflikte zwischen dem fränkischen Adelsgeschlecht der Konradiner und dem (ost)sächsischen der Liudolfinger um die Nachfolge der karolingischen Dynastie. In diesen Auseinandersetzungen war für die Konradiner, denen König Konrad I. (911–919) entstammte, die spätere Osthälfte des Hochstifts mit dem sog. sächsischen Hessengau und der Diemellinie als Achse eine wichtige Stütze. Nur im Besitz dieser Stellung konnten sie die mainfränkischen Babenberger als potentielle Verbündete der Liudolfinger von diesen trennen. Corvey neigte bis in die zweite Hälfte des 10. Jahrhunderts den Konradinern zu. Der aus liudolfingischem Hause kommende König Heinrich I. (919–936) vertrieb den Konradiner Eberhard 919 aus dem Hessengau und Obermarsberg

(Eresburg); zu den Anhängern der Liudolfinger zählte seither das Grafengeschlecht der Dodikonen in Warburg, dessen Besitz mindestens teilweise auf Reichsgut zurückzuführen ist. Dennoch dauerte es bis 958, ehe ein Liudolfinger, Otto I., Paderborn besuchte. Damit dürfte der Aufstieg Paderborns und des Bistums eingesetzt haben, lag doch der Bischofssitz mit seinem Suburbium am Hellweg, jener Straße, die den alten Königsbesitz in Aachen und am Niederrhein mit dem liudolfingischen Hausbesitz um den Harz und in Magdeburg miteinander verband.

In erster Linie Bischof Meinwerk (1009–1036) nutzte diese überaus günstige geographische Ausgangslage mit großem Geschick zugunsten des herrschaftlichen und wirtschaftlichen Ausbaus des Paderborner Bistums. Als Sproß des Adelsgeschlechtes der Immedinger hatte er schon als Kapellan die Dienste Kaiser Ottos III. (973–1002) gesucht; vor allem aber fand er Rückhalt bei Heinrich II. (1002–1024) und Konrad II. (1024–1039). Kaiser Heinrich II., der Meinwerk als Musterbischof der Reichskirche lobte, trat mit seiner Frau, der Kaiserin Kunigunde, als Ehrenkanoniker selbst in die Paderborner Kirche ein. Nicht weniger als 17 Königsbesuche lassen sich für den Zeitraum zwischen 1002 und 1036 in Paderborn nachweisen, nicht gerechnet diejenigen, von denen wir aus Mangel an Überlieferung nichts mehr wissen. Mindestens sechsmal verbrachten die genannten Könige das Weihnachts- oder Osterfest in Meinwerks Paderborn, so daß man mit Fug und Recht davon gesprochen hat, daß die Paderborner Pfalz damals zur Festtagspfalz der deutschen Könige aufstieg. Die damit verbundenen großen Bauvorhaben bescherten der Bischofsstadt an der Pader einen Entwicklungsboom, der sie an die Spitze aller westfälischen Bischofssitze brachte.

Die politische Unterstützung, die Meinwerk gewann, vermochte er zielbewußt im Sinne seines Bistums einzusetzen. Als Bischof Meinwerk seine Regierung antrat, verfügte das Bistum außer der Immunität über die Kirchengüter, in denen ein vom Bischof gewählter Vogt die Gerichtsbarkeit wahrnahm, über gräfliche Rechte praktisch nur im engsten Umfeld des Bischofssitzes. 1011 wurde die stattliche Reihe königlicher Gnadenerweise für Meinwerk durch die Übertragung der Grafschaft des Hahold eröffnet, einer Grafschaft, die sich in lockerer Struktur entlang der ganzen Westflanke des Bistums von Korbach bis Herford erstreckte. Zehn Jahre später ging die Grafschaft des Grafen Ludolf in Meinwerks Hände über; ihre gräflichen Rechte bezogen sich vor allem auf den Bereich westlich Paderborns sowie auf Sintfeld und Almegau. Ebenfalls 1021 konnte Meinwerk die Grafschaft Dodicos erwerben, die ihr Zentrum in Warburg besaß und mit gräflichen Rechten in der Warburger Börde und südlich der Diemel verbunden war, wo der Bischof im Reinhardswald über die Forstrechte verfügte. Unmittelbar nördlich grenzte die Grafschaft Hermanns von Reinhausen im Nethe- und Augau an; Meinwerk brachte sie 1032 an das Bistum. Damit hatte er fast alle Grafschaften innerhalb seines Sprengels erworben. Indem Meinwerk die Grafschaften seinen Dienstmannen übertrug, versuchte er, sie zu entfeudalisieren, um sie nicht wieder zu verlieren – ein schließlich vergebliches Bemühen. In Maßnahmen dieser Art kündigte sich gezielte territoriale Politik an. Das verriet auch der Ausbau der Paderborner Grundherrschaft zunächst im Umfeld des Bischofssitzes bis hin nach Erwitte (1027), ferner um Steinheim als zweitem Schwerpunkt, sodann um Warburg und im Diemelraum als drittem Komplex, und schließlich sprach Konrad II. 1032 Meinwerk das gesamte über den Nethegau, den Höxterschen Augau und den nördlichen Hessengau versprengte Krongut zu. In Villikationen gegliedert, verliehen die erworbenen Grundherrschaften, zu denen Bannrechte in der Senne und über den Forst des Osning sowie das im wesentlichen außerhalb des Bistums gelegene Familiengut Meinwerks hinzukamen, dem Bistum eine beachtliche Wirtschaftsmacht. Berücksichtigt man endlich die überlegte Klosterpolitik (Erwerb Helmarshausens, Gründung von Abdinghof und Busdorf), dann erscheint Meinwerk tatsächlich als „der zweite Gründer des Bistums", für den man ihn ausgegeben hat.

2.
Es ist kein Zufall, daß Paderborn und mit ihm das Paderborner Land auch wirtschaftlich von dieser Politik profitierten. Der Bischof hatte bereits vor 1028 das Markt-, Münz- und Zollregal inne; ein Paderborner Markt ist um 1020 bezeugt. Die frühen Beziehungen des Marktes in den Westen ergeben sich daraus, daß die Paderborner Kaufleute wohl schon um 1000 Elemente des Dortmunder Kaufmannsrechts mitbrachten. Diese frühe Verbindung ist dafür verantwortlich, daß der Dortmunder Rat noch im 16. Jahrhundert von Paderborn aus in streitigen Sachen als Oberhof angerufen wurde. Das in Westfalen nicht gerade häufige Patrozinium des hl. Pankratius, das die Paderborner Marktkirche trug, scheint aus dem flandrischen Gent übernommen worden zu sein, wo Graf Wichmann, einer der Großväter des Bischofs Meinwerks, um 1000 Grafenrechte ausübte. Rund hundert Jahre später, 1103, bestätigte der Kölner Erzbischof den Lütticher und Brabanter Kaufleuten ein altes Zollprivileg für ihren Handel nach Sachsen; zu den Zeugen des Rechtsakts gehörte Bischof Heinrich von Paderborn. Aus dem Samland stammendes Pelzwerk, das um 1020 auf dem Paderborner Markt angeboten wurde, läßt die räumliche Dimension des Paderborner Schleswighandels dieser Zeit ahnen. Einzelne frühe Spuren deuten auch auf Handelskontakte mit dem Niederwesergebiet, insbesondere mit Bremen. Alle Belege zusammen lassen den Schluß zu, daß die Paderborner an dem vor- und frühhansischen Handel

zwischen Flandern und dem Niederrhein einerseits und Haithabu/Schleswig andererseits teilhatten. Offenkundig ist jedoch, daß die Folgen des Investiturstreits seit dem späten 11. Jahrhundert Paderborns Stellung unterminierten. Während Paderborn und sein Umland bis dahin an der zentralen Verbindungsachse zwischen den großen Königsgutkomplexen am Niederrhein und am Harz lagen, war dieser durch die politischen Strukturen des 10. und 11. Jahrhunderts vermittelte Vorteil in dem Augenblick verspielt, als das Königtum mit den Staufern seit 1137 seinen Schwerpunkt nach Süddeutschland verschob. Etwa um die gleiche Zeit trat Lübeck seit 1143 bzw. 1159 an die Stelle von Haithabu/Schleswig. Der Hellweg verlor in seinem östlichen, das Paderborner Land erschließenden Teil seine bisherige Verkehrsbedeutung, und die Westfalen diagonal von Südwesten (Köln) nach Nordosten (Lübeck) querenden Straßen übernahmen seine Funktion. Damit gerieten Paderborn und das Paderborner Land fast in den toten Winkel der wirtschaftlichen Entwicklung, eine Position, in der das Territorium während des späteren Mittelalters und der frühen Neuzeit festgehalten wurde.

3.

Konnte Meinwerk noch als Musterbeispiel des königsnahen Reichsbischofs gelten, der allerdings den Nutzen seines Bistums zu keinem Zeitpunkt aus den Augen verlor, so lockerte sich in der Folgezeit die Bindung der Paderborner Bischöfe an den deutschen König Schritt für Schritt; Meinwerks Nachfolger beschäftigten sich immer stärker mit der regionalen politischen Interessensphäre. Diese Wende entsprang schon der Tatsache, daß die überwiegende Zahl von ihnen aus dem regionalen Adel stammte und daher das politische Interesse ihrer Geschlechter mit in das bischöfliche Amt nahm. Unter diesen Bedingungen geriet das Bistum, das durch Meinwerks Politik wichtige territoriale Grundlagen, aber noch keine Stabilisierung erfahren hatte, in die Strudel regionaler politischer Konkurrenzen.

Dies erwies sich in dem Versuch der Grafen von Werl, im engrischen Bereich seit ca. 1030/40 Fuß zu fassen. Die Werler mühten sich damals, ihre seit ca. 1000 durch Erbteilungen geschwächte, ursprünglich herzogsgleiche Stellung in Westfalen zunächst durch die Übernahme der wichtigen Paderborner Hochstiftsvogtei durch Graf Heinrich II. (um 1030/40) und Graf Bernhard II. (1054–1060) im ersten Anlauf zu kompensieren. 1084 gelang es den Werlern, einen der Ihren, Heinrich I. (1084–1127), auf den Paderborner Bischofsstuhl zu bringen. Die regionalen politischen Konflikte wurden durch den Investiturstreit seit 1076 überschichtet und verschärft. Während die antikönigliche ostsächsische Partei, die zugleich

im Streit zwischen Kaiser Heinrich IV. und Papst Gregor VII. für den Papst votierte, ihrerseits ihren Einfluß im Bistum Paderborn geltend machte und statt Heinrichs von Werl den Hildesheimer Domherrn Heinrich von Assel als Paderborner Bischof vergeblich durchzudrücken versuchte, galten die Werler Grafen lange als Gefolgsleute des Königs.

Als nach 1092, besonders seit 1102 die politischen Bestrebungen der Grafen von Werl-Arnsberg mit den Ambitionen der Erzbischöfe von Köln kollidierten, ihre Herrschaft im sog. kölnischen Sauerland und darüber hinaus zu intensivieren und auszubreiten, und als zusätzlich die Erzbischöfe von Köln königliche Unterstützung erhielten, distanzierte sich Bischof Heinrich I. vom König. Verstärkt wandte er sich der Aufgabe zu, seine Herrschaft im Hochstift zu festigen, um damit zugleich seiner Dynastie zur Seite stehen zu können. Charakteristisch dafür ist die Unterstützung, die er dem Kloster Abdinghof angedeihen ließ, aus dessen Mönchen das 1101 durch einen kleinen Dynasten gestiftete Kloster Boke/Flechtdorf besetzt wurde. Kurz: Ohne mit dem König zu brechen, orientierte sich Heinrich von Werl als Bischof von Paderborn familienbedingt nach westfälischen Gegebenheiten, während die Reichsebene von nun an – kurze Phasen unter Bischof Bernhard I. (1127–1160) bildeten eher die Ausnahme von der Regel – weitgehend aus dem Blick geriet. Das galt allerdings auch umgekehrt. Friedrich Barbarossa war nur einmal (1152) zu Beginn seines Königtums in Paderborn; kein anderer Staufer folgte ihm. Der Welfe Otto IV. suchte 1202 als letzter deutscher König Paderborn auf.

Zu diesem Zeitpunkt war das Bistum nach der Absetzung Heinrichs des Löwen und der Teilung seines sächsischen Herzogtums durch Barbarossa (1180) dem neu gebildeten Herzogtum Westfalen und Engern zugeschlagen worden; es war der Erzbischof von Köln, dem die Würde des neuen Herzogs übertragen wurde. Damit geriet das Bistum Paderborn für die nächsten einhundert Jahre und auch noch später in den Bannkreis der Kölner Politik, nachdem das Bistum gerade dem Zugriff Heinrichs des Löwen entkommen war und auch noch – 1189 – die Hochstiftsvogtei der Grafen von Schwalenberg abwerfen konnte, weil Graf Widukind von Schwalenberg am Kreuzzug Barbarossas 1190 teilnahm und nicht zurückkehrte. Diese die Existenz des Hochstifts mittelfristig gefährdende Kölner Politik zwang die Intensivierung Paderborner Territorialpolitik herbei, die zuletzt unter Bischof Bernhard I. durch die Stiftung der Klöster Hardehausen (1155), Iburg/Gehrden (vor 1138/1142) und Willebadessen (1149) eine Versteifung der bischöflichen Herrschaft im besonders gefährdeten Ostteil des Hochstifts einleitete.

Die Ausformung des spätmittelalterlichen Territoriums

1.
Seit 1180 also bedeutete die auf die Weserlinie zielende und durch herzogliche Ansprüche rechtlich untermauerte Politik der Kölner Erzbischöfe eine ständige Gefahr für die Existenz des Hochstifts Paderborn. Zugleich übten sich territoriale adlige Gewalten darin, ihre Herrschaften auf Kosten des Hochstifts zu Territorien auszubauen. Im Nordosten (Schwalenberg, Lügde) und im Südwesten (1228 Gründung der Neustadt Korbach, Waldeck) hatte das Hochstift bis 1189 und noch später mit den Grafen von Schwalenberg zu rechnen. Auf dem Gebiet der einstigen Krongüter um Brakel hatten sich die Edelherren von Brakel dynastisch eingerichtet (1213/1223 Anlage der Stadt Brakel). Die Grafen von Everstein geboten über eine Streugrafschaft, die von Hameln bis zur Diemel reichte (um 1225 Gründung Volkmarsens) und zum Beispiel mit der Grafschaft *Dringen (wüst bei Dringenberg) einen zentralen Raum in der östlichen Hälfte des Hochstifts bis 1316 einschloß. Südlich und nördlich der Diemel waren um 1200 Aktionen der Mainzer Erzbischöfe zu befürchten (1225/30 Anlage der Neustadt Hofgeismar); die Herren von Schöneberg hatten sich im und um den Reinhardswald festgesetzt. Weiter im Westen war um 1190 das Wachstum der Herrschaft Büren, betrieben durch die dortigen Edelherren, in seinen Folgen für die Bischöfe von Paderborn noch nicht einschätzbar (Anlage der Stadt Büren 1193/1220). Schließlich lag das Territorium der Edelherren zur Lippe im Norden zum großen Teil auf dem Boden des Bistums und ließ bereits um 1200 kaum noch eine Chance, hier eine weltliche Herrschaft des Bischofs einzurichten. Die Situation des Bischofs komplizierte sich dadurch, daß etwa gleichzeitig die Stadt Paderborn sich von der bischöflichen Stadtherrschaft Schritt für Schritt zu befreien suchte. Die bisherige grundherrschaftliche Struktur begann, sich unter dem Einfluß des ringsum aufblühenden Städtewesens, ferner durch die belastenden Folgen des Lehnsrechtes und durch den Aufstieg der Ministerialität in den niederen Landesadel aufzulösen. Die seit dem 12. Jahrhundert stark anwachsende Bevölkerung vervielfältigte die Probleme, die sich aus den morschen Strukturen ergaben. So verminderte sich die Fähigkeit des Bischofs, den Hintersassen des Bistums Schutz und Schirm zu garantieren; es sanken die Natural- wie die Geldeinnahmen des Bischofs, und umgekehrt stieg der Geldbedarf für die Sicherung seiner Herrschaft. Eine zwiespältige Bischofswahl verschärfte 1223/25 aktuell die Situation; am Ende dieses Jahrzehnts scheint die Herrschaft des Bischofs vor der Auflösung gestanden zu haben, eine drohende Katastrophe, der man 1230 durch die Einsetzung eines ständisch besetzten Rates zu begegnen suchte.

Dies geschah in einer Zeitspanne, als sich der Kölner Druck auf das Bistum Paderborn seit der Regierung Erzbischof Engelberts I. von Köln (1216–1225) steigerte. Engelbert hatte versucht, durch die Gründung der Stadt Geseke und durch ein Schutzversprechen für die Bürger Paderborns (1217) den östlichen Hellweg zwischen Geseke und Höxter unter seine Kontrolle zu bringen und damit das werdende Hochstift Paderborn gleichsam zu zerschneiden. Rechtlich stützte er sich darauf, daß den Erzbischöfen 1180 mit dem Herzogtum auch die Wahrung des Landfriedens in Westfalen und Engern anvertraut worden sei. Die Möglichkeit, als Landfriedenswahrer aufzutreten, eröffnete den Kölner Erzbischöfen mannigfache Interventionschancen zwischen Rhein und Weser. Auf diesem Rechtstitel beruhte schließlich auch der Anspruch, die gewählten oder bestimmten Gografen im Paderborner Land zu bestätigen. Denn die Gografen als Inhaber der Polizeigerichtsbarkeit und schließlich der Blutgerichtsbarkeit sowie als Führer des Landaufgebotes waren es, die den Landfrieden praktisch sicherten. Über sie verfügen zu können, bedeutete daher, ein wichtiges Verfassungsinstitut für die Landesherrschaft zu gewinnen. Noch 1341 mußte der Gograf des Warburger Umlandes und des östlichen Teils des Bistums zwischen Diemel und Nethe zwar zunächst an den Bischof von Paderborn als den Goherrn gesandt werden, hatte sich dann aber um Einsetzung durch den Erzbischof von Köln zu bemühen.

Abgesehen von Geseke hatte Engelbert ebenfalls im Jahre 1217 auf Paderborner Lehnsgut in Brilon eine Stadt mit beträchtlichen Ausmaßen gegründet; diese Gründung schloß eine Lücke zwischen dem kölnischen Rüthen und der Burg Padberg, deren Herren sich Engelbert 1217 dienstbar machte. Bei seiner Briloner Aktion konnte sich Engelbert auf das Befestigungsrecht berufen, das dem Herzog zustand. Nimmt man hinzu, daß Engelbert um 1220 auch in Helmarshausen Einfluß gewann, so zeichnete sich ein Halbkreis von festen Punkten um das bischöflich-paderbornische Gebiet ab, der nach Norden durch die Gründung Wiedenbrücks auf Osnabrücker Bistumsboden (1221) und der Neustadt Herfords (1224) seine Ergänzung erfuhr. Hellwegkontrolle und – wie man gemeint hat – „Einkreisung" des Bistums Paderborn schienen die Schlüssel zu sein, kölnische Herzogsherrschaft über das Bistum Paderborn zu etablieren. Diese Pläne scheiterten wahrscheinlich nur deshalb, weil Engelbert 1225 durch Dienstmannen des Grafen Friedrich von Isenburg, der zu den Spitzen der westfälischen Adelsopposition gegen Engelbert gehörte, bei Gevelsberg getötet wurde.

Sieht man davon ab, daß die Bischöfe von Paderborn gemeinsam mit ihrem Ministerialengeschlecht Marschall seit 1221 dabei waren, durch eine freilich erst 1249 als Stadt bezeugte Rodung in Kleinenberg die Verbindungslinie zwischen Paderborn und Warburg zu sichern, läßt sich bis 1225 keine angemessene Antwort beobachten. Wie bisher stützten sich die Bischöfe auf ihre nur schwach miteinander verbundenen Herrschaftskomplexe um die Bischofsstadt selbst, um Steinheim und um Warburg. Obendrein muß man unter regionalpolitischen Gesichtspunkten den Paderborner Bischof Oliver (1223–1225) als einen von Engelbert durchgesetzten Kandidaten betrachten, während sein Nachfolger Wilbrand (1225–1228) kaum im Lande war. Erst mit dem Amtsantritt Bischof Bernhards IV., eines Lippers, erfolgten mit der Gründung der Neustadt Warburg und Nieheims (beide wohl 1228/29) Versuche einer Festigung der Herrschaft an zwei der genannten Schwerpunkte. Damals dürften auch die Arbeiten in Kleinenberg wieder aufgenommen worden sein.

Mit Bischof Simon I. von der Lippe (1247–1277) bekundete die lippische Dynastie mit Rücksicht auf die Sicherung der eigenen Herrschaft weiter ihr Interesse an der Besetzung des Paderborner Bischofsstuhles. Die Finanzkrise des Hochstifts, die Bernhard IV. seinem Nachfolger hinterließ, führte 1247 zu einem ersten Herrschaftsvertrag zwischen dem neuen Bischof einerseits und Domkapitel und Landesadel andererseits, der als Wahlkapitulation zahlreiche Fortsetzer fand und als erstes (land)ständisches Grundgesetz des späteren Territoriums eingestuft werden muß. Simon I. versuchte das Hochstift offensiv gegen seinen Hauptgegner, die Erzbischöfe von Köln, zu sichern, indem er mit der Anlage der Stadt Salzkotten (1247) die Hellweglinie sperren wollte. Die immer wieder aufflammende Auseinandersetzung um die Behauptung dieser Position währte bis 1295; erst in diesem Jahr fand sich der Erzbischof von Köln mit der Existenz einer paderbornischen Stadt Salzkotten endgültig ab. Simon setzte sich auch an anderer Stelle über das herzogliche Befestigungsrecht des Kölners hinweg, indem er im Nordosten des Hochstifts Steinheim, im Südosten Borgentreich (beide 1275) zu Städten erhob. Alle Gründungen engten zugleich die Herrschaften der Grafen von Everstein und der Herren von Brakel ein, die zeitweise als Bündnispartner der Erzbischöfe auftraten und wegen ihrer Herrschaftsrechte um Brakel und um *Dringen(berg) die Schließung des Paderborner Territoriums behinderten. Nach der Niederlage des Erzbischofs Siegfried von Köln gegen seine vereinigten rheinischen und westfälischen Gegner (1288) nutzte der damalige Paderborner Bischof Otto v. Rietberg (1277–1307), ein Neffe seines lippischen Vorgängers, die Schwäche des Kölners und befestigte Borgholz (1291) und wohl auch Driburg (1290).

2.

Bis dahin hatte die bischöfliche Politik auf Gefahren für das Hochstift mehr reagiert, als daß sie tatsächlich gezielt gestaltet hätte. Jetzt, mit Beginn des 14.Jahrhunderts, werden Elemente bewußter territorialer Formung deutlicher sichtbar. Wenn man Bischof Meinwerk als den zweiten Gründer des Bistums bezeichnet hat, so ist der wiederum dem lippischen Hause entstammende Bischof Bernhard V. als der eigentliche Schöpfer des spätmittelalterlichen Paderborner Territoriums zu betrachten. Seit 1305 Dompropst, wurde Bernhard 1309 zum Tutor und Defensor des Stiftes bestellt und damit faktisch den amtierenden Bischöfen Günther (1307–10) und Dietrich II. (1310–21) vorgesetzt, bevor er das Bischofsamt 1321–1341 auch de jure übernahm. Seine Position verdankte er zum einen der erstarkenden ständischen Mitsprache, und dementsprechend wurde ihm 1309 ein ständischer Rat beigegeben, der sich aus je vier Domherren und Ministerialen und je zwei Bürgern aus Paderborn und Warburg zusammensetzte. Die von diesem Rat beschlossenen grundsätzlichen Richtlinien waren von Bernhard zu beachten. Zum anderen trat er sein Amt in einer Landeskrise an, die zu überwinden beträchtlichen finanziellen Aufwand erforderte. Indem er die Mittel dazu teils aus eigenem Vermögen, teils durch entsprechende steuerliche Regelungen aufbrachte, traf er mit Domkapitel, Landesadel und Städten Abmachungen, die den Charakter von „Verfassungsgesetzen" annahmen und in den folgenden Jahrhunderten die rechtliche Basis des Hochstifts blieben.

Zwar hatten die Stadtgründungen der Bischöfe Bernhard IV. (Nieheim, Warburg-Neustadt und vermutlich Kleinenberg), Simon I. (Salzkotten, Blankenrode, Steinheim und Borgentreich) und Otto I. (Driburg und Borgholz) die Angelpunkte der Paderborner Herrschaft und ihr unmittelbares Umfeld gesichert, aber die territoriale Verbindung zwischen diesen Fixpunkten mußte erst noch geschaffen werden. Bis 1323 brachte Bernhard V. durch Kauf schrittweise zwei Drittel der Stadt Brakel und die nahe gelegene Hinnenburg an das Bistum. Noch bedeutsamer für die Zukunft des Hochstifts wirkten sich Bernhards Bemühungen um den Kauf der Freigrafschaft *Dringen aus, die er 1316 auf eigene Kosten erwarb und 1318 dem Bistum stiftete. In ihrem Zentrum gründete er unmittelbar darauf die Stadt Dringenberg (1323) und schuf damit dem Raum südlich Brakels einen festen Bezugspunkt. Den Anschluß an die Warburger Börde hatte schon 1318 die auf seine Initiative gegründete Stadt Peckelsheim hergestellt. Diese Gründungen waren durch die städtischen Befestigungen von Willebadessen (1317) und Gehrden (1319) flankiert worden, zu denen Bernhard ermuntert hatte. In ähnlicher Form nutzte er Schutzbedürfnis und Geld des Schwalenberger Hausklosters Marienmünster, indem er die 1319 vom Kloster gegründete Minderstadt Vörden dem Hochstift 1324 sicherte, und in gleicher Weise verhielt er sich im Falle der Minderstadt Bredenborn. Schließlich konsolidierte Bernhard V. die hochstiftische Herrschaft östlich der Egge durch seine Beteiligung am Aufbau Beverungens zur Stadt (1332).

Geschichte des Hochstifts Paderborn und des Paderborner Landes

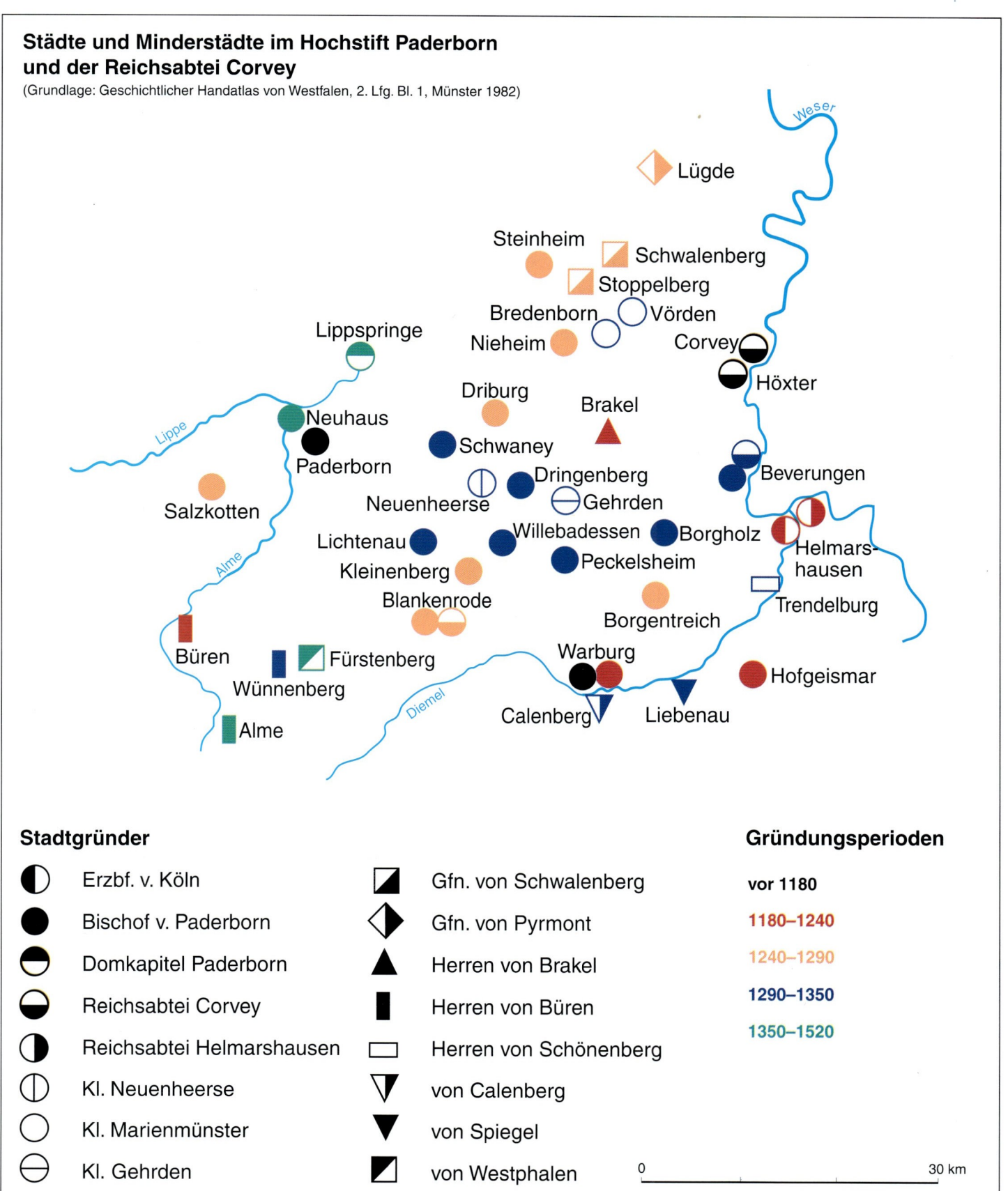

Diesen Maßnahmen in der östlichen Hälfte des Hochstifts stand ein vergleichbares Bündel von Aktivitäten in der westlichen Hälfte zur Seite. Waren im Osten die Herren von Brakel und die Grafen von Everstein als Konkurrenten um die Herrschaft auszuschalten gewesen, so ging es im Westen darum, zuerst die Herren von Büren niederzuhalten. Die Bürener Minderstadt Wünnenberg suchte Bernhard V. durch die Errichtung der Burg Fürstenberg zu blockieren, gegen die Stadt Büren selbst erbaute er in einer karolingisch-ottonischen Wallanlage die „Huneborgh". 1326 mußten die Bürener bereits dem Bischof das Öffnungsrecht für ihre Stadt zusagen. Bernhard war auch der Gründer Lichtenaus (1321/23), einer Stadt, durch die die Straße ins Diemeltal und nach Warburg gesichert werden sollte. Wie Blankenrode und Kleinenberg diente Lichtenau zugleich der Deckung des Hochstifts gegen die Grafen von Waldeck, die aus einer jüngeren Nebenlinie der Grafen von Schwalenberg hervorgegangen waren.

Diese auf die Zeit von wenig mehr als einem Dutzend Jahre zusammengedrängte Gründungspolitik hatte finanzielle Opfer gefordert; Bernhard hatte sie durch eigene Mittel erbracht, durch Verpfändungen herbeigeschafft und schließlich durch Sondersteuern zu decken versucht. Da gleichzeitig erste Ernährungskrisen 1316/1317 das Hochstift (wie ganz Westfalen) trafen und sich ein Nachlassen des Bevölkerungszuwachses ankündigte, verknappten sich die materiellen und menschlichen Ressourcen für Bernhards Politik immer rascher. Domkapitel und hochstiftischer Adel weigerten sich schließlich, die Ausbaupolitik mitzufinanzieren. Beiden mußte daher Bernhard V. 1326 entgegenkommen und ihnen ein weitgehendes Steuerprivileg und gegebenenfalls ein Widerstandsrecht einräumen. Umgekehrt allerdings mußte sich die ständische Gruppe auf ein Hilfsversprechen für den Bischof festlegen lassen, kurz, es handelte sich um einen ständischen Herrschaftsvertrag, der beide Seiten verpflichtete. Dieses *Privilegium Bernhardi* war eines der Grundgesetze des Hochstifts. Andere waren die Privilegien Bernhards V. für die Städte Paderborn und Warburg (1327/1331), die, wie bei Städten üblich, durch Geldzahlungen an den Bischof erreicht wurden. Aus den Abmachungen zwischen 1326 und 1331 ergab sich für die Zukunft ein bipolarer Landesaufbau, der die politische Herrschaft – wenn auch mit stets wechselndem Gewicht – auf Stände und Bischof verteilte.

3.

Die forcierte Stadtgründungspolitik Bernhards V. hatte das Hochstift Paderborn zu einem der städtereichsten Territorien Westfalens werden lassen. Die rund dreißig Städte waren jedoch nicht Ausdruck einer bürgerfreundlichen Einstellung. Sie dienten auch nicht nur herrschaftssichernden militäri-schen Zwecken. In ihnen war vielmehr auch die überwiegende Mehrheit der hochstiftischen Lokalämter untergebracht.

Die allmähliche Ausbildung der Amtsverfassung im Paderborner Land setzte um 1290 ein. Ihr Beginn kündigte sich durch die Ansammlung von Rechten und Einkünften verschiedenen Ursprungs in den Händen bischöflicher Amtleute an, die auf den in vielen Städten nachweisbaren, teilweise burgartigen Amtshäusern residierten. Die auf die Amtshäuser in den Städten, ausnahmsweise auch auf Burgen zentrierten, meist nur wenige Kirchspiele umfassenden Lokalämter bildeten die eigentliche Basis der bischöflichen Herrschaft im Spätmittelalter. Von den Amtleuten wurden nicht nur die Abgaben eingehoben und die Finanzverwaltung organisiert, sondern auch Recht gesprochen, die Polizeigewalt ausgeübt und die Landesfolge eingefordert. Dabei knüpfte man immer an gerade die Rechtstitel an, die bereits bischöflich waren, und suchte sie auf andere auszudehnen. Insofern wurde das Hochstift nicht als vorhandenes Ganzes in Ämter gegliedert, sondern buchstäblich aus ihnen zusammengesetzt. Dementsprechend bewahrten die Amtleute „historische" Titel: in Nieheim hießen sie „Richter", obgleich sie nicht nur Recht sprachen, und ihr Bezirk „Richterei"; in Peckelsheim „Landvögte", ihr Amt „Landvogtei", in Warburg „Go- und Freigrafen", und ihr Distrikt wurde entsprechend benannt. Im lokalen Amtsbezirk, so wird man zusammenfassen können, war der Amtmann um 1300/1350 der allzuständige weltliche Stellvertreter des Bischofs.

Im späten 14. Jahrhundert bildeten sich „Mittelinstanzen" in Form der sog. Oberämter aus, die in der Burg Dringenberg für den östlichen, in der Burg Neuhaus für den westlichen Teil des Hochstifts eingerichtet wurden. Eine scharfe Kompetenzabgrenzung zu den Lokalämtern wurde nicht geschaffen. Vielmehr zogen die Oberämter nach und nach zahlreiche Befugnisse ganz oder teilweise an sich, ohne die Lokalämter und die an ihnen haftenden Interessen der meist adligen Amtleute völlig ausschalten zu können. 1414 galten Dringenberg und Neuhaus bereits als jene Zentren, mit denen jeweils eine Hälfte des Hochstifts verbunden war. Diese Trennung in einen „oberwaldischen" und einen „unterwaldischen" Distrikt war nicht am grünen Tisch erfunden worden. Sie orientierte sich zunächst am Höhenzug der Egge, die offenbar als ein nicht zu unterschätzendes Verkehrshindernis das Hochstift in zwei Hälften teilte. Bedeutsamer für die Aufgliederung dürfte jedoch die Tatsache gewesen sein, daß der Wirtschaftsraum zwischen Egge und Weser – läßt man hier einmal das corveyische Höxter beiseite – von Warburg dominiert wurde, gegen dessen Potenz sich Brakel als Zentralort des Nethegaus nicht ganz behaupten konnte, während westlich der Egge die Zentralität stiftenden Qualitäten Paderborns durchschlugen.

Geschichte des Hochstifts Paderborn und des Paderborner Landes

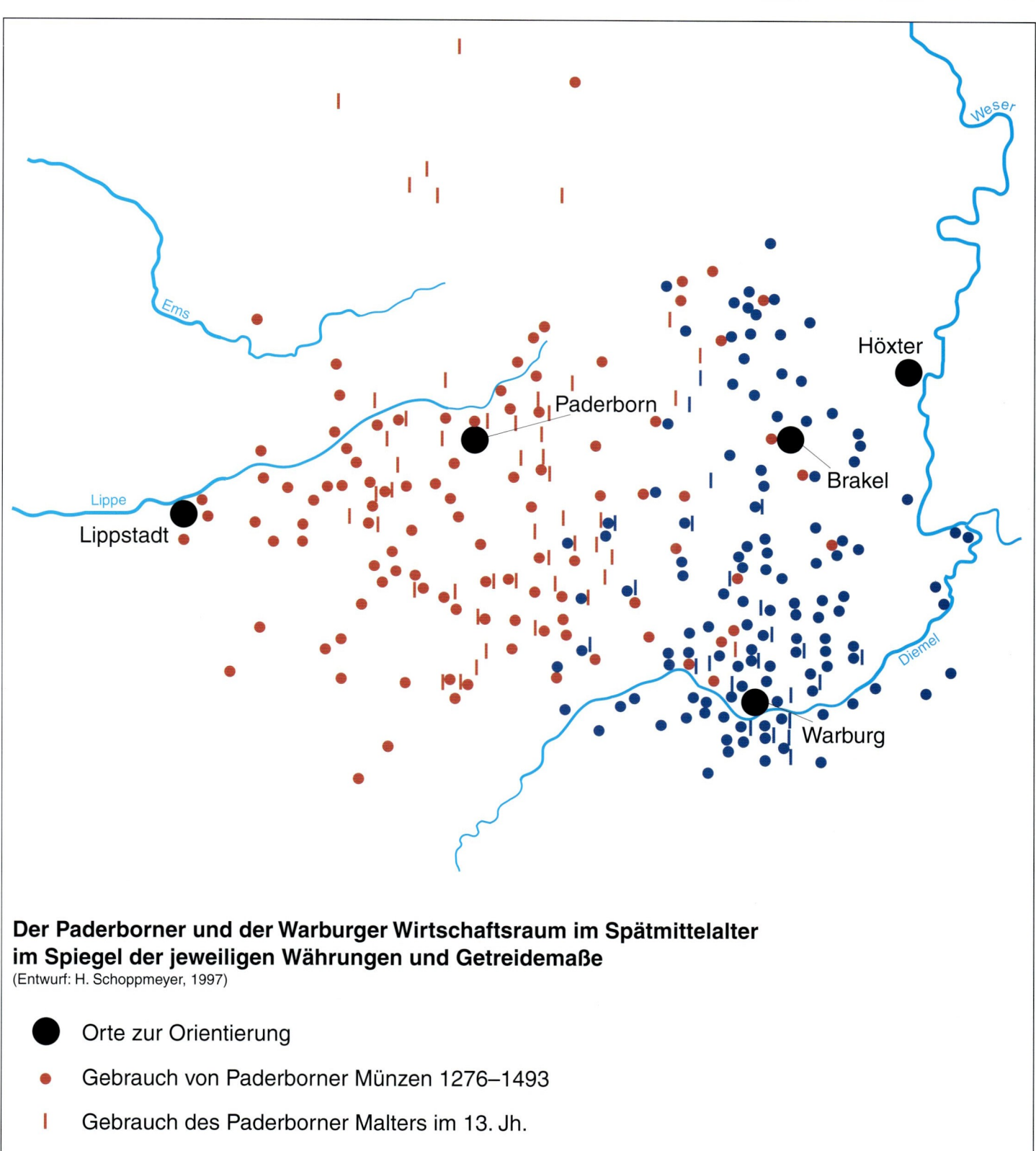

Der Paderborner und der Warburger Wirtschaftsraum im Spätmittelalter im Spiegel der jeweiligen Währungen und Getreidemaße
(Entwurf: H. Schoppmeyer, 1997)

- ● Orte zur Orientierung
- • Gebrauch von Paderborner Münzen 1276–1493
- | Gebrauch des Paderborner Malters im 13. Jh.
- • Gebrauch von Warburger Münzen 1276–1473
- | Gebrauch des Warburger Malters im Spätmittelalter

Es wäre allerdings nicht richtig anzunehmen, daß durch die Ämter und Oberämter das Hochstift lückenlos der bischöflich-landesherrlichen Verwaltung und Gerichtsbarkeit unterworfen gewesen wäre. Die Ämterverfassung respektierte vielmehr vorhandene klösterliche Immunitäten und adlige Privilegien; an solchen Orten konnte der Amtmann in bischöflichem Auftrag nicht tätig werden. An anderer Stelle, wie zum Beispiel in Lichtenau, führte eine fast 200jährige Pfandschaft von 1492 bis 1624 dazu, daß Lichtenau mit seinen zugehörigen Amtsorten nicht in das Oberamt Neuhaus integriert wurde und noch 1802 etwas beziehungslos neben den Oberämtern als Sonderamt existierte. Dieses Beispiel veranschaulicht, daß die Ämtergliederung nicht Ergebnis einer „rationalen" Planung, sondern nicht selten das Produkt historischer Zufälligkeiten war.

4.

Die Amtmannstellen waren ursprünglich vom Niederadel des Landes begehrt und wurden auf dem Wege der Pfandschaft vergeben. Auf diese Weise gingen dem Bischof zwar Einkünfte verloren, auf der anderen Seite wurde der Niederadel jedoch an das Land gebunden; zudem war kaum jemand anders als Vertreter des Niederadels aufgrund von Ansehen und wirtschaftlicher Potenz in der Lage, eine Amtmannstelle mit Autorität auszufüllen.

Der Adel des Hochstifts stammte mit Ausnahme der Herren von Büren, denen der Aufbau eines eigenen Territoriums letzten Endes nicht gelang, aus der Dienstmannschaft (Ministerialität) des Bischofs, des Domkapitels, der Klöster Corvey und Abdinghof, der adligen Damenstifte Neuenheerse und Böddeken sowie benachbarter Edelherren. Um 1340 gehörten ca. 130 Familien zur Schicht der aus dem Ministerialentum aufgestiegenen landadligen Ritterschaft. Bis 1445 waren 80 von ihnen ausgestorben, teils weil sie den sich immer wiederholenden Seuchenwellen seit 1348/49 zum Opfer gefallen, teils weil sie im Bürgertum aufgegangen waren. Die negative Wirkung beider Ursachen verschärfte sich durch die Gepflogenheit, daß nachgeborene Söhne häufig in ein Kloster eintraten. Umgekehrt schloß sich der Landadel gegen Aufsteiger seit dem 15. Jahrhundert ab, seitdem das Domkapitel 1434 erreicht hatte, daß beide Eltern eines Kandidaten ritterlichen Standes sein mußten. Diese Bedingung wurde bis 1580 dahin verschärft, daß jeder Kandidat 16 mindestens ritterbürtige Ahnen aufweisen mußte. Dazu mußte eine Ahnentafel eingereicht werden.

Von den 47 ritterbürtigen Familien, die im Jahre 1445 noch existierten, lebten etwa zwei Drittel im sog. oberwaldischen Distrikt östlich der Egge. Die Ursache dieser auffällig ungleichen Verteilung könnte damit zusammenhängen, daß die Pestwellen des 14. und frühen 15. Jahrhunderts auf dem Sintfeld und dem Soratfeld noch verheerender gewirkt haben als zwischen Egge und Weser. Um 1600 waren nur noch 30 adlige Familien im Hochstift übrig und 1661, nach dem Dreißigjährigen Krieg, nur noch 16 Geschlechter. Bis zum Ende der hochstiftischen Zeit starben weitere fünf Geschlechter aus.

Der soziale Rang und die politische Bedeutung dieser Familien war unterschiedlich. Zum geringeren Teil besaßen sie frei verfügbares Eigentum (Allode); in der Regel stützten sie sich auf Dienst- und Burglehen, die sie vererbbar gemacht hatten, und auf ebenfalls ganz oder teilweise erblich gemachte Funktionen in den Grundherrschaften ihrer Lehnsherren. Hinzuzufügen ist, daß die meisten Ritter von mehreren Herren (Dienst)Lehen empfangen hatten. In über 71 Dörfern (ca. 40% des Bestandes aller Orte im Hochstift) übte der Landesadel Polizei- und Niedergerichtsbarkeit als später sog. Patrimonialgerichtsbarkeit kraft eigenen Rechts aus. Einige Geschlechter wie die Herren v. Büren, v. Spiegel-Desenberg, v. Westphalen in Fürstenberg, v. Brenken in Brenken und v.d. Lippe in Vinsebeck verfügten sogar über die Kriminalgerichtsbarkeit. Allerdings konnten sie nicht in eigener Sache Recht sprechen. Dazu mußten das bischöfliche Hofgericht oder die bischöfliche Kanzlei angerufen werden. Es liegt auf der Hand, daß die Gesamtheit des Landesadels, der zugleich landtagsfähig war und über den Zugang zu den Sitzen im Domkapitel zusätzlich politischen Einfluß ausüben konnte, zu einem ganz wesentlichen Teil mit seinen Hintersassen das Hochstift als Territorium nicht nur repräsentierte, sondern buchstäblich „war".

Berücksichtigt man zusätzlich die städtischen Sonderrechte, die in abgestufter Form den beiden wichtigsten Städten, Paderborn und Warburg, dann den anderen Städten bis hin zu Minderstädten wie Vörden oder Calenberg zugute kamen, dann wird deutlich, daß der spätmittelalterliche und frühneuzeitliche Bischof alles andere als ein „machtvoller" Fürst war.

5.

Diese Struktur erklärt die Schwäche der bischöflich-landesherrlichen Gewalt im ausgehenden 14. Jahrhundert, das durch Adelsfehden gekennzeichnet war. Unter ihnen war die Bengeler-Fehde (1390 ff.) für die Erschütterung des Landes, insbesondere seiner westlichen Hälfte, von ganz besonderer Bedeutung, während die Auseinandersetzungen des Hochstifts mit Hessen (1465–70) zum Verlust der gerade ein Jahrhundert zuvor teilweise erworbenen Städte Trendelburg, Liebenau und Helmarshausen in der Diemellinie führten, Verluste, die 1597 endgültig bestätigt wurden.

Die eigentliche politische Existenzkrise des Hochstifts brach jedoch im früheren 15. Jahrhundert aus. Nach einer Folge von vier nur kurzzeitig amtierenden Bischöfen zwischen 1380 und 1400 hatte das Domkapitel 1400 mit Wilhelm

Geschichte des Hochstifts Paderborn und des Paderborner Landes

Die Rittersitze des Hochstifts Paderborn um 1665
(Basis: Rainer Decker: Die Ritterschaft des Hochstifts Paderborn, Heimatkdl. Schriftenreihe der Volksbank Paderborn 13, Paderbon 1982)

von Berg einen Kandidaten gewählt, der in den 14 Jahren seiner Amtsführung ein außerordentlich erfolgreicher Landesherr wurde. Seine politischen Erfolge wie sein weiterführender politischer Ehrgeiz ließen die Stände, besonders das Domkapitel, aber auch die Städte, fürchten, daß er die ständischen Rechte im Land zu mindern suchte. Deshalb enthob ihn das Domkapitel mit ständischer Zustimmung 1414 seines Amtes und übertrug gleichzeitig aus Gründen der Absicherung seinem politischen Konkurrenten im deutschen Westen, Erzbischof Dietrich von Köln (1414–1463), zunächst für zehn Jahre das Amt des Administrators des Hochstifts und des Bistums Paderborn. Diese Fehlentscheidung der Städte, von Teilen des Landesadels und des Domkapitels hätte fast zum Ende des Paderborner Territoriums geführt. Dietrich ließ sich zunächst von einem der damals amtierenden Päpste als lebenslänglicher Administrator bestätigen und erlangte 1429 vom Papst die Inkorporation des Bistums Paderborn in das Erzbistum Köln, die obendrein noch vom Paderborner Metropolitan, dem Erzbischof von Mainz, bestätigt und 1431 auch vom König anerkannt wurde. Dieser politische Coup stellte insofern einen bis dahin einmaligen Fall dar, als noch niemals zuvor ein deutsches Reichsbistum mit Landeshoheit ohne Kontaktnahme mit dem Domkapitel und auch erst mit nachträglicher Zustimmung des Königs einem anderen Bistum eingegliedert worden war. Der Erzbischof schien die Ende des 13. Jahrhunderts weitgehend aufgegebenen Kölner Pläne, das eigene Territorium unter dem Titel des Herzogtums Westfalen-Engern bis zur Weser auszudehnen, verwirklicht zu haben.

Doch hatte sich inzwischen im Hochstift die ständische Struktur als Garant der Fortexistenz des Landes soweit gefestigt, daß sich – wenn auch nicht von allen unterstützt – Widerstand erhob. Das Domkapitel sah seine Stellung gefährdet und verurteilte den Akt einhellig; ein Teil des Landesadels schloß sich den Domherren an. Andere Teile des Adels, die niedere Geistlichkeit, die Zisterzienser in Hardehausen und die Amtleute der Oberämter Neuhaus und Dringenberg votierten mehr oder weniger deutlich für die Auflösung des Hochstifts. Die Städte schwankten, welcher Seite sie sich zuwenden sollten, wurden aber durch Privilegierungen gelockt, der Partei des Erzbischofs beizutreten. Zwar war es dem Domkapitel gelungen, durch Appell an das Konzil zu Basel (1434) den Vollzug der Integration aufzuschieben, doch war offen, welche Entscheidung schließlich gefällt werden würde. Der historische Zufall bewirkte, daß der Erzbischof Dietrich bei seiner 1444 beginnenden Fehde mit der Stadt Soest, dem kölnischen Vorort in Westfalen, auf Paderborner Geld und die Hilfe der Paderborner Ritterschaft angewiesen war. Diese Tatsache führte 1444 vor Ausbruch der Soester Fehde (1444–1449) zum formellen Verzicht Dietrichs auf

seine Pläne. Nach seiner Niederlage gegen die mit den Grafen von Kleve-Mark verbündeten Soester lagen in den letzten Jahrzehnten seiner Herrschaft die wichtigsten Entscheidungen im Paderborner Lande beim Domkapitel.

6.

Die spätmittelalterliche und frühneuzeitliche Geschichte des Hochstifts wäre unvollständig, wenn die Erschütterungen unterschlagen würden, die das Land durch die sich seit Mitte des 14. Jahrhunderts in Abständen wiederholenden Pestepidemien aushalten mußte. Die Erreger der schwarzen Beulenpest waren 1347 aus dem Orient nach Europa eingeschleppt worden und verteilten sich wellenförmig von Mittelmeerhäfen wie Genua und Marseille aus über den Kontinent. Die ersten westfälischen Berichte über die Pest stammen aus der Zeit zwischen Mai und Juni 1350. Für Paderborn hat der Chronist *Gobelinus Person* (* 1358) beschrieben, wie das große Sterben die Menschen verzweifeln ließ. Auf die Verluste, die der Paderborner Landesadel durch die Seuchenzüge erlitt, war bereits hingewiesen worden. In Wechselwirkung mit bereits vor 1350 erkennbar werdenden Ernährungskrisen, mit der Landflucht wegen Krieg und Fehden und wegen der durch Preisverfall bedingten spätmittelalterlichen Agrarkrise entleerte sich das Hochstift zusehends von Menschen. Auf dem Sintfeld südlich Paderborns hat man die stärkste Wüstungsbildung von ganz Deutschland feststellen können. Von den insgesamt 41 Siedlungen, die das Sintfeld vor der großen Katastrophe beherbergte, waren im 14. Jahrhundert nicht weniger als 40 wüst geworden; lediglich die Stadt Wünnenberg hatte sich halten können. Im Laufe des 15. Jahrhunderts wurden hier fünf Siedlungen wiedererrichtet, im 16. Jahrhunderts folgten sechs weitere. Die Zahl der hochmittelalterlichen Siedlungen ist auf dem Sintfelde jedoch niemals mehr erreicht worden. So war die spätmittelalterliche Bevölkerungskrise für das Hochstift sicher viel einschneidender als alle politischen Erschütterungen.

Reformation und Konfessionalisierung im 16. und früheren 17. Jahrhundert

1.

Um 1500 hatte sich das Hochstift von den Folgen der Seuchenwellen erholt. Die Städte, voran Paderborn und Warburg, dann Brakel, weniger die Kleinstädte, hatten sich auf mancherlei Feldern von der direkten bischöflichen Herrschaft teilweise emanzipieren können. Innerhalb der Stadt Paderborn hatte sich nach bürgerlichen Kontroversen am Ende des 15. Jahrhunderts eine stärkere Beteiligung der Nachbarschaften der Gemeinde gegenüber dem Rat etabliert, während in Warburg nach den Reorganisationen von 1436 die Zünfte gewichtiger geworden waren. Die innere Struktur der Stadtgemeinden hatte sich gegenüber dem 13. Jahrhundert verfeinert und vervollkommnet. Für praktisch alle Städte bestand die Frontstellung gegenüber den in ihren Mauern wohnenden Klerikern und deren Privilegien, u.a. die Befreiung von allen städtischen Steuern und Lasten.

Die bäuerlichen Fronhofverbände oder Villikationen hatten sich im Spätmittelalter weitgehend aufgelöst. Die Bauern hatten entweder die persönliche Freiheit erlangt oder aber waren in Reliktgebieten wie in den Ämtern Delbrück und Boke sowie um Neuhaus Eigenbehörige geblieben. Vor allem im oberwaldischen Oberamt Dringenberg herrschten die freien Meier vor, die ein erbliches Nutzungsrecht an ihrem grundherrlichen Hof besaßen und persönlich frei waren. Demgegenüber waren die Eigenbehörigen, wie der Name verrät, unmittelbar vom Grundherrn abhängig und ohne persönliche Freiheit.

Infolge des Aussterbens vieler adliger Familien hatte sich eine Konzentration des adligen Besitzes ergeben; die überlebenden Familien konnten ihren Besitz wesentlich vergrößern. Seit Beginn des 16. Jahrhunderts entstanden auf dem Lande jene Herrensitze mit umliegender Gutswirtschaft, die in den folgenden Jahrhunderten für diese Sozialgruppe typisch wurden. Hingegen gab man die wenig komfortablen kleinen Burganlagen und bäuerlichen Gehöfte, Turmhäuser und Burgmannssitze auf, in denen man bis dahin recht unbequem gehaust hatte.

2.
Die kirchliche Organisation hatte sich am Ende des Mittelalters verdichtet. Neben dem Bischof und dem Kloster Corvey gab es eine Reihe anderer geistlicher Kirchenherren wie die Klöster Abdinghof, Neuenheerse und Marienmünster, aber auch zahlreiche weltliche wie die Herren von Büren. Die in den Städten errichteten Kirchen standen häufig unter dem Patronat des Rates wie z.B. die Marktkirche St.Pancratius in Paderborn oder die von Kerkdorp nach Lichtenau verpflanzte Kilianskirche. Dieses Pfarrsystem war auf dem Wege von Gründung, Abpfarrung und anschließender Selektion seit dem Hochmittelalter entstanden. Unter den Klöstern sind besonders Abdinghof, Helmarshausen, Marienmünster, Gehrden und Willebadessen (alle OSB) hervorzuheben. Zu den Kollegiatstiftern gehörten auf dem Boden des Hochstifts Busdorf, Neuenheerse, Böddeken und Dalheim, zu den Niederlassungen des Zisterzienserordens Hardehausen, Gokirche, Holthausen, Wormeln und Brenkhausen, zu den Bettelordensniederlassungen Häuser in Paderborn (OFM) und Warburg (OP). Vor der Reformation ließen sich im Rahmen der *devotio moderna* 1409 Augustinerchorherren in den spätmittelalterlich wüst gewordenen Stiften Böddeken und Dalheim (1452 selbständig) nieder. Hatte schon die *devotio moderna* dem religiösen Leben neue Impulse vermittelt, so geschah dies auch durch die Reform, die von dem Weserkloster Bursfelde ausging und Abdinghof 1477, die Zisterzienserinnen von Gokirchen in Paderborn 1500 erreichte.

Der reformatorischen Bewegung lutherischer Provenienz lief seit dem Spätmittelalter eine Welle der Volksfrömmigkeit voraus, die sich neben dem kirchlichen Kult entwickelte. Sie versuchte, die Spannungen zwischen weltlichem Leben und Forderungen des Reiches Gottes mit den verschiedensten Mitteln auszugleichen. Dabei knüpfte sie an die offizielle Verkündigung, an die Liturgie oder an Ereignisse der Zeitgeschichte an. Daraus entwickelte sich etwa der Passionskult, der sich z.B. in Wallfahrten zu dem „westfälischen Golgatha" der Externsteine bei Horn (Lippe) und den zur Bürener Sakramentskapelle oder in den Andachtskruzifixen wie z.B. dem Heiligen Kreuz von Hegensdorf (bei Büren) und anderem äußerte. Gleichberechtigt daneben standen der Heiligendienst, etwa Mariens oder der Apostel, und der Reliquienkult. Wenn z.B. Paderborner Domherren zu Tode erkrankten, wurde der Tradition gemäß das „Liborikistlein" – der Tragaltar Rogers von Helmarshausen – zu dem Sterbenden getragen.

Der rasche Sieg der Reformation, die sich in den meisten nordwestdeutschen Territorien schon zwischen 1527 (Hessen) und 1538 (Lippe) durchsetzte, ist im Hochstift Paderborn am Widerstand der Bischöfe und des Domkapitels gescheitert. Auch die Stadträte von Warburg und Paderborn hatten daran ihren Anteil. Bischof Erich (1508–32) stattete die Warburger als Dank mit einem Münzprivileg aus, weil sie 1524/25 stets zum Stift gehalten hätten, auf daß die Reformation „nicht ansprechen und einbrechen möchte." Nach Paderborn scheint die neue Lehre über Lippstadt gekommen zu sein, wo man sich unter dem Einfluß der dortigen Augustiner-Eremiten bereits 1524 den Lehren Luthers geöffnet hatte. Als 1525 der Bruder Goebel aus dem Augustinerchorherrenstift Böddeken sich in Paderborn aufhielt und auf das Westerntor zuging, sprangen einige Bürger auf, die dort saßen und tranken, und riefen ihm zu: „O monick, o monick, wolff, wolff!" (etwa: Mönch! Mönch! Du Blutsauger! Du Blutsauger!). Bruder Goebel sah zu, daß er nach Böddeken kam, nicht ohne den Seufzer auszustoßen: „Got helpe uns, de Geistlikeit henget nu an eynen siden vaden." In der Tat scheinen in der Bischofsstadt beträchtliche soziale Spannungen zwischen der (Dom-)Geistlichkeit einerseits und der Bürgerschaft andererseits bestanden zu haben. Insbesondere die jüngere Generation der Bürgerschaft radikalisierte sich, und dabei dürfte die Luthersche Lehre als Katalysator für sonst heterogene soziale Interessen eine Rolle gespielt haben. Jedenfalls kam es 1528 im Anschluß an ein Fest auf der Kohlgrube in Paderborn zu einer wilden Prügelei zwischen jüngeren Bürgern (wohl Schützen-brüdern) und (jüngeren) Bediensteten der Domherren. Beide Teile griffen „zur wher", und es wird nicht ohne Übertreibung berichtet, daß sie „eyn ander thoidt geslagen und vill auff thoidt verwundet". Darauf erfolgte ein allgemeiner Bürger-auflauf, der Dom wurde gestürmt, „dei buicher zerrissen und allen moidt willen darin getrieben und ubel haus gehalten." Anschließend nahm man sich die Kurien der Domherren vor, und dort wurde „alles endzwei geslagen, das beir ausgesoffen und was sei nicht sauffen konnten, haben sei den fessern dei boiden ausgeslagen und lauffen lassen." Bischof Erich beleg-te die Stadt mit 2000 Gulden Strafe und einer Reihe von re-striktiven Maßnahmen. Vier Jahre später zeigte sich der re-formatorische Geist deutlicher; damals mußten sich die Pa-derborner Erzbischof Hermann (1532–47) unterwerfen, weil sie „gegen undt wider alte lobliche undt wohlherbrachte ge-bräuche und ceremonien der Heyligen Kirche" gehandelt hatten und „etzliche verbottene Neuwerung in der gemeinen Christlichen Kirchen mit annehmung etslicher darzu von der Obrigkeit unverordtneter Prädicanten undt allerley Teutschen Gesanges gegen den Gebrauch der Kirchen vorgenommen." 1566 wurden lutherische Gottesdienste in der Marktkirche und in der Busdorfkiche abgehalten, und trotz eines abermal-igen Verbots vergrößerte sich die protestantische Partei in der Stadt, begünstigt durch den heimlich verehelichten Erzbi-schof Heinrich IV. (1577–1585).

Auch an anderen Orten hatte die reformatorische Lehre Eingang gefunden, so von Lippe aus in Nieheim und Stein-heim (1538), später in Brakel (1580) oder in Beverungen (1550). Noch gewichtiger war, daß die Reformation auch beim Landesadel Fuß faßte; hier hatte die Haltung des Adels, häufiger in der Rolle des Patronatsherren, große Auswirkun-gen auf die Eigenhörigen und Meier. Dies galt etwa für die v. Haxthausen, v.d. Lippe, v.d. Borch, v. Spiegel und andere, vor allem aber für die Herren v. Büren. Um 1585 bekannten sich in 110 im Rahmen einer Visitation besuchten Gemeinden von 239 Seelsorgern rd. 17% zur evangelischen Lehre, und weitere 11% hatten den Zölibat gebrochen. Knapp 30% der Seelsorger verhielten sich damit nicht entsprechend den kirchlichen Vorschriften oder hatten das evangelische Be-kenntnis angenommen. Mit anderen Worten: Angesichts einer weitgehend protestantischen territorialen Nachbarschaft (Hessen, Lippe) war das Hochstift Paderborn als Kern des Bistums um 1585 kurz davor, konfessionell die Farben zu wechseln.

3.

Daß dieser Fall nicht eintrat, ist neben anderen in erster Linie dem Bischof Dietrich IV. von Fürstenberg zuzuschreiben, dessen monumentales, von dem Bildhauer Heinrich Grönin-

ger geschaffenes Grabdenkmal im Paderborner Dom aufge-stellt ist.

Dietrich von Fürstenberg begann seine Eindämmungspoli-tik mit gegenreformatorischen Maßnahmen, die von Anfang an mit dem politischen Bestreben verknüpft waren, die lan-desherrliche Hoheit im frühabsolutistischen Sinne zu forcie-ren. Dies wurde zum Beispiel in dem Prozeß erkennbar, den Bischof Dietrich seit 1588 mit der Stadt Paderborn vor dem Reichskammergericht führte. Streitpunkt war, daß Appella-tionen von Gerichten der Stadt Paderborn an den Dortmunder Rat gerichtet wurden, ein Brauch, der aus den hochmittelal-terlichen Rechtsübertragungen von Dortmund nach Pader-born resultierte. Die bischöflichen Juristen hielten den städti-schen vor, daß eine solche Praxis dazu führe, daß „gnediger Furst und Herr als der Landtsfurst (…) und hohe oberkeitt gentzlich vorbeigangen werden." Es sei unbegreiflich, daß ei-ne „außlendische Stadt" wie Dortmund im Fürstentum Pader-born jemals „die geringste bottmeßigkeitt oder iurisdiction" besessen haben sollte, und wenn es anders gewesen wäre, dann wäre dies nur geschehen, weil vor Jahren noch kein ei-genes Hofgericht im Hochstift existiert habe, das endgültig 1582 nach dem Vorbilde des Hofgerichtes in Münster durch Bischof Johann II. von Hoya (1568–74) eingerichtet worden war. Die Wirksamkeit der Territorialverwaltung wurde da-durch gesteigert, daß zu Ende des 16. Jahrhunderts der hun-dert Jahre zuvor geschaffene Geschworene Rat mit der Re-gierungskanzlei (auch Hofrat genannt) zur ersten selbständi-gen zentralen Verwaltungsbehörde des Hochstifts zusammen-gelegt wurde. Die neue Behörde erhielt 1618 von Dietrich von Fürstenberg eine Kanzleiordnung.

Dem Versuch Dietrichs, die relative Autonomie der Städte des Hochstifts, an der Spitze Paderborn, zu begrenzen oder möglichst aufzuheben und gleichzeitig arbeitsfähige territo-riale Zentralbehörden zwecks effizienterer Verwaltung des Hochstifts zu schaffen, entsprachen seine gegenreformatori-schen Aktionen und sein Bemühen um eine katholische Re-form im Sinne des Konzils von Trient. Die mit militärischen Mitteln 1604 vollzogene Unterwerfung der Bischofsstadt Pa-derborn war in diesem Sinne sowohl ein Akt der Gegenrefor-mation als auch der modernen territorialen Politik, die inte-grativ dachte und Sonderrechte ungerne duldete. Der Prote-stantismus ließ sich indessen in der Stadt wie im gesamten Hochstift weder durch administrative Eingriffe noch gar durch militärische Maßnahmen austrocknen. Das beweist ein erfolgloses bischöfliches Dekret von 1612, das die Paderbor-ner Bürger acht Jahre nach der Eroberung ihrer Stadt vor die Alternative stellte, zum alten Glauben zurückzukehren oder auszuwandern. Als 1622 Christian von Braunschweig die Stadt besetzte, begann in der Marktkirche sogleich wieder protestantischer Gottesdienst. Auch an anderen Orten bedeutete die Ausweisung lutherischer Pfarrer nicht das Ende des Protestantismus, der sich durch Verbindungen in die benachbarten protestantischen Grafschaft Lippe und Landgrafschaft Hessen zu kräftigen suchte. Doch blieb ein Erfolg am Ende aus.

Auf Dauer wirksamer waren die Bemühungen um die katholische Reform. Zu ihr gehörte die Unterstützung der seit 1580 in Paderborn wirkenden Jesuiten, ferner die Stiftung der *Academia Theodoriana* (1614) als erster Universität Westfalens, der Erlaß einer Diözesanagende (1602), der Druck des Katechismus des Petrus Canisius und eines Gesangbuches (1609). Vor allem besaß die katholische Reform ihren eigentlichen Ort in den Pfarreien, und deren einschlägige Arbeit verbesserte sich nach 1600 langsam. Eine Generation später waren die provozierenden Mißstände in der Sakramentenspendung, in Lebenswandel, Predigt und Katechese vermindert. Damit konnte am Ende des Dreißigjährigen Krieges – trotz aller Schäden des Krieges – das Hochstift als für die katholische Kirche zurückgewonnen gelten. Um 1666 bestanden 91 Pfarreien auf dem Boden des Hochstifts. Dort, wo der Bischof nicht gleichzeitig weltlicher Landesherr war, also außerhalb des Hochstifts im ehemals weiteren Bistum, waren jedoch der katholischen Kirche mehr als hundert Pfarreien verloren gegangen.

Das Hochstift Paderborn als Nebenland im 17. und 18. Jahrhundert

1.

Im Westfälischen Frieden (1648) konnte die Fortexistenz des Hochstifts gegenüber hessischen Ansprüchen mit Hilfe der französischen Diplomatie – unter Einschaltung des Bischofs von Le Mans – gesichert werden. Der herausragende Bischof während der dem Hochstift noch verbleibenden 150 Jahre bis zu seiner Aufhebung im Jahre 1802 war Ferdinand II. von Fürstenberg (1661–1683).

Ferdinand entstammte wie einer seiner Vorgänger, Dietrich IV. (1585–1618), und ein weiterer seiner Nachfolger, Franz Egon (1789–1825), einem im kurkölnischen Sauerland ansässigen Adelsgeschlecht. Nach Studienstationen in Siegen, Paderborn und Münster empfing er seine entscheidende Prägung in Rom, wo er nicht nur geschichtliche Studien (u.a. zur Geschichte Westfalens) trieb, sondern sich auch mit der wissenschaftlichen Welt seiner Zeit bekannt machen konnte. Mit den namhaftesten Gelehrten seiner Zeit unterhielt er auch als Paderborner Bischof eine lebhafte Korrespondenz; einer seiner Gesprächspartner war der deutsche Universalgelehrte Gottfried Wilhelm Leibniz, der ihm 1680 in Neuhaus einen Besuch abstattete. Ferdinands geschichtliches Hauptwerk sind die *Monumenta Paderbornensia* (1669 und 1672), in denen er die Geschichte der Paderborner Landschaft in Anknüpfung an die Geschichte ihrer wichtigsten historischen Denkmäler verfaßte. Für die von seinem Beichtvater und Hofhistoriker Nikolaus Schaten, einem Jesuiten, geschriebenen *Annales Paderbornenses,* einer nach Jahren geordneten Geschichte des Paderborner Landes von 772–1546 (später fortgesetzt bis 1618) hatte er aus Rom grundlegende Quellen beschafft. Sein künstlerisches Interesse erweist sich in der Stiftung oder Förderung von 24 barocken Kirchen und Kapellen im Hochstift, als deren Glanzstück die Jesuitenkirche in Paderborn gilt. Schließlich ließ er 1664 bis 1666 alle bedeutenden Ortschaften des Hochstifts in Gemälden festhalten. Kein anderer Paderborner Fürstbischof zwischen 1618 und 1825 erreichte auch nur entfernt seinen Rang.

Politisch indessen war das Hochstift nach dem Dreißigjährigen Krieg vollends in die Rolle eines Nebenlandes geraten; es teilte hiermit das Schicksal anderer westfälischer Territorien. Diese Tatsache erwies sich vor allem darin, daß das Hochstift im 18. Jahrhundert Fürstbischöfe besaß, die das Land in Personalunion mit anderen Fürstbistümern regierten. Der der Wittelsbacher Dynastie entstammende Erzbischof Clemens August (1719–1761), der als Erzbischof von Köln zugleich das Bischofsamt in Münster, Osnabrück, Hildesheim und auch Paderborn bekleidete und deshalb spöttisch als „Monsieur de Cinq Eglises" bezeichnet wurde, personifizierte diesen Bischofstyp exemplarisch. Aber auch Bischof Franz Arnold von Wolff-Metternich (1704–1718) war gleichzeitig Bischof von Münster. Die Seelsorge im Bistum überließ Clemens August, der sich während seiner 42jährigen Regierungszeit nur zwanzigmal im Hochstift aufhielt (meist zur Jagd in der Senne und zu Festlichkeiten), seinem Weihbischof, die kirchliche Verwaltung seinem Generalvikar; als oberste Landesbehörde schuf er 1723 das Geheime Ratskollegium. In seiner Sorge um das Elementarschulwesen zeigte er sich von der katholischen Aufklärung berührt. Nachdem im Zusammenhang mit dem Siebenjährigen Krieg, der das Hochstift zum Teil hart traf, deutlich geworden war, daß Fürstbischöfe aus großem Hause wie dem der Wittelsbacher die große Politik auch mit ihren negativen Folgen in das Hochstift brachten, entschied man sich in den letzten Bischofswahlen des Hochstifts – zum Teil auch unter auswärtiger Beeinflussung – wieder für Kandidaten aus dem politisch weniger bedeutenden regionalen Adel.

2.

Die aufklärerische Publizistik des 18. Jahrhunderts behandelte das Hochstift mit Herablassung und Verachtung. Das Land sei rückständig, Faulheit und Müßiggang der Bewohner hätten zu einer weit verbreiteten Armut geführt. Viele Länderei-

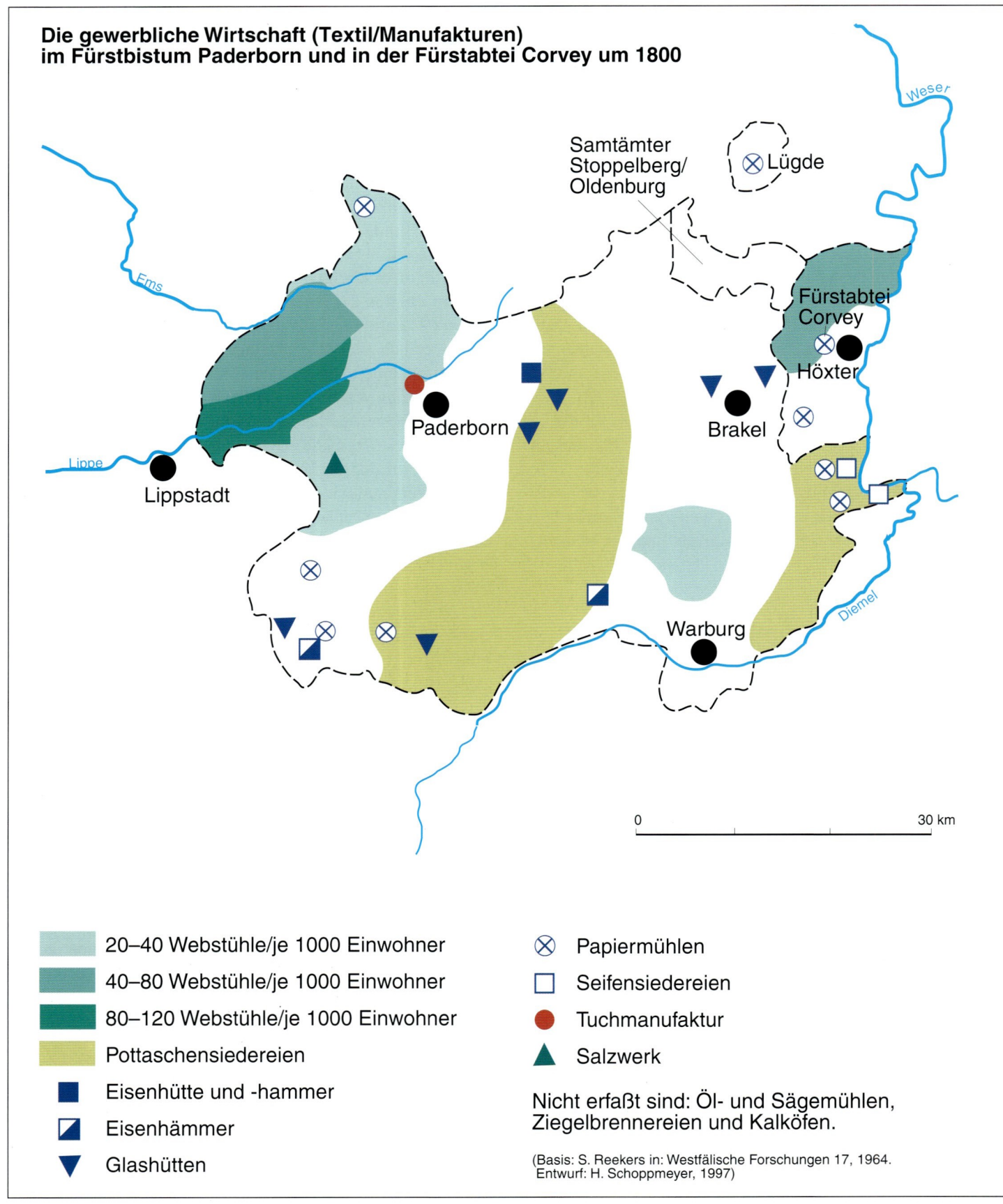

Die gewerbliche Wirtschaft (Textil/Manufakturen) im Fürstbistum Paderborn und in der Fürstabtei Corvey um 1800

Samtämter Stoppelberg/ Oldenburg

Lügde

Fürstabtei Corvey

Höxter

Paderborn

Brakel

Lippstadt

Warburg

0   30 km

20–40 Webstühle/je 1000 Einwohner

40–80 Webstühle/je 1000 Einwohner

80–120 Webstühle/je 1000 Einwohner

Pottaschensiedereien

Eisenhütte und -hammer

Eisenhämmer

Glashütten

⊗ Papiermühlen

☐ Seifensiedereien

● Tuchmanufaktur

▲ Salzwerk

Nicht erfaßt sind: Öl- und Sägemühlen, Ziegelbrennereien und Kalköfen.

(Basis: S. Reekers in: Westfälische Forschungen 17, 1964. Entwurf: H. Schoppmeyer, 1997)

er lägen wüst und öde, ganz im Gegensatz zu dem preußisch regierten Ravensberg. Einer der schwerwiegendsten Mängel sei das Zurückbleiben der „Industrie" (=Gewerbe). Zudem sei die Paderborner Bevölkerung durch den Soldatenstand „nicht kultiviert" worden. Die Paderborner Universität konzentriere sich nur auf Theologie und Philosophie, über Jurisprudenz und Arzneikunde werde nicht gelesen. Letzten Endes stünden der geistliche Staat und die religiös unaufgeklärte Bevölkerung einer positiven Entwicklung im Wege.

Kritische Äußerungen wie diese haben bis in die Gegenwart die Einschätzung des Zustandes des Hochstifts im 18. Jahrhundert bestimmt. Dabei ist wenig beachtet worden, daß sich die referierten Argumente aus der Position einer stark protestantisch und preußisch gefärbten, aufklärerischen Betrachtung herleiteten und daher einen gehörigen Anteil an Polemik enthalten. Näher betrachtet ergibt sich nämlich, daß das Paderborner Land wirtschaftlich keineswegs so rückständig gewesen ist, wie es seine zeitgenössischen Kritiker gerne beurteilten. Zwar war das zünftische Handwerk im Hochstift nur auf den örtlichen Absatz ausgerichtet und gab daher wenig an wirtschaftlicher Dynamik her. Auf der anderen Seite jedoch bildete sich außerhalb der Zünfte in anderen Zweigen eine Produktion aus, die auf den Export ausgerichtet war und entscheidende Entwicklungsimpulse geben konnte. Dazu gehörte in erster Linie die Flachs- und Hanfproduktion. Der Anbau beider Pflanzen bot den Vorteil, daß von einer relativ kleinen Fläche ein hinreichend großes Einkommen zur Versorgung einer Familie erzielt werden konnte. 40% bis 50% der damaligen Flachsernte konnten gegen Ende des 18. Jahrhunderts exportiert werden. Allein das Exportvolumen entsprach etwa 2000 Vollarbeitsäquivalenten. Demgegenüber war der Export von Wollwaren nicht bedeutend. Ebenso waren in der Glasindustrie (250 Personen) und der Eisenproduktion (120 Personen) wesentlich weniger Arbeitskräfte beschäftigt; und die Produktion aus diesen Zweigen blieb im Hochstift. Auch das differenzierte Nahrungs- und Genußmittelgewerbe produzierte mehr für den Bedarf des Landes. Alles in allem arbeiteten um 1800 63% der Erwerbstätigen im land- und forstwirtschaftlichen, 20% im gewerblichen und 17% im Dienstleistungs-Sektor. Damit glichen die Verhältnisse in Paderborn denen im Herzogtum Kleve oder Magdeburg, unterschieden sich allerdings deutlich von denen im Herzogtum Berg oder der Grafschaft Mark. In moderner Terminologie kann man das Hochstift in seinem wirtschaftlichen Zustand um 1800 als Schwellenland bezeichnen.

3
Der Untergang des hochstiftischen Staates näherte sich im zeitlichen Zusammenhang mit der französischen Revolution. Die Revolutionsereignisse wirkten in das Hochstift hinein, wie verschiedene Ereignisse zeigen. 1792/93 erklärten sich Geistlichkeit und Adel unter Druck bereit, einen Beitrag zur Steuerlast zu tragen; die pflichtigen Stände wurden für zwei Jahre von der Kopfschatzung befreit. 1794 verzichteten Adel und Geistlichkeit definitiv auf das Privileg der Steuerfreiheit ihres Grundvermögens. In der bäuerlichen Bevölkerung des Landes brodelte es schon länger. 1797 kam es in Wormeln zu gewaltsamen Auseinandersetzungen zwischen Bauern und Paderborner Militär im Gefolge eines längeren Streits um den Zehnten, von den Bürgern in Paderborn und Warburg wurden Freiheitsbäume errichtet. Letzten Endes entschied sich das Schicksal des Hochstifts durch den Frieden von Lunéville (1801), in dessen Folge Preußen durch Vertrag mit Frankreich (1802) für seine Gebietsabtretungen auf dem linken Rheinufer u.a. mit dem Gebiet des Hochstifts Paderborn entschädigt wurde. Am 6. Juni 1802 zogen die Preußen in Paderborn ein, von der Bevölkerung mit Schweigen und Ablehnung empfangen. Die erste preußische Herrschaft währte jedoch nur bis 1806; nach der Niederlage Preußens gegen Napoleon I. wurde das Paderborner Land dem 1807 geschaffenen Königreich Westfalen (Hauptstadt: Kassel) eingegliedert, einem französischen Satellitenstaat, dessen vorzügliche Verwaltung manche Strukturen schuf, die überdauerten. Nach dem Sieg der allierten Preußen, Österreicher und Russen über Napoleon im Oktober 1813 bei Leipzig rückten zuerst Kosaken in Paderborn ein. Ihnen folgten im November 1813 preußische Truppen. Bis 1945 blieb danach das Paderborner Land Bestandteil zunächst der preußischen Monarchie, dann nach 1918 des Reichslandes Preußen.

Das Paderborner Land im 19. und 20. Jahrhundert

1.
In die Nachfolge des 1802 untergegangenen Hochstifts Paderborn teilten sich zunächst die fünf Kreise Paderborn, Höxter (zu Teilen), Büren, Brakel und Warburg, die mit Verordnung der preußischen Bezirksregierung zu Minden vom 18. Oktober 1816 eingerichtet wurden. Nach vorausgegangenen Verkleinerungen wurde der Kreis Brakel 1832 ganz mit dem Kreis Höxter vereinigt. Damit wurde der Landrat in Höxter für ehemals hochstiftisch Paderborner Gebiet zuständig, das vor 1802 nicht zur gefürsteten Reichsabtei Corvey gehört hatte, deren wichtigster Ort Höxter seit dem Hochmittelalter gewesen war. Der Spitzenbeamter der Kreise, der Landrat, war sowohl Vertrauensmann der Stände seines Kreises als auch preußischer Beamter und wurde daher aufgrund einer von den Ständen des Kreises vorgeschlagenen Dreierliste vom preußischen König ernannt. Gemäß der Kreisordnung von 1827 sollte der Landrat ein Rittergut in dem Kreise besitzen, in dem er für seine Position vorgeschlagen wurde. Abgesehen von

einem durch die Revolution von 1848 bedingten Intermezzo zwischen 1850 und 1852 blieb diese Kreisordnung bis 1887 in Kraft. In diesem Jahr wurde sie durch die 1886 beschlossene Kreisordnung abgelöst, deren wichtigste Neuerung war, daß die aus vier Ständen zusammengesetzte Vertretungskörperschaft (Kreistag) der 1827er Ordnung durch eine Repräsentativversammlung abgelöst wurde. In ihr waren die Repräsentanten der größeren Grundbesitzer, der Amtsverbände und der Städte vertreten. Diese Kreisordnung galt formell bis 1953, allerdings mit der Änderung, daß ab 1920 die allgemeine, gleiche und direkte Wahl für die Kreistagsabgeordneten vorgeschrieben war.

Hinsichtlich der Gemeindeordnung ist im 19. und im 20. Jahrhundert bis an die Schwelle der Gegenwart zwischen Städten und Landgemeinden zu unterscheiden, von denen die ersteren ab 1831/35 nach einer bis 1953 mehrfach revidierten und veränderten Städteordnung, die anderen ab 1841 nach mehrfach modifizierten Landgemeinde- und Amtsordnungen verwaltet wurden. Mit der nordrhein-westfälischen Gemeindeordnung von 1975 entfielen diese Unterschiede; es wird lediglich noch zwischen kreisfreien Städten und kreisangehörigen Gemeinden unterschieden. In den heutigen Kreisen Paderborn und Höxter, die den Raum des Hochstifts abdecken (im Falle Höxters: einschließlich der ehemaligen Fürstabtei Corvey) und in denen die ehemaligen Kreise Büren und Warburg seit 1975 aufgegangen sind, existiert allerdings keine kreisfreie Stadt.

2.
Bedeutsamer als diese Verwaltungsgliederung scheint die Tatsache, daß bis in die Gegenwart das Paderborner Land seine Identität aus der Vergangenheit des Landes als Hochstift schöpfen kann. Dies hing vor allem mit der hervorgehobenen Rolle der Stadt Paderborn in fürstbischöflicher Zeit zusammen.

Mit dem Ende des Hochstifts zentrierte sich nämlich das Paderborner Land seit Beginn des 19. Jahrhunderts mehr und mehr auf seine Bischofsstadt, während die mittelalterliche und frühneuzeitliche Bipolarität des Landes mit seinen Schwerpunkten Warburg (im oberwaldischen Dringenberger Distrikt) und Paderborn (im unterwaldischen Neuhauser Distrikt) sich abbaute. Zwar hatte im 18. Jahrhundert der Bischof kaum in Paderborn, sondern in Neuhaus residiert, doch seine Hoflieferanten und andere Geschäftsleute wie auch die Zentralverwaltung hatten sich vornehmlich in Paderborn niedergelassen. Die kirchlich-kulturelle Zentralfunktion Paderborns erhöhte sich mit Beginn der preußischen Zeit, weil die Bischöfe jetzt wieder in der Stadt ihre Residenz zu nehmen pflegten. Gleichzeitig erweiterte sich die Diözese Paderborn, die nach der Reformation faktisch auf den Hochstiftsbereich

geschrumpft war, im Zuge der Neuordnung der kirchlichen Verhältnisse nach 1821 um Gebiete der (ehemaligen) Diözesen Magdeburg, Naumburg, Zeitz, Brandenburg, Havelberg, Minden, Verden und Halberstadt und der Erzdiözesen Mainz und Köln. Nach Breslau war Paderborn das flächengrößte Bistum des preußischen Staates, seit 1871 des Deutschen Reiches. Während es sich bei den meisten Zuweisungen für die katholische Kirche um Diaspora-Gebiete handelte, vermehrte die Zuordnung des kölnischen Sauerlandes und aller Gebiete im Regierungsbezirk Arnsberg die Zahl der Gläubigen im Bistum beträchtlich. Damit wuchs die zentralörtliche Funktion Paderborns über die Hochstiftgrenzen hinaus. Aber auch die preußische Verwaltung, die das Oberlandesgericht für das Mindener Land, für Ravensberg und für das ehemalige Hochstift 1816 nach Paderborn verlegte, begünstigte die Stärkung Paderborns. Die preußische Garnison in Paderborn (seit 1815), der nahe Truppenübungsplatz Sennelager (seit 1892) belebten und verstärkten die zentrale Bedeutung Paderborns für sein Umland.

Hinzu kam, daß die alten Territorialgrenzen des Hochstifts in veränderter Form weiterlebten. Die Grenze zum evangelisch-reformierten Lippe, die zugleich eine Konfessionsgrenze war und – bis 1842, als Lippe dem Zollverein beitrat – auch eine scharfe Zollgrenze bildete, blieb faktisch im 19. und auch noch im 20. Jahrhundert erhalten. Sie spiegelte sich bis in die 1960er Jahre zum Beispiel im Heiratsverhalten der Bevölkerung wider, sogar in der ehemals paderbornischen Exklave Lügde, die rings von lippischem Gebiet umschlossen war. Auch im Osten, wo allerdings das (katholische) Gebiet der Fürstabtei Corvey mehr oder weniger mit dem ehemaligen Hochstiftsbereich verschmolz, bildeten die Weser und die Konfessionsunterschiedlichkeit ebenso wie im Süden die Diemel gegenüber dem protestantischen Hessen eine abrupte Trennlinie. Lebte das Hochstift in seinen Abgrenzungen nach Norden, Osten und Süden weiter und empfand die Bevölkerung die Unterschiedlichkeit gegenüber den Nachbarn in diesen Himmelsrichtungen, so öffnete sich der ehemalige Hochstiftsbereich in das kölnische Sauerland hinein. Raumbindungen in diesen Grenzen zeigen sich etwa bei der Herkunft der Studenten der philosophisch-theologischen Lehranstalt Paderborns, bei den Schülern des Gymnasium Theodorianum in Paderborn (Warburg besaß 1849 ein Progymnasium, Höxter und Brakel eine Mittelschule), bei den Krankenhäusern (1849 außer in Paderborn nur ein kleines in Warburg) und natürlich auch in der wirtschaftlichen Ausstrahlung und Anziehungskraft.

Schaut man auf das politische Feld, ergibt sich das gleiche Bild. Das läßt sich durch die Ergebnisse der Reichstagswahlen zwischen 1871 und 1912 gut veranschaulichen. Während die nördlich benachbarten Wahlkreise Minden und Herford eine Domäne der protestantisch gefärbten, durch die Erweckungsbewegung beeinflußten preußischen Konservativen waren und die ebenfalls protestantisch dominierten Wahlkreise Bielefeld und Lippe in der Regel dem Linksliberalismus, gelegentlich auch der SPD zufielen, votierte das Paderborner Land in seinen Wahlkreisen Paderborn/Büren und Warburg/Höxter ausschließlich für Kandidaten der katholisch bestimmten Zentrumspartei, die auch von der Kirche direkt unterstützt wurde. Dabei erzielten die Zentrumskandidaten geradezu erdrückende Mehrheiten, in der Regel über 90 %. der abgegebenen Stimmen. Eine erhebliche Förderung für diese geschlossene Option zugunsten der Zentrumspartei ergab sich aus dem Verlauf des sog. Kulturkampfes. Er gipfelte sich im Paderborner Land dramatisch auf, als die preußische Regierung Bischof Konrad Martin (1856–1879) zunächst verhaften und dann expatriieren ließ. Daß durch diesen Akt die ohnehin starke Identifikation der Bevölkerung mit der katholischen Kirche im ehemaligen Hochstift vertieft wurde, liegt auf der Hand, und die Folgen dieser Vorgänge lassen sich kaum überschätzen. Der Zusammenhang von Konfession und Wählerverhalten blieb während der Weimarer Republik erhalten; weder die KPD noch die SPD noch die NSDAP konnten im alten Hochstiftsbereich jemals erhebliche Stimmenanteile erzielen. Noch in den letzten Reichtagswahlen vom 5. März 1933, die bereits unter nationalsozialistischer Herrschaft stattfanden, erzielten die Zentrumskandidaten im Paderborner Land über 60 % der Stimmen, während die NSDAP im benachbarten Lippe sich auf 41 % der Stimmen steigern konnte. In der Bundesrepublik Deutschland setzte sich nach 1946 im Paderborner Land stets die CDU mit hohen oder doch deutlichen Mehrheiten durch, wenn auch die 90 %-Ergebnisse des Zentrums nicht mehr erreicht wurden.

Die durch die hochstiftische Vergangenheit und die katholische Konfession mental geprägte Bevölkerungsmehrheit in den heutigen Kreisen Paderborn und Höxter verhielt sich auch sonst anders als ihre direkte Nachbarschaft. Zum Beispiel ergab eine Untersuchung über die Lebendgeborenen je 1000 verheirateter Frauen zum Stichjahr 1961 signifikante Unterschiede zu den westlichen, östlichen und südlichen Nachbargebieten, weniger zum kölnischen Sauerland. Im ehemaligen Hochstiftsbereich mit Ausnahme des damaligen Kreises Paderborn betrug die durchschnittliche Geburtenrate 172–201 je 1000, im Kreis Paderborn 152–171 je 1000, im überwiegend protestantischen Lippe, im Niedersächsischen und in Hessen hingegen 131 je 1000 und weniger.

Aus solchen und anderen Beobachtungen erwächst die Vermutung, daß die hochstiftisch-katholische Vergangenheit bis in die Gegenwart deutlich wirksam ist und das Paderborner Land von seinem Umfeld abhebt.

3.
Dies gilt trotz der Tatsache, daß sich im ökonomischen Bereich seit 1800 im ehemaligen Hochstift große strukturelle Veränderungen vollzogen haben.

Nachdem nach 1802/06 die Heiratsbeschränkungen für nicht-erbende Bauernkinder aufgehoben waren, ergab sich wegen des einsetzenden Bevölkerungswachstums ein Mißverhältnis zwischen arbeitsfähiger Bevölkerung und Zahl der Arbeitsplätze. Mangel an Arbeitsplätzen, schlechte Wohnverhältnisse, Armutskrankheiten, einseitige Ernährung bewirkten eine soziale Not, die durch periodisch wiederkehrende Hungerkatastrophen wie 1816/17 und 1846/47 dramatisch verstärkt wurde. Daher setzte eine Auswanderungswelle zunächst nach Übersee (Amerika), später mit der aufkommenden Industrialisierung im Ruhrgebiet in diese sich entwickelnde Industrieregion ein. Die während der Märzrevolution 1848 im Paderborner Land aufbrechenden Ausschreitungen, in erster Linie gegen Forstbeamte, Juden und und Gutsbesitzer bzw. Gutsverwalter gerichtet, sind deutliche Indizien für die damals gespannte soziale Situation.

Mit dem Streckenausbau der Eisenbahnlinien Lippstadt/Paderborn/Altenbeken/Warburg (1850/53) und Altenbeken/Höxter/Holzminden/Kreiensen (1865) sowie Paderborn/Hameln/Hannover (1872) und weiteren Bahnbauten begann sich die Situation zu verbessern. Doch kletterte die Zahl der im sekundären und tertiären Sektor Beschäftigten vor allem außerhalb der Stadt Paderborn nur langsam. 1939 waren selbst im damaligen, schon deutlich städtisch bestimmten Kreise Paderborn noch 31 % der arbeitenden Bevölkerung in der Landwirtschaft tätig, in den übrigen Kreisen dagegen deutlich über 50 % der Erwerbstätigen. Dreißig Jahre später, 1970, war die Zahl der in der Landwirtschaft Erwerbstätigen in den Kreisen Warburg und Büren auf knapp 20 %, im Kreis Höxter auf 11 % und im Kreis Paderborn auf 7 % abgesunken. Offensichtlich hatte sich nach 1945 ein deutlicher Strukturwandel zu Lasten der Landwirtschaft durchgesetzt. Mehrere Faktoren haben diesen Prozeß begünstigt. Zum einen schrumpfte die bäuerliche Basis, die Zahl der Betriebe sank. Zum anderen nahmen gleichzeitig jedoch die landwirtschaftliche Nutzfläche und die Viehhaltung bis in die 1970er Jahre zu. Drittens entstanden intensiver wirtschaftende, technisch immer besser ausgestattete und auch größere Betriebe. Flurbereinigung und Aussiedlung von Betrieben förderten diesen Vorgang. Schließlich wandelten sich ursprüngliche landwirtschaftliche Vollstellen in Nebenerwerbsbetriebe um. Aber auch das traditionelle dörfliche Handwerk verschwand praktisch; an seine Stelle traten moderne Branchen und Fabrikbetriebe, die zum Teil zwecks Ausschöpfung der Arbeitskraft aus dem Ruhrgebiet ins Hochstift, insbesondere in die verkehrsgünstig liegenden Orte (Bundesstraßen 1 und 64 sowie Autobahn 33) verlegt wurden. Endlich entfaltete sich seit den 1960er Jahren in rasanter Weise der Fremdenverkehr.

Eine Zugpferdfunktion für das gesamte Hochstift übernahm dabei die Stadt Paderborn, in abgestufter Form Höxter. In Paderborn wurden allein zwischen 1953 und 1966 über 30 neue Industriebetriebe mit rd. 6000 Arbeitsplätzen angesiedelt, wobei Firmen der Eisen-, Metall- und Elektro-Industrie für die Stadt ein Novum bildeten (1969: 45 Betriebe mit 9554 Beschäftigten). Herausragend innovativ war der Aufbau der Kleincomputer-Industrie (Nixdorf) seit 1952. Diese Branchen ergänzten die klassischen Paderborner Sparten: Betriebe des Bereichs Bau-Steine-Erden, Holz- und Papierindustrie, Bekleidungsindustrie, Druckerei- und Verlagswesen, Nahrungs- und Genußmittelindustrie, Landmaschinenbau. Der Ost-Westfalen-Plan (1955) der Regierung Karl Arnold (CDU) und spätere Landeskreditpläne haben zu dieser Entwicklung erheblich beigetragen. Schließlich war 1972 die Umwand-lung der damaligen Pädagogischen Hochschule in eine Universität/Gesamthochschule von erheblicher Bedeutung für die Stabilisierung der Region.

Die in Paderborn, Höxter und anderen Hellwegorten wie Salzkotten und dem nicht zum Hochstift gehörenden Geseke, aber auch in den übrigen Hochstiftorten selbst seit den 1960er Jahren entstandenen Arbeitsplätze lieferten den Erwerb Suchenden die Möglichkeit, auswärts zu arbeiten und dennoch im heimischen Dorf zu wohnen. Die Berufspendlerströme fließen überwiegend nach Paderborn; die Stadt blieb zugleich kulturelles Zentrum der Region. Die alte Hochstiftshauptstadt ist weiterhin mit den Orten des ehemaligen Hochstifts eng verbunden. Ohne die zwischen Paderborn und dem Gebiet des ehemaligen Hochstifts existierende Wechselbeziehung verlöre die Stadt Paderborn ihren Wurzelgrund, die Orte des „Hochstifts" ihrerseits gingen ihrer identitätsstiftenden Mitte verlustig.

Georg Vockel

Land und Leute, gestern und heute. Streiflichter aus dem Hochstift

„Das" oder „der" Hochstift? So fragen manche Neubürger und Besucher. Richtig ist *das* Hochstift. Es gibt die Hochstiftkreise Paderborn und Höxter oder den Hochstiftbereich. Über 430 000 Menschen leben heute in den Grenzen des früheren Paderborner Fürstbistums und der ehemaligen Reichsabtei Corvey. Unterschiedliche Regionen bieten eine Vielfalt unterschiedlicher Landschaften. Weite Wälder und geschwungene Höhen wechseln mit Tälern, in denen sich klare Bäche winden und schmucke Dörfer liegen. Burgen und Schlösser künden von früherer Herrschaft. In den Städten bilden historische Gebäude im modernen Umfeld willkommene Kontraste.

Das Hochstift ist mit fast 2450 Quadratkilometern so groß wie das Saarland. Mit über 280 000 Einwohnern erreicht der Kreis Paderborn auf 1245 Quadratkilometern eine Bevölkerungsdichte von 225 Personen auf den Quadratkilometer, der Kreis Höxter (1200 qkm) kommt mit 156 000 Menschen auf 130. Das Verhältnis der Bürger zur Fläche liegt in beiden Landkreisen deutlich unter den Durchschnittszahlen in ganz Nordrhein-Westfalen und in Ostwestfalen, wo 522 bzw. 308 Personen je Quadratkilometer errechnet worden sind.

Grenzen des Hochstifts bilden auf der Westseite des zwischen den beiden Kreisen verlaufenden Eggegebirges die Ausläufer der Münsterländer Bucht bis ins Delbrücker Land und in die Senne hinein sowie die waldreichen Hochflächen von Büren und Wünnenberg vor den Bergen des Sauerlandes. Die Weser mit abwechslungsreicher Landschaft ist die östliche Grenze. An der Diemel liegt im Südosten des Hochstifts mit altem Stadtkern Warburg, und von der zentralen Stadt Brakel im Nethegau führen viele Straßen in gepflegte Dörfer. Wer sich Zeit läßt auf seinen Fahrten und Wanderungen durch das Hochstift, entdeckt immer wieder Schlösser, Klöster, Kapellen und erhaltenswerte Teile früherer Befestigungsanlagen. Charakteristisch für das ganze Hochstift ist der ständige Wechsel der Landschaft zwischen Wasser, Wald und Wiesen.

Das Hochstift liegt im Herzen Deutschlands und Europas. Es wird seit altersher durch wichtige Straßenverbindungen erschlossen. So verlief westlich des Eggegebirges über Paderborn als „Königsweg" die „Via Regia" von Frankfurt nach Bremen. Jüngste Funde verraten, daß diese Nord-Süd-Verbindung schon in der Steinzeit benutzt wurde. Urkundliche Erwähnung fand der „Hellweg" als wichtige Ost-West-Straße bereits 1001; er verband den Niederrhein mit Weser, Elbe und der Region um Magdeburg (die heutige Bundesstraße 1 folgt einem Teil seiner Spuren). Eine „Holländische Straße" führte über Paderborn, Lichtenau nach Willebadessen und von dort zur Weserfurt bei Beverungen. Über das Sintfeld im Süden von Paderborn schlängelte sich der „Bördeweg" von Hohensyburg über Brilon, Marsberg, Scherfede, Hohenwepel und Borgentreich zur Weser. Der „Eggeweg" auf dem Kamm des Höhenrückens zwischen Sauerland und Teutoburger Wald gilt als älteste Handels- und Verkehrsverbindung im Hochstift, er war wahrscheinlich ein Heerweg aus vorgeschichtlicher Zeit und diente auch als Verbindung zwischen Burgen und Kultstätten wie Eresburg, Karlsschanze, Iburg und Velmerstot. Heute ist er beliebter Wanderweg.

Sieben Bundesstraßen bilden in unserer Zeit als Querverbindung ein hervorragendes Verkehrsnetz: Die von Napoleon erbaute jetzige B 68 Paderborn–Warburg mit Anschluß an die B 7 durch das Sauerland in Scherfede, die B 64 Delbrück–Paderborn–Bad Driburg–Höxter, die B 1 Soest–Paderborn–Horn–Hameln, die B 252 zwischen Lippe und Warburg über Brakel, die B 83 an der Weser sowie die B 480 ab Paderborn über Wünnenberg und Brilon bis Winterberg und Bad Berleburg. Die Autobahnen Kassel–Haaren–Dortmund sowie Haaren–Paderborn–Bielefeld binden das Hochstift ins deutsche und europäische Fernstraßennetz ein. Von besonderer Bedeutung sind nach der Wiederherstellung der deutschen Einheit die Verbindungen der Eisenbahn über Paderborn und Altenbeken in Richtung Kassel/Erfurt und Hildesheim/Hannover/Magdeburg. Die fast 200 Kilometer Schienen zwischen Kassel und Dortmund über Warburg, Altenbeken, Paderborn und Soest wurden als Schnellstrecke ausgebaut, die um die Jahrtausendwende ins Intercity-Netz der Bundesbahn einbezogen werden soll.

Paradestück in der Anbindung des Fernverkehrs ist der Regionalflughafen Paderborn-Lippstadt, 15 Kilometer südwestlich von Paderborn, am Kleinen Hellweg bei Büren-Ahden. 535 000 Passagiere zählte der „Flughafen der kurzen Wege" 1996 im Charterverkehr zu Urlaubsorten im Sommer und Winter sowie mit Linienflügen zu vielen Zielen in Deutschland und Europa. Auf der 2180 Meter langen und 45 Meter breiten Start- und Landebahn können moderne Mittelstreckenflugzeuge bis zur Boeing 767 oder dem Airbus 310 eingesetzt werden.

Der Flugplatz wurde im September 1971 für den Luftverkehr zugelassen und entwickelte sich in 25 Jahren bei ständigem Ausbau zum „Tor zur Welt" für zwei Millionen Menschen in Ostwestfalen-Lippe, Nordhessen und dem Sauerland. Der Flughafen, auf dem schon Papst Johannes Paul II., Michail Gorbatschow, mehrere Bundespräsidenten und die britische Königin Elizabeth II. landeten, wird von einer großen regionalen Gemeinschaft der Landkreise, Städte und der heimischen Wirtschaft getragen. Dazu zählen natürlich die beiden Hochstiftkreise und deren Kommunen.

In den beiden Hochstiftkreisen zwischen der Weser und dem östlichen Stadtrand von Lippstadt, zwischen den Quellen von Ems und Lippe sowie Waldeck und dem Sauerland gibt es 17 Städte und drei Großgemeinden mit zusammen 178 Ortsteilen. Paderborn gilt als anerkanntes Oberzentrum des Hochstifts im Dreieck zwischen den Großstädten Kassel, Dortmund und Bielefeld und hat seine Position als traditionelle Behörden-, Dienstleistungs- und Einkaufsstadt kontinuierlich ausgebaut. In der Stadt an der Pader, die schon 799 im „Paderborner Epos" von einem unbekannten Dichter als „berühmter Ort, wo Pader und Lippe fließen, auf einer kahlen Anhöhe" beschrieben wird, lebt fast ein Drittel aller „Hochstiftler". Die 1972 gegründete Universität-Gesamthochschule gilt als Krone zahlreicher Bildungseinrichtungen. Trotz der Bedeutung Paderborns haben sich Städte wie Höxter, Warburg, Brakel, Steinheim, Bad Driburg, Büren, Salzkotten, Delbrück, Beverungen und Bad Lippspringe inzwischen zu leistungsfähigen Mittelzentren entwickelt.

Die Menschen leben gern im Hochstift. Sie schätzen eine Umgebung, die reich an Freizeit- und Erholungsangeboten ist: an Weser und Diemel, im grünen Waldkreis Büren, im Eggegebirge, in der Senne, an der Lippe und im Warburger Land. Die Heilbäder Bad Driburg und Bad Lippspringe werden nicht nur von Kranken und Heilungsuchenden zum Kuren oder zur Rehabilitation nach Krankheit und ärztlichen Eingriffen aufgesucht, sie sind durch die Kombination von kulturellen Angeboten und der Gesundheit dienenden Einrichtungen „westfälisches Baden-Baden" und „Heilquellen nebenan" zugleich.

Viele Einwohner der Kreise Paderborn und Höxter sprechen auch heute noch vom Hochstift, andere vom Paderborner und/oder Corveyer Land. Es gibt zudem lokalere Bezeichnungen wie Warburger Börde, Nethegau, Waldkreis Büren, das „Delbrücksche" und die Senne. Im amtlichen Sprachgebrauch wird auch „Südostwestfalen" oder „südlicher Regierungsbezirk Detmold" benutzt. Stadt und Region Paderborn werden zudem im Volksmund mit „Schwarz" in Verbindung gebracht, wobei die Steigerung „Schwarz, schwärzer, Mün-

ster, Paderborn" die überwiegend katholische Religion (70 Prozent der Menschen im Hochstift) und damit traditionell verbundene Einstellungen charakterisieren will.

Annette von Droste-Hülshoff hat 1845 in ihren „Bildern von Westfalen" die Bewohner des Paderborner Landes so geschildert: „Nicht groß von Gestalt, hager, sehnig mit scharfen, schlauen, tiefgebräunten und in der Zeit von Mühsal und Leidenschaft durchfurchten Zügen". Sie vermißte lediglich „brandschwarzes Haar am südländischen Aussehen". Die Hochstift-Männer fand die Dichterin in ihrer Beschreibung „hübsch und immer malerisch", die Frauen hierzulande hatten nach ihren Beobachtungen „eine frühe üppige Blüte" und standen vor einem „frühen zigeunerhaften Alter". Das war vor 150 Jahren.

Die westfälische Dichterin hat in jenen Reiseeindrücken auch festgehalten, daß in einem Dorf zwischen Lippe und Weser ein notorischer Wilddieb Schützenkönig wurde und sich seine Schützenkönigin ausgerechnet aus der adeligen Familie, der der Forst gehörte, erkor. Der Wilderer und die Prinzessin als Paar an der Spitze der Schützenbrüder für zwei Festtage im Sommer und beim Winterball! „Verunglimpfung der Region und der Menschen hier" nannte das Annette von Droste-Hülshoff. Dabei könnte sich heutzutage bei einem der sicher 200 jährlichen Schützenfeste im Hochstift eine Kür über gesellschaftliche Schranken hinweg wiederholen, wenn auch nicht gleich zwischen Frevler und junger Adeliger. Denn in der Gemeinschaft der Schützenschwestern und Schützenbrüder sind beim Wettbewerb um die Würde des Königs und die Wahl der Mitregentin für geselliges Beisammensein im Dorfsaal oder „auffem Zelt" heute alle gleich.

Schon 1802 hatte der Freiherr vom Stein, vom preußischen Minister Graf von der Schulenburg-Kehnte als Reformer im Hochstift eingesetzt, wenig Gutes über das Hochstift berichtet: „Die Menschen dieses Landes sind an intellektueller und sittlicher Bildung sehr zurück, Unwissenheit und grobe Schwelgerei herrschen vor". Genau 150 Jahre nach Steins Bericht über „Büren als unbedeutendes Landstädtchen" reagierten die Stadtväter 1953 in der damaligen Kreisstadt auf eine weitere vom Stein-Schelte wie: „Die Bewohner dieses Ortes sind stupide und versoffen". Bürens Bürgermeister und Ratsmitglieder ließen die Büste des kommunalen Reformers im Eingang des Kreishauses entfernen. „Wenig arbeitsfreudig und dem Branntwein verfallen" hatte Freiherr vom Stein allerdings fast allerorten die Leute im Hochstift beschrieben.

Aus den 80000 Einwohnern des Jahres 1802, als das Fürstbistum Paderborn und Corvey säkularisiert wurden und an Preußen bzw. Oranien-Nassau fielen, sind inzwischen über 430000 geworden. In den seinerzeit vier Kreisen Büren, Höxter, Paderborn und Warburg stieg die Zahl der Arbeitsplätze von 70000 am Tag der Währungsreform (20. Juni 1948) auf

96 000 im Jahre 1960. Die Abwanderung junger Arbeitskräfte aus dem auch „Armenhaus Nordrhein-Westfalens" genannten Hochstift in die Großstädte an Rhein und Ruhr konnte gestoppt werden. Besonders in Paderborn, Schloß Neuhaus, Hövelhof, Salzkotten, Warburg, Höxter, Scherfede, Steinheim, Delbrück und Brakel wurden neue Betriebe angesiedelt, andere vergrößert und viele zusätzliche Arbeitsplätze geschaffen. 1973, zwei Jahre vor der Gebietsreform, gab es im Hochstift bei 350 000 Einwohnern 100 000 sozialversicherungspflichtig tätige Arbeitnehmer.

Rasant gestiegen ist die Wohnbevölkerung von 1961 bis 1996: um 121 000 oder 40 Prozent auf über 430 000. Im gleichen Zeitraum nahm die Zahl der Einwohner in Nordrhein-Westfalen um 11,7 Prozent zu. Geradezu stürmisch war in diesen 35 Jahren die Entwicklung im Kreis Paderborn: 100 000 oder fast 60 Prozent mehr Einwohner seit 1961!

22 Prozent (Landesdurchschnitt 18 Prozent) der Menschen im Hochstift sind noch keine 18 Jahre alt. In den Kreisen Paderborn und Höxter treten auch künftig mehr junge Menschen ins Erwerbsleben als in den anderen Regionen. Die Verantwortlichen sind bemüht, die Ausweitung des Arbeitsplatzangebotes hier nach besten Kräften zu unterstützen, damit der nachwachsenden Generation nicht Dauerarbeitslosigkeit oder der Zwang zum Wegzug „in die Fremde" drohen.

1972 wurde die Paderborner Universität-Gesamthochschule gegründet. Mit der 1614 durch Dietrich von Fürstenberg begründeten Jesuitenuniversität besaß Paderborn aber schon vor über 350 Jahren eine Universität, die erste Westfalens. Obwohl 1818 nominell aufgehoben, besteht sie in der Theologischen Fakultät noch heute fort. Die Universität Paderborn nahm besonders in den 80er Jahren großen Aufschwung. Die Zahl der Studierenden stieg von 8 383 im Jahre 1980 auf über 16 400 in 1996. Davon waren fast 13 500 in Paderborn eingeschrieben, 1000 studierten in der Abteilung Höxter, 850 in Meschede und 1100 in Soest.

Die Gründung der Universität-Gesamthochschule zunächst durch Zusammenschluß der Abteilung Paderborn der Pädagogischen Hochschule Westfalen-Lippe (PH) und der Fachhochschule Südostwestfalen (Ingenieur-Fachhochschule) bedeutete für die Stadt Paderborn und die Region eine wichtige Verbreiterung der Basis für Wirtschaftskraft und Bildungsangebot. Die Universität, zu der inzwischen auch das Heinz-Nixdorf-Institut zählt, hat sich zudem mehr und mehr der Praxis im Hochstift geöffnet, so daß es zum fruchtbaren Gedankenaustausch zwischen den Hochschulabteilungen und heimischen Unternehmen kommt.

Bleibt noch zu erwähnen, daß im Herbst 1996 in den Räumen der früheren Nixdorf-Hauptverwaltung an der Fürstenallee das Computer-Museum und Forum mit dem Namen des 1986 gestorbenen Paderborner Computer-Pioniers Heinz Nixdorf eröffnet worden ist, eine Einrichtung weltweiter Bedeutung, die künftig Experten und Studierende aus dem Bereich der Datenverarbeitung und Informationstechnik anziehen wird.

Die Menschen in der Region an Weser, Lippe, Diemel und Alme sind westfälisch bodenständig geprägt, sie gehen miteinander in spröder Herzlichkeit um. Die hier geborenen Frauen und Männer gelten als verläßlich, sie beziehen rasch neue Nachbarn oder Arbeitskollegen in die Gemeinschaft von Bürgern ein, die in der Woche hart zu arbeiten und am Wochenende auch mal tüchtig zu feiern verstehen.

Die Hochstift-Bewohner sind nämlich ein geselliges Volk. Das wird besonders deutlich bei den vielen großen und kleinen Heimatfesten. Sein Schützenfest feiert im Sommer jeder Ort. Bruderschaften und Vereine sind es, die diese Treffen der Bürger und Gäste veranstalten. Die Mehrzahl der historischen Schützenbruderschaften in den heutigen Kreisen Paderborn und Höxter ist bereits im 15. und 16. Jahrhundert entstanden. Tradition wird gepflegt, wichtige Aufgaben, festgehalten in alten Statuten, werden wahrgenommen: Verteidigung des Heimatgedankens und Hilfe in der Not.

Bis in die heutige Zeit widmen sich die Mitglieder der Schützen- und Heimatvereine nicht nur der Pflege überlieferter Tradition und zeitgemäßer Geselligkeit – sie setzen auch die caritativen Bemühungen ihrer Vorfahren im grünen oder schwarzen Uniformrock fort. So haben die Mitglieder der Bruderschaft in Salzkotten über 30 Wohnungen für ältere Mitbürger gebaut – zu günstigen Mietpreisen. In Paderborn wird jährlich ein Fest der Schützen mit den Behinderten gefeiert.

Die Brakeler Schützen können eine Gründungsurkunde aus dem Jahre 1567 vorweisen. Mitglieder durften laut Statut nur „unbescholtene Bürger, die niemanden um das Seine gebracht haben", werden. Und heute? Saßen früher beim Schützenfest Tagelöhner und Gutsherren an einem Tisch, so sind es jetzt Vertreter aller Schichten und besonders die Jungschützen, die durch Mitmachen im Verein und beim Fest ihre Identität mit dem Heimatort bekunden. Schützenvereinigungen im Hochstift sind konservativ und allem Neuen aufgeschlossen zugleich, wenn das mit ihrem Wahlspruch „Für Glaube, Sitte, Heimat" zu vereinbaren ist,

Neubürger in den Kreisen Paderborn und Höxter brauchen nicht, um richtig miteinander warm zu werden, den berühmten Sack Salz zu leeren. Die Menschen im Hochstift gelten als hilfsbereit und haben fast durchweg den verständlichen Drang, sich nach vollendetem Tages- oder Wochenwerk zu treffen – an der Theke in der Stammkneipe, beim Kegeln, Klönen und gemeinsamen Sport. Wer will, braucht nicht allein zu sein. Im Hochstift, das ist oft bestätigt worden, läßt sich gut leben, hier hat der Mensch noch seinen Freiraum. Bereits nach kurzer Zeit spricht der Neubürger von „meiner Stadt in unserem Kreis".

Die Menschen unseres Raumes trennen zudem weder geschichtliche noch durch die jüngste Gebietsreform gezogene

Grenzen. Die Bürger der Stadt- und Ortsteile haben ihre lokalen Eigenarten *und* Gemeinsamkeiten bewahrt. Libori in Paderborn, der Annentag in Brakel, die Warburger Oktoberwoche, Karneval in Delbrück und Steinheim sowie Martini in Salzkotten als traditionelle Heimatfeste bestätigen Jahr für Jahr das Miteinander der Bürger in den Städten und Gemeinden der beiden Kreise, dem früheren Hochstift!

Die katholische Kirche von Paderborn, als Bistum im Jahre 799 durch Papst Leo III. und Frankenkönig Karl bei ihrem Treffen an den Quellen der Pader gegründet, hat durch bedeutende Bischöfe in nunmehr zwölf Jahrhunderten das Hochstift geprägt. Unter Bischof Meinwerk (1009–1036), dem großen Baumeister, gab es die ersten Ansätze zur Bildung eines fürstlichen Territoriums, das sich schließlich im 13. Jahrhundert als Hochstift Paderborn konsolidierte. 1821 kamen zum Bistum Paderborn Corvey sowie Teile der Bistümer Mainz, Köln, Osnabrück, Minden, Halberstadt und Magdeburg. 1929 schließlich wurde Paderborn Erzbistum. Erzbischof Johannes Joachim Degenhardt übernahm als 65. Bischof in der Nachfolge des hl. Hathumar (806–815) am 28. April 1974 das Amt des Oberhirten von Lorenz Jaeger (1941–1973), dem ersten Paderborner Kardinal. Von Paderborn aus verwaltet werden die fast 800 Pfarreien in 40 Dekanaten und sieben Seelsorgeregionen mit 1,8 Millionen Katholiken auf einer Fläche von 14 800 Quadratkilometern zwischen Minden und Menden, der Weser und Dortmund.

1500 Priester und Ordensgeistliche zählt das Erzbistum, über 3000 Ordensschwestern, 7000 Religionslehrer und 2800 Erzieherinnen in 556 katholischen Kindergärten. Der Diözesan-Caritasverband Paderborn mit 25 000 hauptamtlichen und 20 000 ehrenamtlichen Mitarbeitern hat in seiner Trägerschaft 234 Altenheime, Krankenhäuser, Kinder-, Behinderten-, Erholungs- und Jugendwohnheime, er unterhält 574 Tageseinrichtungen für gesunde und kranke Kinder und Jugendliche, 102 Beratungs- und Vermittlungsstellen, 75 Pflegestationen und etwa 400 Einrichtungen wie Pflegevorschulen, Altentagesstätten, Bahnhofsmissionen und Bildungsstätten.

Zwischen Paderborn und der französischen Stadt Le Mans gibt es eine seit 836 bestehende Städtefreundschaft, die bis in die heutige Zeit mit Leben erfüllt ist. In jenem Jahr wurden die Reliquien des vierten Bischofs von Le Mans, des hl. Liborius, nach Paderborn gebracht. Seinerzeit schlossen die Kirchen beider Bischofsstädte einen „Liebesbund ewiger Bruderschaft", der alle Auseinandersetzungen zwischen Frankreich und Deutschland über die Jahrhunderte überdauert hat. Jedes Jahr besuchen etwa 3000 Manceller und Paderborner ihre Partnerstädte. Der heilige Liborius, dessen Namenstag alljährlich am 23. Juli mit einer anschließenden Festwoche kirchlicher und weltlicher Veranstaltungen gefeiert wird, wurde zum Patron für Bistum, Dom und Stadt Paderborn.

900 Jahre später wurde der Überführung der Gebeine des Heiligen mit großem Prunk gedacht. Clemens August von Bayern, Paderborner Fürstbischof von 1719–1761, leitete 1736 die Feierlichkeiten. Zwei Jahrhunderte später wurde das Jubiläum im Jahre 1936 – 1100 Jahre nach der Ankunft der Reliquien des Heiligen – trotz Behinderungen durch die damaligen Machthaber zur großen Glaubenskundgebung. Erzbischof Kaspar Klein mußte wegen der zur gleichen Zeit stattfindenden Olympischen Sommerspiele in Berlin und der dafür benötigten Sonderzüge der Reichsbahn die Festwoche auf den 19. bis 26. Juli vorverlegen, mit zusätzlichem Wallfahrtstag der Männer am 2. August.

1986 war die 1150jährige Wiederkehr der Translatio des hl. Liborius. Abwechselnd wurde zu Beginn des Liborifestes ein kleiner Holzschrein mit den Reliquien von Männern, Frauen, Schützen, Kommunalpolitikern und Jugendlichen von Salzkotten – hier machte 836 die Prozession auf ihrem Wege letzte Rast – über Wewer nach Paderborn getragen. Die Bischöfe von Le Mans, Georges Gilson, und Paderborn, Johannes Joachim Degenhardt, begleiteten den Schrein.

Der Evangelische Kirchenkreis Paderborn, am 21. Oktober 1840 in Höxter gegründet, umfaßt die beiden Hochstiftkreise Paderborn und Höxter. Am Gründungstag gab es sieben Gemeinden mit sieben Pfarrern, zum 150jährigen Bestehen hatte der Kirchenkreis 24 Gemeinden mit 48 Pfarrstellen und über 65 000 Gemeindemitgliedern. Der Kirchenkreis liegt im Hochstift in einer Diaspora; Hessen, Waldeck, Niedersachsen, Lippe und Bielefeld haben einen deutlich höheren Anteil protestantischer Christen. Einige Gemeinden im Osten des Kirchenkreises, Höxter, Bruchhausen und Amelunxen sind über 450 Jahre alt. Auch die im 19. Jahrhundert neu entstandenen Gemeinden haben Vorläuferinnen in der Reformationszeit, die aber in der Gegenreformation untergegangen sind. Pfarrer Friedrich Baumann war erster Superintendent, der 1856 auf der letzten von ihm geleiteten Kreissynode rückblickend feststellen konnte: „Die Trennung des Kirchenkreises Paderborn von Bielefeld hat uns zum Vorteil gereicht."

Erste diakonische Einrichtungen dienten dem Schutz der protestantischen Minderheit: Für evangelische Diasporakinder wurde 1851 das Petristift in Höxter errichtet, für Senioren 1862 das Paderborner St. Johannisstift, 1879 das Alumnat in Höxter zum Besuch des evangelisch geprägten König-Wilhelm-Gymnasiums.

Die Zahl der Gemeindemitglieder stieg besonders nach dem Zweiten Weltkrieg durch Flüchtlinge und Vertriebene, der Anteil der evangelischen Christen im Kirchenkreis Paderborn macht inzwischen 19,5 Prozent der gesamten Bevölkerung im früheren Hochstift aus. Es gibt aber auch Orte mit über 30 Prozent Protestanten. In Paderborn unterstreichen Dom und Abdinghofkirche im Nebeneinander oberhalb des Paderquellgebietes ökumenische Nachbarschaft, die evangelische und katholische Christen fast überall in den beiden Landkreisen pflegen: Gemeinsame Gottesdienste, Bibelwochen, Weltgebetstage, Konferenzen der Gemeinschaft der Pfarrer beider christlicher Konfessionen, ökumenische Diakonie und die Telefonseelsorge an einer Stelle.

Zum 1. Januar 1975 wurden im Rahmen der kommunalen Gebietsreform im Lande Nordrhein-Westfalen auch die Städte und Gemeinden an Weser und Pader, an Alme und Diemel neu gegliedert. Ziel war die Konzentration der Verwaltungen. Aus Amtsbezirken wurden größere Kommunen. Die bis zum Ende 1974 selbständigen Kreise Paderborn und Büren wurden ebenso zusammengeführt wie im östlichen Hochstift die Kreise Höxter und Warburg. In beiden Landkreisen gibt es jeweils zehn Städte oder Großgemeinden.

Jahrelang ist bis zur endgültigen Entscheidung im Düsseldorfer Landtag im Herbst 1974 gerungen worden um die Zuordnung der Gemeinden und den Zuschnitt der Kreisgrenzen, zuvor hatte es bereits im Kreis Höxter und im Einzugsgebiet der Stadt Paderborn freiwillige Lösungen gegeben. Trotz der riesigen Fläche von 2500 Quadratkilometern waren die Landesregierung und starke politische Kräfte für den Zusammenschluß der vier bisherigen Kreise Paderborn, Büren, Höxter und Warburg zu einem Hochstiftkreis. Der Kreis Höxter und auch Gemeinden in der Nachbarschaft Paderborns waren aus unterschiedlichen Gründen gegen eine so große Lösung. Für sie waren die Fläche in einem Kreis zu riesig und die Bürgernähe zur Verwaltung somit nicht mehr sicher.

Der Landtag stimmte nach langem Ringen hinter den Kulissen im September 1974 für zwei Kreise: Höxter mit rd. 1200 Quadratkilometern zwischen Weser und Eggegebirge einschließlich des früheren Kreises Warburg und Paderborn mit Anschluß des größten Teils des Kreises Büren mit insgesamt 1245 Quadratkilometern. Die Städte Geseke und Marsberg suchten trotz entsprechender Beschlüsse ihrer Ratsvertretungen vergeblich ihre Zuordnung zum Kreis Paderborn. Folge: Eine zu große Stadt Paderborn in einem für das Oberzentrum zu kleinen Landkreis.

Im Landtag kam es dann sogar zu einem „Hammelsprung", als über den künftigen Sitz der neuen, zweiten Kreisverwaltung abgestimmt werden sollte. Höxter oder Brakel? Die Landtagsabgeordneten mußten allesamt ihre Plätze im Parlamentsaal im alten Ständehaus am Düsseldorfer „Schwanenspiegel" verlassen und durch eine der drei Türen für Höxter, Brakel oder Enthaltung aus der Lobby zurückkehren. Die Abgeordneten wurden dabei gezählt. Höxter machte das Rennen.

Schon 1953 sollten bei der Neugliederung des Bundesgebietes Teile der Kreise Höxter und Warburg an die Nachbarländer Niedersachsen und Hessen abgegeben werden. Von vielen Seiten wurde damals in Denkschriften und Resolutionen das Gebiet des ehemaligen Hochstifts und der früheren Reichsabtei als über 1000jährige geschichtliche, kulturelle, landschaftliche und landsmannschaftliche Einheit verteidigt. Mit Erfolg. Die östlichen Randgebiete der damaligen Kreise Höxter und Warburg blieben westfälisch und wurden nicht „unnatürlich losgelöst von jahrhundertealter Zugehörigkeit".

Seit dem 1. Januar 1975 bestehen das frühere Hochstift und die ehemalige Reichsabtei Corvey in den fast durchweg den historischen Grenzen entsprechenden Gebieten der beiden Kreise Paderborn und Höxter fort. Es gibt heute noch etwa 150 Behörden, Institutionen und Vereine, die auf der Hochstiftebene wirken. Angefangen beim Evangelischen Kirchenkreis über den Turngau, das Landgericht, das Arbeitsamt bis zu Innungen und der katholischen Seelsorgeregion – sie alle sind für beide Kreise zuständig, ebenso wie der Westfälische Heimatbund „Paderborner und Corveyer Land" und die Heimatzeitschrift „die warte".

Andere Beispiele: Der Eggegebirgsverein hat Ortsvereine auf beiden Seiten dieses Höhenrückens, der zunächst als Barriere wirkt, aber auch als First des Daches und Rückgrat der Landschaften ringsum. Das Eggegebirge kann aber durch Straßen und Tunnel und nicht zuletzt durch die Menschen gleichen Schlages auf beiden Seiten zugleich Bindeglied sein.

Eine für das Hochstift zuständige Industrie- und Handelskammer ist wichtig angesichts der 20 Prozent Anteile der Betriebe in den Kreisen Paderborn und Höxter an den gesamten Erzeugnissen in Ostwestfalen. Auch die Arbeitgeber sind auf Hochstiftebene zusammengeschlossen, ebenso der Einzelhandelsverband und das Hotel- und Gaststättengewerbe. Die Reiter kennen eine Arbeitsgemeinschaft zwischen Weser und Lippe, Fußball-Jugendmannschaften treten an zum Wettbewerb um den Hochstift-Pokal. Westfälisches Volksblatt, Westfalen-Blatt und Neue Westfälische kommen in lokalen Zeitungsverlagen für das Hochstift heraus, und mit Radio Hochstift haben die beiden Kreise auch ihren eigenen Lokalsender.

Diese Beispiele sollen genügen, um zu verdeutlichen, daß die Menschen zwischen Weser und Diemel, Alme und Pader, Lippe und Ems mehr sind als „nur" Bürgerinnen und Bürger ihrer beiden Kreise Paderborn und Höxter – sie sind, vor dem reichen historischen Hintergrund und bei aller Vielfalt ihrer Region heute, noch etwas anderes, gemeinsames: Sie sind „Hochstiftler."

Möge das Buch zu dieser Gemeinsamkeit beitragen

◁
Windkraftanlagen an der B 64.
Offen für alternative Stromerzeugung: 1997 entsteht mit weiteren 58 Windkraftanlagen Europas größter Windpark im Hochstift Paderborn und versorgt rd. 50.000 Menschen mit Elektrizität.

Zwei Verkehrsadern des Hochstifts: B 64 von Delbrück über Paderborn nach Höxter und B 68 von Hövelhof über Paderborn nach Warburg.

Talbrücke Haxtergrund bei Paderborn (B 68).
Nach einer Bauzeit von rund 16 Monaten wurde die Brücke am 13. September 1979 für den Verkehr freigegeben.
Gesamtstützweite: 266,00 m
▽

DAS HOCHSTIFT PADERBORN

Das Hochstift Paderborn im Überblick

Die Kreise Paderborn und Höxter (Hochstift) werden in der Fläche aufgefaßt, die sie im Zuge der kommunalen Neugliederung am 1. Januar 1975 erlangt haben.

Fläche	2.444,64 qkm
Kreis Paderborn	1.245,00 qkm
Kreis Höxter	1.199,64 qkm

Einwohner (nur Hauptwohnung)
Stand am 31. Oktober 1996   436.358

Kreis Paderborn	280.842
Kreis Höxter	155.516

Städte und Gemeinden
(17 Städte, 3 Großgemeinden* mit 178 Ortsteilen[1]):

Kreis Paderborn:

Altenbekcn* — Buke, Schwaney

Bad Lippspringe

Borchen* — Alfen, Dörenhagen, Etteln, Kirchborchen, Nordborchen

Büren — Ahden, Barkhausen, Brenken, Eickhoff, Harth, Hegensdorf, Siddinghausen, Steinhausen, Weiberg, Weine, Wewelsburg

Delbrück — Anreppen, Bentfeld, Boke, Hagen, Lippling, Ostenland, Schöning, Steinhorst, Westenholz

Hövelhof*

Lichtenau — Asseln, Atteln, Blankenrode, Dalheim, Ebbinghausen, Grundsteinheim, Hakenberg, Henglarn, Herbram, Herbram-Wald, Holtheim, Husen, Iggenhausen, Kleinenberg

Paderborn — Benhausen, Dahl, Elsen, Marienloh, Neuenbeken, Sande, Schloß Neuhaus, Wewer

Salzkotten — Mantinghausen, Niederntudorf, Oberntudorf, Scharmede, Schwelle, Thüle, Upsprunge, Verlar, Verne

Wünnenberg — Bleiwäsche, Elisenhof, Fürstenberg, Haaren, Helmern, Leiberg

---

[1] Unter Ortsteilen werden hier Ortschaften im Sinne des § 39 der nordrheinwestfälischen Gemeindeordnung verstanden, das heißt, Gemeindebezirke, die durch eigene Bezirksausschüsse oder Ortsvorsteher repräsentiert werden.

Das Hochstift Paderborn im Überblick

Kreis Höxter:

Bad Driburg	Alhausen, Dringenberg, Erpentrup, Herste, Kühlsen, Langeland, Neuenheerse, Pömbsen, Reelsen
Beverungen	Amelunxen, Blankenau, Dalhausen, Drenke, Haarbrück, Herstelle, Jakobsberg, Rothe, Tietelsen, Wehrden, Würgassen
Borgentreich	Borgholz, Bühne, Drankhausen, Großeneder, Körbecke, Lütgeneder, Manrode, Muddenhagen, Natingen, Natzungen, Rösebeck
Brakel	Auenhausen, Beller, Bellersen, Bökendorf, Erkeln, Frohnhausen, Gehrden, Hampenhausen, Hembsen, Istrup, Rheder, Riesel, Schmechten, Siddessen
Höxter	Albaxen, Bödexen, Bosseborn, Brenkhausen, Bruchhausen, Fürstenau, Godelheim, Lüchtringen, Lütmarsen, Ottbergen, Ovenhausen, Stahle
Marienmünster	Altenbergen, Born, Bredenborn, Bremerberg, Eilversen, Großenbreden, Hohehaus, Kleinenbreden, Kollerbeck, Löwendorf, Münsterbrock, Papenhöfen, Vörden
Nieheim	Entrup, Erwitzen, Eversen, Himmighausen, Holzhausen, Merlsheim, Oeynhausen, Schönenberg, Sommersell
Steinheim	Bergheim, Eichholz, Grevenhagen, Hagedorn, Ottenhausen, Rolfzen, Sandebeck, Vinsebeck
Warburg	Bonenburg, Calenberg, Dalheim, Daseburg, Dössel, Germete, Herlinghausen, Hohenwepel, Menne, Nörde, Ossendorf, Rimbeck, Scherfede, Welda, Wormeln
Willebadessen	Altenheerse, Borlinghausen, Eissen, Engar, Fölsen, Helmern, Ikenhausen, Löwen, Niesen, Peckelsheim, Schweckhausen, Willegassen

Höhenlagen (Lage über NN):

Kreis Paderborn

Schweinskopf im Wünnenberger Stadtteil
Bleiwäsche (höchster Punkt)   480 m

Köttmers Kamp im Delbrücker Stadtteil
Westenholz (niedrigster Punkt)   77 m

Kreis Höxter

Köterberg (höchster Punkt)   496 m
Hier treffen sich die Grenzen der
Kreise Holzminden, Höxter und Lippe.

Ortsmitte in Stahle, Stadtteil von Höxter
(niedrigster Punkt)   83 m

Wasserläufe im Hochstift Paderborn mit über 15 km Länge:
(Quelle: Staatliches Umweltamt, Bielefeld)

Nethe	50,0 km	Emmer	25,3 km
Alme	49,6 km	Diemel	23,0 km
Weser	40,5 km	Boker Kanal	22,6 km
Haustenbach	33,5 km	Aa	18,5 km
Lippe	32,0 km	Grube	18,0 km
Ellerbach	27,5 km	Eggel	17,1 km
Afte/Aabach	26,6 km	Beke	16,1 km
Sauer	27,2 km	Ems	15,0 km
Altenau	26,6 km		

Die Pader ist mit 4,3 km Länge der kürzeste Fluß Deutschlands.

Wappen im Hochstift Paderborn

Die Entstehung von Wappen wird allgemein für die erste Hälfte des 12. Jahrhunderts angesetzt. Sie dienten als weithin sichtbares, unverwechselbares, einfaches farbiges Erkennungs- und Unterscheidungzeichen der Ritter bei kämpferischen Auseinandersetzungen. Wohl seit dem 13. Jahrhundert kamen allmählich auch bei den Städten Wappen in Gebrauch. Man kann wohl davon ausgehen, daß die Städte sich ihre Wappen in der Mehrzahl aus eigenem Ermessen gegeben haben. Obwohl Wappen und Siegel ursprünglich nichts gemein haben, wurde bei der Motivwahl häufig auf Stadtsiegel zurückgegriffen, oft finden sich aber auch Bestandteile, die dem Siegel oder Wappen des Stadtherrn entlehnt sind. Nicht immer ist eine klare Deutung des Wappenbildes möglich. Eine historische Zusammenstellung der alten Städtewappen des Hochstifts ist uns mit der um 1780 von Pyrach angelegten Paderborner Wappensammlung überliefert (Archiv des Vereins für Geschichte und Altertumskunde Westfalens, Abt. Paderborn, Codex 332).

Im Spätmittelalter begann ein durch zunehmende Vernachlässigung der überkommenen strengen heraldischen Regeln gekennzeichneter Niedergang des deutschen Wappenwesens, der sich bis ins 19. Jahrhundert fortsetzte und schließlich bei den Städten nicht selten zur Verunsicherung über die korrekte Form und Farbgebung des von ihnen geführten Wappens führte.

Nach französischer Besatzung und anschließender Neuordnung der rheinisch-westfälischen Landesteile durch die preußische Regierung wurde es den Städten gestattet, ihre alten Wappen weiterzuführen. Bei Stadtrechtsverleihungen konnten durch den König auch neue Wappen verliehen werden. Das für Wappenangelegenheiten zuständige preußische Heroldsamt in Berlin war seit 1855 auch in Fragen der kommunalen Heraldik gutachtend tätig und nahm maßgeblichen Einfluß bei der Schaffung neuer bzw. bei der Überprüfung und amtlichen Neufestlegung überkommener Stadtwappen. Wegen seines häufigen Rückgriffs auf alte Siegelvorlagen und dadurch hervorgerufener neuerlicher Verwischung der Unterschiede zwischen Siegel und Wappen wird die Tätigkeit des Heroldsamtes heute sehr kritisch bewertet.

Erst die nach Auflösung des Amtes 1925 erfolgte Übertragung der Gutachtertätigkeit auf die Staatsarchive hat zu einer grundlegenden Wende geführt und den strengen Regeln der Heraldik im kommunalen Wappenwesen wieder zur Geltung verholfen.

Seit 1927 blieb das Recht der Wappenführung nicht mehr auf Städte beschränkt, sondern wurde nun auch auf Kreise, Ämter und Gemeinden ausgeweitet. Das gab der Kommunalheraldik neue Impulse und führte zur Schöpfung zahlreicher neuer Wappen.

Mit der kommunalen Neugliederung der 1960er und 1970er Jahre verloren viele Kommunen ihre Eigenständigkeit und gingen in größeren Gemeinden auf. Damit verloren auch die bisherigen Wappen ihre Gültigkeit. Für die neuen Kreise, Städte und Gemeinden mußten neue Wappen geschaffen oder die bisherigen, wenn sie denn weitergeführt werden sollten, erneut genehmigt werden. Bei der Gestaltung und Farbgebung der neuen Wappen wurde besonderer Wert auf die Integration von Elementen mit ausgeprägtem historischen oder landschaftstypischen Symbolwert gelegt.

Hochstift- und Kreiswappen

Hochstift Paderborn
Das Wappen des Hochstifts Paderborn zeigt auf rotem Grund ein goldenes Kreuz. Diese wohl dem Wappen der Familie Fürstenberg entlehnte Farbgebung wurde erst im ausgehenden 18. Jahrhundert verbindlich. Die ursprüngliche Farbgebung war Rot auf Silber. Es ist zu vermuten, daß das Wappen im 13. Jahrhundert – etwa zur gleichen Zeit, als sich das Hochstift Paderborn im Sinne eines bischöflich-fürstlichen Territorialstaates ausprägte – entstand.

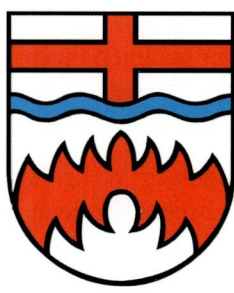

Kreis Paderborn
In Silber in einem durch einen blauen Wellenbalken begrenzten Schildhaupt ein durchgehendes rotes Kreuz. Unten in Silber ein roter Rautensparren. Genehmigt: 22.7.1975.
Das Wappen des Kreises Paderborn enthält Motive, die den Wappen der ehemaligen Kreise Paderborn und Büren entnommen sind. Dadurch soll die geschichtliche Entwicklung des Kreises zum Ausdruck gebracht werden. Das rote Kreuz auf silbernem Grunde deutet auf die Zugehörigkeit des Kreises zum früheren Hochstift Paderborn hin. Der Wellenbalken versinnbildlicht den Wasserreichtum des Kreises. Der rote siebenteilige Rautensparren erinnert an die Edelherren von Büren.

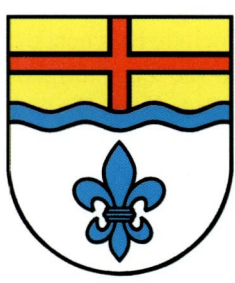

Kreis Höxter
In Silber eine blaue Lilie; darüber in einem durch einen blauen Wellenbalken begrenzten, goldenen Schildhaupt ein rotes durchgehendes Kreuz. Genehmigt: 12.2.1976.
Die Symbole und Farben des Kreiswappens sind früheren Territorial- und Kreiswappen entnommen. Das Kreuz erinnert an die Zugehörigkeit des größten Teiles des Kreisgebietes zum früheren Fürstbistum Paderborn. Der Wellenbalken versinnbildlicht, wie im früheren Wappen des Kreises Höxter, die Weser. Die Lilie ist dem Wappen des früheren Kreises Warburg entnommen und entstammt den Münzen und Siegeln der Stadt Warburg. Die im Schildhaupt gewählten Farben entsprechen den Wappenfarben der Fürstabtei Corvey, deren Gebiet im heutigen Kreisgebiet aufgegangen ist.

Stadt- und Gemeindewappen

Altenbeken

In Blau ein goldener Viadukt auf vier Pfeilern. Genehmigt am 2.12.1976.

Das bereits 1948 genehmigte Wappen der früheren Gemeinde Altenbeken wird fortgeführt. Es erinnert in stilisierter Form an den großen Eisenbahnviadukt, der mit seiner langen Bogenreihe das Beketal schneidet und der ganzen Gegend seinen Stempel aufdrückt.

Bad Driburg

In Blau eine goldene gezinnte Stadtmauer mit offenem, von einem doppelt gezinnten Turm überragten Tor; über der Mauer im linken Schildfeld frei schwebend ein goldenes lateinisches Kreuz. Genehmigt: 9.5.1973.

Dieses Wappen, allerdings in den Farben Rot und Gold, wurde der Stadt schon 1908 amtlich genehmigt. Es entspricht einem Stadtsiegel aus dem Jahre 1380. Das Kreuz ist vielleicht Symbol der Paderborner Landesherrschaft. Im Wappen von 1908 war das Kreuz ein Tatzenkreuz.

Bad Lippspringe

In Rot drei 2:1 gestellte silberne Kreuze. Das Wappen erscheint schon auf dem ältesten erhaltenen Stadtsiegel von 1531. Seine Deutung ist wissenschaftlich noch nicht gesichert. Die Kreuze könnten auf das Hochstiftkreuz zurückgehen. Die dreigliedrige Aufteilung findet sich mit der von den Heiligen Kilian und Liborius flankierten Gottesmutter bereits in dem seit 1250 nachweisbaren Siegel des Stadtherrn, des Domkapitels. Die drei Kreuze können aber auch auf drei Dignitäten des Domkapitels hinweisen, die in besonderer Weise mit der Betreuung der Stadt beauftragt waren. Die den Schild krönenden Knospen sind vermutlich nur schmückendes Beiwerk. 1914 fand eine Überprüfung und Festlegung des Wappens statt.

Beverungen

In Blau drei 2 : 1 gestellte silberne Lilien. Genehmigt: 5.10.1972.

Das Wappen hat keine Bezüge zu dem seit der Stadtrechtsverleihung von 1417 nachweisbaren Stadtsiegel. Die Lilie erscheint schon 1668 auf einem städtischen Maßbecher. Die Paderborner Wappensammlung von 1780 zeigt die Lilien in der Stellung 1:2. 1913/17 erfolgte die Neufestlegung und Genehmigung des Wappens in seiner heutigen Form.

Borchen

In Gold ein blauer, schräglinker Wellenbalken, der im oberen Teil mit einem goldenen Wellenbalken belegt ist; darüber ein „b" aus fünf schwarzen und vier silbernen Linien im Wechsel, im Schaft oben belegt mit einem schwarzen Kreuz. Genehmigt: 17.9.1975.

Der aus parallelen Streifen gebildete Buchstabe symbolisiert den Zusammenschluß von fünf Gemeinden zur neuen Gemeinde Borchen, das Kreuz in dem Buchstaben die Zugehörigkeit zum früheren Fürstbistum Paderborn. Die Stufung des Buchstabenschaftes ist heraldisch unerheblich, wenn auch angeführt wird, daß sie an den Glockenturm in Kirchborchen erinnern soll. Der Wellenbalken, der im oberen Teil gespalten ist, weist auf die im Gemeindegebiet zusammenströmenden Flüsse Alme und Altenau hin.

Borgentreich

Von Rot und Gold gespalten, vorn ein goldenes Vortragekreuz, hinten eine rote Lilie, darunter ein blauer dreifach gestaffeltgezinnter Schildfuß. Genehmigt: 19.7.1976.

Das farblich an den Hochstiftfarben orientierte Stadtwappen vereinigt die Wappensymbole der früheren Städte Borgholz (Vortragekreuz) und Borgentreich (Lilie), die auf Sekretsiegeln seit dem 14. (Borgholz) und 17. Jahrhundert (Borgentreich) nachweisbar sind. Der gezinnte Schildfuß symbolisiert die städtischen Rechte; die Anzahl der Zinnen hat keine symbolische Bedeutung.

Brakel

In Rot zwischen zwei silbernen, oben durch einen Ziergiebel verbundenen, spitzbedachten Türmen ein grüner Schild mit drei silbernen Pfählen, im Schildhaupt überdeckt von einem roten Balken, der mit drei goldenen Kugeln belegt ist. Genehmigt: 6.10.1977.

Das in dieser Form bereits 1908 festgelegte Wappen entspricht dem seit 1316 verwendeten Stadtsiegel. Der zwischen den Türmen stehende Schild, der auf Brakeler Münzen bereits 1227 vorkommt, ist das Wappen der Herren von Brakel, der im Jahre 1384 ausgestorbenen Stadtherren.

Hövelhof

In Grün ein silberner Wellenbalken über einem silbernen Jagdhorn; im silbernen Schildhaupt ein rotes durchgehendes Kreuz. Genehmigt: 25.5.1962.

Das Kreuz ist das des Hochstifts Paderborn, das grüne Feld und der Wellenbalken versinnbildlichen den Wiesen- und Wasserreichtum der Gemeinde, das Jagdhorn erinnert an die vom Jagdschloß Hövelhof ausgehenden Jagden der fürstbischöflichen Zeit.

Büren

In Rot auf einem grünen Dreiberg eine silberne Burg mit drei Zinnentürmen; unter dem breiten Mittelturm in einem offenen Torbogen ein silberner Schild mit einem roten Rautensparren. Genehmigt: 16.1.1976.

Das in dieser Form bereits 1908 genehmigte Wappen geht auf das seit 1299 nachweisbare Stadtsiegel zurück. Der Schild im Tor ist das Wappen der Stadtgründer und Stadtherren, der Edelherren von Büren.

Höxter

In Rot ein silberner Torbau mit großem offenem Tor unter durchbrochenem gotischen Giebel zwischen zwei spitzbedachten Türmen, die am Rande über einer von schmalen Toren durchbrochenen Mauer von zwei Zinnentürmen beseitet sind.
Genehmigt: 1.7.1970. Das Wappen lehnt sich an Siegel seit 1285 an.

Delbrück

Im silbernen, im Göpelschnitt geteilten Schild vorn ein schwarzer, blattloser Dornstrauch mit zehn roten Früchten, hinten ein schwarzer, steigender Bracke mit roter Zunge, unten ein schwarzes Kreuz. Genehmigt: 16.8.1977.

Der Dornstrauch ist schon im Wappen von 1939, er erinnert an die alte Gerichtsstätte des Delbrücker Landes „vor dem Hagedorn". Die 10 Früchte stehen für die Ortsteile. Der Steigende Bracke ist dem Wappen der Gemeinde Boke entnommen und geht auf die vom 15.–17. Jahrhundert dort ansässigen Herren von Hörde zurück. Das Kreuz weist auf die Kreuzverehrung in der Delbrücker Pfarrkirche hin. Es geht auf ein seit 1683 nachweisbares Siegel zurück und wurde bis 1939 von der Stadt im Wappen geführt.

Lichtenau

In Blau über einem kleeblattförmigen Torbogen, darin eine silberne heraldische Lilie, ein breiter silberner Turm mit rotem Spitzdach und silbernen rotgedeckten Ecktürmen; beiderseits eine ansteigende silberne Zinnenmauer, überragt von je einem silbernen niedrigeren Zinnenturm. Genehmigt: 19.7.1976.

Das Wappen entspricht im wesentlichen dem Bild des ältesten erhaltenen Siegels von 1383 und dem von der Stadt Lichtenau geführten, 1908 verliehenen Wappen. Die Lilie im Torbogen anstelle des früheren Kreuzes steht als Mariensymbol und knüpft damit an das Siegel von 1383 an, das im Torbogen ein Brustbild der Muttergottes mit dem Kinde zeigt. Die Farben Blau/Silber sind aus dem Wappen der ehemaligen Stadt Kleinenberg übernommen worden.

Marienmünster

In Silber eine rote Kirche mit drei schwarzbedachten Türmen, der mittlere Turm mit einer barocken Haube. Unter dem schwarzen Satteldach zwischen den Seitentürmen ein goldener achtstrahliger Stern. Genehmigt: 25.7.1973.

Die Stadt Marienmünster, in der die beiden Titularstädte Vörden und Bredenborn aufgegangen sind, wählte für ihr Wappen die vereinfachte Ansicht der Kirche des früheren Klosters Marienmünster. Der Stern im Wappen belegt die Zugehörigkeit eines Teiles des Stadtgebietes zum früheren Herrschaftsbereich der Grafen von Schwalenberg, die von der Oldenburg – heute Stadtteil – ihren Ausgang nahmen und das Benediktinerkloster Marienmünster 1126 gestiftet hatten.

Nieheim

In Rot ein goldenes freischwebendes Kreuz mit nach unten verlängertem Balken, bewinkelt von vier goldenen Kugeln. Genehmigt: 8.2.1974.

In seiner 1908 genehmigten Form zeigte das Wappen ein durchgehendes Kreuz. Diese Darstellung ist zuerst überliefert an einem Gewölbeschlußstein der Pfarrkirche in Nieheim, mit der Jahreszahl 1591. Das Kreuz geht vermutlich auf das seit dem 13. Jahrhundert verwendete Stadtsiegel zurück, das einen von zwei Kreuzen begleiteten Bischof zeigt. Auf jüngeren Stadtsiegeln, wird der Bischof als Patron der Stadtkirche St. Nicolai gedeutet, aus dessen Beizeichen, den Brotlaiben, die goldenen Kugeln entstanden sein könnten.

Paderborn

In rotem Schildhaupt ein durchgehendes goldenes Kreuz, darunter in Rot vier goldene Pfähle. Genehmigt: 22.7.1975.

Das Wappen geht nicht auf das seit 1245 nachgewiesene große Stadtsiegel zurück, sondern auf die Paderborner Familien Bulemast und Stapel. Es erscheint zum erstenmal 1328 in einem Bannersiegel des Ministerialen Heinrich Bulemast, der wohl das Amt eines städtischen Bannerträgers als erbliches Lehen innehatte und dieses auf seinen Neffen Heinrich v. Stapel vererbte. Das Kreuz, es findet sich auch im seit 1310 nachweisbaren Sekretsiegel der Stadt, dürfte auf das Hochstiftkreuz zurückgehen. Aus dem 14. und 15. Jahrhundert sind zahlreiche Münzen überliefert, die einen Gegenstempel mit dem Paderborner Wappen tragen; es befindet sich auch auf einem Wappenstein am Rathaus mit der Jahreszahl 1473. Die Farben des Wappens, die Zahl der Pfähle und die Form des Kreuzes wechselten im Laufe der Jahrhunderte. Die heutige Fassung geht zurück auf einen Magistratsbeschluß von 1931.

Salzkotten

In Rot ein goldenes Dreiblatt. Genehmigt: 9.12.1976.

Das Dreiblatt ist seit 1634 im Stadtsiegel nachweisbar. Es kann sowohl aus dem Hochstiftskreuz als auch aus drei Sälzerschaufeln in Dreipaßform entstanden sein. Im jetzigen Wappen wurde der letzteren Deutung der Vorzug gegeben. Die Wappenfarben wurden schon 1907 festgelegt.

Steinheim

In Silber eine rote Stadtmauer mit goldenem Tor, bekrönt von drei runden Zinnentürmen, deren mittlerer doppelt gezinnt ist. Genehmigt: 10.11.1972.

Das Wappen geht auf das seit 1486 nachweisbare Stadtsiegel zurück. Das Tor in der Mauer erscheint erst in den jüngeren Siegeln und in der Paderborner Wappensammlung um 1780. 1908 wurde das Wappen ohne Tor genehmigt.

Warburg

In Blau eine silberne Lilie. Genehmigt: 30.6.1977.

Die Lilie ist schon auf Warburger Münzprägungen der Bischöfe seit 1227 und seit 1327 in Sekretsiegeln der erst im 15. Jahrhundert vereinigten Städte (Alt- und Neustadt) überliefert. Infolgedessen wird auch als Stadtwappen seit altersher (z.B. in der Paderborner Wappensammlung 1780) eine silberne Lilie in Blau angegeben. Seit Beginn des 20. Jahrhunderts führte die Stadt ein amtlich nicht festgelegtes Wappen mit einer Stadtmauer und breitem Torturm, in dessen Bogen die Lilie stand. Im Siegel der Stadt wird dieses Wappen weiter geführt.

Willebadessen

In Gold unter einem roten gotischen doppelten Torbogen stehend in blauen Gewändern vorn die Figur des heiligen Vitus und hinten die eines Bischofs. Genehmigt: 17.2.1977.

Im Wappen sind Figuren der früheren Wappen von Peckelsheim und Willebadessen vereinigt. Unter dem vereinfachten, gotischen, doppelten Torbogen oder Baldachin des alten Wappens von Willebadessen die Figur des einen Patrons der früheren Abtei Willebadessen, des hl. Vitus, mit den üblichen Attributen wie im Vorbild, dem Siegel der Abtei Willebadessen von 1318, hinten die Figur eines Bischofs, die dem Wappen der ehemaligen Stadt Peckelsheim entnommen ist. Im Peckelsheimer Stadtwappen geht die Bischofsfigur auf das mittelalterliche Stadtsiegel zurück.

Wünnenberg

In Rot ein goldenes durchgehendes Kreuz, in den vier Winkeln oben je zwei aufrecht nebeneinandergestellte silberne Eichenblätter, unten je zwei aufrecht nebeneinandergestellte silberne Ähren. Im silbernen Schildfuß ein roter Rautensparren. Genehmigt: 16.1.1976.

Das Wappen entspricht dem des Amtes Wünnenberg von 1962. Kreuz und Rautensparren erinnern an die ehemalige Landesherrschaft der Paderborner Bischöfe und an das ehemalige Herrschaftsgebiet der Edelherren von Büren, deren Schild sich auch im mittelalterlichen Stadtsiegel und im bis 1974 geführten Wappen der Stadt Wünnenberg befindet. Die acht Beizeichen weisen auf das fruchtbare Sintfeld und den Waldreichtum des Stadtbezirks hin.

Historische Wappen der seit der kommunalen Neugliederung eingemeindeten Städte

Das alte Hochstift Paderborn war im Spätmittelalter diejenige Landschaft Westfalens mit dem dichtesten Netz von planmäßigen Stadtgründungen. Durch die kommunale Neugliederung haben zahlreiche alte Titularstädte ihre Selbständigkeit verloren oder sind einem anderen Kreis zugeordnet worden (Lügde). Um der historischen Bedeutung dieser Orte

Rechnung zu tragen, sollen an dieser Stelle die historischen Wappen der ehemaligen Paderborner Landstädte dargestellt werden. Sie sind entnommen dem Werk von Eugen Meyer und Waldemar Mallek „Wappenbuch Westfälischer Gemeinden", Münster 1994.

Borgholz

Bredenborn

Calenberg

Dringenberg

Gehrden

Kleinenberg

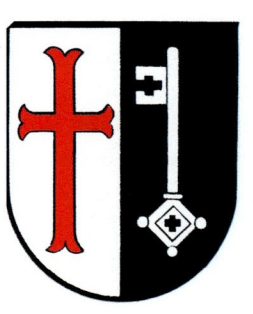
Lügde

Neuenheerse

Neuhaus

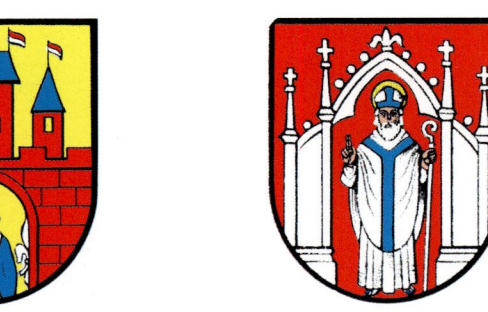
Peckelsheim

Wörden

DIE STÄDTE UND GEMEINDEN DES HOCHSTIFTS PADERBORN VON A–Z

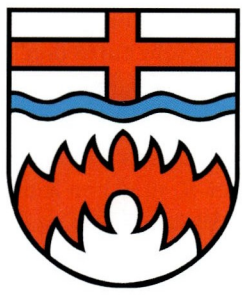

Kreis Paderborn

Fläche	1.245,00 qkm	Lichtenau	10.470
Einwohner (1996):	280.842	Borchen	12.290
Einwohner in den kreisangehörigen		Paderborn	133.935
Städten und Gemeinden:		Büren	22.341
Altenbeken	8.998	Salzkotten	22.424
Hövelhof	15.251	Delbrück	28.210
Bad Lippspringe	15.046	Wünnenberg	11.877

Geschichte und Kultur

Der Kreis Paderborn ist am 1.1.1975 im Zuge der kommunalen Neugliederung aus den früher selbständigen Kreisen Büren und Paderborn gebildet worden. Beide Altkreise blickten auf eine mehr als 150jährige Geschichte zurück. Der Kreis Paderborn als junger, dynamischer Kreis umfaßt heute das Gebiet von 10 Städten und Gemeinden mit 280.842 Einwohnern auf einer Fläche von 1.245 qkm. Von dem geschichtsträchtigen Raum geben zahlreiche bedeutende kunst- und kulturgeschichtliche Funde und Baudenkmäler ein beredtes Zeugnis. Bei Ausgrabungen in der Nähe des Paderborner Domes wurden eine karolingische und eine ottonische Kaiserpfalz entdeckt. Letztere ist inzwischen auf den alten Fundamenten rekonstruiert worden.

Eines der kulturellen Wahrzeichen ist die im Eigentum des Kreises Paderborn stehende Wewelsburg. Die Wewelsburg, zwischen 1603 und 1609 als Weserrenaissance-Schloß erbaut, ist aufgrund ihrer Lage hoch über dem Almetal und ihrer charakteristischen Dreiecksform ein weithin bekanntes Bauwerk. In dem der Burg vorgelagerten ehemaligen Wachgebäude befinden sich zwei zeitgeschichtliche Dokumentationen. Zum einen wird die Zeit des Nationalsozialismus in der Dauerausstellung „Wewelsburg 1933–1945 – Kult- und Terrorstätte der SS" mit dem Schwerpunkt „Geschichte des ehemaligen Konzentrationslagers Niederhagen in Wewelsburg" gezeigt. Die andere Dokumentation „Deutsche im östlichen Mitteleuropa" erklärt am Beispiel der ehemaligen Kreise Meseritz und Schwerin/Warthe, zu denen der Kreis Paderborn eine Patenschaft unterhält, Kultur, Vertreibung und Integration. Das Museum in der Burg selbst ist nach dem Umbau zum „Historischen Museum des Hochstifts Paderborn" am 24.8.1996 neu eröffnet worden. Mit mehr als 2.000 Exponaten wird die Geschichte des früheren Hochstifts Paderborn von der Urzeit bis zu seiner Auflösung thematisiert. Sehen, Erfahren, Erleben, dies bildet für den historisch interessierten Museumsbesucher eine Einheit.

Landschaft

Charakteristisch für den Kreis Paderborn sind seine unterschiedlichen Landschaftsformen, die weitgehend durch den geologischen Untergrund bestimmt sind. Die Paderborner Hochfläche am Rande der Westfälischen Bucht ist eine stufenförmige Karstlandschaft mit klüftigem Kalkgrund und Dolinen. Weite landwirtschaftlich genutzte Flächen und große Mischwälder leiten in das Wald- und Bergland an Alme und Afte, dem nördlichen Zipfel des Sauerlandes, über. Seit alters her ist der Hellwegraum mit seinen fruchtbaren Böden ein bevorzugter Wohn- und Lebensraum. Zahlreiche Quellen werden durch Versickerungen aus der Paderborner Hochfläche gespeist. Eine Besonderheit sind die nördlich der Süßwasserquellen entspringenden Solequellen bei Salzkotten. Im Norden durchziehen Grünlandstreifen mit Pappeln und Weiden die Getreidebörde. Diese weiten sich zur grünen Lippeaue. Das Delbrücker Land ist Teil der sehr reizvollen westfälischen Parklandschaft. Die Abgrabung reicher Sand- und Kiesvorkommen in der Lippeniederung hat viele Seen entstehen lassen. Die Senne, besonders bekannt durch den Truppenübungsplatz, ist eine Sandlandschaft mit reichen Grundwasservorräten. Von besonderer Schönheit sind die Bachschluchten mit Wiesenauen und kleinen Mooren. Heide- und Kiefernwaldgebiete bieten ein abwechslungsreiches Bild. Das Naturschutzgebiet „Moosheide" schließt die Emsquellen und Gruppen von Sanddünen ein. Als paßlose Bergstufe bildet die Egge, ein Sandstein- und Klippengebirge, die östliche Begrenzung des Kreises Paderborn. Dieses Gebirge mit seinen ausgedehnten Fichtenwäldern ist ein bevorzugtes Erholungs- und Wandergebiet. Es ist Teil des Naturparks „Eggegebirge und Südlicher Teutoburger Wald". Die unterschiedlichen Landschaften machen den Kreis Paderborn zu einem angenehmen Lebensraum.

Wirtschaft und Struktur

Die wirtschaftliche Struktur des Kreises ist sehr vielfältig. Insbesondere Unternehmen der Computer- und Elektroindustrie, des Maschinen-, Werkzeug- und Stahlbaus, der Möbelindustrie, der Nahrungsmittelproduktion sowie Zulieferbetriebe für die Automobilindustrie machen den Kreis Paderborn durch ihre internationale Bedeutung über die Region hinaus bekannt.

Der Kreis Paderborn ist Hauptgesellschafter der 1969 gegründeten „Flughafen Paderborn/Lippstadt GmbH". In besonderer Weise hat er sich beim Ausbau eines leistungsfähigen Verkehrsflughafens engagiert. Seit über 20 Jahren wird der Flughafen Paderborn/Lippstadt in Büren-Ahden gemeinsam mit Nachbarkreisen und den Industrie- und Handelskammern Bielefeld und Detmold betrieben. Regelmäßige Flüge in europäische Großstädte garantieren nicht nur schnelle Verbindungen in diese Räume, sondern sichern auch Anschlüsse an das internationale Flugnetz. Zunehmende Bedeutung hat der Touristik-Charter-Flugverkehr, der den gesamten Mittelmeerraum und die Kanarischen Inseln zum Ziel hat.

315 km gut ausgebaute Kreisstraßen sorgen im Kreisgebiet für die Verbindung der Städte, Gemeinden und deren Ortsteile untereinander sowie an Land-, Bundesstraßen und die Bundesautobahnen 33 und 44.

In einer Phase des Umbruchs befindet sich zur Zeit der öffentliche Personennahverkehr auf Schiene und Straße. Das Regionalisierungsgesetz des Landes Nordrhein-Westfalen hat die Kreise zu „Aufgabenträgern" bestimmt. Gemeinsam mit dem Nachbarkreis Höxter wurde der Zweckverband „Nahverkehrsverbund Paderborn-Höxter (NPH)" gegründet, der seit 1996 insbesondere die Bestellerfunktion für alle Nahverkehrsleistungen auf Schiene und Straße übernommen hat.

Der Kreis Paderborn ist Träger des Fremdenverkehrsverbandes Paderborner Land e.V. mit der Touristik-Zentrale in Büren. „Der Urlaubsgast im Paderborner Land fühlt sich hier wohl und ist mit Unterkunft und Verpflegung sehr zufrieden", dieses Fazit verschiedener Gästebefragungen war und ist für den Kreis Paderborn Veranlassung, Fremdenverkehrsförderung zu betreiben. Besonders der Radtourismus gewinnt zunehmend an Bedeutung. Neben der „Römer-Route" von Xanten nach Detmold, den „Radwegen zur Weserrenaissance" und der „Kaiser-Route" von Aachen nach Paderborn erfreut sich auch der „Alme-Radweg" sowohl bei den Gästen des Paderborner Landes als auch bei der einheimischen Bevölkerung großer Beliebtheit.

Der Kreis Paderborn verfügt über vielgestaltige Bildungseinrichtungen. Sie reichen über sämtliche Schulzweige, Volkshoch- und Musikschulen, Theater und Museen bis hin zur Universität-Gesamthochschule. Priorität kommt der beruflichen Qualifizierung der jungen Menschen zu. Die Universität/Gesamthochschule Paderborn leistet dazu einen wesentlichen Beitrag. In dieser relativ jungen Hochschule waren im Sommersemester 1996 15.600 Studenten und Studentinnen eingeschrieben.

Der Kreis hat vor einigen Jahren mit einem Aufwand von 60 Mio. DM ein modernes Berufsschulzentrum in Paderborn errichtet. Daneben stehen nach wie vor auch in Büren ausreichend Räume für die berufsbildenden Schulen zur Verfügung. Das Technologie- und Bildungszentrum der Kreishandwerkerschaft, das Bildungszentrum für Informationsverarbeitende Berufe und die InBit-GmbH in Paderborn haben neue Wege in der Aus- und Fortbildung beschritten.

Der Lösung der Abfallentsorgung gilt besonderes Augenmerk. Die Großdeponie „Alte Schanze" ist mittlerweile zu einem modernen Entsorgungszentrum ausgebaut worden, womit dem Kreis Paderborn eine Einrichtung zur Verfügung steht, die noch für viele Jahre eine ordnungsgemäße Abfallentsorgung garantiert.

Altenbeken

Fläche	76,22 qkm	Einwohner (1996)	8.998

Einwohner in den Ortsteilen:
Altenbeken 4.240
Buke 2.052
Schwaney 2.706

Eine Gemeinde – drei Orte

Altenbeken – seit mehr als einem Jahrhundert weithin bekannt als wichtiger Eisenbahnknotenpunkt – liegt 14 km östlich der Kreisstadt Paderborn in einem Quertale am westlichen Fuße des Eggegebirges, das als Wasserscheide zwischen Rhein und Weser gleichzeitig die Brücke des Teutoburger Waldes zum rheinischen Schiefergebirge darstellt.

Wahrzeichen der Gemeinde ist seit seiner Eröffnung 1853 der Eisenbahnviadukt, der in einer Länge von 482 m und in einer Höhe von 35 m mit 24 Bögen das Tal der Beke überbrückt. Mit der kommunalen Neugliederung am 1.1.1975 wurden die bis dahin selbständigen Gemeinden Altenbeken, Buke und Schwaney zu der Flächengemeinde Altenbeken zusammengeschlossen, wobei die jeweils eigenständigen Prägungen der Ortsteile jedoch nicht verloren gingen. Die Einwohnerzahl der neuen Gemeinde ist seither von 6.258 auf 8.998 gestiegen.

Die Gemeinde grenzt im Westen an die Städte Paderborn und Bad Lippspringe, im Süden an die Stadt Lichtenau und im Osten an die Stadt Bad Driburg.

Der Altenbekener Raum gehört aufgrund seiner Gebirgslage zur norddeutschen Klimaprovinz. Er hat also ein Übergangsklima vom See- zum Landklima. Da die Gemeinde in Höhen von 200–400 m über NN am Südhang des Eggegebirges liegt, ist sie mit ihrem Reizklima ein Ausgangspunkt für Urlaub, Erholung und Ausspannung. So ist Altenbeken „das Tor zur Egge", zu einer der schönsten deutschen Mittelgebirgslandschaften geworden.

Die drei Ortschaften sind auf ihre bevorzugte Einbindung in die Natur und deren Bewahrung sehr stolz. Der Naturpark „Eggegebirge – Südl. Teutoburger Wald" ist geradezu geschaffen zum Wandern. Daher machen viele Urlauber hier

Blick über die Dächer von Altenbeken auf den 482 m langen Viadukt.

Station. Sie schätzen das interessante Wander- und idyllische Erholungsgebiet, denn über 50 % des Gemeindegebietes umfassen Staatsforst und Gemeindewald. Auf 130 km ausgebauten Rundwanderwegen (18 an der Zahl) kann unverfälschte Natur erlebt werden.

Die Verkehrsinfrastruktur ist für eine ländliche Gemeinde dieser Größenordnung gut ausgebildet. Insbesondere der regionale und überregionale Anschluß an die Bahn ist überaus günstig. Altenbeken hat – anders als andere traditionelle Eisenbahngemeinden wie z.B. Bebra – seine Knotenpunktfunktion auch nach der deutschen Wiedervereinigung 1990 behalten, ja sogar steigern können. Es verbindet heute nicht nur Paderborn und dessen Umland nach Süden mit Frankfurt/Main und nach Norden mit Hannover, sondern auch wieder das Rheinland und das Ruhrgebiet im Westen mit Thüringen und Sachsen im Osten.

Der Bahnhof und Haltepunkt Altenbeken hat auch eine bedeutende Funktion als Umsteigeplatz und stellt darüber hinaus einen wichtigen Zielpunkt für Buslinien und Pkw-Pendler dar. Die gute Anbindung an das Oberzentrum Paderborn ist besonders wichtig für Berufspendler. Es gibt eine Vielzahl von Verkehrsverbindungen und günstige werktägliche Frequenzen im öffentlichen Personennahverkehr, die Altenbeken mit dem Umland und die Ortsteile untereinander verbinden.

Das Straßenverkehrsnetz ist geprägt durch zwei wesentliche Hauptverkehrsadern, nämlich die Landstraße 828 bzw. 755 durch die drei Ortsteile und die Anbindung des Ortsteiles Buke an die B 64 mit der Autobahnanschlußmöglichkeit A 33 bei Paderborn. Hierdurch ist eine gute Verbindung der Gemeinde zu den angrenzenden Kommunen gewährleistet.

Aufgrund der günstigen Lage und der guten Erreichbarkeit des westlich von Altenbeken gelegenen Oberzentrums Paderborn und des östlich gelegenen Mittelzentrums Bad Driburg ist sowohl der hohe Wohn- als auch Freizeit- und Erholungswert der Gemeinde zu erklären. So gibt es in Altenbeken ausnahmslos positive Wanderungssalden durch Zuzüge.

Geschichtliche Entwicklung

Altenbeken

Vielleicht hat die Umgebung Altenbekens in den Sachsenkriegen Kaiser Karls des Großen am Ende des 8. Jahrhunderts eine geschichtliche Bedeutung gehabt. Wie die Sage erzählt,

Bahnhof aus der Vogelperspektive.

hat der nahe Bollerbornbach ein fränkisches Heer vor dem Tode durch Verdursten gerettet. Eine eiserne Tafel auf einem Kreuz, das bei der Quelle steht, hält die Erinnerung an dieses „Quellwunder" fest.

Die älteste urkundliche Erwähnung verdankt der Ort dem Kirchenbann, der vor 1211 über die Einwohner von „Aldebekene" verhängt wurde, weil sie dem Kloster Druheim (Kempen) Schaden zugefügt hatten. Die bei der Schlichtung dieses Streitfalles vom Fürstbischof im Jahre 1211 aufgestellte Urkunde nennt erstmals den Namen „Aldebekene". Es ist aber anzunehmen, daß die Siedlung erheblich älter ist, zumal verschiedene Bodenfunde andeuten, daß hier schon in der Jungsteinzeit Menschen gelebt haben.

Der Bahnhof hat als Knotenpunkt, insbesondere seit der Wiedervereinigung, an Bedeutung gewonnen.

Aus Urkunden geht hervor, daß die Eisengewinnung und deren Verarbeitung in Altenbeken alten Ursprungs waren und für lange Zeit Altenbekens wirtschaftliche Basis bildeten. Die erste schriftliche Nachricht über den Erzbergbau stammt aus dem Jahre 1392. In dieser Zeit muß die Altenbekener Eisenindustrie schon sehr bedeutend gewesen sein, wenn das Erz auch nur in einfachen Wolfsöfen und Luppenfeuer gewonnen wurde. Bis zum Jahre 1448 gehörte Altenbeken zum Kloster Hardehausen, dem es vermutlich schon im Jahre 1140 bei der Gründung des Klosters zugeteilt worden war. Hiernach wird das Dorf der Eisenmeister, das damals zirka 300 bis 400 Einwohner hatte, nach Neuenbeken (Beken) eingepfarrt. Laut Urkunde vom 13.4.1692 separierte der damalige Fürstbischof Hermann Werner von Wolff-Metternich die Kapelle mit der Dorfschaft Altenbeken, die in diesen Jahren auch vielfach Oldenbeck genannt wurde, von der Pfarrei Neuenbeken und teilte sie dem Pfarrdorfe Buke zu.

Obwohl im 16. Jahrhundert in der Umgebung von Altenbeken bereits über 200 Erzschürfstellen vorhanden waren, wurde der sogenannte „Alte Bergbau" 1590 eingestellt. Es wird angenommen, daß die Erzvorkommen in den geringen Tiefen erschöpft und die Bergleute nicht mehr in der Lage waren, mit den ihnen zur Verfügung stehenden Hilfsmitteln in größere Tiefen vorzustoßen. Die Berg- und Hüttenleute wandten sich schließlich dem Ackerbau zu und verwandelten ihre Hütten- und Hammerwerke, die im 15. Jahrhundert an der Beke errichtet worden waren, in Bauernhöfe. Die Stollen und Schächte verfielen.

Im Jahre 1607 begann die zweite Periode des hiesigen Erzbergbaues. Hermann Heistermann und Johann Ludwig fanden am Wald oberhalb der Dorfschaft Altenbeken ein neues Erzvorkommen. 1619 entstand oberhalb des Dorfes eine neue Eisenhütte und unterhalb des Ortes baute man 1615 das Hammerwerk zum Frischen des Roheisens. Die Erzeugnisse der hiesigen Werke gingen weit über die Grenzen des Paderborner Landes. Es wurden eiserne Öfen verschiedener Bauart und Größe gefertigt, die kunstvoll mit Wappen und Bildern verziert waren. Im Eggemuseum Altenbeken sind heute noch Exemplare der kunstvollen Öfen sowie Ofen- und Herdplatten zu bewundern, die Zeugnis von der damaligen florierenden Eisenindustrie ablegen. Sie bilden eine höchst interessante Sammlung, die an die Kunstfertigkeit der Altenbekener Eisenmeister erinnert.

Als um die Mitte des 19. Jahrhunderts die Eisenerzlager in Schweden entdeckt wurden, konnten die Eggeerze nicht mehr konkurrieren, so daß der Erzabbau endgültig 1877 in Altenbeken eingestellt wurde. Neben der Eisenindustrie besaß der Ort Kalkwerke, an der Durbeke eine Glashütte, weiterhin eine Ziegelei, Töpferei, Schloßfabrik, Kammerfabrik und mehrere Brennereien und Brauereien. Auch die Holzkohlegewinnung gab vielen Einwohnern eine lohnende Beschäftigung.

Bahnhofstraße

Ruheinsel an der
Beke im Ortskern.

Der Siebenjährige Krieg (1756–1763) und die Kriege Napoleons brachten Not und Verarmung über das Dorf im Beketal, das zu dieser Zeit etwa 600 Einwohner hatte. Einquartierungen, Durchzüge, Kontributionen und Seuchen brachten es an den Rand des Verderbens. Den Altenbekenern fehlte es zu dieser Zeit sogar am täglichen Brot, so daß viele Bürger der Hungersnot zum Opfer fielen.

Im Jahre 1803 wurde die Herrschaft der Fürstbischöfe über das Hochstift Paderborn beendet. Es fiel an die Preußen. Bald darauf wurde das Paderborner Land von den Franzosen besetzt und neu eingeteilt. Altenbeken kam zum Kanton Driburg. Kaiser Napoleon setzte am 18.8.1807 seinen 23 Jahre alten Bruder Jérome Bonaparte als König von Westfalen ein. Als die Macht Napoleons 1813 in der Völkerschlacht bei Leipzig gebrochen wurde, war das neue Königreich am Ende und das Gebiet des alten Hochstifts wurde wieder dem preußischen Staate zugeordnet.

Das 19. Jahrhundert brachte dem Dorf durch den Bau der Eisenbahnen einen ungeahnten Aufstieg. Durch den Zugang der vielen Eisenbahnerfamilien wuchs die Häuserzahl in Altenbeken erheblich. Im Jahre 1851 wurde mit dem Bau des Bekeviaduktes begonnen.

Altenbeken und der Eisenbahnviadukt sind in den Jahren 1944 und 1945 viermal Ziel größerer alliierter Bomberverbände gewesen, die verheerende Schäden anrichteten und zahlreiche Todesopfer forderten. Die am Westende stehende Wallfahrtskapelle, die schon zur Zeit des 30jährigen Krieges bestand, erlitt bei diesen Luftangriffen ebenfalls erhebliche Schäden; erhalten blieben aber das barocke Altarbild und das Barockportal.

Zu Beginn der sechziger Jahre wurde über eine Sanierung des Ortskernes nachgedacht. Nach umfangreichen Vorbereitungen und Abstimmung wurde dann am 16.2.1972 eine Satzung zur förmlichen Festsetzung des Sanierungsgebietes beschlossen. Ziel der Sanierung war weniger die Beseitigung von strukturellen Mängeln als vielmehr die allmähliche Erneuerung des gesamten Baubestandes des Ortskernes und die Neugestaltung der öffentlichen Räume. Für Gesamtkosten von über 8,7 Millionen DM wurden in der Zeit von 1974 bis ins Jahr 1989 alle Sanierungsmaßnahmen durchgeführt. Insbesondere wurden verschiedene Häuser abgerissen und eine gartenparkähnliche öffentliche Grünanlage am Bachlauf der Beke errichtet. Aus der ehemaligen Dorfmitte mit Bauernhöfen, Misthaufen an der Straße und Obstwiesen ist das Zentrum eines kleinen „Ladenstädtchens" geworden.

Buke

Buke liegt an der Bundesstraße 64 zwischen Paderborn und Bad Driburg ca. 310 m über NN. Es wird erstmals in einer Urkunde aus dem Jahre 1231 unter „Villaton Buke" erwähnt, wo eine bestehende Kirche dem Archidiakonat des Dompropstes zugewiesen wird. Sie zählt somit zu den ältesten Kirchen des Paderborner Landes. Die umfangreichen Buchenwaldungen beiderseits der alten Heerstraße, die zur Errichtung des Ortes gerodet wurden, gaben dem Ort den Namen. In ältester Zeit lehnte sich nämlich der Buchenwald der Egge bis unmittelbar an das Dorf an und reichte bis zum Dorfteich. Die ersten Siedler von Buke waren, so ist anzunehmen, Bauern und Jäger. Die ersten Ansiedlungen lagen im Schutze der großen Bodensenke vor dem Eggegebirge mit seinen am Westhange gelegenen ausgedehnten Buchenwaldungen und der Springs und Borne rund um einen größeren Teich. Unweit dieses Teiches wurde später der Dorfbrunnen, der sogenannte Kump um etwa 1500 errichtet. Im Jahre 1663 ließ Ferdinand von Fürstenberg die fahrende Post im Hochstift Paderborn einrichten. Die älteste Poststation auf dem Weg von Paderborn nach Hannover wurde zu dieser Zeit in Buke errichtet; hier

Die neuromanische Pfarrkirche in Buke.

Buke

fand dann der jeweils erste Pferdewechsel aus Richtung Paderborn statt. Der Bau der Eisenbahnstrecke Paderborn–Warburg–Kassel machte Buke 1854 zur Bahnstation. Die Eisenbahnstrecke und der Bahnhof wurden am 21.7.1854 in Betrieb genommen. Buke schien wegen der zentralen Lage und der verkehrsmäßigen Bedeutung als Post- und Bahnstation einer großen Zukunft entgegenzugehen. Aber der Bau des Bahnhofs in Altenbeken und seine Inbetriebnahme im Jahr 1865 nahm dem älteren Buker Bahnhof für immer seine Bedeutung. Heute fahren die Züge vorbei. Der Bahnhof steht mittlerweile unter Denkmalschutz. Im Jahre 1692 lebten in Buke ca. 260 Personen, 1890 514.

Am 21.6 1894 wurde der Grundstein für die neue Kirche in Buke gelegt und am 2.6.1896 war die Konsekration durch den Bischof Hubertus Simar. Die Kirche wurde im neuromanischen Baustil errichtet, dem dreischiffigen Kirchenraum ist im Westen ein quadratischer Turm und im Osten eine halbrunde Apsis vorgelagert.

Nach dem Zweiten Weltkrieg kam es zu der letzten großen Erweiterung und Ausdehnung des Dorfes. Viele Heimatvertriebene aus den deutschen Ostgebieten fanden eine neue Heimat. So gewann Buke das heutige Aussehen. Besonders sehenswert und als Ausflug für Wanderer geeignet ist das reizvolle Fleckchen Erde, das „Am Springe" entstanden ist. Die uralte Quelle, aus der die Vorfahren das Trinkwasser schöpften und an der sie die große Wäsche hielten, liefert heute das Wasser für mehrere kleine Teiche, die in einen Park eingebettet sind.

Schwaney

Schwaney liegt am alten Hellweg im Quellgebiet der Eller und ist über einen Abzweig der B 64 (Paderborn–Bad Driburg) zu erreichen. Nähert man sich von hier dem Ort, wird die Kirche im durchgrünten Ort sichtbar. Der Ortseingang entlang des Rotenbachtals ist durch eine alte Kastanienallee gekennzeichnet. Begrenzt wird das Gebiet Schwaneys durch den 368 m hohen Brocksberg im Nordwesten, den 335 hohen Limberg im Norden, einen 353 m hohen Berg im Süden sowie durch die auf 360–400 m über NN ansteigende bewaldete Egge im Osten. Der alte Ortskern, der an der Stelle errichtet wurde, wo einige kleinere aus der Egge kommende Fließgewässer zusammentreffen und sich zum Ellerbach vereinen, liegt auf einer Höhe von ca. 290 m über NN.

Die älteste Benennung ist „Ecwordingshausen", in dieser Bezeichnung könnte der Name Ekkewart (Schwerthüter) stecken. Erstmals erwähnt wird dieser Name in einer Schen-

Schwaney mit dem alten Steinbruch im Hintergrund.

kung von 41 Morgen Land an das Kloster Corvey, die um 970 erfolgte. Aus zwei ursprünglichen Haupthöfen, dem Suanecgher Tafelgut des Bischofs (Füllenhof) sowie dem Ecwordinchusener Villikationshof der adeligen Stiftsdamen zu Heerse (Schäferhof) entstand durch den Zuzug der Bewohner aus elf in der Gemarkung Schwaney untergegangenen Siedlungen des 14. Jahrhunderts ein neues Gemeinwesen.

Im Jahre 1344 war das Umsiedlungsprojekt abgeschlossen und rings um den Quellgrund, der „Kumbiecke", ein größeres Dorf entstanden, das mit Wall, Mauern und Graben gesichert war. Diese neue befestigte Siedlung würdigte und krönte Balduin von Steinfurt, Bischof von Paderborn, in Übereinstimmung mit dem Ritter und Heerser Lehnsträger Ludolf am 7. März 1344 in der Stadtgründungsurkunde und bezeichnete sie mit dem Namen „Suanecghe". Der Name bedeutet jedoch keine Neuschöpfung, sondern nur die Betonung der Tatsache, daß die Stadt in den Raum des alten Haupthofs Suanecghe gerückt war und nun den Namen übernahm. Der natürliche Wasserreichtum findet seinen Ausdruck in der Bezeichnung der Siedlung Suanecghe. Das mittelhochdeutsche Wort „Sute" oder „Sutte" bedeutet soviel wie Lache oder Wasserloch und spiegelt die erste Hälfte des Namens wieder. Das Ecghe (Egge) im zweiten Teil des Wortes bezeichnet einen langgestreckten Berg und den hat Schwaney in nächster Nähe im alten Osning. Demnach hieße die natürlichste und sinnvollste Namensbedeutung „Wasserloch am Höhenrücken (an der Egge)".

Die Siedlung Suanecghe gab der heutigen Gemeinde Schwaney den Namen. Seit alters her teilt sich das Dorf in Ober- und Unterdorf, wobei in den Jahren 1953 am Ostausgang zusätzlich die Siedlung „Schwaneyer Forst" und in den achtziger Jahren die Neubausiedlung „Klusgrund" hinzugekommen sind. Insbesondere das Unterdorf steht auf einem ausgedehnten Quellgrund. Es gibt im Dorf eine beträchtliche Anzahl von Bachläufen und Dutzende von Quellen, Springen und Brunnen. Manche davon sind heute verschüttet oder zugedeckt. Ende des 19. Jahrhunderts dienten diese Bäche noch als Fahrwege und unterhalb der Kirche lag eine kleine Seenplatte.

In der zweiten Hälfte des 14. Jahrhunderts wurde der Ort – ausgelöst durch Fehden zwischen den Mitgliedern des Paderborner Landadels – von Gewalt und Bränden heimgesucht. Die Fehden zerstörten die Stadt und entwerteten ebenso die Befestigungsanlagen und damit auch einen Teil der städtischen Rechte und Privilegien. Im Jahr 1409 wird Schwaney wieder als Dorf bezeichnet. Diese dörfliche Struktur wurde maßgebend für die spätere Formgebung des Dorfbildes, welche sich aus der ursprünglichen Form des Haufendorfes, durch die Raumnot innerhalb des alten Wehrgürtels, immer mehr hin zu einem Straßendorf entwickelte. Das Dorf dehnte sich in Länge und Breite aus und erhielt damals schon die Grundzüge des heutigen Gesichtes.

Die dreischiffige Pfarrkirche in Schwaney wurde aus heimischem Sandstein erbaut und 1898 eingeweiht.

Für 1640 ist eine Schule in Schwaney urkundlich erwähnt. Der Lehrer im Dorfe war gleichzeitig auch Küster, denn nur in der Verbindung beider Ämter hatte man eine ausreichende Existenzgrundlage. Im Jahre 1672 zählte das Dorf etwa 115 Häuser mit ca. 730 Seelen. Schwaney trug immer, auch zur Stadtzeit, ein bäuerliches Gesicht. Um 1670 wurde ein ansehnliches Areal von 3.085 Morgen Ackerland, Wiesen, Gärten usw. bewirtschaftet.

Wesentliche Veränderungen des Dorfbildes brachten zwei Großbrände in den Jahren 1762 und 1895. Danach erfolgte eine drastische Auflockerung des früher dicht besiedelten Ortskerns, insbesondere in der Umgebung der Kirche, zur Vorbeugung gegen Feuersbrünste.

Nach dem großen Brand 1895 wurde die heutige dreischiffige Pfarrkirche dem hl. Johannes dem Täufer geweiht, aus heimischem Sandstein des Hansteins erbaut und 1898 eingeweiht.

Im Jahr 1970 feierte Schwaney seine tausendjährige Geschichte .

Durch die Gebietsreform 1975 verlor Schwaney seine Eigenständigkeit und ist seitdem ein Ortsteil von Altenbeken. Heute zählt Schwaney 2.706 Einwohner. Das Dorf hat seinen spezifischen Reiz in der stillen unaufdringlichen Landschaft im Ellertal. Ein gut ausgebautes Wegenetz führt durch ein Naturidyll, das sich dem Wanderer, Radfahrer und auch Reiter beim genaueren Hinsehen schnell erschließt.

Insbesondere die Geselligkeit und das Vereinsleben werden in Schwaney hochgehalten; so haben die 15 Schwaneyer Vereine insgesamt 3.126 Mitglieder.

Der Ferienort Altenbeken

Für naturverbundene Gäste ist Altenbeken eine gute Adressen. Der Naturpark „Eggegebirge – Südlicher Teutoburger Wald" ist geradezu geschaffen zum Wandern. Die Egge hat einen Mischwaldbestand, der jedoch auch große Flächen mit Fichtenbestand aufweist. Höchste Erhebung ist der Rehberg mit 421 m über NN. Auf 18 Rundwanderwegen mit einer Länge von über 130 km kann man noch unverfälschte Natur erleben. Weit reicht der Blick des Wanderers in das Teutobur-

ger, Paderborner und Driburger Land. Fruchtbare Täler wechseln mit bewaldeten Höhenzügen ab; Schutzhütten und Grillplätze sowie Bänke an den Wegen laden zum Rasten und Entspannen ein. In dieser Stille kann die Natur, die saubere Luft und das angenehme Klima richtig genossen werden. Hier kann jeder ausspannen und sich intensiv erholen. Der aktive Gast findet zudem eine Vielzahl Sport- und Kulturangebote. Die Sportmöglichkeiten reichen vom beheizten Hallenbad über Tennis, Kegeln, Wurftaubenschießen und geführten Wanderungen bis hin zu Wintersportarten wie Rodeln, Langlauf und Abfahrtski. Im Gebiet der Dune steht ein Skilift zur Verfügung. Auch für die kulinarischen Genüsse ist gesorgt. Die Küche ist kräftig, aber einfallsreich. Die Auswahl der Zutaten erfolgt häufig direkt bei den Erzeugern. Bauern, Jäger und Imker liefern ihre Produkte an Gaststätten und Hotels.

In Altenbeken existiert am Gardeweg eine Mehrzweckhalle (Eggelandhalle), die 1982 errichtet wurde. Der damalige Regierungspräsident sagte bei der Einweihung, daß Altenbeken durch diese Halle zu den am besten mit Sportstätten versorgten Gemeinden im Land Nordrhein-Westfalen gehört. Neben den vielfältigen Veranstaltungen der örtlichen Vereine steht diese Halle den Bürgern der Gemeinde für größere Festlichkeiten wie auch auswärtigen Veranstaltern für Betriebsfeiern, Tagungen, Kultur- und Sportveranstaltungen und Ver-

Das 1984 erbaute
Seniorenzentrum.

einsfeiern zur Verfügung. Als Aktionsräume stehen Kegelbahnen, Schießstände und eine Sporthalle mit ca. 300 Tribünenplätzen bereit.

Hier wird auch einmal im Jahr das traditionelle Schützenfest der Schützenbruderschaft Altenbeken gefeiert, das viele Besucher aus dem Umland nach Altenbeken führt.

Egge-Museum mit dem Lok-Denkmal

Im Jahr 1976 wurde das über die Grenzen hinaus bekannte Egge-Museum Altenbeken eröffnet. Untergebracht ist das Museum in einem Fachwerkhaus, daß im Kernwerk aus dem 18. Jahrhundert stammt. Ausgestellt in diesem Museum sind kunstvolle Öfen, Ofen- und Herdplatten, die von der einstigen Eisenindustrie Zeugnis ablegen. Sie stammen aus dem 16. bis 19. Jahrhundert und bilden eine höchst interessante Sammlung. Auch alte Truhen, Schränke, Werkzeuge aller Art sind in diesem Museum zusammengetragen worden.

Direkt neben dem Egge-Museum ist eine Lokomotive der Baureihe 044 im Originalzustand aufgestellt worden. Die Lok wurde 1941 erbaut und hat ein Gewicht mit Tender von 128,5 t. Sie ist 4,5 m hoch und 22,6 m lang. Aufgestellt wurde diese Lok im Jahr 1977. Heute ist sie Anlaufpunkt vieler Bahninteressenten und Liebhaber alter Dampfloks.

Viadukt

Die für den Bau der Westfälischen Eisenbahn von Paderborn nach Warburg gewählte Linienführung über Altenbeken verursachte erhebliche technische Schwierigkeiten, weil zahlreiche Höhenunterschiede überwunden werden mußten. Viele Durchstiche und mehrere Tunnels und Viadukte wurden erforderlich. Der größte dieser Viadukte ist der Bekeviadukt bei Altenbeken, dessen Grundstein am 8.7.1851 gelegt wurde. Das gewaltige Bauwerk, das zum Wahrzeichen der Gemeinde wurde, hat eine Länge von 482 m, ist 35 m hoch und über-

Historische Dampflok der Baureihe 044 und das Eggemuseum an der Winterbergstraße.

spannt mit 24 Bogenöffnungen das Beketal. Die Eröffnung dieses monumentalen Bauwerkes, das heute unter Denkmalschutz steht, wurde am 13.7.1853 durch den preußischen König Friedrich Wilhelm IV. vorgenommen, der bei der Betrachtung des Bauwerkes folgenden Satz sagte: „Ich habe geglaubt, eine goldene Brücke vorzufinden, weil so schrecklich viele Taler verbraucht worden sind!" Dieser königliche Ausspruch soll dazu beigetragen haben, daß später im Altenbekener Wappen ein goldener Viadukt als Wahrzeichen aufgenommen wurde. Während des Zweiten Weltkrieges erhielt der Viadukt schwere Bombentreffer, bei denen vier Pfeiler und mehrere Gewölbebogen zerstört wurden. Im Jahre 1948 wurde die endgültige Wiederherstellung durch die „Arbeitsgemeinschaft Beke-Viadukt" eingeleitet. Anfang Oktober 1950 wurden die umfangreichen Bauarbeiten beendet, und seither schmückt der Viadukt in seiner Formschönheit wieder die Landschaft.

Markus Raabe, Altenbeken, zutreffend für alle Ortsteile.

Der Altenbekener Viadukt, Wahrzeichen der Eisenbahner-Gemeinde.

Bad Lippspringe

Fläche 50,98 qkm Einwohner (1996) 15.046

Die naturräumliche Gliederung

Die Stadt Bad Lippspringe, 8 km nordöstlich von Paderborn gelegen, ist eine Siedlung im Berührungsfeld verschiedener Naturräume. Das insgesamt 50,98 Quadratkilometer große Stadtterritorium ist größer als die Fläche der Kernstadt Paderborn und blieb von der kommunalen Neugliederung des Jahres 1975 unberührt. Außer einigen wenigen landwirtschaftlichen Betrieben im Außenbereich liegt der bebaute Bereich an der Achse der alten Bundesstraße 1; Ortsteile sind nicht vor-

Bad Lippspringe

Klinik am Park, Allergie-und Asthmaklinik am Kurwald.

handen. Das etwas eigenartig geformte Stadtgebiet - es entstand nicht zuletzt durch den historischen Prozeß der spätmittelalterlichen Wüstungsphase - reicht in seiner Längsausdehnung vom Lager Staumühle in der Senne bis zum 14 km entfernten Spellerberg bei Kempen. In seiner Breite mißt es allerdings nur 3-5 Kilometer. Das Zentrum dieser Gemarkungsfläche bildet der Quelltopf der Lippe. In Reichweite dieses frühen Siedlungsplatzes begegnen sich mehrere grundverschiedene Landschaften. Im Westen zählt ein beträchtlicher Teil des Stadtgebietes, nämlich der Sennebereich, zur Ostmünsterländer Sandebene. Der mittlere Bereich, er wird als Marienloher Schotterebene bezeichnet, gehört noch zum Großraum Unterer Hellweg, während der östliche Teil des Stadtgebietes der Paderborner Hochfläche zugerechnet wird. Analog zu den verschiedenen Landschaftstypen der Bad Lippspringer Gemarkung findet man auch unterschiedliche Bodentypen vor. Das Spektrum reicht von den sandigen Böden des Sennegebietes über die ergiebigeren Lößsandböden der Schotterebene bis hin zu den Lößlehm- und Kalksteinwitterungsböden des Berg- und Hügellandes.

Archäologische Aspekte

Archäologische Funde, die von der Steinzeit über die römische Kaiserzeit bis zum Spätmittelalter reichen, unterstreichen die frühe Bedeutung Lippspringes als Siedlungsgebiet. So wurde zum Beispiel im Kernbereich eine römische Münze mit dem Kopf des Kaisers Claudius aus der Zeit zwischen 41 und 52 nach Christus gefunden.

Besondere Aufmerksamkeit erweckte die Entdeckung einer kaiserzeitlichen Handmühle aus Basaltlava, die wahrscheinlich aus der Eifel stammt und von weitreichenden Handelsbeziehungen in der Zeit des römischen Weltreiches Zeugnis gibt. Dieser Fund wurde im Gelände „Hoher Kamp" auf dem Steilufer der Lippe gemacht.

Das Gemälde „Die Sachsentaufe" von Prof. H. Schmidt (Weimar) wurde 1927 zur Eröffnung der Kaiser-Karls-Trinkhalle geschaffen. Es erinnert an die vier Reichsversammlungen Karls des Großen an den Quellen der Lippe.

Die Karolingerzeit

Der Südostwinkel der westfälischen Tieflandbucht, der Raum vor den Straßenübergängen über Eggegebirge und Teutoburger Wald, in dem sich wichtige alte Fernwege, nämlich der „Hellweg" und der „Frankfurter Weg" schnitten, hatte in den Sachsenkriegen Karls des Großen erhebliche Bedeutung. Die zeitgenössischen Texte der Geschichtsschreiber jener Zeit unterscheiden zwischen Ereignissen, die in Paderborn (nicht zuletzt wegen der archäologischen Befunde) zu lokalisieren sind, und solchen, die stattfanden, „wo die Lippe entspringt" oder aber „wo die Lippe fließt" und auch „an den Quellen der Lippe". Es gab zu der Zeit der Sachsenkriege Karls des Großen zwei räumlich nicht weit entfernte Versammlungsorte, nämlich Paderborn und Lippspringe. Am 28. Juli 780 hat der Frankenkönig Karl auf Bitten des Abtes Anselm für das italienische Kloster Nonantola jene wichtige Bestätigungsurkunde ausgestellt, in der Lippspringe in der Schreibweise „Lippiagyspringiae in Saxonia" (Lippspringe in Sachsen) erstmals urkundlich erwähnt wird. Diese Reichsversammlung an den Lippequellen war das reguläre fränkische „Maifeld", auf dem Angelegenheiten des gesamten Reiches, nicht nur Sachsens besprochen wurden. Die Urkunde für das Kloster Nonantola ist nicht der einzige Hinweis auf die Existenz des Ortes Lippspringe zur Karolingerzeit. Die Reichsannalen bezeichnen den Ort an den Quellen der Lippe sowohl für das Jahr 780 als auch für die fränkischen Reichsversammlungen der Jahre 782 und 804. Das Areal im Bereich der Lippequelle haben die Franken als zusätzlichen Versammlungs- und Lagerplatz der Pfalz Paderborn benutzt. Es muß im Bereich der Lippequelle damals schon eine Siedlung mit dem Namen „Lippspringe" gegeben haben, über deren Größe, Funktionen oder Besitzverhältnisse zur Zeit Karls des Großen wir allerdings nichts wissen.

Burg- und Stadtgründung

Obwohl nach der Karolingerzeit einige Jahrhunderte lang der Name Lippspringe in den überlieferten Urkunden nicht nachgewiesen werden kann, dürfte es im Bereich der Lippequelle eine Siedlungskontinuität gegeben haben. Neuere Forschungen zeigen, daß der Besitzschwerpunkt des Paderborner Domkapitels in und um Lippspringe auf sehr alte Strukturen

Burgruine oberhalb der Lippequelle, erbaut im 14. Jahrhundert.

Lippewehr im alten Stadtkern.

schließen läßt. Bereits vor der spätmittelalterlichen Wüstungsphase ist uns die Existenz einer Ministerialenfamilie „von Lippspringe" aus dem Jahre 1235 überliefert; diese Familie war nach ihrem Herkunftsort benannt. Eine früher oft vertretene These, das eigentliche Lippspringe sei erst nach der Gründung der Burg entstanden, ist somit nicht haltbar. Die erste urkundliche Erwähnung der Burg stammt vom 20. Oktober 1312. Das Domkapitel als führender Stand im Hochstift Paderborn nach dem Bischof hatte, bedingt durch die unruhigen Zeiten sowie die dauernden Streitigkeiten mit der selbstbewußten Hauptstadt Paderborn, ein festes Ausweichquartier in seinem Besitzschwerpunkt Lippspringe geschaffen. Bei dieser Burggründung wie auch innerhalb des Prozesses der Stadtwerdung sind erstaunliche Parallelen zum benachbarten Neuhaus festzustellen; dorthin nämlich verlegte der Paderborner Bischof, bedingt durch die Streitigkeiten mit der Stadt, nach 1257 seinen Wohnsitz. Später gründete er um seine Burg eine Minderstadt, die fast die gleichen Strukturen wie Lippspringe aufwies. Vor dem Jahr 1360 war auch schon die Pfarrkirche St. Martin gegründet worden. Im Jahre 1491 wurde an dieser Kirche auch ein Kanonikerkapitel gegründet, so daß man für einen gewissen Zeitraum von einer Stiftskir-

Stadtverwaltung (Rathaus)

che sprechen kann. Das mittelalterliche Hochstift Paderborn war diejenige Landschaft Westfalens, in der die meisten Stadtgründungen erfolgten. Neben den vier sogenannten „Hauptstädten" Paderborn, Warburg, Brakel und Borgentreich gab es 19 Landstädte, zu denen auch Lippspringe zählte. Der Kölner Erzbischof Dietrich von Moers, Administrator des Bistums Paderborn von 1414-1463, erreichte im Jahre 1429 beim Papst, daß der Paderborner Kirchensprengel aufgehoben und dem Erzstift Köln inkorporiert wurde. Daraufhin leistete das Domkapitel als erster Stand des Hochstiftes erbitterten Widerstand; es residierte zeitweise sogar in Lippspringe. Nachdem das Kapitel im Jahre 1444 vom Erzbischof Dietrich die Wiederherstellung und Selbständigkeit des Bistums Paderborn erwirken konnte, stattete es als Zeichen seiner Machtbefugnis ein Jahr später seine alte Besitzung Lippspringe mit städtischen Privilegien aus.

In der Folgezeit entwickelte sich Lippspringe zu einer Ackerbürgerstadt inmitten einer großen Gemarkungsfläche. Handel und Gewerbe spielten eine untergeordnete Rolle; dennoch kam es 1746 zur Gründung einer Schusterzunft und 1764 zur Etablierung einer Schneiderzunft. Innerhalb der weltlichen Verfassung des Fürstbistums Paderborn gehörte Lippspringe bis 1802 zum dritten Stand des Landes (Städte) und wurde bei den Landtagsversammlungen durch einen Bürgermeister vertreten.

Das Bad Lippspringe

Für die Stadt Lippspringe - sie verlor übrigens den städtischen Status durch die Preußische Landgemeindeordnung des Jahres 1843 - war das Jahr 1832 von entscheidender Bedeutung. Lippspringe hatte mittlerweile 1.500 Einwohner und war zum Amtsort für die benachbarten Gemeinden geworden. Ein Rechtsstreit gab in diesem Jahr den Anlaß für die Entwicklung des Ortes zum Heilbad. Es begann nicht - wie es im allgemeinen der Fall ist - mit der gezielten Erbohrung einer Heilquelle, sondern mit der zufälligen Entdeckung einer warmen Mineralquelle, die nur wenige Schritte entfernt von der Süßwasserquelle der Lippe zu Tage tritt. Im Jahre 1841 wurde sie von dem Arzt Dr. Pieper „Arminiusquelle" genannt. Nachdem in den 30er Jahren des vorigen Jahrhunderts ein Badehaus entstanden war, wurde 1839/40 der Arminiuspark im Stile eines englischen Landschaftsgartens angelegt. Im Jahre 1841 entstand das erste Kurhaus. Von 1856-1865 weilte hier der „Dichterarzt" Friedrich Wilhelm Weber. 1855 entstand ein zweites Kurhaus, in Erinnerung an den Herzog Adolf von Nassau, den späteren Großherzog von Luxemburg, „Prinzenpalais" genannt. Es dient gegenwärtig als Haus des Kurgastes. Kurgäste aus nah und fern kamen schon bald nach Lippspringe, und die Kurlisten der ersten Jahre weisen recht prominen-

Schäferbrunnen, geschaffen vom Bildhauer Josef Rikus.
Der Sage nach waren die Schafe die ersten „Patienten", die die Kraft der
Heilquelle erkannten.

te Namen auf. Neben der Arminiusquelle nutzte man die Liboriusquelle, die Kaiser-Karls-Quelle und auch die Siegfried-

quelle - allesamt Calcium-Sulfat-Hydrogen-Carbonat-Wässer. Der wirtschaftliche Aufschwung durch den Kurbetrieb führte auch zu einem Anstieg der Bevölkerung. Im Jahre 1895 hatte Lippspringe 2.459 Einwohner, davon 1.978 Katholiken, 477 Protestanten (der erste evangelische Gottesdienst fand 1838 statt) und 32 Juden. Die Zahl der Kurgäste betrug 2.800. Mittlerweile war durch die Errichtung des Truppenübungsplatzes Senne nach 1890 und der damit verbundenen Landkäufe die um 1800 entstandene Siedlung Taubenteich aufgelöst worden; insgesamt ging fast ein Drittel der Lippspringer Gemarkungsfläche in Staatseigentum über und wurde dem direkten Einflußbereich der Kommunalverwaltung entzogen. Dem weiteren Aufschwung des Badebetriebes ist es zu verdanken, daß 1913 die amtliche Bezeichnung „Bad Lippspringe" eingeführt, und im Jahre 1921 die Stadtrechte erneut (nach 1445) verliehen wurden. Das alte Amt Lippspringe wurde daraufhin in „Amt Altenbeken mit Sitz in Lippspringe" umbenannt; Lippspringe schied aus dem Amtsverband aus. Erst 1947 erfolgte die Verlegung des Amtssitzes nach Altenbeken. 1945 wurde Bad Lippspringe durch britische Streitkräfte besetzt. Ebenso wie in Bad Oeynhausen grenzten Stacheldrähte den alten Kurpark ab. Der Kurbetrieb, der vor dem Kriege durch mehrere Kurgesellschaften wahrgenommen worden war, kam vollständig zum Erliegen, da etwa ein Drittel der Innenstadtfläche mit entscheidenden Einrichtungen beschlagnahmt war.

Promenade an der Lippequelle mit Arminiusbrunnen-Tempel.

Bad Lippspringe

Leuchtfontäne im Kaiser-Karls-Park.

Ausfluß der Lippequelle im Arminiuspark.

Blumenpracht im Kaiser-Karls-Park.

Fußgängerzone in der Marktstraße.

Nach neunjähriger Beschlagnahme erfolgte 1954 die endgültige Freigabe des Bades durch die Engländer. Professor Gronemeyer, ein Schüler des berühmten Allergieforschers Karl Hansen, konnte für die Leitung eines Asthma- und Allergieforschungsinstitutes gewonnen werden. Seine For-

schungsergebnisse begründeten den Ruf Lippspringes als führendes deutsches Allergiezentrum. Asthma, Atemwege und Allergie waren nunmehr die Hauptindikationen. Später kamen Stoffwechselerkrankungen, Anschlußbehandlungen für Herzerkrankungen, Orthopädie und Onkologie hinzu. Heute (1997) betreiben die Kurgesellschaften Bad Lippspringe GmbH zehn Sonderkrankenhäuser und Kliniken. Gesellschafter sind zu 84 Prozent die Stadt Bad Lippspringe und zu 16 Prozent der Kreis Paderborn. Dazu kommen sechs weitere Sanatorien und Altenheime, teils in privater, teils in kirchlicher Trägerschaft. Die Kuranstalten sind mit rund 1100 Beschäftigten größter Arbeitgeber der Stadt.

Die Entwicklung als Heilbad fand ihren vorläufigen Höhepunkt in der Verleihung der staatlichen Anerkennung als „Heilbad" (1975) und als „Heilklimatischer Kurort" (1982). Bad Lippspringe, das größte kommunale Heilbad in Nordrhein-Westfalen, hat mit seinen rund 15.000 Einwohnern und jährlich etwa 40.000 Übernachtungsgästen mit 600.000 Übernachtungen die ideale überschaubare Größe. Alle wichtigen Einrichtungen sind leicht zu Fuß zu erreichen, bunte Fußgängerzonen laden zum Bummeln ein und verbinden die Kurparks mit allen städtischen Institutionen. Der Handels- und Dienstleistungsbereich ist vielseitig; das breitgefächerte Übernachtungsangebot reicht von erstklassigen Hotels bis zu guten Pensionen, Ferienwohnungen und Privatzimmern. Durch zahlrei-

Fußgängerzone mit Straßencafé in der Arminiusstraße.

Arminiuspark, der in Anlehnung an die Pläne Lennès, des berühmten Kgl. Preussischen Generalgartendirektors des 19. Jahrhunderts, angelegt worden sein soll.

che neue Wohnbaugebiete, attraktive Fußgängerzonen, verkehrsberuhigte Bereiche und umfangreiche Grünanlagen sind die Voraussetzungen für ein zeitgemäßes Wohnen geschaffen worden. Über gute Rad- und Fußwege ist eine gefahrlose und kurze Verbindung zum Stadtzentrum und damit zu Versorgungseinrichtungen wie Grund-, Haupt- und Realschulen, Kindergärten, Rathaus und Einkaufszentrum gegeben.

Eine Anzahl landwirtschaftlicher Betriebe, fast alle im Außenbereich angesiedelt, bewirtschaftet 1.580 Hektar Ackerland und Wiesen. Daneben bietet der 800 Morgen große Kurwald ideale Erholungsmöglichkeiten für Lippspringer Bürger und Kurgäste. Insgesamt umfaßt die Waldfläche des Stadtgebietes mit 1.504 Hektar fast ein Drittel des Gesamtareals. Die beiden attraktiven Parkanlagen, der Kaiser-Karls-Park und der Arminiuspark, sind die grünen Lungen im innerstädtischen Bereich. Kaiser-Karls-Trinkhalle, Liboriustrinkhalle, Burgruine mit Lippequelle sowie das Prinzenpalais mit dem benachbarten Allergie-Dokumentations- und Informationszentrum (ADIZ) sind kulturelle Sehenswürdigkeiten. Die Westfalen-Therme, Tennishallen, Kurwaldstadion, Reitanlage, Thermal-Freibad und der Golfplatz in der Senne bieten ideale Freizeitmöglichkeiten. Das Nebeneinander der bereits genannten unterschiedlichen Landschaftstypen vom sandigen Sennebereich über die Lippeniederung bis hin zum ansteigenden Hochwald ist im Zusammenwirken der Luftströmungen die Ursache für das günstige und heilsame Klima in Bad Lippspringe, dem Heilbad im Grünen.

Michael Pavlicic, Stadtarchivar

Borchen

| Fläche | 77,11 qkm | Einwohner (1996) | 12.290 |

Einwohner in den Ortsteilen:

Alfen	1.796	Kirchborchen	3.741
Dörenhagen	1.317	Nordborchen	3.524
Etteln	1.912		

Eine Gemeinde - fünf Orte

Wenn man heute von der „Gemeinde Borchen" spricht, ist damit das kommunalpolitische Gebilde gemeint, das am 1. Januar 1975 im Rahmen der kommunalen Neugliederung entstanden ist. Während Etteln und Dörenhagen auf eine langjährige kommunale Geschichte zurückblicken konnten, war die „alte" Gemeinde Borchen eine Schöpfung aus jüngerer Zeit. Sie war erst durch Gesetz vom 14. Januar 1969 mit Wirkung vom 1. Juli 1969 durch Zusammenschluß der bisherigen Gemeinden Alfen, Kirchborchen und Nordborchen gebildet worden. Jetzt mußte sie ihre Existenz zugunsten einer noch größeren Lösung bereits aufgeben.

Naturräumliche Gegebenheiten

Borchen liegt im Bereich dreier Großlandschaften: der münsterländischen Bucht, des Weserberglandes und des Sauerlandes. Dort, wo diese Landschaften sich verbinden, im äußersten Winkel des Tieflandes, wo dieses ins Mittelgebirge übergeht, liegt das Gebiet der Gemeinde Borchen. Näher betrachtet ist dieser Raum ein Teil der Paderborner Hochfläche, der, eingerahmt von Eggegebirge und Haarstrang, langsam in mehreren Stufen nach Südosten ansteigt.

Das Gemeindegebiet erschließt sich dem Betrachter in seiner ganzen Weite von dem an der westlichen Gemeindegrenze gelegenen Ortberg oberhalb von Alfen. Der Blick geht über die Dächer dieses Ortsteiles mit St. Walburga, dahinter erkennt man das von St. Michael beherrschte Kirchborchen, linker Hand leuchten die Türme von St. Laurentius zu Nordborchen, und selbst Dörenhagen mit dem spitzen Helm von St. Meinolphus zeichnet sich im Hintergrund ab. Die Waldungen des Ettelner Ort- und des Seckenberges weisen auf das im Altenautal gelegene Etteln hin, das sich um die Kirche St. Simon und Juda schart.

Ein bewegtes Bild von weiten Tälern und Bergplatten breitet sich vor den Augen aus: die Talauen von Altenau und Alme mit ihren weidenbestandenen Flußauen und die höher gelegenen, teils über schroffen Felsen sich erhebenden weitgestreckten Ackerfluren. Die Laub- und Nadelwälder bedecken vornehmlich die Hänge, nehmen aber auch Teile der Hochfläche selbst ein. Deutlich erkennt man, wie die Altenau und die Alme als Hauptlinien der Landschaft dem gesamten Raum zugeordnet sind und es ist kein Zufall, daß sich im Zusammenfließen beider Flüsse der siedlungsmäßige Schwerpunkt der Gemeinde mit Alfen, Kirch- und Nordborchen gebildet hat. Aber auch Etteln und Dörenhagen sind diesem Gefüge bruchlos zugeordnet durch die Wasser der Altenau, den Haxtergrund und das Ellerbachtal. Die politische Gemeinde hat also nicht einfach willkürliche Grenzen, vielmehr stellt der Raum Borchen eine landschaftliche Einheit dar, die eine Fläche von 77,11 qkm bei einer Nordsüdausdehnung von 10 km und einer Ost-West-Erstreckung von 13 km umschließt.

Eine landschaftliche Besonderheit stellt die Lage Borchens auf einem sehr kalkhaltigen Untergrund dar.

Von entscheidender Bedeutung für diesen Raum ist die Tatsache, daß der Kreidekalk starker Auflösung durch Wasser unterliegt. Das sauerstoffreiche Regenwasser löst chemisch den Kalk, und tiefe Risse und Klüfte, die sich senkrecht durch das Gestein ziehen, durchsetzen die mächtigen horizontal gelagerten Gesteinsbänke bis in große Tiefen. Hierdurch versickert das Regenwasser in den tiefen Untergrund, bis es auf einer stauenden Schicht abfließt. Selbst die von Haarstrang und Egge kommenden Wasser von Ellerbach, Sauer, Altenau und Alme versickern in sog. Schwalgen, weshalb diese Flüsse vor allem in trockenen Monaten völlig versiegen. Die so entstehenden unterirdischen „Flüsse" bilden nun große Hohlräume aus, deren Decken oft einstürzen und sog. Erdfälle oder Dolinen bilden, die als Trichter in Feld und Flur zu finden sind. Die bedeutendste Doline ist die „Spielmannskuhle" nahe der Borchener Gemeindegrenze oberhalb von Grundsteinheim.

Da das Regenwasser nur bedingt an der Oberfläche den Feldern zugute kommt, herrscht dort oft große Trockenheit, wodurch vor allem die Höhendörfer Dörenhagen, Eggeringhausen und Busch betroffen sind. Aus Hauszisternen oder den Sauts (Holtsaut, Strangsaut, Lohsaut), natürlichen Wasserspeichern, mußten sich die Menschen früher allein mit Wasser versorgen. Große Wasserbehälter auf den Viehweiden weisen auch heute noch auf die oft extreme Trockenheit dieses Gebietes hin. In einem extremen Trockenjahr wie dem von 1911 mußten die Bauern sogar anspannen und von den Paderquellen her Wasser anfahren.

Mit der ausgeprägten Trockenheit des östlichen Borchener Raumes kontrastiert der ungewöhnliche Wasserreichtum im westlichen Gemeindegebiet. Den ständig fließenden Quellen Kirch- und Nordborchens stehen in den oberen Tallagen die nur zeitlich fließenden Quellen gegenüber, die Quickspringe, die nur nach starken Regenfällen Wasser führen, wenn sich der Pegel des unterirdischen Wasserstandes hebt. Der wohl schönste Quickspring im Gemeindegebiet ist der nahe dem Paddelteich bei Ettel, dem sich unterhalb eine ganze Galerie kleinerer Quickspringe anschließt. Die „Sandkuhle" bei Alfen bietet ebenfalls ein eindrucksvolles Beispiel.

Zu den ständig fließenden Quellen gehören auch die Gellinghauser Quelltöpfe, die aus zwei Becken bestehen und seit jeher die Wasserräder der Gellinghauser Mühle treiben. Gewiß hat die Gellinghauser Quelle auch einen Zusammenhang mit der alten Wallburg, deren Bewohner auf Wasser angewiesen waren.

Der quellenreichste Ort der Gemeinde Borchen ist zweifellos Kirchborchen. Der bekannteste Quelltopf ist der Vodes Kolk, auch Storchenkolk genannt, um den sich die Sage rankt, aus diesem Wasser hätten einst die Störche die kleinen Kinder geholt. Auch soll hier eine goldene Kutsche in den Fluten versunken sein. Auch Nordborchen wird in seinem alten Ortskern durch Quellen und Biken (kleine Bachläufe) geprägt. So entspringt im Garten des Hofes Franke-Hümeyer eine ständig fließende Quelle. Auch die Gräfte des Mallinckrodthofes wird von Quellwasser gespeist, das aus tiefem Untergrund kommt. Daß auch die Alme und die Altenau im Bereich von Nordborchen innerhalb des Flußbettes von Karstwasser gespeist werden, verraten die Nebelschwaden, die bei kaltem Wetter über den Flußläufen hier zu beobachten sind. Zu den Karsterscheinungen gehört es auch, daß die Flußläufe des öfteren trockenfallen.

Während die Altenau in der Regel Wasser führt, verlieren sowohl der Ellerbach als auch die Alme über lange Monate des Jahres ihr Wasser. Nach starken Regenfällen können aber aus den Trockentälern reißende Ströme werden, was nicht zuletzt durch das katastrophale Hochwasser vom 16./17. Juli 1965 deutlich wurde. Zu erklären sind diese plötzlich anfallenden Wassermassen mit der Größe der drei Flußeinzugsgebiete, die selbst nur schmale Flußauen besitzen, in denen die Fluten sich sammeln und stauen: Altenau mit Ellerbach und Alme.

Ursprünglich war der Borchener Raum durch den für Mitteleuropa typischen Laubmischwald flächendeckend geprägt; charakteristische Laubbäume sind die kalkliebenden Buchen und Eichen, die Talauen wurden eher von Weiden und Erlen bestockt. Die Südhänge waren bevorzugte Standorte der wärmeliebenden Eiche, heute sind die Hänge zum Teil gerodet und weisen den Kalktrockenrasen auf, der sich durch intensiven Schafauftrieb entwickelt hat. Die Heckenrose, der Weißdorn, Schlehe, Pfaffenhütchen und Hartriegel sind hier typisch, und ihr Blühen und herbstlicher Fruchtstand beleben die Landschaft in reizvoller Weise. Nach Auflassung der Schafzucht sind Teile der Talhänge, teilweise aber auch ungünstig gelegene Feldstücke im Sinn der Sozialbrache mit der schnellwüchsigen, der Hochfläche eigentlich fremden Fichte aufgeforstet worden. Die Landschaft ist also einem steten Wandel unterzogen, was vor allem von wirtschaftlichen Gegebenheiten her zu verstehen ist. Gewissermaßen als „Grüne Lunge" der Gemeinde Borchen sind die weiten Waldungen im Bereich des Ettelner Orts, des Buchenholzes und des Nonnenbuschs anzusehen. Hier bedeckt der Wald auch große Teile der Bergplatten.

Durch diese schöne Landschaft führt auch der im Jahre 1994 durch den Bundesminister für Arbeit und Soziales, Norbert Blüm, eröffnete Alme-Radweg. Von der Quelle in Brilon-Alme führt der Alme-Radweg auf ca. 60 km durch das Paderborner Land bis zur Mündung in die Lippe bei Schloß Neuhaus, wo im Jahre 1994 die Landesgartenschau stattfand. Auf dieser landschaftlich und kulturhistorisch interessanten Strecke weisen die blauen Schilder mit der Aufschrift „Alme-Radweg" den Weg zu zahlreichen Sehenswürdigkeiten.

Dieses ist jedoch nicht die einzige Möglichkeit, sich die Borchener Landschaft zu erschließen. Die Gemeinde hält neben einem Gewässerlehrpfad im Ortsteil Kirchborchen, in der Nähe der Altenauschule, im Ortsteil Ettel einen Waldlehrpfad vor, der in der Nähe des Freizeitzentrums am Paddelteich beginnt und sich in nördlicher Richtung durch den Laubwald oberhalb des Altenautales, vorbei an der Aussichtsplattform „Teufelsstein", schlängelt.

Die Vor- und Frühgeschichte im Borchener Raum

Die Steinzeit

Überreste aus der Steinzeit finden sich in Gellinghausen bei Ettel. Dabei handelt es sich um eines der ältesten von Menschenhand im Borchener Raum geschaffenen Bodendenkmäler: ein Steinkistengrab, das vor ca. 5000 Jahren während der Jungsteinzeit errichtet wurde. Fragen über Fragen stellen sich: Wer waren diese Menschen, wie lebten sie, wie wohnten sie, wie sah die Landschaft damals aus, wozu diente eine derartige Grabanlage? Schon bei Christi Geburt hatte diese Anlage ein Alter von 3000 Jahren hinter sich!

Betrachten wir dieses Steinkistengrab genauer. Mächtige, senkrecht gestellte Kalksteinplatten bilden ein Rechteck von 22 m Länge und 2,5 m Breite. Die ehemaligen Deckplatten, die waagerecht auf den Wänden lagen, sind nicht mehr vorhanden, ebenfalls ist im Laufe der Zeit der Erdmantel, mit dem das gesamte Grab überlagert war, abgetragen worden. Dieser Erdmantel wurde an den Seiten durch eine Reihe von kleineren Steinen begrenzt, von denen noch einige zu sehen sind. Diese äußere Steinsetzung könnte als eine Art Bannkreis verstanden werden, der böse Geister von den Toten fernhalten sollte.

Das sich von Nord nach Süd erstreckende Grab ist schon im Jahre 1575 durch den Paderborner Bischof Salentin geöffnet worden, wobei wahrscheinlich Grabbeigaben entfernt oder zerstört wurden. Bei späteren wissenschaftlichen Grabungen fand man aufgereihte Tierzähne und auch Reste von Schmuck. Heute weist eine anschauliche Erläuterungstafel

Steinkistengrab in Kirchborchen.

den Besucher auf Alter und ehemaliges Aussehen der Grabanlage hin. Zwei weitere Steinkistengräber finden sich bei Kirchborchen. Alle waren ursprünglich innerhalb der Steinsetzungen ausgetieft, die Grabkammer war ca. 1,70 m hoch, sie konnte also begangen werden. So fanden sich in den steinzeitlichen Gräbern Knochen, die von einer recht großen Zahl von Toten zeugen. Einer Bestattung wurde die andere zugeordnet. Damit ist erwiesen, daß es sich um große Sippengräber handelt. Es waren gewissermaßen „Häuser der Toten", die uns mit diesen monumentalen Anlagen vor Augen stehen.

Die Bronzezeit

Wer aufmerksam durch die weiten Waldungen des Nonnenbusches zwischen Dörenhagen und Etteln oder im Bereich der Postecke wandert, dem fallen unter den mächtigen Buchenbeständen leicht gewölbte, mehr oder weniger kreisrunde Erhebungen auf: Es sind Grabhügel der Bronzezeit, die teils vereinzelt, teils geschart inmitten der einsamen Wälder liegen. Etwa 250 solcher Gräber liegen allein im Gemeindegebiet von Borchen, allerdings fast ausschließlich erkennbar innerhalb der Waldgebiete, da sie hier geschützt dem Pflug nicht zum Opfer gefallen sind wie auf den Feldfluren.

Etwa um 2000 vor Christi Geburt kam es zu einem entscheidenden Wandel in der Herstellung von Gebrauchsgegenständen, Waffen und Schmuck. Der Mensch hatte entdeckt, daß man aus Erzen durch Hitze Metall aussondern kann. Der grün-oxydierende Kupferstein mag den Menschen aufmerksam gemacht haben. Er fand heraus, daß sich das geschmolzene flüssige Metall in alle beliebigen Formen gießen ließ. Welch enormer Fortschritt zum spröden Stein!

Die Menschen wurden nun nicht mehr in großen Sippengräbern, sondern in Einzelgräbern, teilweise auch in Doppelgräbern bestattet. Parallel nebeneinander kommen die Leichenbestattung und der Ritus der Totenverbrennung vor. In jedem Fall wurde der Boden leicht ausgehoben und der Tote dann in einem Sarg oder in einer Urne bestattet und mit einem Erdhügel bedeckt, dessen Rand kreisförmig verlief. Dieser Kreis wurde oft mit einer Steinsetzung und einem flachen Ringgraben umschlossen, dem sog. Bannkreis, der den Toten die Ruhe wahren sollte.

Spuren der Eisenzeit: Die Wallanlage bei Gellinghausen

Einer der schönsten Aussichtspunkte innerhalb des Gemeindegebietes ist der Teufelsstein oberhalb der Lucienkapelle bei Etteln. Über Gellinghausen und der alten Gellinghauser Mühle erblickt man einen steilen Bergsporn, der sich markant über dem Altenautal und dem in spitzem Winkel einmündenden Burdahltal erhebt. Hier auf diesem Bergsporn - von drei Seiten durch die steilen Hänge geschützt - liegen die mächtigen Anlagen der sog. „Gellinghauser Wallburg", auch Hünschenburg genannt.

Kaum ein zweites Gelände findet sich auf Borchener Gebiet, das so augenfällig geeignet gewesen wäre, unter Ausnutzung natürlicher Geländeformen einen Platz zu einer befestigten Schutzburg auszubauen. Wann diese Anlage errichtet wurde, ist nicht exakt festzulegen, da sie wie die stein- und bronzezeitlichen Denkmäler in die Vor- und Frühgeschichte hineinragt. Deutliche Hinweise lassen aber auf eine eisenzeitliche Uranlage der keltischen Kultur schließen, eine Anlage, die dann aber bis etwa ins 12. Jahrhundert n. Chr. immer wieder erweitert und ausgebaut wurde. Es gibt also verschiedene Schichten, die übereinander lagern und die die Datierung erschweren. Das sagenhafte Volk der Kelten, das vor allem im Alpenraum, aber auch im süddeutschen und französischen Raum seine Kultur ausgebreitet hatte, beeinflußte auch unseren Raum über Jahrhunderte. Neben vielen Einzelfunden (Waffen und Schmuck) weisen vor allem mächtige keltische *Oppida,* großangelegte Herrensitze, auf die keltische Kultur hin. Es gab ein ganzes Netz derartiger großangelegter Wallburgen, unter die auch die Borchener Anlage einzureihen ist. In der Eisenzeit liegt also ein erster Ansatz, wenngleich nicht auszuschließen ist, daß auch schon in der Jungsteinzeit und in der Bronzezeit hier eine befestigte Voranlage existiert hat; Funde aus diesen Zeiten sind in derartigen Wallanlagen nicht selten. Der Fund einer blauen Glasperle innerhalb der Gellinghauser Anlage deutet auf den frühen Ursprung hin, auch die Nähe der drei Steinkistengräber weist auf Bezüge in voreisenzeitliche Zeit hin.

Die markanten Wälle und die vorgelagerten tiefen Gräben indes stammen aus späterer Zeit als der Eisenzeit. Diese Wallburg (Hünenburg) gehört möglicherweise zu jenen karolingischen Burgen, die unmittelbar nach den Sachsenkriegen Karls des Großen und in der Folgezeit zur Sicherung der fränkischen Herrschaft in Westfalen angelegt und stetig ausgebaut wurden. Urkundlich wird sie allerdings erst in der Mitte des 14. Jahrhunderts in einem Verzeichnis der Lehngüter des Klosters Abdinghof in Paderborn erwähnt. In Beschreibungen des 16. Jahrhunderts ist dann wieder vom „mons Hunnorum" oder dem „Huenenberg" zu lesen. 1578 wird die Anlage von Henricus Harius erstmals eingehender im Rahmen anderer westfälischer Ringwälle behandelt.

Die Hünenburg zählt nicht nur zu den besterhaltenen und eindrucksvollsten nordrhein-westfälischen Ringwallanlagen; sie ist auch ein schützenswertes und für die weitere wissenschaftliche Erforschung unverzichtbares Zeugnis der Entwicklung im Befestigungs- und Bauwesen, der politischen, wirtschaftlichen, sozialen und kulturellen Verhältnisse über viele Jahrhunderte hinweg und der damit verbundenen Landes- und Siedlungsgeschichte im östlichen Westfalen.

Das germanisch-sächsische Siedlungssystem in Borchen bis ins 13. Jahrhundert

Wenn wir heute von den Dörfern in der Gemeinde Borchen sprechen, so sind es fraglos Alfen, Dörenhagen, Etteln, Kirchborchen und Nordborchen. Das war nicht immer so. Aus der sächsisch-germanischen Zeit ist uns ein grundlegend anderes Siedlungssystem überliefert als das heutige. Statt der fünf großen Dörfer zählte man ursprünglich an die 20 Kleinsiedlungen, die teilweise mit den heutigen Ortslagen identisch sind, teilweise aber auch völlig unabhängig davon inmitten der heutigen Feldflur oder den Waldungen lagen. Die Menschen der sächsischen und frühmittelalterlichen Zeit lebten fast ausschließlich aus der Landwirtschaft.

Die heutigen Orte Alfen, Nordborchen, Eggeringhausen und Etteln sind schon zu den ältesten Siedlungen zu zählen, während Kirchborchen und Dörenhagen jüngerer Entstehung sind.

Die verschiedenen früheren Kleinsiedlungen, die weitgehend nicht mehr vorhanden sind, bezeichnet man heute auch mit „Wüstungen". Sie sind also irgendwann aufgegeben worden, zerfielen oder wurden zerstört, das heißt, sie „fielen wüst". In der Regel wurde aber das Land nicht aufgegeben, sondern von den neuen Siedelstellen mitbewirtschaftet.

Kurzgeschichte der fünf Ortsteile der Gemeinde Borchen

Alfen

Alfen erscheint zuerst urkundlich im Jahre 1031. In diesem Jahr schenkte Kaiser Konrad II. der Kirche zu Paderborn seine Güter zu „Alflaan". Der heutige Ort Alfen als bäuerliche Siedlung ist bereits weit früher entstanden und hat sich wahrscheinlich aus dem fürstbischöflichen Hofe an der Alme, dem Amtshof „Klinke" entwickelt. Dieser Klinkenhof hat seit Jahrhunderten eine besondere Bedeutung ausgestrahlt. Ob dieser Hof im Mittelalter der Ministerialenfamilie von Alfen

Ortskern Alfen

gehörte, ist nicht nachweisbar. Der Amtshof „Zur Klinke" war bis zum Jahre 1817 im Besitz mehrerer Adelsgeschlechter, so unter anderem von Imbsen und von Brenken. Es ist wenigen bekannt, daß sich auf dem Stemberg (dem heutigen Standort der Schützenhalle) sehr wahrscheinlich eine alte germanische Befestigungsanlage befunden hat. Bis vor wenigen Jahren war der im Norden des Stembergs verlaufende ehemalige Schutzgraben in der Landschaft noch erkennbar.

Kirchlich war Alfen seit Bischof Meinwerk (1009 - 1036) nach Kirchborchen eingepfarrt. Der Ort erhielt jedoch bereits im frühen 14. Jahrhundert eine eigene Kapelle, die sehr wahrscheinlich den Mittelpunkt einer Wehranlage bildete.

Dörenhagen

Dörenhagen ist eine Neugründung des Bischofs Bernhard III. (1204 - 1223), der den Bewohnern von Immighusen das heutige Dorfgelände zwecks Besiedelung zur Verfügung stellte, nachdem dort ein Hagen gerodet worden war. Nach Vollen-

dung des Baues der jetzigen „Alten Kirche" wird um 1222 zuerst ein Pfarrer erwähnt. Die Errichtung der Kirche als echte Wehrkirche diente nicht nur den Einwohnern zum Schutz, sondern war zudem eine pastorale Angelegenheit. Die Bewohner der älteren Ortsteile Eggeringhausen und Busch waren bis 1223 kirchlich nach Kerktorp (heute Ruine) bei Lichtenau eingepfarrt. Busch ist sehr wahrscheinlich aus einem sächsischen Einhof hervorgegangen, während Eggeringhausen (gegründet um ca. 600) durch die Sippe eines Sachsen mit Namen „Eirinck" entstanden sein dürfte.

Dörenhagen, Eggeringhausen und Busch sind als die „trockenen Dörfer" bekannt. Diese Kennzeichnung liegt in dem wasserdurchlässigen Plänerkalkboden begründet, der die Führung eines Oberflächenwassers nicht zuläßt. Von den denkmalswerten „Sauten" (Wasserstellen) ist noch der Holtsaut bei Eggeringhausen erhalten.

In der Nähe von Dörenhagen liegt die uralte Kreuzkapelle „Zur hilligen Seele", deren Ursprung auf das 9. bzw. 10 Jahrhundert zurückgeht.

▷

Der „Imbsenhof" in Dörenhagen.

Borchen

Dörenhagen

Kapelle
„Zur hilligen Seele"
in Dörenhagen.

Etteln

Etteln findet man in der Form „Ettlineu" urkundlich zuerst unter den Besitzungen, die Bischof Meinwerk im Jahre 1031 für sein Bistum erwarb. Die Gründung der Pfarrei Etteln dürfte um die Zeit Karls des Großen erfolgt sein, da das Kloster Böddeken und das Domkapitel hier sehr früh ausgedehnte Besitzungen hatten. Im Mittelalter war das Ministerialiengeschlecht von Etteln sehr bekannt, das den Burgsitz (heute Ruine) im Ettelner Unterdorf bewohnte. Zu Anfang des Dreißigjährigen Krieges zählte Etteln etwa 105 bewohnte Hausstätten. 1646 zerstörte die schwedische Armee fast den gesamten Ort. Durch die Feuersbrunst wurde auch die Kirche vernichtet. Unter Bischof Theodor Adolf von der Reck (1650 - 1661) wurde ein Neubau errichtet. Die heutige Kirche stammt aus dem Jahre 1749 und wurde 1953/54 erweitert.

Die Lucien-Kluskapelle im Bilkental ist eine besondere verehrungswürdige Stätte für die Bewohner Ettelns. Die Kapelle ist nach ihrem Verfall 1677 in der jetzigen Barockform wieder erbaut worden.

Kirchborchen

Kirchborchen mit der St. Michaels-Kirche wird 1268 erstmals urkundlich erwähnt. Durch Initiative des Klosters Abdinghof, das hier umfangreichen Grundbesitz hatte, wurde diese Wehrkirche errichtet und gleichzeitig der umgebende Friedhof durch eine Mauer befestigt, um so die bewegliche Habe der Einwohner in Fehdezeiten besser schützen zu können. Die Kirchborchener Weistümer von 1304 und 1370 geben eine genaue Aufteilung der großen Steinkirche mit umwehrtem Friedhof für die Einwohner von Kirchborchen, Nordborchen und Alfen. Entstanden ist Kirchborchen aus mehreren untergegangenen Orten in der Umgebung. Zu erwähnen ist hier Südborchen mit der dem heiligen Gallus geweihten Kirche, die durch Abt Wolfgang von Abdinghof erbaut und 1043 durch Bischof Rotho konsekriert worden ist. An der Stelle der alten „Gallenkerken" - so noch heute der Volksmund - wurde 1663 die jetzige Galli-Kapelle errichtet. Kirchborchen entwickelte sich im Laufe der Jahrhunderte unter der Oberhoheit des Klosters Abdinghof sehr günstig. Die um 1200 erbaute Wehrkirche wurde 1906/07 als südliches Seitenschiff in den Erweiterungsbau einbezogen.

Etteln, „Ferienort" der Gemeinde Borchen.

Kirchborchen mit dem Schwestern-altenheim der Vincentinerinnen (links) und dem alten Wehrtum der St. Michaelskirche in der Bildmitte.

Ortskern Kirchborchen mit der Pfarrkirche St. Michael.

Nordborchen

Bischof Meinwerk schenkte 1031 seinen Besitz zu Nordborchen dem von ihm gegründeten Kloster Abdinghof. 1015 war bereits die Schenkung eines Hofes erfolgt. Den Mittelpunkt des Ortes bildeten seit alters her zwei Adelssitze, das Oberhaus, heute Mallinckrodthof, und das Unterhaus, dessen Ruine sich heute im Eigentum der politischen Gemeinde Borchen befindet. Grundherren waren in Nordborchen bis zur Aufhebung des Fürstbistums Paderborn (1802) das Domkapitel, das Kloster Abdinghof, die Herren von Oeynhausen und von Haxthausen.

Einer der bedeutensten Bauernhöfe war der alte Meierhof. Es ist bislang nicht nachgewiesen, ob die bereits 1304 bestehende Kapelle zu Nordborchen auf dem Gelände des Meierhofes errichtet worden ist.

Die seit Jahrhunderten bestehende kirchliche Bindung an Kirchborchen wurde mit der Errichtung der Pfarrvikarie 1925 beendet.

◁ Dorfplatz in Kirchborchen.

Nordborchen

Entwicklung der Gemeinde Borchen seit der kommunalen Neugliederung im Jahre 1975

Die dynamische Entwicklung der Gemeinde Borchen geht am deutlichsten aus dem Zuwachs der Einwohner hervor. Nach der kommunalen Neugliederung im Jahre 1975 hatte die Gemeinde Borchen 8.803 Einwohner, die sich auf die fünf Ortsteile wie folgt verteilten:

Alfen:	1.218	Kirchborchen:	3.038
Dörenhagen:	992	Nordborchen:	2.104
Etteln:	1.451		

Bis zum 31. Oktober 1996 sind diese Einwohnerzahlen auf insgesamt 12.290 emporgeschnellt. Diese Einwohnerzuwächse lagen sowohl auf Kreisebene als auch im Land Nordrhein-Westfalen ständig über dem Durchschnitt und weitgehend sogar an der Spitze.

Das 1684 erbaute Herrenhaus des Mallinckrodthofes in Nordborchen. Heute: Domizil der beruflichen Schulen für Ernährung und Hauswirtschaft.

Nordborchen mit
denTürmen der
Laurentiuskirche
und der Autobahn-
brücke (A33) im
Hintergrund.

Schloß Hamborn,
gelegen im Bereich
der Großgemeinde
Borchen.

Die Einwohnerentwicklung wurde auch stark durch die Aufnahme von deutschstämmigen Aussiedlern aus den Ostblockstaaten nach dem Zusammenbruch des Sozialismus bestimmt. Seit 1989 haben mehr als 1.000 dieser neuen Mitbürger in Borchen eine vorübergehende oder endgültige neue Heimat gefunden.

Wenn Borchen von seiner Einwohnerzahl her ständig gewachsen ist, hat dies vor allem zwei Ursachen: erstens die Nähe zur Stadt Paderborn mit den dortigen Arbeitsplätzen und dem geschäftlichen und kulturellen Angebot einer Großstadt, und zweitens die Ausweisung vieler Neubaugebiete. Siedlungsschwerpunkte sind dabei die Ortsteile Kirchborchen und Nordborchen, die baulich immer stärker aneinanderrückten und in Zukunft zusammenwachsen werden.

Infrastruktur

Im Bereich der Verkehrsinfrastruktur spielt der Bau der Autobahn A 33 eine überragende Rolle. Am 15. Juni 1989 konnte die Autobahn durchgehend dem Verkehr freigegeben werden. Durch die Folge und Anordnung der Autobahnanschlußstellen hat diese Verkehrsstraße für Borchen eine wichtige Umgehungsfunktion.

Nicht weit entfernt von Borchen befindet sich der Regionalflughafen Paderborn/Lippstadt in Büren-Ahden. Dieser aufstrebende Flughafen bietet nicht nur den heimischen Wirtschaftsunternehmen eine günstige Anbindung an inländische und europäische Metropolen, sondern gibt den Bewohnern der Region Gelegenheit, günstig und ohne größere Anfahrtswege vom Regionalflughafen Paderborn/Lippstadt aus ihre Urlaubsreise anzutreten.

Maßnahmen der Dorferneuerung und Denkmalpflege sollen in den Ortskernen deren Charakter bewahren. So sind nach diesen Maßstäben der Bereich um die Kirche in Kirchborchen und der Mallinckrodtplatz in Nordborchen gestaltet worden. Im Rahmen der Denkmalpflege wurden zahlreiche öffentliche und private Gebäude erhalten und saniert. Zu erwähnen sind insbesondere das Unterhaus in Nordborchen, die Burg in Etteln, die ehemalige Scheune (jetzt Pfarrzentrum) und das Stallgebäude des Mallinckrodthofes in Nordborchen sowie die Vodesmühle in Kirchborchen und die Mühle in Etteln.

Einheimische und Fremde fühlen sich von den historischen Ortskernen angezogen. Insbesondere der Ortsteil Etteln hat eine wichtige Funktion als Fremdenverkehrsort der Gemeinde, der den Gästen eine Reihe von Möglichkeiten zur Erholung bietet.

Patenschaften/Ehrenbürger

Die Gemeinde Borchen pflegt zwei offizielle Patenschaften. Seit dem 24. Juni 1978 besteht eine solche mit der Nachschubkompanie 210 der Bundeswehr in Augustdorf, der heutigen 2. Kompanie des Nachschubbataillons 7. Dieser Patenschaft gingen schon längere Kontakte zu den örtlichen Soldatenkameradschaften voraus.

Die Wiedervereinigung Deutschlands hat auch eine Patenschaft zu einer Gemeinde aus dem östlichen Teil ermöglicht: zu Sperenberg im Land Brandenburg. Am Tage der Wiedervereinigung am 3. Oktober 1990 wurde diese Patenschaft mit einem Festakt in Sperenberg begründet und besiegelt.

Borchens bisher einziger Ehrenbürger war Rektor August Kleinschmidt, der am 1. November 1989 im Alter von 92 Jahren verstorben ist. Seit 1972 trug er diese Würde. Von 1922 an hatte er als Pädagoge, Ortsheimatpfleger, Chorleiter und Bürgermeister in und für Kirchborchen jahrzehntelang verdienstvoll gewirkt.

Franz-Josef Berlage, Nordborchen
Petra Weierling, Neuenbeken

Büren

Fläche	170,97 qkm	Einwohner (1996)	22.341

Einwohner in den Ortsteilen:

Ahden	1.009	Hegensdorf	1.033
Barkhausen	174	Siddinghausen	1.079
Brenken	2.259	Steinhausen	3.579
Büren	8.692	Weiberg	685
Eickhoff	107	Weine	575
Harth	995	Wewelsburg	2.154

Geologie und Morphologie des Bürener Raumes

Büren liegt im Südwesten des ehemaligen Hochstiftes Paderborn und umfaßt eine Fläche von ca. 170,97 qkm, wovon etwa ein Drittel auf Waldgebiete entfällt. Die Höhenlage bewegt sich zwischen 180 m ü.NN im Almetal bei Wewelsburg und 420 m ü. NN im Ringelsteiner Wald.

Geologisch läßt sich das Stadtgebiet zwei grundverschiedenen, zeitlich weit auseinanderliegenden Zeitaltern zuordnen: Im Süden, wie auch im angrenzenden Sauerland, findet man zum Teil karbonzeitliche, dunkle Schiefer- und Grauwackenschichten (400 Mio. Jahre), die ältesten Gesteinsformationen der gesamten Region. Waldreichtum und wasserreiche Bach- und Flußtäler sind hierfür charakteristisch. Der weitaus größere, nördliche Bereich ist bedeckt von kreidezeitlichen Kalk- und Mergelschichten, dem Cenoman und Turon (100 Mio. Jahre), die im Flußlauf der Alme (etwa ab Brenken) markante Verkarstungserscheinungen bewirkt haben. Auch im Bild der Ortschaften wird der Cenoman sichtbar, wurde er doch lange Zeit als Werkstein genutzt, so auch für die Jesuitenkirche und das Kolleggebäude.

Büren,
die ehemalige
Kreisstadt.

Mauritiusgymnasium, 1728 als Jesuitenkolleg erbaut.

Morphologisch fallen im Bürener Stadtgebiet vor allem folgende Einheiten auf:

a) der höhere und stark reliefierte Ringelsteiner Wald im Süden, der ins Sauerland übergeht,
b) die zum Teil tief eingeschnittenen Flußtäler von Alme und Afte,
c) das überwiegend ackerbaulich genutzte Gebiet der Paderborner Hochfläche im Nordwesten.

Büren heute

Die Stadt Büren im Süden des Kreises Paderborn zählt mit ihren elf Ortsteilen 22.341 Einwohner. Verkehrsgünstig an der A 44 gelegen, ist das Ruhrgebiet binnen einer Stunde zu erreichen. Die ebenfalls nahe gelegene A 33 gewährleistet zudem eine Anbindung an die Oberzentren Paderborn und Bielefeld. Der aufstrebende Regionalflughafen Paderborn-Lippstadt im Ortsteil Ahden hat den Anschluß an zahlreiche innerdeutsche und internationale Ballungsräume ermöglicht. Darüber hinaus wird auch der Urlaubs-Charterflugverkehr stetig ausgeweitet. Die nächsten Bahnstationen befinden sich in Geseke (12 km) und Paderborn (25 km).

Nicht zuletzt aufgrund der ehemaligen Funktion als Kreisstadt verfügt Büren auch heute noch über mehrere zentrale Einrichtungen von überörtlicher Bedeutung. Im breitgefächerten schulischen Angebot, welches Büren den Ruf einer Schulstadt eingebracht hat, sind alle Schulformen vertreten. Besonders stolz ist man auf die zwei traditionsorientierten Gymnasien.

Im kulturellen Angebot der Stadt ist für jeden Geschmack etwas Passendes zu finden. Regelmäßig wiederkehrende Veranstaltungen wie Stadtfest, Oktobermarkt, Internationale Orgeltage, Harther Winterfestspiele, Internationale Jugendfestwoche sowie traditionelle Schützenfeste in allen Ortsteilen sind zu festen Einrichtungen von überörtlichem Interesse geworden.

Auch im Bereich der Freizeitinfrastruktur ist Büren gut ausgestattet.

Wander- und Radwanderwege, zwei Freibäder und ein Hallenbad, ein Segelflugplatz und vielerlei weitere Sportmöglichkeiten stehen den Bürener Bürgern und Urlaubsgästen zur Verfügung.

Zudem sind die historischen Sehenswürdigkeiten der Stadt beliebte Anziehungspunkte für Tagesausflügler, allen voran die Wewelsburg, ein Schloß der Weser-Renaissance in der Form eines gleichschenkligen Dreiecks, die barocke Jesuiten-

Die Geschichte der Stadt Büren

Büren wurde erstmalig im Jahre 1015 urkundlich erwähnt. Das Dorf am linken Almeufer war zunächst noch unbefestigt. Bemerkenswert ist eine Kirche, die in der zweiten Hälfte des 9. Jahrhunderts entstanden sein dürfte und dem hl. Gangolf gewidmet war.

Um 1150 errichteten die Edelherren von Büren am Zusammenfluß von Alme und Afte eine Burganlage gegenüber der Siedlung. Über die Herkunft der Edelherren von Büren sind sich die Historiker nicht einig. Während H. Schoppmeyer den Ort Deifeld bei Medebach nennt, führt D. Pöppel sie auf den Grafen Sidag und den Sachsenherzog Widukind zurück. Unbestritten ist jedoch der große Einfluß dieser Adelsfamilie auf

Detail aus der Giebelfront des Mauritiusgymnasiums.

Torbogen (Eingangsportal) vor dem Mauritiusgymnasium.

Rückseite der Jesuitenkirche.

kirche mit dem ehemaligen Jesuitenkolleg, aber auch die Burgruine Ringelstein und das Schulmuseum Büren.

Romanische Basilika, Pfarrkirche St. Nikolaus.

die weitere Entwicklung Bürens, der auch noch im heutigen Stadtbild erkennbar ist. Im Jahre 1195 kommt es zur Stadtgründung durch die Brüder Berthold und Detmar von Büren. Sie ließen Mauern und Gräben um die Siedlung anlegen und verliehen ihr das Lippstädter Stadtrecht. Vermutlich erbauten sie auch mit Unterstützung des Paderborner Bischofs Bernhard II. eine neue Pfarrkirche, deren Grundsubstanz noch in der heutigen St. Nikolauskirche, einer romanischen Basilika, erhalten ist.

Der mittelalterliche Stadtgrundriß läßt sich im heutigen Stadtbild noch gut nachvollziehen. Von den ehemals fünf Stadttürmen sind an der Ostseite der Stadt noch zwei erhalten, ebenso Reste der Befestigungsmauern.

Büren konnte infolge der Stadtgründung ein reges Bevölkerungswachstum verzeichnen, was vor allem auf dem Zuzug aus den Orten der Umgebung beruhte. Parallel dazu kam es im Umkreis der Stadt zu Ortswüstungen. Büren war zunächst eine reine Ackerbürgerstadt, jedoch beteiligten sich Bürener Kaufleute auch am hanseatischen Handel. Eine weitere Erwerbsquelle bildete das Braugewerbe.

Im Jahre 1243 gründeten die Bürener Edelherren ein Zisterzienserinnenkloster, das heutige Gut Holthausen, welches ihnen als Begräbnisstätte diente. Um 1700 wurde die mittelalterliche Klosterkapelle duch eine Barockkirche ersetzt. In der ersten Hälfte des 14. Jahrhunderts erreichte die Macht der Edelherren von Büren ihren Höhepunkt. Durch ihren umfangreichen Grundbesitz und die zahlreichen Rechte (Frei-, Gogerichts-, Vogtei-, Forst- und Kirchenpatronatsrechte) nahmen sie eine Stellung ein, die einer Landesherrschaft gleicht. 1661 stirbt der letzte Bürener Edelherr Moritz, sein Erbe geht an den Jesuitenorden über. Dieser errichtete im 18. Jahrhundert zwei Bauwerke, die auch heute noch das Stadtbild Bürens prägen: Von 1717 bis 1728 entstand das Jesuitenkolleg (heute Mauritiusgymnasium), in unmittelbarer Nachbarschaft wurde zwischen 1754 und 1773 die barocke, süddeutsch anmutende Jesuitenkirche erbaut.

Als im Jahre 1773 der Jesuitenorden aufgelöst wurde, ging der Besitz an den Paderborner Fürstbischof über und 1802/03 infolge der Säkularisation schließlich an den preußischen Staat. Das Kolleggebäude, von 1825 bis 1925 als Lehrerseminar und nach dem Zweiten Weltkrieg bis heute als Gymnasium genutzt, trägt mit seinem Namen „Mauritius-Gymnasi-

Kreis Paderborn

△ Die Jesuitenkirche Maria Immaculata wurde nach den Plänen von Johann Heinrich Roth gebaut. Sie ist, neben der Paderborner Jesuitenkirche, der bedeutendste barocke Kirchenbau Ostwestfalens.

oben links:
Königstraße (Teilansicht)

Brunnen am Marktplatz.

Teilansicht der Burgstraße.

Ahden

In einer Höhenlage von 179 m erstreckt sich das Dorf Ahden zu beiden Seiten der Alme in einem bewegten Relief, das durch verschiedene Seitentäler der Alme akzentuiert wird.
Die erste urkundliche Überlieferung als „Aldane" datiert aus dem 9. Jahrhundert von ehemaligen Besitztümern des Klosters Corvey. Ahden war bis zur Abpfarrung im Jahre 1921 eine Kirchenfiliale der Pfarrei Brenken. Die um 1700 erbaute Kapelle mußte im Jahr 1912 der heutigen Dorfkirche weichen.

Am Südausgang des Ortes erinnert die dem hl. Antonius geweihte Kluskapelle (1933 / 34) am Fuße des Heinberges an die Klause Marienstein (Einsiedelei) von 1433, die im Dreißigjährigen Krieg zerstört wurde. Eine andere mittelalterliche Siedlung in der Gemarkung Ahden war die Wüstung Silkensode, die zwischen Ahden und Geseke gelegen haben soll.

Stark überformt wurde das Landschaftsbild um Ahden durch den Bau der Autobahn A 44 Ruhrgebiet-Kassel mit der

Kluskapelle in Ahden.

um" die Erinnerung an den letzten Bürener Edelherren Moritz weiter.

Im Jahre 1816 wird der Kreis Büren gegründet und Büren zur Kreisstadt ernannt. Als Verwaltungszentrum erhält Büren u.a. ein Amtsgericht, das bereits erwähnte Lehrerseminar und eine Taubstummenanstalt (heute Westfälische Schule für Gehörlose). 1898 wird der Bahnanschluß an der Strecke Paderborn - Brilon/Wald - Frankfurt fertiggestellt, 1900 die Nebenstrecke Büren-Geseke. Arbeitsplätze in der holzverarbeitenden Industrie entstehen, Zement- und Kalkwerke folgen. 1908 wird das Elektrizitätsnetz fertiggestellt.
Die Bevölkerungszahlen steigen stetig von 1.318 im Jahr 1818 über 2.000 (1839), 3.000 (1908) auf 4.012 (1939). Nach dem Zweiten Weltkrieg leben etwa 6.000 Menschen in Büren. 1975 wird Büren infolge der kommunalen Neugliederung mit den Gemeinden des Amtes Büren-Land zur neuen Stadt Büren zusammengeschlossen und verliert den Kreissitz. Die Einwohnerzahl der Gesamtstadt beträgt zu diesem Zeitpunkt 17.375 Personen, 1996 sind es rund 22.300, wovon 8.692 auf die Kernstadt entfallen.

Der Flughafen Paderborn/Lippstadt in Ahden verfügt über eine Start- und Landebahn von 2180 m Länge und 45 m Breite.

imposanten Almetalbrücke und den 1971 in Betrieb genommenen Regionalflughafen Paderborn-Lippstadt, der durch stetige Kapazitätserweiterungen im Jahre 1994 bereits mit 333.000 Fluggästen auf Rang zwei unter den 39 deutschen Regional-Airports rangierte und für die Weiterentwicklung des Wirtschaftsraumes von zentraler Bedeutung ist.

Barkhausen

Barkhausen, 331 m ü. NN, liegt in der Quellmulde der Barkser Bieke, die nach Durchfließen eines steilen Kerbtales schließlich in die Alme mündet. Die erste urkundliche Nennung als „villa Barghusun in pago almunga" (Siedlung Barkhausen im Almegau) datiert bereits aus dem Jahr 1025. 1195, im Jahre der Stadtgründung Bürens, wurde Barkhausen von

Der Flughafen Paderborn/Lippstadt in Ahden
ist einer der am stärksten wachsenden Flughäfen in Deutschland.
1996 wurden über 530.000 Passagiere befördert.

Barkhausen

wärmespeichernden Kalkböden konnte sich eine besonders artenreiche und z.T. seltene Flora und Fauna ansiedeln.

Die hohe Siedlungskontinuität Brenkens läßt sich bereits seit der Jungsteinzeit durch Funde von Steinwerkzeugen, Grabhügel, keltische und römische Münzen usw. belegen. Wenngleich die „villa Brenkiun" erst im 11. Jahrhundert urkundlich erwähnt wird, läßt die dem Heiligen Kilian geweihte Kirche auf eine bereits karolingische Gründung schließen.

Der heutige Kirchenbau, eine dreischiffige romanische Pfeilerbasilika mit Querhaus und fünfgeschossigem Wehrturm stammt aus dem 12./13. Jahrhundert. Im Inneren der Kirche sind wertvolle Kunstschätze zu finden, so ein romanischer Taufstein aus dem 12. Jahrhundert, ein Katharinenbild des 14. Jahrhunderts, ein gotischer Klappaltar und das Deckengemälde „Jüngstes Gericht" aus dem 15. Jahrhundert sowie das Renaissance-Epitaph aus dem Leben der Familie von Brenken aus dem 16. Jahrhundert. Bis zur Abpfarrung im

Pfarrkirche St. Kilian in Brenken.

den Brüdern Berthold und Detmar von Büren zur Abgabe eines Zehntes verpflichtet. Im Mittelalter gehörte Barkhausen in kirchlicher Hinsicht wahrscheinlich zur sehr alten Pfarrei Siddinghausen, 1752 mit der Abpfarrung Weibergs von Siddinghausen wurde es eine Pfarrfiliale Weibergs.

Die heutige Gemarkungsfläche Barkhausens verfügte im Mittelalter über zwei weitere Kleinsiedlungen, die jedoch den Wüstungsvorgängen des 14. und 15. Jahrhunderts zum Opfer fielen. Beide Ortswüstungen, Groten-Swinefelde an der Nordflanke des oberen Mummentales und Lütken-Swinefelde auf dem Gebiet des 1852 entstandenen Gutes Edelborn, lagen im Bereich von Quellen. Barkhausen hat seine ausgeprägt ländliche Struktur bis in die Gegenwart erhalten. Heute zählt die Gemeinde 174 Einwohner.

Brenken

Brenken, 201 m ü. NN siedlungsgünstig am rechten Ufer der Alme gelegen, zählt zu den ältesten Siedlungen des Almetales. Etwa die Hälfte der Gemarkungsfläche, insbesondere der höhere Bereich außerhalb der Talaue, ist mit Wald bedeckt. Auf den

Schloß Erpernburg,
Sitz der Familie
von Brenken.

Eickhoff

Jahre 1921 gehörte auch Ahden zur Pfarrei Brenken. Eng verknüpft mit der Geschichte Brenkens ist seit dem Spätmittelalter die Familie der Freiherren von und zu Brenken, die durch stetigen Besitzerwerb für die heutige Größe der Gemarkung Brenkens sorgten. Vom alten Stammsitz der Familie, der Niederburg auf der Brede, sind nur noch Reste vorhanden. 50 m über dem Talbett erhebt sich Schloß Erpernburg, heutiger Wohnsitz und Gutsbetrieb der Herren von Brenken. Der zweigeschossige Bau mit Seitenflügeln und Freitreppenanlage wurde 1734 vollendet. Die Schloßbibliothek enthält eine Reihe wertvoller Akten und Urkunden des ehemaligen Klosters Böddeken. Der Schloßgarten besticht durch seinen seltenen Bestand an 50 verschiedenen, aus Europa, Afrika, Asien und Amerika stammenden Baumarten.

Eickhoff

Eickhoff, 297 m ü. NN auf der Paderborner Hochfläche gelegen, ist mit seinen 107 Einwohnern der kleinste Ortsteil von Büren. Älteste Siedlungsspuren in bzw. bei Eickhoff finden sich in Form von mehreren Hügelgräbern aus der Bronzezeit (ca. 1500 v.Chr.) im Waldstück „Schorn" am Ostrand der Gemarkung Eickhoff sowie im Waldstück „Nadel" zwischen Eickhoff und Steinhausen.

Die älteste urkundliche Erwähnung stammt vermutlich aus einem Lehnsregister des Jahres 1368, wo ein „Ekhov" genannt wird. Auf dem Gebiet der heutigen Gemarkung Eickhoff lagen im Mittelalter mehrere Siedlungen, die während der hoch- und spätmittelalterlichen Wüstungsvorgänge und während des Dreißigjährigen Krieges aufgegeben wurden.

Von Beginn an gehörte Eickhoff politisch zur Herrschaft Büren, kirchlich (bis heute) zur Pfarrei Steinhausen und erhielt erst 1734 eine eigene Kapelle. Bedingt durch die Grenzlage am Westrand des Hochstiftes Paderborn zum Erzbistum Köln wurde das Dorf immer wieder von Grenzstreitigkeiten zwischen den jeweiligen Landesherren Fürstbischof - Erzbischof bzw. ihren jeweiligen örtlichen Vertretern in Mitleidenschaft gezogen.

1803 fiel Eickhoff durch den Reichsdeputationshauptschluß zusammen mit dem Hochstift an Preußen, politisch bildete es einen Teil der Ortschaft Steinhausen. 1806 wiederum gelangte es zum von Napoleon neu geschaffenen Königreich Westphalen mit der Hauptstadt Kassel. Während dieser Periode wurde Eickhoff von Steinhausen abgetrennt und erhielt 1811 seine politische Selbständigkeit. Mit der Gründung des Kreises Büren im Jahr 1816 fiel Eickhoff innerhalb des Amtes Büren verwaltungsmäßig zum Kreis Büren.

Die Einwohnerzahl blieb seit 1812 bei ca. 100 konstant. Die Bevölkerung lebte fast durchweg nur von der Landwirtschaft, Gewerbe- und Handwerksbetriebe siedelten sich nicht an. Erst nach dem Zweiten Weltkrieg und verstärkt in neuester Zeit sind die Bewohner durch die Einkommensentwicklung in der Landwirtschaft dazu gezwungen, sich Erwerbsquellen außerhalb der Landwirtschaft zu suchen, überwiegend als Pendler in Büren, aber auch im 30 km entfernten Paderborn. 1975 verlor Eickhoff die politische Selbständigkeit an die Stadt Büren.

Harth

Harth ist eine relativ junge Gemeinde in typischer Spornlage etwa 100 m oberhalb des Almetales. Ältere Vorgängerin der Siedlung war das Pfarrdorf Hepern etwas weiter östlich, das vermutlich zur Zeit der Soester Fehden 1444-1449 unterging. Wahrscheinlich siedelten sich die Bewohner Schutz suchend oberhalb der Burg Ringelstein auf der Höhe (= auf der Harth) an.

Über die Zeit der Erbauung der Burg Ringelstein läßt sich nur spekulieren - sie wird jedoch kaum vor 1300 errichtet

Blick ins Almetal bei Harth.

worden sein. Ab 1409 läßt sich ein ununterbrochener Stammbaum der Besitzer des Ringelsteins aufstellen. Der Ringelstein war ursprünglich wohl nichts anderes als ein Jagdschloß der Edelherren von Büren, das allmählich zu einer Burg und zu einer Gutswirtschaft erweitert wurde.

Mit dem Tod des Moritz von Büren gelangte Ringelstein zunächst an den Jesuitenorden, nach dessen Auflösung an den Fürstbischof von Paderborn und schließlich infolge der Säkularisation 1802/03 an den preußischen Staat. Im 17. und 18. Jahrhundert diente Ringelstein als Gerichtsstätte der Herrschaft Büren.

Das schwärzeste Kapitel erlebte die Burg zweifellos in der Zeit der Hexenverfolgungen, als alleine vom 17. März bis 15. April 1631 - also binnen vier Wochen - 50 Personen auf dem Ringelstein als Hexen verurteilt und verbrannt wurden. Von der früheren Burg Ringelstein, die vermutlich einem Brand zum Opfer fiel, sind heute nach erfolgter Restauration die markanten Ruinen oberhalb des Almetales zu besichtigen. Einige Häuser des heutigen Dorfes Harth wurden zum Teil noch auf den Fundamenten der früheren Ringelsteiner Burg- und Gutsanlagen errichtet.

Der Multhäuper Hammer, etwa 2,5 km südöstlich des Dorfes im Almetal gelegen, erinnert an das alte Eisengewerbe, das seit 1613 im oberen Almetal ansässig war. Auf der Basis des heimischen Wald- und Holzreichtums wurde hier Roheisen aus dem benachbarten Sauerland verarbeitet. Im Laufe der ersten Hälfte des 19. Jahrhunderts ging das alte Ringelsteiner Eisengewerbe ein. Der Multhäuper Hammer gelangte später in den Besitz des Grafen von Spee aus Alme, der hier über mehrere Jahre eine Zellstoffabrik betrieb.

Im April 1935 kaufte das Reichsluftfahrtministerium das Arbeitslager in Ringelstein, verlegte es zum Multhäuper Hammer und begann mit dem Bau einer Munitionsanstalt (Muna), die im Juni 1936 fertiggestellt war und im Jahr 1945 von den Engländern gesprengt wurde. Noch heute ist eine Munitionszerlegeanstalt in Betrieb.

Eine Einrichtung von überregionaler Bedeutung ist das Jugendwaldheim Ringelstein, welches das älteste unter seinesgleichen in Nordrhein-Westfalen ist.

Hegensdorf

Hegensdorf, 265 m ü. NN, eines der ältesten Dörfer im Stadtgebiet Büren, liegt an der Nahtstelle zwischen Sauerland und Paderborner Hochfläche. Die 15 qkm große Gemarkung erstreckt sich in einem bewegten Relief auf Höhenlagen zwischen 225 und 400 m ü. NN. Ackerflächen auf der Hochebene, grüne Talauen, ein kleiner Stausee und weitflächige Fich-

Burgruine Ringelstein
im Stadtteil Harth.

Hegensdorf

ten-, Buchen - und Eichenwälder bestimmen den Charakter der Landschaft. Die erste urkundliche Erwähnung datiert aus dem Jahr 975. Das Kloster Corvey hatte hier Besitztümer.

Die Pfarrkirche wird erstmalig im Jahr 1353 erwähnt. Der Name „St. Vitus" läßt jedoch darauf schließen, daß es sich hierbei um eine wesentlich ältere Gründung des Klosters Corvey handelt.

Die Bewohner verehren seit etwa 1250 ein heiliges Kreuz, das nach Überlieferung von Hirtenkindern bei den Drei Kreuzen im Haarener Wald gefunden worden sein soll. Der Volksmund berichtet von vielen Wundern und Gebetserhörungen, die man diesem Kreuz zuschreibt. Hegensdorf überlebte die Wirren des Mittelalters, während benachbarte Siedlungen wüst fielen.

In den vergangenen 250 Jahren verdoppelte sich die Bevölkerung auf rund 1.000 Einwohner. Hegensdorf zählt heute noch 13 landwirtschaftliche Betriebe, die sich auf Rindvieh- und Schweinehaltung spezialisiert haben und im Vollerwerb bewirtschaftet werden. Die Mehrzahl der Betriebe hat die enge Dorflage verlassen und am Dorfrand bzw. in der Feldflur einen neuen Standort gefunden. Weitere Arbeitsplätze im Dorf existieren in kleineren Betrieben des Bauhandwerks.

Keddinghausen, eine weilerartige Siedlung mit 23 Häusern, etwa 2 km westlich von Hegensdorf unmittelbar an der Afte gelegen, verlor im Jahre 1939 seine politische Selbständigkeit und gelangte zu Hegensdorf. Im Mittelalter war Keddinghausen als Sitz eines Freistuhls bekannt. Schon 1278 wurde der Weiler im Zusammenhang mit dem Stift Böddeken genannt, das hier einen Lehnshof hatte. 1420 schenkte Werner von Keddinghausen seine Güter dem Kloster Hardehausen mit der Auflage, hier einen Wirtschaftshof, eine Kapelle und - sofern möglich - ein Kloster für zehn bis zwölf Mönche zu errichten. 1488 verkaufte das Kloster Hardehausen die Güter, den Hof und die Kapelle an die Herren von Büren. Bei der Anlage eines Mühlengrabens stieß man Ende des letzten Jahrhunderts auf Fundamente einer Burg und einer Kirche, die vermutlich während des Dreißigjährigen Krieges zerstört wurden.

Bis zum Jahre 1836 war Keddinghausen von jeglichem Verkehr abgeschlossen. Erst durch den Bau einer Brücke und einer Straße durch das Aftetal wurde der Ort für den Durchgangsverkehr erschlossen. Bis zu diesem Zeitpunkt verliefen die Verkehrswege beiderseits des Aftetales auf der Hochfläche. Im heutigen Bild Keddinghausens fällt besonders der Keddinghäuser See auf, ein Mitte der 70er Jahre angelegtes Hochwasserrückhaltebecken, das neben seiner eigentlichen Funktion auch als Naherholungsgebiet genutzt wird.

Siddinghausen

Siddinghausen gehört zu den ältesten Pfarrorten des Bistums Paderborn. Das Dorf liegt am Steilhang des linken Almeufers ca. 4 km südwestlich der Kernstadt Büren. Etwa 25 bis 40 m über der Talsohle verläuft ein Quellhorizont, in alter Zeit sicherlich ein bedeutender Grund, hier zu siedeln.

Überlieferungen zufolge soll schon um 800 eine hölzerne Kirche durch den Adligen Sidag errichtet worden sein. Urkundlich gesichert ist, daß die Erben Sidags eine steinerne Kirche errichteten, die der Bischof Liuthard einsegnete. Die heutige Pfarrkirche aus dem ausgehenden 17. Jahrhundert besitzt mit dem Westturm noch den Rest einer romanischen Kirche aus dem 12. Jahrhundert. Die ursprünglich sehr große Pfarrei hat von den einstigen Filialen Weine, Barkhausen, Weiberg, Harth, Ringelstein, Volbrexen heute nur noch Weine behalten.

1906 wurde am Ortseingang ein Molkereigebäude errichtet, das bis 1941 als Zentralmolkerei über die Kreisgrenze hinaus größere Bedeutung erlangte. Die Produkte konnten dank des 1901 fertiggestellten Bahnanschlusses täglich bis ins Ruhrgebiet geliefert werden. Aufgrund der Topographie des steil ansteigenden Geländes mußten beim Bau von Straßen und Häusern vielfach erst hohe Stützmauern errichtet werden, die dem Dorfbild bis heute ein besonderes Gepräge geben. Siddinghausen hat in den vergangenen Jahren mehrmals erfolgreich am Kreis-, Landes- und sogar Bundeswettbewerb „Unser Dorf soll schöner werden" teilgenommen.

Steinhausen

Steinhausen, in 240 m ü. NN auf einer sanft geneigten Hochfläche gelegen, stellt den einwohnermäßig größten Ortsteil der Stadt Büren dar und entwickelte sich seit 1850 stetig vom Haufendorf zum Straßendorf.

Bedeutend für die Siedlungsgeschichte des Dorfes war die Nähe des Wassers, d.h. das Quellgebiet der Osterschledde.

Wurden bereits im 12. Jahrhundert Einzelhöfe im Gebiet um Steinhausen durch die Edelherren von Büren geschaffen, so datiert die erste urkundliche Erwähnung der Pfarrei „Stenenhus" aus dem Jahre 1243. Bronzezeitliche Hügelgräber in den Waldstücken „Nadel" und „Schorn" weisen jedoch auf eine wesentlich frühere Besiedlung der Gemarkung Steinhausen hin.

Siddinghausen

Ehrenmal und Pfarrkirche St. Antonius in Steinhausen.

Zwischen dem 13. und 18. Jahrhundert wandelte sich der Ortskern Steinhausens von einem Weiler zu einem Haufendorf. Mit der Abschaffung der Hand- und Spanndienste im Jahre 1920 und steigenden Verdienstmöglichkeiten in der neugegründeten Geseker Zementindustrie begann der wirtschaftliche Aufschwung des Dorfes, neue Siedlungsgebiete wurden erschlossen, so das „Prövenholz". Auch mehrere Gewerbebetriebe fanden - nicht zuletzt aufgrund der nahen Autobahnanschlußstelle zur A 44 Ruhrgebiet-Kassel - in Steinhausen einen günstigen Standort.

Pfarrheim und typisches Bauernhaus an der Küsterei in Steinhausen.

Weiberg

Das Dorf Weiberg, 350 m ü. NN, liegt 5 km südöstlich von Büren am Rande der Hochfläche. Nach dem Westfälischen Urkundenbuch ist Weiberg um 1500 entstanden. Es handelt sich dabei um eine typische spätmittelalterlich/frühneuzeitliche Siedlung in Spornlage.

Ursächlich für die Gründung von Weiberg waren die spätmittelalterlichen Wüstungsvorgänge, denen die Siedlungen Groten-Swinefelde (nordwestlich des heutigen Ortes) und Hepern (ca. 2 km südlich der heutigen Gemarkung Weiberg)

Weiberg

zum Opfer fielen. Überlieferungen zufolge haben sich die Bewohner von Groten-Swinefelde auf dem „Weideberge" angesiedelt, der später im Ortsnamen Weiberg aufging.

Weiberg gehörte kirchlich zunächst zur Pfarrei Siddinghausen, von der es nach Wunsch des Moritz von Büren abgepfarrt wurde (1752) und eine eigene Pfarrkirche erhielt. Die erste Kapelle der Gemeinde aus dem Jahre 1712 brannte 1754 ab – an ihrer Stelle wurde ein Bildstock, die „Agathasäule" errichtet. Die heutige Pfarrkirche St. Birgitta wurde im Jahre 1751 fertiggestellt.

Das Gut Volbrexen, 2 km östlich von Weiberg gelegen und erstmalig im 11. Jahrhundert genannt, war früher Eigentum der Edelherren von Büren und der Jesuiten. Heute ist der Gutshof Haus Bürenscher Besitz.

Das heutige Bild Weibergs zeichnet sich durch seine Ursprünglichkeit aus. Die prächtige Dorfstraße, von alten Linden gesäumt und mit einer mittelalterlichen Pflasterung ausgestattet, bildet das Kernstück des Dorfes.

Weine

Das Dorf Weine liegt 3 km südwestlich der Kernstadt Büren in 228 m ü. NN. im Mündungsbereich der heute trockengefallenen Gosse mit der Alme.

Weine ist sehr alten Ursprungs. Knochenfunde aus dem Jahr 1935 konnten bereits dem Zeitabschnitt vorchristlicher, sargloser Bestattung zugeordnet werden. Die erste urkundliche Erwähnung datiert aus dem Jahre 1015. In der Schrift

Weine

„Vita Meinwerci" (Leben des Bischofs Meinwerk) wird „Weni in pago Almunga" (Weine im Almegau) aufgeführt. Um 1276 wurde eine zum Besitz des Klosters Holthausen gehörende Mühle zu „Wehena" genannt.

Kirchlich gehört Weine seit dem Mittelalter zur Pfarrei Siddinghausen. Die erste, der hl. Maria-Magdalena geweihte Kapelle, wurde vermutlich um die Jahrtausendwende erbaut, die heutige Dorfkapelle datiert aus dem Jahr 1836.

Während des Mittelalters gab es in der Gemarkung Weine noch die Siedlung Dalhusen an der westlichen Gemarkungsgrenze am Mittellauf der Gosse. Diese fiel jedoch den spätmittelalterlichen Wüstungsvorgängen zum Opfer.

In der Umgebung Weines existieren mehrere Steinbrüche (Cenoman-Sandstein), die unter anderem die Bausteine für die Jesuitenkirche und das Kolleggebäude lieferten, jedoch schon längst nicht mehr in Betrieb sind.

In der zweiten Hälfte des 19. Jahrhunderts erlebte Weine den Fortzug zahlreicher Einwohner als Auswanderer nach Amerika und später zu den Industriestandorten des Ruhrgebietes.

Wewelsburg

Der alte Ortskern von Wewelsburg liegt auf einem Sporn etwa 60 m oberhalb des Almetales. Das Gebiet um Wewelsburg war schon sehr früh besiedelt. Steinkistengräber, die in der Gemarkung gefunden wurden, konnten auf 4000-5000 Jahre geschätzt werden.

Die Geschichte des Dorfes Wewelsburg ist eng mit der gleichnamigen Burg verknüpft, die auch dem Dorf den Namen gab. Im Jahre 1123 baute ein Stiftsvogt des Bistums Paderborn (Graf Friedrich von Arnsberg) ein Steinhaus in das Kernwerk einer altgermanischen Fliehburg (Wallburg) in markanter Spornlage oberhalb des Almetales. Diese Burg wurde aber bereits im Jahre 1124 nach dem Tode des Burgherrn wieder zerstört. In den folgenden Jahren waren die Herren von Büren und Brenken und später die Paderborner Fürstbischöfe Besitzer der Wewelsburg. Ihre heutige Gestalt als Dreiecksburg erhielt die Burg 1604-1607 durch Fürstbischof Theodor von Fürstenberg.

Das Dorf Wewelsburg entstand im 14. Jahrhundert im Schatten der Burg. In dieser unruhigen Zeit siedelten immer mehr Bewohner aus der Umgebung in der Nähe der Burg, da dieser Bereich durch Wälle gesichert war. Die verlassenen Kleinsiedlungen fielen wüst.

Großen Einfluß auf das Dorf Wewelsburg hatte das im Jahre 837 gegründete Kloster Böddeken, das bis zu seiner Auflösung jeweils den Wewelsburger Pfarrer stellte.

Nach der Säkularisierung 1803 wurde die Wewelsburg preußischer Besitz und dem Verfall preisgegeben. Im Jahre 1926 wurde der Kreis Büren Eigentümer der Wewelsburg. Nun begannen Sicherungs- und Wiederaufbauarbeiten, eine Jugendherberge und ein Museum wurden eingerichtet.

Wewelsburg.
Die über dem Almetal erbaute gleichnamige Burg ist von eigenwilliger Architektur. Drei Flügel umschließen den Innenhof.

98   Kreis Paderborn

Die Wewelsburg, gelegen auf einem Bergsporn oberhalb des Almetales, ist heute Jugendherberge und Historisches Museum des Hochstifts Paderborn.

Jugendfestwoche mit internationalen Gästen auf der Wewelsburg.

Von 1933-45 war die Wewelsburg an die SS vermietet, deren Reichsführer Heinrich Himmler sie zum geistigen, scheinreligiösen Zentrum und zur Repräsentationsstätte der SS-Elite machen wollte. Um billige Arbeitskräfte zum Ausbau der Burg zu haben, wurde im Ortsteil Niederhagen ein KZ eingerichtet. Bei Kriegsende 1945 wurde die Wewelsburg von der abziehenden SS in Brand gesetzt und gesprengt.

Der Wiederaufbau der Burg begann 1949 und wurde erst 1979 abgeschlossen. Heute befinden sich in der Wewelsburg das Historische Museum des Hochstiftes Paderborn und eine Jugendherberge, im ehemaligen SS-Wachgebäude wurde eine zeitgeschichtliche Dokumentation eingerichtet.

Wewelsburg ist ein beliebter Anziehungspunkt für Gäste. Besonders die Jugendherberge mit rund 30.000 Übernachtungen im Jahr, das Museum und die Dokumentation sowie die im Abstand von zwei Jahren stattfindende Jugendfestwoche haben Wewelsburg auch im weiteren Umkreis bekannt gemacht.

Elke Toisy, Büren, zutreffend für alle Ortsteile
in Verbindung mit den Ortsheimatpflegern

Delbrück

Fläche	157,05 qkm	Einwohner (1996)	28.210
Einwohner in den Ortsteilen:			
Anreppen	1.302	Lippling	2.030
Bentfeld	1.153	Ostenland	2.792
Boke	2.243	Schöning	1.322
Delbrück	10.679	Steinhorst	718
Hagen	2.293	Westenholz	3.678

Delbrück ist die zweitgrößte Stadt des Kreises Paderborn. Im Zuge der kommunalen Neuordnung entstand die Stadt 1975 aus den ehemaligen Gemeinden des Amtes Delbrück und den Lippegemeinden Anreppen, Bentfeld und Boke.

Die Verkehrsanbindung der Stadt ist äußerst günstig: Durch die B 64 ist die Anbindung an den überregionalen Verkehr gesichert, Bundesautobahnen liegen in erreichbarer Nähe. Der Regionalflugplatz Paderborn/Lippstadt in Ahden ist nur rund 20 km entfernt. Das Stadtgebiet umfaßt 157,05 qkm, der landwirtschaftlich genutzte Flächenanteil ist nach wie vor hoch. Seit 1975 ist die Wohnbevölkerung von 19.729 auf 28.210 Einwohner gestiegen.

Der Strukturwandel in der Landwirtschaft machte auch vor dem Delbrücker Land nicht halt: Spezialisierung und Produktionserhöhungen bei gleichzeitiger Betriebskonzentration sind nur einige Stichworte. Gleichwohl bestimmt die Landwirtschaft noch immer weitgehend das Bild der heimischen Kulturlandschaft.

Im wirtschaftlichen Bereich zeichnet sich Delbrück durch Branchenvielfalt aus. Produkte aus Delbrück gehen in alle Welt. Delbrück zählt heute (1996) 250 Handwerksbetriebe, 246 Einzelhandelsgeschäfte, 81 Großhandlungen und 525 sonstige Betriebe. Die Stadtentwicklungspolitik hat dafür Sorge getragen, daß weder die Kernstadt noch die anderen Stadtteile zu bloßen Schlafstätten geworden sind. Ein facettenreiches Freizeit- und Erholungsangebot ergänzt den hohen Wohnwert und die Arbeits- und Einkaufsmöglichkeiten.

Auch für den Fremdenverkehr ist Delbrück ein reizvolles Ziel. Ein gut ausgebautes Radwegenetz erschließt alle Ortsteile und ermöglicht stundenlange Rundfahrten durch die Parklandschaft zwischen Lippe und Ems. Die örtlichen Radwanderwege sind zudem überregional angebunden, so z.B. an die „Römerroute" Xanten - Detmold.

Nicht nur im Hochstift Paderborn sind die drei Delbrücker „K" bekannt: Karneval, Karfreitag, Katharinenmarkt. Bereits im 19. Jahrhundert wurde in Delbrück der Karnevalsverein „Eintracht" gegründet. Die Ursprünge der Kreuzverehrung mit der Kreuztracht am Karfreitag liegen in der zweiten Hälfte des 17. Jahrhunderts. Der Katharinenmarkt, einst ein Bauernmarkt, heute eine bedeutsame Wirtschaftsschau, ist weit über 300 Jahre alt. Die vor wenigen Jahren erbaute Stadthalle in Delbrück hat sich mittlerweile zum überregional bedeutsamen Veranstaltungsort mit einem vielfältigen Kulturangebot entwickelt.

Die Kulturlandschaft offenbart dem Besucher die für Delbrück typische Verbindung von Tradition und Moderne. Eine Vielzahl von liebevoll gepflegten und restaurierten Bildstöcken, Wege- und Hofkreuzen verweist auf die Prägung des

Fachwerkensemble in der Langen Straße.

Katharinenmarkt

Hof der Familie Sudholt in Delbrück-Hagen.

Rosenmontagszug

Delbrücker Landes und der Lippedörfer durch den katholischen Glauben. Als Zeugen der bäuerlichen Vergangenheit sind noch eine Reihe von bedeutenden Hofbauten erhalten; der Valepagenhof mit seinen bemerkenswerten Renaissanceschnitzereien ist heute im Paderborner Dorf des Westfälischen Freilichtmuseums in Detmold zu bewundern. Als weitere Baudenkmäler von besonderer Bedeutung können auch die Kirchhofbebauung von Delbrück und die Kirchen von Boke und Delbrück selbst eingestuft werden. Der Boker Kanal, eine mehr als 30 km lange Bewässerungsanlage, die im 19. Jahrhundert angelegt wurde, gilt heute als technisches Kulturdenkmal ersten Ranges.

Ein historischer Sonderfall: Die Verfassung des Delbrücker Landes

Bis ins 19. Jahrhundert hinein bildete das Delbrücker Land in der politischen Landschaft des Hochstiftes Paderborn einen Sonderfall. So stellt Wolfgang Leesch in der Heimatchronik des Kreises Paderborn fest: „Eine gewisse Sonderstellung innerhalb des altpaderbornischen Territoriums nahm das Amt Delbrück ein. Es deckte sich mit dem gleichnamigen Kirchspiel, das sich aus dem Kirchdorf und den Bauerschaften Dorfbauerschaft, Hagen, Ostenland, Westerloh und Westenholz zusammensetzte, zu denen im 18. Jahrhundert die um das 1661 errichtete Jagdschloß Hövelhof erwachsene Siedlung als selbständige Bauerschaft hinzukam. Das Kirchspiel besaß unter einem nach städtischem Vorbilde als Rat bezeichneten 20köpfigen Kollegium eine eigenartige dörfliche Selbstverwaltung, wie sie wohl auch in anderen freien Landgemeinden Nordwestdeutschlands, nicht aber im Paderbornischen, wo die Dörfer in der Regel unter adliger Patrimonialherrschaft standen, vorkommt, eine Selbstverwaltung, deren Ursprung vielleicht darin liegt, daß das Amt als einziges des Fürstentums nicht von einem ortsansässigen landesherrlichen Beamten, sondern vom Oberamt Neuhaus aus verwaltet wurde, da hier nur auswärtige Grundherren Höfe besaßen."[1]

Gerade in der Forschung des 19. Jahrhunderts gingen einzelne Vertreter so weit, vom Erbe einer alten „Bauernrepublik" zu sprechen und sahen das Land Delbrück auf dem Wege, sich zu einer freien Gemeinde wie in der Schweiz oder in Dithmarschen zu entwickeln. Doch diese Einschätzung findet ihre Grenzen bei einer genauen Prüfung der Quellen. Die erste erhaltene Aufzeichnung der Beziehungen zwischen dem Paderborner Bischof und den Bewohnern des Delbrücker Landes ist das sogenannte Landesprivileg von 1415. Zum einen werden in ihm die grund- und landesherrlichen Pflichten der Delbrücker Bauern behandelt, zum anderen geht aus der Urkunde aber auch hervor, daß damals eine gewisse Form von Selbstverwaltungsorgan vorhanden gewesen sein muß, dem Strafgelder aus der Gerichtsbarkeit als Haushaltsmittel zuflossen. Aufgaben und Kompetenzen werden allerdings nicht genau beschrieben. Ein konkreteres Bild geben die Ratsprotokolle, sie sind aus der Zeit von 1680 - 1727 und von 1766 - 1778 erhalten: „Hauptsächlich handelte es sich um Ordnungs- und Wirtschaftsaufgaben, wie sie in der damaligen Zeit anfielen, nämlich die Ausbesserung von Wegen und Brücken, Umlage und Einzug der an den Landesherrn abzuführenden Abgaben sowie Umlage und Erhebung einer Abgabe für die eigenen Belange des Delbrücker Landes. Im Grunde waren also die wesentlichen Aufgaben gleicher Art wie heute bei den Kommunen."[2] Das Hauptorgan der Selbstverwaltung, der Rat, wurde durch Rotation gebildet. Zumeist tagte er unter dem Vorsitz des Gografen, also des bischöflichen Interessenvertreters. Auch die Vereidigung durch die bischöflichen Beamten war notwendig.

Hallermann urteilt über den Charakter der Verfassung des Delbrücker Landes: „Die genossenschaftliche Verfassung ist nicht im Gegensatz zum Landesherrn entstanden. Sie betätigte sich auf einem Gebiete, welches die landesherrliche Verwaltung frei sein ließ. Eine Beeinträchtigung der Rechte des Landesherrn werde durch diese Selbstverwaltung ebenso wenig geschaffen, wie diese in der Selbstverwaltung der Städte lag. Von einer Selbstregierung des Landes kann nicht die Rede sein, weil dem Lande jegliche Autonomie fehlte."[3]

Obwohl die Jurisdiktion dem Rat des Delbrücker Landes nicht zustand, kann die Ausformung des Gerichtswesens doch als Besonderheit eingestuft werden. Das Gogericht tagte erstinstanzlich auf dem „Hagedorn", nahe der Delbrücker Kirche. Die bischöflichen Beamten mußten vor der Teilnahme am Jahresgericht versichern, das Recht in Delbrück holen zu wollen. In diesem Zusammenhang wird auch ein „Schlingbaum" erwähnt. Damit fällt das Stichwort für eine weitere Besonderheit des Delbrücker Landes: „Das Delbrücker Land hatte bis ins späte 18. Jahrhundert hinein Verteidigungsanlagen, die das Land absichern sollten. Zu diesen Anlagen gehörten die sogenannten Landwehren, dichte, undurchdringliche, hohe Hecken, die mit Gräben das ganze Land umgaben. An den Durchlässen lagen die Weckerhöfe, die, wie ihr Name sagt, Wache halten sollten. Zugleich hatten sie die Öffnung und Schließung des Schlingbaumes zu besorgen, Zoll zu erheben und Briefe zu transportieren."[4] 1666 malte Karl Fabritius, der

---

[1] Wolfgang Leesch u.a.: Heimatchronik des Kreises Paderborn, Köln 1970, S. 147.
[2] Amt Delbrück (Hrsg.): Delbrücker Land, Delbrück 1970, S. 37.
[3] Hermann Hallermann: Die Verfassung des Landes Delbrück bis zur Säkularisation des Fürstbistums Paderborn. In: WZ 77II. 1919. S. 126 ff.
[4] Hans-Jürgen Rahde: Die Geschichte Ostenlands bis zum Ende des Fürstbistums Paderborn 1802. In: 700 Jahre Ostenland. Thome Hope. Unsere Heimatgeschichte. Herausgegeben vom Heimatverein Ostenland, Paderborn 1989, S. 45.

Hofmaler Fürstbischof Ferdinand von Fürstenbergs, den Westenholzer Schling. Sein Gemälde vermittelt einen anschaulichen Eindruck von der Konstruktion dieses Teils der Befestigungsanlagen. Die wiederholten Überfälle auf das Delbrücker Land im Spätmittelalter und in der frühen Neuzeit haben deutlich gemacht, wie notwendig derartige Befestigungsanlagen waren.

Ein technisches Kulturdenkmal: Der Boker Kanal

Heute ist der Boker Kanal ein beliebtes Ziel für Radwanderer und Spaziergänger. Über seine Funktion als Naherholungsgebiet hinaus ist er als Lebensraum für Flora und Fauna von hoher Bedeutung.

Gebaut wurde er in der Mitte des 19. Jahrhunderts zur Bewässerung der kargen Heide- und Sandböden. Die Gemeinden Heddinghausen, Ostenland, Anreppen, Dorfbauerschaft, Sudhagen, Westenholz und die Stadt Delbrück waren wichtige Beteiligte der „Boker-Heide-Sozietät". Angelegt wurde das Projekt zur „Hebung der armen Klassen". Noch 1855 apostrophierte die Deutsche Nationalzeitung die Boker Heide als den ärmsten Landstrich im armseligen Gebiet der Senne. Der Leiter des Kanalbauprojektes berichtete 1851 nicht nur von der bedrückenden Armut der Bevölkerung auf den sandigen Böden, sondern sprach sogar von Bettelbezirken. Durch den Kanal sollten kurzfristig neue Wiesenflächen gewonnen und langfristig neues Ackerland erschlossen werden. Gleichzeitig sprachen auch medizinische und gesundheitspolitische Gründe für die Entwässerung sumpfiger Gebiete. Zudem bot das Projekt über Jahre hinaus Arbeitsplätze für die ansässige Bevölkerung.

Den ersten Anstoß hatte Oberpräsident Ludwig von Vincke bereits 1834 gegeben. Nachdem das Projekt über Jahre weitgehend ruhte, wurde 1848 der Bauinspektor Wurffbain gewonnen. Als es gelungen war, die Besitzer der für den Anschluß vorgesehenen fast 1.400 ha Fläche in der erwähnten Genossenschaft zusammenzuschließen, konnten die Arbeiten beginnen. Der erste Spatenstich erfolgte am 1. November 1850, am 21. Oktober 1853 fand die Eröffnung des Kanals statt. Der Kanal wurde rund 30 km lang, er verfügte über rund 160 Bauwerke wie Schleusen, Wasserüberleitungen, Brücken und Fußstege. 400 bis 500 Arbeiter wurden eingesetzt. Der Boker Kanal erfüllte langfristig die in ihn gesetzten ökonomischen Erwartungen. Dazu schreibt Tönsmeyer: „Als Folge der erhöhten volkswirtschaftlichen Bedeutung des alten Heidegebietes konnten die Statistiken von 1850 - 1930 im Delbrücker Land eine Bevölkerungszunahme bis zu 48 % feststellen."[5]

---

[5] Josef Tönsmeyer: Das Lippeamt Boke, Rheine 1968, S. 191.

Die Delbrücker Stadtteile

Delbrück

Im Siedlungsbild des Delbrücker Landes war der Zentralort Delbrück die einzige geschlossene Dorfsiedlung und unterschied sich damit deutlich von der sonst vorherrschenden Einzelhofstruktur. Das Kirchdorf entwickelte sich wohl seit der 1. Hälfte des 13. Jahrhunderts um die neuerrichtete Kirche herum.

Der älteste heute noch erhaltene Teil der Kirche wurde um 1180 im romanischen Stil erbaut. Vielleicht stand hier bereits vorher eine Fachwerkkirche. Über die Auswahl des Bauplatzes für die Kirche berichtet eine lokale Sage: Die Lipplinger Kirche bot nicht mehr Raum genug für alle Bewohner des Landes. Deshalb sollte eine neue Kirche errichtet werden,

Schmucke Fachwerkhäuser in der Delbrücker Innenstadt mit dem schiefen Turm der Pfarrkirche St. Johannes Baptist, dem Wahrzeichen der Stadt.

Stadtkern von Delbrück.

doch über den Standort konnte keine einheitliche Meinung erreicht werden. Deshalb wählte man einen Schimmel aus, verband ihm die Augen, lud ihm das Baugeld auf den Rücken und ließ ihn so den Standort suchen. Das Tier blieb schließlich in einer sumpfigen Niederung stecken. Damit war der Bauplatz für die Kirche bestimmt.

In späterer Zeit wurden an die Kirche aus dem 12. Jahrhundert Seitenschiffe, Sakristei und Chor angebaut. Der schiefe Turm, gegen die Hauptwindrichtung geneigt, ist so etwas wie das Wahrzeichen der Stadt geworden.

1219/39 taucht Delbrück erstmals in einer Urkunde auf. 1266 und 1276 urkundete Bischof Simon in Delbrück. 1292 taucht in einer Urkunde ein Priester „in Delebruggen" als Zeuge auf. Spätestens 1360 hatte Delbrück den Status einer *parochia*. Bis weit in die Neuzeit blieb die Delbrücker Kirche St. Johannes Baptist für die Menschen des Delbrücker Landes kirchlicher Mittelpunkt. In unmittelbarer Nähe des Gotteshauses lag der Platz, an dem das Gogericht tagte, daran erinnert noch heute die Straßenbezeichnung „Am Hagedorn". Bis ins 19. Jahrhundert stand hier auch das Rathaus.

In einer ersten Phase wurden wahrscheinlich um die Kirche und den Kirchhof herum Speichergebäude errichtet. Mit Dornenhecken aus Weißdorn dürfte die Anlage zunächst geschützt worden sein. Später lösten Häuser die Speicher ab. Ein Großteil der historischen Kirchhofbebauung ist noch heute erhalten. Der Kirchplatz mit seiner typischen Bebauung stellt das Beispiel einer Kirchhöfner-Siedlung dar, die ihren Ursprung in einer Kirchhofbefestigung hatte. Vor allem in den unruhigen Zeiten des 15. Jahrhunderts dürfte die Kirche dann die letzte Rückzugsmöglichkeit gewesen sein. Schon in spätmittelalterlicher Zeit wurde die Ansiedlung Delbrück durch eine eigene Landwehr zusätzlich gesichert. Gräben und Wäl-

Historischer Kirchplatz.

le dürften die Befestigung vervollständigt haben. Wie notwendig derartige Sicherungsmaßnahmen waren, hat das Schicksal des Delbrücker Landes und des Zentralortes Delbrück während der Fehde zwischen Kurfürst Friedrich von Köln und Graf Adolf von Kleve auf der einen Seite und dem Paderborner Bischof auf der anderen Seite gezeigt, als die Gegner des Bischofs den Ort einnahmen. Ein anderes Beispiel ist die Plünderung des Ortes durch holländische Streitkorps am Ende des Jahre 1590.

Sicherlich hatte Delbrück als zentraler Ort mit seinen Gewerbetreibenden und Handwerkern bereits in der frühen Neuzeit auch Versorgungsfunktion für das Umland. Seit 1660 durften hier Märkte stattfinden, die Marktgerechtigkeit wurde Dörfern nur selten erteilt.

In der Karwoche des Jahres 1671 wurde das bereits vorher aus Lippling nach Delbrück verbrachte Wallfahrtskreuz untersucht. Nach Wiederauffindung der Kreuzpartikel und weiterer Reliquien ordnete Fürstbischof Ferdinand von Fürstenberg die Abhaltung eines Kreuzamtes an jedem Freitag sowie eine Prozession mit dreimaligem Umgang um die Kirche am Karfreitag an. Papst Clemens X. schrieb unter dem 24. August 1674 einen vollkommenen Ablaß für die Delbrücker Kreuzverehrung aus. Aus der ersten bescheidenen Karfreitagsprozession entwickelte sich, symptomatisch für die barocke Frömmigkeit des Paderborner Landes, ein imposantes Mysterienspiel, dessen Ausmaße durch den Fürstbischof eingeschränkt werden mußten. Die Tradition der Kreuzverehrung ist noch heute lebendig, am Karfreitag begleiten Scharen von Gläubigen den anonymen Kreuzträger auf seinem Wege zur Kreuzkapelle.

Karfreitsgsprozession

Nach dem Ende des Königreichs Westphalen wurde Delbrück Sitz einer Amtsverwaltung, 1878 erhielt die Stadt ein Amtsgericht. Bereits 1862 hatte eine Stiftung eines Delbrücker Kaufmannes den Bau eines Armen- und Krankenhauses ermöglicht. Das Krankenhaus bestand bis 1977. Die so wichtige Anbindung Delbrücks an das Eisenbahnnetz brachte das Jahr 1902. Die am 31. August dieses Jahres eröffnete Bahnlinie Wiedenbrück/Sennelager bestand bis 1958. Der „Senneblitz" genannte Zug hielt außer in Delbrück auch in Nordhagen, Westenholz und Ostenland. Seit dem 19. Jahrhundert durfte sich das ehemalige Kirchdorf Stadt nennen. 1964 wurde die Gemeinde Dorfbauerschaft in die Stadt Delbrück eingemeindet. Bereits in der Zeit vor der kommunalen Neuordnung entwickelte sich Delbrück verstärkt von der Kleinstadt zum Mittelzentrum.

Anreppen

Der Delbrücker Stadtteil Anreppen wurde weit über die Grenzen des Hochstiftes hinaus durch die Entdeckung eines römischen Legionslagers aus der Zeit der römischen Angriffskriege gegen die rechtsrheinischen Germanen (12 v. Chr. bis 16 n. Chr.) nicht nur in Fachkreisen bekannt. Der Fund augustäischen Scherbenmaterials führte 1967 auf die Spur dieses Römerlagers. Nach ersten Grabungen in den Jahren 1967 bis 1982 wird das für die provinzialrömische Archäologie und die Entwicklungsgeschichte militärischer Anlagen im römischen Reich hochinteressante Gelände seit 1988 planmäßig erforscht. Das Lager bot mit seiner beeindruckenden Größe von 23 ha einer Legion und weiteren Hilfstruppen Platz. Befestigt war die Anlage mit einer 3 m breiten Holz-Erde-Mauer und einem Spitzgraben, dem an der Südfront ein zweiter Graben vorgelagert war. Im Abstand von durchschnittlich 28 m waren Türme in die Wehranlage eingebaut.

Das besondere Interesse der Archäologen galt in den letzten Jahren dem Innenausbau des Lagers. Dabei erwies sich, daß alle Gebäude in Fachwerkbauweise errichtet worden waren. 1988 und 1989 konnten große Teile des Dienst- und Wohngebäudes des Kommandeurs, des Praetoriums, freigelegt werden. Das Gebäude bedeckte eine Grundfläche von etwa 3.375 qm. 1990 wurde ein Wirtschaftsbau erforscht. Dabei dürfte es sich um einen Teil des Handwerkerzentrums und der Reparaturwerkstätten des Lagers gehandelt haben. Zwei an das Praetorium angrenzende Bauten mit beeindruckenden Ausmaßen sind wohl als Unterkünfte für hohe Offiziere zu verstehen. Entdeckt wurden mittlerweile auch die Quartiere von sieben Centurien. Die Anführer der Hundertschaften bewohnten separate Unterkünfte, von den Mannschaftsunterkünften sind nur einzelne Pfostensetzungen nachzuweisen. 1994 gelang die Auffindung und Freilegung des südlichen Lagertores.[6]

---

[6] Johann Sebastian Kühlborn: Die Grabungen in den westfälischen Römerlagern Oberaden und Anreppen. In: Ministerium für Stadtentwicklung und Verkehr des Landes Nordrhein-Westfalen (Hrsg.): Archäologie in Nordrhein-Westfalen. Ein Land macht Geschichte, Mainz 1995, S. 206.

Ortseingang von Anreppen.

Für die Erforschung der Entwicklungsgeschichte der römischen Befestigungs- und Lagerbautechnik ist das Römerlager Anreppen von herausragender Bedeutung. Eine absolut sichere chronologische Bestimmung der Errichtung und der Nutzung des Legionslagers an der Lippe ist (bisher) noch nicht möglich. Die mögliche zeitliche Nähe zur Varusschlacht läßt manche Spekulation zu. Der archäologische Befund wird jedoch vorsichtiger formuliert: „Über den genauen Gründungszeitpunkt des Römerlagers von Anreppen haben wir nur ungefähre Hinweise. Das keramische und numismatische Material weist als Zeithorizont das erste Jahrzehnt des 1. Jahrhunderts n. Chr. aus."[7] Eindeutige Brandspuren verweisen darauf, daß das Lager Anreppen am Ende der Belegungszeit in einer Feuersbrunst untergegangen sein muß. Möglich ist eine reguläre Räumung des Lagers durch die Soldaten. Von verschiedenen Seiten ist die Frage formuliert worden, ob sich der spätere römische Kaiser Tiberius in Anreppen aufgehalten haben könnte. Die Ausmaße der Offiziersunterkünfte lassen tatsächlich an eine hochgestellte Persönlichkeit denken.

Bereits in vorrömischer Zeit haben Menschen am Lippeufer in Anreppen gesiedelt. Die Bauerschaft Leste wird 1031 in einer Urkunde Bischof Meinwerks von Paderborn erwähnt: Der Bischof schenkte dem Kloster Abdinghof seine dortigen Besitzungen. Der Ortsname Anreppen tritt in einer Urkunde vom 1. Dezember 1250 auf. In Anreppen hatten die niederadeligen Herren von Anreppen ihren Sitz, vermutlich zu Beginn des 17. Jahrhunderts lag ihr Sitz an der Lippe, dann fiel er wüst. Ein Zweig der Familie wanderte im Mittelalter nach Livland ab. Bis weit ins 20. Jahrhundert „hat sich die Familie von Anreppen als vermögender Landadel in Livland und Kurland behauptet."[8] Nach dem Ende des Zweiten Weltkrieges, so berichtet Tönsmeyer, „meldete sich im Pastorat der Mutterpfarrei Boke ein Herr von Anreppen und erkundigte sich nach dem längst verschwundenen Adelssitz seiner Vorfahren im Dorf Anreppen an der Lippe, wo heute nur noch der Flurname ‚up de buorch' an das alte Ministerialengeschlecht erinnert."[9] Als Grundherren traten in Anreppen u.a. das Paderborner Domkapitel, der Fürstbischof und die Familien von Fürstenberg und von Alten auf. Die Einwohnerzahl von Anreppen stieg von 598 im Jahre 1880 auf 1.302 im Jahre 1996.

Bentfeld

Bentfeld, südlich der Lippe auf einer hochgelegenen sandigen Flußterrasse situiert, zählt heute 1.153 Einwohner.

Schon die Menschen des Neolithikums hinterließen in Bentfeld ihre Spuren: So wurde eine Hirschgeweihaxt gefunden, die aus der Zeit um 2000 bis 1000 v. Chr. stammt, entdeckt wurden auch Harpunen steinzeitlicher Jäger. In die La-Tène-Zeit gehören Scherben und Bronzeblechreste, die in Bentfeld auf einem Acker und in einem angrenzenden Wäldchen aufgespürt werden konnten.

Die heute Bentfeld angeschlossene Bauerschaft Heddinghausen wird 1036 in einer Urkunde erstmals erwähnt: Bischof Meinwerk von Paderborn überträgt das Vorwerk in Heddinghausen an das Busdorf-Stift. 1082 tritt Bentfeld ins Licht der schriftlichen Überlieferung: Honika, Sohn des Hassis von Bentfeld, nimmt seine eigenbehörige (= unfreie) Magd Haburga zur Ehe. Wie in Anreppen, war auch in Bentfeld ein Ministerialengeschlecht ansässig, das sich nach dem Dorf benannte. Die Familie soll vor 1444 ausgestorben sein. Ein Familienzweig ist für 1427 in Soest nachzuweisen. Sein Siegel wählte sich Bentfeld 1967 als Gemeindewappen. Das Gottfried von Bentfeldsche Siegel zeigt einen aus der Trennungslinie hervorwachsenden Preiselbeerstrauch, der an seinen drei Zweigen Früchte trägt. Der Besitz der Bentfelder Ministerialen

Ortsmitte von Bentfeld mit Pfarrkirche.

---

[7] Ebenda, S. 209.
[8] Josef Tönsmeyer: Das Lippeamt Boke, Rheine 1968, S. 220.
[9] Ebenda, S. 220.

findet sich im 16. Jahrhundert in den Händen der von Hörde zu Boke. Als Grundherren sind in Bentfeld in erster Linie die Familien von Fürstenberg und von Alten und das Paderborner Domkapitel belegt.

Bereits während der Regierungszeit Bischof Theodor von der Reckes (1650 - 1661) gab es in Bentfeld eine Kapelle unter dem Patronat der Heiligen Petrus und Paulus. Wohl nur während der Winterszeit wurden die Sonntagsmessen in dieser Kapelle gefeiert, denn von der Pfarrorganisation her gehörte Bentfeld zu Boke. Mit dem Jahre 1865 wurde Bentfeld eine eigene Filialkirchengemeinde, zu diesem Zeitpunkt nahm die seelsorgerische Betreuung durch die Paderborner Franziskaner ihren Anfang. 1889 wurde die alte Kapelle niedergelegt und ein Neubau errichtet. In diesem Jahr ist als Kirchenpatron der Heilige Dionysius angegeben. 1941 erfolgte die Gründung der Pfarrvikarie Bentfeld. Seinen ländlichen Charakter hat sich Bentfeld bis heute weitgehend bewahren können.

Boke

Die Kirche von Boke gehört nach archäologischen Kriterien zu den ältesten Tochterkirchen des Paderborner Domes. Diese Kirche bewahrt noch heute Reliquien des Heiligen Landolinus, die unter Bischof Badurad von Paderborn (815 - 862) aus der französischen Diözese Cambrai nach Sachsen gebracht wurden und von Paderborn nach Boke kamen. Ein derartiger Reliquienbesitz wertete die Kirche erheblich auf und verlieh ihr eine regionale Vorrangstellung. Es spricht manches dafür, daß Boke die Mutterkirche des Delbrücker Landes gewesen ist.

Ihr einheitlicher Baustil macht die St. Landolinus Kirche zu einem der interessantesten Bauwerke aus der Epoche der Romanik im gesamten ostwestfälischen Raum. Sie wird als Musterbeispiel einer westfälischen Landkirche der Romanik eingestuft. Eine urkundliche Absicherung der Erbauungszeit ist nicht gegeben. Die Baustilanalyse läßt eine Datierung auf das Ende des 12. Jahrhunderts zu. Kunstgeschichtliche Würdigung verdient auch die Ausstattung der Kirche. Der Taufstein stammt aus dem zweiten Viertel des 13. Jahrhunderts. Die Pietà wurde um 1430 gefertigt. Ein auf 1560 datiertes Sandsteinrelief, das Christus im Grabe zeigt, könnte eine Arbeit Johann Brabenders sein. Bereits im 13. Jahrhundert und dann erweiternd im 15. Jahrhundert erhielt die Kirche eine Ausmalung, deren Reste 1961 entdeckt wurden. Eine zur Kirchenausstattung gehörende Figur der Mutter Anna, die im Kern aus der Gotik stammt, verweist auf die Verehrung dieser Heiligen in Boke.

Bei der Boker Kirche gründete Graf Erpo von Padberg 1101 unter Beteiligung des Paderborner Abdinghofklosters ein Benediktinerkloster, das Kloster wurde jedoch nach wenigen Jahren nach Flechtdorf (Waldeck) verlegt.

Boke war über lange Zeit Adelssitz und stand nacheinander unter der Herrschaft der von Padberg, der von Störmede und der von Hörde. Die von Hörde herrschten seit 1299/1300 über die „magna comenia" beiderseits der Lippe, Lehensgeber waren Rietberg und Arnsberg, später Köln. Bernd von Hörde errichtete im 14. Jahrhundert am Boker Lippeübergang eine Burg. Seit 1371 war sie Lehen des Paderborner Bischofs. 1480 bekamen die Herren von Hörde das Gogericht übertragen. Durch Erbteilung entstanden das alte und das neue Haus Boke auf Ringboke. 1578 starb der letzte von Hörde. Daraufhin zog der Landesherr das erledigte Lehen an sich. Nach dem Aussterben der von Hörde kam es zu einem langjährigen Pro-

Pfarrkirche St. Landolinus in Boke.

zeß um die Grafschaft Boke zwischen dem Grafen von Rietberg und dem Bischof von Paderborn vor dem Reichskammergericht. Die Burg blieb Paderbornscher Besitz bis zur Auflösung des Fürstbistums zu Beginn des 19. Jahrhunderts. Im Dreißigjährigen Krieg war die kleine Lippefestung von hessischen Truppen zerstört worden. Fürstbischof Dietrich Adolf von der Recke ließ einen schloßartigen Neubau errichten und schuf nach dem Vorbild Vaubans eine Befestigung.

Ferdinand von Fürstenberg nahm Boke als einen bedeutenden Platz seiner Herrschaft in seine „Monumenta Paderbornensia" auf. Der Kupferstich aus dieser Zeit nach einer Vorlage von Rudolphi zeigt die neue Landesburg, das kleine Gotteshaus, das zum Schloß gehörte, und die gedrängt stehenden Häuser von Ringboke. Der fürstbischöfliche Hofmaler Fabritius schuf 1665 ein Ölgemälde vom „Ampthaus Bocke".

Das moderne Boke beschreibt Ortsheimatpfleger Kößmeier wie folgt: „In den letzten Jahren wurde Boke systematisch

Pfarrkirche St. Landolinus in Boke.

zu einem attraktiven Wohnort entwickelt. Die Erwerbstätigen sind vorwiegend Pendler, die ihre Arbeitsplätze zumeist in den Städten der Umgebung haben. In Boke selbst gibt es ein kleines Gewerbegebiet. Die Zahl der landwirtschaftlichen Vollerwerbsbetriebe ist auf 12 gesunken. Für gesellige Freizeitgestaltung bieten 25 Vereine Gelegenheit. Eine bemerkenswerte Erfolgsbilanz im Wettbewerb 'Unser Dorf soll schöner werden' fand mit der Verleihung der Landesgoldmedaille 1991 ihren Höhepunkt. Durch die reizvolle Lage an der Lippe und ruhige Gebiete im Außenbereich übernimmt Boke immer mehr Erholungsfunktion".[10]

---

[10] Bernhard Kößmeier: Bokes Geschichte und der heutige Ort. Maschinenschriftliches Manuskript Delbrück 1995.

Hagen

Hagen zählte 1996 2.293 Einwohner. Die topographischen Gegebenheiten, ein erhöhter Landrücken im Norden und eine Niederung im Süden, waren mitverantwortlich für die Unterscheidung in Nordhagen und Sudhagen.

Die Besiedlung von Hagen ist für das 12. und 13. Jahrhundert anzulegen. Es wird vermutet, daß es sich um eine planmäßige Erschließung durch die Grundherren handelte. Nordhagen unterstand weitgehend dem Grafen von Rietberg, Sudhagen dem Bischof von Paderborn. 1390 wird Sudhagen erstmals urkundlich erwähnt, als Johann von Thülen dem Rektor des Marienaltares in Delbrück einen Hof „up dem Suthagen" übergibt. In das Jahr 1289 fällt die Erwähnung eines Hofes am Ostrand von Nordhagen. 1672 zählte man in Hagen 23 Bauernstellen. Im wohl älteren Nordhagen waren es 13, in Sudhagen 10. Rund 100 Jahre später waren acht weitere Höfe und 21 Heuerlingsstätten hinzugekommen. Nach einer Statistik aus dem Jahre 1817 hatte Hagen damals 594 Einwohner, die Zahl der Häuser betrug 120, hinzu kamen 45 Scheunen und Ställe.

Obwohl die Landwirtschaft heute nur wenige Arbeitsplätze bietet, bestimmt die agrarische Nutzung noch weiterhin das Bild von Hagen wesentlich mit. Zwischen Nordhagen und Sudhagen hat sich eine gewachsene Funktionsteilung entwickelt: Sudhagen ist bevorzugtes Wohngebiet; ein Dorfkern bildete sich in den zwanziger Jahren dieses Jahrhunderts heraus, als neben der Schule eine Kirche erbaut wurde. Sudhagen ist selbständige Kirchengemeinde, Nordhagen gehört heute kirchlich zu Delbrück. In Nordhagen konnte bereits im frühen 20. Jahrhundert die Möbelindustrie Fuß fassen. Mit einem gut

Restaurierte Fachwerkhäuser im Delbrücker Stadtteil Hagen.

ausgebauten Netz von Wander- und Radwanderwegen ist Hagen auch für Auswärtige ein attraktives Ziel.

Lippling

Urkundlich wird Lippling erst im Spätmittelalter erwähnt. Die lokale Tradition geht jedoch davon aus, daß die Lipplinger Kapelle viel älter ist. Sie soll „das am weitesten vorgeschobene religiöse Vorwerk der Boker Pfarrei im Delbrücker Land gewesen"[11] sein. Die Sage setzt hier schon für die Zeit um 900 eine Kapelle an. Damit wäre die Lipplinger Kapelle für Jahrhunderte das einzige Gotteshaus für das Delbrücker Land gewesen.

Philipp von Hörde, der bedeutendste Vertreter dieses Adelsgeschlechtes auf Ringboke, hatte am Ende des 15. Jahrhunderts von einer Pilgerfahrt ins Heilige Land eine Kreuzpartikel mitgebracht. Aus seiner Hand gelangte die Reliquie dann in die Lipplinger Kapelle. Das Kreuz-Büchlein, das die Geschichte der Delbrücker Kreuzverehrung zusammenfaßte, berichtet: „Die Kapelle, obwohl aus Holz gebaut, ist doch im ganzen Lande Delbrück und in der Umgebung sehr bekannt und berühmt, teils wegen der vielen Wunder, die da geschehen sind, teils wegen des Jahrmarktes, welcher auf das Fest Kreuzerhöhung"[12] fällt. Der Markt im September soll seine Ursprünge im 16. Jahrhundert haben.

Es wird überliefert, daß die Lipplinger Kapelle reich dotiert gewesen sei und über drei Altäre verfügt habe. Den Verheerungen des Dreißigjährigen Krieges fiel diese Ausstattung zum Opfer. Erst 1732 wurde auf der Basis einer Schenkung der Gottesdienst (wieder-)eingeführt. In der Stiftungsurkunde heißt es: „Die Eingesessenen der Bauerschaft Westerloh, besonders Viehhirten, alte und schwache Leute, können wegen Entlegenheit der Delbrücker Pfarrkirche an Sonn- und Feiertagen dem Gottesdienste nicht beiwohnen. Daher soll in der Lipplinger Kapelle alle Jahre von Maitag an bis Michaelis des Morgens vor 5.00 Uhr eine Heilige Messe gelesen werden, damit alle, die daran teilnehmen, frühzeitig wieder zu Hause sind und danach die übrigen Heimgebliebenen sich nach der

---

[11] Amt Delbrück (Hrsg.): Delbrücker Land. Delbrück 1970, S. 25.
[12] Kreuz-Büchlein. Geschichte und Verehrung des heiligen Kreuzes in Delbrück im Hochstifte Paderborn. Nebst der Todesangst-Bruderschaft, wie sie monatlich in Delbrück gehalten wird. Paderborn 1907, S. 5 ff. Das Kreuz-Büchlein betont einleitend, daß die Wunder nicht vom Heiligen Stuhl untersucht und approbiert seien.

Ortsmitte in Lippling mit dem Turm der Herz-Jesu-Pfarrkirche.

Pfarrkirche in Delbrück verfügen und dort dem vollen Gottesdienste beiwohnen können."[13] Das Jahr 1900 brachte Lippling dann den Bau der jetzigen Kirche. Seit dem 10. Januar 1919 ist Lippling Pfarrei.

Zwischen 1975 und 1993 konnte Lippling von allen Delbrücker Stadtteilen mit einem Plus von 48 % einen überaus beachtlichen Bevölkerungszuwachs aufweisen, der beweist, daß dieser Ort eine beliebte Wohngegend geworden ist.

Ostenland

Die Geschichte Ostenlands läßt sich für die Zeit der nicht schriftlichen Überlieferung anhand archäologischer Funde bis in Neolithikum zurückverfolgen. So ist z.B. die steinzeitliche Rössener Kultur durch Funde von Steinbeilen belegt. Aus der Bronzezeit sind eine Reihe von Hügelgräbern bekannt. Auch aus der vorrömischen Eisenzeit und der römischen Kaiserzeit sind Spuren menschlicher Anwesenheit gesichert. Kugelkopfscherben in größerer Anzahl weisen auf eine Besiedlung bereits in sächsischer Zeit hin. Die Geschichte von Ostenland wird, auch unter volkskundlichen Aspekten, in einer eigenen Heimatstube dokumentiert.

Unter dem Datum des 2. Februar 1289 (nach heutiger Zeitrechnung 1290) findet „Auf dem Haupte", der heutige Mittelpunkt des Stadtteiles Ostenland, seine urkundliche Ersterwähnung: Das St. Cyriakus-Stift Geseke erhob Anspruch auf Güter „Thome Hope, sitis in Delbruggen", während Rudolf von Horn behauptete, diese Güter vom Paderborner Bischof zu Lehen empfangen zu haben. Über den Ausgang des Rechtstreites gibt es keine Informationen. Vermutet wird, daß es sich bei diesen genannten „Bonis" um den später so bezeichneten Hauptmannshof handelte. Der Hofname dürfte sich von seiner Lage auf einer erhöhten Stelle in sumpfiger oder mooriger Umgebung ableiten lassen.

Ostenland bildete eine der fünf ursprünglichen Bauerschaften des Delbrücker Landes. Die heutige Bezeichnung ist relativ jung, lange war der Begriff „Osterbauerschaft" gebräuchlich. In der ersten Hälfte des 17. Jahrhunderts trat die heutige Namensform erstmals auf. Folgt man den Untersuchungen von Elisabeth Bertelsmeier, so ist eine erste Siedlungsschicht bereits in der vorkarolingischen Zeit anzusetzen. Der Hauptmannshof im heutigen Ortsmittelpunkt von Ostenland besaß spätestens seit 1446 das Schankrecht, damit war eine wichtige Voraussetzung für die Entwicklung zum Siedlungsmittelpunkt gegeben. Der Hof war 1672 mit insgesamt 118 Morgen der größte des Delbrücker Landes. Eine Betriebsstatistik aus dem 18. Jahrhundert zählte in Ostenland 25 Vollmeier, 22 Halbmeier, 15 Viertelmeier, 15 Achtelmeier, 51 Sechzehntelmeier. Grundherr aller dieser Höfe war der Paderborner Bischof. In Ostenland lag einer der Weckerhöfe des Delbrücker Landes, situiert an der Straße nach Sande. Von diesem Wecker heißt es in der zweiten Hälfte des 18. Jahrhunderts u.a., daß er schatzfrei, daß er von Diensten befreit sei, daß er aber verpflichtet sei, eine Brücke über den Haustenbach zu unterhalten.

Die Anfänge der Pfarrorganisation sind nicht zweifelsfrei zu rekonstruieren. Möglicherweise am Ende des 15. Jahrhunderts wurde eine kleine Kapelle errichtet. Genereller Gottesdienstort war jedoch nach wie vor Delbrück. Die Kapelle dürfte den Verwüstungen des Dreißigjährigen Krieges zum Opfer gefallen sein. 1650 wurde sie wieder aufgebaut. 1769 erteilte der Fürstbischof eine befristete und eingeschränkte Gottesdienstgenehmigung. Für dieses Jahr dürften wieder Bauarbeiten an der Kapelle anzusetzen sein. Im 19. Jahrhundert übernahmen die Delbrücker Vikare den Gottesdienst in Ostenland. Im Dezember 1857 war der Bau einer neuen Ostenländer Kirche abgeschlossen. Seit 1870 gab es einen eigenen Vikar für Ostenland. 1920 bis 1922 wurde die zu klein gewordene Kirche durch einen Erweiterungsbau ergänzt. Seit 1950 ist Ostenland eine eigenständige Pfarrei. In den 60er Jahren wurde die Pfarrkirche wesentlich umgestaltet.

Ostenland hat sich in den vergangenen Jahrzehnten vom primär landwirtschaftlich geprägten Dorf zu einer attraktiven

---

[13] Zitiert nach Angelika Pollmann: Geschichte des Delbrücker Landes. Horb am Neckar 1990, S. 33.

Ortseingang von Ostenland.

Ortsdurchfahrt Schöning.

Wohngemeinde entwickelt und ist heute mit 2.792 Einwohnern der drittgrößte Stadtteil von Delbrück.

Eine Reihe interessanter Biotope in Ostenland dokumentieren die Anstrengungen im Bereich des Naturschutzes in den vergangenen Jahren. Ein Beispiel dafür ist auch die Ansiedlung einer biologischen Station für das Paderborner Land. Sie nahm 1994 in der ehemaligen Mühlensenner Schule in Ostenland ihren Betrieb auf.

Schöning

Schöning wird von der Emsniederung geprägt. Auf dem leichten Sandboden herrschte bis vor einigen Jahren die Grünlandnutzung vor, heute dominiert der Getreide-, insbesondere der Maisanbau.

Schönings urkundliche Ersterwähnung ist im 16. Jahrhundert anzusetzen. Der Ortsname deutet auf gemeinschaftlich genutzte Wald- und Weideflächen hin. In seinen Anfangsjahren war Schöning sehr dünn besiedelt. Auf einem dieser wenigen Höfe wurde um 1595 Johann Sporck geboren. Aus dem Bauernsohn sollte während des Dreißigjährigen Krieges ein hoher Offizier werden. Auf dem Höhepunkt seiner Karriere war er Mitglied des Reichsgrafenstandes und Oberbefehlshaber der kaiserlichen Kavallerie. Noch nicht einmal 20jährig, hatte sich Sporck als Soldat im Heer Herzog Maximilians von Bayern anwerben lassen. 1633 war er zum Rittmeister aufgestiegen; 1640 wurde er zum Oberst befördert, 1646 war er bereits Generalwachtmeister. 1647 wechselte Sporck zum kaiserlichen Heer über. Den Übertritt in seine Dienste erleichterte ihm Kaiser Ferdinand III. durch Beförderung und reiche Ausstattung: Sporck wurde nicht nur in den Freiherrenstand erhoben und zum Kaiserlichen Kriegsrat ernannt, sondern erhielt auch die Herrschaft Lissa in Böhmen. Als während des Türkenkrieges 1663/64 das türkische Heer bis nach Mähren vorgedrungen war, wurde Sporck nach Nordungarn abkommandiert. Bei der Niederlage der türkischen Truppen bei St. Gotthard an der Raab 1664 waren die Truppen Sporcks auf der siegreichen Seite. Kaiser Leopold I. belohnte seinen erfolgreichen Offizier mit der Erhebung in den Reichsgrafenstand und unterstellte ihm die gesamte kaiserliche Kavallerie. Das Delbrücker Land besuchte von Sporck zum letzten Mal im Jahre 1674. Johann Graf von Sporck starb am 6. August 1679 auf Schloß Hermannsmestec in Böhmen.

Erst der Beginn des 19. Jahrhunderts brachte Schöning eine stärkere Besiedlung. Die 1901 errichtete Kapelle des Dorfes wurde 1922 zu einer Kirche erweitert. Diese Baumaßnahme wurde auch getragen von Amerikaauswanderern. In Schöning ist, wie in allen Delbrücker Stadtteilen, ein reges Vereinsleben zu verzeichnen; die meisten Mitglieder zählt die Schützenbruderschaft St. Meinolf. Als regionale Attraktion hat Schöning einen privaten Tierpark zu bieten.

Steinhorst

Der Delbrücker Stadtteil Steinhorst grenzt an den Kreis Gütersloh. Historisch bedeutet das eine Grenzlage zur Grafschaft Rietberg. Steinhorst ist mit 718 Einwohnern der kleinste, von der Fläche her (8 qkm) der zweitkleinste Delbrücker Stadtteil.

Erste menschliche Spuren in Steinhorst liegen in der Altsteinzeit. Ein Siedlungsplatz aus dieser Epoche wurde 1981 entdeckt. Für die Erforschung der Kultur der Bronzezeit im Kreis Paderborn gewann Steinhorst durch mehrere Grabhügel Bedeutung. Anderthalb Jahrtausend vor Christi Geburt wurde eine mit dem Durchmesser von 20 m außergewöhnlich große Grabstätte errichtet. Bei Grabungen im 19. Jahrhundert wurden seltene Funde geborgen, zwei kleine Spiralen, eine Gewandnadel, die Klinge eines Bronzebeiles und die Klinge eines Kurzschwertes aus demselben Material. In den dreißiger Jahren unseres Jahrhunderts fielen die Reste dieses großen Grabhügels Sandgewinnungsarbeiten zum Opfer. 1994/95 wurden die drei verbliebenen Grabhügel geöffnet. Dabei kamen Knochenreste von zwei Leichenverbrennungen ans Tageslicht. Während anderenorts in der mittleren Bronzezeit die Körperbestattung dominierte, überwog in dieser Region, wie es die Steinhorster Funde anschaulich belegen, die Leichenverbrennung. Die nach der Verbrennung verbleibenden Knochenreste wurden bestattet. Eines der Steinhorster Gräber zeigt, daß die Knochenreste gleichmäßig auf einer Fläche von 50 x 20 cm verteilt worden waren. Die Knochenbestattung im anderen Grab erschien als Knochenpaket und war vielleicht ursprünglich in ein Tuch eingewickelt worden.

Von 1446 ist eine Jahresrechnung des landesherrlichen Amtes Neuhaus erhalten, die vermerkt, daß die „Papsche to Steinhorst" für die Genehmigung ihrer Hochzeit zwei Gulden Gebühr entrichten mußte. Damit jährte sich für Steinhorst 1996 die schriftlich überlieferte Ersterwähnung zum 550. Mal.

Die Auswertung einer Kopfschatztabelle von Ostern 1787 ergab, daß die Ansiedlung in diesem Jahre 258 Einwohner zählte, von ihnen waren 122 jünger als 16 Jahre. 1787 wurde die Schulgemeinschaft Steinhorst-Osterloh ins Leben gerufen. Erst 1855 erhielt Steinhorst einen eigenen Kirchenbau. Dieses Gotteshaus wurde 1930 abgerissen, denn 1928/29 war eine neue Kirche erbaut worden. Zu Beginn des 20. Jahrhunderts kam es zu einem langwierigen Kirchenstreit mit Lipp-

Steinhorst

ling, in dessen Verlauf Steinhorst unter Interdikt fiel. Die Auseinandersetzungen endeten damit, daß Steinhorst gleiche Rechte wie das benachbarte Lippling erhielt. Beide Orte wurden von Delbrück abgepfarrt.

Das Steinhorster Becken ist mit über 80 ha das größte von Menschenhand geschaffene Biotop in Nordrhein-Westfalen. Hier haben seit 1991 schutzbedürftige Tier- und Pflanzenarten einen neuen Lebensraum gefunden.

Westenholz

Der Fund von sieben Mikrolithen aus Geschiebeflint beweist, daß sich bereits während der Steinzeit Menschen im heutigen Westenholz aufgehalten haben. Funde aus der Bronzezeit bewahrt heute die Heimatstube in Westenholz auf.

1415 wird Westenholz erstmals urkundlich erwähnt. Im 18. Jahrhundert zählte man hier 19 Vollmeier, 18 Halbmeier, 7 Viertelmeier, 9 Achtelmeier und 56 Sechzehntelmeier. Als Grundherren traten vor allem der Landesherr und das Domkapitel in Erscheinung. Bis ins 18. Jahrhundert war Delbrück die Mutterpfarrei von Westenholz. Unter Fürstbischof Franz Arnold von Wolff-Metternich wurde 1715 in Westenholz eine Kirche gebaut, 1717/18 erfolgte die Abpfarrung von Delbrück. Der Delbrücker Pfarrer Brüll stiftete 2000 Taler für die Stellenfundierung. Folgt man den Eintragungen in den Kirchenbüchern, so haben eine Zeitlang Franziskaner aus dem benachbarten Rietberg den Sonntagsgottesdienst in Westenholz zelebriert. Im frühen 19. Jahrhundert mußte der Kirchturm wegen Baufälligkeit abgerissen werden. Der damals neu errichtete Turm ist heute noch in Teilen erhalten. Der Paderborner Diözesanbaumeister Güldenpfennig lieferte dann die Entwürfe für die jetzige neugotische Hallenkirche.

Über Jahrhunderte war die Landwirtschaft, wie im gesamten heutigen Stadtgebiet von Delbrück, auch in Westenholz die Haupterwerbsquelle. So mußten die großen Mißernten der Jahre 1815 - 1817 fast zwangsläufig zu Hungersnöten führen. 1838 wanderten 38 Einwohner von Westenholz nach Amerika aus.

Das heutige Ortszentrum von Westenholz entwickelte sich nach dem Zweiten Weltkrieg. Handwerksbetriebe, Einzelhan-

Ortsmitte von Westenholz.

Kreis Paderborn

Typisches
Bauernhaus im
Delbrücker Land.
Hier:
Hof der Familie
Sudhoff in
Westenholz.

◁ Speicher auf dem Hof Sudhoff aus dem Jahre 1577.

Weihnachtskrippe auf dem Dorfplatz in Westenholz.

delsgeschäfte und mehrere Möbelfabriken bieten die Grundlage für eine gesunde Infrastruktur. Ein Beispiel des Engagements der Bürgerinnen und Bürger für ihr Dorf ist die Auszeichnung „Bundesgolddorf", die Westenholz im Rahmen des Wettbewerbes „Unser Dorf soll schöner werden" 1985 erhielt.

Als Zeugen des katholischen Glaubens, aber auch des Wohlstandes der bäuerlichen Stifter sind im Raum Westenholz eine Reihe von religiösen Kleindenkmälern wie Wege- und Hofkreuze, Bildstöcke und Kapellen erhalten. Eine Fachwerkkapelle aus Westenholz hat am Rande des Paderborner Dorfes im Westfälischen Freilichtmuseum Detmold einen neuen Standort gefunden. In Westenholz steht der älteste noch erhaltene Speicherbau des Delbrücker Landes, datiert auf 1577.

Franz-Josef Dubbi, Warburg
in Verbindung mit den Ortsheimatpflegern
der Stadt Delbrück

Hövelhof

Fläche   70,64 qkm   Einwohner (1996)   15.251

Die Sennegemeinde

Hövelhof ist eine Flächengemeinde mit einer relativ starken zentralörtlichen Ausrichtung. Mehr als drei Viertel der Einwohner leben im Ortskern. Geschichtlich betrachtet hatten die Ortsteile niemals die Funktion von Dörfern im klassischen Sinne des Begriffes. Bewußt wird daher auf eine nähere Beschreibung der einzelnen Orte verzichtet.

Unter den Gesichtspunkten von Geschichte und Tradition ist die Sennegemeinde mit den umliegenden Siedlungsbereichen Espeln, Hövelriege, Klausheide, Riege und Staumühle eine recht junge Gemeinde. Ihre Geschichte und Entwicklung ist eng mit der insbesondere nach dem Dreißigjährigen Krieg einsetzenden Besiedlung des Senneraumes verbunden.

Aus Funden ist bekannt, daß die Senne aufgrund wesentlich günstigerer Klimaverhältnisse als heute in grauer Vorzeit schon einmal stark besiedelt gewesen sein muß. Bevorzugte Siedlungsplätze lassen sich im Bereich der Bachläufe sowie auf den fruchtbaren Höhenrücken am Westrand der Senne, auf dem Hövelhof, in Hövelriege und Espeln nachweisen. So wurden beispielsweise sehr schöne und typische Funde (Breitkeile und Feuersteinklingen) aus der mittleren Steinzeit (5. bis 7. Jtsd. v. Chr.) und jüngeren Steinzeit (3. bis 4. Jtsd. v. Chr.) in der Nähe des Bahnhofes Hövelhof, der alten Ramselmühle nördlich der Ems und in den Dünen am oberen Krollbach sowie in Klausheide südlich des Haustenbaches ge-

Ortskern der Gemeinde aus Richtung Westen, im Hintergrund der Teutoburger Wald.

Das Jagdschloß aus dem Jahre 1661 steht für das historische Hövelhof. Heute: Pastorat.

macht. Außerdem gibt es bronzezeitliche Funde aus der Zeit um 1000 v. Chr. Man fand in der Nähe der ehemaligen Tausendjährigen Eiche in Espeln zum Beispiel neben vielen Scherben eine gut erhaltene Urne, die außer Knochenresten ein kunstvoll gearbeitetes Bronzemesserchen enthielt.

In der um das Jahr 1630 erschienenen sogenannten Gigaskarte des Fürstbistums Paderborn wird die Senne mit dem größten Teil der heutigen Gemeinde Hövelhof noch als „weiträumige Wüste" bezeichnet (*desertum Sinedi*). In dieser Karte werden außer dem Hof Hevel auch die Höfe Ramsel, Vurle und Apelern genannt. Sie bildeten den Ostrand der Osterbauerschaft Delbrück.

Der Name der Gemeinde geht dabei auf den Hof *Hevel* (Hövelhof) zurück. Er wird erstmalig erwähnt in einer Pachtgeldliste der Rentkammer in Neuhaus. Am 10.2.1446 zahlte der Hopmann, der den „hove to hovele" gepachtet hatte, sein Pachtgeld. Eine weitere urkundliche Erwähnung Hövelhofs findet sich in der Neuhäuser Amtsrechnung des Jahres 1584, nämlich in einer Dienstgeldaufstellung der „10 Sennemegger". Außer dem „Megger (= Meier) zu Hövel" werden in dieser Liste der „Megger zu Apelern" (Apelhof) und der „Bremegger" als Vollmeierhöfe aufgeführt. Weiterhin werden als Halbmeierhöfe „Berend auf dem Ramsel" und „Johann auf dem Ramsel" erwähnt.

Etwa um 1645 starb Engelbert Meier zu Hövel, der letzte Bauer auf dem Hövelhof, kinderlos, und der Hof fiel an den Fürstbischof als Landesherrn zurück. Fürstbischof Dietrich Adolf von der Recke reservierte dort für sich ein circa 1 Hektar großes Gelände und ließ im Jahre 1661 ein Jagdschloß, das heutige Pastorat, errichten. Sein Nachfolger, der berühmte Fürstbischof Ferdinand von Fürstenberg (1661 - 1683, Verfasser der bekannten *Monumenta Paderbornensia*), hielt sich gerne im Jagdschloß auf. Nach dessen Tod wurde der Hövelhof an verschiedene Familien verpachtet. Nach der Säkularisation 1803 gelangte er schließlich in den Besitz der Familien Brand und Wichmann. Das Hofgebäude brannte vor dem Ersten Weltkrieg ab. Die gesamte Ortsmitte der heutigen Gemeinde Hövelhof entstand auf den Ländereien dieses alten Hövelhofs.

Erwähnt werden muß an dieser Stelle das in der Geschichte des Ortsteiles Espeln verhängnisvolle Jahr 1604, das Jahr der sog. „Schlacht am Haspelkamp". Als ein großer Trupp spanischer Söldner, die Verbündete des Grafen von Rietberg waren, am 14. März 1604 auf dem Weg von Schlangen nach Rietberg in Kämpfe mit den Delbrücker Bauern verwickelt wurden, zogen sich diese schließlich in das leidlich sichere Mündungsdreieck von Ems und Hallerbach am alten Weckerhof zurück. Die Spanier drangen jedoch über die gefrorenen Sümpfe in diese Fluchtburg ein und richteten ein furchtbares Blutbad an. 400 Männer sollen tot auf dem Kampfplatz geblieben sein. Danach steckten die Spanier alle Häuser in Brand. Nur zwei Bauernhäuser (Rodehuth-Theismeier und Pape-Hasse) überstanden diese Katastrophe.

Nachdem sich das Land von den Schrecken und Verlusten des 30jährigen Krieges erholt hatte, setzte allenthalben eine stürmische Entwicklung in der Besiedlung der Senne ein, die

Bauwerk mit Wahrzeichencharakter: Die katholische Pfarrkirche St. Johannes Nepomuk aus dem Jahre 1977.

auch von den Landesherren kräftig gefördert wurde. Während so zum Beispiel in der lippischen Senne das Dorf Haustenbeck entstand, ging die Besiedlung der Paderborner Senne vom Delbrücker Land aus. Zunächst entlang der Sennebäche schoben sich die bäuerlichen Siedlungen in langen Reihen - den sog. „Riegen" - in die Sennewüste vor. Die östlich des Hövelhofs entstehende Siedlung hieß zunächst „Niendorp", das „neue Dorf". So wird es auch in einem Kupferstich aus den *Monumenta Paderbornensia* genannt. Kirchlich wie politisch gehörten die „Colone" (Siedler) jedoch nach wie vor zu Delbrück. Eine gewisse Verselbständigung des neu entstandenen Ortsteiles trat jedoch ein, als 1706 nach der Abpfarrung von Delbrück auf dem sog. „Küchenplatz" (Standort der heutigen Senneapotheke) eine Kapelle errichtet wurde. Seit 1715 wohnte dann auch ein Geistlicher für die Betreuung der „Neudörfer" im fürstbischöflichen Jagdschloß. Seit dieser Zeit sagte man von den Hövelhofern, sie gehörten zwar unter die Hövelhofer Glocken, jedoch unter den Delbrücker Galgen.

Mit der im Jahr 1807 unter französischer Fremdherrschaft erfolgten Konstituierung einer selbstständigen Gemeinde Hövelhof hatte sich zwar der erste Ansatz einer administrativen Lösung vom Delbrücker Land gezeigt, im Hinblick auf die wirtschaftliche Struktur und Entwicklung der neuen Gemeinde änderte sich aber auf Jahrzehnte nichts. Nach wie vor war die auf kargem Boden betriebene Landwirtschaft einziger Erwerbszweig. Eine Stagnation der Bevölkerungsentwicklung war vorgezeichnet, zumal die ohnehin geringe Bevölkerung (1818 = 1.684 Einwohner) wegen der fehlenden Erwerbsmöglichkeiten einer beständigen Abwanderung unterlag. So belief sich die absolute Bevölkerungszunahme von 1818 bis 1916 - also in einem Zeitraum von nahezu 100 Jahren - lediglich auf 703 Einwohner (1916 = 2.387).

Rathaus. Der Erweiterungsbau wurde 1982 bezogen.

Hier sollte auch ein im Jahr 1828 aufgetretenes rätselhaftes Fieber, das seine Ursache wohl in der starken Versumpfung der Gebiete an Krollbach und Ems hatte, erwähnt werden. Dieses Sumpffieber forderte allein in der Gemeinde Hövelhof 125 Todesopfer. Große wirtschaftliche Not herrschte in der Senne, als Mitte des vorigen Jahrhunderts die als Nebenerwerb betriebene Flachsspinnerei durch das Vordringen von Spinnmaschinen in arge Bedrängnis geriet. Damals zogen viele Männer im Sommer nach Holland zum Grasmähen oder arbeiteten in Ziegeleien der aufstrebenden Industriegebiete.

Die Annektierung des Hochstifts Paderborn durch Preußen und die Napoleonischen Kriege brachten dann einschneidende verwaltungsmäßige Neuerungen. Im Jahr 1807 trennte die Regierung des neuen Königreichs Westphalen von Napoleons Gnaden in Kassel den östlichen Teil der Gemeinde Ostenland von der Muttergemeinde ab. Dieser Teil bildete die schon erwähnte neue Gemeinde Hövelhof.

Erster Bürgermeister dieser neuen Gemeinde wurde der Colon Apelmeier. Von großer Bedeutung für den Grenzverlauf zwischen den Gemeinden Hövelhof und Ostenland war die im Jahr 1847 abgeschlossene Gemeinheitsteilung. Ursprünglich waren nur Haus, Hof, Garten und Acker Privatbesitz. Alles andere, Wald und Brachland, wurde gemeinsam nach festen Regeln genutzt (die sog. Gemeinheit). Die preußische Regierung ließ die gesamte Gemeinheit in Privatbesitz überführen, und zwar in der Weise, daß nicht alle Höfe gleichmäßig, sondern entsprechend ihrer Größe bedacht wurden. Die zahlreichen großen Höfe der Gemeinde Ostenland waren an der Gemeinheit Hövelhofs, die sie seit jeher mitgenutzt hatten, zu beteiligen. Dadurch rückte die Gemeindegrenze Ostenlands weit nach Osten vor und überschritt im Süden des Gemeindegebiets sogar die Trassen der heutigen Landesstraße und der Bahnlinie Paderborn-Bielefeld.

Dieser unnatürliche Grenzverlauf hat in den Folgejahren die Entwicklung der Gemeinde sehr beeinträchtigt und teilweise auch zu grotesken Situationen geführt, da viele Bewohner zwar politisch zur Gemeinde Ostenland gehörten, in allen Lebensbereichen jedoch aufs engste mit Hövelhof verflochten waren. Für alle Verwaltungsangelegenheiten war zum Beispiel die Gemeinde Ostenland zuständig, jedoch ging man in Hövelhof zur Kirche und Schule und verdiente vielfach dort auch seinen Lebensunterhalt. Diese Situation wurde erst im Jahre 1958 beendet. Durch eine vom Landtag des Landes Nordrhein-Westfalen beschlossene Gebietsänderung wurde ein ca. 3,79 qkm großer Grenzstreifen mit rd. 826 Einwohnern von der Gemeinde Ostenland abgetrennt und in die Gemeinde Hövelhof eingegliedert. Erst diese Gebietsänderung setzte die Gemeinde Hövelhof in die Lage, eine geordnete planerische Entwicklung in Angriff zu nehmen.

Wenn Hövelhof auch seit dem Jahr 1807 als selbständige

Markttag

Gemeinde anzusehen war, so gehörte sie jedoch verwaltungsmäßig bis 1895 dem Amtsverband Delbrück an. Mit Wirkung vom 1.10.1895 wurde sie dann jedoch dem Amt Neuhaus zugeordnet. Gemeinsam mit den früheren selbständigen Gemeinden Neuhaus, Elsen, Sande und Stukenbrock bildete sie den Amtsverband Neuhaus.

Die bedeutendste Gebietsänderung und auch verwaltungsmäßige Veränderung brachte jedoch die kommunale Neugliederung des Landes Nordrhein-Westfalen. Mit dem zum 1.1.1975 in Kraft getretenen Gesetz zur Neugliederung der Gemeinden und Kreise des Neugliederungsraumes Sauerland/Paderborn wurde unter anderem das ehemalige Amt Schloß Neuhaus aufgelöst. Nachdem bereits ein paar Jahre zuvor die Gemeinde Stukenbrock aus dem Amtsverband ausgeschieden war, behielt lediglich die Gemeinde Hövelhof ihre Selbständigkeit, während die übrigen amtsangehörigen Gemeinden in die Stadt Paderborn eingegliedert wurden. Im Zuge dieser Neugliederungsmaßnahme wurden zusätzlich aus der ehem. Gemeinde Ostenland der Ortsbereich Espeln und der Bereich der sogenannten Klausheider Siedlung mit insgesamt rund 11,80 qkm und rund 1.000 Einwohnern in die Gemeinde Hövelhof eingegliedert. Außerdem ergab sich für die Gemeinde die Notwendigkeit der Einrichtung einer eigenen Verwaltung, die dem Bürger durch ihre Ortsnähe viele Vorteile brachte. Im Jahr 1982 wurde das neue Rathaus fertiggestellt.

Erst die um die Jahrhundertwende geschaffenen überörtlichen Straßen in Richtung Paderborn, Bielefeld und Gütersloh sowie die Bahnstrecken Paderborn-Bielefeld und Hövelhof-Gütersloh brachten auch die verkehrsmäßige Anbindung Hövelhofs an die benachbarten Wirtschaftsräume. Sie waren auch Voraussetzung für die Gründung der ersten Gewerbebetriebe in der Gemeinde. Auch wenn im Jahr 1939 eine Einwohnerzahl von 4.540 zu verzeichnen war, so bedeutete das noch keinen grundlegenden strukturellen Wandel der nach wie vor fast ausschließlich landwirtschaftlich geprägten Gemeinde. Dabei dürfte auch die für die Gemeinde als schicksalhaft zu bezeichnende Ausdehnung des Truppenübungsplatzes Senne eine Rolle gespielt haben. In vielerlei Hinsicht haben diese sich über Jahrzehnte hinziehenden Planungen mit all ihren Unsicherheitsfaktoren über die endgültige Westgrenze des Übungsplatzes eine kontinuierliche planerische Entwicklung der Gemeinde gehemmt.

Bereits im Jahr 1892 hatte die Gemeinde einige unbedeutende Heideflächen an den Militärfiskus verloren. Im Jahr 1936 wurde dann eine Westerweiterung des Truppenübungsplatzes beschlossen und eine mehr oder weniger zwangsweise Aussiedlung der Bewohner des östlichen Gemeindebe-

Das Heimathaus.

Das Salvatorkolleg in Klausheide.

reichs eingeleitet. Wenn auch die Umsiedlungsmaßnahmen durch den Zweiten Weltkrieg unterbrochen wurden, so befand sich bei Kriegsende der Grund und Boden doch bereits weitgehend in der Hand des Staatsfiskus, so daß die meisten Landwirte nur noch als Pächter auf ihren Höfen waren. Einige Jahre nach Kriegsende wurde dann mit der endgültigen Realisierung der Übungsplatzerweiterung durch die britische Armee begonnen, die erst im Jahr 1974 endgültig zum Abschluß gebracht wurde.

Im Zuge der Erweiterung mußte der gesamte ehemalige Ortsteil Hövelsenne einschließlich der aus dem Jahre 1800 stammenden Schule und der 1923 errichteten Kirche geräumt werden. Die gesamte Umsiedlungsaktion zog sich über einen Zeitraum von fast 40 Jahren - nämlich von 1936 bis 1974 - hin. Für ca. 800 Hövelhofer bedeutete die Umsiedlung den schmerzlichen Verlust der angestammten Heimat. Viele Familien waren bereits vor dem Zweiten Weltkrieg in Mecklenburg neu angesiedelt worden; andere hatte es in das Rheinland verschlagen. Nur ein Teil der Betroffenen konnte neues Siedlungsgelände innerhalb der Gemeinde erhalten. Heute entfallen 19,72 qkm des insgesamt 70,64 qkm großen Gemeindegebietes auf den Truppenübungsplatzbereich, der einer Entwicklung der Gemeinde nach Osten hin entgegensteht.

Stieg die Einwohnerzahl Hövelhofs bis 1933 auch auf bereits 3.281 an, so setzte der eigentliche Wandel der Gemeinde von einer nahezu reinen Agrargemeinde zu einer mehr gewerblich und industriell strukturierten Wohngemeinde erst nach Ende des Zweiten Weltkrieges ein. Bis zu diesem Zeitpunkt bot Hövelhof das Musterbeispiel einer ausgesprochen agrarstrukturierten, ausgedehnten Streusiedlung. Das Siedlungsbild wurde weitgehend von den weit verstreut liegenden landwirtschaftlichen Betrieben bestimmt, wobei der eigentliche Ortskern mit Pfarrkirche, einigen Geschäften, Gaststätten und Handwerksbetrieben kaum ins Gewicht fiel. Nördlich des Ortskerns hatte sich ein größerer Betrieb der holzverarbeitenden Industrie entwickelt.

Der nach 1945 im Gefolge des Krieges einsetzende enorme Bevölkerungszuwachs (1950 = 6.434 Einw., 1961 = 7.886 Einw., 1965 = 8.609 Einw. und 1970 bereits 9.636 Einw.) und die damit zusammenhängende Nachfrage nach Wohnbaugrundstücken sowie gewerblich und industriell zu nutzenden Grundstücksflächen und nicht zuletzt auch nach den notwendigen Infrastruktureinrichtungen forderten die Gemeinde in

Ein Stück bäuerlicher Tradition des Senneraumes: Das Erntedankfest in Espeln zieht alljährlich am ersten Wochenende im September Tausende von Besuchern an.

Der Furlhof in Riege liegt unmittelbar am Furlbach. Die ortstypische Siedlungsform der Riegen stand Pate bei der Namensgebung (Riege).

einem hohen Maße. Der große Bevölkerungszuwachs der ersten Nachkriegsjahre war dabei auch bedingt durch eine große Anzahl von Vertriebenen und Flüchtlingen, die es in das Gemeindeleben einzugliedern galt. So gab es zum Beispiel vor dem Zweiten Weltkrieg in Hövelhof nur einige evangelische Familien. Bereits während des Krieges und dann vor allem in der Nachkriegszeit strömten viele evangelische Christen aus den ehemaligen deutschen Ostgebieten nach Hövelhof. Auch sie erhielten ihr eigenes Gotteshaus in der Gemeinde im Jahre 1957.

Etwa zwischen 1950 und 1960 hatte die Streubebauung immer mehr zugenommen, so daß die Gefahr einer völligen Zersiedlung des Gemeindegebietes mit all ihren nachteiligen Auswirkungen bestand. Die Gemeinde sah sich vor die Aufgabe gestellt, zunächst einmal ein planerisches Gesamtkonzept für ihre weitere Entwicklung zu erstellen. Seit 1960 konnte die weitere Entwicklung über entsprechende Bauleit-

pläne gesteuert werden. Im Rahmen dieser planerischen Vorgaben wurden die notwendigen Einrichtungen einer gesunden Infrastruktur geschaffen, wie zum Beispiel zentrale Wasserversorgung sowie Abfall- und Abwasserbeseitigung, Kindergärten, Schulen, Sportstätten, Haus der Jugend, Ausbau des Straßennetzes, Schaffung von Grünanlagen.

Nach der kommunalen Neugliederung im Jahr 1975 wurde ein neuer für das gesamte Gemeindegebiet gültiger Flächennutzungsplan erstellt, an dem sich die weitere Entwicklung der Gemeinde orientiert. Durch diesen Plan, der ständig der aktuellen Entwicklung angepaßt wurde, sind die Voraussetzungen für die Ausweisung größerer zusammenhängender Gewerbe- und Industriegebiete geschaffen worden. So stehen heute in modernen Betriebsstätten in dem rund 63 Hektar großen „Gewerbe- und Industriegebiet Nord" circa 1.600 Arbeitsplätze und in dem rund 20 Hektar großen „Gewerbegebiet Süd" circa 150 Arbeitsplätze zur Verfügung. Die Bauleit-

Der Furlhof

pläne der Gemeinde schufen auch die Voraussetzungen für die geordnete bauliche Entwicklung der Wohn- und Geschäftsbereiche sowie für die angestrebte Verdichtung und Neugestaltung des eigentlichen Ortskernbereichs.

Aus der einstigen Heide-, Wald- und Ackergemeinde ist heute ein moderner Wohnort im Grünen mit Gewerbe- und Industriebetrieben und vorzüglichen Verkehrsanbindungen, vor allem an die wichtige Achse der A 33 zwischen den Oberzentren Paderborn und Bielefeld, geworden. Hövelhof verfügt 1996 über sechs Kindergärten, zwei Grundschulen, Haupt- und Realschule, Heimathaus, Dorfschulmuseum, Haus der Jugend, öffentliche Büchereien, kirchliche Gemeindezentren, eine modern ausgerüstete Feuerwache mit Rettungsstation, mehrere großzügig angelegte Sportanlagen, Turn- und Sporthallen, Hallenbad, Tennis-, Schieß- und Reitsportanlagen.

Daß Hövelhof auch in kultureller Hinsicht etwas darstellt, hat sich herumgesprochen. Besondere Erwähnung verdient vor allem das Engagement des Volksbildungswerkes, denn es entstand aus Privatinitiative und operiert bis zum heutigen Tag auf privater Basis als eingetragener Verein. Frauen und Männer der Gemeinde fanden sich vor etwa 30 Jahren zusammen und gründeten den Verein. Inzwischen ist das Volksbildungswerk als Träger der Weiterbildung anerkannt und nimmt in dieser Form eines Vereins einzig in ganz Nordrhein-Westfalen alle Aufgaben einer Volkshochschule wahr.

Die zahlreichen Weiterbildungskurse erstrecken sich auf verschiedene Bereiche wie zum Beispiel Sprachen, Computer, Naturwissenschaft, Maschinenschreiben, musische Kurse, musikalische Ausbildung, sportliche Schulung, Gesundheit und Entspannung sowie Kochkurse. Darüber hinaus werden Diavorträge, Kunstausstellungen, Wanderungen, Exkur-

sionen und Studienfahrten wie auch Konzerte und Theater-
fahrten organisiert. Beim Volksbildungswerk entstanden im
Laufe der Jahre zahlreiche Unterorganisationen wie das Ju-
gendblasorchester, das Akkordeonorchester, der Plattdeut-
sche Kreis, der Wanderring, der Theaterring oder der Arbeitskreis Bürgerfunk. Die rege Beteiligung der Bürgerinnen und
Bürger bei den vielfältigen Anlässen spricht für den Erfolg
des Vereins.

Hervorgehoben werden sollen auch die Justizvollzugsanstalt im Ortsteil Staumühle sowie das Salvator-Kolleg im
Ortsteil Klausheide. Die Einrichtungen sind in ihrem Bereich
bemerkenswert:

So steht die Justizvollzugsanstalt Staumühle für einen zeitgemäßen Strafvollzug, der auch den offenen Vollzug ein-
schließt. Einmalig in Nordrhein-Westfalen ist die Pflegeein-
richtung der Justizvollzugsanstalt Staumühle, in der pflege-
bedürftige Strafgefangene betreut werden.

Das Salvator-Kolleg Klausheide ist eine moderne Einrichtung der Erziehungshilfe, die seit 80 Jahren von Ordensleuten
geführt wird. 90 junge Menschen werden betreut, schulisch
gebildet und beruflich ausgebildet. Das pädagogische Kon-
zept ist einmalig. Hier werden von Fachleuten Hilfen zur Erziehung und Formung der Persönlichkeit angeboten. Jeder
Junge kann seine Schulpflicht erfüllen und einen Schulab-
schluß erreichen. Er wird zur Berufsentscheidung hingeführt,
und er kann aus 20 unterschiedlichen Berufen auswählen, ei-

Das älteste Gebäude im Kern des Hövelhofer Ortsteiles Riege ist die 1815 erbaute alte Schule. In ihr haben heute das Dorfschulmuseum der Dorfgemeinschaft Hövelriege/Riege sowie die Biologische Station Senne ihr Domizil.

ne Ausbildung machen und abschließen. Die Jugendhilfeein-
richtung bietet insgesamt 150 Arbeits- und Ausbildungs-
plätze.

In Hövelhof wird aber auch der Gedanke der Völkerfreund-
schaft gepflegt: Seit 25 Jahren besteht eine intensive Partnerschaft mit der französischen Stadt Verrières-le-Buisson. Jedes
Jahr finden von beiden Seiten zahlreiche Begegnungen statt.
Die vielen offiziellen Treffen wie das traditionelle Pfingst-
treffen, die Vereinsbegegnungen und Gruppenbesuche, aber
auch die zahlreichen inoffiziellen Treffen sind schon fester
Bestandteil des Hövelhofer Gemeindelebens geworden.
Eine der Säulen der Partnerschaft ist auch der Schulaus-
tausch, und zwar der Realschule und der Grundschule, die
ebenfalls im Wechsel jährlich ihre Treffen durchführen, an
denen jeweils circa 50 Personen teilnehmen.

Für die 4. Kompanie des Panzerbataillons 214 in Augustdorf besteht seit 1981 eine Patenschaft.

Der Wohn- und Freizeitwert der Gemeinde Hövelhof ist
ganz besonders durch die abwechslungsreiche Landschaft am
Rande des Naturparks Eggegebirge/Südl. Teutoburger Wald
begründet. Da gibt es Sanddünen, große Wald- und Heideflächen (zum Beispiel rund 344 Hektar Gemeindeforst) und
auch die zahlreichen Bachläufe, wie Ems, Furlbach, Hallerbach, Krollbach und Haustenbach. Landschaftlich sehr reizvoll sind auch die Naturschutzgebiete „Moosheide" mit den
Emsquellen (circa 287 Hektar) und „Ramselbruch" (circa 55
Hektar). Insbesondere in den Ortsbereichen Riege, Hövelriege und Espeln sind die alten Bauerngehöfte inmitten der Feld-
und Wiesenflur nach wie vor prägender Bestandteil der Landschaft. Diese landschaftlich schönsten Bereiche der Gemeinde sind durch ein großzügiges und gut markiertes Rundwan-
der- und Radwegenetz gut erschlossen.

Hier eine kleine Auswahl von Ausflugszielen: Da ist das
Heimathaus des Plattdeutschen Kreises, in dem beispielsweise aktiv die Brotherstellung vergangener Zeiten erlebt
werden kann, Kostprobe inbegriffen. Das ländliche und bäuerliche Brauchtum und die Lebensweise der Menschen früherer Epochen dieser Gegend kann der Besucher hautnah
kennenlernen. Zu bewundern sind viele alte Gegenstände und
Gerätschaften, die zum Teil bei den Aktivitäten des Plattdeutschen Kreises noch verwendet werden. Von den Mitgliedern
des Kreises werden deftige, humorvolle - aber auch nach-
denkliche und besinnliche Geschichten aus der „guten alten
Zeit" erzählt, natürlich in westfälischer Mundart.

Zu besichtigen sind auch die Henken- und die Furlmühle im
Ortsteil Riege; die Henkenmühle treibt heute zwar kein
Mühlrad mehr an, dafür erzeugt sie bis zu 4.000 Kilowatt
Energie im Monat, die teilweise sogar in das öffentliche
Stromnetz eingespeist wird. Ein Genuß ist es, dabei Hugo
Henkenmeyer, genannt „Henken-Hugo" zu erleben. Er ist ge-

Hövelhof

Streifzug durch ein Stück Heimatgeschichte: Die Furlmühle.

Die Senne mit ausgedehnten Heide- und Waldflächen ist charakteristisch für die Hövelhofer Landschaft: „Gruppenbild mit Dame" (Schäferin mit Herde).

Ausritt in der Senne.

Eine Anzahl von Bächen und Wasserläufen durchzieht die Sennelandschaft.

lernter Müllermeister und ungelernter Fremdenführer und hat schon vielen tausend Besuchern die Geschichte des heimischen Mühlen- und Müllerwesens erzählt und nahegebracht, selbstverständlich auch in urwüchsigem westfälischen Platt - mit Übersetzung.

Ebenfalls im Ortsteil Riege zeigt das neue Dorfschulmuseum der Dorfgemeinschaft Riege/Hövelriege das Schulleben von Anno dazumal. Außerdem ist hier die Biologische Station Senne mit Ausstellungen und Vortragsräumen für Schulklassen, Vereine und Gruppen angesiedelt. Die Station betreut auch den naturkundlichen Lehrpfad im Naturschutzgebiet Moosheide, ein 400 Hektar großes Gebiet mit Sanddünen, Birken- und Kiefernwäldern. Die Emsquelle in der Moosheide ist „Muß" für alle Hövelhof-Besucher.

Nahe der Moosheide und der Senne ist auch der mit 700 Quadratmetern landesweit größte Heidschnuckenstall zu be-

wundern. Er bietet in den Wintermonaten über 800 Heidschnucken der „Senne-Herde" ein schützendes Dach. Die Tiere werden als „vierbeinige Rasenmäher" eingesetzt, um die typischen Heide- und Moorflächen der Senne zu erhalten. Mit etwas Glück trifft man in dieser einmaligen Heidelandschaft die Herde mit der Schäferin, die die ökologischen Eigenheiten dieses Lebensraumes erklären kann. Das Naturschutzgebiet Moosheide und die Senne sind mit ihren vielen stimmungsvollen Naturkulissen auch bestens geeignet für eine gesellige Planwagenfahrt, deren Beginn beispielsweise im Ortsteil Espeln liegt, wo zunächst die schönen alten Gehöfte und Fachwerkhäuser zum Verweilen einladen.

Werner Thor, Gemeindedirektor
Hermann Ilskens, Pressereferent

Lichtenau

Fläche	192,17 qkm	Einwohner (1996)	10.470
Einwohner in den Ortsteilen:			
Asseln	470	Herbram	865
Atteln	1.383	Herbram-Wald	136
Blankenrode	171	Holtheim	862
Dalheim	114	Husen	1.031
Ebbinghausen	192	Iggenhausen	203
Grundsteinheim	430	Kleinenberg	1.259
Hakenberg	221	Lichtenau	2.144
Henglarn	989		

Die Stadt Lichtenau liegt in landschaftlich reizvoller Lage im bevorzugten Erholungsgebiet Altenautal und im Naturpark Eggegebirge/Südlicher Teutoburger Wald. Ca. 15 km südlich der Kreisstadt Paderborn gelegen, erstreckt sich die größte Flächengemeinde des Kreises auf 192,17 qkm. Damit ist Lichtenau flächenmäßig die zweitgrößte Stadt im Regierungsbezirk Detmold und immerhin die Nr. 16 von insgesamt 396 Städten im Lande Nordrhein-Westfalen.

Von der naturräumlichen Gestalt her gehört Lichtenau zum größten Teil zur Paderborner Hochfläche. Das östliche Stadtgebiet zählt zum Eggegebirge. Das Geländeprofil erweist sich als relativ hügelig. Die Egge ist ein Sandstein- und Klippengebirge. Als paßlose Bergstufe bildet sie die östliche Begrenzung des Stadtgebietes. Auf Mergelschichten im Boden haben sich Moore von teils beträchtlicher Größe gebildet, so im Torfbruch und im Eselsbett. Die Paderborner Hochfläche als Stufenlandschaft am Rande der Westfälischen Bucht ist eine Karstlandschaft mit klüftigem Kalkgrund und Dolinen. Sie ist gekennzeichnet durch eine starke Versickerung der Fluß- und Bachläufe, weite kahle Flächen und große Buchenwälder. Die

Lichtenau. Zwei Kirchen und die Burg beherschen das Bild der Stadt.

Hochfläche wird gegliedert durch steilwandige kastenförmige Erosionstäler.

Die mittlere Höhe der Stadt Lichtenau bewegt sich etwa bei 250 m über NN. Der höchste Punkt befindet sich mit 407 m über NN bei der Wüstung Blankenrode, während sich bei Henglarn der tiefste Punkt mit 179 m über NN befindet. Ausgedehnte Waldgebiete wechseln sich mit landwirtschaftlichen Nutzflächen ab. Die größten zusammenhängenden Forstgebiete sind im Osten der Staatsforst Neuenheerse und im Süden der Staatsforst Dalheim und der Forst Marschallshagen.

Wasserläufe finden sich in allen Ortschaften. Der größte Fluß ist die bei Blankenrode entspringende Altenau, die durch Husen, Atteln und Henglarn fließt und sich im benachbarten Borchen mit der Alme vereinigt. Weiter sind zu erwähnen die Sauer, die nördlich von Kleinenberg entspringt und Lichtenau durchfließt, der Odenheimer Bach, der im Eselsbett entspringt und in Lichtenau in die Sauer mündet, sowie Schmittwasser und Glasebach im nördlichen Stadtgebiet. Der Piepenbach fließt durch Dalheim und etwas weiter nördlich in die Altenau.

Charakteristisch für die Stadt Lichtenau sind die unterschiedlichen Landschaften, die weitgehend durch den geologischen Untergrund bestimmt sind. Über ein Drittel des Stadtgebietes ist mit Laub- und Nadelwäldern bedeckt. Das neuangelegte Rückhaltebecken Husen/Dalheim und der vorrangig dem Hochwasserschutz dienende Stausee sowie die Teichanlagen und Naturschutzgebiete Bülheimer Heide, das Hochmoorgebiet Eselsbett sind nur einige Beispiele für die Vielfalt der Landschaft.

Die Stadt liegt verkehrsgünstig an den Autobahnen A 33 und A 44. Die Bundesstraße 68 durchquert fast das gesamte Stadtgebiet und verläuft durch Grundsteinheim über Lichtenau nach Kleinenberg. Bahnverbindungen gibt es ab Paderborn bzw. Warburg. Von Paderborn und Warburg aus ist Lichtenau mit Linienbussen zu erreichen. Der Regionalflughafen Paderborn-Lippstadt liegt nur ca. 25 km entfernt.

Alle Ortsteile sind mit modernen Versorgungs- und Freizeiteinrichtungen ausgestattet. An Bildungseinrichtungen sind drei Grundschulen, ein Schulzentrum mit Haupt- und Realschule und acht Kindergärten vorhanden. Daneben besteht ein umfangreiches Angebot der Volkshochschule in der Erwachsenenbildung. Zu erwähnen sind besonders die zahlreichen Sportmöglichkeiten auf den Sportplätzen mit Leichtathletikanlagen, Sporthallen, zwei beheizten Freibädern, Tennisanlagen, Schießständen und Reithallen. Ferner steht ein Wander- und Radwegenetz zur Verfügung.

Überwiegend kleinere und mittlere Industrie- und Gewerbebetriebe bieten vielen Einwohnern Arbeitsmöglichkeiten. Ausreichende Gewerbegebiete mit guter Verkehrsanbindung bieten weiteren Betrieben die Möglichkeit zur Neuerrichtung

und Erweiterung. Die Zahl der Erwerbspersonen in der Landwirtschaft, die bei der Volkszählung 1981 noch 10,4 % betrug, ist weiter rückläufig.

Der Fremdenverkehr in der Stadt Lichtenau konnte im Jahr 1996 rund 35.000 Übernachtungen verbuchen. Gut ausgeschilderte Rad- und Wanderwege mit Ruhebänken und Schutzhütten in einer abwechslungsreichen Landschaft bieten den Besuchern viele Möglichkeiten der Erholung und Entspannung. Der berühmteste Mann, der in Lichtenau übernachtete, war zweifellos Johann Wolfgang von Goethe. Am 12. Dezember 1792 bettete er sein müdes Dichterhaupt im alten Lichtenauer Posthaus zur Ruhe.

Zahlreiche Dorf-, Schützen- und Vereinsfeste beleben den kulturellen Jahreslauf. Seit 1985 eröffnet eine Partnerschaft mit der französischen Stadt Mayet Möglichkeiten der Begegnung und Zusammenarbeit für die Schulen und Vereine. Eine weitere Partnerschaft besteht seit der Grenzöffnung im Jahr 1989 zur ehemaligen DDR mit der Gemeinde Rangsdorf in Brandenburg (südlich von Berlin). Die offiziellen Partnerschaftsurkunden wurden am 27. Februar 1993 ausgetauscht.

Das Kloster Dalheim

Ein Kleinod ganz besonderer Art im Lichtenauer Land ist das ehemalige Augustiner-Chorherren-Kloster Dalheim aus der zweiten Hälfte des 13. Jahrhunderts. Nach einer wechselvollen Geschichte, in der die Anlage mehrfach ihren Besitzer wechselte und auch die Nutzung sich änderte, entwickelte sich diese Anlage nach 1945 unter Betreuung des Landschaftsverbandes Westfalen-Lippe zu einem kulturellen Mittelpunkt. So ist die ehemalige Kirche als Museum eingerichtet. Außerdem finden in diesen Räumen große Konzerte, Aufführungen und Ausstellungen mit internationaler Beteiligung statt.

Das Nonnenkloster Dalheim wird 1264 erstmalig genannt. Am Ende des 14. Jahrhunderts wurde Dalheim geplündert und zerstört, vom Kloster blieben nur Ruinen zurück. Für einige Jahrzehnte war der Siedlungsplatz unbewohnt.

Angesichts einer menschenleeren und verwüsteten Landschaft gab es dann im Jahre 1429 den entscheidenden Neuansatz: An der Stelle des ehemaligen Nonnenklosters wurde ein Augustiner-Chorherren-Kloster gegründet. Die Augustiner nutzten Landschenkungen und gewannen in kurzer Zeit einen umfangreichen Flächenbesitz. Parallel zu der landwirtschaftlichen Kolonisation der Umgebung erfolgten die großen Baumaßnahmen des Klosters. Von 1460 bis 1475 erstand der bis heute vorhandene viereckige Plan mit Kirche und Wohngebäuden. Dalheim wurde für Jahrhunderte nicht nur ein geistliches und kulturelles, sondern auch ein wirtschaftliches Zentrum des südlichen Paderborner Landes.

▽ Klosterkirche Dalheim mit Wirtschaftsgebäuden. △

Innenhofseite der Klosterpforte in Dalheim.

Nach Auflösung des Klosters 1803 im Rahmen der preußischen Säkularisation wurde der landwirtschaftliche Klosterbetrieb in eine staatliche Domäne umgewandelt, später privatisiert und in mehrere Teile aufgelöst. Die gotische Klosterkirche von 1470, die nach der Säkularisation als Heuboden und Pferdestall diente, wurde jüngst restauriert und in ein Gipsabgußmuseum westfälischer Meisterwerke umgewandelt. Auch der größte Teil des Kreuzganges wurde wiederhergestellt, die Klosterpforte zu einem attraktiven Café-Restaurant ausgebaut.

Der Wallfahrtsort Kleinenberg mit barocker Wallfahrtskapelle

Seit dem 18. Jahrhundert erlangte Kleinenberg als Marien-Wallfahrtsort eine besondere und überregionale Bedeutung. An den Sonntagen nach dem 2. Juli (Mariä Heimsuchung) und dem 8. September (Mariä Geburt) sind die beiden Wallfahrtsfeste, zu denen sich Tausende vor dem Jahrhunderte alten Gnadenbild der „Helferin vom Berge" einfinden.

Die Wallfahrtskapelle wurde ab dem Jahr 1742 nach den Plänen Franz Christoph Nagels erbaut. Das Markante des längsorientierten Bauwerks ist der große, nur innen in Er-

scheinung tretende kuppelartige Aufbau über dem Kirchenschiff. Der Eingangsseite, auf die eine Prozessionsallee zuführt, ist 1758 eine Fassade aus Sandsteinquadern vorgeblendet worden, vor allem wollte man den Schlagregen dadurch abwehren und bewirkte zugleich eine architektonische Aufwertung. Das lebhaft geschweifte Fenstergewände über dem Portal zeigt, wie bewandert der Architekt gewesen ist. Das vollständig erhaltene Innere besticht durch die Malereien an den Wänden und im Gewölbe, aber auch durch die Altarfront.

Die Marienverehrung hat auch zur Gestaltung des Marienbrunnens geführt, einer relativ großen symmetrischen Anlage, die aus Kapelle, Lourdes-Grotte, Brunnen und Teich mit Madonnenfigur besteht.

Das Steinkammergrab bei Atteln

Besonders zu erwähnen ist noch ein rekonstruiertes, neolithisches Steinkammergrab aus dem 3. Jahrtausend vor Christus zwischen Atteln und Husen. Hierbei handelt es sich um eines der großen neusteinzeitlichen Steinkammergräber des Paderborner Landes. Es ist mit einer Grünanlage versehen und wird durch ein Schutzdach vor Witterungseinflüssen geschützt.

Zur Geschichte des Soratfeldes und Gebietes der heutigen Stadt Lichtenau

Das Stadtgebiet Lichtenaus gehört zu den ältestbesiedelten Räumen Westfalens. Bis in die Jungsteinzeit, etwa das 3. Jahrtausend vor Christus, reichen hier die ersten Spuren von Ackerbauern mit festen Siedlungen. Steinkammergräber dokumentieren diese Entwicklung.

Solch ein Steinkammergrab war ein Gemeinschaftsgrab, in dem bis zu 200 und mehr Menschen bestattet wurden. Wurde das Grab zu klein, verlängerte man es. Links und rechts wurden Kalksteinplatten senkrecht in die Erde eingegraben. Auf archäologischen Erläuterungstafeln erfährt der Besucher weitere Einzelheiten über diese Anlage.

Um die Gründung Lichtenaus geschichtlich einzuordnen, ist es notwendig, die Struktur und Entwicklung der früh- und hochmittelalterlichen Siedlungslandschaft dieses Raumes zu beleuchten. Das innere Soratfeld (das Wort „sor" bedeutet „karg, ärmlich", und auch die „Sauer" verdankt ihm den Namen) ist seit dem frühen Mittelalter von sieben Orten auf „-heim" besetzt: Steinheim (Grundsteinheim), Nordheim, Masenheim, Odenheim, Sudheim, Bülheim und Holtheim. Die Entstehung dieser Siedlungen ist mit großer Wahrscheinlichkeit in die Zeit des 8./9. Jahrhunderts zu datieren, in der die Franken unter Karl dem Großen hier im Sachsenland ihre Machtposition begründeten und ausbauten. Im Zentrum der sieben Orte, genau auf einer Linie zwischen Nordheim und Sudheim, befand sich das sogenannte Königsgut (am nördlichen Rand des heutigen Lichtenau). In enger Beziehung zum Königsgut des Soratfeldes lag 1 km nördlich davon die Kirchsiedlung Kerkdorp.

Wallfahrtskapelle in Kleinenberg: Zweimal im Jahr Ziel Tausender von Marienverehrern.

Lourdes-Grotte des Marienbrunnens in Kleinenberg.

Steinkammergrab aus dem 3. Jahrtausend v. Chr. bei Atteln (frühe Bestattungskultur).

Im hohen Mittelalter kam es innerhalb der heutigen Flächengemeinde zu den Stadtgründungen von Kleinenberg (1249), Blankenrode (1298) und Lichtenau (1326) - jeweils urkundliche Erstnennung als Stadt.

Andere Ortschaften sind noch wesentlich älter, so daß die Ortschaften Asseln, Henglarn und Holtheim bereits im Jahr 1990 ihr 975jähriges Bestehen feiern konnten. Der Ort Grundsteinheim feierte im Jahr 1936 sein 900jähriges Bestehen, Atteln wird im Jahre 1997 sogar 1100 Jahre alt.

Das späte Mittelalter (ca. 1380 bis 1450) war für den Raum Lichtenau - wie für ganz Mitteleuropa - eine Phase starken Siedlungsrückganges. Die meisten Siedlungen wurden von ihren Bewohnern verlassen und fielen wüst.

Über Jahrhunderte hinweg war die Region Lichtenau landwirtschaftlich geprägt. Dazu kamen holzverarbeitende Betriebe. Im Laufe der Zeit entstanden an die 300 kleine und mittlere Gewerbe- und Industriebetriebe mit Arbeitsmöglichkeiten für Menschen aus Lichtenau und der Umgebung. Von der ehemals rein landwirtschaftlich geprägen Beschäftigung verlagerten sich die Tätigkeitsfelder zur verarbeitenden Industrie und zur Dienstleistung.

Die Stadt Lichtenau wurde mit der Gebietsreform am 1. Januar 1975 aus den Orten des früheren Amtes Lichtenau und dem überwiegenden Teil der Orte aus dem ehemaligem Amt Atteln gegründet. Sie setzt sich aus den 15 Ortschaften Asseln, Atteln, Blankenrode, Dalheim, Ebbinghausen, Grund-

steinheim, Hakenberg, Henglarn, Herbram, Herbram-Wald, Holtheim, Husen, Iggenhausen, Kleinenberg und Lichtenau zusammen.

Geschichtliche Entwicklung der einzelnen Ortschaften

Die verschiedenen Ortsteile Lichtenaus sollen hier in ihrem geschichtlichen Werdegang kurz einzeln beschrieben werden. Die Höhenangaben (Meter über Normal Null) beziehen sich auf die Ortsmittelpunkte.

Asseln

10,88 qkm, 328 m über NN

Asseln liegt unmittelbar am Ostrand der Paderborner Hochfläche. Die erste urkundliche Überlieferung stammt aus dem Jahr 1015 und benennt die Ansiedlung „Aßlan". Im Laufe der Geschichte gab es verschiedene Schreibweisen für den Ort. In den Jahren 1168-1190 erwarb der Erzbischof von Köln ein Al-

Asseln, Ortsteil zwischen waldreichem Eggegebirge und der Paderborner Hochfläche.

lod in „Asele". Später sind die Ritter von Heerse hier begütert. Dietrich von Heerse verkaufte 1447 seinen Gutshof in Asseln an die drei Brüder von Oeynhausen. Ein lokales Adelsgeschlecht der Herren von Asseln ist im hohen Mittelalter mehrfach bezeugt. Die mittelalterliche Siedlung unterstand kirchlich zunächst der Pfarrei Kerkdorp, seit dem frühen 14. Jahrhundert dann der Pfarrei Lichtenau, nachdem die Pfarrechte nach dort übertragen worden waren. Erst im Jahre 1660 erhielt Asseln eine eigene Pfarrei, und an die Stelle der schon 1616 errichteten Kapelle trat 1756 eine eigene Pfarrkirche.

Atteln

15,44 qkm, 196 m über NN

Atteln liegt im landschaftlich reizvollen Altenautal. Der Ort gehört zu den ältesten Siedlungen des Paderborner Landes. Nach Angaben des Geschichtsschreibers Gobelin Person, der im 15. Jahrhundert im Kloster Böddeken lebte, soll hier schon im 9. Jahrhundert eine Kirche bestanden haben. Ein weiterer Kirchenbau ist für 1120 - 1123 bezeugt; das Paderborner Abdinghofkloster errichtete den Bau zu Ehren des hl. Achatius. In den folgenden Jahren wurde von Bischof und Papst mehrfach dieser Kirchenbesitz bestätigt. Die mittelalterliche Bedeutung Attelns innerhalb des Altenautales wird durch die Tatsache unterstrichen, daß hier ein Freistuhl (Gerichtsstätte) bestand. Eine lokale Adelsfamilie der Herren von Atteln ist im 13. Jahrhundert nachweisbar. Die am Ende des Mittelalters besonders in dieser Gegend auftretenden Wüstungsvorgänge erfaßten auch Atteln, doch kann man davon ausgehen, daß der Ort nicht lange unbewohnt blieb. Möglicherweise wurde nach der Neubesiedlung auch die alte Pfarrkirche zunächst weiter benutzt, bis 1712 ein neues Gotteshaus im barocken Stil errichtet wurde. Auch die Pfarrkirche ist dem hl. Achatius geweiht.

Sehenswert ist in Atteln der restaurierte „Spieker" (Speichergebäude) aus dem Jahre 1588. Die Holzteile des Baues zeigen sehr reichhaltige Schnitzereien, die auf ein wohlhabendes Ackerbürgertum schließen lassen.

Atteln besitzt auch heute eine zentralörtliche Funktion für das nähere Umland und war bis zur kommunalen Neugliederung Sitz der Amtsverwaltung.

Dorfplatz in Atteln mit dem renovierten Spieker aus dem Jahre 1588.

Atteln, der Stadtteil mit zentralörtlicher Bedeutung.

Blankenrode

10,29 qkm, 369 m über NN

Bereits im 9. Jahrhundert sind im Gebiet des heutigen Blankenrode die Siedlungen Snevede und Sirexen urkundlich nachzuweisen. Als dritte Siedlung entstand im 13. Jahrhundert die Stadt Blankenrode. Die Endung „rode" kennzeichnet die hoch- bzw. spätmittelalterliche Gründung. Die Stadt lag etwa 1,5 km östlich des heutigen Ortes Blankenrode. Es wird angenommen, daß in diesem Gelände bereits in sächsischer Zeit eine Wallburg errichtet wurde, die man dann im Hochmittelalter zu einer Stadt ausbaute. Obwohl Beurkundungen erst aus dem Jahre 1298 stammen, kann man von einer Entstehung zu Beginn des 13. Jahrhunderts ausgehen. Im 14. Jahrhundert sind dann noch mehrere Erwähnungen über die Stadt, den Pfarrer, die Burg und andere Details in den Urkunden zu finden. In den letzten Jahren des 14. Jahrhunderts fällt Blankenrode dann für immer den spätmittelalterlichen Wüstungsvorgängen zum Opfer. Damit gehört der Ort zu den wenigen in Mitteleuropa bekannten Stadtwüstungen des Spätmittelalters. In der frühen Neuzeit wurde Blankenrode ca. 1,5 km von der alten Stelle entfernt neu besiedelt. Im späten 15. Jahrhundert werden Bleigruben er-

Bleikuhle bei Blankenrode, Relikt des früheren Übertageabbaus.

Blankenrode

Einzig in ihrer Art unter den Galmei-Pflanzen in Mitteleuropa sind die „Blauen Blumen" in der Nähe der Bleikuhle von Blankenrode. Nur hier blühen die Blumen: „Viola guestfalica".

wähnt und 1544 ist ein Bergwerk nachweisbar. Die Bleikuhlen erinnern an den Tagebau vor langer Zeit. Das hier blühende Galmeiveilchen ist in seiner Art einmalig auf der Welt. Weiterhin ist bekannt, daß in der Gemarkung Blankenrode auch Glas verarbeitet worden ist. Eine schon 1614 bezeugte Glashütte bestand bis 1881, eine zweite am Siesserkamp von 1826 - 83.

Selbständige Gemeinde wurde Blankenrode erst 1952 durch die Abtrennung von Dalheim.

Dalheim

13,17 qkm, 274 m über NN

Dalheim liegt im Tal des Piepenbaches, am Westrand des großen Dalheimer Forstes und am Ostrand des Sintfeldes. Die älteste Bezeichnung „Dalem" - Heim im Tal - datiert aus dem 11. Jahrhundert. 1196 entstand hier ein kleines Kloster der Benediktinerinnen. Die Geschichte des Ortes Dalheim ist von Anfang an eng mit der Geschichte des Klosters verbunden. Erst 1244 beginnt die gesicherte Überlieferung. 1264 wird das Augustinerinnenkloster erwähnt, für das man eine Entstehung im frühen 13. Jahrhundert annehmen kann. Nach mehrfachen Kriegszerstörungen verließen die letzten Nonnen 1369 Dalheim. Erst 1429 wurde das Kloster von Böddeken aus mit Mönchen neu besetzt und 1452 zum selbständigen Augustiner-Chorherren-Kloster erhoben. Neben der nun einsetzenden regen Bautätigkeit wurde auch der Grundbesitz erheblich vermehrt. Die noch jetzt vorhandene Gestalt mit Klostergebäuden und Wirtschaftshof entstand zu großen Teilen unter dem Prior Bartholdus Schonlau (1708 - 1730). Nach der Säkularisation 1803 wurde der landwirtschaftliche Betrieb in eine staatliche Domäne umgewandelt, die ab 1952 Pächtern zur privaten Nutzung überlassen wurde.

Ebbinghausen

4,41 qkm, 207 m über NN

Ebbinghausen liegt etwa 4 km westlich von Lichtenau am Unterlauf der Sauer. Der Ort ist durch eine ausgesprochene Tallage charakterisiert. Die erste urkundliche Erwähnung von Ebbinghausen stammt aus dem Jahre 1212; das Marienstift zu Herford hatte zu dieser Zeit hier Grundbesitz. Aus den spärlichen Überlieferungen ist nicht genau zu entnehmen, wie es im Mittelalter um die Pfarrzugehörigkeit bestellt war. Vermutlich gehörte der Ort zur Pfarrei Kerkdorp/Lichtenau. Die Kapelle des Ortes stammt aus dem Jahre 1871.

Grundsteinheim

9,73 qkm, 240 m über NN

Grundsteinheim liegt im engen Talbett bzw. am rechten Steilhang der mittleren Sauer. Der mittelalterliche Vorfahre der heutigen Siedlung trug ohne die Vorsilbe „Grund"- lediglich den Namen Steinheim. Der Ursprung dieser auf „-heim" aus-

Ebbinghausen, der Ortsteil mit einer extremen Tallage an der Sauer.

Grundsteinheim ist häufig Ziel von Geographen und Geologen.

lautenden Siedlung kann im 8./9. Jahrhundert angenommen werden. Aufgrund einer urkundlichen Erwähnung im Jahr 1036 feierte man in Grundsteinheim schon das 900jährige Bestehen. Die erste gesicherte Nennung stammt aus dem Jahr 1239, wo der Ort urkundlich erwähnt wird (Stenhem). Der mittelalterliche Name wurde erst in der Neuzeit in Grundsteinheim verändert. Die ursprüngliche Pfarrzugehörigkeit ist nicht geklärt; wahrscheinlich gehörte der Ort von Anbeginn wie auch jetzt noch zu Iggenhausen, aber auch Kerkdorp ist nicht auszuschließen.

Die Umgebung des Ortes bietet sehr vielfältige Einblicke in die Boden- und Wasserverhältnisse der Paderborner Hochfläche, weshalb Grundsteinheim seit Jahrzehnten Ziel von Geologen und Geographen ist. Ein gutes Beispiel für die unterirdische Wasserführung ist die Sauerflußhöhle, die ein trockengefallenes altes unterirdisches Flußbett darstellt. Etwa 300 m bachaufwärts von der Sauerbrücke am Ortsausgang

Iggenhausen versickert die Sauer in vertikalen Klüften, den „Schwalglöchern" oder „Bachschwinden". Durch Färbungsversuche konnte man nachweisen, daß das oberhalb Grundsteinheim versickernde Sauerwasser nach 2–3 Tagen in den östlichen Quellteichen von Paderborn zutage tritt.

Hakenberg

8,06 qkm, 363 m über NN

Das nordöstlich von Lichtenau gelegene Hakenberg besitzt eine ausgesprochene Hanglage auf der östlichen Randstufe der Paderborner Hochfläche. Die Siedlung Hakenberg ist ei-

Hakenberg

ne der wenigen Neugründungen des hohen bzw. späten Mittelalters im Raum des Soratfeldes. Der Ort hieß ursprünglich Havixburg, woraus zu schließen ist, daß möglicherweise eine befestigte Anlage bestanden hat. Es fehlen jedoch genauere Quellenangaben und auch Geländehinweise, um die Existenz einer frühneuzeitlichen Burganlage sicher nachweisen zu können. Die Beziehungen Hakenbergs zum sehr nahe gelegenen mittelalterlichen Kirchort Kerkdorp waren von besonderer Bedeutung. Bis ins 19. Jahrhundert benutzte Hakenberg noch den Friedhof der Wüstung Kerkdorp. Kirchlich gehört Hakenberg zur Pfarrei Lichtenau. Seit 1869 hat der Ort eine eigene Kapelle.

Henglarn

11,33 qkm, 179 m über NN

Schon im frühen 11. Jahrhundert wird der Ort Henglarn (Hengilari) urkundlich erwähnt. 1015 übereignete der Edelherr Meinheri der Bischofskirche Grundbesitz in Henglarn. Im Jahre 1121 beurkundete der Paderborner Bischof Heinrich, daß das Kloster Abdinghof ein Gut in Henglarn gekauft hatte. Im Jahre 1303 verkaufte der Ritter Hermann von Heerse dem Busdorfstift seinen Besitz in Henglarn. Im Jahre 1395 sagte der Paderborner Bischof den Herren von Büren zu, bei Henglarn eine Burg (Vyenburg) als Mittelpunkt des bürenschen Restbesitzes im Altenautal zu bauen. Das Kloster Böddeken verkaufte 1434 den Brinkhof an das Haus Kemenade. Im Jahr 1539 gab es einen Vergleich zwischen dem Domkapitel und den Herren von Büren über die Schnade (Grenzziehung) der Freien Höfe zwischen Helmern und Henglarn. 1753 wurde die erste Schule errichtet. Kirchlich war der Ort eine Filiale von Atteln. Möglicherweise bestand hier jedoch schon im Mittelalter die der hl. Margret geweihte Filialkirche. Die St.-Margret-Kirche wurde im Jahr 1903 wegen Baufälligkeit bis auf den Turm abgebrochen. Dieser erhaltene Turm dient heute als Gedächnisstätte der Kriegsgefallenen. Die heutige dem hl. Andreas geweihte Filialkirche stammt aus dem Jahre 1893.

In der Gemarkung Henglarn liegt etwa 1 km nordwestlich des Ortes eine alte Burganlage mit Namen Vienenburg, deren Entstehung man häufig in die germanische oder aber sächsische Landnahmezeit datiert.

Herbram

16,28 qkm, 277 m über NN

Herbram liegt am östlichen Rand der Paderborner Hochfläche. Vorgeschichtliche Hügelgräber in der Gemarkung Herbram weisen auf früheste Besiedlung des Raumes hin. Die sehr spärliche schriftliche Überlieferung des Ortes beginnt im ausgehenden 13. Jahrhundert. Im Jahre 1360 verpfändeten Ludolf von Heerse und sein Sohn die Hälfte eines Schlosses zu Herbram mit sechs Hufen (= 240 Morgen) an Raveno den Älteren v. Canstein. 1394 teilten Ludolf und Hermann von Heerse ihre Güter zu Herbram. Durch Verschuldung in der Bengeler Fehde verarmten die von Heerse und veräußerten 1443 den Besitz an den Ritter Wilhelm von Westphalen. Diese in Fürstenberg wohnende Adelsfamilie besitzt noch heute große Ländereien und Waldgebiete mit einem dazugehörigem Gutsbetrieb. Herbram besaß schon früh eine Kapelle. Aus der Stiftung eines Simon von Westphalen 1688 geht hervor, daß die gräfliche Privatkapelle allen Gutsinsassen zugänglich gemacht wurde. Herbram war Filialpfarrei des kleineren Nachbarortes Iggenhausen. Seit 1927 hat Herbram eine eigene Filialkirche. Sie ist Johannes dem Täufer geweiht. Flurnamen und Geländebefunde lassen darauf schließen, daß in Herbram Glas produziert und Eisen verhüttet worden ist.

Henglarn, Idylle an der Altenau.

Herbram

Herbram-Wald

0,33 qkm, 326 m über NN

Herbram-Wald liegt 3 km östlich von Herbram auf dem Kamm der Egge in einer Waldrodungsinsel. Herbram-Wald wurde mit der Gebietsreform am 1. Januar 1975 als eigenständiger Ortsteil der Stadt Lichtenau neu gebildet.

In den Jahren 1937/1938 wurde auf dem Gebiet der jetzigen Ortschaft Herbram-Wald durch die Wirtschaftliche Forschungsanstalt (Wifo) das Tanklager Neuenheerse errichtet, das mit einem Anschlußgleis an den Bahnhof Neuenheerse verbunden war. Im letzten Kriegsjahr 1945 ist die Anlage durch Bombenangriffe schwer beschädigt worden. Nach 1945 wurde das Tanklager auf Veranlassung der britischen Militärregierung größtenteils demontiert. Das ehemalige Verwaltungsgebäude und das Laborgebäude wurden instand gesetzt und so hergerichtet, daß beide Häuser zu Wohnzwecken benutzt werden konnten. Die Rückgabe des Geländes vollzog sich schrittweise bis zum Jahr 1950. Die damalige Kreisverwaltung Büren und die Gemeinde Herbram haben auf dem Gelände Siedlungen für Waldarbeiter und Heimatvertriebene errichtet. Weiterhin wur-

den Flächen an Betriebe zur Schaffung von Arbeitsplätzen verkauft.

Der ehemals rein gewerblich strukturierte Ortsteil ist heute weitgehend durch seine Fremdenverkehrseinrichtungen charakterisiert. Herbram-Wald zählt mittlerweile zu den beliebtesten Ferienorten des Kreises Paderborn.

Holtheim

15,85 qkm, 336 m über NN

Es ist zu vermuten, daß der Ort Holtheim bereits im 8./9. Jahrhundert gegründet wurde, doch finden sich die frühesten schriftlichen Überlieferungen erst im beginnenden 11. Jahrhundert. Die erste urkundliche Erwähnung stammt aus dem Jahr 1015. Im Verein mit Sudheim und Bülheim wird der Ort Holtheim wiederum 1024 erwähnt. Im Jahr 1015 beerbten zwei Brüder je einen Hof in Holtheim und Asseln. Einer, mit Namen Volcmar, schenkte 1036 seinen Hof in Holtheim dem

Herbram-Wald

Holtheim mit der 1964 erbauten Kirche St. Franziskus Xaverius.

Dom zu Paderborn unter Bischof Meinwerk. Dieser Hof blieb nicht lange im Besitz der Kirche. Etwa 1150 bis 1151 hatten die Calenberger Ritter diesen Hof in ihren Besitz gebracht. Gleichzeitig errichteten sie hier bis zum Jahre 1179 ein Freigericht. Erst im Jahre 1236 erscheint der Name Holtheim wieder: In diesem Jahre nehmen die Ritter von Spiegel aus Borlinghausen Besitz von dem Marschallshagen in Holtheim, von wo aus sie auch die Gerichtsbarkeit in der Gemeinde ausüben. Bis zum Jahre 1728 fehlen dann sämtliche Nachrichten. Die Quellenlage ist, wie bei den meisten Gemeinden dieser Art, äußerst spärlich. In den Jahren nach 1734 bezogen im Rahmen des polnischen Thronfolgekrieges mehrmals größere Truppenverbände Winterquartier in Holtheim. Erst nach den Befreiungskriegen konnte man endlich aufatmen. Nach dem Übergang des Hochstiftes an Preußen und der Neustrukturierung der Verwaltung kam Holtheim 1803 zum Kreis Warburg, 1816 dann zum Kreis Büren.

Die hochmittelalterliche Pfarrzugehörigkeit ist bis heute nicht geklärt. Im späten Mittelalter gehörte Holtheim zur Pfarrei Sudheim bei Lichtenau (heute Wüstung). Später wurde der Ort von Dalheim und ab 1811 von Lichtenau abhängig. Auf dem Gebiet von Holtheim lagen die Siedlungen Rodenbreden-

guth und Marschallshagen, die urkundlich nur im 14. und 15. Jahrhundert erwähnt wurden. Nach Keramikfunden kann man Rodenbredenguth ins 13. oder 14. Jahrhundert datieren, während Marschallshagen bereits im ausgehenden 12. Jahrhundert bestanden haben dürfte. Von 1883 bis 1914 existierte die Glashütte Marschallshagen, die die großen Holzvorräte dieser Gegend nutzte. Im Gebiet von Holtheim ist eine weitere mittelalterliche Siedlung überliefert, nämlich Sewardessen, die bereits im frühen 11. Jahrhundert urkundlich überliefert ist und dann erst wieder im 15. Jahrhundert als Wüstung genannt wird.

Husen

15,13 qkm, 213 m über NN

Husen liegt in einer Tallage am Oberlauf der Altenau. Die erste Erwähnung des Ortes findet sich in einer Urkunde des

Mittelpunkt in Husen ist die Kirche St. Magdalena.

Klosters Corvey aus dem Jahre 1043, in der das Kloster seine Zehntrechte in dieser Gegend an die St. Magnus-Kirche in Niedermarsberg überträgt. In dem Dokument wird von „Husin in Patherga" (Padergau) gesprochen. Um 1250 hatten die Klöster Willebadessen und Bredelar Grundbesitz in Husen, später das Kloster Dalheim. Am Ende des Mittelalters wurde der Ort von Wüstungsvorgängen betroffen und blieb für lange Zeit unbewohnt. In der zweiten Hälfte des 15. Jahrhunderts errichteten die Herren von Calenberg hier ein Rittergut, das zum Ausgangspunkt einer neuen Besiedlung wurde. Im Jahre 1701 wurde dieses Gut an das Paderborner Domkapitel übertragen. Durch die Säkularisation gelangten die Ländereien an den preußischen Staat und später zum Teil an die Gemeinde Husen. Ab dem Jahr 1182 besaß die Gemeinde eine eigene Kapelle. Die Pfarrkirche St. Magdalena wurde 1903 erbaut. Auf dem Gebiet von Husen befanden sich während des Mittelalters noch weitere Siedlungen, die aber alle nicht mehr bestehen. Bekannt sind Amerungen, Gulse und Elversen.

Die Pfarrkirche St. Alexander prägt das Ortsbild von Iggenhausen.

Iggenhausen

4,88 qkm, 210 m über NN

Iggenhausen liegt im schmalen Tal des Glasebaches. Der Ort ist von Berghängen umgeben. Iggenhausen wird im Jahr 1239 zum erstenmal urkundlich erwähnt. In diesem Jahr verkaufte der Ritter Goswin von Wechten dem Busdorfstift in Paderborn Besitzungen in Iggenhausen und Grundsteinheim. Das erwähnte Rittergut hatte zu der Zeit große Lehen des Paderborner Fürstbischofs. Auch die erste Kirche des Ortes wird mit dem Rittergeschlecht in Verbindung gebracht. Nach alter Überlieferung nahm der Ritter an einem Kreuzzug teil, ließ nach glücklicher Rückkehr ein Gotteshaus errichten, vermutlich eine Burg- oder Familienkapelle. Weitere schriftliche Unterlagen sind nicht mehr vorhanden, denn im Jahr 1716 ist das gesamte urkundliche Material bei einem großen Dorfbrand vernichtet worden. Die heutige Pfarrkirche St. Alexander stammt aus dem Jahr 1892. Seit Jahrhunderten ist Iggenhausen Pfarrort. Zur Pfarrei gehört die Gemeinde Grundsteinheim.

Kleinenberg

23,85 qkm, 335 m über NN

Ganz im Osten des Stadtgebietes liegt die ehemalige Titularstadt Kleinenberg. Die erste urkundliche Nennung von Kleinenberg datiert aus dem Jahre 1220 (Clenenberg). Der durch eine Stadtmauer befestigte Ort gehörte zu den ältesten Städten des Paderborner Landes. Bereits 1249 wird der Ort als „Stadt" (oppidum) bezeichnet. Der genaue Zeitpunkt der Verleihung der Stadtrechte ist nicht überliefert. Bekannt ist, daß eine Burganlage vorhanden war und eine Pfarrkirche, die 1351 zum ersten Mal in den Quellen erwähnt wird. Die Pfarrkirche wurde dem hl. Cyriacus geweiht. Während der großen Fehden des Spätmittelalters wurde auch Kleinenberg des öfteren ein Opfer der zahlreichen Kampfhandlungen. 1384 mußte die Stadt vorübergehend von den landesherrlichen Abgaben befreit werden, weil sie von Raubrittern vollkommen niedergebrannt worden war. Bekannt wurde Kleinenberg vor allem im 18. Jahrhundert als Marien-Wallfahrtsort. 1742-57 wurde die Wallfahrtskirche errichtet, in der eine gotische Madonna aus Holz steht, die als „auxiliatrix de monte modico"

Kleinenberg, Ansicht aus westlicher Richtung.

(Helferin vom kleinen Berge) verehrt wird. Der im beginnenden 17. Jahrhundert erneuerte Stadtmauerring ist noch heute erkennbar. An der höchsten Stelle der Stadt liegt der Kirchplatz; früher sollen hier auch Burg und Rathaus gestanden haben.

Lichtenau

32,54 qkm, 305 m über NN

Die urkundliche Überlieferung Lichtenaus beginnt erst im Jahre 1326 (Lechtenauwe), als der Ort zusammen mit den Städten Paderborn, Kleinenberg und Blankenrode erwähnt wird. Gründung und Entwicklung der Stadt hängen eng zu-

sammen mit den großen Fehden im ausgehenden Mittelalter und den daraus resultierenden Verwüstungen vieler Orte. Zu diesen gehörte neben anderen Kerkdorp, das ca. 1 km nördlich lag und in den langandauernden Kämpfen zerstört worden war. Von hierher wurde dann auch die Schutzherrschaft des hl. Kilian auf die neue Pfarrkirche in Lichtenau übertragen. Viele Bürger aus den schutzlosen benachbarten Kleinsiedlungen siedelten sich in dem neuen befestigten Ort an. Die ursprüngliche Burg am höchsten Punkt der Stadt dürfte etwa aus der Zeit der ersten Erwähnung von Lichtenau stammen. In den wechselvollen Jahren des 14. und 15. Jahrhunderts hatte die Stadt verschiedene schwierige Situationen zu überstehen. Während eine Belagerung im Verlauf der sog. Bengelerfehde ergebnislos blieb, mußte Lichtenau während der Paderborner Stiftsfehde (1411-15) vor den Gegnern des Bischofs kapitulieren. 1474 überfiel der Graf von Waldeck die Stadt und nahm sie ein, womit die Feindseligkeiten zwischen ihm und dem Bischof von Paderborn begannen.

Häuserzeile an der Langen Straße.

1492 verpfändete der Bischof Burg, Stadt und Amt an die Herren von Westphalen, die sich für über ein Jahrhundert dort niederließen. Erst unter Bischof Dietrich Adolf Freiherr v. d. Recke zu Kurl (1650-61) erfolgte die Wiedereinlösung. Die Überlieferung berichtet fernerhin von mehreren großen Bränden, die die Stadt im 16. und 17. Jahrhundert heimsuchten. Nach dem größten Brand 1721 mußten die Landstände des Fürstbistums finanzielle Aufbauhilfe leisten, weil fast die ganze Stadt zerstört war. Ein weiterer Großbrand 1831 führte zur Neuanlage und Erweiterung des nördlichen Stadtteils.

Nahe dem Ende des Fürstbistums Paderborn wurde die Verwaltung gestrafft und neu organisiert. 1816 kam Lichtenau zum neu gebildeten Landkreis Büren, der am 1. Januar 1975 im Landkreis Paderborn aufging.

Nach der Säkularisation von 1803 und der Aufhebung des Fürstbistums durch Preußen entstand für den späteren Raum des Landkreises Büren eine Art von Übergangszeit, die bis 1816 dauerte. In diese Zeit fällt die Franzosenherrschaft (bis 1813) und die Phase der preußischen Wiederbesetzung. Am

Altes Fachwerkhaus in Lichtenau.

18. Oktober 1816 wurde der Landkreis Büren gebildet. Die Grenzziehung nahm in vielen Fällen keine Rücksicht auf die gewachsenen kulturellen, historischen, geographischen und wirtschaftlichen Verhältnisse. Das so entstandene Gebilde bestand bis zum 31. Dezember 1974 und wurde dann im Rahmen der kommunalen Neuordnung mit dem alten Landkreis Paderborn zu einem neuen Großkreis gleichen Namens vereinigt. Gleichzeitig entstand die neue Stadt Lichtenau.

Helmut Winzen, Stadtdirektor

An der Burg in Lichtenau, links Turm der evangelischen Kirche.

Paderborn

Fläche	179,37 qkm	Einwohner (1996)	133.935
Einwohner in den Ortsteilen			
Benhausen	2.116	Paderborn	77.400
Dahl	2.335	Sande	4,287
Elsen	14.503	Schloß Neuhaus	21.888
Marienloh	3.086	Wewer	6.156
Neuenbeken	2.164		

Lage und Landschaft

Paderborn liegt als kreisangehörige Stadt des Kreises Paderborn im östlichen Teil des Landes Nordrhein-Westfalen im Regierungsbezirk Detmold. Paderborn ist Oberzentrum für einen vorwiegend ländlich strukturierten Raum mit einem Einzugsgebiet von einer halben Million Menschen. Die Stadt hat heute 133.935 Einwohner, hinzu kommen etwa 7.000 Menschen mit Zweitwohnsitz in der Paderstadt sowie rund 10.000 britische Militärangehörige einschließlich ihrer Familien.

Das Stadtgebiet liegt im Schnittpunkt zweier großer Landschaften: im südöstlichen Winkel der Westfälischen Bucht, auch Münstersche Bucht genannt, und der allmählich aufsteigenden Paderborner Hochfläche. Die den Stadtkern durchziehende Grenze ist zugleich die Grenze zwischen zwei deutschen Großlandschaften, dem Norddeutschen Tiefland und dem Mitteldeutschen Bergland. Paderborns höchster Punkt – der Jesuitenberg in Neuenbeken – liegt 347 Meter über N.N., der niedrigste Punkt – im Bereich Gesselner Straße Mühlengrund in Richtung Bentfeld – 94 Meter über N.N. Die Fläche der Stadt an der Pader beträgt 179,37 qkm.

Die Pader ist ein Phänomen. Nicht nur, daß die zahlreich sprudelnden „Borne" des Flusses (über 200 Quellen entspringen inmitten des Stadtgebietes) der Stadt ihren Namen gaben, er ist auch Deutschlands kürzester Fluß – nach 4,3 Kilometern mündet er in die Lippe. Und auf einer solch kurzen Strecke führt kein deutscher Fluß mehr Wasser als die Pader.

Paderquellgebiet

In sechs Quellbecken entspringen die „Borne" der Pader mit 3.000 bis 9.000 Liter Wasser pro Sekunde. Diese Wassermassen reichten aus, daß bereits 150 Meter unterhalb der Quellen in früherer Zeit Mühlen betrieben werden konnten. Sechs Quellbäche durchfließen den Norden der Stadt: Dielenpader, Rothobornpader, Börnepader, Dammpader, Warme Pader und am Wall die Maspernpader. Der Niveauunterschied der Quellbecken beträgt nur zwei Meter. Der Wasserspiegel in den einzelnen Becken schwankt lediglich um 20 bis 30 Zentimeter. Die Pader friert selbst in strengen Wintern nicht zu. An Frosttagen dampft der Fluß gegenüber der kälteren Luft, an heißen Tagen sorgt die über dem Fluß befindliche kühlere Luft für Abkühlung.

Daß die Quellen gerade im Stadtgebiet entspringen, liegt an den besonderen geologischen Verhältnissen der Westfälischen Bucht. Sie ist eine große Mulde mit mehreren unterschiedlich wasserdurchlässigen Gesteinsschichten. Über dem wasserdurchlässigen Gestein liegen wasserführende Kalkschichten, die nach oben hin durch den wasserstauenden Emscher-Mergel wie durch einen Deckel abgeschlossen werden. Wo – wie im Bereich der Paderborner Hochfläche südlich der Stadt – die wasserdurchlässigen Gesteinsschichten an die Oberfläche treten, versickern die auftreffenden Niederschläge und die vorhandenen Bäche in den zahlreichen Klüften und Fugen des Gesteins. Mehrere große Kluftsysteme der Hochfläche sind auf Paderborn ausgerichtet, so daß große Wassermassen heranfließen. Die Klüfte und Hohlräume in tieferen Bereich der wasserdurchlässigen Schichten sind aber bereits mit Wasser gefüllt, so daß zusätzlich eindringendes Wasser nur an der Kalk-Mergel-Grenze den durchlässigen Deckel überwinden kann. Diese Situation ist in Paderborn an der Geländekante zur Innenstadt gegeben.

Der Pfalzort

Das Naturphänomen der Paderquellen hat wohl schon seit vielen tausend Jahren eine besondere Anziehungskraft auf Menschen ausgeübt und sie verlockt, sich hier und in der Umgebung niederzulassen. Von der Altsteinzeit 11000 v. Chr. bis hin zur Sachsenzeit im 8. Jahrhundert n. Chr. haben sie ihre Spuren im Erdreich hinterlassen: Werkzeuge, Waffen, Gräber, Gebäudeüberreste, Münzen, Hausrat, Schmuck und anderes.

In das Licht schriftlicher Quellen tritt Paderborn dann zur Zeit der Sachsenkriege Karls des Großen. Die Sachsen waren seit dem 6. Jahrhundet aus Norddeutschland gewaltsam nach Süden vorgedrungen, hatten auch Westfalen erreicht und etwa 700 die Lippe überschritten. Die Expansion der germanische Gottheiten verehrenden Sachsen stellte eine Bedrohung für die dem Christentum verhafteten Franken dar. Diese begegneten ihr mit Abschreckungsfeldzügen und Missionierungsversuchen. Wie schon zuvor sein Vater Pippin führte auch der Frankenkönig Karl, später der Große genannt, seit 772 Krieg gegen die Sachsen. 776 stieß Karl bis zu den Quellen von Lippe und Pader vor und zwang die Sachsen zu Unterwerfung und Massentaufe.

Als Demonstration fränkischer Macht ließ er oberhalb der Paderquellen die Karlsburg errichten, eine gewaltige Erdwallanlage, zu der auch eine Königspfalz und eine Kirche gehörten. Die in den großen Ausgrabungen am Ikenberg seit 1964 freigelegten Grundmauern der karolingischen Pfalzanlage sind heute unmittelbar nördlich des Domes zu besichtigen. Der Standort der Burg war strategisch und verkehrsgeographisch besonders günstig, lag sie doch in unmittelbarer Nähe des Schnittpunktes zweier bedeutender Straßen, des von Westen nach Osten führenden Hellweges und des in Nord-Süd-Richtung verlaufenden Frankfurter Weges.

Im Jahre 777 war die Karlsburg Schauplatz der ersten fränkischen Reichsversammlung auf sächsischem Boden und einer Synode, die sich mit Fragen der Mission und Kirchenorganisation befaßte. In diesem Zusammenhang wird auch zum ersten Mal der Name Paderborn (Padrabrunno) urkundlich überliefert. Karls Macht in Sachsen war aber noch keineswegs gefestigt. Bis 802 flammten die Kämpfe immer wieder auf. Die Anlagen in Paderborn, nun Zentrum der fränkischen Sachsenmission, wurden zweimal zerstört und wieder neu errichtet. Paderborn hatte die Funktion einer Versammlungspfalz. Mehrfach tagten hier Reichsversammlungen, und nicht weniger als neun Aufenthalte Karls an den Quellen von Pader und Lippe sind belegt.

Von europäischer Dimension war der Aufenthalt des Jahres 799, als der Frankenkönig den vor seinen Widersachern aus Rom geflohenen Papst Leo III. feierlich in Paderborn empfing und ihm für drei Monate Gastfreundschaft gewährte. Ein wesentlicher Verhandlungsgegenstand dieses Paderborner Treffens zwischen König und Papst war die Kaiserkrönung Karls am Weihnachtsfest des Jahres 800 in Rom, durch die das weströmische Kaisertum wiederbegründet wurde. Paderborn ist somit gleichsam die „Wiege" des späteren Heiligen Römischen Reiches Deutscher Nation.

Der Papst weihte in der Krypta einer noch im Bau befindlichen großen Kirche – ihre Grundmauern sind unter dem heutigen Dom ergraben worden – einen Stephanusaltar. Karl stattete die Kirche mit reichen Güterschenkungen aus. Das waren wesentliche Schritte auf dem Weg zur wohl um die Wende vom 8. zum 9. Jahrhundert erfolgten Gründung des Bistums Paderborn.

Das zunächst von Würzburg aus verwaltete neue Bistum erhielt 806 seinen ersten eigenen Bischof, den als Geisel in Würzburg erzogenen Sachsen Hathumar. Sein Nachfolger,

Le-Mans-Wall während der Liborifestwoche 1996.

Nach einem verheerenden Brand, der im Jahre 1000 das karolingische Paderborn zerstörte, erlebte Paderborn unter dem aus begütertem sächsischen Geschlecht stammenden Bischof Meinwerk (1009–1036) eine große kulturelle Blüte. Meinwerks Episkopat war geprägt von intensiver Bautätigkeit, die sich im Erscheinungsbild der Stadt zum Teil noch heute zeigt. Es entstanden ein Domneubau, das Benediktinerkloster Abdinghof oberhalb des westlichen Paderquellgebietes, die Alexiuskapelle, die von byzantinischen Bauleuten errichtete Bartholomäuskapelle, älteste Hallenkirche auf deutschem Boden, eine neue und größere Pfalz und ein Bischofspalast, dessen bauliche Reste unter und neben dem Diözesanmuseum erhalten sind. In seinem Todesjahr 1036 gründete Meinwerk

Blick von der Abdinghofkirche auf den Domturm, links die Alexiuskapelle im Garten des St. Michaelklosters.

Städtepartnerschaft, die daher gern als älteste Städtefreundschaft Europas bezeichnet wird. Die alljährlich während der Liborifestwoche im Juli stattfindenden Feiern zum Namenstag des hl. Liborius, des Schutzpatrons des Domes, der Stadt und des Bistums, sind in ihrer besonderen Kombination aus kirchlichem und weltlichem Fest der Höhepunkt des Jahres in Paderborn und Anziehungspunkt für ungezählte Besucher von nah und fern.

Diözesanmuseum, Bischof Meinwerk, Ölgemälde, 2. Hälfte des 18. Jahrhunderts.

Bischof Badurad, erlangte 822 von Kaiser Ludwig dem Frommen das Immunitätsprivileg für die Paderborner Kirche, wodurch das Kirchengut dem Zugriff der weltlichen Verwaltung, der Grafen, entzogen wurde. Er vollendete den Dom, begründete das Domkloster und die Domschule.

Bis in die Gegenwart hinein aber wirkt Badurad durch die Überführung der Gebeine des hl. Liborius von Le Mans nach Paderborn. Die Sachsen waren durch Predigten nur schwer von ihrem eigenen Glauben abzubringen. Größere Erfolge versprach sich Badurad von der Wunderwirkung der Gebeine eines Heiligen. 836 sandte er daher eine Delegation zu dem ihm freundschaftlich verbundenen Bischof Aldrich von Le Mans, um die Gebeine eines Heiligen zu erbitten. Sie kehrte zurück mit den Reliquien des hl. Liborius, der im 4. Jahrhundert Bischof von Le Mans gewesen war. Die seinerzeit geschlossene Verbrüderung der Kirchen von Le Mans und Paderborn währt nun schon über elfeinhalb Jahrhunderte. Sie ist bis auf den heutigen Tag lebendig und war wegbereitend für die 1967 zwischen Paderborn und Le Mans geschlossene

Abdinghofkirche, dreischiffige Basilika mit Doppelturmfront.

Die nahe dem östlichen Rand der Altstadt gelegene Busdorfkirche wurde 1036 geweiht.

östlich der Stadt das Kollegiatstift St. Petrus und Andreas, Busdorfstift genannt, dessen Kirche nach dem Vorbild der Grabeskirche zu Jerusalem errichtet wurde. Meinwerk stattete das Stift mit reichen Einkünften aus. Viele Orte des Paderborner Landes werden in der Stiftungsurkunde zum ersten Male erwähnt.

Paderborn muß zur Zeit Meinwerks bereits einen Markt besessen haben, denn die „Vita Meinwerci", eine im 12. Jahrhundert verfaßte Lebensbeschreibung Meinwerks erwähnt eine Marktkirche. Diese Marktkirche St. Pankratius stand am Marienplatz. Sie wurde 1784 abgebrochen. Seitdem dient die Jesuitenkirche als Pfarrkirche der Marktkirchgemeinde.

Besonders im 11. Jahrhundert war Paderborn wieder ein beliebter Aufenthaltsort der deutschen Könige und Kaiser, die hier hohe kirchliche Feiertage begingen. Die Pfalz wurde zur Festtagspfalz. So weilte z.B. Heinrich II. (1002–1024) zehnmal, Konrad II. (1024–1039) achtmal in Paderborn. Kunigunde, die Gemahlin Heinrichs II., wurde 1002 im Paderborner Dom gekrönt.

Als sich infolge des Investiturstreites zwischen Papst- und Kaisertum die Königsmacht immer mehr nach Süddeutschland verlagerte, geriet Paderborn seit Mitte des 11. Jahrhunderts zunehmend ins politische und auch wirtschaftliche Abseits. Nach einem Brand im 12. Jahrhundert wurde die Pfalz nicht wieder aufgebaut, schließlich mit Bauschutt überdeckt und das Gelände seit dem 14. Jahrhundert neu bebaut. Der 1978 nach Abschluß der Pfalzgrabungen fertiggestellte Wiederaufbau der ottonisch-salischen Pfalz läßt den Besucher erahnen, in welch prächtigem Rahmen sich vor fast 1000 Jahren die Paderborn-Besuche der deutschen Herrscher abgespielt haben müssen.

Hinter der Kaiserpfalz führt, vorbei an einem alten Brunnen, eine Treppenanlage in das östliche Paderquellengebiet.

Die Kaiserpfalz, Blick in den zweigeschossigen Saalbau.

Der Quellkeller unter der Kaiserpfalz.

Paderborn

Blick auf die ottonisch-salische Pfalz. Rechts die 1017 unter Bischof Meinwerk von byzantinischen Bauleuten errrichtete Bartholomäuskapelle.

Unter dem Treppenvorbau des Dom-Nordportals, der Roten Pforte, befindet sich eine als Thronunterbau Karls des Großen interpretierte Stufenanlage.

Der Paderborner Dom, im Hintergrund die Türme der Abdinghofkirche.

Treppenrund an der Westseite des Paderborner Domes, im Hintergrund Kaiserpfalz und Bartholomäuskapelle

Von schweren Bränden ist die Stadt im Laufe ihrer Geschichte immer wieder heimgesucht worden und mehrfach fiel ihnen auch der Dom zum Opfer. Der heutige Bau ist im wesentlichen ein Werk des 13. Jahrhunderts.

Die selbstbewußte Bürgerstadt und ihr Niedergang

Möglicherweise um das Jahr 1000, näheres ist nicht bekannt, erhielt Paderborn Stadtrechte. Es gehörte zum Dortmunder Rechtskreis. Die räumliche Ausbildung der Stadt war um 1180 abgeschlossen, das Areal mit einer Mauer umgeben, deren Verlauf am heutigen Promenadenring ablesbar ist. Fünf Tore führten in die Stadt hinein: Westerntor, Riemeketor (Neuhäuser Tor), Heierstor, Gierstor und Spiringstor (Kasseler Tor).

In welchen Phasen die räumliche Entwicklung Paderborns sich vollzog, ist noch nicht abschließend geklärt. Die seit

1994 in der Innenstadt laufenden großflächigen archäologischen Untersuchungen werden darüber vermutlich nähere Aufschlüsse liefern. Für mehr als ein halbes Jahrtausend änderte sich nichts mehr an der Ausdehnung der Stadt. Erst in der zweiten Hälfte des 19. Jahrhunderts begann Paderborn, ganz allmählich über seinen mittelalterlichen Befestigungsgürtel hinauszuwachsen.

Um 1180 ist auch die 1183 erstmals erwähnte Gaukirche St. Ulrich erbaut worden. Sie wurde 1231 einem Zisterzienserinnenkloster inkorporiert, dieses 1500 in ein Benediktinerinnenkloster umgewandelt.

Die Verwaltung der Stadt unterstand zunächst bischöflichen Stadtgrafen. Erstarkendes bürgerliches Selbstbewußtsein ließ die Paderborner im 13. Jahrhundert nach einer Ausweitung ihrer Freiheiten und Rechte streben. Schrittweise gelang es der Bürgerschaft, ihrem Stadtherrn, dem Bischof, die Selbstverwaltung abzuringen. Seit 1222 ist ein eigenes Stadtsiegel nachweisbar. Ratsherren begegnen uns seit 1238, Bürgermeister seit 1239. 1279 müssen Bischof und Domkapitel die strit-

Chor des Domes mit Liboriusschrein (erhöht).

▽ An den Quellen der Pader. Blick aus nördlicher Richtung auf Kaiserpfalz und Domturm.

Das Adam- und Eva-Haus, erbaut um 1570, ist seit 1977 als Museum für Stadtgeschichte eingerichtet.

Fachwerkidylle an der Dielenpader.

Paderborn

Die Paderborner Innenstadt von Westen. Ringförmige Straßen- und Promenadenführung markieren noch heute deutlich den einstigen Verlauf der nur noch in Resten erhaltenen mittelalterlichen Stadtbefestigung.

tige Brot- und Biergerichtsbarkeit an die Stadt abtreten. Aus der darüber ausgefertigten Urkunde erfahren wir zum ersten Male von der Existenz eines Rathauses in Paderborn. 1327 erkennt Bischof Bernhard V. den Paderbornern das Recht der freien Ratswahl zu. Im 14. Jahrhundert hat die Stadt die gesamte Gerichtsbarkeit in ihren Besitz gebracht.

Infolge der ständigen Auseinandersetzungen mit der selbstbewußten Bürgerschaft gaben die Bischöfe seit dem 13. Jahrhundert allmählich ihre Residenz in Paderborn auf und wichen in das benachbarte Neuhaus aus. Simon I. zur Lippe (1247–1277) residierte zeitweise dort als erster Paderborner Bischof. Heinrich III. von Spiegel (1361–1380) verlagerte die Residenz endgültig nach Neuhaus. Das Domkapitel behielt

Stümpelsche Mühle an der Pader.

◁ Blick vom Paradiesportal des Domes zum Marktplatz. Im linken Bogen erscheint der markante Achteckturm der Gaukirche.

Befestigungsturm der
alten Stadtmauer am
Le-Mans-Wall.

Der Weberberg

seinen Sitz in Paderborn, wurde Herr der Domburg und damit zugleich Widerpart der Bürgerschaft. Denn der besondere Rechtsstatus der Domimmunität und ihrer Bewohner sowie das im Besitz des Domkapitels befindliche Mühlenmonopol, das für das Wirtschaftsleben der Stadt eine erhebliche Bedeutung besaß, kollidierten mit städtischen Interessen und waren daher bis zum Ende des Hochstiftes Anlaß für zahlreiche Streitigkeiten.

Die Träger und Repräsentanten der Selbstverwaltungsbestrebungen waren Angehörige angesehener und vermögender Ministerialen- und Fernhändlerfamilien, die in der Kaufmannshanse eine gewichtige Stellung einnahmen und deren Handelsbeziehungen bis weit in den Ostseeraum reichten. Die wichtigsten Paderborner Exportgüter waren Getreide, Holz, Bier und Salz, Importgüter Wein, Heringe, Metall, metallische Fertigprodukte, Textilien und Pelze. Die Stadt Paderborn trat als Mitglied der Städtehanse zum ersten Mal 1295 in Erscheinung, hat aber in dieser Organisation, abgesehen von einer kurzen Phase zur Zeit der Soester Fehde im 15. Jahrhundert, keine profilierte Stellung eingenommen. Mitverantwortlich dafür war zweifellos die ungünstige geographische Lage, in der sich die Stadt mit der im 12. Jahrhundert einsetzenden Verlagerung der Ost-West-Haupthandelsrichtung auf die Achse Köln-Dortmund-Lübeck sah. Paderborn geriet ins Hintertreffen gegen die vier bedeutenden westfälischen Hansestädte, Dortmund, Soest, Münster und Osnabrück. Wenn die Beteiligung Paderborns am hansischen Handel im 14. bis 16. Jahrhundert auch nie abriß, lag seine Bedeutung doch eher im Regionalhandel, als zentraler Umschlagplatz für Güter aus dem westlich der Egge gelegenen Teil des Hochstiftes. Die Paderborner lebten aber nicht nur vom Handel, sondern auch im großen Maße von der Landwirtschaft und vom Handwerk.

1528, elf Jahre nachdem Martin Luther seine Thesen an die Schloßkirche zu Wittenberg geschlagen hatte, ereigneten sich auch in Paderborn erste reformatorische Unruhen. Es kam zu Ausschreitungen gegen Bedienstete des Domkapitels, der Dom wurde verwüstet und Domkurien geplündert. Obwohl es dem Bischof gelang, den Aufruhr zu unterdrücken und die Rädelsführer zur Verantwortung zu ziehen, trat eine nachhaltige Beruhigung der Lage nicht ein. Das lutherische Bekenntnis breitete sich weiter aus und setzte sich schließlich bei der Mehrheit der Einwohnerschaft durch, gefördert nicht zuletzt durch Fürstbischöfe wie Hermann von Wied oder Heinrich von Sachsen-Lauenberg, die selbst zum Protestantismus übertraten.

Erst Fürstbischof Dietrich von Fürstenberg (1585–1618) gelang die allmähliche Durchsetzung der Gegenreformation und die Wiedereinführung der katholischen Lehre. Er bediente sich dazu des Jesuitenordens, dem er 1592 das verlassene Minoritenkloster am Kamp überlassen hatte, sowie der 1612 durch Domdechant Arnold von Horst nach Paderborn gerufenen Kapuziner. Dabei verstand es Dietrich, die Verwirklichung seiner religiösen Ziele mit der politischen Entmachtung der Stadt zu verknüpfen und sie in das Gefüge seines Territorialstaates einzugliedern, stand doch die seit dem 13. Jahrhundert erkämpfte weitgehende Unabhängigkeit der Stadt geradezu in fundamentalem Gegensatz zu den landesherrlichen Hoheitsansprüchen eines Fürstbischofs.

Jahrelange Spannungen und Zwistigkeiten innerhalb der Bürgerschaft sowie militärische Vorbereitungen der Stadt gegen ihren Landesherren boten Dietrich 1604 schießlich die Gelegenheit und Handhabe, die Sonderstellung Paderborns zu beseitigen. Der Bischof ging mit Truppen gegen die Stadt vor und ließ den radikalen Bürgermeister Liborius Wichard vierteilen. Als „Kampf um Paderborn" sind diese Ereignisse in die Stadtgeschichte eingegangen. Paderborn mußte eine neue Stadtverfassung annehmen, mit der es alle hergebrachten Freiheiten und Rechte verlor. An die Spitze der Stadt traten ein bischöflicher Amtmann und ein Schultheiß, denen Verwaltung und Gerichtsbarkeit unterstanden. Wenn auch später in einigen Punkten zugunsten der Stadt revidiert, blieb diese Verfassung in ihren wesentlichen Elementen bis zum Ende des Hochstiftes in Kraft. Paderborn hatte seine Selb-

Das Heisingsche Haus am Marienplatz, vermutlich vor 1600 für den Bürgermeister Heinrich Stallmeister errichtet.

ständigkeit verloren und war in die Verwaltungsstrukuren des Hochstiftes fest integriert.

Einen gewissen Ausgleich für den Verlust der Selbständigkeit erhielt die Stadt dadurch, daß in der Folgezeit zentrale Justiz- und Verwaltungsbehörden innerhalb der Stadtmauern ihren Sitz nahmen: die Regierungskanzlei, das Geistliche Hofgericht, das Weltliche Hofgericht und der Geheime Rat. Und auch die Landstände des Hochstiftes, bestehend aus Domkapitel, Ritterschaft, den vier Hauptstädten Paderborn, Warburg, Brakel und Borgentreich sowie 19 Landstädten, hielten ihre jährlichen Tagungen in Paderborn ab.

Es war aber nicht nur der „Kampf um Paderborn", durch den Dietrich von Fürstenberg in die Geschichte Paderborns einging. Er war auch in anderer Hinsicht ein bemerkenswerter Landesherr. 1612 ließ er das nach ihm benannte Gymnasium Theodorianum errrichten, das in der Tradition der frühmittelalterlichen Domschule bzw. des daraus hervorgegangenen Gymnasium Salentinianum stand und noch heute steht. Mit der 1614 vorgenommenen Gründung der Jesuitenuniversität, die, obwohl 1818 nominell aufgehoben, noch heute in der Erz-

Urkunde des Fürstbischofs Dietrich von Fürstenberg vom 8. September 1604 über die Stiftung des Paderborner Jesuitenkollegs.

Paderborn

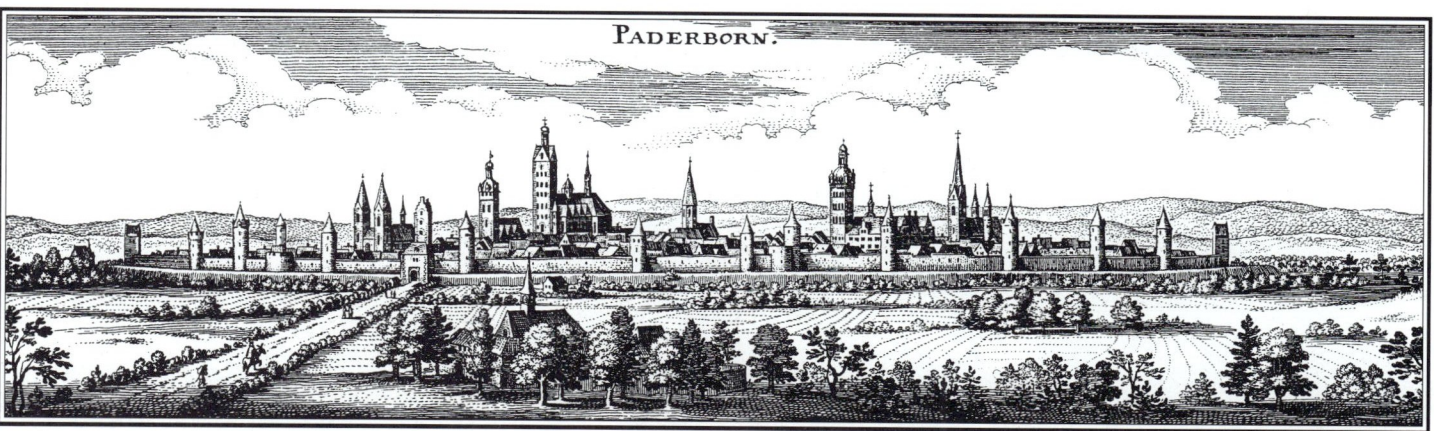

Paderborn auf einem Kupferstich von Matthäus Merian aus dem Jahre 1647. Deutlich zu erkennen: Abdinghofkirche, Marktkirche (1784 wegen Baufälligkeit abgebrochen), Dom, Gaukirche, Jesuitenkolleg (Gymnasium Theodorianum) und Busdorfkirche.

bischöflichen Theologischen Fakultät fortbesteht, machte er Paderborn zur ersten Universitätsstadt Westfalens. Und auch das berühmte, im Stil der Weserrenaissance errichtete Rathaus verdankt seine Existenz einer Anordnung des Fürstbischofs.

Nach der mittelalterlichen Wirtschaftsblüte der Stadt hatte sich bereits im 16. Jahrhundert ein deutlicher Niedergang abgezeichnet, den der Dreißigjährige Krieg schließlich vollendete. Paderborn wurde durch die Kriegsereignisse aufs schwerste in Mitleidenschaft gezogen. 16 Belagerungen, Eroberungen und Besetzungen sind zu verzeichnen; zahlreiche Gebäude wurden zerstört. Die Stadt hatte immense Kontributions- und Naturalleistungen zu erbringen, die sie finanziell und wirtschaftlich ruinierten. Krieg, Hunger und Seuchen dezimierten die Einwohnerschaft.

Ein Ereignis des Dreißigjährigen Krieges, das noch heute im Bewußtsein der Paderborner lebendig ist, war der Raub des Liborischreines durch den evangelischen Bistumsadministrator von Halberstadt, Herzog Christian von Braunschweig, den „Tollen Christian", im Jahre 1622. Christian ließ den Schrein einschmelzen und zu den sog. „Pfaffen-Feind-Talern" münzen, Talern mit der Aufschrift „Gottes Freund, der Pfaffen Feind!". Die Gebeine des Heiligen kamen 1627 nach Paderborn zurück. Sie ruhen heute in einem von Johann Krako aus Dringenberg geschaffenen neuen Schrein. Das alljährlich Ende Oktober gefeierte Herbstliborifest erinnert an die Rückführung der Reliquien.

Eine Ackerbürgerstadt wie andere

Nach dem Westfälischen Frieden von 1648 hat sich Paderborn zwar langsam wieder erholt, seine einstige Bedeutung und Wirtschaftskraft aber nicht wieder erlangt. Zudem bedeutete der Siebenjährige Krieg (1756–1763), obwohl Paderborn in dessen Kampfhandlungen nicht unmittelbar einbezogen war, erneut einen schweren Aderlaß für die Stadt, lag sie doch im Durchmarschgebiet der Truppen und mußte daher hohe Kontributionsleistungen erbringen.

Paderborn sank zu einer Ackerbürgerstadt herab. Trotzdem entstand, insbesondere gefördert durch den hochgebildeten und kunstsinnigen Fürstbischof Ferdinand von Fürstenberg (1661–1683), in der zweiten Hälfte des 17. und in der ersten Hälfte des 18. Jahrhunderts in Paderborn eine ganze Anzahl repräsentativer sakraler und profaner Barockbauten, die das Stadtbild noch heute prägen, wie z. B. die Franziskanerkirche,

Der vergoldete Silberschrein des hl. Liborius, 1625–27 von Hans Krako, Dringenberg, geschaffen, ist ein Meisterwerk der frühbarocken Goldschmiedekunst.

Die durch den Barockbaumeister Ambrosius von Oelde 1676/78 im östlichen Paderquellgebiet errichtete Domdechanei, später Domizil des Amtsgerichts, wurde 1945 bis auf die Umfassungsmauern zerstört. Seit 1977 hat hier die Stadtbibliothek ihren Sitz.

die Domdechanei (heute Stadtbibliothek), die Kapuzinerkirche, die Jesuitenkirche, die St. Michaelskirche, der Dalheimer Hof (heute Erzbischöfliches Palais) oder der Posthof (heute Verwaltungsgebäude des Bonifatiuswerkes). Auch die Barockisierung des Domes begann nach dem Dreißigjährigen Krieg.

Auf Besucher hat die Stadt aber wohl dennoch einen eher abstoßenden Eindruck gemacht, wie man aus zeitgenössischen Berichten weiß. Die Paderborner Ackerbürger lebten im allgemeinen in Fachwerkhäusern, die Straßen und Plätze waren zumeist ungepflastert und mit Unrat übersät. Vor vielen Häusern lagen Misthaufen, Gefäße mit Fäkalien wurden auf der Straße entleert. So soll auch Fürstbischof Clemens August von Bayern (1719–1761) beim ersten Anblick Paderborns ausgerufen haben: „Pfui, was e Dreckstadt!"

◁ Zu den schönsten und bekanntesten Bauten der späten Weserrenaissance in Westfalen zählt das Rathaus. Auf Anordnung des Fürstbischofs Dietrich von Fürstenberg ließ die Stadt das Gebäude von Baumeister Hermann Baumhauer in den Jahren von 1613–1620 errichten.

Eine Kreisstadt von wachsender Bedeutung

Einen abrupten Schnitt in der Geschichte des Paderborner Landes und zugleich den Beginn der sog. „Übergangszeit" markiert das Jahr 1802. Das Fürstbistum Paderborn, dessen Geschichte im Jahre 799 mit dem Treffen Karls des Großen und Leos III. an den Paderquellen ihren Anfang genommen hatte, fiel als Entschädigungsland für dessen linksrheinische Gebietsverluste an den König von Preußen. Der Bischof blieb nur noch geistliches Oberhaupt seiner Diözese. Das Hochstift existierte nicht mehr.

Die Stadt Paderborn, die damals etwa 5.000 Einwohner hatte, verlor ihre Hauptstadtfunktionen und die zentralen Landesbehörden. Die neue preußische Kriegs- und Domänenkammer Münster verwaltete das nunmehr als „Erbfürstentum Paderborn" bezeichnete Territorium. Das Abdinghofkloster wurde säkularisiert, die Klosterkirche der neuen evangelischen Gemeinde zugewiesen.

Noch ehe aber eine Konsolidierung der Verhältnisse eingetreten war, kam es 1807 erneut zu einem grundlegenden Umbruch. Napoleon verleibte das ehemalige Hochstift dem Königreich Westphalen seines Bruders Jérôme ein. Die Ver-

waltung wurde nach französischem Vorbild neu organisiert. In Paderborn befand sich der Sitz einer Unterpräfektur des Fuldadepartements. Die von den Preußen eingeleitete Klostersäkularisierung wurde fortgesetzt und 1810 wurden Busdorfstift und Gaukirchkloster sowie auch das Domkapitel aufgehoben.

Nach der Niederlage Napoleons 1813 kehrte das ehemalige Hochstift endgültig in den preußischen Staatsverband zurück. Paderborn wurde Kreisstadt. Bemühungen um den Sitz der Bezirksregierung blieben erfolglos, sie kam nach Minden. Als Ausgleich erhielt die Stadt ein Oberlandesgericht/Appellationsgericht, das 1879 durch ein Landgericht ersetzt wurde.

Obwohl „nur noch" Kreisstadt, entwickelte sich Paderborn etwa seit Mitte des 19. Jahrhunderts deutlich anders und schneller als die anderen Städte des ehemaligen Hochstiftes. Eine Vielzahl staatlicher und kommunaler Justiz- und Verwaltungsbehörden, kirchlicher Behörden und Einrichtungen, Bildungs- und Berufsbildungsinstitutionen sowie karitativer Einrichtungen, wie die von Pauline von Mallinckrodt gegründete von Vinckesche Provinzialblindenanstalt oder das von Fanny Nathan ins Leben gerufene Jüdische Waisenhaus für Rheinland und Westfalen nahmen in Paderborn ihren Sitz und verliehen der Stadt wieder zentralörtliche Bedeutung, auch für das weitere Umland.

Besonders wichtige Faktoren für die Entwicklung Paderborns waren das Militär und die Eisenbahn. Seit Beginn der preußischen Herrschaft besaß die Stadt eine starke Garnison. Im ausgehenden 19. Jahrhundert lagen Teile des Husarenregimentes Nr. 8 und das Infanterieregiment Nr. 158 in Paderborn. 1892 entstand in unmittelbarer Nachbarschaft der große Truppenübungsplatz Senne. Während des Ersten Weltkrieges kam noch der Militärflugplatz Paderborn-Mönkeloh hinzu. Der große Bedarf des Militärs an Lebensmitteln, Pferdefutter und Waren jeglicher Art eröffnete den traditionellen einheimischen Erwerbszweigen Landwirtschaft, Handwerk, Handel und Gewerbe sowie auch der Gastronomie willkommene Einnahmequellen. Hinzu kam die Vermietung zahlreicher Privatquartiere an Offiziere und Mannschaften, denn bis zur Jahrhundertwende fehlten in Paderborn moderne und vor allem ausreichend dimensionierte Kasernen.

An das Eisenbahnnetz wurde Paderborn 1850 mit Eröffnung der Strecke Hamm-Paderborn angeschlossen. 1853 konnte der Betrieb auf der Strecke Paderborn-Warburg-Kassel aufgenommen werden. Der Bau der Verbindungen nach Büren-Brilon, Brackwede und Bad Lippspringe machte Paderborn um die Jahrhundertwende zum Eisenbahnknotenpunkt. In den unterschiedlichen Dienststellen und Einrichtun-

◁ Der alles überragende markante Turm des Paderborner Domes.

Blick auf das 1779 erbaute Gleseker-Haus und die romanische Gaukirche mit ihrem Achteckturm. Die barocke Vorhalle der Kirche entstand 1746–49 nach Plänen von Franz Christoph Nagel. Im Vordergrund der 1979 von Josef Rikus geschaffene neue Neptunbrunnen.

gen der Bahn, im Fahr- und Verwaltungsdienst und insbesondere in den beiden großen Ausbesserungswerken Hauptbahnhof und Nord entstanden zahlreiche Arbeitsplätze, die den Einwohnern Paderborns und des Umlandes neue Verdienstmöglichkeiten eröffneten.

Paderborn war zu einer Stadt der Geistlichkeit, der Schulen und karitativen Einrichtungen, der Beamten, des Militärs und der Eisenbahn geworden. Daneben nahmen aber Landwirtschaft, Handwerk, Handel und Gewerbe sowie häusliche Dienstleistungsberufe nach wie vor eine wichtige Stellung im Erwerbsleben ein. Industrie jedoch fehlte.

Schon in der ersten Hälfte des vergangenen Jahrhunderts entstanden viele traditionsreiche Vereine, die das gesellschaftliche Leben der Stadt prägten, wie z.B. der Musikverein, der Altertumsverein, die Harmoniegesellschaft, der Bürger-Schützen-Verein oder der Männergesangverein Liederkranz.

Das weitgehend konfliktfreie Verhältnis der katholischen Paderborner zur protestantischen preußischen Obrigkeit wurde durch den Kulturkampf der 70er Jahre einer harten Belastungsprobe ausgesetzt. Die massiven staatlichen Eingriffe gipfelten in der Amtsenthebung des Bischofs Konrad Martin 1875 (1879 im belgischen Exil verstorben), der Einsetzung eines Staatskommissars für die bischöfliche Vermögensverwaltung und in der Schließung der Klöster und bischöflichen Anstalten in Paderborn. Wenn trotz alledem ein irreparabler Bruch zwischen der verbitterten katholischen Bevölkerung Paderborns und der protestantisch-preußischen Obrigkeit vermieden werden konnte und sich die Lage im Zuge des 1880 einsetzenden allmählichen Abbaus des Kulturkampfes

sehr bald entspannte, so lag das nicht zuletzt begründet in der klugen und maßvollen Amtsführung des lokalen Repräsentanten dieser Obrigkeit, des evangelischen Landrates Walter Jentzsch. Erste Schritte auf dem Wege zur Normalisierung waren die Wiederbesetzung des verwaisten Bischofsstuhles in der Person des Domkapitulars Franz Caspar Drobe (1881 Kapitularvikar und Bistumsverweser, 1882 Bischof) und die Aufhebung des Staatskommissariates für die Vermögensverwaltung.

Die Aufwärtsentwicklung der Stadt läßt sich an den Bevölkerungszahlen ablesen. 1850 lag die Einwohnerschaft bei 11.000 Personen, zur Jahrhundertwende erreichte sie bereits 23.500. Der Wohnraum wurde knapp und so begann, zuerst an

Rathausplatz in Paderborn. Rechts neben dem Rathaus das 1912 durch den berühmten Warenhausarchitekten Otto Engler errichtete ehemalige jüdische Kaufhaus Steinberg & Grünebaum, heute Standort der Kinderbibliothek, der Computerbibliothek und der Volkshochschule; im Hintergrund das Gymnasium Theodorianum. Der Brunnen vor dem Rathaus, der sog. Rathauskump, entstand vermutlich 1586. Er hatte bis in die zweite Hälfte des 19. Jahrhunderts die Funktion eines Lösch- und Trinkwasserspeichers und wurde, wie auch die anderen Kümpe im Stadtgebiet, durch ein Pumpwerk aus der Pader gespeist.

der Bahnhofstraße und im Riemekeviertel, die Besiedlung in der zweiten Jahrhunderthälfte allmählich über die mittlerweile niedergelegten und zu Promenaden umgestalteten mittelalterlichen Befestigungsanlagen hinauszuwachsen.

Beginnende Modernisierung

Der stete Anstieg der Bevölkerungszahl erforderte auch eine entsprechende Anpassung der städtischen Infrastruktur. 1892 wurde Paderborn an das Telefonnetz angeschlossen und erhielt ein Hallenbad. 1897 richtete die Stadt einen Fuhrpark mit regelmäßiger Müllabfuhr und Straßenreinigung ein. Im selben Jahr nahm das neue Gaswerk am Bischofsteich die Produktion auf. Die im Prinzip seit dem 16. Jahrhundert unveränderte Wasserkunst, die die Bevölkerung mit hygienisch völlig unzureichendem Trinkwasser aus der Pader belieferte, wurde 1902 durch ein hochmodernes Ozon-Wasserwerk ersetzt. Mit der unter städtischer Beteiligung erfolgten Gründung der PESAG im Jahre 1909 begann der Aufbau der öffentlichen Stromversorgung Paderborns und eines umfangreichen, bis weit nach Lippe hineinführenden Überlandstraßenbahnnetzes.

Die Niederlage des Kaiserreiches im Ersten Weltkrieg und die Novemberrevolution 1918/19 verliefen aufgrund der spezifischen Sozialstrukturen der Stadt und ihres Umlandes ohne größere Turbulenzen. Und auch während der krisengeschüttelten Weimarer Republik blieb es in Paderborn relativ ruhig, trotz sich auch hier bemerkbar machender sozialer Probleme wie Arbeitslosigkeit und Wohnungsnot. Die politischen Verhältnisse blieben stabil, das Zentrum war nach wie vor in der katholischen Stadt die dominierende politische Kraft.

Für die klein- und mittelständisch geprägte Wirtschaftsstruktur war es wichtig, daß trotz der durch den Versailler Vertrag von 1919 verfügten radikalen Abrüstung mit Teilen des Reiterregimentes 15 und des Infanterieregimentes 18 eine, wenn auch verkleinerte, Garnison in der Stadt blieb. Erste bescheidene Ansätze zu einer Industrialisierung zeigten sich Ende der 1920er Jahre mit der Ansiedlung zweier Zementwerke im Süden der Stadt.

Die weiterhin anwachsende Bevölkerung zwang zur Erschließung neuer Baugebiete. Neue Stadtviertel entstanden im Süden (Südviertel) und in der Stadtheide. Trotz ungünstiger wirtschaftlicher Rahmenbedingungen mußte die Stadt angesichts ihres Wachstums Ende der 20er Jahre zwei Großprojekte in Angriff nehmen: den Bau einer modernen Kanalisation samt Kläranlage sowie des Sennewasserwerkes am Diebesweg.

In dieser Zeit kam es auch zum wohl bedeutendsten Ereignis der jüngeren Paderborner Kirchengeschichte: Aufgrund des Landeskonkordates mit Preußen von 1929 erhob der Papst

Blick in die Straße Am Busdorf um die Jahrhundertwende. Die 1882 errichtete Synagoge wurde am 10. November 1938 durch die Nationalsozialisten in Brand gesetzt, die Ruine bald darauf abgebrochen.

Mahnmal zur Erinnerung an die Synagoge, die 1938 von den Nationalsozialisten zerstört wurde. Das 1993 errichtete Mahnmal ist ein Werk des bekannten dänischen Künstlers Per Kirkeby.

das Bistum Paderborn 1930 zum Erzbistum mit den Suffraganen Fulda und Hildesheim. Paderborn ist seitdem Sitz eines Erzbischofs.

Obwohl die Nationalsozialisten in Paderborn nur eine unbedeutende Rolle gespielt hatten, gelang es ihnen 1933 doch sehr rasch und relativ reibungslos, sich zu etablieren, die lokalen Schlüsselpositionen zu übernehmen und alle Bereiche des öffentlichen Lebens gleichzuschalten. Wie überall im Reichsgebiet setzte auch hier sehr bald die Entrechtung und Verfolgung der Juden ein, an deren Ende schließlich die Auslöschung der ca. 300 Personen umfassenden jüdischen Gemeinde stand.

Die seit Mitte der 1930er Jahre vom „Dritten Reich" massiv und offen betriebene Aufrüstungspolitik läßt sich für Paderborn an zwei Beispielen aufzeigen: Im Südosten der Stadt, an der Driburger Straße, entstand eine große Panzerkaserne, in der das Panzerregiment 11 und die Panzerabteilung 65 stationiert wurden. Der noch aus dem Ersten Weltkrieg stammende und seitdem nur sporadisch für zivile Zwecke genutzte ehemalige Militärflugplatz Mönkeloh wurde reaktiviert, erheb-

lich vergrößert und zu einem Luftpark, einer Luftwaffennachschubbasis, ausgebaut.

Während des Zweiten Weltkrieges verliefen die alliierten Luftangriffe auf Paderborn lange Zeit relativ glimpflich. Die Angriffe galten in erster Linie militärischen Objekten und Eisenbahnanlagen. Zwischen dem 17. Januar und dem 27. März 1945 kam es jedoch zu einer Serie von Großangriffen, die die Stadt in Schutt und Asche legten. Der Zerstörungsgrad Paderborns betrug 85%. Es zählt damit zu den am schwersten durch den Bombenkrieg betroffenen deutschen Städten.

Von der Trümmerwüste zur Großstadt

Unmittelbar nach Kriegsende begann der Wiederaufbau. Die Voraussetzungen für eine Bebauung nach zeitgemäßen Gesichtspunkten wurden durch ein fast die gesamte Altstadt erfassendes Umlegungsverfahren geschaffen. Die historischen

Blick durch die zerstörte Abdinghofkirche auf den ausgebrannten Domturm.

Blick über den kriegszerstörten Marienplatz mit den freistehenden Frontgiebeln des Rathauses (Mitte) und des Heisingschen Hauses (links).

Kriegszerstörungen am Kamp: In der Mitte das Gymnasium Theodorianum und die Jesuitenkirche.

Blick über die Innenstadt. Auf dem Hang über dem westlichen Paderquellgebiet liegt die Stadtverwaltung, neben ihr die Abdinghofkirche, dahinter der Dom und die Busdorfkirche, rechts die Gaukirche, im Hintergrund zeichnet sich die Paderborner Hochfläche ab.

Straßenführungen blieben im wesentlichen erhalten. Anders als im ebenfalls schwer zerstörten Münster entschied man sich bewußt für einen modernen Wiederaufbau. Lediglich die Sakral- und einige Profanbauten, wie das Rathaus oder das Theodorianum, erstanden in historischer Form. Angesichts des hohen Fachwerkanteils an der vernichteten Bausubstanz ist die Entscheidung für den modernen Aufbau insgesamt nachvollziehbar. Bedauerlicherweise fielen der Wiederaufbaukonzeption aber auch einige historisch bzw. kunsthistorisch wertvolle Steingebäude zum Opfer, die zwar schwere Schäden aufwiesen, aber nicht irreparabel waren.

Der Wiederaufbau Paderborns schritt überaus zügig voran, und schon 1950 wurde die Vorkriegseinwohnerzahl von 40.000 wieder erreicht. Unmittelbar nach Kriegsende hatten nur noch etwa 5.000 Menschen in der Stadt gelebt.

Nicht nur das äußere Erscheinungsbild, auch die Wirtschaftsstrukturen Paderborns wandelten sich seit dem Zweiten Weltkrieg grundlegend. Das Militär ist bis auf den heutigen Tag ein wichtiger Faktor geblieben, allerdings gibt es seit 1945 keine deutsche Garnison mehr, sondern eine britische.

Die Eisenbahn hat für Paderborn nur noch eine begrenzte Bedeutung. Die durch die deutsche Teilung bedingte Verlagerung der Hauptverkehrsströme von der Ost-West- in die Nord-Süd-Richtung brachte Paderborn in eine verkehrsmäßige Abseitslage. Nach und nach wurden die meisten Eisenbahndienststellen Paderborns aufgelöst. Als einzige große Einrichtung der Bahn ist der Stadt lediglich das Ausbesserungswerk Nord verblieben.

Durch eine zielstrebige Industrialisierungspolitik gelang es der Stadt jedoch, zahlreiche neue Arbeitsplätze zu schaffen. Schon sehr bald nach Kriegsende siedelten sich auf dem aufgelassenen Militärflugplatz Mönkeloh die ersten kleineren Betriebe an, u.a. der Hersteller des Kleinwagens „Champion". Ausschlaggebend für die Entstehung und Entwicklung des Industriestandortes Paderborn war insbesondere der Ostwestfalenplan des Landes Nordrhein-Westfalen von 1955, durch den die besonders strukturschwachen östlichen Landesregionen gezielt gefördert wurden.

Die Schaffung zahlreicher industrieller Arbeitsplätze in Paderborn übte auf das überwiegend landwirtschaftlich struk-

Die Silhouette der südlichen Innenstadt ist geprägt durch das Rathaus (links), den Turm des Gymnasium Theodorianum (Mitte) und die Jesuitenkirche (rechts). Im Hintergrund erkennt man die Gebäude der Universität-Gesamthochschule.

turierte Umland eine Sogwirkung aus, sodaß die Bevölkerung weiterhin kontinuierlich und schnell anwuchs. Ein Faktor, der das noch begünstigte, war das Bildungswesen Paderborns. Das schon vor dem Krieg ausgezeichnete Angebot an weiterführenden Schulen wurde ständig ausgebaut und verbessert. Hinzu traten nun auch neue Hochschuleinrichtungen wie z.B. die Pädagogische Akademie, später Pädagogische Hochschule, und die Ingenieurschule für Maschinenwesen, die 1972 zur Gesamthochschule, heute Universität-Gesamthochschule, verschmolzen wurden, oder die Abteilung Paderborn der Katholischen Fachhochschule Nordrhein-Westfalen.

Die Weichen für die Zukunft Paderborns wurden mit der kommunalen Neugliederung gestellt. Schon 1969 schlossen sich die Nachbargemeinden Marienloh und Wewer an Paderborn an. Das Sauerland-Paderborn-Gesetz machte die Stadt am 1. Januar 1975 zur Großstadt. Sechs weitere Umlandgemeinden, Benhausen, Dahl, Elsen, Neuenbeken, Sande und Schloß Neuhaus wurden mit Paderborn vereinigt. Gegenüber 1968 hatte sich die Paderborner Gebietsfläche damit mehr als vervierfacht, die Zahl der Einwohner war von 63.500 auf 109.500 emporgeschnellt. Das neue Oberzentrum wurde damit zur damals kleinsten Großstadt Deutschlands.

Bildung und Kultur

Paderborns Entwicklung wurde maßgeblich von der Gründung der Universität-Gesamthochschule mitbestimmt. Die Universität ist heute mit etwa 1.400 Beschäftigten und einem Gesamthaushalt von 177 Millionen Mark auch ein bedeutender regionaler Wirtschaftsfaktor. Es gibt Hochschulstandorte in Paderborn, Höxter, Meschede und Soest. Etwa 13.500 der 16.400 Studierenden konzentrieren sich in Paderborn. An der Universität-Gesamthochschule können fast alle klassischen Universitätsstudiengänge absolviert werden. 17 Fachbereiche bieten in den Geistes- und Gesellschaftswissenschaften, Wirtschaftswissenschaften, Natur- und Ingenieurwissenschaften 85 Studiengänge an. Auf Technologietransfer mit Wirtschaft

Der Anfang der Computer-Ära: Zu den beeindruckenden Exponaten aus dieser Ära gehört die ENIAC – der erste Röhrenrechner der Welt, den die Ausstellung im Heinz Nixdorf Museumsforum im Maßstab 1:1 auf einer Fläche von 60 Quadratmetern zeigt.

und Industrie legt die Einrichtung, deren Campus im Südosten der Stadt liegt, besonderen Wert. Das Heinz-Nixdorf-Institut (u.a. mit den Schwerpunkten Informatik und Schaltungstechnik), das Institut für Begabtenforschung und Begabtenförderung in der Musik (IBFF) und das Institut für Technologie- und Wissenstransfer im Kreis Soest (TWS) sind Beispiele dafür. Mit der Theologischen Fakultät Paderborn und der Katholischen Fachhochschule Nordrhein-Westfalen,

Abteilung Paderborn, existieren in Paderborn weitere wichtige Hochschuleinrichtungen. Doch nicht nur diese Hochschulen prägen die Bildungslandschaft Paderborns. Mit 24 Grundschulen, sechs Hauptschulen, drei Realschulen, fünf Gymnasien und zwei Gesamtschulen sowie drei Sonderschulen verfügt die Stadt über ein differenziertes Schulsystem. Vielfältig ist auch das Angebot für den Bereich der berufsbildenden Schulen. Das Berufsschulzentrum (drei Schulen) und eine weitere Berufsschule decken alle Schultypen dieses Bereiches ab. Neben Berufsschulen und Fachoberschulen gehören mehrere Fachschulen und eine höhere Berufsfachschule mit gymnasialer Oberstufe zur Angebotspalette.

Die öffentlichen und privaten Einrichtungen für berufliche Aus- und Weiterbildung bieten ein qualifiziertes Angebot. Genannt werden können beispielhaft das Bildungszentrum für informationsverarbeitende Berufe (b.i.b.) mit der Fachhochschule für Wirtschaft, das Institut für Betriebsorganisations- und Informationstechnik (InBIT) und das Technologie- und Bildungszentrum Paderborn (tbz) als überbetriebliche Einrichtung.

Eine wichtige Rolle in der Paderborner Bildungslandschaft spielen auch die Städtische Musikschule und die Volkshochschule der Stadt Paderborn.

Paderborn hat sieben öffentliche Museen und zwei städtische Galerien. Im einzelnen sind das: das Museum in der Kaiserpfalz, das Erzbischöfliche Diözesanmuseum, das Museum

Blick auf die Südstadt von Paderborn mit den Gebäuden der Universität-Gesamthochschule im Mittelpunkt.

Paderborn

Die in den Jahren von 1978–81 errichtete PaderHalle, Veranstaltungszentrum der Stadt Paderborn, liegt in unmittelbarer Nähe der alten Stadtmauer am Heierswall im Norden der Stadt. Der runde Turm ist Teil der ehemaligen Befestigungsanlage.

Das Diözesanmuseum, Blick aus nördlicher Richtung, wurde nach den Plänen von Prof. Gottfried Böhm und Hans Lindner, Köln, in den Jahren 1971–74 errichtet. In den 1991–93 neu gestalteten Räumen befindet sich eine umfangreiche Sammlung sakraler Kunst des 10. bis 20. Jahrhunderts.

Diözesanmuseum innen, Blick in die Skulpturensammlung.

für Stadtgeschichte im Adam-und-Eva-Haus, die Städtische Galerie Am Abdinghof, die Städtische Galerie in der Reithalle, die Ausstellung zur Baugeschichte des Schlosses in der ehemaligen fürstbischöflichen Residenz in Schloß Neuhaus, das Historische Museum im Marstall, das Naturkundemuseum im Marstall und das Heinz-Nixdorf-MuseumsForum für Informationstechnik.

Paderborn verfügt über zwei Theater: Die Westfälischen Kammerspiele sowie die Studiobühne der Universität. Die architektonisch interessante PaderHalle ist zu einem regionalen Veranstaltungszentrum für künstlerische Gastspiele, Kongresse und gesellschaftliche Großereignisse geworden. Die städtische „Kulturwerkstatt" bietet zahlreichen freien Gruppen Arbeits- und Auftrittsmöglichkeiten.

Die Wirtschaft

Das Oberzentrum Paderborn verfügt heute über eine breitgefächerte Wirtschaftsstruktur. Die wirtschaftliche Entwicklung maßgeblich nach vorne getrieben hat ein Mann, dessen Name lange Jahre für legendären Erfolg stand: Heinz Nixdorf. Der gebürtige Paderborner führte sein Computerunternehmen in 30 Jahren zu Weltrang. „Paderborn wäre heute nicht das, was es ist, wenn es Heinz Nixdorf und sein erfolgreiches Unternehmen nicht gegeben hätte", so Paderborns

Bürgermeister Wilhelm Lüke. Seinem Lebenswerk verdankt die Stadt maßgeblich ihren Aufschwung..

Das Spektrum der Firmen reicht vom Kleinunternehmen über den mittelständischen Industriebetrieb bis hin zum Konzern mit mehreren tausend Mitarbeitern. Firmen wie Benteler, Welle, die heutige Siemens-Nixdorf Informationssysteme AG (SNI), Stute und andere haben weltweit einen guten Ruf. Die Säulen in der Paderborner Wirtschaft sind im verarbeitenden Gewerbe mit den Branchenschwerpunkten Computer- und

Die romanische Imad-Madonna, genannt nach dem Paderborner Bischof Imad (1051–1058), zählt zu den ältesten Darstellungen der thronenden Madonna in der abendländischen Kunst.

Straße am Kamp mit dem Gymnasium Theodorianum (dahinter die Jesuitenkirche).

Elektroindustrie, Maschinen-, Werkzeug- und Stahlbau, Möbelindustrie und Nahrungsmittelindustrie zu finden. Eine wachsende Bedeutung kommt privaten Dienstleistungsunternehmen zu. Große Handelshäuser und nicht zuletzt die zahlreichen Handwerksbetriebe runden das Gesamtbild ab. Beispiele für die Kooperation zwischen Wirtschaft und Wissenschaft sind das Heinz-Nixdorf-Institut als ein interdisziplinäres Forschungszentrum für Informatik und Technik sowie das CADLAB, wo SNI und die Universität-Gesamthochschule Projekte in europäischen Dimensionen angehen. Als ein regional agierender Katalysator für notwendige Modernisierungsprozesse entsteht an der Schnittstelle von Wissenschaft und Wirtschaft mit dem Technologiepark Paderborn eine weitere wichtige Einrichtung.

Die Bundesautobahnen A 33 und A 44, die Bundesstraßen B 1, B 64 und B 68, der Flughafen Paderborn/Lippstadt sowie die heute vorhandenen Bahnverbindungen in alle Richtungen haben ebenfalls zur positiven wirtschaftlichen Entwicklung Paderborns in den letzten Jahrzehnten beigetragen.

Erholung, Freizeit und Sport

Auf einer Fläche von 150 Hektar dehnen sich Naturschutzgebiete im Gebiet der Stadt aus. Paderborns Stadtwald mit seinen 750 Hektar hat eine erhebliche Bedeutung für den

Diözesanmuseum, Liborifestaltar von 1736.

Die Welt der Informationstechnik auf über 600 qm Fläche unter einem Dach: Das Heinz Nixdorf MuseumsForum in Paderborn.

Biotop- und Artenschutz sowie die Naherholung. 138 Naturdenkmale – zumeist markante Einzelbäume, aber auch Baumgruppen, Findlinge und Quellen – sind ausgewiesen. Jüngstes Naherholungsgebiet ist der auf dem Gelände der Landesgartenschau 1994 entstandene Grüngürtel, der Paderborns Zentrum mit dem Stadtteil Schloß Neuhaus verbindet. Im Rahmen der Biotopkartierung im bebauten Bereich Paderborns wurden insgesamt 65 Biotope als schutzwürdig erhoben, weitere 25 als erhaltenswert eingestuft. Insgesamt wurden von 1989 bis 1992 neue Biotope mit einer Fläche von 13,5 Hektar gestaltet.

Sport hat in Paderborn einen hohen Stellenwert. In fast 200 Abteilungen Paderborner Sportvereine sind deren Mitglieder in mehr als 40 Sportarten aktiv. Beste Möglichkeiten zum Sporttreiben haben die Paderborner auch durch eine entsprechende Infrastruktur. Sieben Hallenbäder, zwei Freibäder, 58 Sporthallen, viele Kleinspielfelder und Tennisanlagen bieten hervorragende Bedingungen.

Städtepartnerschaften

1967 wurde offiziell zwischen Le Mans und Paderborn der Partnerschaftsvertrag unterzeichnet. Seit 1975 ist Paderborn mit der englischen Stadt Bolton befreundet. Weitere Partnerschaften bestehen mit Pamplona (Spanien), Przemysl (Polen), Debrecen (Ungarn) und Belleville (Illinois/USA).

Benhausen

Etwa fünf Kilometer nordöstlich des Stadtzentrums liegt auf der Paderborner Hochfläche der Ortsteil Benhausen, im Volksmund als „Bensen" bezeichnet. Die Gemarkungsfläche beträgt 9,9 qkm. Bis zur kommunalen Neugliederung gehörte Benhausen zum Amt Altenbeken. In einer den bischöflichen Haupthof Beken betreffenden Verkaufsurkunde von 1283 werden auch Ländereien in Benhausen (Bennenhoson) erwähnt, und so feierte Benhausen 1983 das 700jährige Jubiläum seiner urkundlichen Ersterwähnung. Allerdings fand sich im Rahmen der Jubiläumsvorbereitungen dann noch eine weitere Urkunde, in der Benhausen schon 1271 erscheint.

Die Bewohner der geschlossenen Dorfsiedlung lebten von der Landwirtschaft. Als Grundherr des Ortes traten zunächst das Domkapitel, später die Familien von Stapel und von Westphalen, das Busdorfstift und das Gaukirchkloster in Erscheinung. Die von Westphalen übten bis zum Beginn des 19. Jahrhunderts die Patrimonialgerichtsbarkeit in Benhausen aus. Kirchlich gehörte Benhausen seit altersher zu Neuenbeken. 1837 errichteten die Benhausener eine eigene Kirche, die St. Alexiuskapelle, die 1932 durch einen Neubau ersetzt wurde. Benhausen bildete eine Filiale der Pfarrei Neuenbeken, seit 1928 ist es Pfarrvikarie mit eigener Vermögensverwaltung. Gottesdienst hielten anfangs die Franziskaner aus Paderborn. 1889 erhielt Benhausen den ersten eigenen Geistlichen.

Im Jahre 1818 hatte Benhausen 360 Einwohner, 1895 waren es 625. 1829 gab es 52 Hausstätten im Ort. Mitte des vorigen Jahrhunderts machte sich in Benhausen der Anbruch einer neuen Zeit bemerkbar. Die Eisenbahn von Paderborn nach Warburg wurde gebaut. Und da die Trasse auch die Benhauser Gemarkung kreuzte, waren zeitweise mehrere hundert Arbeitskräfte in dem kleinen Dorf untergebracht. Eine eigene Station hat Benhausen jedoch nie erhalten.

Evakuierte, Flüchtlinge und Vertriebene ließen, wie überall auf dem Lande, auch in Benhausen während und nach dem Zweiten Weltkrieg die Einwohnerzahl stark ansteigen. Sie lag 1946 bei 1.060, sank dann aber wieder ab. Seit dem Ende der 1960er Jahre machte sich in der Bevölkerungsentwicklung die unmittelbare Nachbarschaft zur stark expandierenden Stadt Paderborn bemerkbar. Es setzte eine rege Bautätigkeit ein und zum Jubiläumsjahr 1983 war die Bevölkerung bereits auf 1.700 Köpfe angewachsen (heute: 2.116). Die meisten von ihnen arbeiten aber nicht mehr in Benhausen, sondern in Paderborn. Benhausen ist zum Wohndorf geworden.

Alter Ortskern im Paderborner Stadtteil Benhausen.

Blick auf den alten Ortskern von Dahl.

Pfarrkirche St. Margaretha in Dahl.

Dahl

Dahl liegt auf der Paderborner Hochfläche im Ellerbachtal, etwa 7 km südöstlich vom Paderborner Stadtzentrum entfernt. Die Gemarkungsfläche beläuft sich auf 17,14 qkm. Bis zur kommunalen Neugliederung gehörte Dahl zum Amt Kirchborchen mit Sitz in Nordborchen.

Die historischen Nachrichten über Dahl sind dürftig. Die Ersterwähnung datiert in das Jahr 1036, als der Paderborner Bischof Meinwerk das Busdorfstift gründete. Unter den Haupt- und Nebenhöfen, deren Zehnte er dem Kollegiatstift als Ausstattung überwies, befand sich auch der bei Paderborn gelegene Haupthof Enenhus mit 13 Vorwerken, darunter das Vorwerk Dahl (Dale). Die Pfarrei Dahl entstand etwa 1223 durch Abpfarrung von der Busdorfpfarrei. Aus einer Urkunde des Jahres 1322 erfahren wir zum ersten Male den Namen eines Dahler Pfarrers, er hieß Ecbertus. Die vermutlich Mitte des 12. Jahrhunderts erbaute und im 14./15. Jahrhundert erweiterte Pfarrkirche St. Margaretha mußte 1853/54 durch einen Neubau ersetzt werden.

Dahl war eine geschlossene Dorfsiedlung, deren Menschen sich über viele Jahrhunderte fast ausschließlich von der Landwirtschaft ernährten, hinzu kamen einige auf den dörflichen Bedarf ausgerichtete Handwerksberufe. Um die Mitte des 17. Jahrhunderts lebten etwa 350 Personen in Dahl, 1818 waren es gerade 540. Die Bedingungen für die Landwirtschaft waren wenig günstig, der Boden ist steinig. Erschwert wurden die Verhältnisse durch permanenten Wassermangel. Der klüftige Untergrund machte den Bau von Brunnen sinnlos. In Zisternen mußte Regenwasser gesammelt werden. Auch die Wegeverhältnisse waren überaus schlecht.

Seit dem ausgehenden 19. Jahrhundert besserten sich die Lebensumstände der Dahler allmählich. Die Wege wurden ausgebaut, 1903 erhielt die Gemeinde eine Wasserleitung, 1913 Elektrizitätsversorgung, 1926 nahm die Wittekind AG den Busverkehr nach Dahl auf. Die Einwohnerzahl Dahls, die zu Beginn des Zweiten Weltkrieges gerade 720 erreicht hatte, stieg ab 1945 durch Flüchtlinge und Vertriebene spürbar an. Die Ausweisung neuen und preisgünstigen Baulandes förderte die Entwicklung. Heute leben hier 2.335 Menschen. Die Landwirtschaft hat für die meisten von ihnen als Erwerbsquelle keine Bedeutung mehr. Sie fahren als Pendler nach Paderborn.

Elsen

Elsen liegt fünf Kilometer westlich von Paderborn. Paderborner Hochfläche, östlicher Hellwegraum, Lippeniederung und Senne treffen hier zusammen und prägen das Landschaftsbild. Die Gemarkungsfläche hat eine Größe von 20,19 qkm. Bis zur kommunalen Neugliederung gehörte Elsen zum Amt Schloß Neuhaus.

Elsen ist der Paderborner Ortsteil, der im Laufe der letzten Jahrzehnte wohl die grundlegendste Wandlung durchgemacht hat, und sich heute nicht mehr als Dorf, sondern als große Wohngemeinde mit städtisch anmutendem Geschäftszentrum präsentiert.

Die in früheren Zeiten vielfach vertretene These, Elsen sei identisch mit dem römischen Kastell Aliso, hat sich nicht belegen lassen. Wie auch bei anderen Paderborner Ortsteilen, findet sich der älteste Nachweis für die Existenz Elsens in der Gründungsurkunde des Busdorfstiftes von 1036, in der es als Vorwerk „Elesen" des Haupthofes Neuhaus genannt wird.

Vermutlich ist das Vorwerk mit dem erst 1970 abgebrochenen Steinhof gegenüber der Kirche gleichzusetzen. Aus den bischöflichen Ministerialen, die den Hof verwalteten, ging wahrscheinlich das Geschlecht der Ritter von Elsen hervor,

Elsen ist mit über 14.500 Einwohnern der zweitgrößte Stadtteil von Paderborn.

dessen durch Siegel überliefertes Wappen heute als „Elsener Wappen" örtliches Identifikationssymbol vieler Elsener Vereine ist.

Schutzpatron der Elsener Kirche ist der hl. Dionysius. Das deutet darauf hin, daß die Pfarrei schon im 9. Jahrhundert entstand. Vermutlich gab es eine Eigenkirche auf dem bischöflichen Hof. Im 11./12. Jahrhundert wurde eine neue Kirche errichtet, von der heute noch der romanische Turm erhalten ist. Die größte Kostbarkeit besitzt die Kirche in einem romanischen Taufstein (um 1260), der einen würdigen Platz unter dem Westturm gefunden hat. Das Kirchenschiff mußte 1850/51 einem größeren Neubau weichen. Die erste Erwähnung der Pfarrei stammt aus dem Jahre 1231, die eines Pfarrers von 1238.

Die Grundherrschaft in Elsen wurde durch den Bischof, das Domkapitel, das Busdorfstift und das Abdinghofkloster ausgeübt.

Administrativ waren die Höfe Elsens in drei Ämter gegliedert: das Schultenamt, das Richteramt und das Holtgrevenamt. Obwohl insgesamt eine aufgelockerte Dorfsiedlung, zeichneten sich allmählich zwei Siedlungsbereiche ab: Elsen und Gesseln mit zusammen 903 Einwohnern im Jahre 1818.

Aufwärtsentwicklung und Wandel des Dorfes begannen um die Mitte des vorigen Jahrhunderts. Der Bau der durch die Elsener Gemarkung führenden und 1850 fertiggestellten Eisen-

Restauriertes Fachwerkhaus in Elsen an der Dionysiusstraße/Ecke Urbanstraße.

bahn Hamm-Paderborn sowie der Bau des Boker Kanals 1850-53 boten, wenn auch befristet, neue Arbeitsmöglichkeiten. In der Folge fanden viele Elsener aber auch dauerhafte Arbeitsplätze bei der Bahn in Paderborn. Eine seit 1842 in Elsen ansässige Kettenschmiede wuchs bald über den Rahmen eines Handwerksbetriebes hinaus und beschäftigte bis zu 40 Arbeiter. Zwar dominierte die Landwirtschaft noch, doch gewannen andere Erwerbszweige zusehends an Bedeutung. Zur Jahrhundertwende war die Einwohnerzahl bereits auf etwa 2.000 angestiegen. Die Bebauung im Ortskern wurde dichter und an den Straßen zu den Nachbarorten entstanden neue Siedlungen. 1905 erhielt Elsen einen Eisenbahnhaltepunkt, um den sich schon bald ein eigener Ortsteil, Elsen-Bahnhof, entwickelte. 1913 eröffnete die PESAG eine Straßenbahnlinie von Paderborn nach Elsen. Das starke Wachstum des Ortes hat sich nach dem Zweiten Weltkrieg und insbesondere nach der kommunalen Neugliederung 1975 weiter beschleunigt. In der Feldflur entstanden großflächige Neubaugebiete, aber auch die einst großen Freiflächen im Ort wurden mittlerweile weitgehend besiedelt. Historische Fachwerkgebäude sind im Ortsbild lei-

Pfarrkirche St. Dionysius Elsen. Die romanische Turmanlage ist fünfgeschossig.

Zu den Kostbarkeiten der Pfarrkirche St. Dionysius zählt der romanische Taufstein (um 1260).

Bürgerhaus in Elsen.

der selten geworden. Die Errichtung einer evangelischen Kirche im Jahre 1965 spiegelt den stark gestiegenen Anteil der protestantischen Bevölkerung wider. Inzwischen ist die Einwohnerschaft auf 14.503 Personen angestiegen.

Landwirtschaftliche Betriebe gibt es nur noch wenige. Die meisten berufstätigen Einwohner sind Pendler, deren Arbeitsplätze in Paderborn, Schloß Neuhaus oder anderen Nachbarorten liegen. Viele Elsener gehen aber auch in den zahlreich hier ansässigen Handels-, Gewerbe- und Handwerksbetrieben sowie den örtlichen Geldinstituten einer Erwerbstätigkeit nach.

Marienloh

Marienloh liegt am Sennerand, etwa 5 Kilometer nördlich der Paderborner Innenstadt. Mit einer Gemarkung von 7,37 qkm ist es flächenmäßig der kleinste Ortsteil von Paderborn. Bis zur kommunalen Neugliederung 1969 - in diesem Jahr bereits schloß sich Marienloh (wie Wewer) an Paderborn an - gehörte Marienloh zum Amt Altenbeken.

Der Name Marienloh ist wesentlich jünger als die Siedlung. Er begegnet uns erst im 15. Jahrhundert und weist auf eine Marienverehrung im Ort hin, über die aber nichts bekannt ist. Marienloh hieß früher Bendeslo und unter diesem Namen erscheint es urkundlich zum erstenmal 1036 in der Gründungsurkunde des Busdorfstiftes als ein Vorwerk des Haupthofes Enenhus. Seit dem 15. Jahrhundert waren die Familie von Haxthausen zu Lippspringe und von Haxthausen-Dedinghausen Grundherren in Marienloh. Die Dedinghausener Linie war auch Inhaber der Marienloher Patrimonialgerichtsbarkeit. Das Marienloher Schloß geht auf die Lippspringer Linie zurück, die nach dem Siebenjährigen Krieg ihren Sitz hierher verlegte.

Marienloh gehörte seit altersher zur Pfarrei Neuenbeken. Eine bereits im 16. Jahrhundert erwähnte, zu der Zeit aber schon verfallene Kapelle auf dem Klokenhof ließ der Paderborner Generalvikar Laurentius von Dript 1678/80 durch einen Neubau ersetzen, der sich an den Maßen des heiligen Hauses von Loreto in Italien orientierte und daher Loreto-Kapelle genannt wurde. Weihbischof Niels Stensen weihte sie zu Ehren der Jungfrau Maria zum Schnee.

Ein Mann, dem die Gemeinde Marienloh viel verdankt, war der 1860 verstorbene Kanoniker Hermann von Hartmann, der das von Haxthausensche Gut erworben hatte. Er initiierte Mitte des vorigen Jahrhunderts den Bau der St. Joseph-Kirche und der Vikarie sowie die Bestellung eines Vikars – wesentliche Schritte für die schließlich 1894 erfolgte Abpfarrung von Neuenbeken. Darüber hinaus engagierte von Hartmann sich für die Armen des Dorfes, denen er ein Großteil seines Nachlasses vermachte.

Der Graf von Westphalen, Besitzer des Tallehofes, realisierte zwischen 1843 und 1870 in den auf Paderborner Gemarkung liegenden Tallewiesen ein breit angelegtes Flößwiesenprogramm, durch das karge Heideflächen mit Hilfe des Lippewassers in ertragreiches Grünland umgewandelt wurden. Die ohnehin schon günstige Verkehrslage Marienlohs, es lag an der 1844 ausgebauten Chaussee Paderborn-Detmold, wurde 1906 durch die Eisenbahn Paderborn-Lippspringe und 1911 durch die später nach Detmold weitergeführte Straßenbahn Paderborn-Lippspringe noch einmal verbessert.

An den traditionell landwirtschaftlich geprägten Strukturen des Dorfes änderte sich dadurch jedoch nichts. Die Zahl der Einwohner erhöhte sich zwischen 1818 und 1930 lediglich von 270 auf 500. Erst infolge des Zweiten Weltkrieges gingen die Bevölkerungszahlen spürbar nach oben, auch die konfessionellen Strukturen änderten sich stark.

Die gute Verkehrslage ließ den Ort sehr bald zu einer Wohngemeinde des expandierenden Paderborn werden. Neue Baugebiete wurden ausgewiesen. Mittlerweile beläuft sich die Einwohnerzahl auf 3.086 Personen. Das bäuerlich-ländliche Erscheinungsbild, geprägt von größeren und kleineren landwirtschaftlichen Anwesen in aufgelockerter Siedlungsweise, ging mehr und mehr verloren.

Als sich abzeichnete, daß die angesichts des Wachstums erforderlichen Infrastrukturmaßnahmen die Gemeinde überfordern würden, entschloß sie sich im Vorfeld der kommunalen Neugliederung 1969 zum freiwilligen Anschluß an Paderborn.

Neuenbeken

Etwa sieben Kilometer nordöstlich der Innenstadt liegt im Tal der Beke, die hier die Paderborner Hochfläche tief durchschneidet, Neuenbeken. Die Gemarkung hat eine Größe von 14,85 qkm. Bis zur kommunalen Neugliederung gehörte Neuenbeken zum Amt Altenbeken.

Marienloh liegt etwa 5 Kilometer nördlich von Paderborn. Franz Wilhelm Hilmer Burkard Leopold von Haxthausen zu Lippspringe, fürstlich Paderbornscher Capitain (Hauptmann), verlegte nach dem Siebenjährigen Krieg den Sitz der Lippspringer Linie der von Haxthausen nach Marienloh. Hier erbaute er an der Lippe das abgebildete Schloß.

Neuenbeken

Der Name Neuenbeken kam erst seit etwa 1400 in Gebrauch zur Unterscheidung vom Nachbarort Altenbeken. Zuvor wurde der gesamte Raum nur als „Beken" bezeichnet. Der älteste Hinweis auf Beken ist, wie auch für den Ortsteil Wewer, in den zwischen 822 und 876 entstandenen älteren „Corveyer Traditionen", Aufzeichnungen über Güterschenkungen an das Kloster Corvey, enthalten. Die auf spätestens 855 zu datierende Eintragung erwähnt Grundstücke in „Bechina". Aus dem Anfang des 11. Jahrhunderts sind in der Heberolle des Klosters Corvey sogar die Namen von sechs Bauern aus „Bechinun" überliefert, die Abgaben an Corvey zu entrichten hatten.

Zur Zeit des Paderborner Bischofs Meinwerk (1009–1036) befand sich in Beken ein bischöflicher Haupthof (Bekinun), zu dem vier Vorwerke gehörten. Haupthof und Vorwerke werden 1036 in der Gründungsurkunde des Busdorfstiftes genannt. Dieser Haupthof war die Keimzelle des Ortes Neuenbeken. Bis ins 14. Jahrhundert hinein hatte Neuenbeken eine besondere Bedeutung in der Rechtsprechung. Hier hatte ein Gogericht seinen Sitz, dessen Bezirk sich etwa von Schlangen im Norden bis Dörenhagen in Süden erstreckte. Die Gogerichte waren seit dem 12. Jahrhundert Träger der Blutgerichtsbarkeit.

Eine Kirche hat wohl schon zu Zeiten Meinwerks auf dem Haupthof Beken bestanden. Für das Jahr 1210 läßt sich zum ersten Mal ein Priester nachweisen, er hieß Johannes. Die jetzige Kirche St. Marien, unter der sich Reste eines Vorgängerbaues erhalten haben, stammt aus dem Anfang des 13. Jahrhunderts. Der Pfarrsprengel umfaßte ursprünglich auch Altenbeken, Marienloh und Benhausen. Altenbeken wurde bereits 1671 nach Buke umgepfarrt, Marienloh und Neuenbeken wurden 1894 bzw. 1928 abgetrennt.

1776 wurde das Dorf von einem schweren Brandunglück getroffen, 24 Häuser und die Kirche brannten ab. Neuenbeken hatte zu jener Zeit 67 Hausstätten. Die Einwohnerschaft belief sich 1818 auf 416 Personen. Neben der dominierenden Landwirtschaft und dem am bäuerlich-ländlichen Bedarf orientierten ortsansässigen Handwerk spielte in Neuenbeken auch die Forstwirtschaft eine gewisse Rolle. Die Gemeinde besaß in der Egge einen großen Kommunalforst von über 1000 Morgen Größe, in dem sich Arbeitsmöglichkeiten für Tagelöhner boten. Völlig aus dem Rahmen der dörflichen Wirtschaftsstrukturen fiel die von 1830 bis 1905 in Neuenbeken ansässige Glashütte (später Fabrik) Uhden heraus, die Hohlglas produzierte. Das Unternehmen florierte und beschäftigte 1861 21 Arbeiter, um 1880 sollen es zeitweise 60 gewesen sein.

Nachdem 1853 die auch über Neuenbekener Gebiet führende Eisenbahnstrecke Paderborn–Warburg–Kassel fertiggestellt war, sollte es noch fast 30 Jahre dauern, bis das Dorf

Pfarrkirche St. Marien, im Hintergrund das Missionshaus der Schwestern vom Kostbaren Blut in Neuenbeken.

1881 nach vielen Bemühungen eine eigene Personenhaltestelle erhielt. Von nun an nahmen immer mehr Neuenbekener eine Arbeit bei der Eisenbahn auf.

Im Jahre 1900 wurde Neuenbeken noch einmal von einer verheerenden Brandkatastrophe betroffen. 26 Häuser und 19 Nebengebäude brannten ab, 155 von etwa 690 Einwohnern wurden obdachlos.

Mit dem Missionshaus der Schwestern vom Kostbaren Blut ist seit 1914 eine Institution in Neuenbeken ansässig, die aus dem sozialen Gefüge des Dorfes nicht mehr wegzudenken ist. Denn die Ordensschwestern beschränken sich nicht auf die eigentliche Aufgabe des Missionshauses, die Ausbildung für den Missionseinsatz, sondern engagieren sich in vielfältigster Weise für die Neuenbekener, wie z. B. in der Krankenpflege, der Altenpflege, der Jugendarbeit oder der Ausbildung in hauswirtschaftlichen Berufen.

Nach dem Zweiten Weltkrieg, der in Neuenbeken durch den Zuzug von Flüchtlingen und Vertriebenen zu einer Erhöhung

der Einwohnerzahl von knapp 1.000 auf etwa 1.350 führte, setzte auch hier der übliche Wandel des Ortsbildes sowie der sozialen und wirtschaftlichen Strukturen ein. In den Außenbereichen entstanden neue Siedlungen, die Bedeutung der Landwirtschaft ging zurück, die Zahl der Paderborn-Pendler wuchs. Jedoch ist die Entwicklung, wohl aufgrund der etwas größeren Entfernung nach Paderborn, etwas ruhiger verlaufen als in anderen Ortsteilen. Neuenbeken hat heute 2164 Einwohner.

Sande

Sieben Kilometer nordwestlich der Paderborner Innenstadt liegt der Ortsteil Sande. Der Ortsname weist auf die Bodenbeschaffenheit hin. Der nördliche Teil der 23,29 qkm umfassenden Gemarkungsfläche ist der Senne zuzurechnen, der südliche Teil gehört zur Lippeniederung. Ein kleiner Südzipfel von Sande ragt auch noch in die Geseker Bördelandschaft hinein. Bis zur kommunalen Neugliederung 1975 gehörte Sande zum Amt Schloß Neuhaus.

Sande ist der Paderborner Ortsteil, über dessen Geschichte bisher am wenigsten bekannt ist. Das ist auch nicht weiter verwunderlich, denn bis zum Ende des Hochstiftes hat Sande als Gemeinde im heutigen Sinne überhaupt nicht existiert. Sande war bis in die jüngere Vergangenheit eine weiträumige bäuerliche Streusiedlung ohne eigentliches Ortszentrum, die in früheren Jahrhunderten mit „uppen sand" bezeichnet wurde. Die Höfe verteilten sich auf die Siedlungsbereiche Sandhöfen, Gesseln, Nesthausen, Altenginger Mühle, Dreihausen und Altensenne.

Seit altersher gehörten diese Gebiete zum Sprengel der Pfarrei Elsen. Ausnahmen bildeten lediglich die Bauerschaft Altensenne und der nahe bei Neuhaus gelegene Thunhof. Sie waren Bestandteile des Kirchspiels Neuhaus.

Auch administrativ waren die Sander Bauernhöfe an Elsen gebunden. Sie bildeten zusammen mit einigen Elsener Höfen das sogenannte Holtgrevenamt. Es handelte sich hierbei um eines von drei Ämtern, in denen die Elsener Höfe organisiert waren. Die anderen Ämter hießen Richteramt und Schultenamt.

Im Jahre 1818, als Sande bereits festere Konturen besaß, hatte der Ort 841 Einwohner, 1895 waren es gerade 930. Wegen des weiten und beschwerlichen Weges nach Elsen fand seit 1850 in einem Anbau der Sander Schule regelmäßiger Gottesdienst statt. Mit dem Bau der Kapelle St. Marien im Jahre 1900 hatte das Provisorium ein Ende. 1923 wurde eine Filialgemeinde mit eigener Vermögensverwaltung, 1944

Yachthafen am Lippesee im Norden von Paderborn.

Auslaufbauwerk des Lippesees neben der B 64-Brücke mit Blick auf Sande.

schließlich eine selbständige Pfarrei gebildet. Die heutige Pfarrkirche St. Marien entstand in den Jahren 1950–1953.

In unmittelbarer Nachbarschaft der Sander Kirche liegt der Sander Krug, dessen 1969 abgebrochener historischer Vorgängerbau auf eine Jahrhunderte alte Tradition zurückblicken konnte. Der früher mit einer Brauerei verbundene Krug lag an einer „Schlüsselstellung", kreuzte doch hier die wichtige Straßenverbindung Paderborn-Münster die Lippe. Da erst Ende des 18. Jahrhunderts eine Brücke über den Fluß gebaut wurde, waren die Reisenden bei Hochwasser zu einem Aufenthalt im Sander Krug gezwungen. Nach dem Ausbau der Straße zur Chaussee im 19. Jahrhundert befand sich im Sander Krug eine Chausseegeldhebestelle, in der Straßenbenutzungsgebühren entrichtet werden mußten.

Die für die Landwirtschaft zum Teil problematischen Bodenverhältnisse Sandes erfuhren durch den Bau des Boker Kanals (1850–1853) eine Besserung.

Nach dem Zweiten Weltkrieg war die Bevölkerung von 1450 im Jahre 1939 auf ca. 2.250 angewachsen. Eine verstärkte Siedlungstätigkeit setzte ein und allmählich bildete sich im Umfeld der Kirche eine Art Ortskern heraus. Als sich die kommunale Neugliederung abzeichnete, sah Sande seine Zukunft nicht in der Eingemeindung nach Paderborn, sondern im Zusammenschluß mit der Nachbargemeinde Schloß Neuhaus. 1969 schlossen beide Gemeinden einen Eventualgebietsänderungsvertrag. Wie aber auch Schloß Neuhaus mußte Sande sich der Entscheidung des nordrhein-westfälischen Verfassungsgerichtes beugen. Durch die Ausweisung großer Neubaugebiete, in denen vorzugsweise Pendler wohnen, hat sich der Sander Kernbereich gerade in den letzten Jahren rapide vergrößert. Die Einwohnerzahl beläuft sich z.Zt. auf 4.287. In den Außenbereichen findet man aber nach wie vor die weiträumige Streusiedlung mit großen landwirtschaftlich genutzten Flächen.

Von nicht geringer wirtschaftlicher Bedeutung ist auch der Sand, auf dem Sande „gebaut" ist. Seit vielen Jahren werden reichhaltige Vorkommen von Kies und Sand zur Gewinnung von Rohstoffen für das Baugewerbe ausgebeutet bzw. direkt am Ort zu Kalksandstein verarbeitet. Ein willkommener Nebeneffekt des Abbaus ist das Entstehen großer Baggerseen wie des Lippesees oder des Nesthauser Sees. Hier bietet sich, bei mittlerweile gut ausgebauter Infrastruktur, eine breite Palette von Möglichkeiten zur Freizeitgestaltung: Segeln, Surfen, Bootsfahrten, Minigolf oder Wasserski.

Zentrum der Landesgartenschau 1994: Das Residenzschloß der Paderborner Fürstbischöfe mit Marstall und Barockgarten in Schloß Neuhaus, am unteren Bildrand die Pfarrkirche St. Heinrich und Kunigunde.

Fachwerkidylle in Schloß Neuhaus.

Schloß Neuhaus

Knapp vier Kilometer nordwestlich der Paderborner Innenstadt liegt Paderborns auch von der Einwohnerzahl her größter Ortsteil, Schloß Neuhaus (bis 1957 „Neuhaus"). Die Gemarkungsfläche umfaßt 26,04 qkm. Der größte Teil davon gehört zur Senne, ein relativ schmaler Streifen im Süden zur Lippeniederung und zur Geseker Unterbörde. Bis zur kommunalen Neugliederung bildete die Gemeinde einen Teil des Amtes Schloß Neuhaus.

Kommt man in den historischen Ortskern, so ist auf den ersten Blick zu sehen, daß sich die Neuhäuser Geschichte grundlegend von der aller anderen Ortsteile Paderborns unterscheidet: Im Zentrum liegt ein mächtiges vierflügeliges Wasserschloß. Südlich schließt sich eine engräumige, kleinstädtisch anmutende Bebauung mit zahlreichen schmucken und z.T. sehr repräsentativen Fachwerkhäusern an. Hier residierten vom 13. Jahrhundert bis zum Jahre 1802 die Paderborner Fürstbischöfe.

Auch Schloß Neuhaus verdankt seine erste schriftliche Erwähnung der Gründungsurkunde des Busdorfstiftes von 1036. Unter den zahlreichen dort aufgeführten Höfen erscheint der Haupthof Neuhaus (Nyenhus) mit den vier Vorwerken Elesen, Thune, Ascha und Burch. Aus Elesen hat sich Elsen entwickelt. Thune existiert noch heute, es ist der auf Sander Gemarkung liegende Thunhof bei Schloß Neuhaus. Ascha, zwischen Bentfeld und Gesseln gelegen, ist heute nur noch durch die alte Flurbezeichnung „Escherfeld" zu lokalisieren. Die Lage des Vorwerkes Burch ist bisher nicht geklärt. Der Neuhäuser Haupthof lag vermutlich auf der höchsten Geländeerhebung, im Bereich der heutigen Pfarrkirche St. Heinrich und Kunigunde.

Als die Paderborner Fürstbischöfe infolge ständiger Reibereien und Streitigkeiten mit der zunehmend selbstbewußter werdenden Paderborner Bürgerschaft im 13. Jahrhundert gezwungen waren, sich nach einer neuen Bleibe umzusehen, fiel die Wahl auf Neuhaus, das aufgrund seiner Topographie besonders günstige Voraussetzungen für einen sicheren Aufenthalt besaß. Die von Pader, Lippe und Alme eingefaßte große Halbinsel bot sich für den Bau eines befestigten Wohnsitzes geradezu an. Simon I. zur Lippe (1247–1277) residierte als erster Paderborner Bischof zeitweise in Neuhaus. Heinrich III. von Spiegel (1361–1380) verlagerte die Residenz endgültig nach dort. Auch in verschiedenen anderen geistlichen Territorien des Hochmittelalters waren die Landesherren gezwungen, sich außerhalb ihrer Hauptstadt einen neuen Wohnsitz zu suchen.

Ein 1257 vom Papst erwirktes Burgenbauprivileg bildete die Rechtsgrundlage für die Errichtung einer befestigten Bi-

Schloß Neuhaus, ehemalige Bischofsresidenz.

Paderaue mit Blick auf die Neuhäuser Altstadt.

Blick vom Turm der Pfarrkirche St. Heinrich und Kunigunde auf Schloß und Ort Neuhaus. Im Hintergrund der Gemeindewald Wilhelmsberg.

Typisches Ackerbürgerhaus von 1671 in der Neuhäuser Altstadt (Sertürner-straße).

Schloß Neuhaus, links Haus „Kerssenbrock", rechts Haus „Fürstenberg".

schofsresidenz in Neuhaus. Die heutige Schloßanlage geht in ihren Anfängen etwa auf das Jahr 1370 zurück. Über 200 Jahre bauten die Fürstbischöfe an ihrem Residenzschloß. Unter Dietrich von Fürstenberg wurde die Vierflügelanlage Ende des 16. Jahrhunderts fertiggestellt. Der prachtliebende Clemens August von Bayern (1719–1761) ließ durch den Barockbaumeister Franz Christoph Nagel den Marstall und die Schloßwache errichten. Nach Plänen des Geometers Sauer entstand ein großer Barockgarten, der aber später wieder verfiel. 1964 erwarb die Gemeinde das baufällige Schloß und richtete dort nach umfangreichen Sanierungsmaßnahmen eine Realschule ein. Seit der Landesgartenschau Paderborn 1994, deren Zentrum das Schloßgelände bildete, erstrahlen die restaurierten Bauten und der in großen Teilen rekonstruierte Barockgarten in altem Glanz und locken seither Besucher von nah und fern an.

Die heutige Pfarrkirche St. Heinrich und Kunigunde, ein Bau mit prächtiger Barockausstattung, entstand 1665/68 unter Fürstbischof Ferdinand von Fürstenberg. Der Vorgängerbau war dem hl. Ulrich geweiht. Das deutet darauf hin, daß vermutlich schon zur Zeit Meinwerks eine bischöfliche Eigenkirche oder -kapelle auf dem Neuhäuser Haupthof bestanden hat.

Der Neuhäuser Pfarrsprengel umfaßte neben Neuhaus auch die politisch zu Neuhaus gehörende Bauerschaft Thune und die Bauerschaft Altensenne des Holtgrevenamtes Sande auf einer Fläche von etwa 35 qkm. 1924 entstand die Filiale St. Michael in Sennelager, die seit 1983 eigenständige Pfarrei ist. Mit der Bildung der Filiale St. Joseph in Neuhaus-Mastbruch nahm 1945 die Bildung einer weiteren Pfarrgemeinde ihren Anfang. Sie wurde 1962 selbständig.

Die Verlegung der Bischofsresidenz von Paderborn nach Neuhaus war ausschlaggebend dafür, daß der Ort eine ganz spezifische Entwicklung nahm. Bereits seit dem ausgehenden 14. Jahrhundert hatte Neuhaus den Rechtsstatus eines „Wigboldes", einer stadtähnlichen Siedlung minderen Rechtes, daher auch als „Minderstadt" bezeichnet, mit Bürgermeistern und Ratsherren. Es gab zwar keine Stadtbefestigungen, doch drei Stadttore.

Die sozialen und wirtschaftlichen Strukturen waren bis zum Beginn des 19. Jahrhunderts durch die Residenzfunktion des Ortes geprägt. Die fürstbischöfliche Hofhaltung, fürstbischöfliche Behörden, wie z. B. die Hofkammer oder das Oberamt Neuhaus, sowie das hier stationierte fürstbischöfliche Militär waren wesentliche Wirtschaftsfaktoren des Residenzortes.

Barockgarten mit Schloß, Marstall und Reithalle (von links).

Viele Einwohner hatten als Hofbedienstete, Beamte, Handwerker und Lieferanten ein sicheres Einkommen. Daneben spielten auch Landwirtschaft und Mühlen eine wichtige Rolle.

Die Aufhebung des Fürstbistums und der damit verbundene Verlust der Residenzfunktion 1803 stürzten die Neuhäuser in eine wirtschaftliche Krise. Ein Versuch, durch Einrichtung einer Tuchfabrik im Marstall neue Arbeitsplätze zu schaffen, scheiterte nach wenigen Jahren. Eine grundlegende Besserung der Situation trat erst ein, als Neuhaus 1820 preußische Garnison wurde und das Schloß und seine Nebengebäude vom Militär belegt wurden. Im Wirtschaftsleben des Ortes nahm das Militär nun die Funktion ein, die früher der fürstbischöfliche Hof und sein Umfeld innegehabt hatten. Seit 1861 lagen im Ort Teile des auch in Paderborn stationierten Husarenregimentes Nr. 8. Nach dem Ersten Weltkrieg traten Einheiten des neuen Reiterregimentes 15 an seine Stelle. Mit der Einrichtung der Garnison war auch eine Änderung der konfessionellen Strukturen verbunden. Die Wurzeln der heutigen evangelischen Kirchengemeinde liegen in der preußischen Militärkirchengemeinde des 19. Jahrhunderts.

Die ins ausgehende Mittelalter zurückreichende Neuhäuser Verwaltungstradition blieb auf regionaler Stufe ungebrochen. Seit Beginn des 19. Jahrhunderts war Neuhaus Sitz der Kantons-, später Amtsverwaltung Neuhaus. Der in seinem Zuschnitt mehrfach veränderte Amtsbezirk umfaßte schließlich die Gemeinden Elsen, Hövelhof, Neuhaus, Sande und Stukenbrock.

Ganz entscheidende Impulse erhielt die örtliche Wirtschaft mit der Einrichtung des Truppenübungsplatzes Senne im Jahre 1892. Etwa drei Kilometer nördlich von Neuhaus entstand im Bereich der alten Bauerschaften Thune (Neuhaus) und Altensenne (Sande) überwiegend auf Neuhäuser Gebiet an der Grenze des Truppenübungsplatzes um die Jahrhundertwende ein neuer Ort, der aber nie zu kommunaler Eigenständigkeit gelangte: Sennelager. Die neue Siedlung war ganz an den Bedürfnissen des Militärs orientiert und entwickelte demzufolge ein Gepräge besonderer Art. Vor allem Gastwirtschaften und Amüsierbetriebe unterschiedlichster Art bestimmten das Bild.

Die starke Konzentration von Militär im Raum Neuhaus hatte wesentlichen Anteil daran, daß sowohl Neuhaus selbst als auch Sennelager zur Jahrhundertwende an Straßenbahn und Eisenbahn angebunden wurden.

Zwischen 1818 und 1895 wuchs die Bevölkerung von etwa 1.700 auf ca. 2.900 Personen an. 1946 hatte Neuhaus schon annähernd 7.900 Einwohner.

Garnison und Truppenübungsplatz, seit 1945 britisch, haben bis auf den heutigen Tag ihren Stellenwert behalten. Das Militär ist aber nur noch e i n wirtschaftliches Standbein. Neben Handel, Handwerk, Gewerbe und Dienstleistungen wurden die Neuhäuser Wirtschaftsstrukturen seit dem Zweiten Weltkrieg zunehmend von der Industrie (Möbelherstellung, Stahlproduktion und -verarbeitung, Kraftfahrzeugteile) geprägt. Die vielfältigen Arbeitsmöglichkeiten in der Industrie und die unmittelbare Nachbarschaft zur Stadt Paderborn waren bestimmend für ein ungebrochenes Bevölkerungswachstum und eine intensive Bautätigkeit in Schloß Neuhaus und Sennelager. Die bis dahin nahezu unbesiedelte Gemeindefläche Mastbruch, im Anschluß an die schon im 19. Jahrhundert entstandene Ansiedlung Dorfstraße, bildete dabei einen besonderen Schwerpunkt. Die Einwohnerschaft ist inzwischen auf 21.888 Personen angestiegen.

Als sich am Horizont die kommunale Neugliederung abzeichnete, waren die Wirtschaftskraft und die ungewöhnlich gut ausgebaute gemeindliche Infrastruktur, nur als Beispiel sei auf die Existenz von Schulen aller Formen verwiesen, mit ausschlaggebend dafür, daß Schloß Neuhaus sich der Eingemeindung nach Paderborn entgegenzustellen suchte und im Zusammenschluß mit der Nachbargemeinde Sande (Eventualgebietsänderungsvertrag 1969) die Selbständigkeit wahren wollte. Eine gegen den per Gesetz herbeigeführten Anschluß an Paderborn angestrengte Klage vor dem nordrhein-westfälischen Verfassungsgericht blieb erfolglos.

Das Innere der 1665–68 erbauten gotisierenden Saalkirche St. Heinrich und Kunigunde besticht durch die wertvolle barocke Innenausstattung.

Wewer

Der Ortsteil Wewer liegt in hügeliger Landschaft etwa fünf Kilometer südwestlich von Paderborn. Hellwegraum und Paderborner Hochfläche treffen hier zusammen. Die Gemarkung hat eine Fläche von 16,88 qkm. Bis zur kommunalen Neugliederung gehörte Wewer zum Amt Kirchborchen mit Sitz in Nordborchen.

Die Weweraner führen ihre Geschichte auf das Jahr 835 zurück. In den älteren „Corveyer Traditionen", Aufzeichnungen über Güterschenkungen an das Kloster Corvey, deren Entstehung zwischen 822 und 876 datiert wird, erscheint ein Ort Wawuri, das heutige Wewer. Verschiedene Begleitumstände legen es nahe, den Zeitpunkt der Wawuri-Eintragung auf 835 zu fixieren.

Der nächste Hinweis auf Wewer, nun unter dem Namen Waveri, findet sich in der im 12. Jahrhundert verfaßten Lebensbeschreibung des Bischofs Meinwerk (1009 - 1036), der „vita Meinwerci". Daraus geht hervor, daß Wewer sich nicht mehr im Besitz Corveys befand, sondern ein Lehen des Bischofs oder des Domkapitels war. Seit dem ausgegangenen 12. Jahrhundert läßt sich ein Ministerialengeschlecht „von Wevere" nachweisen.

Als es Mitte des 15. Jahrhunderts ausstarb, fiel das Gut Wewer an den Grundherrn, das Paderborner Domkapitel zurück.

Dieses vergab es 1449 an die Familie von Imbsen. Durch Einheirat kam im frühen 16. Jahrhundert noch die Familie von Brenken hinzu, so daß nun nebeneinander zwei Rittergüter, Wewer I und Wewer II, bestanden.

Die von Brenken bewohnten die sogenannte „alte Burg", während sich die von Imbsen Ende des 17. Jahrhunderts in Wewer ein barockes Schloß errichten ließen. Erst nach dem Erlöschen der Familie von Imbsen im Mannesstamme 1840 wurde der Besitz durch die von Brenken wieder zusammengeführt.

Über die Frühzeit der Pfarrei Wewer liegen kaum Erkenntnisse vor. Vermutlich gab es schon zur Zeit Meinwerks eine Pfarrkirche. Für 1231 ist die Zugehörigkeit Wewers zum Archidiakonat des Dompropstes bezeugt. Im 19. Jahrhundert wurde die alte Kirche St. Johannes Baptist, in deren Turm Überreste von Ausmalungen des 14. Jahrhunderts erhalten sind, gravierenden baulichen Eingriffen unterzogen. 1846 erhielt das Schiff zunächst einen Erweiterungsbau. 1884/85 mußte die Kirche wegen Baufälligkeit einem Neubau weichen, lediglich der Turm blieb, allerdings in stark veränderter Form, erhalten.

Die Einwohner Wewers lebten bis zum ausgehenden 19. Jahrhundert zum größten Teil von der Landwirtschaft. Hinzu kamen einige am dörflichen Bedarf orientierte Handwerker, Händler und Gewerbebetreibende. Einen bedeutenden Nebenerwerbszweig bildete der Obstanbau und insbesondere der Verkauf gedörrter Zwetschen. Der Entwicklung einer bäu-

Blick auf Wewer.

Das im 17. Jahrhundert erbaute barocke Schloß in Wewer.

Alter Hellweg in Wewer, im Hintergrund die Pfarrkirche St. Johannes Baptist.

erlichen Landwirtschaft waren dadurch Grenzen gezogen, daß sich der größte Teil der Ackerflächen und die Waldungen im Eigentum des Freiherrn von Brenken befanden. Viele Weweraner konnten also nur als Tagelöhner oder Gesinde ihr Auskommen finden.

So verwundert es auch nicht, daß nach Fertigstellung der über Wewer führenden Eisenbahnstrecke Paderborn-Büren-Brilon im Jahre 1898 viele Weweraner die günstige Verkehrsanbindung wahrnahmen und sich in Paderborn einen Arbeitsplatz suchten, vorzugsweise bei der Eisenbahn. Wewer wurde zu einem Bauern- und Eisenbahnerdorf.

Die Einwohnerzahl Wewers stieg zwischen 1818 und 1895 von 857 auf 1.047, bis 1940 auf knapp 1.700 Personen an. Die Ereignisse des Zweiten Weltkriegs mit Flüchtlingen, Evakuierten und Vertriebenen ließen die Einwohnerzahl kurzfristig auf 3.500 Personen hochschnellen. Obwohl die Situation sich alsbald wieder einigermaßen normalisierte, bestand doch ein erheblicher Bedarf an Siedlungsflächen, dem die Gemeinde seit Ende der 1940er Jahre durch Ausweisung neuer Baugebiete Rechnung trug. In der zweiten Hälfte der 1960er Jahre

war Wewer auf etwa 3.100 Einwohner angewachsen und die größte Gemeinde des Amtes Kirchborchen.

In der Diskussion um die sich allmählich abzeichnende kommunale Neugliederung hatte Wewer die Wahl zwischen einer künftigen Großgemeinde Borchen und einem Anschluß an Paderborn. Im Interesse eines kontinuierlichen Ausbaus der gemeindlichen Infrastruktur entschieden sich die Weweraner im Februar 1969 in einer Bürgerbefragung mit mehr als 76% der abgegeben Stimmen für den sofortigen Anschluß an Paderborn. Die in den seinerzeitigen Verhandlungen mit der Stadt Paderborn geäußerte Hoffnung und Erwartung, „in einer Reihe von Jahren die Einwohnerzahl von 5000 zu erreichen", ist von der Realität längst überholt. Mittlerweile hat Wewer 6.156 Einwohner.

Rolf-Dietrich Müller
Leiter des Stadtarchivs Paderborn

unter Beteiligung von
Jens Reinhardt
Stellv. Pressereferent der Stadt Paderborn

Salzkotten

Fläche	109,46 qkm	Einwohner (1996)	22.424
Einwohner in den Ortsteilen:			
Mantinghausen	957	Schwelle	654
Niederntudorf	2.406	Thüle	1.608
Oberntudorf	1.246	Upsprunge	1.926
Salzkotten	8.371	Verlar	707
Scharmede	2.102	Verne	2.447

Die Stadt Salzkotten liegt an der Schwelle des deutschen Mittelgebirgsraumes zum norddeutschen Tiefland, genauer: zwischen Sauerland im Süden und Münsterländer Bucht im Norden. Aus der kleinräumigeren Vogelperspektive erstreckt sich die Sälzerstadt zwischen den letzten Ausläufern der Paderborner Hochfläche im Südosten, der östlichen Hellwegzone in der Mitte und der Lippeniederung im Norden und Nordwesten.

Die größte Ausdehnung von Nordwest nach Südost beträgt 25 km, die von West nach Ost 11 km. Von 263 Metern Höhe am südöstlichen Stadtrand in der Nähe von Niederntudorf fällt das Gelände steil zum Hellweg hin ab und erreicht in der Kernstadt Salzkotten die 100-Meter-Marke. Mit 81 Metern liegt der niedrigste Punkt des Stadtgebietes im äußersten Nordwesten bei Mantinghausen.

Von altersher war und ist Salzkotten westliche Grenzstadt des Hochstifts Paderborn; sie stellt eine Grenze dar, die bis in die Jetztzeit nachwirkt. Noch heute verlaufen hier die Stadtgrenze zu Geseke, die Grenzen zwischen den Kreisen Paderborn und Soest, den Regierungsbezirken Detmold und Arnsberg. Die alte Grenzlinie manifestiert sich noch heute bei übergeordneten Verbänden und Vereinen bis zu verschiedenen Zeitungen und Telefonbüchern.

Die geographische Lage der Stadt Salzkotten spiegelt sich in der Qualität ihrer Böden und den klimatischen Verhältnissen. Von Süden nach Norden gehen hier karge, steinreiche Böden in Lehmböden des Hellwegraumes und Sandböden der Lippeniederung über. In ostwestlicher Richtung verringern sich die Niederschläge.

Die geographische Einteilung des Stadtgebietes spiegelt sich in der fürstbischöflichen Ämterordnung wider. Niederntudorf im Almetal und Oberntudorf über dem Almetal gehörten zu Paderborn, Salzkotten mit Upsprunge und Verne längere Zeit zum Amt Neuhaus und die Ortschaften Mantinghausen, Scharmede, Schwelle, Thüle und Verlar zum Lippeamt Boke. Schon vor fast tausend Jahren, in einer Urkunde von 1022, ist von drei Gauen in unserem Gebiet die Rede: dem „Paterga", dem „Drewergau" und „Langeneka". Gehörten die Almeortschaften aller Wahrscheinlichkeit nach zum Padergau, so läßt sich der Salzkottener Raum dem Drewergau zuordnen.

Diese Gliederung übernahm man im Hochmittelalter für die Pfarrgründungen und Gerichtsbezirke in Boke, Vielsen und Tudorf. Urkundlich bekannt wurde dieses Gebiet erstmals durch die Überführung der Reliquien des hl. Liborius im Jahre 836. Neben dem Zielort Paderborn wird als einzige Station im Sachsenland der Hederfluß, der in Upsprunge entspringt, durch Salzkotten fließt und bei Schwelle in die Lippe mündet, genannt. Menschliches Leben hat es in unserer Heimat aber schon vor mehreren tausend Jahren gegeben. Davon zeugen die Bodenfunde aus der jüngeren Stein- und der Bronzezeit im gesamten Stadtgebiet.

Aus der naturräumlich bedingten und historisch-administrativ gewachsenen Dreiteilung entstand im Jahre 1975 die Stadt Salzkotten. Die erste urkundlich nachweisbare Erwähnung des Namens Salzkotten reicht bis in das Jahr 1160 zurück; in diesem Dokument werden Salzwerke bei den „Saltcoten" erwähnt, von denen das Kloster Hardehausen drei Anteile erhielt. Knapp ein Jahrhundert später, im Frühjahr 1247, zwang Bischof Simon I. von Paderborn die Bewohner von sechs umliegenden Dörfern, sich in der an den Salzquellen entstehenden befestigten Stadt niederzulassen, um so auch die Westgrenze seines Bistums gegen Kölner Angriffe zu schützen.

Acht Jahre nach der Stadtgründung wurde Simon I. von seinem Kölner Kontrahenten in einem Streit besiegt und gefangengenommen. Nach seiner Freilassung ein Jahr darauf, mußte der Paderborner Oberhirte einen Vertrag unterschreiben, der Salzkotten für 48 Jahre zum gemeinsamen Besitz von Paderborn und Köln machte und zur Schleifung der Burg Vielsen führte. Die Pfarrechte von Vielsen gingen auf Salzkotten über. Im Jahre 1275 wurde eine neue Kirche zu Ehren des hl. Johannes des Täufers fertiggestellt, die mit ihren ro-

Kernstadt mit der
Pfarrkirche
St. Johannes.

Blick in die Vielser Straße.

manischen und frühgotischen Elementen bis heute Mittelpunkt der Stadt Salzkotten ist.

Im Jahre 1340 ging die Gründungsurkunde bei einem großen Stadtbrand verloren, so daß Bischof Bernhard das Stadt- und Bürgerrecht für Salzkotten erneuerte. Dort lebten nun neben den Sälzern auch Ackerbürger, Handwerker und Kaufleute. Zum Schutz der Stadt und des Bistums siedelte der Bischof innerhalb der Stadtmauern Burgmannen aus dem Landadel an, die er mit Sonderrechten bedachte. Diese führten die Schützen an, die Stadt und Land zu verteidigen hatten. Nach dem Aufstieg des Bürgertums verloren sie nach und nach an Bedeutung und zogen sich aus der Stadt zurück. Neben den von Schilder, von Brenken und anderen war das Burgmannsgeschlecht der Herren von Krewet das reichste und bedeutendste. Deren Sitz lag zwischen der Hauptstraße, dem „Heliweik" (Hellweg) und der nördlichen Stadtmauer, an dem noch heute „Freiheit" genannten Platz. Ein Wappen an einem 1575 erbauten Haus an der Vielser Straße erinnert an das Rittergeschlecht der von Krewet.

Große Rückschläge erlitt die Stadt durch die Pestzüge des ausgehenden Mittelalters. Deutlich erweist sich die Wirkung der Seuchen in der Tatsache, daß Salzkotten von einem Kranz von Ortswüstungen umgeben ist. Doch erholte sich die Stadt im Laufe des 14. und 15. Jahrhunderts sehr rasch. Besonders aktiv und prägend für das kleinstädtische Leben Salzkottens waren die Sälzerfamilien, die zum Teil ausgestorben sind oder später wegzogen, den Bewohnern der Stadt aber in Erinnerung blieben. So ist zum Beispiel Jodocus Freiherr von Blümigen zwischen Bischöfen und Adeligen im Schatten des Stephansdoms in Wien begraben. Neben den Sälzern, von denen viele im mittelalterlichen und frühneuzeitlichen Rat der Stadt vertreten waren, spielten vor allem die Bäcker, Brauer und Schuster mit ihren Zünften eine herausragende Rolle.

Ein furchtbares Unheil brach während des Dreißigjährigen Krieges (1618 - 1648) über die Stadt herein. So schrieb Matthäus Merian in seiner „Topographia Westphaliae" von einem „Stättlein, welches Anno 1633 im Decembri der von Kniphausen sampt den Hessischen im Sturm erobert und allda übel gehauset ist auch das Stättlein bis auf wenig Häuser und die Salzhütten abgebrandt worden". An die Erstürmung der Stadt erinnert heute das Glockengeläut am Vorabend des 22. Dezember.

Erstaunlich schnell erholte sich die Stadt und über den Salzhandel erfolgte ein rascher wirtschaftlicher Wiederaufstieg. Davon zeugen noch heute mehrere stattliche Fachwerkhäuser,

Solehaltige Unitas-Quelle auf dem jahrtausendealten Kütfelsen mit wiederaufgebautem Pumpenhäuschen, historische Relikte der früheren Salzgewinnung.

Westerntorturm mit restauriertem Fachwerkhaus.

Ölmühle und
Backhaus an der
Heder.

Isaak-Auerbach-Platz, Mahnmal der ehemaligen Synagoge.

die schon kurz nach dem Krieg gebaut wurden. Den Höchststand erreichte der Salzhandel im 18. Jahrhundert durch technische Verbesserungen, die Pfarrer Philipp Korte (1730-1803) nach Studienreisen durch viele Salzsiedeorte einführte. Schon bald aber kam das billigere Steinsalz auf den Markt, so daß 1908 die Salzgewinnung in Salzkotten eingestellt wurde. Zwischenzeitlich hatte der Bau der Eisenbahn 1847/48 die Ansiedlung von Handwerk und Handel begünstigt. 1864 gründete Friedrich Klingenthal in Salzkotten eine Blaufärberei. Die Firma expandiert unter Ferdinand Klingenthal mit einer breiten Angebotspalette vor allem im Textilbereich bis heute. Einen Ruf weit über das Hochstift hinaus genießt auch die Brotfabrik Reineke. Gleiches gilt auch für die Landmaschinenfabrik Kleine. Um 1899/1900 kam mit der damaligen „Fabrik explosionssicherer Gefäße", der heutigen „Deutsche Gerätebau" die „große Industrie" nach Salzkotten. Die Firma verbreiterte ihre Produktpalette von Feuerlöschgeräten bis zu Benzintankanlagen und anderem mehr. Sie ist noch heute der größte Arbeitgeber am Ort.

Nach der Zeit der Weimarer Republik mit ihren politischen und wirtschaftlichen Krisen und der NS-Diktatur, die nicht

Wasserrad an der Heder im Erholungsgebiet „Hederaue". ▷

Wappen der Sälzer am Brunnenhaus.

spurlos am „katholischen" Salzkotten vorüberging, setzte in der Nachkriegszeit ein wirtschaftlicher Aufschwung ein, der sich in einer Häufung von mittelständischen Betrieben und einem breiten Dienstleistungsangebot manifestierte.

Heute präsentiert sich Salzkotten mit den neun im Jahre 1975 eingemeindeten Ortschaften als zukunftsorientierte Stadt. Gerade in den letzten Jahren hat die Sälzerstadt als Standort für Gewerbebetriebe, Handel und Industrie aller Größenordnnungen und Branchen deutlich an Attraktivität gewonnen. Doch zum Fortschritt gehören das Gewachsene und die Tradition, die sich in einer Vielzahl von schönen alten Häusern widerspiegeln. Ausgedehnte Parkanlagen im Norden, Hoch- und Mischwaldbestände im Süden, dörfliche Idylle, natürliche Solequellen, Naturschutz- und Naherholungsgebiete schaffen ein angenehmes Ambiente. Den Lebenswert der Stadt prägen aber auch die vielen Vereine mit ihren kaum noch zu übersehenden Angeboten.

Bei allem Wandel, aller Vielfältigkeit und aller Aufgeschlossenheit für das Neue aber gilt in Salzkotten eines fort, das alte Wort der Sälzer: „Unita durant - Das Vereinte überdauert".

Detlef Grothmann / Walter Hemmen, Salzkotten

K.H. Hückelheim, Salzkotten-Mantinghausen

Mantinghausen

Mantinghausen liegt im nordwestlichen Teil des Stadtgebietes von Salzkotten und als einziger Ort der Stadt nördlich der Lippe. Die Westgrenze des Ortes ist Stadtgrenze zum Ortsteil Rebbeke der Stadt Lippstadt. Sie bildet zugleich die Grenze zum Kreis Soest und zum Regierungsbezirk Arnsberg.

Die ältesten Spuren einer menschlichen Siedlung wurden bei einer Ausgrabung durch das Landesmuseum Münster im Jahre 1960 in den Mantinghauser Bergen nachgewiesen. An diesem Ort haben von der Bronzezeit bis zur Eisenzeit Bestattungen stattgefunden. Diese Urnenfunde waren Anlaß, daß die Gemeindevertretung am 11. Mai 1967 beschloß, die Urne als Wahrzeichen von Mantinghausen ins Gemeindewappen aufzunehmen.

Im Jahre 9 nach Christus dürfte die Lippe richtungsweisend für die Römer auf ihrem Feldzug in das noch nicht unterworfene Germanien gewesen sein. Nach dem Auffinden der Römerlager in Xanten, Haltern, Nordhausen, Oberaden und zuletzt in Anreppen gilt es als sicher, daß die Römer am nördlichen Lippeufer entlang und damit durch die Gemarkung Mantinghausen gezogen sind.

Nach neuerem Stand der Namensforschung soll es eine Persönlichkeit aus der Ära Karls des Großen gewesen sein, auf die der Name Mantinghausen zurückgeht. Diese, aus der fränkischen Adelsfamilie der Mattonenlinie stammende Person, soll Heerführer in den Sachsenkriegen im 8. Jahrhundert gewesen sein und Mantinghausen als Lehen erhalten haben.

Die erste urkundliche Erwähnung erfolgt 1293, anläßlich eines Landkaufs in Geseke. Im Hochmittelalter war Mantinghausen mit den anderen Lippedörfern ein Bestandteil der Lippegrafschaft Boke. Nach einer Bestandsaufnahme des Fürstbischofs von Paderborn waren 1672 die 16 Colonen den Grundherren von Alten, von Fürstenberg und dem Fürstbischof von Paderborn hörig und pachtpflichtig.

Mit der preußischen Verwaltungsreform 1816 wurde Mantinghausen ein Ortsteil der Gemeinde Rebbeke. Dem Antrag der Bürger vom 1. Dezember 1857 auf Trennung von Rebbeke stimmte der Kreistag in Büren am 28. Juli 1861 zu. Die erste Ratssitzung der selbständigen Gemeinde Mantinghausen fand am 1. Februar 1862 statt. Diese Selbständigkeit hielt bis zum 31. Dezember 1974. Ab 1. Januar 1975 ist Mantinghausen eine Ortschaft der Stadt Salzkotten.

Nach dem letzten Krieg entwickelte sich Mantinghausen von einer reinen Agrargemeinde mit 366 Einwohnern zu einer Landgemeinde mit 957 Einwohnern. 1960 gab es 31 landwirtschaftliche Vollerwerbsbetriebe. Heute sind es nur noch sechs. 1960 gab es im Ort auch nur noch eine Handvoll Handwerksbetriebe. Heute (1996) zählt Mantinghausen 21 verschiedene gewerbliche Betriebe mit 225 Beschäftigten.

wichtige Rolle spielte, zählte bei der Betriebszählung 1970 40 Betriebe mit fast 450 Beschäftigten. Das hat sich in den letzten zwei Jahrzehnten stark geändert. Den bedeutendsten Gewerbezweig in Niederntudorf machen immer noch die Hoch- und Tiefbaufirmen aus, die fast alle aus dem alten Steinhauergewerbe hervorgingen. Bei der Verarbeitung des hier anstehenden Plänerkalkgesteins zu Bau- und Pflastersteinen erlangten vor allem die Tudorfer Kleinpflastersteine, in typischem Zickzackmuster verlegt, regionale und überregionale Berühmtheit.

Mit dem Jahr 1127 lassen wir die vorgeschichtliche Zeit, aus der schriftliche Nachrichten fehlen, hinter uns. In eben diesem Jahr wird Tudorf gleich dreimal durch urkundliche Erwähnungen bezeugt. Die älteste dieser Urkunden von Bischof Heinrich II. von Paderborn, die das Datum 17. Mai 1127 trägt, sagt aus, daß der Abt Hamuko einen Hof zu Aldon durch Tausch erworben hat.

Der Hauptvertreter des Tudorfer Ministerialengeschlechtes ist der Ritter Conradus de Tudorpe. Dessen Siegel - ein Helm mit zwei Büffelhörnern - aus dem Jahre 1327 und 1343 ist im Wappenbuch von Spießen im Staatsarchiv Münster als Bild überliefert. Sein Wappen von 1315 zeigt zwei Büffelhörner mit Bändern umwunden. Es diente den beiden Tudorfer Gemeindewappen als Vorlage.

Niederntudorf

Niederntudorf liegt im unteren Almetal, genau auf der Grenze zwischen Lippe-Hellwegraum und der Paderborner Hochfläche. Das Dorf ist mit 2.406 Einwohnern eine der größten Allgemeinden. Das Aldorf zeigt in seinem siedlungsgeographischen Aufbau einen typischen Haufendorfcharakter. Im unmittelbaren Kirchenbereich sind zwei achsial angeordnete Häuserringe zu erkennen. Zwischen dem Ortskern und der Siedlung in westlicher Richtung liegt der im Jahre 1962/63 erbaute großflächige Schulkomplex mit Grundschule, Hauptschule, Turnhalle und Kindergarten. Wegen der schönen Südosthanglage der Wohnsiedlungen kamen in den letzten drei Jahrzehnten viele bauwillige Bürger von nah und fern nach Niederntudorf.

Die landwirtschaftliche Nutzfläche Niederntudorf's macht mit rd. 730 ha etwa die Hälfte der gesamten Gemarkung aus, gut 2/3 davon sind Ackerflächen, die mittlere Ernteerträge bringen. Der ‚gemeindeeigene' Wald, um den die frühere Gemeinde Niederntudorf von anderen Dörfern beneidet wurde, ist ca. 460 ha groß.

Die gewerbliche Wirtschaft, die im Gegensatz zu anderen Nachbardörfern in Niederntudorf schon früh eine relativ

Allee in Manninghausen.

Die beiden Protokolle, die ‚Tudorfer Mark' 1480 und das ‚Holting zu Tudorf' 1482, sind zwei wichtige und wertvolle Urkunden in der weiteren Chronologie Tudorfs. In diesen 500 Jahre alten Schriftstücken bekommen wir einen guten Einblick in die Rechtsstellung und die wirtschaftliche Lage unserer Vorfahren im heimischen Raum. Die damaligen Grundherren - Adel und Kirche - hatten das Obereigentum an den Höfen, an den Kotten, an Feld und Wald, das von den Bauern und Köttern durch Dienstleistungen, Abgaben und Gefälle (Steuern) ‚erkauft' werden mußte.

Die wohl geschichtsträchtigsten Kalenderjahre der Tudorfer Dorfchronik fallen in die Kulturkampfzeit. Nach den Bestimmungen der preußischen ‚Maigesetze', durfte der hiesige Vikar Butterbrodt nach dem Tode des Pfarrers Menneken weder die Nachfolge antreten noch kirchliche Amtshandlungen vornehmen. Während seiner vierjährigen Verbannung (1876-1880) leiteten die Tudorfer Schreiner Johannes Kämper und Bernhard Rensing u.a. die zivilen Beerdigungen.

Neben großen Überschwemmungen im Jahre 1841, 1895 und 1965 ist der Wassermangel gegen Ende des vorigen Jahrhunderts das beherrschende Thema in der Tudorfer Gemeindechronik. Nicht nur, daß die vielen Hausbrunnen kein Wasser mehr spendeten, die Alme lag über die Hälfte des Jahres trocken. Den Grund für diesen extremen Wassermangel muß man wohl vor allem in der fortschreitenden Verkarstung (Schwalgen im Almebett) suchen. Tatkräftige Abhilfe des Wassermangels wurde nach langem Hin und Her in den Jahren 1905-1907 durch die Projektierung des Alme-Zentral-Wasserwerkes und durch den Bau der Wasserleitung von den ergiebigen Quellen im Ringelsteiner Wald geschaffen.

Wilhelm Finke, Salzkotten-Niedertudorf.

Obertudorf

Tudorf wird als Thuithorp 1127 in einer Urkunde des Bischofs Heinrich II. von Paderborn erwähnt. Eine urkundliche

Niedertudorf

Unterscheidung zwischen der Siedlung auf der Höhe und der im Tale erfolgt 1278.

„Overntudorp" liegt am Kleinen Hellweg, einem Abschnitt der wohl ältesten Verbindung zwischen dem Westen und dem Raum Paderborn. Besiedelt war die heutige Oberntudorfer Gemarkung schon wesentlich früher, wie die 1991/92 durchgeführten Ausgrabungen in der Nähe der Ziegelei Pasel-Lohmann zeigen, bei der eine jungsteinzeitliche Ringwallanlage freigelegt wurde.

Wenn es stimmt, daß das „Tu" in diesem Namen keltischen Ursprungs ist und „Dorf" bedeutet, dann lautet der Name des Ortes „Dorfdorf". Doch dem Namen zum Trotz: der dörfliche Charakter des Ortes verschwindet immer mehr. Der Straßenbau, die Aussiedlung der landwirtschaftlichen Betriebe und die Vorliebe für das ‚Neue und Moderne', beginnend mit den sechziger Jahren, haben ihre Spuren hinterlassen. Expandierende Siedlungsgebiete - in den letzten 35 Jahren ist die Zahl der Einwohner um 350 auf 1.246 Personen gestiegen - geben dem Ort ein neues Gepräge und eine neue Struktur. Zeugen der Vergangenheit findet man nur noch in einigen wenigen Häusern, aus der Zeit nach den verheerenden Bränden (1837-1839), die viele Häuser im Dorfkern zerstört haben. So können die heute noch erhaltenen im wesentlichen der Zeit nach ca. 1840 zugeordnet werden.

Sehenswert ist die alte Kirche St. Georg, die mit ihren typischen Merkmalen westfälischer Romanik auf eine Entstehungszeit im 12. Jahrhundert hinweist. Über einem der beiden Portale befindet sich eine Tympanondarstellung, die man zu den wenigen Reliefplastiken dieser Zeit in Westfalen zählt. Im Innern der Kirche erinnert eine aus Sandstein gefertigte Gedächtnistafel an den Wiederaufbau der Kirche durch Fürstbischof Ferdinand II., nachdem am 10. August. 1659 der Turmhelm und das Kirchenschiff durch Blitzschlag ausgebrannt waren.

Zu den barocken figürlichen Darstellungen gehören der hl. Georg, Schutzpatron der Kirche, im Kampf mit dem Drachen, aus dem 16. Jahrhundert, sowie eine im 17. Jahrhundert aus Lindenholz geschnitzte Pietá. Die alte Figur des hl. Rochus aus dem 17. Jahrhundert wurde durch eine Nachbildung ersetzt; das Original steht heute im Historischen Museum des Hochstiftes Paderborn in der Wewelsburg.

Oberntudorf

Die besondere Verehrung, die der hl. Rochus in Oberntudorf genießt, geht wahrscheinlich auf eine große Pestepidemie in den Jahren 1635-37 zurück, wenn auch für Oberntudorf keine schriftlichen Quellen aus dieser Zeit überliefert sind. Aus einem handschriftlichen Protokoll geht jedoch hervor, daß die Prozession zu Ehren des Pestheiligen in Oberntudorf bereits vor 1730 gegangen wurde. Zwei der Prozessionshäuschen der Rochusprozession (am Kleinen Hellweg und an der Ellinghauser Straße) stammen noch aus der Barockzeit.

Ein weiteres barockes Heiligenhäuschen mit ungewöhnlich reichen Stuckverzierungen, steht in der Brunnenstraße, vor dem Niedernhof. Die rekonstruierte ursprüngliche Fassung mit kostbaren Farben wie Smalte und Gold wurde in einfacheren Materialien bei der Restaurierung 1992 wieder aufgegriffen.

Marlene Meding, Salzkotten-Oberntudorf

Scharmede

Der heutige Ort Scharmede liegt zwischen Bentfeld, Thüle, Anreppen, Salzkotten und Elsen. Er hat eine Grundfläche von ca. 9 qkm und ist ca. 106 m ü. N.N. gelegen. Heute leben in dieser Gemeinde über 2.100 Bürgerinnen und Bürger. Waren im Jahre 1800 30 Schülerinnen und Schüler an der örtlichen Schule zu verzeichnen, so zählt die heutige St.-Christophorus-Grundschule etwa 120 Schülerinnen und Schüler. Mittelständische Industrie, wie Holzverarbeitung und Werkzeugbau, sind hier angesiedelt, doch geprägt wird der Ort von einer bäuerlichen Grundstruktur.

Die Geschichte des Ortes Scharmede ist eng verknüpft mit der Kirche zu Paderborn. Eine vormittelalterliche Ansiedlung kann man schon aus der Zeit 500 bis 800 n. Chr. nachweisen. Doch erst im Jahre 1015 wird der Name Scharmede als „Scarhem" erstmalig urkundlich in der „Vita Meinwerci" erwähnt. Nachdem der Bischof Meinwerk zu Paderborn den im Jahre 1000 abgebrannten Dom und das Domkloster hat neu aufbauen lassen, berichtet die Urkunde über eine Memorienstiftung des Ritters Meinheri im Jahre 1015 (Stiftung zum Totengedächtnis) an die Kirche in Paderborn, die dann durch Bischof Meinwerk dem Domkloster übergeben wurde. Diese Schenkung war die Grundlage für die Abhängigkeit des Dorfes zum Domkapitel in Paderborn. 1146 und 1183 bestätigten die Päpste Eugen III. und Lucius III. dem Kloster Abdinghof seine Besitztümer in Scharmede. Diese Besitztümer waren

mittlerweile so weit ausgedehnt, daß der reichste Grundherr in Scarhem das Paderborner Domkapitel wurde. Im Jahre 1240 verkaufte Olricus von Rhoden als Droste des Hauses Schwalenberg-Waldeck das Drostenamt an das Benediktinerkloster Abdinghof. Unter den Gütern befand sich auch der Oberhof (curia) in Scharhem. Nach einem Streit um die Curia und dessen Beendigung durch den Abt Heinrich von Abdinghof liegen keine Nachrichten mehr über das Drostenamt vor. Seit Beginn des 16. Jahrhunderts hat das Kloster Abdinghof die Ländereien dieser Curia an drei Scharmeder Bauern verpachtet: Pick, Pötting und tom Broke. Letztere ging nach dem Dreißigjährigen Krieg an die Familie Wibbe über.

Noch heute zeugen manche Flurnamen von der Verflechtung mit der Kirche: Mönche-Berg, Mönche-Holz und Mönche-Hof u. a. Von etwa 1300 an gehörte Scharmede zur Herrschaft Boke, in der die Schultenhöfe zu Hörste und Scharmede als Eigentum des Domkapitels zu Paderborn erscheinen. Im vielleicht ältesten Bauernkatalog der fürstbischöflichen Kanzlei vom 5. Mai 1656 wird der Eigenbesitz des Amtshofes zu Scharmede mit 140 Morgen Acker und 15 Morgen Holzbestand angegeben. Somit wird die Sonderstellung des Schultenhofes durch seine Größe deutlich. Vertrauliche Gespräche der Domherren am 11. Mai 1583 auf dem Schultenhof zu Scharmede, die in den Tagebüchern des Kaspar von Fürstenberg nachzuweisen sind, führten dazu, daß der Domprobst Dietrich von Fürstenberg am 5. Juni 1583 die Wahl zum Fürstbischof annahm. Als es ebenso darum ging, die Jesuiten von Paderborn nach Böddeken abzuziehen, gab es am 14. Oktober 1582 eine ebenso wichtige Besprechung der Domherren auf dem Schultenhof. Auch der weltliche Adel besaß Güter in Scharmede. Doch die Geschichte der Ortschaft Scharmede ist in bezug zur Kirche zu sehen.

Da Scharmede und Thüle zum Pfarrsprengel Boke gehörten (s.o.) und Thüle Mutterpfarrei von Scharmede war, kann man sich vorstellen, daß die Bürger des Ortes eine Verselbständigung anstrebten. Die Abpfarrung Thüles von Boke erfolgte Mitte des 14. Jahrhunderts. Im 15. Jahrhundert baute das Dorf Scharmede eine Kapelle, deren Glocke aus dem Jahre 1467 noch heute im Landesmuseum Münster zu sehen ist. Sie war der heiligen Katharina geweiht. Eine zweite Kapelle ist nachweisbar; die erste war bei dem Dorfbrand 1669 abgebrannt. Da diese Feuersbrunst nach Erzählungen vorausgesehen worden war, wie der Thüler Pastor Clemens August Caesar am 1. August 1783 berichtete, veranstaltete die Gemeinde erstmalig 1667 eine Prozession am Fest Peter und Paul. Hier wird auch erstmals der Schützenverein, der auch heute noch als wesentlicher Bestandteil des Scharmeder Vereinslebens gilt, erwähnt, der diese Prozession mit Musik begleitete. Heute zeugt noch der alte Speicher, der 1589 erbaut wurde, auf dem Hof Schulte-Alpmann von dieser Zeit.

Am zweiten Ostertag und am ersten Sonntag nach Mariä Geburt mußte der Thüler Pfarrer wegen der Patronatsfeste den Gottesdienst in der Scharmeder Kapelle abhalten. Der Kapellenvorstand und die Gemeindevertretung faßten den Beschluß auf Abpfarrung von der Mutterpfarrei Thüle am 11. Oktober 1886. Schon am 1. April 1891 konnte der erste Geistliche, Vikar Grewe, seinen Einzug in der Gemeinde halten. Allerdings mußte er immer noch an den vier Hochfesten des Kirchenjahres den Pflichtgottesdienst in der Mutterpfarrei ableisten. Doch am 16. November 1901 wurde die Kapellengemeinde zur Pfarrvikarie durch Erlaß der bischöflichen Behörde. Am 20. August 1906 schließlich konnte die heutige Kirche in Scharmede eingeweiht werden.

Das Schulwesen läßt sich auf das Jahr 1667 zurückführen. Doch erst ab 1820 kann von einem ordnungsgemäßen Schulbetrieb gesprochen werden. Mit dem Lehrer Hermeling beginnt die Reihe der regulär ausgebildeten Pädagogen (1840 - 1854).

Die bäuerliche Geschichte der Gemeinde ist eine sehr ausgedehnte und differenzierte Geschichte, die einerseits durch die Kirche bestimmt wurde, andererseits aber auch durch die Zeit nach dem Dreißigjährigen Krieg einschneidend geprägt wurde. Es gab eine Generalteilung der Allmende zwischen Anreppen, Bentfeld, Scharmede und Thüle, die durch die kö-

Alter Speicher in Scharmede.

Blick auf die Scharmeder Kirche.

nigliche Generalkommission zu Münster am 5. Februar 1836 bestätigt wurde. Die Aufteilung der Allmende in Scharmede erhielt Rechtskraft am 8. Mai 1840.

Die Gemeinde Scharmede wurde durch den Anschluß an die Eisenbahn 1884 verkehrstechnisch erschlossen. Heute zeigt sie sich, obwohl am 1. Januar 1975 nach Salzkotten eingemeindet, als strukturell festgefügt. Sicher gewinnt die Gemeinde immer mehr eine Vorort-Bedeutung zu Paderborn, - dies beweisen die neuesten Bebauungsgebiete -, doch ihre innere Struktur weist auch weiterhin einen historisch begründbaren Bezug zur Landwirtschaft auf.

Heinrich Bergmann, Salzkotten-Scharmede

Schwelle

Zu den zahlreichen Streusiedlungen an der Lippe gehört auch die Gemeinde Schwelle, die durch die preußische Verwaltungsreform von 1815 aus den Ortsteilen Schwelle, Holsen und Winkhausen gebildet worden ist und 1975 nach Salzkotten eingemeindet wurde. Die erste urkundliche Erwähnung dürfte Holsen 1101 erfahren haben, während Schwelle 1256 und Winkhausen 1297 erstmalig erwähnt werden.

Die Gemeinde war von jeher landwirtschaftlich geprägt und die hier ansässigen Bauern waren bis zur Bauernbefreiung 1810 verschiedenen Grundherren unterworfen, so z.B. dem Paderborner Domkapitel sowie den adeligen Familien von Fürstenberg, von Alten und von Hörde. Die seelsorgliche Betreuung der Bewohner erfolgte durch die Pfarrei St. Landolinus in Boke. Mit dem Bau einer Kapelle in Holsen konnte erst 1810 der erste Schritt zu der eigenen Filialgemeinde St. Philippus Neri getan werden. Als dieser Bau zu klein geworden war, erhielt die Gemeinde 1910 ein größeres Gotteshaus, das 1989 mit Unterstützung des Erzbistums und des Landeskonservators einer gründlichen Restaurierung unterzogen worden ist.

Die für die drei Ortsteile erstmalig 1802 errichtete Volksschule hat, mit einigen baulichen Veränderungen, bis zur Schulreform 1968 bestanden. Das zuletzt genutzte Schulgebäude beherbergt heute einen Kindergarten und ein Bürgerhaus.

Das Rittergut Winkhausen, das bis zur Bauernbefreiung die Ablieferung aller Abgaben der Bauern von Holsen, Schwelle

Gut Winkhausen (Schwelle/Winkhausen).

Pfarrkirche St. Philippus Neri in Schwelle/Holsen.

und Winkhausen zu überwachen hatte und zeitweilig auch als Sitz des Boker Amtmanns diente, dürfte aus der Lippegrafschaft hervorgegangen sein. Über die Familien von Hörde und von Heiden gelangte es 1671 an die Familie von Fürstenberg in Herdringen. Die Gebäude und der größte Teil des Grundbesitzes sind 1992 in das Eigentum des Landes Nordrhein-Westfalen übergegangen, das seinerseits in jüngster Zeit die Hof- und Gebäudeflächen an einen privaten Käufer weiter veräußert hat, der das Herrenhaus und die Fachwerkscheunen als historische Denkmäler erhalten will. Die Wiesen gehören heute zu einem Naturschutzgebiet, das sich von der Verner Gemarkungsgrenze bis zur Hedermündung in die Lippe hinzieht.

Wenn Schwelle, sieht man von einigen Handwerksbetrieben ab, auch heute noch landwirtschaftlich strukturiert ist, so konnte doch in der Holser Heide neben Sport-, Spiel- und Tennisplätzen ein neues Siedlungsgebiet entstehen, dessen Bewohner trotz weiter Wege zu den Arbeitsplätzen, Schulen und sonstigen Versorgungseinrichtungen das ruhige und naturnahe dörfliche Leben zu schätzen wissen.

Günter Vogenbeck, Essen

Thüle

Als Thüle im Jahre 1995 aus dem Bundeswettbewerb „Unser Dorf soll schöner werden" als Sieger hervorging, konnte die 1.608 Einwohner zählende Gemeinde bereits auf eine über tausendjährige Geschichte zurückblicken.

Wahrscheinlich schon im Jahre 826 übergab ein Graf Bardo aus dem Adelsgeschlecht der von Thülen dem Kloster Corvey seine Besitztümer. Im 13. Jahrhundert trat ein Nikolaus de Tüle als Zeuge in einer Schenkung auf. Lange bevor die Familie von Thülen während des Dreißigjährigen Krieges im Mannesstamm erlosch, hatten die von Hörde zu Boke deren Eigentum in Besitz genommen. Bis 1841 residierte die Familie von Alten in Thüle, sieben Jahre später wurde Haus Thülen mit der verbliebenen Land- und Forstwirtschaft von Wilderich von Ketteler erworben, bevor es am 1. Oktober 1965 von Josef von Ketteler an Georg Freiherr von und zu Brenken auf Schloß Erpernburg verkauft wurde.

Ein ganz bedeutender Zeuge über das Alter der Pfarrei Thüle ist der wuchtige romanische Kirchturm - er wurde wahrscheinlich zwischen 1020 und 1030 erbaut. Für 1437 wird ein Pfarrhaus bezeugt. Erweiterungen des Turmes bzw. des Kirchenbaues erfolgten im Hochmittelalter und der frühen Neuzeit; ein großer Anbau im neugotischen Stil konnte 1898 fertiggestellt, Renovierungen im Innenraum 1990 beendet werden.

Im Mittelalter und in der frühen Neuzeit war Thüle rein bäuerlich geprägt, ja noch heute ist ein Viertel der Bevölkerung in der Land- und Forstwirtschaft tätig. Der Grund und Boden gehörte bis zum Beginn des 19. Jahrhunderts kirchlichen Institutionen oder adeligen Familien. Die Bauern hatten ein zeitlich begrenztes oder unbegrenztes Nutzungsrecht.

Als die vom „tollen Christian" von Braunschweig geraubten Reliquien des heiligen Liborius am 31. Oktober 1627 nach Paderborn zurückgeführt werden konnten, ging auch die Pfarrei Thüle hinter Kreuz und Fahnen voran.

Nach der Katastrophe des Dreißigjährigen Krieges ordnete Fürstbischof Ferdinand II. von Paderborn eine Bestandsaufnahme im Gerichtsbezirk Boke an. 41 Bauernhöfe und Kötterstellen wurden registriert. Auffallend ist, daß der Eigenbesitz der Thüler Bauern weit größer war als anderenorts. Ausschlaggebend war die Getreideerzeugung auf der Thüler Feldflur.

Im 18. Jahrhundert war die Lebenserwartung der Menschen nicht sehr hoch. Tückische Seuchen, wie Diphtherie und Typhus, suchten die Menschen heim. Zu den bereits bestehenden Prozessionen, der Lobeprozession am Pfingstsonntag zur Abwendung eines schweren Unwetters im 16. Jahrhundert und der 1700 eingeführten Fronleichnamsprozession, wurde

Brunnen in Thüle zur Erinnerung an die Glockensage nach Annette von Droste-Hülshoff.

Thüler Kirche mit Gefallenenehrenmal.

1726 nach einer Ruhrepidemie die Laurentiusprozession verbindlich eingeführt.

In der ersten Hälfte des 19. Jahrhunderts - Thüle hatte inzwischen knapp 700 Einwohner - befand sich der Bauernstand in einer schweren Krise. Die Gründung des westfälischen Bauernverbandes, der sich für die Verbesserung der wirtschaftlichen Lage der Landwirte einsetzte, ist auf Anraten des Bruders des Wilderich von Ketteler aus Thüle, des Bischofs von Mainz, Wilhelm Emmanuel von Ketteler, zustande gekommen.

Der allgemeine wirtschaftliche Aufschwung seit der Gründung des Deutschen Kaiserreiches 1871 bis zum Beginn des Ersten Weltkrieges im Jahre 1914 und die „goldenen" 20er Jahre ließen in Thüle etliche kleine, später expandierende Handwerks- und Gewerbebetriebe entstehen.

Heute präsentiert sich Thüle so, wie ein „Golddorf" nach den Maßstäben der Bewertungskommission beschaffen sein soll: Es zeichnet sich aus durch die Nähe zur Natur, die wertvolle Bausubstanz, das intensive Vereinsleben und die Heimatverbundenheit seiner Bürgerinnen und Bürger.

Detlef Grothmann, Paderborn

Upsprunge

Upsprunge gehört, bedingt durch die günstigen Boden- und Wasserverhältnisse, zu den ältesten Siedlungen des Paderborner Hochstifts. Auf engem Raum aus dem Erdreich ständig emporsteigende, davon einige unter Häusern kraftvoll hervorsprudelnde Quellen der Heder haben dem Dorf Upsprunge seinen Namen verliehen. Hier „up dem Springe" siedelten sich seine ersten Bewohner an. Die erste Erwähnung als Upsprinken ist in einer Urkunde aus dem Jahre 1216 nachgewiesen, in der der Paderborner Bischof Bernhard III. von Oesede dem Abt Albert von Abdinghof den Zehnten von Upsprinken im Kirchspiel Vielsen überträgt.

Die 18 Quellen der Heder - des Hederborns - stehen größtenteils mit der Alme in Verbindung. Farbversuche in der Alme zeigten, daß 13 Quellen von in den Schwalgen bei Brenken versickertem Wasser gespeist werden. Nach 23stündigem unterirdischen Lauf durch klüftiges Karstgestein tritt es in Upsprunge als Hederfluß wieder hervor. Diese Barrierequellen sind sehr ergiebig. In jeder Sekunde tritt durchschnittlich eine Wassermenge von 1.880 l hervor, max. 3.300 l. Die Quellschüttung ist so stark, daß bereits nach 100 m Flußlauf eine Mühle betrieben werden konnte. Bereits 1351

Restaurierte Buckemühle in Upsprunge.

Upsprunge

existierte diese an der gleichen Stelle wie heute, als Friedrich von Brenken ein Erbe (die Mühle) in Upsprunge antritt. Das vor 20 Jahren neu gestaltete Hederquellgebiet ist ein beliebtes Ziel für Spaziergänger.

Neben dieser hydrologischen Besonderheit sind die in der Upsprunger Gemarkung lagernden Findlinge erdgeschichtlich bemerkenswerte Phänomene. Die Abhänge der auslaufenden Paderborner Hochfläche und des östlichen Haarstranges sind in den Arealen Berken, Helle, Hüneknapp, Reinsborn mit Granitsteinen unterschiedlicher Größe und Form übersät. Während der vorletzten Eiszeit vor etwa 200.000 Jahren sind sie von den Gletschern des Inlandeises hierher transportiert worden. In den letzten Jahren stoßen bei der sich zusehends verbessernden maschinellen Bodenbearbeitung Bauern beim Pflügen vermehrt auf diese großen Findlingssteine. Es haben ein etwa 10 Tonnen schwerer Findling zur 775-Jahr-Feier des Dorfes 1991 auf dem Dorfplatz und 1995 ein 13 Tonnen schwerer Steinbrocken vor dem zukünftigen Bürgerhaus einen Standplatz erhalten.

Wahrzeichen Upsprunges sind nicht zuletzt die drei großen Linden am Ortseingang. Diese seit 1926 unter Naturschutz stehenden Bäume, nach dem „Kreuz zum bitteren Leiden" auch Bitterlinden genannt, sind wahrscheinlich nach dem Siebenjährigen Krieg (1756 - 1763) gepflanzt. Drei Lindenblät-

ter im oberen Teil des Upsprunger Wappens stellen diese Linden dar; die fünf blauen Wellenpfähle im unteren Teil des Wappens weisen auf den Wasserreichtum Upsprunges hin.

Kirchlich gehörte Upsprunge ursprünglich zur Pfarrei Vielsen, die im 13. Jahrhundert zu bestehen aufhörte und deren Rechte und Pflichten an Salzkotten übergingen. Obwohl in Upsprunge bereits im Mittelalter eine eigene Kapelle vorhanden war - der Vorgängerbau der jetzigen Kirche entstand 1424/25 -, blieb die kirchliche Abhängigkeit von Salzkotten jahrhundertelang bestehen. Erst 1920 erfolgte die Abpfarrung von Salzkotten. 1996 kann die St. Petrus-Kirchengemeinde auf die Einweihung ihres jetzigen Gotteshauses vor 100 Jahren zurückblicken.

Ein rasanter Wandel hat sich in Upsprunge (1950: 850 Einwohner, 1996: 1.926 Einwohner) vollzogen, wenn man die Beschäftigung und Erwerbstätigkeit der Bewohner betrachtet. Während 1950 noch 218 Personen in der Landwirtschaft arbeiteten, waren es 1991 nur noch 33 (4,5 %). Entsprechend erhöhte sich z.B. die Erwerbstätigkeit im produzierenden Gewerbe, damit gleichzeitig die Zahl der Berufspendler, von 116 in 1950 auf 264 (44,2 %) in 1987.

Norbert Schulte, Salzkotten-Upsprunge

Verlar

Das fast ausschließlich moorige Gelände zwischen der Lippe im Norden und dem Geseker Bach im Süden sowie das daran anschließende fruchtbare Ackerland der Hellwegebene mit einem schmalen Streifen urbaren Landes im Bereich der heutigen Lippstädter Straße boten nur dürftige Voraussetzungen für die Ansiedlung erster Bewohner der Ortschaft Verlar. Immerhin gab das Moor Schutz vor Übergriffen, und die Lebensgrundlage - Torf, reichlicher Baumbestand und Gras für Vieh in Wiesen und Weiden - war vorhanden. Geschichtlich ist von Verlar bisher nur wenig bekannt. Der Grenzstein an der Kuhbrücke aus dem Jahre 1669 zur Grenze nach Geseke zeigt auf der Frontseite das springende Pferd als Emblem des kurkölnischen Westfalen, auf der Rückseite das Kreuz als Hoheitszeichen des Bistums Paderborn. Die Ortschaft Verlar - bis 1974 zum Kreis Büren gehörend - war das Grenzdorf gegenüber der Hellwegstadt Geseke, welche seit dem Mittelalter ein fester Bestandteil des kurkölnischen Sauerlandes war.

Eine kürzlich im Staatsarchiv Münster gefundene Urkunde belegt die Existenz von Verlar seit 1389, nach der u.a. Cord Plankenber, Bürger zu Geseke, mit dem Gut Verlar belehnt worden ist. In der Folgezeit ist die Erwähnung Verlars keine Seltenheit mehr, u.a. um 1500, als es unter Philipp von Hörde um reiche Stiftungen und Abgaben an die neuerstellte Burgkapelle zu Boke ging. Ebenso bei der Besitzergreifung des Hauses Boke durch Rietberg im Jahre 1578, als der Kalhof zu Verlar bei der Landwehr von Geseke erwähnt wird. Die Vermutung liegt nahe, daß Verlar politisch und kirchlich erst zu Boke und danach zu Hörste gehört hat, bevor Verlar eine selbständige Gemeinde wurde.

Verlar hatte also große Teile der erwirtschafteten Güter erst an Boke und später an Hörste abzugeben. Erst mit den Anfängen zu beschränkter Selbständigkeit, z.B. durch den Bau einer kleinen Fachwerkkapelle im Jahre 1782 mit Genehmigung des Fürstbischofs Wilhelm Anton von Paderborn konnte Verlar die eigene gesellschaftliche Entwicklung in Kirche und Gemeinde betreiben. Mit der Errichtung eines Pastorats im Jahre 1785 kam auch ein ständiger Schulvikar nach Verlar. Im Jahre 1856 begann Vikar Bernhard Tegetoff mit dem Bau der dreischiffigen Kirche. Der Turm wurde 1860 fertiggestellt. Die Trennung von Kirche und Schule erfolgte im Jahre 1881. Die Abpfarrung von der Mutterkirche Hörste wurde am 29. Juni 1922

Verlar

mit der Abfindungssumme von 21.000 Mark rechtskräftig. Die räumliche Enge der Klassenzimmer in der Vikarie veranlaßte die Gemeinde 1897, eine Schule zu bauen. Dieses Gebäude findet heute, nach dem Bau der neuen Franz-Stock-Schule im Jahre 1987, als Bürgerhaus Verwendung.

Die politische Selbständigkeit Verlars endete 1975 mit der Eingliederung in die Stadt Salzkotten, zur Mutterkirche wurde die Pfarrei Verne bestimmt.

Herbert Kellner, Salzkotten-Verlar

Verne

Verne bildet mit seinen Ortsteilen Enkhausen, Klein Verne, Verner Holz und Langenhagen sowie der Ruine Vernaburg und dem Gut Wandschicht eine weite Streusiedlung. Die Gemarkung hat sowohl vom Eisenbahnhaltepunkt Salzkotten bis zur Kuhbrücke bei Verlar als auch von Gut Wandschicht bis über die Bundesstraße 1 hinaus jeweils eine Ausdehnung von ca. 6 km. Der Teil der Dorfflur, der südlich der Landstraße Salzkotten-Lippstadt liegt, gehört zur fruchtbaren Börde des Geseker Hellwegraumes, während der um die Heder gelegene nördliche Teil schon der Lippeniederung mit ihren Sandböden angehört.

Der Zeitpunkt der ersten Besiedlung dieses Gebietes läßt sich heute nicht mehr feststellen, jedoch liegen archäologische Funde aus der jüngeren Steinzeit (4000 bis 1800 v.Chr.) vor. Erstmals urkundlich erwähnt wird Verne als Vernethe im Jahre 1036 in der Gründungsurkunde des Busdorfstiftes in Paderborn. Der Ortsname, dessen ursprüngliche Form wohl „Farnithi" war, verweist auf die Entstehung der Ansiedlung in merowingischer Zeit (spätes 6. bis 7. Jahrhundert). Er setzt sich aus den beiden Silben „farn" und „ithi" zusammen. „Ithi" bezeichnet eine Örtlichkeit, an der etwas häufig vorkommt, während die Bestimmungssilbe „farn" einfach Farnkraut bedeutet. Mit dem Namen wurde folglich eine Stelle benannt, an der viel Farn wuchs.

Das Gemeindewappen, das seit 1949 geführt wird, stellt auf blauem Feld einen nach heraldisch rechts steigenden silbernen Fisch dar. Es handelt sich um das Wappen des Ministerialengeschlechtes von Vernede, das bis zum 14. Jahrhundert hier ansässig war.

Mit einem legendären Mitglied dieser Familie, dem Ritter Wilhard, verbindet die Überlieferung den Ursprung der Verner Wallfahrt. Nach der Legende unternahm dieser Ritter Wil-

hard 1171 - 1173 im Gefolge Heinrichs des Löwen eine Pilgerreise in das Heilige Land. Dort schnitzte er zum Zeitvertreib an einem Stück Holz herum, das er von einem in Verne stehenden Rosenstrauch abgeschnitten hatte, und es fügte sich daraus ein Marienbild, in welchem er fortan täglich die Mutter Gottes verehrte. Dieses Bild verlor er auf unerklärliche Weise während der Heimreise und fand es wunderbar glänzend auf dem Rosenstrauch wieder, von dem er zuvor den Zweig abgeschnitten hatte. Dieses „wahre Gnadenbild" wurde später in ein größeres Marienbild eingeschlossen.

Noch heute ist Verne einer der bedeutendsten Wallfahrtsorte Westfalens und wird jährlich von mehreren tausend Pilgern aufgesucht. Das Gnadenbild ist eine romanische thronende Madonna aus dem ersten Viertel des 13. Jahrhunderts. In seinem Inneren birgt es einen reichen Reliquienschatz. Die Reliquien befinden sich zum Teil in einem einzigartigen zwiebelförmigen Reliquiar aus Buchsbaumholz (Mitte 12. Jahrhundert). Die Pfarrei Verne kann schon um 1000 entstanden sein, jedoch ist sie erst für das Jahr 1336 urkundlich belegt.

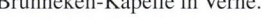
Brünneken-Kapelle in Verne.

Vernaburg

Die dem hl. Bartholomäus geweihte Pfarrkirche ist in ihren ältesten Teilen eine in zwei Bauphasen errichtete romanische Basilika des 12. Jahrhunderts. Sie wurde mehrfach erweitert und stellt heute eine unregelmäßige Hallenkirche mit gotischem Charakter dar.

Am Fest der Aufnahme Mariens in den Himmel (15. August) werden in der Kirche die Krautbunde gesegnet. Dieser alte Brauch wurde 1979 wiederbelebt. In den folgenden Jahren war das Verner Krautbundbinden Vorbild für viele andere Gemeinden im weiten Umkreis, die diese Tradtition wieder aufnahmen.

Nördlich des Dorfes liegt am Ufer der Heder die Vernaburg, die von Wilhelm von Krewet im Jahre 1607 errichtet wurde. Diese Wasserburg im Stil der Weserrenaissance befindet sich auf zwei nahezu quadratischen Inseln. Im 18. Jahrhundert verfiel das Gebäude zu einer Ruine.

Seit dem Ende des Zweiten Weltkrieges hat sich die Struktur des Ortes stark verändert. Wie in fast allen Dörfern des Hochstifts nahm die Zahl der Bauernhöfe und der damit zusammenhängenden handwerklichen Betriebe, die bisher das Ortsbild geprägt hatten, stetig ab. Die Bewohner sind nunmehr Berufspendler in die umliegenden Städte, hauptsächlich nach Paderborn. Der Rückgang der Landwirtschaft wird in den nächsten Jahren weiter anhalten, da neben der allgemeinen Entwicklung auf dem Agrarsektor die Ackerflächen mit den besten Böden der Verner Flur von der Stadt Salzkotten für ein großes Industriegebiet vorgesehen sind. Dieses Vorhaben wird zusammen mit der projektierten Umgehungsstraße für Salzkotten dazu beitragen, daß eine topographische Abgrenzung Vernes als historisch gewachsenes Gemeinwesen gegenüber Salzkotten immer schwieriger werden wird.

Rüdiger Weinstrauch, Salzkotten-Verne

Wünnenberg

Fläche	161,03 qkm	Einwohner (1996)	11.877

Einwohner in den Ortsteilen:

Bleiwäsche	969	Helmern	937
Elisenhof	132	Leiberg	1.445
Fürstenberg	2.699	Wünnenberg	3.379
Haaren	2.316		

Die Stadt Wünnenberg besteht in ihrer heutigen Gestalt als Großgemeinde mit den vorgenannten Ortsteilen seit dem 1. Januar 1975. Die neue Stadt setzt sich zusammen aus den westlichen Gemeinden des mit der Gebietsreform aufgelösten Amtes Wünnenberg und aus den drei südlichen Gemeinden des früheren Amtes Atteln. Durch die zum selben Zeitpunkt erfolgte Zusammenlegung der Kreise Büren und Paderborn zum Kreis Paderborn wurde Wünnenberg eine Stadt des Kreises Paderborn. Sie ist mit dem Autobahnkreuz Wünnenberg-Haaren sowohl an die A 44 Dortmund-Kassel als auch an die A 33 (nach Bielefeld) sehr günstig angebunden. Der Regionalflughafen Paderborn/Lippstadt ist nahe gelegen.

Wünnenberg, oberhalb des Afte- und Aabachtales gelegen, erhielt schon 1306 Stadtrechte.

Die Aabach-Talsperre, gelegen am Nordostrand des Rheinisch-Westfälischen Schiefergebirges, hat einen Rundwanderweg von 15 km Länge. Der Hauptsperrdamm hat eine Länge von 450 m und eine Höhe von rd. 40 m bei 348,70 m über NN.

Landschaftskundlicher Überblick

Wer das Gebiet von Wünnenberg durchquert, wird einen sehr unterschiedlichen Eindruck von dem Landschaftscharakter bekommen. Der von Norden oder Osten Kommende ist beeindruckt von einer offenen, weitgehend siedlungsleeren, zumeist landwirtschaftlich genutzten Landschaft, in der mehr oder weniger ebene Flächen oder weite Gründe vorherrschen, wobei ein markanter Steilhang zwei Flächenniveaus trennt. Diese Fläche ist das Sintfeld. In völligem Gegensatz dazu der Süden: Ein großes, zusammenhängendes, von Tälern und Gewässern durchzogenes Waldgebiet umfängt den Wanderer, bis er abrupt am Waldrand in die offene Weite tritt. Der aus Richtung Büren durch das Afte- und Karpketal Fahrende kann sich dem Eindruck des engen Tales, das mit drei großen Orten dicht besiedelt ist, nicht entziehen.

Den größten Teil des Stadtgebietes nehmen an der Oberfläche Gesteine ein, die vor etwa 90 Millionen Jahren am Boden des Kreide-Meeres abgelagert wurden. Vor allem handelt es sich dabei um Kalkstein.

Mit dem Bereich der Kreideablagerungen hat Wünnenberg Anteil an der Paderborner Hochfläche und gehört damit zur Westfälischen Bucht, deren Südostrand hier erreicht wird.

Das südliche Stadtgebiet mit seinen Wäldern gehört dagegen geographisch bereits zum Sauerland. Die hier anstehenden Gesteine des Oberkarbon sind mit über 300 Millionen Jahren wesentlich älter als die Kreide des Sintfeldes. Es handelt sich um eine Wechselfolge von Ton-, Schluff- und Sandsteinen, wobei die Tonsteine überwiegen. Der Tonstein ist ein Wasserstauer, weshalb sich durch den überwiegend oberirdischen Abfluß ein enges Gewässernetz ausbilden konnte. Die Aabach-Talsperre verdankt ihre Anlage sowohl dem dichten Untergrund im Staubereich als auch der reichlichen Wasserzuführung aus dem Fürstenberger und Wünnenberger Wald. Für die landwirtschaftliche Nutzung sind die Böden weniger geeignet. Daher blieb hier der Wald erhalten. Der höchste Punkt des Stadtgebietes liegt mit 497,5 m ü. NN im Ortsteil Bleiwäsche am Hang des Totenkopfes. Die höchste Erhebung Wünnenbergs ist gleichzeitig der höchste Punkt des Kreises Paderborn.

Die hydrologischen Verhältnisse im Stadtgebiet sind sehr unterschiedlich. Die Kalkgebiete sind trocken. Oberflächengewässer fließen hier nur in längeren Regenperioden oder nach der Schneeschmelze. Nach extremen Niederschlägen kann es manchmal sogar zu Hochwasser kommen. Ansonsten versickert das Wasser schnell im Untergrund, und es verschwinden sogar ganze Bäche. Dolinen und Höhlen sind weitere Karsterscheinungen der Paderborner Hochfläche.

Siedlungsgeschichte

Wann Menschen zuerst ihren Fuß auf das heutige Stadtgebiet setzten, ist nicht bekannt. Bei Haaren gefundene Feuersteingeräte beweisen aber, daß in der Mittelsteinzeit vor etwa 7000 bis 10 000 Jahren Menschen hier lagerten. Da sie ihren Lebensunterhalt als Jäger und Sammler bestritten, nutzten sie die Natur, ohne sie grundlegend zu verändern. Das geschah erst mit der Einführung des Ackerbaus in der Jungsteinzeit. Eine auch nur annähernd verläßliche Datierung des ersten Ackerbaus auf dem Sintfeld ist nicht möglich. Mit einiger Sicherheit ist aber auf jeden Fall für das zweite vorchristliche Jahrtausend mit Ackerbau zu rechnen. Ackerbau erfordert zumindest vorübergehend die Seßhaftigkeit an einem bestimmten Ort. Die Menschen bauten sich also Häuser und rodeten den Urwald, um Landwirtschaft betreiben zu können.

Von der Besiedlung in der Bronzezeit legen immerhin 186 bislang im Stadtgebiet entdeckte Grabhügel Zeugnis ab. Die Siedler pflegten vorwiegend die Viehhaltung und dürften den Wald bewußt oder unbewußt weiter gelichtet und insbesondere in Siedlungsnähe gerodet haben. Es scheint, daß zu Beginn der jüngeren Bronzezeit die Menschen den Raum wieder verließen. Durch die mutmaßliche Unterbrechung der Siedlungskontinuität eroberte der Wald seine alten Standorte wieder zurück. Erst mit dem frühen Mittelalter setzte eine kontinuierliche Siedlungsphase ein. Im September 1982 wurde bei Baggerarbeiten auf dem Steinernberg bei Fürstenberg ein Gräberfeld entdeckt. Planmäßige Ausgrabungen erbrachten die Erkenntnis, daß hier vom 6. bis zum 9. Jahrhundert Tote bestattet worden waren. Diese Toten waren wahrscheinlich die Einwohner der Siedlung Zinsdorf, die im Ringelsbruch lag. In den älteren Gräbern waren Heiden bestattet, in den jüngeren Christen. Hier wird also die Christianisierung der Sintfeldbewohner faßbar.

Die Sintfeldbewohner dieser Zeit waren Sachsen, die sich im Zuge der sächsischen Landnahme im Stadtgebiet niederließen. Um 800 bestanden schon mindestens 16 Dörfer. Während des karolingisch-fränkischen Siedlungsausbaus des 9. bis 10. Jahrhunderts erweiterte sich die Zahl der Siedlungen; vor allem wurde in dieser Zeit ein Pfarrsystem eingerichtet. Um die Mitte des 13. Jahrhunderts hatte mit 25 belegten Orten im Wünnenberger Gebiet die Siedlungsentwicklung wenigstens der Zahl nach den Höhepunkt erreicht. Sechs dieser Dörfer waren Kirchorte.

Im Hochmittelalter wurden die Stadt Wünnenberg, die Burg Fürstenberg und die Wallburg Knickenhagen angelegt. Andererseits waren um 1350 sechs Orte um die neu gegründete Stadt Wünnenberg herum bereits wüstgefallen. Diese ersten Wüstungsvorgänge waren durch eine Siedlungskonzentration begründet. Andere Ursachen hatte die große Wüstungsperiode des späten Mittelalters. Durch Ritterfehden, Raubritterüberfälle und Seuchen wurde die Bevölkerung dezimiert oder zur Aufgabe ihrer Höfe veranlaßt. Im 15. Jahrhundert bestanden im Stadtgebiet nur noch Wünnenberg und Fürstenberg als bewohnte Orte.

Allerdings war diese Verödung nicht von Dauer. Vor allem auf die Initiative der Klöster und des Adels hin kam es zu einer Rekultivierung. Jedoch wurden die wüsten Wohnplätze nur in Ausnahmefällen wiederbesiedelt. Nun wurden nur wenige Großdörfer gebildet, die Gemarkungen mehrerer ausgegangener Orte aufnahmen. Im 16. Jahrhundert wurde das Stadtgebiet von Wünnenberg, Fürstenberg, Leiberg, Bleiwäsche, Haaren, Helmern und Tindeln aus bewirtschaftet. Bis auf den letztgenannten Ort nahmen alle Siedlungen im Laufe der Zeit stark an Umfang zu. Erst wesentlich später kamen die aus speziellen wirtschaftlichen Gründen errichteten Siedlungen Eilern, Sintfeld (Elisenhof), Wohlbedacht oder die Fürstenberger Glashütte hinzu. Seit neuester Zeit gibt es eine große Zahl von Einzelhöfen in der Feldmark, die durch die Aussiedlung von landwirtschaftlichen Betrieben aus den geschlossenen, für den Landwirtschaftsbetrieb zu eng gewordenen Ortslagen entstanden sind.

Die politische Geschichte des Raumes Wünnenberg

In sächsischer Zeit lag das Stadtgebiet im Almegau, der sich aus dem Sintfeld und dem Madfeld als Untergauen zusammensetzte. Als Karl der Große Sachsen erobert hatte, führte er 782 hier die Grafschaftsverfassung ein. Die Grafschaften waren keine geschlossenen Gebiete, sondern beruhten auf Herrschaftsbefugnissen, mit deren Ausübung Grafen betraut wurden. Diese aus dem einheimischen Adel gewählten Grafen waren königliche Beamte und Grundherren auf ihrem Besitz. Auf dem Sintfeld übten mehrere Grafen das Herrschaftsrecht aus. Neben den Grafschaften wurde eine ebenfalls als Herrschaftsinstrument fungierende Kirchenorganisation aufgebaut.

Im frühen Mittelalter bemühten sich der Paderborner Bischof und die Edelherren von Büren um die Errichtung einer Landesherrschaft. Bischof Meinwerk (1009 - 1036) gelang es, die auf dem Sintfeld bestehenden Grafschaftsrechte und andere Güter an sich zu bringen, so daß damit die Voraussetzungen zu einem Flächenstaat gegeben waren. Die Edelherren von Büren besaßen u.a. die Freigrafschaft Wünnenberg und die Herrschaft Wewelsburg. Bei einer Aufspaltung der Linien legte sich Berthold VI. von Büren um 1300 die Burg Wünnenberg an, der Paderborner Bischof dagegen u.a. die Vorstenburg, d.h. die Burg Fürstenberg. Die Interessengegensätze eskalierten zu Fehden, in deren Folge ein Kompromiß ausgehandelt wurde, der Paderborn eindeutig bevorteilte. Die beiden Schlußakte in dem Machtkampf zwischen den Edelherren von Büren und Paderborn vollzogen sich auf der finanziellen Ebene. 1355 verkaufte Walram II. von Büren die Herrschaft Wünnenberg und seinen Anteil an der Burg Fürstenberg an den Bischof. Damit gehörten die heutigen Wünnenberger Gemarkungen Leiberg, Wünnenberg, Fürstenberg und Bleiwäsche zum Hochstift Paderborn. 1384 kauften Bischof Simon und das Domkapitel von den Brüdern von Büren die halbe Herrschaft Wewelsburg, wodurch der Bereich von Haaren und Helmern an das Hochstift fiel. So war also das ganze heutige Stadtgebiet Teil des Fürstbistums Paderborn.

Die reale Herrschaft übten jedoch weiter lokale Adelsfamilien aus, denn beide Herrschaften wurden von den Bischöfen verpfändet. Von 1384 bis 1589 waren die von Brenken die Herren im Haarener und Helmerner Raum. Amt und Stadt Wünnenberg waren ab 1362 zunächst auch an die von Brenken versetzt, ein Teil der Burg Fürstenberg auch an die von Padberg.

1379 verpfändete der Bischof das Amt Wünnenberg mit den verschiedenen Zubehörungen an die Brüder Lubbert und Johann von Westphalen. Hier tritt zum ersten Male die Adelsfamilie auf, die heute noch blüht und u.a. auf dem Schloß Fürstenberg ansässig ist. Die von Westphalen - heute: Grafen von Westphalen - sind immer noch die größten Grundbesitzer im Stadtgebiet. Als Herren der Herrschaft Wünnenberg fungierten die von Westphalen fast 300 Jahre lang.

Großen wirtschaftlichen Erfolg hatten die von Westphalen zunächst nicht zu verbuchen. Ihre Stadt Wünnenberg vergrößerte sich zwar, die vielen kleinen Dörfer des Sintfeldes verschwanden aber in dieser Zeit von der Landkarte. Wo keine Bauern mehr wirtschafteten, konnten auch die Herren keine Abgaben und Dienste einfordern. Erst als im 15. Jahrhundert die Zeit der Fehden zu Ende gegangen war, war neue Ansiedlung möglich. Sie hatte Erfolg, denn Fürstenberg und Leiberg entstanden. Erfolgreich war 1540 auch die im Auftrag der Herren von Westphalen durchgeführte Prospektion auf Erzvorkommen, die zur Gründung der Bergbausiedlung Bleiwäsche führte.

Daß aus dem südlichen Hochstift wieder eine gute Einkommensquelle geworden war, merkten auch die Bischöfe. 1654 gelang es Fürstbischof Dietrich Adolf von der Recke, das Pfand von 1379 gegen eine hohe Summe zurückzubekommen. Die nach fast drei Jahrhunderten schwierige Trennung von Westphalenschem Privatbesitz und fürstbischöflichen Rechten zog sich bis 1656 hin.

Das gesamte heutige Stadtgebiet wurde bis zum Ende des Alten Reiches 1806 von fürstbischöflichen Beamten in Wünnenberg und Wewelsburg verwaltet. Haaren und Helmern gehörten zum Amt Wewelsburg, Bleiwäsche, Fürstenberg, Leiberg und Wünnenberg zum Amt Wünnenberg. Den Ämtern stand ein Adeliger, der sog. Drost, vor. In der Praxis aber führten bürgerliche Amtmänner - der in Wünnenberg trug den Rentmeistertitel - die Amtsgeschäfte. Im Juli 1802 wurden die Ämter Büren, Wünnenberg und Wewelsburg zusammengelegt, damit der Amtmann ein standesgemäßes Einkommen hatte, was mit einem Amt allein offensichtlich nicht der Fall gewesen war.

Die Zeit der fürstbischöflichen Landesherrschaft war aber schon im August 1802 abgelaufen. Am 3. August marschierten preußische Truppen in Paderborn ein, denn das Hochstift war als sog. Entschädigungsland an Preußen gefallen.

Der Wandel, der durch die französischen Eroberungskriege auf Europas Landkarte eintrat, beendete nach nur drei Jahren die preußische Herrschaft. Im Oktober 1806 besetzten die Franzosen Paderborn.

Durch Napoleons Niederlage in der Völkerschlacht bei Leipzig wurde 1813 auch Westfalen wieder preußisch. 1816 wurden die Kreise gebildet, die bis zur letzten Gebietsreform Bestand hatten. Das Stadtgebiet gehörte seither bis 1975 zum Kreis Büren.

Die am 1. Januar 1975 wirksam werdende Gebietsreform bestimmte dann, daß die Gemeinden Bleiwäsche, Elisenhof, Fürstenberg, Haaren, Helmern, Leiberg und Wünnenberg zu einer neuen Gemeinde zusammengeschlossen werden sollten, die den Namen „Wünnenberg" und Bezeichnung „Stadt" führte. Die bisherigen Amtsgemeinden Essentho, Meerhof, Oesdorf und Westheim wurden der Stadt Marsberg zugeschlagen. Die beiden Sintfeldhöhenorte Helmern und Haaren sowie Elisenhof kamen von dem - völlig aufgelösten - Amt Atteln.

Weiterhin bestimmen Land- und Forstwirtschaft das Aussehen des überwiegenden Teils des Stadtgebietes und stellen einen wichtigen Wirtschaftszweig dar. Ein konsequent verfolgter Ausbau des Fremdenverkehrs und die Ansiedlung von Gewerbebetrieben haben neue Einkommensmöglichkeiten und Arbeitsplätze geschaffen, was besonders im Hinblick auf die Krise der Landwirtschaft von großer Bedeutung ist.

Bleiwäsche

Bleiwäsche hat durch seine Lage am Rand des Sauerlandes und durch die Tatsache, daß es durch weite Wälder vom Stadtgebiet abgetrennt wird, eine Sonderstellung - auch im Hinblick auf seine Entstehungsgeschichte.

Die Katholische Pfarrkirche St. Agatha in Bleiwäsche wurde im Monat August des Jahres 1901 geweiht.

Bleiwäsche

Im Bereich des heutigen Bleiwäsche bestand im Mittelalter das Dorf Thetbaldinghusen, das in der spätmittelalterlichen Wüstungsperiode unterging. Es entstand 1540 neu, als die Suche der Herren von Westphalen nach Bodenschätzen erfolgreich verlaufen war.

Geseker Bürger richteten daraufhin eine Schmelzhütte ein. Dort verarbeiteten sie das von den Bergleuten geförderte Erz. Diese Ansiedlung wurde mit ihrer Bleiwäsche zum neuen Ortsnamen. Durch die Ansiedlung von Bergleuten, die wahrscheinlich nebenbei auch noch Landwirtschaft betrieben, entstand ein Dorf. Dieses Dorf blieb auch bestehen, als der Bergbau im 17. Jahrhundert eingestellt wurde. Trotz zweier kurzlebiger Versuche im 18. und 19. Jahrhundert gab es keine Wiederbelebung. 1908 begann der Abbau von Schwerspat, der bis zum Zweiten Weltkrieg fortgesetzt wurde. Dann war auch dieser Bergbau Geschichte. Heute wird ein großer Kalksteinbruch betrieben.

Durch die Bauern, die in Bleiwäsche siedelten und die alte Thetbaldinghuser Flur unter Pflug nahmen, bildete und erhielt sich eine von der Bergbaukonjunktur unabhängige, stabile Dorfgemeinschaft. 1708/09 erhielt das Dorf mit der Kirche seinen geistlichen und gesellschaftlichen Mittelpunkt. 1713 trat der erste Pfarrer seinen Dienst an. Die Kirche wurde im 19. Jahrhundert zu klein für die gewachsene Bevölkerung, so daß sie einem Neubau weichen mußte, der im August

Mariengrotte in Bleiwäsche.

Kindergarten in Bleiwäsche.

1901 geweiht wurde. Die Schule mußte ebenfalls mehrfach erneuert bzw. erweitert werden. Die heutige, seit 1969 nur noch als Grundschule genutzte Schule wurde 1891/92 erbaut und 1925 und 1957 erweitert.

Einfach war das Leben in dem rauhen Gebirgsklima des Sauerlandes nicht. In vielen Wintern war Bleiwäsche wegen des hohen Schnees zeitweise von der Außenwelt abgeschnitten. Mißernten und Notzeiten machten den Menschen oft genug das Leben schwer. Hinzu kamen wie überall Epidemien, Brände und andere Schicksalsschläge, die menschliche und materielle Opfer forderten. Da Arbeitsplätze trotz einiger Gewerbebetriebe rar waren, mußten viele Bleiwäscher die Heimat verlassen und wenigstens saisonweise auswärts ihrem Broterwerb nachgehen.

Als großes Problem stellte sich lange Zeit die Wasserversorgung dar. Etliche Versuche, geeignete Quellen zu finden, schlugen fehl. Erst seit 1973 sind die Wassersorgen durch den Anschluß des Dorfes an Quellen im Hoppecketal im Rahmen eines Wasserzweckverbandes endgültig behoben.

Die Lage Bleiwäsches „fernab der lauten Straßen" in einem Waldgebirge, die sich im Lauf der Geschichte vielfach als Nachteil erwiesen hatte, wurde mittlerweile als Vorteil erkannt. Die schöne Landschaft ist attraktiv für Erholungssuchende, so daß der Fremdenverkehr als Erwerbszweig entdeckt wurde. So wurde Bleiwäsche vom Bergbau- zum Fremdenverkehrsort.

Elisenhof

Elisenhof stellt als sehr junge Siedlung eine Ausnahme unter den Wünnenberger Ortsteilen dar. Dennoch hat die Örtlichkeit auf dem Sintfeld im Nordosten des heutigen Stadtgebietes eine lange und wechselvolle Geschichte.

Elisenhof

Kapelle im Dorfzentrum von Elisenhof.

Im Mittelalter bestanden hier die Dörfer Osteilern und Boclon, die aber in der Wüstungsperiode verschwanden. Die Ländereien und die Ortsstätten kamen 1451 an das Kloster Dalheim. Nach der Säkularisierung wurde Dalheim zur preußischen Staatsdomäne. 1822 erhielt diese ein „Vorwerk", d.h. einen teilweise selbständig arbeitenden Zweigbetrieb. Er wurde als „Vorwerk auf dem Sendfelde" bezeichnet. 1826 wurde ihm offiziell der Name „Elisenhof" beigelegt. Der Hauptwirtschaftszweig des Vorwerks war die Schafzucht.

Nach dem Ende des Kaiserreiches wurde für Elisenhof die gemeinnützige „Siedlungsgesellschaft Rote Erde" in Münster zuständig, die 1922 die 238,49 ha Grund des Vorwerks kaufte und zur privaten Ansiedlung ausschrieb. Von über 100 Bewerbungen um Siedlerstellen wurden 16 angenommen, die zumeist aus der näheren Umgebung kamen. 1923 zogen die Siedler ein. 1924 wurde eine Schule eingerichtet, für die 1928 ein eigenes Gebäude errichtet wurde. Im gleichen Jahr (1928) wurde auch mit dem Bau einer Kapelle begonnen, der 1930 vollendet war.

Die neue Siedlung Elisenhof war für den Bauernkult und die Blut- und Boden-Ideologie der Nationalsozialisten ein wichtiges Musterdorf. In der Propaganda wurde die Aufbauleistung der Elisenhofer als vorbildlich gerühmt, und alles, was sich ideologisch verwerten ließ, groß herausgestellt.

Am 10. August 1952 wurde Elisenhof eine selbständige politische Gemeinde und ist seit 1975 Teil der Stadt Wünnenberg.

Fürstenberg

Fürstenberg verdankt seine Entstehung dem Willen der Paderborner Bischöfe, die Ausdehnung der Edelherren von Büren einzudämmen. Auch galt es, die hessischen Expansionsgelüste im Auge zu behalten. Daher ließ Bischof Bernhard V. 1325 eine vorgeschobene Befestigung, die „Vorstenburg", errichten. Mit diesem Vorgängerbau des heutigen Schlosses nahm das Dorf Fürstenberg seinen Anfang.

Mehrere Ritterfamilien saßen zunächst auf der Burg. In der Zeit der Fehden und raubenden Ritterbünde erlitt sie ein wechselhaftes Schicksal. Sicherheit und Kontinuität traten erst ein, als 1445 die Brüder Lubbert und Wilhelm von Westphalen die Vorstenburg als Pfand und zwei Jahre später als Lehen erhielten. Die von Westphalen blieben die Burgherren bis auf den heutigen Tag. Über das Aussehen der alten Burg ist wenig bekannt. Fürstbischof Friedrich Wilhelm von Westphalen ließ die Burg 1783 bis auf einen mächtigen Turm abreißen, denn er plante den Bau einer großen Schloßanlage. Mit dieser Aufgabe betraute er den hessischen Baumeister Simon Louis du Ry, der das großartige Schloß schuf, das heute ein Kleinod des Paderborner Landes ist.

Vor den Toren der alten Burg entstand ab der Mitte des 15. Jahrhunderts, begünstigt durch für die Zeit großzügige Ansiedlungsbedingungen, die „Freiheit", d.h. das Dorf Fürstenberg. In die Gemarkung Fürstenberg wurden die Gemarkungen der ausgegangenen Orte Beffede, Bergheim, Dorsion, Kircheilern, Vesperthe und Zinsdorf einbezogen. Zusammen mit den großen Wäldern der Grafen von Westphalen umfaßt die Gemarkung Fürstenbergs heute 59 qkm. Als Pfarrei wurde Fürstenberg erst 1655 selbständig. Zunächst diente noch die alte Vesperther Kirche als Pfarrkirche. Die heutige katholische Kirche konnte am 3. Oktober 1758 geweiht werden. Die kleine evangelische Christenschar erhielt ihren Mittelpunkt 1854, als ein Kirche, Schule und Pfarrerwohnung unter einem Dach vereinendes Haus eingeweiht werden konnte. Bis 1932 war Fürstenberg - zuletzt mit einem Amtsgericht - Ge-

Der 1325 gegründete Ort Fürstenberg.

Schloß Fürstenberg, Sitz der Familie von Westphalen.

1956 erhielt Fürstenberg eine Realschule. Sie wurde mit der 1979 gebauten Hauptschule zu einem modernen Schulzentrum zusammengefaßt.

richtssitz. 1844 wurde es Sitz des Amtes Wünnenberg und ist heute noch Sitz der Stadtverwaltung. 1956 erhielt Fürstenberg eine Realschule. Sie wurde 1979 mit der neu gebauten Hauptschule zu einem gut ausgestatteten, modernen Schulzentrum zusammengefaßt.

Haaren

Mit weitem Blick über das Sintfeld bis in das Sauerland liegt Haaren im Norden des Stadtgebietes. Diese topographische Situation wurde als charakteristisches Merkmal zur Bezeichnung des Dorfes: „Haaren" von „har" = Höhe.

Vermutlich hieß Haaren ursprünglich „Harhem" und war als „-heim-" Ort eine fränkische Gründung. Urkundlich faßbar ist Haaren aber erst im Jahre 975 in den Corveyer Traditionen, als ein gewisser Helmdag dem Kloster Güter und Hörige in „Harun" übertrug. Grundherren waren in Haaren neben Corvey auch das Kloster Willebadessen und vor allem das nahe Kloster Böddeken. Im 13. und 14. Jahrhundert gab es im Ort eine adelige Familie „von Haaren".

Am Ende der mittelalterlichen Blüte des Dorfes stand der Untergang; denn Haaren teilte das Schicksal aller anderen Sintfeldorte und fiel wüst. 1492 wurde Haaren zum zweiten Male gegründet. Um die Aufteilung der wüsten Marken und die grundherrschaftlichen Anrechte auf die Haarener Ländereien kam es zu langwierigen Rechtsstreitigkeiten des Dorfes mit dem Kloster Böddeken. Im Zuge dieser Streitigkeiten kam es sogar vor, daß die Haarener von den Mönchen verpfändetes Vieh zurückeroberten, indem sie mit Äxten, Mistgabeln und anderen Waffen den Klosterbrüdern auf die Kutte rückten. Die verlassenen Ortsstellen von Schwafen, Altenböddeken, Tindeln, Tedekenlo und Wulfeshausen blieben wüst.

Alter Ortskern von Haaren mit der Pfarrkirche St. Vitus im Mittelpunkt.

Katholische Pfarrkirche St. Vitus in Haaren. Die Kirche wurde 1751 geweiht.

Bei der Ohrmakersmühle in Haaren handelt es sich um eine Maschinenmühle aus dem Jahre 1933. Die motorgetriebene Mahlanlage hat Seltenheitswert.

Haaren kam im ausgehenden Mittelalter zu neuer Blüte. 1507 nahmen die Einwohner den Wiederaufbau der Kirche in Angriff. Diese Kirche stand auf dem Friedhof bis zum Jahre 1845. Der Grundstein zu der heutigen Kirche wurde am 15. Juli 1749 gelegt. 1751 wurde sie geweiht. Der Turm wurde erst 1861 im Zuge einer Kirchenvergrößerung errichtet und im Jahre 1891 noch einmal aufgestockt.

Eine ernste Krise durchlebte das Dorf im Dreißigjährigen Krieg, als die Soldateska es mehrfach plündernd, brennend und raubend heimsuchte. Im Januar 1622 verlegte der als „Toller Christian" gefürchtete Christian von Braunschweig sein Hauptquartier nach Haaren. Durch die Zahlung von 2.000 Talern konnten die Haarener dem Allerschlimmsten entgehen. Weitere Schicksalsprüfungen wie der Siebenjährige Krieg (1756-1763), Seuchen und Mißernten sowie ein 48 Gebäude vernichtender Dorfbrand im Jahre 1847 blieben dem Ort nicht erspart.

Die meisten Haarener lebten von der Landwirtschaft oder dem Handwerk. Bei zunehmender Bevölkerung reichten die Arbeitsplätze aber nicht mehr aus. Wer im 19. Jahrhundert nicht im Staatsforst, in der Ziegelei auf dem Söhl oder in der Glashütte Altenböddeken Arbeit fand, mußte als Saisonarbeiter in die Ferne ziehen oder ganz in der Fremde wie z.B. in Amerika seinen Lebensunterhalt finden.

Wer Haaren heute besucht, merkt von den Problemen der Vergangenheit nichts mehr. Die Lage unmittelbar am Autobahnkreuz A 44 / A 33 und die Nähe zum Flughafen Paderborn/Lippstadt hat dem Ort zu einer verkehrsgünstigen Lage verholfen. Die Ausweisung eines Industriegebietes führte zur Ansiedlung zukunftsorientierter Firmen. Die 24 Betriebe, die hier bis 1996 entstanden, bieten z. Zt. 1.100 Menschen Arbeit.

Helmern

Helmern

Das zweite nördliche Höhendorf Wünnebergs ist Helmern. Wie Haaren, so hatte auch Helmern einen Bruch in der Siedlungsentwicklung zu verzeichnen. Im Mittelalter gab es die zwei kleinen Orte West- und Osthelmern. Westhelmern ist als „Hilimari" im Jahre 1036 sicher belegt, Osthelmern erst im frühen 14. Jahrhundert. Beide verschwanden in der spätmittelalterlichen Wüstungsperiode. Während das Schicksal Westhelmerns damit endgültig besiegelt war, blühte in Osthelmern, das ab jetzt nur noch Helmern hieß, im 16. Jahrhundert (urkundlich nachweisbar 1548) wieder neues Leben. Helmern gehörte zur Pfarrei Atteln, was wegen der großen Entfernung und witterungsbedingt oft schlechten Erreichbarkeit der Pfarrkirche und des Friedhofes, wohin die Helmerner

Toten gebracht werden mußten, große Unannehmlichkeiten bereitete. Zum Gottesdienst ging man lieber nach Haaren. Eine Kapelle gab es in Helmern zwar schon im 17. Jahrhundert, aber trotz aller Anstrengungen gelang es den Helmernern lange nicht, eine selbständige Pfarrei zu werden. Eine richtige Kirche bauten die Helmerner unter großen finanziellen Mühen und mit viel Eigenleistung dann im 19. Jahrhundert. Das neue Gotteshaus wurde am 2. Dezember 1885 geweiht. Patronin ist die hl. Apollonia. Ihr Patronatsfest am 9. Februar wurde immer besonders feierlich begangen. Einen eigenen Friedhof bekam Helmern erst 1897. 1913 wurde die erste Trauung im Dorf vollzogen. So kam man schrittweise der Abpfarrung von Atteln näher, die am 1. Oktober 1920 stattfand.

Helmern war immer ein Bauerndorf und macht diesen Eindruck auch noch heute, obwohl die meisten Einwohner nicht mehr in der Landwirtschaft tätig sind.

Leiberg

Auch Leiberg gehört zu den Orten, die auf den Überresten eines älteren Dorfes entstanden sind. An der Stelle des ausge-

Die 1885 geweihte Pfarrkirche St. Apollonia in Helmern.

Leiberg

Kreuz auf dem Pestfriedhof in Leiberg.

mit einer Inschrift versehenes zeitgenössisches Steinkreuz. Leiberg gehörte ursprünglich zur Pfarrei Wünnenberg. Erst 1703 bekam das Dorf eine eigene Kapelle, die 1726 abbrannte und 1733 durch eine neue ersetzt wurde. Diese diente ihrer Aufgabe bis 1866, als eine richtige Kirche geweiht werden konnte. In Leiberg wirkte zwar ein Vikar, die ersehnte Erhebung zur selbständigen Kirchengemeinde erfolgte indes erst im Jahre 1921.

Nach dem Zweiten Weltkrieg erfuhr das Dorfbild manche Veränderung. Modernisierungen der Häuser ließen wenig von dem überkommenen Charakter übrig. Die Siedlungen Försterberg, Auf dem Hagen und Empertal haben den Siedlungsraum wesentlich erweitert. Das Ferienhausgebiet Am Nollen trägt dem Erholungsbedürfnis der Menschen Rechnung. Die Schützenhalle und Sportanlagen sind Zentren der Freizeitgestaltung und vor allem der Gemeinschaftspflege der Leiberger.

Wünnenberg

Wünnenberg ist die einzige der sieben Ortschaften der heutigen Stadt, die auch schon früher eigene Stadtrechte besaß. Von Wünnenberg ist nicht nur der Name, sondern auch die Bezeichnung „Stadt" auf das gesamte Gebiet der Großgemeinde übergegangen.

Das historische Wünnenberg war eine Burg- und Stadtgründung der Edelherren von Büren. Auf dem Wünnenberg, dem wahrscheinlich durch Viehauftrieb kahlgefressenen „Weideberg", errichteten die Bürener in der Schutzlage hoch über dem Afte- und Aabachtal um 1300 eine Burg. Gleichzeitig legten sie den Grundstein zu einer Stadt.

In diese neue, mehr Schutz versprechende Stadt siedelten vor allem die Bewohner der umliegenden kleinen Dörfer um. Wünnenberg trug mit seiner Sogwirkung zum Wüstwerden vieler Orte bei. 1306 soll Wünnenberg Stadtrechte bekommen haben. Für das Jahr 1309 sind der Bürgermeister Bertold und Ratsherren urkundlich belegt. Um 1313 wurde Wünnenberg eigenständige Pfarrei.

Die Stadt gehörte zu den drei Landständen des Hochstifts Paderborn, was bedeutete, daß der Bürgermeister zusammen mit der Ritterschaft und dem Domkapitel in der Reihe der Städte an den Landtagssitzungen teilnahm.

1355 verkauften die Edelherren von Büren Burg und Stadt Wünnenberg an den Bischof von Paderborn. Wünnenberg wurde damit Verwaltungssitz des „Amtes Wünnenberg". Der Bischof versetzte 1362 Wünnenberg an die von Brenken und

gangenen Andeppen im Aftetal gründete Johann von Westphalen im Jahre 1490 eine Siedlung, die - da sie den nordwestlich daran anschließenden Leiberg in die Bebauung einbezog - nach ihm benannt wurde. Somit erfolgte etwa 40 Jahre nach der Gründung Fürstenbergs eine zweite planmäßige Ortsgründung durch die Herren von Westphalen.

Im Dreißigjährigen Krieg suchte eine schreckliche Katastrophe das Dorf heim. Im August 1635 brach die Pest aus! Die Zahl von 400 Pesttoten ist belegt. Nur sieben Überlebende soll es gegeben haben. Ein Denkmal dieser Katastrophe ist der Pestfriedhof im Leiberger Wald. Auf ihm wurden an den Überresten der Kapelle des wüsten Ortes Fornholte die vielen Toten bestattet, die auf dem Wünnenberger Friedhof keinen Platz fanden bzw. wahrscheinlich wegen der Ansteckungsangst dorthin auch nicht überführt werden durften. Die alljährliche Prozession von Leiberg zum Pestfriedhof hält die Erinnerung an die Epidemie von 1635 ebenso wach wie ein

Wünnenberg

Wünnenberg

Blick auf eine Siedlung im ländlich strukturierten Bereich der Stadt.

Die Aatalklinik wurde im Sommer 1996 fertiggestellt und grenzt direkt an den Kurpark des staatlich anerkannten Luft- und Kneippkurortes.

1379 an die von Westphalen. Erst 1654 wurde es wieder eingelöst. Dann residierte auf der Burg, dem „Amtshaus", ein bischöflicher Amtmann als Verwaltungsbeamter. Als ab 1803 die Preußen regierten, war es mit der Stadtherrlichkeit vorbei. Wünnenberg bewahrte nur noch als Titularstadt die alte Bezeichnung, wurde ansonsten aber eine normale Landgemeinde.
Am 7. Dezember 1725 äscherte ein Großbrand zum zweiten Male nach 1677 die Stadt zur Gänze ein. Aus diesem Unglück wurde endlich die richtige Konsequenz gezogen: Die Hälfte der Hausbesitzer mußten in das Tal umziehen und dort neu bauen. Seitdem besteht die Unterstadt, die der Ausgangspunkt für die weitere Ausdehnung der Stadt, insbesondere in der Gegenwart, werden sollte.
Der Ortsteil Wünnenberg ist heute Zentrum des Fremdenverkehrs der Stadt Wünnenberg und im Landesentwicklungsplan Nordrhein-Westfalen als Fremdenverkehrsschwerpunkt ausgewiesen. Die naturnahe Landschaft und die durch den Autobahnanschluß verkehrsgünstige Lage zum Rhein-Ruhr-Gebiet machen Wünnenberg zu einem idealen Naherholungs-

Wildgehege im Freizeit- und Erholungspark „Aatal".

gebiet. Neben Wanderwegen stehen mittlerweile eine Reihe von Einrichtungen für die aktive Freizeitgestaltung zur Verfügung. So hat sich das Aatal zu einer Freizeitlandschaft entwickelt. Dort befinden sich Kurhaus, Kurpark, Paddelsee, Sportplatz, Hallen- und Freibad, Tennisplätze, Kinderspielplätze und weitere Anlagen. Eine Wanderung durch das Aatal führt zur Aabach-Talsperre, vorbei an Tiergehegen, deren Hauptattraktion die rückgezüchteten Auerochsen sind.

Im Sommer 1996 wurde die „Aatalklinik Wünnenberg" fertiggestellt. Direkt an den Kurpark angrenzend, ist sie ein Zentrum für interdisziplinäre Prävention, Frührehabilitation und Rehabilitation, in dem Patienten nach Schlaganfall, Schädel-Hirn-Verletzungen und mit neurologischen Erkrankungen aller Schweregrade behandelt werden. Als Modelleinrichtung der Stiftung Deutsche Schlaganfall-Hilfe verfügt die Aatalklinik über modernste diagnostische und therapeutische Ausstattungen.

Horst D. Krus, Archivar, Brakel - Bellersen

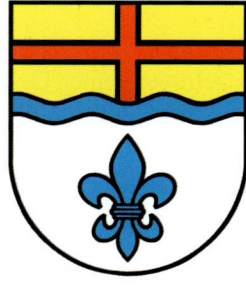

Kreis Höxter

Fläche	1.199,64 qkm	Einwohner (1996)	155.516
Einwohner in den kreisangehörigen Städten:			
Bad Driburg	19.380	Marienmünster	5.341
Beverungen	15.886	Nieheim	7.334
Borgentreich	9.966	Steinheim	13.378
Brakel	17.896	Warburg	24.481
Höxter	32.853	Willebadessen	9.001

Landschaft

Der Kreis Höxter ist der am weitesten östlich gelegene Kreis des Landes Nordrhein-Westfalen und grenzt an die Länder Niedersachsen und Hessen. Mit einer Fläche von 1.199,64 qkm, auf der 155.516 Einwohner leben, gehört er nicht nur zu den flächengrößten Kreisen des Landes Nordrhein-Westfalen, sondern auch zu den schönsten Mittelgebirgslandschaften Deutschlands.

Der Kreis Höxter umfaßt das landschaftlich reizvolle obere Weserbergland zwischen der Weser und dem Naturpark Solling-Vogler im Osten, der Diemel im Süden, dem Naturpark Eggegebirge/Südlicher Teutoburger Wald im Westen sowie dem Lipper Bergland und der höchsten Erhebung des Kreises, dem Köterberg (496 m), im Norden.

Geschichte und Kultur

So vielgestaltig, wie sich die Landschaft des in den gegenwärtigen Grenzen seit 1975 bestehenden Kreises Höxter ausnimmt, so wechselhaft sind auch seine Geschichte und so vielfältig seine Kultur.

Zahlreiche Bodenfunde und vor allem auch einige Großsteingräber und Schutzanlagen im Süden des Kreises belegen die Besiedlung des Raumes von der Steinzeit an. Historisch greifbare Daten reichen zurück in das 8. Jahrhundert, als Karl der Große 772 zum ersten Mal ins Sachsenland vorrückte. Er eroberte die „Weserfestung", indem er die sächsischen Verteidiger der Volksburgen Iburg bei Driburg und Brunsburg bei Höxter niederrang. Die unterlegenen Sachsen mußten im Jahre 785 zulassen, daß ihre Heimat in das Frankenreich eingegliedert wurde. Ihre neuen Herren brachten auch eine neue Religion mit: das Christentum.

Die Christianisierung ging einher mit der Einführung fränkischer Verwaltungsstrukturen und kirchlicher Organisationsformen. Aus der engen Verbindung von Staat und Kirche erklärt sich die weitere Territorialgeschichte des Raumes. Der Bischof von Paderborn war bis zum Ausgang des Alten Reiches als Fürstbischof der Landesherr des Hochstiftes Paderborn. Der Abt von Corvey regierte sein kleines Ländchen an der Weser, das im Umfang in etwa mit der heutigen Großgemeinde Höxter identisch war.

Die Gründung des Klosters Corvey im Jahre 822 bereicherte das Weserbergland um ein geistiges, geistliches und kulturelles Zentrum, dessen Wirkung weit über die Region hinausgriff. Die berühmte mittelalterliche Klosterschule und die nicht weniger rühmenswerte Bibliothek vermittelten den Mönchen das Rüstzeug für ihre Missionsarbeit und die Pflege der Geschichte. Nach Zeiten des Niederganges, erneuter Blüte und der Aufhebung des Klosters während der Säkularisation ist das Schloß Corvey mit dem charakteristisch romanischen Westwerk der Abteikirche heute durch die Fürstliche Bibliothek, das Museum, die wechselnden Kunstausstellungen, Konzerte und anderen Veranstaltungen wieder ein kulturelles Zentrum.

Der Kreis Höxter bietet darüber hinaus eine Reihe weiterer eindrucksvoller Klosteranlagen, u.a. Marienmünster, Brenkhausen, Neuenheerse, Gehrden, Willebadessen, Hardehausen, Warburg und Wormeln.

Einen Besuch lohnen aber auch die anderen Orte des Kreises. Jedes Dorf hat eine eigene beachtenswerte Geschichte. Die zahlreichen, oft liebevoll gepflegten Fachwerkhäuser zeugen von einer reichen handwerklichen und bäuerlichen Kultur, die alten Dorfkirchen bergen nicht selten bemerkenswerte Kunstwerke.

Es verwundert nicht, daß in einer derart historisch und landschaftlich reichen und anregenden Gegend besondere Talente gedeihen. So schrieb im Mittelalter der Mönch Widukind seine Sachsengeschichte. 1541 wurde in Steinheim Rainer

Reineccius geboren, der als Professor in Frankfurt/Oder und in Helmstedt wirkte und zahlreiche Bücher zur antiken, deutschen und Weltgeschichte verfaßte. Der Maler Johann Georg Rudolphi erblickte 1633 in Brakel das Licht der Welt. Der bedeutende westfälische Barockbaumeister Johann Conrad Schlaun wurde 1695 in Nörde geboren. Die Wiege des Arztes, Dichters und Landtagsabgeordneten Friedrich Wilhelm Weber stand 1813 in Alhausen. Im Schloß Welda begann 1835 die Schriftstellerin Ferdinandine Freiin von Brackel ihren Lebensweg. Aus dem kleinen Walddörfchen Erwitzen stammte der Dichter Peter Hille (geboren 1854).

Der 1792 auf dem Bökerhof geborene August Freiherr von Haxthausen gehörte zu dem sog. Bökendorfer Romantikerkreis, zu dem auch die Brüder Grimm und Annette von Droste-Hülshoff zählten. Letztere empfing in Bökendorf und Abbenburg wertvolle Anregungen, so zu der „Judenbuche", die im „Dorfe B." (Bellersen) spielt. In Corvey wirkte von 1860 bis zu seinem Tode 1874 August Heinrich Hoffmann von Fallersleben als Bibliothekar. Er schrieb u.a. heute noch bekannte Kinderlieder und vor allem das „Lied der Deutschen", die Nationalhymne Deutschlands. Auf dem Friedhof an der Klosterkirche ist er begraben.

1803 wurde das ehemalige, nun preußische Hochstift Paderborn in drei Kreise eingeteilt.

Warburg wurde Sitz des Warburger Kreises und Brakel Hauptstadt des Oberwaldischen Kreises. Höxter war Sitz der Oranien-Nassauischen Regierung, die das Fürstbistum Corvey übernommen hatte. Nach der 1806 erfolgten Eroberung durch Frankreich wurde im Königreich Westphalen 1807 die Unterpräfektur Höxter zur Verwaltung des Distriktes Höxter eingerichtet. Dieser Distrikt entsprach im wesentlichen dem heutigen Kreisgebiet. 1816 wurde eine neue Kreiseinteilung vorgenommen. Es entstanden die Kreise Höxter, Brakel und Warburg. Die ersteren wurden 1832 zum Kreis Höxter zusammengelegt. 1974 beschloß der Landtag des Landes Nordrhein-Westfalen, die Kreise Höxter und Warburg mit dem 1. Januar 1975 zum Kreis Höxter mit Sitz in Höxter zu vereinigen. Der Kreis Höxter umfaßt die Städte Bad Driburg, Beverungen, Borgentreich, Brakel, Höxter, Marienmünster, Nieheim, Steinheim, Warburg und Willebadessen, die ihrerseits wiederum aus vielen Einzelgemeinden zu Großgemeinden zusammengeschlossen worden waren.

Freizeit und Erholung

Das Corveyer Land mit Weser und Eggegebirge, seiner Geschichte mit Kirche und Kultur sowie der herrlichen Landschaft mit Wäldern, Bergen, Wiesen, Feldern und Gewässern bietet sowohl den willkommenen Gästen als auch den Bürgern umfangreiche Freizeit- und Erholungsmöglichkeiten. Die historischen Stadtkerne der alten Hansestädte Höxter, Warburg, Brakel und Nieheim, die romantischen Wasserschlösser, architektonische Kostbarkeiten der Weserrenaissance, prächtige Herrenhäuser und stille Klöster sind das Ziel lohnender Wanderungen zu Fuß oder auch mit dem Fahrrad. Der Kreis Höxter verfügt über ein dichtes und gut ausgebautes Fuß- und Radwanderwegenetz. Hier treffen sich die Fernradwege „Westfalen-Radweg R 1" und „Weserradweg R 99", die mit weiten Rad- und Wanderwegen zu Rundkursen kombiniert durch waldreiche Hügellandschaften führen. In den Sommermonaten lädt die Oberweserdampfschiffahrt mit der „Weißen Flotte" zu einer geruhsamen Dampferfahrt auf der Weser durch das Weserbergland ein.

Eine historische Orgelroute führt von der Abteikirche Marienmünster über die Stiftskirche in Bad Driburg-Neuenheerse nach Borgentreich mit dem einzigen Orgelmuseum Deutschlands. Warburg, zu Recht das „Westfälische Rothenburg" genannt, oder die wenige Kilometer von Höxter entfernt gelegene Porzellanmanufaktur Fürstenberg sind Anziehungspunkte für Besucher aus Nah und Fern.

Vom Desenberg, der Hinnenburg oder der Oldenburg blickt man weit ins Land. Kleinode der Baukunst sind die Schlösser der Weserrenaissance. Auf Thienhausen, Grevenburg, Merlsheim, Schweckhausen und Borlinghausen sei besonders hingewiesen. Eindrucksvoll präsentiert sich als barocker Prachtbau das Schloß Vinsebeck.

In landschaftlich reizvoller Lage am Fuße des Eggegebirges befindet sich das traditionsreiche Heilbad Bad Driburg. Die staatlich anerkannten Luftkur- und Erholungsorte Brakel, Warburg-Germete, Höxter-Bruchhausen, -Bödexen, Nieheim und Willebadessen sowie die Touristik-Musterdörfer Brakel-Bellersen und Marienmünster-Vörden runden das touristische Angebot ab.

Ob Dorf, Stadt oder Schloß: Die Bewohner identifizieren sich mit ihrer Heimat. Besonders spürbar und miterlebbar wird diese Identifikation während der traditionellen Schützen- und Heimatfeste, die in jedem Ort gefeiert werden.

Bad Driburg

| Fläche | 115,07 qkm | Einwohner (1996) | 19.380 |

Einwohner in den Ortsteilen:

Alhausen	734	Kühlsen	119
Bad Driburg	12.027	Langeland	239
Dringenberg	1.923	Neuenheerse	1.670
Erpentrup	218	Pömbsen	699
Herste	927	Reelsen	824

Streiflichter aus der Geschichte der Stadt

Am östlichen Fuße des Eggegebirges breitet sich im weiten Tal die Kernstadt Bad Driburg aus, und in den Nachbartälern liegen die Stadtteile, die seit den Kommunalreformen von 1970 und 1975 zur Flächengemeinde in der Größe von 115,07 qkm vereint sind, im Süden die ehemaligen Stiftsdörfer Neuenheerse und Kühlsen, die frühere Stadt Dringenberg und das Glasmacherdorf Siebenstern, im Norden das Dichterdorf Alhausen, Reelsen mit seinem Schloß, das Höhendorf Pömbsen und die Eggedörfer Erpentrup und Langeland. Nach Osten über den Stadtteil Herste führen die Bundesstraße 64 und die Eisenbahnlinien nach Göttingen bzw. Kreiensen.

Die bekannte Badestadt im Kreis Höxter.

Im Westen - in Richtung Paderborn - steigt die Bundesstraße in weiten Schwingungen mit landschaftlich besonders schönen Strecken als Umgehungsstraße über das Gebirge, während die Bundesbahn im Rehbergtunnel auf einer Länge von 1.632 m den Eggekamm bei Langeland unterfährt.

Dem Eggegebirge, dem Lippischen Wald und dem Osning gab Melanchthon im 16. Jahrhundert in Erinnerung an die Niederlage der Römer unter Varus den Namen „Teutoburger Wald".

Im heutigen Naturpark „Eggegebirge-Südlicher Teutoburger Wald" erstreckt sich das Kammgebirge von Nord nach Süd, rund 400 m über dem Meere, und scheidet die Stromgebiete des Rheins und der Weser, die Westfälische Bucht vom Weserbergland. Auf dem Sandstein des flachen Westhanges haben die Fichtenwälder einen natürlichen Standort. Den steilen Ostabfall bilden Muschelkalkklippen, natürliche Standorte der Buchenwälder. Über den Gebirgskamm läuft der Eggeweg, ein Teilstück des Europäischen Fernwanderweges Nr. 1 von der Nordsee zum Mittelmeer; er erschließt das Wandergebiet, das der Eggegebirgsverein mit einem ausgezeichneten

Wegenetz und geführten Wanderungen betreut. Zu den zahlreichen Natur- und Kulturdenkmälern ist der Wanderführer „Das Eggegebirge" ein gründliches und zuverlässiges Begleitbuch.

Wie viele andere Städte hat auch die Stadt Bad Driburg mit dem Nachteil zu leben, daß ihre Gründungsurkunde nicht mehr vorhanden ist. Wir wissen aber, daß Driburg schon um 1220 eigene Münzen geprägt hat, den sogenannten Driburger Pfennig, daß 1231 die Iburg Archidiakonatssitz geworden ist, also eine der sechs kirchlichen Verwaltungseinheiten des Bistums Paderborn, daß einige Jahre später die Iburg ihre ursprüngliche Bedeutung verliert, die Menschen im Tal sich in ein ummauertes Gebiet zurückziehen und das Patrozinium von St. Petrus auf der Iburg auf die Kirche im Tal übergeht. Irgendwann in diesen Jahren zwischen 1230 und 1260 dürfte das Anwesen im Tal vom Paderborner Bischof Stadtrechte verliehen bekommen haben.

Die heutige Stadt ist aus einer Ansiedlung am Fuße der Iburg entstanden. Grundlage waren wohl viele kleine Siedlungen in der Umgebung. Deren Bewohner haben sich in den

Mühlenpforte mit einem Teilstück der restaurierten mittelalterlichen Stadtmauer und Blick auf die Pfarrkirche St. Peter und Paul.

Innenstadt (Lange Straße)

unruhigen Zeiten des hohen Mittelalters bei Gefahr immer wieder in den Schutz der Neuansiedlung Driburg zurückgezogen. Im Schutz der Stadtmauern mit ihren drei Toren, dem Obertor, dem Untertor sowie dem Nordertor, begann bald städtisches Leben zu blühen. Aber Kriege und verheerende Feuersbrünste haben die Entwicklung immer wieder gehemmt. Allein im Dreißigjährigen Krieg wurde in der Stadt neunzigmal gebrandschatzt und geplündert. Immer wieder auftretende Seuchen und vor allem die Pest bedrohten Gesundheit, Leben und Eigentum der Bewohner Driburgs. Einen

Lange Straße mit dem Turm der Pfarrkirche St. Peter und Paul.

wirtschaftlichen Aufschwung nahm die Stadt, als zu Beginn des 16. Jahrhunderts die Glasindustrie hier und in den umliegenden Wäldern heimisch wurde.

Die Herstellung des Glases erstreckte sich auf Grün- und Weißglas. Die Hauptproduktion bildeten Gebrauchsgläser gewöhnlicher Art und Fensterscheiben, aber auch physikalische und optische Gläser. Neben den üblichen Glaswaren wurden auch böhmisches Tafelglas, Tabaks- und Zuckerdosen, Kronleuchter, Karaffen und Pokale gefertigt, und nicht selten wurden diese Erzeugnisse in Silber gefaßt oder durch Schliff, Bemalung und Vergoldung veredelt.

Eng verbunden mit dem Glasmachergewerbe war der Driburger Glashandel. Anfangs, von der Entstehung der ersten Glashütte bis zur napoleonischen Zeit, standen die Händler im Dienste der Fabrikherren und besorgten auf deren Rechnung den Transport und Verkauf. Die Zahl der Händler wuchs von Jahr zu Jahr. Mit einem Hundekarren, mit Eseln, mit Kiepen oder mit großen, von Pferden gezogenen Planwagen zogen sie auf den alten Postwegen zu den großen Flüssen: zur Weser, Ruhr, Rhein und Elbe. Sie verkauften das Glas bis nach Norddeutschland, Holland, Belgien, ja nach Polen und weit nach Rußland hinein. Auf dem Rückweg brachten sie Zitrusfrüchte, Fisch und Ziegen mit.

Aus jener Zeit stammt wohl auch die Handelssprache der Driburger Glashändler, das „Gauselatein". Diese Schmugglersprache ist zum Privileg und Charakteristikum der alten Driburger, insbesondere aber der Glashändler geworden. Man bediente sich ihrer in der Fremde, wenn es galt, Handelsgeheimnisse zu wahren.

Was aber der Stadt seit Beginn der Neuzeit einen besonderen Ruf verleiht, ist die Heilwirkung ihrer bedeutenden Quellen. Das Driburger Heilwasser wird 1593 erstmals in einer Urkunde genannt. Wir können aber davon ausgehen, daß es schon viel früher bekannt gewesen ist und auch genutzt wurde. Ferdinand von Fürstenberg, der gelehrte Fürstbischof von Paderborn (1661 - 1683), schenkte der Driburger Quelle gezielte Aufmerksamkeit. So ließ er den Trinkbrunnen mit einer hölzernen Fassung versehen und die zum Brunnen führende Straße mit Bäumen bepflanzen.

Der eigentliche Aufstieg des Bades begann jedoch, als am 9. Mai 1781 der braunschweigische Oberjägermeister Caspar Heinrich von Sierstorpff die Quellen und einige schon bestehende Badeanlagen vom Paderborner Fürstbischof erwarb. Freiherr von Sierstorpff - er wurde 1840 in den Grafenstand erhoben - prägte nun dem Bad seinen Stempel auf; er gab ihm Stil und Form, er stattete es mit modernen Einrichtungen aus und bald war Bad Driburg wegen seiner Heilerfolge und besonders wegen seines Wassers, das schon von Ende des 18. Jahrhunderts an in alle Welt verschickt wurde, auf ähnliche Weise beliebt wie Bäder, die sich rühmen konnten, schon von den Römern aufgesucht worden zu sein. Zwischen 1790 und 1800 erwuchsen die heute noch stehenden Bauten im Kurbereich, denen 1823/24 die von Krahé konzipierte und gebaute Trinkhalle folgte.

Die Bemühungen des Badgründers waren besonders darauf gerichtet, Driburg in gezielter Unterscheidung zu Pyrmont zu einem neuen Typus des „idyllischen Kurortes" auszugestalten, zu einem Ort der Ruhe und des „ländlichen Vergnügens". So wurde Driburg ein Bad für das gebildete Bürgertum. Friedrich Hölderlin, Annette von Droste-Hülshoff, die Fürstin Gallitzin, der preußische General Scharnhorst und viele andere haben in Driburg Heilung, Erholung, Gedankenaustausch und gesellige Freude gesucht und gefunden.

Bad Driburg 241

Anlagen im Bereich des Kurhauses.

Der Kurpark, Ort der Ruhe und Erholung.

Im Kurpark.

Kurpark, Fachwerkidylle im Schatten alter Bäume.

Der erfolgreiche Aufbau Driburgs auch als Badestadt nach dem Ersten Weltkrieg geriet am Ende der zwanziger Jahre empfindlich ins Stocken. Die allgemeine Wirtschaftslage war so prekär, daß alle Bau- und Sanierungsmaßnahmen eingestellt werden mußten. Im Winter 1929/30 mußte aus Sparsamkeitsgründen sogar die Straßenbeleuchtung eingeschränkt werden. Nach 1933 aber schien sich die wirtschaftliche Lage in Driburg soweit gebessert zu haben, daß ein Badeprospekt vom Jahre 1937 vom weiteren Ausbau der Badeanlagen und der zunehmenden Tendenz vieler heilungssuchender Menschen, sich Bad Driburg als Ort der Erholung und Gesundung auszusuchen, sprach.

Der Ausbruch des Zweiten Weltkrieges beendete aber diesen Aufschwung, und Bad Driburg wurde Lazarettstadt. Mit dem Einzug britischer Besatzungstruppen 1945 wurden die gesamten Badeanlagen beschlagnahmt, und das Bad blieb für die folgenden fünf Jahre für den Kur- und Heilbetrieb geschlossen. Trotz allem gehörte Bad Driburg aber nicht zu den Notstandsgebieten im zerstörten Deutschland. Die geringen

Spuren des Krieges waren bald beseitigt, und die ländliche Umgebung und deren landwirtschaftliche Nutzung verhinderten größere existentielle Not.

Erwähnenswert für diese Jahre ist noch, daß in Bad Driburg die ehemalige „Kaiser-Wilhelm-Gesellschaft zur Förderung der Wissenschaften" auf ihren Tagungen vom 10. - 12. September 1946 und vom 31. Juli - 2. August 1947 ihre inhaltliche und strukturelle Neuorientierung nach der Hitlerzeit vollzog und sich den Namen „Max-Planck-Gesellschaft" gab.

Nach der Währungsreform vom 20. Juni 1948 begann Bad Driburg, sich zügig von einer Landstadt zur Badestadt zu entwickeln.

Am 1. August 1950 wurden die Kuranlagen von den britischen Militärbehörden freigegeben. Schon in den Morgenstunden dieses Tages fielen die Barrikaden, und eine britische Pioniereinheit räumte die Stacheldrahtumzäunung. Beim anschließenden Empfang wurde der Hoffnung Ausdruck verliehen, daß Bad Driburg „bald wieder den alten bewährten Klang im Kranze der deutschen Heilbäder" habe. Die Kursai-

Eingangsbereich zum Kurpark.

son, die vor dem Krieg nur von Mai bis September dauerte, wurde jetzt auf das ganze Jahr ausgedehnt, und schon bald gab die steigende Zahl von Kurgästen und Besuchern der Stadt und dem Bad zu großen Hoffnungen Anlaß.

Waren ehemals die Stadt und das im gräflichen Besitz sich befindende Bad getrennte Einheiten, so beeinflußte das Bad nun auch die äußere Gestalt der Stadt. Zuvor hatte es nur wenige Häuser in Ortsrandlage und Nähe zum Bade gegeben, deren Architektur auf Driburg als Badestadt hindeutete.

Mit dem Bau von weiteren Kliniken vermehrten sich aber bald auch in der Stadt die Hotels, die Gasthöfe und Pensionen sowie die Geschäfte. Der weiteren Entwicklung vom westfälischen Landstädtchen zu einer modernen Kurstadt dienten die umfangreichen baulichen Sanierungsmaßnahmen im Stadtbereich, die den Charakter von Bad Driburg grundlegend verändert haben. Darüber hinaus haben die Erschließung der waldreichen näheren Umgebung durch ein gut gekennzeichnetes Netz von schönen Waldwegen sowie die Bereitstellung eines qualitativ guten und reichhaltigen Angebotes im kulturellen Bereich sowie in den Bereichen von Sport und Freizeit Bad Driburg für die Kurgäste und Erholungssuchenden sehr attraktiv gemacht.

So war es nur folgerichtig, daß die Stadt im Jahre 1974 die staatliche Anerkennung als Heilbad erhielt. Mit der hohen Zahl der Gäste, deren Verweildauer und der beachtlichen

Rathausvorplatz

Im Kurpark, links die 1823/24 von Krahé erbaute Trinkhalle.

Übernachtungszahl von annähernd einer Million, steht Bad Driburg heute auf einem beachtlichen Rang unter den Heilbädern in Nordrhein-Westfalen und in Deutschland. Glanzpunkt der weiteren stetigen Entwicklung der Kur- und Badestadt ist die 1994 fertiggestellte „Driburg Therme", die sich als Thermalbad architektonisch schön gestaltet in die Landschaft einpaßt.

Die Flächengemeinde Bad Driburg mit ihren Ortschaften Alhausen, Dringenberg mit Siebenstern, Erpentrup, Herste, Kühlsen, Langeland, Neuenheerse, Pömbsen mit Bad Hermannsborn und Reelsen bietet dem Besucher vielfältige Möglichkeiten: Schwimmen, Reiten, Radfahren, Golf, Tennis, Wandern und im Winter Skilanglauf in präparierten Loipen. Im Haus des Gastes, der gelungen umgebauten alten Remise im Kurbereich, wird den Gästen und Besuchern Gelegenheit gegeben, ihre ganz persönlichen Wünsche zu verwirklichen. Ausstellungen, Konzerte und Theaterveranstaltungen, Vorträge, aber auch Ausflüge zu bedeutenden Sehenswürdigkeiten im Bereich der Stadt oder der näheren Umgebung runden das Angebot ab. Auch wer seine Freizeit oder seinen Urlaub in einer rein dörflichen Umgebung verbringen will, dem bieten die Bad Driburger Ortschaften dazu Gelegenheit.

„Dreizehnlindenbrunnen." Im Hintergrund (oben) die Iburg.

Alhausen

Die urkundlich belegbaren Anfänge von Alhausen reichen in das 13. Jahrhundert.

In der Driburger Therme.

Im Jahre 1225 bezeugt ein Antonius aus dem Rittergeschlecht de Allenhusen eine Schenkung des Grafen Conrad von Everstein. Derselbe Antonius de Allenhusen findet noch Erwähnung in Urkunden der Jahre 1234, 1251 und 1252. In anderen Urkunden des 13. Jahrhunderts erscheinen noch ein Heinrich von Alehusen, ein Knappe Theodericus von Alehusen sowie ein Gerd von Allenhusen.

Obwohl die Ritter von Alenhusen, aber auch das Gut bzw. das Dorf in allen Urkunden nur am Rande Erwähnung finden, kann man davon ausgehen, daß die Ritter von Alhausen ein wohlhabendes Geschlecht gewesen sein müssen. Als im Gefolge des Dreißigjährigen Krieges Alhausen im Jahre 1658 schwer von der Pest heimgesucht wurde, haben die Bewohner wohl den Heiligen Vitus zum Schutzpatron ihrer neu aufgebauten Kapelle gemacht, die ein Jahr zuvor durch Kriegseinwirkung ein Raub der Flammen geworden war.

Zu Beginn unseres Jahrhunderts erhielt Alhausen in den Jahren 1907 - 1908 eine neue Kirche. Die alte Kapelle wurde abgebrochen. Alhausen ist Ausgangspunkt oder Ziel herrlicher Wanderungen und ein Dorf, in dem ein reges Vereinsleben dafür sorgt, daß Traditionen, Sitten und Gebräuche lebendig bleiben.

Geburtshaus des Arztes, Politikers und Heimatdichters Friedrich Wilhelm Weber, des Sängers von „Dreizehnlinden", in Alhausen. Heute: Museum und Gedenkstätte.

Blick auf das in reizvoller Landschaft gelegene Alhausen.

In Alhausen steht das Geburtshaus des Dichters Friedrich-Wilhelm Weber. Der Dichter wurde hier 1813 als Sohn eines Försters geboren, war viele Jahre Arzt im benachbarten Bad Driburg, zeitweise Brunnenarzt in Bad Lippspringe und eine zeitlang Abgeordneter des Preußischen Landtages. Seinen Ruhesitz nahm er auf Schloß Thienhausen beim Freiherrn von Haxthausen und später in seinem Eigenheim in Nieheim. Hier starb er im Jahre 1894; er ruht auf dem Friedhof zu Nieheim. Neben seiner beruflichen Tätigkeit und später auf seinem Ruhesitz war er literarisch tätig. Unter seinen zahlreichen Dichtungen hat ihn vor allem sein Geschichtsepos „Dreizehnlinden", das immer noch gedruckt und gern gelesen wird, bekannt und berühmt gemacht. Das Geburtshaus des Dichters ist heute ein Museum, das zum Besuch einlädt.

Bad Hermannsborn

Im waldumsäumten Tale des Emmerkebaches, eines Zuflusses der Emmer, in einer abwechslungsreichen Landschaft, liegt das zum Bad Driburger Ortsteil Pömbsen gehörende Heilbad Hermannsborn. Viele vor- und frühgeschichtliche Funde, wie Streitäxte, Ringe, Armspangen und Gräberfunde bezeugen älteste Besiedlung der Randberge und Talmulden.

Im Frühmittelalter lagen in der Hermannsborner Flur zwei Siedlungen, der Herrenhof Rüsen und Emmerike, bereits im 11. Jahrhundert bezeugt. Beide Orte wurden später Wüstungen. Als ältester Grundherr tritt das Kloster Corvey auf. In der ersten Hälfte des 11. Jahrhunderts gehörte Hermannsborn sowie das benachbarte Pömbsen zum Busdorfstift Paderborn. Den Zehnten von Emmerike hatte um die Mitte des 14. Jahrhunderts der Ritter von Allenhusen inne. Emmerike wurde im Dreißigjährigen Kriege zerstört und nicht wieder aufgebaut. Als Neusiedlungen entstanden die Kunttermühle und Hermannsborn.

Seit ältester Zeit sind die Mineralquellen bekannt, fanden aber keine Beachtung. Es bleibt ungeklärt, wie der frühere Sauerbrunnen und der Ort zu dem Namen Hermannsborn gekommen sind. Vermutlich ist der Name jüngeren Datums. Noch um die Jahrhundertwende wurden die Heilquellen und das Tafelwasser wenig genutzt, bis die Barmer Ersatzkasse das Grundstück 1924 käuflich erwarb und 1925 die heutigen Anlagen errichtete. Die zahlreichen kohlensäurehaltigen Heilquellen treten in Hermannsborn im Zuge der Osningachse aus dem zu einem Sattel aufgefalteten Mittleren Buntsandstein auf.

Kurhaus Bad Hermannsborn, gelegen im Bereich des Ortsteils Pömbsen.

Die Karlsquelle ist in 37 m Tiefe erbohrt. Alle anderen Quellen sind unmittelbar in Naturstein gefaßt oder nur in ganz geringer Tiefe erbohrt. Mehrere dieser Heilquellen werden genutzt, so die Karls-, Hofschacht-, Stahl- und Wiesenschachtquelle, der Sauerbrunnen und der Alkalbrunnen. Auch die Ausströmung von trockener Kohlensäure (Mofetten) wird verwertet. Ihrer chemischen Beschaffenheit nach sind die Quellen erdige, zum Teil eisenhaltige Säuerlinge. Die genutzten Quellen dienen ausschließlich Kurzwecken. Der frühere Brunnenversand wurde eingestellt.

Zu diesen Naturquellen kommt noch ein eigenes Schwefelmoorlager. Es handelt sich um ein Flachmoor, das durch Anhäufung organischer Substanzen bei hohem Grundwasserstand gebildet wurde.

Das 1925 erbaute Kurhaus wirkt wie ein breit ausladendes Barockschloß. Stolz thront es in dem 60 Morgen großen Park mit den gepflegten Rabatten, Baumgruppen und Spazierwegen. Die Inneneinrichtung wirkt durch eine schöne Raumgestaltung. Von der einladenden Kurhausterrasse aus schweift der Blick weit in die Lande.

Dringenberg

Die Höhenburg Dringenberg wurde in den Jahren 1318 - 1323 durch den Paderborner Bischof Bernhard V. zur Lippe auf einem nach drei Seiten steil abfallenden Bergkegel unweit des ehemaligen Kirchhofes Thringen gebaut.

Die Burg ist eine unregelmäßig viereckige Ringmaueranlage mit einem Wehrturm, einer Wehrmauer und einem großen Innenhof. Von außerhalb der Burg führt eine Brücke über den mächtigen Burggraben in den Burghof. Bernhard zur Lippe galt als Beschützer des Bistums Paderborn, dessen territoriale Integrität schon seit seiner Gründung immer wieder von seiten der Kölner Erzbischöfe gefährdet war. Hatte als Schutzwall gegen die Kölner Ambitionen im Bereich östlich des Eggegebirges zuerst die Iburgfeste bei Driburg gedient, so verlagerte sich Anfang des 14. Jahrhunderts die Bedeutung dieser Aufgabe auf die Burg Dringenberg. Diese galt jetzt hauptsächlich für den Oberwaldischen Distrikt des Bistums als Festung und Verwaltungssitz.

Dringenberg, hochgelegener Ortsteil der Stadt Bad Driburg.

Burg Dringenberg

Die Ansiedlungen um die Burg herum erhielten im Jahre 1323 das Stadtrecht mit Münzrecht und Gerichtsbarkeit. Vom 15. bis 17. Jahrhundert war die Burg Dringenberg zeitweilig Residenz der Bischöfe von Paderborn, verlor aber mehr und mehr ihre militärische Bedeutung. Die Burg wurde dementsprechend oft umgebaut und dabei beträchtlich erweitert. Im Dreißigjährigen Krieg wurde sie 1636 fast völlig zerstört. Bischof Dietrich Adolf v. d. Reck baute die Burg nach dem Kriege wieder auf, die nun bald als beliebte Sommerresidenz der Paderborner Bischöfe genutzt wurde. Im Zuge der Säkularisation ging die Anlage 1803 in preußischen Besitz über. 1825 wurde sie von der Stadt Dringenberg käuflich erworben und diente dann als Sitz der Stadt- und Amtsverwaltung. Nach der Auflösung des Amtes Dringenberg-Gehrden im Zuge der kommunalen Neugliederung fiel die Burg an die Stadt Bad Driburg.

Burg Dringenberg. Volkstanzgruppe im Innenhof der Burg.

Die Burg wird zur Zeit in einer Gemeinschaftsleistung der Stadt und des Dringenberger Heimatvereins Zug um Zug restauriert und beherbergt ein anschauliches Heimatmuseum. Sehr schön restauriert worden ist ebenfalls der gesamte Bereich um die Schöpfmühle an der Oese. Auch der gesamte Vorplatz der Burg mit der Zehntscheune läßt etwas ahnen von der großen Bedeutung, die die Titularstadt für das Bistum Paderborn einmal gehabt hat.

Die der Mutter Gottes geweihte Pfarrkirche ist eine dreischiffige, spätgotische Hallenkirche aus der Gründerzeit der Stadt. Ein Schmuckstück in der Kirche ist die Ewige Lampe. Die Pietà in Weichholz ist eine Schöpfung aus dem 15. Jahrhundert. Den Besucher beeindrucken die sechs Grabplatten aus Sandstein in der Taufkapelle des Turmes; 1894 wurden sie aus dem Fußboden des Chores herausgenommen und fanden im Turm ihren Platz.

Ein bedeutender Meister der Goldschmiedekunst, der in Dringenberg um 1580 geboren wurde, war Hans Krako. Sein bedeutendstes Kunstwerk ist der Liborischrein in Paderborn (s.S. 163). Dieser enthält 246 einzelne Silberteile mit einem Gewicht von 56 kg. Das Kunstwerk ist im Stil der Spätrenaissance ausgeführt.

Erpentrup

Wo die Breitenbieke in die Emmer fließt, liegt, von Wald umgeben, das Dorf Erpentrup inmitten des „Hagebuttenlandes".

Gräber aus der Bronzezeit weisen auf früheste Besiedlungen der Berghänge hin. Sie liegen am Hinerk, am Kreuzberge und am Lüttkenberge. Zu Anfang des 12. Jahrhunderts besaß der Stadtgraf Heinrich v. Paderborn das Erbgut „Erpingtorp". Dieses hatte eine Wehranlage, wie das in der Erde steckende Gemäuer und die alte Gräfte bezeugen. Es mag vorher ein Rittererbhof gewesen sein, dessen Inhaber Erpo dem Hof und der Siedlung seinen Namen gegeben hat. Ob ein Zusammenhang mit der Driburger Wüstung Erpeshof bestand, ist geschichtlich nicht nachweisbar. 1143 verzichtete der Stadtgraf auf seinen Besitz zugunsten der St.-Petri-Kirche auf der Iburg, in deren Besitz dieser bis zum Aussterben des Geschlechtes 1436 verblieb. Als Lehnsgut fiel es dann an den Landesherren, den Fürstbischof von Paderborn, zurück. 1451 wurde mit dem Besitz der spätere Erbkämmerer des Hochstiftes, Gottschalk v. Schilder, belehnt. Die unruhigen Zeiten des 17. Jahrhunderts veranlaßten den Fürstbischof von Paderborn, in Erpentrup, aber auch in Langeland, eigene Schützenkontingente aufzustellen (1672).

Blick auf den waldreichen Ort Erpentrup.

Herste

Ein Ministerialer des Klosters in Corvey ist in Herste mit „Gerbertus de Herste" 1229 bezeugt; dieses Geschlecht ist im 15. Jahrhundert erloschen. Seine Burg war die Kelterburg, die neben der Burgmühle bei einem Brande 1687 ein Raub der Flammen wurde. Besitz in Herste haben im 13. Jahrhundert die Herren v. Brakel, v. Asseburg, v. Malsburg, das Stift Heerse und andere mehr. Die Ritter v. Asseburg vermachten 1299 ihren Besitz dem Kloster Gehrden. Um 1315 hatten die Gebrüder v. Lippe das Zehntrecht in Herste, das sie 1354 samt ihrem Hof in Herste an das Kloster Willebadessen verkauften.

Den Besitz der Herren v. Brakel erhielt nach Erlöschen dieses Geschlechtes der Bischof von Paderborn. Den größten Besitz in Herste hatte bis zu seiner Auflösung das Stift in Neuenheerse.

Im 15. und 16. Jahrhundert war Herste eine eigene Pfarrei, seit 1665 gehört es zur Pfarrei Istrup. Die jetzige, im neugotischen Stil erbaute Kirche (1907 - 1908) ist dem hl. Urban geweiht.

Bedeutende wirtschaftliche Belebung erfuhr Herste vor ca. 100 Jahren durch die intensive Nutzung der Kohlensäure. Umfangreiche Tiefbohrungen erfolgten in der Herster Gemarkung 1894. Bei einer Bohrung von 145 m Tiefe stieß man auf eine Ader der Kohlensäure. Diese drang mit großer Gewalt empor und bildete eine Fontäne von 30 m Höhe, die monatelang anhielt. Durch Rohrleitungen wird das der Erde entströmende Gas heute zu den Kohlesäurewerken geleitet und hier in einem komplizierten Verfahren verflüssigt. Die in Stahlzylindern in den Handel kommende Kohlensäure findet Verwendung bei der Herstellung von schäumenden Getränken, zum Betrieb von Bierdruckapparaten, von Dampf- und Feuerspritzen und zur Erzeugung künstlicher Kälte. Sie wird auch benötigt in der Technik zur Bleiweißfabrikation, zur Saturation in der Zuckerfabrikation, zu Gasbädern sowie bei der Herstellung von Stahl- und Neusilberguß.

Herste

Kühlsen

Ein ungenannter Verfasser hat in einer Art „Geschichte im Überblick", die der guterhaltenen Schulchronik von Kühlsen vorangestellt ist, den Ort so beschrieben: „Da Kühlsen inmitten von mit uralten Waldbäumen gekrönten Bergzügen, aus welchen auch viele Quellen hervorsprudeln, von Natur eine schattige und kühle Lage hat, so kann man wohl annehmen, daß das Wort ‚Kühlsen' von dem Worte ‚kühl' entstanden ist." Möglich wäre es aber auch, daß Kühlsen oder Juilsen abgeleitet ist vom keltischen Wort „cuil", das Wasser bedeutet. Wasser und sumpfiges Gelände hat es in Kühlsen hinreichend gegeben.

Vielleicht war es ein Taufplatz, an dem in karolingischer Zeit heidnische Sachsen das Sakrament der Taufe empfingen. Noch vor 150 Jahren, so ist besagtem Teil der Schulchronik zu entnehmen, sei in Kühlsen die Sage bekannt gewesen, nach der besonders „die Heiden aus dem Hessenlande" nach Kühlsen ge-

kommen seien, um sich hier taufen zu lassen, und zwar auf einem mit Wasser bestandenen Acker, der bis in die Neuzeit hinein den Namen „Up där Dauge" getragen haben soll. Vom ausgehenden Mittelalter an haben die Menschen in Kühlsen hauptsächlich von der Viehzucht gelebt und ihre Einnahmen nebenerwerbsmäßig durch die Leinenfabrikation aufgebessert.

Seit der Mitte des 14. Jahrhunderts sind die Geschichte des Ortes sowie die Geschichte seiner Bewohner sehr eng mit dem Stift in Neuenheerse verbunden. Die Stiftsdame Alheidis von Zegenberg hatte die Hälfte ihrer Besitzungen, die sie in Kühlsen besaß, dem Stift Heerse geschenkt. Vielleicht sind die Bewohner von Kühlsen aus diesem Grunde vom Heerser Stift immer besonders begünstigt worden, schon dadurch, daß sie kirchlich nicht zu Dringenberg geschlagen wurden. Wie der Chronist im letzten Jahrhundert berichtet, sind die Kühlser Männer, die zum Kriegsdienst aufgeboten worden waren, in der Regel vom Stift in Heerse freigekauft worden. Eine Äbtissin soll einmal gesagt haben, „sie wolle Altenheerse und

Kühlsen, der kleinste Ortsteil der Stadt Bad Driburg.

Blick auf den von der Landwirtschaft geprägten Ort Langeland.

Langeland

Kühlsen mit einem seidenen Faden umziehen und jeden bestrafen, der es wagen sollte, den Faden durchzureißen". Unter dem Schutz und Schirm des Adligen Damenstiftes in Neuenheerse ist es den Kühlsern bis zu dessen Auflösung zu Beginn des 19. Jahrhunderts recht gut gegangen.

Dieser mit wenig mehr als hundert Einwohnern kleinste Ortsteil der heutigen Stadt Bad Driburg besitzt eine sehenswerte Kapelle, die im Jahre 1767 an Stelle eines älteren Gotteshauses, das im Jahr zuvor neben dreizehn anderen Gebäuden von einem Orkan eingerissen worden war, erbaut worden ist. Die dem hl. Joseph geweihte Kapelle hat einen schönen Barockaltar, der aus dem ehemaligen Stift zu Heerse stammt. Eine besondere Kostbarkeit ist eine Madonnenfigur, die mit großer Wahrscheinlichkeit im hohen Mittelalter gefertigt worden ist.

Diese Ortschaft liegt im Emmertal am Ostabhang der Egge und ist von bewaldeten Bergen umgeben. Schon früh hatte der Landesherr, der Fürstbischof von Paderborn, hier Besitz, den er den Herren v. Iburg als Lehen gab. Nach dem Aussterben dieses Geschlechtes im 15. Jahrhundert übernahmen die Herren v. Schilder zu Himmighausen das Lehen. Ein Gottschalk v. Schilder wurde 1458 Erbkämmerer des Bischofs. Nach dem Aussterben der männlichen Linie v. Schilder ging der Besitz in die Hand der Familie v. Donop über. Im Jahre 1794 wurde der Obermarschall Clemens August v. Mengersen durch Bischof Franz Egon von Fürstenberg mit dem Besitz belehnt; 1803 wurden die Liegenschaften aufgeteilt und mehreren Höfen zugewiesen. Im Jahre 1978 hat Langeland eine eigene katholische Kirche erhalten, die auch das Gotteshaus der Gläubigen in Erpentrup ist.

Neuenheerse

Neuenheerse

Am Ostabhang der Egge, an den Quellen der Nethe, liegt Neuenheerse. Der mächtige Turm der domartigen Stiftskirche mit seiner barocken Haube beherrscht das Landschaftsbild. Es ist die Stiftskirche des ehemaligen Hochadeligen Kaiserlichen Freiweltlichen Damenstifts Heerse, das im Jahre 868 von Bischof Liuthard von Paderborn und seiner Schwester Walburga gegründet worden ist. Papst Stephanus V. bestätigte am 23. Mai 891 in einer Urkunde das neue Stift.

In den Frühzeiten des Stiftes führten die Äbtissin und die Stiftsdamen ein gemeinsames Leben und wohnten in einem Haus. Viele der Stiftsdamen bauten sich später eigene Wohnungen und das Abteigebäude blieb der Äbtissin allein vorbehalten. Das Abteigebäude ließ in den Jahren 1599 - 1603 Othilia von Fürstenberg errichten. Bei dem Bauwerk handelt es sich um einen Zweiflügelbau mit einem Vierkantturm im Winkel und einem Portal im Stil der Weserrenaissance. Das Gebäude ist von einer Wasseranlage umgeben. Allerdings sind im Laufe der Jahre mehrere Umbauten an dem Gebäude vorgenommen worden, so z. B. in den Jahren 1713/14 durch

◁ Die Stiftskirche („Eggedom") in Neuenheerse.

Wasserschloß, ehemaliges Gebäude des Damenstiftes Heerse (Neuenheerse).

Lambert Friedrich Corfey und im Jahre 1903, als das Obergeschoß in Fachwerkbauweise umgestaltet worden ist. Patronin der Stiftskirche ist die hl. Saturnina, deren Gebeine zusammen mit denen der hl. Fortunata und der hl. Valeria im Jahre 887 von Frankreich nach Heerse kamen. Wie eine Öffnung des Reliquienschreines ergab, waren die Gebeine der hl. Saturnina in Seidenreste aus dem 6. Jahrhundert gehüllt. Im Schrein fand man einen Siegelabdruck des Bischofs Liuthard, den ältesten Siegelabdruck eines Bischofs in Deutschland.

Die Kirche des Damenstifts wurde im Jahre 1107 neu erbaut (zweiter Um- und Neubau). Entstanden ist eine dreischiffige flachgedeckte Säulenbasilika mit Westwerk und Krypta. Durch Blitzschlag brannte später diese Kirche aus. Von dem Brand kündet noch der gerötete Stein der Säulen im Nordschiff. Die alte Säulenbasilika, die im 13. Jahrhundert, etwa 100 Jahre nach ihrer Erstellung, bereits eingewölbt war, ist nur mehr im nördlichen Seitenschiff erhalten. In den Jahren 1350 bis 1370 wurde das Gotteshaus aus heimischem Muschelkalk zu der heutigen Hallenkirche umgebaut. Der Chor für die Stiftsdamen, der ursprünglich im Westwerk war, wurde in das südliche Querschiff verlegt, wo noch heute das Gestühl der Äbtissin und der Stiftsdamen steht. Die prunkvollen barocken Altäre bilden den Glanz des Kirchenraumes.

Pömbsen

Das Wahrzeichen der Landschaft um das Quellgebiet der Emmer ist das Bergdorf Pömbsen mit seiner Kirche, der „Gottesburg". Diese Kirche liegt auf einem Bergvorsprung. Nach der „Vita Meinwerci" wurde Pömbsen für das Jahr 1015 oder wenig später unter dem Namen „Pumissum" als oppidum be-

Das Bergdorf
Pömbsen.

zeichnet. Im Jahre 1036 schenkte Meinwerk den Zehnten eines Vorwerkes in Pömbsen, das zum Haupthofe in Nieheim gehörte, dem Busdorfstift in Paderborn.

Der Chor der Kirche stammt aus dem Jahre 1687. Eine eingemauerte übersilberte Bleiplatte gibt an, daß aus den Einkünften der Kirche und aus Spenden des Fürstbischofs von Paderborn, Ferdinand v. Fürstenberg, der Chor der Kirche erbaut worden ist. Die Kirche ist im Zeitstil gotisierenden Barocks erbaut. Die breite, einschiffige Saalkirche bietet ein feierliches Bild.

Die althergebrachte Kreuztracht am Karfreitag hat sich bis heute erhalten. Auf dem Kapellenberg (350 m) steht die im Jahre 1687 erbaute Kluskapelle, die der Gottesmutter und Johannes dem Täufer geweiht ist.

Reelsen

Reelsen liegt im Tal der Aa am Osthang der Egge und wird unter „Reilessen" 1197 urkundlich erstmals erwähnt. In die-

sem Jahr schenkte der Paderborner Bischof Bernhard II. von Ibbenbüren dem Kloster Gehrden Land in Reelsen. 1299 wird Reelsen vom Bischof Otto von Rietberg nach Pömbsen eingepfarrt.

Die alte Dorfsiedlung lag nordwestlich vom heutigen Ort und die Feldflur heißt noch heute „oldet Durp". Vielleicht hatte der Ort auch einen Burgsitz. Die südliche Anhöhe der „Herke" an der Bahnlinie weist Mauerreste auf und führt die Bezeichnung „Bouve de Borg". Wann die Verlegung des Ortes zur heutigen Stelle erfolgte, ist ungewiß. 1324 wird Reelsen nach dem Kloster Marienmünster eingepfarrt. Im 13. und 14. Jahrhundert sind die Ritter v. Iburg in Reelsen mit Gütern belehnt. Als Lehnsherr tritt das Kloster Corvey auf.

1749 wird Ferdinand Ludwig Graf v. Oeynhausen-Schulenburg mit dem Gute in Reelsen belehnt. 1852 gingen Gut und Herrenhaus Reelsen auf die Mecklenburger Linie der von Oeynhausen über. Das neue Schloß am Waldrand wurde 1871/72 von Graf Cuno v. Oeynhausen erbaut.

Die einstige Kapelle in Reelsen wurde 1937 abgebrochen. Sie hatte in den letzten zwei Jahrzehnten davor als Jugendherberge gedient. An ihrer Stelle steht heute ein Heimkehrerkreuz aus Stein. Die jetzige Kirche, Filiale von Pömbsen, ist 1910 erbaut.

Der 1197 erstmals urkundlich erwähnte Ort Reelsen.

Siebenstern

Im Tal der Katzbach liegt das zum Ortsteil Dringenberg gehörende Walddorf Siebenstern auf der Stelle einer alten Siedlung, die 1300 unter dem Namen „Elberinghausen" und „Elveringhausen" erwähnt wird und Ende des 14. Jahrhunderts wüst wurde.

1532 wurde in der Helle am Oberlauf der Katzbach eine Glashütte gegründet; weitere Hütten folgten, darunter auch die 1750 von J. Chr. Becker errichtete. Diese Hütten führten zu einer Dorfsiedlung. Anfangs wurde nur Grünglas herge-

Siebenstern, gelegen im Bereich des Ortsteils Dringenberg.

stellt, bald aber auch Weißglas in kunstvollen Formen: Pokale, Meßkelche, Kronleuchter u.a.m. Nach den sieben Bergen, vielleicht auch nach sieben mächtigen Buchen auf der Höhe der Wildkämpe, wurden die Glaserzeugnisse mit einer Wertmarke versehen: Sieben ovale silberne Luftbläschen wie Perlen oder Tränen im Boden des Glases oder bei Karaffen sieben Ringe wiesen auf den Herkunftsort hin. Dieses Schutzzeichen gab dem Glaswerk und späterhin gegen 1780 der Siedlung den Namen Siebenstern. Über 300 Jahre hat die Glaserfamilie Becker Hüttenbetriebe in und um Siebenstern unterhalten. Sie trug in ihrem Familienwappen ein blaues Schild mit sieben Sternen und einen Helm mit zwei ausgebreiteten Flügeln.

Die Firma Walther-Glas setzt das Erbe der Glaserzeugung in Siebenstern sowie im gesamten Raum von Bad Driburg als einzige noch bestehende „Glashütte" fort.

Peter Bonk

Prunkpokal aus der ehemaligen Glashütte Siebenstern, ausgestellt im Glasmuseum Bad Driburg.

Beverungen

Fläche	97,85 qkm	Einwohner (1996)	15.886

Einwohner in den Ortsteilen:

Amelunxen	1.357	Herstelle	1.152
Beverungen	7.046	Jakobsberg	307
Blankenau	350	Rothe	187
Dalhausen	2.280	Tietelsen	275
Drenke	366	Wehrden	939
Haarbrück	564	Würgassen	1.063

Eine Stadt zwischen Tradition und Moderne

„Gestern fuhren wir dann die Weser hinab, und ich kann wohl sagen, daß ich selten in meinem Leben so gerührt gewesen bin als bei diesem allmählichen Auftauchen der alten Berge und Ortschaften." [1] Dieser Impression Wilhelm Raabes während einer vierzehntägigen Reise ins Weserbergland vermag sich auch der heutige Besucher kaum zu entziehen, kommt er in diesen Teil des Weserberglandes, in dem schon Karl der Große Weihnachten 797 und Ostern 798 ein prächtiges Hoflager in Herstelle hielt. Berühmte Persönlichkeiten wie die Brüder Grimm oder Annette von Droste-Hülshoff waren später hier ebenfalls gern zu Gast.

Die verkehrsgünstige Lage des Stadtgebietes im Dreiländereck von Nordrhein-Westfalen, Niedersachsen und Hessen

---
[1] Zitiert aus: Heimat- und Verkehrsverein Wehrden in Verbindung mit der Gemeinde Wehrden/Weser (Hrsg.): Wehrden - Bilder aus der Geschichte eines 1100 Jahre alten Dorfes an der Oberweser, Holzminden 1961, 30.

Weserlandschaft bei Beverungen.

(Kreuzung von B 83 - Kassel - Hameln und B 241 - Harz - Sauerland in Beverungen, nahegelegener Autobahnanschluß Warburg - Kassel zur A 44, Bahnhof Lauenförde-Beverungen mit der Bahnstrecke Ruhrgebiet-Northeim-Göttingen) läßt Beverungen zu einem gut erreichbaren Ziel werden. Das gesamte Stadtgebiet zählt zum sogenannten „Oberwälder Land", benannt nach dem „Oberwäldischen Distrikt" (d.h. jenseits des Waldes des Eggegebirges) des ehemaligen Fürstbistums Paderborn.

Beschreibung des Naturraums

Unterschiedliche Landschaftsformen geben diesem Raum sein unverwechselbares Gepräge. Bestimmender und gliedernder Faktor sind die Talsysteme von Weser, Nethe und Bever, wobei der niedrigste Punkt mit 91,2 m nördlich der Ortschaft Wehrden, die höchste Erhebung mit 365,1 m bei Haarbrück zu finden ist.

Den Osten bzw. Südosten des Stadtgebietes nimmt die terrassenartige Weserniederung ein - eine typische Flußlandschaft mit mächtigen Sand- und Kiesablagerungen, die wirtschaftlich genutzt werden -, an die sich nach Osten hin das sanft ansteigende bewaldete Buntsandsteinmassiv des Solling anschließt.

Nach Westen hin erheben sich dagegen in steilen Stufen mächtige Muschelkalkrücken mit einem relativ hohen Waldanteil, die oftmals von nur periodisch Wasser führenden Bächen durchbrochen und somit durch zahlreiche steilwandige, schmale Kerbtäler zergliedert werden.

Nach Norden hin hat die Nethe einen tiefen Taleinschnitt geschaffen. Im Südwesten bildet die Wasserscheide zwischen Bever und Diemel die Grenze. Der größte Teil des Stadtgebietes liegt im Einzugsbereich der Bever mit ihren Muschelkalkplatten.

Die Asymmetrie des Wesertals mit Steilabfall im Westen und flachem Aufstieg im Osten hat gesteinsbedingte Ursachen. So besteht die Oberfläche im Westen aus versteinerungsreichen Muschelkalken, unter denen sich allerdings der Buntsandstein fortsetzt.

Im Osten hingegen bildet der Buntsandstein die Oberfläche - vor Abtragung mehr gefeit als der weichere Muschelkalk, der hier bereits abgetragen wurde, als vor ca. 60 Millionen Jahren das Sollinggewölbe angehoben wurde.

Der unterschiedliche geologische Formenschatz spiegelt sich auch in der Vegetation wider. Im Solling dominieren Fichtenbestände, während auf den Kalkbergen größtenteils Buchen vorherrschen.

---

[2] Lt. amtlicher Statistik des Einwohnermeldeamtes der Stadt Beverungen vom 31.10.1995.

Beverungen - eine Stadt mit zwölf Stadtteilen

Die eigentliche Geschichte dieser Landschaft beginnt mit der Ausdehnung der Franken in diesen Teil Sachsens hinein. Mit der Christianisierung schließlich setzt auch die kulturelle Entwicklung mit all ihren Folgen ein, deren Zeugen noch heute im gesamten Stadtgebiet allgegenwärtig sind.

Und so wie der Aufenthalt Karls des Großen um 797/798 im Wesertal bei Beverungen mehr als lediglich eine Randnotiz im Buche der Geschichte für die Region bedeutete, bildeten auch die Verleihung der Stadtrechte, die Reformation, die Wirren des Dreißigjährigen Krieges oder die Säkularisation Meilensteine und ließen markante Spuren im Stadtgebiet zurück.

Einschneidendstes Ereignis der jüngsten Geschichte ist gewiß die kommunale Neugliederung zum 1. Januar1970 gewesen.

Seit diesem Zeitpunkt besteht die Stadt Beverungen aus den früheren Gemeinden des Amtes Beverungen, mit Ausnahme von Bruchhausen, welches Höxter angegliedert wurde, und zwar aus der Kernstadt (7.046 Einwohner) sowie den Ortsteilen Amelunxen (1.357 Ew.), Blankenau (350 Ew.), Dalhausen (2.280 Ew.), Drenke (366 Ew.), Haarbrück (564 Ew.), Herstelle (1.152 Ew.), Jakobsberg (307 Ew.), Rothe (187 Ew.), Tietelsen (275 Ew.), Wehrden (939 Ew.) und Würgassen (1.063 Ew.).[2]

Die folgende Darstellung des Stadtgebietes Beverungen versteht sich nicht als ein linearer Abriß historischer Fakten mit Anspruch auf eine chronologische Vollständigkeit, sondern als facettenreiches Mosaik, das die Vielgestaltigkeit der Stadt Beverungen präsentiert und damit zugleich die Gegenwärtigkeit der Vergangenheit, die Verbindung zwischen dem Gestern und Heute der Stadt aufzuzeigen sucht.

Beverungen

Beverungen liegt in der äußersten südöstlichen Ecke Westfalens, im Dreiländereck von Nordrhein-Westfalen, Niedersachsen und Hessen. Eingebettet in einen breiten Talkessel und umrahmt von einem dichten Kranz von Bergwäldern, die bis zu 300 m ansteigen, erstreckt sich die Kernstadt auf dem Prallufer des Weserbogens an der Mündung der Bever in die Weser.

Der Name Beverungen - um die Mitte des 9. Jahrhunderts erstmals in den Corveyer Schenkungsregistern urkundlich er-

Beverungen 261

Beverungen mit Weserbrücke und Weserdampfer.

Am Dampferanleger

Cordt-Holstein-Haus

wähnt - leitet sich ab vom keltischen Wort „Bior" = „Wasser", „Bach" oder auch „Biber". Siedler bezeichneten das Gelände am linken Beverufer als „Biberweide", und diese Flurbezeichnung wird auf die Siedlung an der Bever übertragen worden sein, aus der im Laufe der Zeit „Biberanger", „Beberungen" und schließlich „Beverungen" entstand.[3]

Zu Beginn des 11. Jahrhunderts heißt es in einer Urkunde „Oberbeverungen", um 1284 „Niederbeverungen", der Ort hat sich also recht rasch beträchtlich ausgedehnt.

Vollzog sich die Entstehung zahlreicher Ortschaften oftmals dergestalt, daß zunächst eine Burg entstand, in deren Schutz sich eine Siedlung entfaltete, wird Beverungen erst nachträglich durch den Bau einer Burg geschützt - errichtet durch den Paderborner Bischof Bernhard V. zur Lippe und Abt Rupert von Corvey um 1330.

Am 24. Mai 1417 erhält Beverungen als eine der letzten Fürstengründungen im Hochstift Paderborn die Stadtrechte von dem Grafen Dietrich von Moers - Erzbischof von Köln und Verwalter des Hochstiftes Paderborn - sowie vom Abt von Corvey.

Zahlreiche Fachwerkhäuser künden noch heute vom Wohlstand der früheren Ackerbürgerstadt, so etwa das Cordt-Holstein-Haus - ein zweigeschossiges Fachwerkgiebelhaus aus dem Jahre 1662 mit Utlucht, Sandsteindach und prächtigem Foyer. Oder das frühere Haus Hoffmann aus dem Jahre 1611 (seit 1993 ein Modekaufhaus), mit großer Toreinfahrt und Schnitzbalken mit Inschriften, das älteste Privatgebäude der Stadt, das den Dreißigjährigen Krieg überstanden hat, der - nicht zuletzt bedingt durch die Grenzlage Beverungens - viel Elend über die Stadt bringt, die bis auf fünf Häuser zerstört wird.

Lassen wir dazu den Stadtsekretär Henrich Rotermundt sprechen, der im Stadtbuch zum 8. Februar 1632 notiert hat: „.... ist von i[hrer] f[urstlichen] g[naden] Wilhelms, langraven zu Hessen und dessen wolbestalten obristen leuthenadt Seekirchen uber ein regiment trogauner [= Dragoner] unsere gemeinheitt gentzlich abgebrand und eingeäschertt, zu welchem end es dan elff mahl angesteckt und kaum die kirche, das rathhauß und niedere möhle vorm brande erhalten worden."[4]

Auch der Siebenjährige Krieg (1756 - 1763) geht nicht spurlos an der Stadt vorbei, haben die Einwohner doch wiederholt unter Truppeneinquartierungen zu leiden.

Von den Folgen dieser Kriege kann sich die Stadt aber verhältnismäßig schnell erholen. Es entwickelt sich hier an der Weser schließlich ein lebhafter Handel.

Die Voraussetzung für ein reges Wirtschaftsleben bilden zu dieser Zeit nicht zuletzt günstige Verkehrswege. Durch das Wesertal führt die sogenannte „Bremer Straße" von Süden nach Norden, d. h. von Frankfurt nach Kassel über Beverungen und Höxter nach Bremen. Desgleichen existieren mehrere Handelswege, die von Rhein und Ruhr, vom Hellweg und der Warburger Börde, von Paderborn und Brilon durch das Tal der Bever nach Beverungen führen. Dieser West-Ost-Handelsweg überquerte dann bei Beverungen bzw. bei Höxter die Weser und verlief weiter nördlich vom Solling zur Elbe. Hinzu kommt, daß Beverungen als Hafenstadt des Hochstifts Paderborn fungiert.

Ein Mitarbeiter des preußischen Reformators Reichsfreiherrn vom Stein urteilt wie folgt im Jahre 1803 über Beverungen:

„Beverungen ist mit dem Dorfe Herstelle der einzige bedeutende Ort, den die Weser bei ihrem Laufe durch die Pro-

---

[3] Vgl. Nolte, Hermann: Der Ortsname Beverungen - Seine Entstehung und Deutung, in: die warte - Heimatzeitschrift für die Kreise Paderborn und Höxter Nr. 8/1955, 113 - 114.

[4] Zitiert nach: Günther, Ralf: Geschichte der Stadt Beverungen, hrsg. vom Schützenverein Beverungen von 1693 e.V., Volksbank Höxter Beverungen eG, Rudolf Gocke, Paderborn 1993, 66.

Weserstraße

Altes Fährhaus

vinz Paderborn berührt. Durch die große Nähe dieses Flusses eignet es sich zum Handel und kann (...) in dieser Hinsicht für das Erbfürstentum von großer Wichtigkeit werden. Beverungen (...) ist ohne gepflasterte Straßen, doch verrät alles einen größeren Wohlstand, als man ihn in den übrigen Städten antrifft."[5]

Haupterwerbszweig in der Ackerbürgerstadt Beverungen ist die Landwirtschaft. Der Getreidehandel floriert, Beverungen dient zugleich als wichtiger Umschlagplatz für den Eisenhandel. Das Eisen stammt aus dem Waldecker Gebiet wie dem ostwestfälischen Raum.

1802 wird Beverungen preußisch, 1806 französisch, 1813 letztlich wieder preußisch und dem Kreis Höxter angegliedert. Um die letzte Jahrhundertwende beginnt Beverungen durch den Anschluß an das Schienennetz (1876) und den Bau der Weserbrücke (1902) wirtschaftlich zu florieren, entsteht doch eine aufstrebende Holzindustrie. Während des Zweiten Weltkrieges bleibt die Weserstadt von Bombardements verschont und wird 1945 kampflos von den Amerikanern besetzt.

Nach dem Zusammenbruch von 1945 hat sich Beverungen rasch in eine moderne Kleinstadt mit einem beachtlichen Geschäftszentrum wandeln können, die gleichwohl noch viel von ihrem ursprünglichen Antlitz bewahrt hat. So präsentiert sich die fachwerkbunte Weserstraße mit Cordt-Holstein-Haus (1662), Rathaus, Michaelsbrunnen und katholischer Pfarrkirche (1682) als ein Stück Beverunger Historie in äußerst malerischer Kulisse. Beachtung verdient auch das Alte Fährhaus, direkt am Dampferanleger gelegen.

Die bereits erwähnte Burg - das Wahrzeichen der Stadt - beheimatet jetzt ein Stuhlmuseum, das eine Kragstuhlsammlung, das Jean-Prouve-Archiv und die Urmodelle der Moderne umfaßt.[6]

Lohnenswert ist auch ein Besuch der katholischen Pfarrkirche St.-Johannes-Baptist, die von außen schon durch den massiven vierkantigen Westturm mit seiner geschwungenen Turmhaube auffällt. Die damaligen Landesherren Ferdinand II.

---

[5] Voß, A.: Wie ein Mitarbeiter des Freiherrn vom Stein über die Städte des Paderborner Landes urteilte, in: Heimatborn Nr. 12 (14 Jg.) 1934, 47.

[6] Eine Einführung in das Thema bietet folgende Schrift: Stuhlmuseum Burg Beverungen (Hrsg.): Über Stühle und Tische, Hildesheim 1987.
Eine detaillierte Beschreibung des Stuhlmuseums bietet auch: Alber-Longère, Christine: Stuhlmuseum Beverungen: Urmodelle der Moderne in mittelalterlicher Burg, in: die warte Nr. 62, 1989, 3 - 4.

von Fürstenberg und Hermann Werner Freiherr von Wolff-Metternich zur Gracht ließen die Kirche 1682 - 1698 bauen, und zwar von dem Tiroler Baumeister Marcus Weyrather, dessen Enkelin Maria Wilhelmine Weyrather, 1742 geboren, übrigens die Ururgroßmutter des bekannten Heidedichters Hermann Löns gewesen ist. In der einschiffigen Kirche mit Kreuzrippengewölbe, dem dreiseitig geschlossenen Altarraum und der westlichen Turmhalle fesselt vor allem das kostbare Altarbild mit dem Motiv der hl. Familie - 1681 von dem Paderborner Kirchenmaler Johann Georg Rudolphi gemalt - den Blick des Betrachters.

Die Tradition eines alten Handelsstädtchens kommt noch heute zum Ausdruck. Nicht zuletzt die engagierte Tätigkeit der Beverunger Werbegemeinschaft und Verkehrsberuhigungsmaßnahmen im Altstadtbereich haben Beverungen zu einer beliebten Einkaufsstadt gemacht. Sanierungsmaßnahmen konnten das Stadtbild ebenfalls deutlich verbessern. Wohnen und Geschäftsleben erhielten neue Perspektiven.

Katholische Pfarrkirche St. Johannes Baptist.

Beverungen ist als Mittelzentrum eingestuft und umfaßt einen Versorgungsbereich von 25.000 - 50.000 Einwohnern, der über das Gebiet des Kreises Höxter hinaus die Weserschiene zwischen Holzminden und Bad Karlshafen sowie die nordhessischen Gemeinden bis etwa Hofgeismar einbezieht.

Die wirtschaftliche Struktur der Stadt Beverungen ist nach einer Abschwächung Mitte der 70er Jahre bis Mitte der 80er Jahre noch durch einen relativ hohen Industriebesatz gekennzeichnet. Das Erschließen neuer Gewerbeflächen führte sowohl zu Betriebserweiterungen als auch zu Neugründungen von Unternehmen, so daß der allgemeine Rückgang an Arbeitsplätzen in diesem Bereich abgemildert werden konnte. Zugleich setzte sich im sekundären Sektor der Strukturwandel in Richtung einer diversifizierten wirtschaftlichen Grundlage fort. In diesem Wirtschaftssektor dominieren Holz-, Metall- und Kunststoffindustrie, Fahrzeug- und Fertigbau sowie Textilindustrie.

Der Bereich Handel, Verkehr und Dienstleistungen profitierte von der Ansiedlung weiterer Gewerbebetriebe und der Weiterführung der Kernstadtsanierung. Das bestehende Angebot an Einzelhandelsgeschäften wurde in den letzten Jahren kontinuierlich verbessert. Waren 1970 lediglich 31,6 % der Beschäftigten in diesem Sektor tätig, stieg der Anteil bis 1987 auf 45,8 %.[8]

Einen Aufschwung kann seit einigen Jahren die Weiße Industrie - der Tourismus - verzeichnen. So entfielen 1995 auf ca. 25.500 Gäste 113.000 Übernachtungen[9] - Beleg dafür, daß Beverungen - an der Deutschen Märchenstraße gelegen - primär vom Kurzurlauber frequentiert wird. Auch der Tagestourismus spielt eine maßgebliche Rolle, der nicht nur eine wirtschaftliche Chance für das städtische Tourismusgewerbe bedeutet, sondern auch als Möglichkeit angesehen werden muß, Gästen aus nah und fern die eigene Kultur zu präsentieren und damit zugleich ‚Heimat‘ neu zu legitimieren.

Die günstige Lage an der Weser läßt ein vielfältiges Spektrum an Aktivitäten zu. Wassersport wird großgeschrieben, was nicht zuletzt Einrichtungen wie das Freizeitgelände Axelsee, das Bootshaus Beverungen und der Yachthafen Dreiländereck beweisen. Wichtige Impulse gehen auch von der Oberweser-Dampfschiffahrtsgesellschaft aus. Eine Fahrt mit dem Weserdampfer gehört wohl zum Muß für jeden Besucher. Insbesondere hat ein gut ausgebautes Radwegesystem entlang der Weser (z.B. Weserradweg R 99 von Hann.-Münden nach Bremerhaven) und im angrenzenden Bereich dazu geführt, daß sich Beverungen und Umgebung zu einem idea-

---

[7] Die Angaben basieren auf den Ergebnissen der Volkszählung von 1987.

[8] Die Angaben basieren auf den Ergebnissen der Volkszählung von 1987.

[9] Lt. amtlicher Statistik des LDS NRW sowie der Statistik des Verkehrsamtes der Stadt Beverungen.

„Auf dem Rücken der Pferde..." läßt sich die Landschaft erobern.

Stadthalle (im Dezember 1996 durch Feuer vernichtet) und Burg.

Karneval

len Terrain für Radwanderer herausbilden konnten. Radler gehören nicht nur am Wochenende und während der Ferienmonate zum täglichen Bild. Das Beverunger „Kul-Tour-Radeln" ist inzwischen zu einem bekannten Begriff geworden und schafft Voraussetzungen, dieses Potential noch weiter zu erschließen.

Auch die Kultur besitzt einen hohen Stellenwert - vor allem auf Grund eines anspruchsvollen und vielseitigen Kulturprogramms in der Stadthalle, die 1976 ihre Pforten öffnen konnte. Ein Großbrand zerstörte die Halle im Dezember 1996, ein Neubau soll im Laufe des Jahres 1998 abgeschlossen sein. Dank der Kulturgemeinschaft Beverungen und Umgebung e.V. treten Monat für Monat nationale wie internationale Stars der Spitzenklasse auf. Ob Rockkonzert oder klassische Musik, ob Komödie oder Kabarett - unterschiedlichste kulturelle Wünsche werden erfüllt. Obendrein tragen mehr als 100 Vereine des Stadtgebietes mit beachtlichen Aktionen zum kulturellen Leben bei.

Als zentraler Schulstandort im Dreiländereck mit Haupt- und Realschule sowie Gymnasium wird das Schulzentrum zur Zeit von 1.741 Schülern (Hauptschule 378, Realschule 490, Gymnasium 873) besucht.[10] Die Weiterbildung kommt ebenfalls nicht zu kurz.

Auf kommunaler Ebene wird sie vom Volkshochschulzweckverband Diemel-Egge-Weser getragen, dem als Mitgliedsstädte Beverungen, Borgentreich, Warburg und Willebadessen angehören.

Im kirchlichen Bereich ergänzt das Bildungswerk Corvey, das sich auf religiöse Themen sowie Ehe- und Familienbildung konzentriert, die VHS-Arbeit.

Die Beverunger verstehen natürlich ebenfalls, feste und Feste zu feiern. Besonders beliebt ist das Schützenfest. Aber auch der Rosenmontagsumzug, das Blütenfest im Mai oder das Brunnenfest mit Bauern- und Kunsthandwerkermarkt im September ziehen immer wieder viele tausend Besucher in die Weserstadt, die sich von fröhlicher weserländischer Art gern begeistern lassen.

Übrigens: Egal, wie lange Sie sich in Beverungen aufhalten - Sie werden gewiß rasch auf den Begriff „Mochenland" oder „Mochenländer" stoßen, Bezeichnungen, die aus der Zeit um

---

[10] Die Zahlen beziehen sich auf das Schuljahr 1995/1996. Lt. amtl. Schulstatistik vom 15.10.1995.
Weitere Schulen im Stadtgebiet sind übrigens Grundschule Amelunxen (73 Schüler), Grundschule Beverungen (390), Grundschule Dalhausen (172), Grundschule Herstelle (122), Schule für Lernbehinderte in Wehrden (43).

1820 stammen, als die Deutschen noch in einem lockeren Staatengefüge lebten, jedes Land und Ländchen noch von Zollschranken umgeben war.

Ein Nebenzollamt - das Gebäude gegenüber dem alten Fährhaus in der Weserstraße - existierte auch in Beverungen. Eine besondere Steuerquelle Preußens war damals das Salzmonopol; der Staat bestimmte den Salzpreis, und es gab erhebliche Preisunterschiede bei den preußischen Salinen östlich und westlich der Weser.

Salz konnte natürlich nicht nur auf der Saline, sondern ferner in Salzfaktoreien (Auslieferungslager) gekauft werden, von denen es eine auch in Beverungen gab.

Nebenzollamt, Salzfaktorei sowie schwunghafter Handel in Grenznähe führten natürlich dazu, daß Zollbeamte und Grenzaufseher das Bild der Stadt prägten, waren sie doch Tag und Nacht unterwegs, um Jagd auf Schmuggler zu machen. Klar, daß letztere versuchten, die Hüter des Gesetzes hinters Licht zu führen, sie nach Strich und Faden zu bemogeln. So wurde Beverungen zum „Bemogelland", zum „Mogelland" oder „Mochenland" und analog dazu die Bewohner zu „Mochen".[11]

Wer weiß, mit ein wenig Glück geraten gewiß auch Sie einmal an einen echten Mochen!!!

Die Ortsteile Beverungens

Das Gesicht der vormals selbständigen Dörfer hat sich in den vergangenen Jahrzehnten entscheidend gewandelt, primär bedingt durch den allgemeinen Strukturwandel des ländlichen Raumes.
Auch die kommunale Neugliederung im Jahre 1970 brachte mit der Aufgabe der gemeindlichen Selbstverwaltung wesentliche strukturelle Veränderungen mit sich.
25 Jahre Eingemeindung als solche haben sich jedoch weniger soziologisch oder siedlungsstrukturell auf die einzelnen Ortschaften ausgewirkt, sondern mehr auf funktional-administrativer Ebene.
Gewiß, Dörfer im traditionellen Sinne gibt es nicht mehr, zahlreiche dörfliche Substanzen und damit auch viel Atmosphärisches gingen unwiderruflich verloren, doch konnten die jetzigen Ortsteile der Stadt Beverungen viele ihrer ortsspezifischen Charakteristika bewahren, die sich nicht nur der aufstrebende Fremdenverkehr zunutze machen kann, wie die folgenden Ortsporträts dokumentieren, sondern gleichfalls entscheidend zur Identifikation der Bürger mit ihrem Ort beitragen.

Amelunxen

Amelunxen - ca. acht km nordwestlich der Kernstadt Beverungen sowie acht km südwestlich der Kreisstadt Höxter gelegen - breitet sich idyllisch am unteren Lauf der Nethe aus, umrahmt von bewaldeten Höhenzügen. Das Nethedorf gehört zu den Orten im westfälischen Raum, deren Existenz bereits für das 9. Jahrhundert sicher belegt ist.[12]

Von seiner Endung her verrät der Name „Amelunxen" sächsischen Ursprung und geht zweifellos auf den Personennamen „Amalung" zurück, einen sächsischen Edelmann, der bei den Aufständen seiner Landsleute gegen Karl den Großen dem Kaiser treu geblieben war.

Als Name eines Geschlechtes wird Amalung erstmals um 1147 in einer Urkunde des Klosters Corvey erwähnt, und so erscheint es nur zu verständlich, daß der Stammsitz dieses Geschlechtes die gleichnamige Bezeichnung erhielt.

Wie viele andere Orte jener Zeit ist Amelunxen eine Kleinsiedlung mit einem Haupthof, dem sog. Herrensitz, und einigen Nebenhöfen gewesen, die von Feldern und dichten Wäldern umgeben war.

Nach 1200 hat sich das Dorf bereits auf zwölf Höfe erweitert, und durch die Ansiedlung von Köttern konnte die Bebauung dichter werden.

Deutlich läßt der alte Ortskern noch die Charakteristik eines typischen Haufendorfes erkennen: unregelmäßig verlaufende Straßen, Wege und Gassen, große und kleine Haus- und Hofgrundstücke ohne einheitliche Ausrichtung.

1447 wird der Ort während der Soester Fehde geplündert; der Dreißigjährige Krieg hinterläßt ebenfalls böse Spuren.

Gravierendes Ereignis in der Dorfgeschichte ist jedoch ohne Zweifel die „neue Lehre" der Reformation, zu der die Herren von Amelunxen 1536 übertreten und an die heute noch die beiden Pfarrkirchen erinnern.

Im 16. Jahrhundert ist das Geschlecht von Amelunxen bereits in mehrere Teile zersplittert, und gegen Ende des 17. Jahrhunderts hatten sich die finanziellen Verhältnisse der Familie von Amelunxen aufgrund wiederholter Erbteilungen und Verpfändungen dermaßen verschlechtert, daß ihr Grundbesitz gefährdet erschien. 1696 geht der Amelunxsche Besitz an den Paderborner Fürstbischof Hermann Werner Freiherr von Wolff-Metternich zur Gracht, der daraus für seine Familie einen neuen Sitz gründet. 1815 wird Amelunxen der

---

[11] Vgl. Festkomitee der Stadt Beverungen (Hrsg.): 1100 Jahre Beverungen, 550 Jahre Stadt, Beverungen 1967, 52.
[12] Leesch, Wolfgang/Schubert Paul: Heimatchronik des Kreises Höxter, Köln 1966, 35 ff.

Amelunxen

preußischen Provinz Westfalen zugeteilt und kommt 1946 zum neugebildeten Land Nordrhein-Westfalen.

Neben der Kernstadt ist Amelunxen übrigens der einzige Ortsteil der Stadt Beverungen mit einer protestantischen und einer katholischen Pfarrkirche.[13]

Die evangelische Pfarrkirche St.-Georg von 1118 - eine romanische Saalkirche, aus grob behauenem Sandstein errichtet und mit schweren Sandsteinplatten gedeckt - erscheint dem Betrachter äußerst wehrhaft, nicht nur wegen des querrechteckigen Turmes, sondern auch durch die von mächtigen Strebepfeilern gestützten Außenwände. Der Innenraum der Kirche wirkt ebenfalls ausgesprochen wuchtig und massiv. In dem äußerst schlicht gehaltenen Kircheninneren fallen vor allem die mit verschiedenen Reliefs und Inschriften reich gestalteten Epitaphien der Familie von Amelunxen aus der zweiten Hälfte des 16. Jahrhunderts auf.

Unweit der evangelischen Kirche liegt die katholische Pfarrkirche St.-Peter-und-Paul. 1821 vom letzten Corveyer Abt Ferdinand von Lüninck erbaut, verdient vor allem der barocke Hochaltar mit dem Altarbild „Aufrichtung des Kreuzes" besondere Beachtung, ist dieses Motiv in Deutschland doch äußerst selten. Altar wie Kommunionbank stammen aus der Kirche des 1804 aufgehobenen Minoritenklosters aus Höxter.

Als weiteres bemerkenswertes Bauwerk gilt Schloß Amelunxen, ein Herrenhaus im Stil der Weserrenaissance, 1554 von den Brüdern Ludolf und Gert von Amelunxen errichtet.

Wie viele andere Herrensitze des Landadels im Kreis Höxter begnügt es sich mit einer recht schlichten Gestaltung. Besonders augenfällig ist jedoch, daß das Schloß nicht einen, sondern zwei Eingänge - mit massiven Türen, die mit Spitzrundbogen aus Wesersandstein eingefaßt sind - besitzt, die bei einem Schloß eigentlich recht ungewöhnlich sind. Dieses kleine Geheimnis läßt sich allerdings rasch lüften: Nachweislich bestand das Schloß ursprünglich aus zwei kleineren Haushälften, die dann Mitte vergangenen Jahrhunderts einen gemeinsamen Giebel erhielten. Erzählt wird ebenfalls, daß die beiden Brüder von Amelunxen einander spinnefeind gewesen sein sollen: So habe der eine die protestantische Lehre vertreten, während der andere Katholik gewesen sei!

Nicht nur der historisch Interessierte, sondern auch Käse-

---

[13] Eine detaillierte Beschreibung der beiden Kirchen findet sich in: Sander, Hermann-Josef: Wie aus der katholischen Kirche eine evangelische wurde - Wissenswertes zur Religions- und Kirchengeschichte von Amelunxen, in: die warte - Heimatzeitschrift für die Kreise Paderborn und Höxter, Nr. 76 (53. Jg.), Weihnachten 1992, 14 - 16.

Epitaph in der evangelischen Pfarrkirche in Amelunxen.

freunde dürfen sich auf Amelunxen freuen, ist der Ort im Nethetal doch bundesweit bekannt für seine Käsespezialitäten, den Kochkäse.

Nomen est omen - den Käse kocht man, wie die folgende Rezeptur verrät:

Trockener und durchgereifter Quark wird unter Einsatz spezieller Kochgeräte und Knetvorrichtungen mit Butter oder auch unter Zugabe von Vollmilch zu einer gleichmäßigen sirupartigen Masse geschmolzen. Anschließend füllt man diese Masse in Behälter ab, in denen sie erstarrt.

Je mehr Butter oder Vollmilch hinzugefügt wird, desto höher fällt der Fettgehalt des Kochkäses aus. Entscheidend beim Kochkäse ist auch der Kümmel, der dem zartsahnigen Geschmack eine besondere Würze verleiht. [14]

Na dann: Guten Appetit!

Blankenau

Blankenau liegt etwa drei km nördlich von Beverungen, und zwar - im Gegensatz zu den anderen Höhen der westlichen Weserseite, die aus Muschelkalk bestehen - auf einem schmalen Buntsandsteinrücken, der steil und schroff zur Weser hin abfällt und das Beverunger vom Höxterschen Wesertal trennt.

Die Ansiedlung wird bereits zur Zeit Karls des Großen bestanden haben, die urkundliche Erwähnung als „Blankenowe" [= glänzende Aue, wasserreiches Wiesenland] erfolgt jedoch erst 1302.

1315 bis 1320 lassen Fürstabt Rupert zu Corvey und Fürstbischof Theoderich von Itter zu Paderborn die Burg Blankenau errichten als Grenzburg zum Schutz gegen die auf dem gegenüberliegenden Weserufer ansässigen Braunschweiger und die im Süden wohnenden Hessen. In der Folgezeit wird die Burg als Lehen an mehrere Adelsfamilien vergeben. Ab 1450 ist Corvey einziger Besitzer der Burg und überträgt sie in der Folgezeit an die Familie von Falkenberg, die Blankenau bis 1702 besitzt. Corvey übernimmt erneut sein Besitztum und läßt es wiederum durch Pächter verwalten.

1803 gelangt Corvey mit Blankenau an den Prinzen Victor Amadeus von Hessen-Rothenburg (Nassau-Oranien), gehört von 1807 bis 1813 zum Königreich Westphalen und wird 1815 schließlich preußisch. Zwei Jahre später übergibt König Friedrich Wilhelm III. den Ort als Domäne an den russischen General von Tettenborn, der sie jedoch bald darauf an den Landgrafen von Hessen-Rothenburg verkauft. Dieser führt sie wieder mit Corvey zusammen und schenkt sie seinem Patenkind, dem Prinzen Hohenlohe-Schillingsfürst. Sein Nachkomme, der Herzog von Ratibor und Fürst von Corvey, besitzt sie noch heute. [15]

Von der ehemaligen Burg finden sich in unserer Zeit nur wenige Mauerreste. Das noch vorhandene Gutshaus sowie die Wirtschaftsgebäude sind um 1606 neu errichtet worden. Die ehemalige landwirtschaftliche Domäne Corveys hat Blankenau weit über das Stadtgebiet von Beverungen hinaus bekannt gemacht, wurde hier doch 1978 nach Renovierung der z.T. schon verfallenen herzoglichen Domäne die „Freizeitdomäne Blankenau" errichtet: zahlreiche Ladenlokale mit Freizeitzentrum.

Unweit der Freizeitdomäne - direkt an der breiten Dorfstraße mit ihren beiden fachwerkbunten Häuserreihen, die dem Ort den typischen Charakter eines Straßendorfes verleiht

---

[14] Gröper, Adolf: Spezialität Kochkäse, o.O., o.J.

[15] Diese Ausführungen stützen sich überwiegend auf die Ortsbeschreibung von Blankenau in: Dohmann, Richard: Geschichte aus und um Beverungen, Heimatkundliche Schriftenreihe 8/1994, hrsg. von der Volksbank Höxter-Beverungen eG, Beverungen o.J., 14 - 16.

Dorfstraße
in Blankenau

und den alten Dorfkern bildet - fällt die katholische Pfarrkirche St. Joseph ins Auge des Besuchers. In dieser 1714 von dem Corveyer Fürstabt Maximilian von Corvey erbauten Kirche - ein schmaler überwölbter Saalbau - verdient vor allem der große, bis unter das Gewölbe reichende und überaus reich mit Statuen und Ornamenten verzierte Altar Beachtung. Auch die Kanzel besticht durch reiches Schnitzwerk. Altar und Kanzel stammen übrigens von dem bekannten Bildhauer Christoffel Papen aus Giershagen.

Der unterhalb Blankenaus vorbeiführende Radweg R 99 ermuntert dazu, Blankenau per pedales zu erobern.

Dalhausen

Dalhausen, 165 m über N.N., liegt - eingeschlossen von Bergketten, durch die schluchtartige Seitentäler zum Dorf führen - in dem langgestreckten Tal der Bever, die westlich des Ortseingangs entsteht und sich hier ihren Lauf durch den Muschelkalk in östlicher Richtung nach Beverungen zur Weser gebahnt hat.

Hermann Nolte, früherer Orts- und Amtsheimatpfleger aus Beverungen, charakterisierte Dalhausen einmal so: „Eigenartig ist der Ort, reizvoll die ihn umgebende Landschaft, interessant sind die Leute in Dalhausen, geheimnisvoll seine Ortsgeschichte".[16]

Die Geschichte des Dorfes und der Pfarrei Dalhausen sind untrennbar miteinander verwoben. Als „Dalenhusen" wurde der Ort erstmals 971 in den Corveyer Schenkungsurkunden erwähnt: „Magintillis comtissa 4 mansos in dalenhusen totemque montem Haddenberch cum villa et omni jure praediumque suum in Culinga". (Die adelige Dame Magintillis schenkte 4 Hufen Landes in Dalhausen und den gesamten Berg Haddenberg mit Gehöft und aller Rechtsamkeit und seinen Grundbesitz in Culingen).[17]

Im folgenden Jahrhundert war er im Besitz der Grafen von Northeim, im 13. Jahrhundert Eigentum der Grafen von Dassel und Everstein sowie des Klosters Helmarshausen. 1221 wird Dalhausen, das ein Ableger des 1447 in der Soester Fehde zerstörten Kirchdorfes Eddessen war, von Eddessen abge-

---

[16] Nolte, Hermann: Stadt-, Dorf- und Landschaftsbilder aus dem Amt Beverungen - Ein Heimat- und Wanderbuch, Paderborn 1956, 16.
[17] Zitiert nach: Feldmann, Joseph: Dalhausen - 1000 Jahre Dalhausen, 750 Jahre Pfarrei, Paderborn 1971, 59.

Dalhausen

Korbmacher in Dalhausen.

trennt und selbständige Pfarrei. Paderborns Bischof Otto von Rietberg überträgt sie 1305 dem Benediktinerinnenkloster Gehrden, das bis zu seiner Aufhebung im Jahre 1810 Kirche und Pfarrer unterhält. Mit der Säkularisation 1803 wurde Dalhausen preußisch und gehörte zu Preußen bis zu seiner Auflösung im Jahr 1947 - lediglich unterbrochen durch die Zugehörigkeit zum Königreich Westphalen in den Jahren 1807 - 1813. Seit der kommunalen Neugliederung am 1. Januar 1970 zählt Dalhausen zur Großgemeinde Beverungen.

Ausgehend vom ursprünglichen Ortskern mit der heute weit über die Grenzen der engeren Heimat hinaus bekannten Wallfahrtskirche Mariä Geburt entwickelte sich der Ort im Laufe der Zeit zu einem typischen Reihendorf zunächst fast ausschließlich auf der Talsohle der Bever bzw. ihrer Nebentäler; später wurden auch teilweise die umliegenden Hänge besiedelt.

Zählte Dalhausen vor dem letzten Kriege ca. 1.600 Einwohner, so leben gegenwärtig 2.280 Einwohner im Bevertal.

Die überaus enge Tallage sowie die ungünstigen Bodenverhältnisse ließen keine bedeutenden wirtschaftlichen Entfaltungsmöglichkeiten zu, sondern man lebte in früheren Jahrhunderten mehr schlecht als recht von Landwirtschaft, Viehhaltung (Ziegen) und vor allem der Korbflechterei. Wenn auch die Korbflechterei seit den 50er Jahren von einer expandierenden Möbelindustrie abgelöst wurde, die sich seit Ende der 70er Jahre zum größten Teil in das Gebiet der Kernstadt verlagerte, so gilt Dalhausen noch immer als westfälisches Korbmacherdorf schlechthin, ist doch die Korbflechterei in diesem Ort nachweislich seit 1803, vermutlich aber schon Jahrhunderte früher zu Hause gewesen.

Nicht nur in drei Korbflechtereien, in denen man diesem Handwerk noch hauptberuflich nachgeht, sondern vor allem im Korbmacher-Museum Dalhausen, das 1994 seine Pforten geöffnet hat, wird die Korbmacherkunst lebendig gehalten. Auf ca. 380 qm Ausstellungfläche liefert dieses Spezialmuseum - dem überdies eine Korbmacherwerkstatt angeschlossen ist, in der einem Korbflechter zugeschaut werden kann, wie in seinen flinken Händen ein echter „Dallscher Kurw" entsteht - anhand zahlreicher Originalexponate aus dem 19. und 20. Jahrhundert sowie von Text- und Bildinformation einen facettenreichen Einblick in dieses traditionsreiche Handwerk.[18]

Mit der Einrichtung eines Korbmacher-Museums ist es zweifelsohne nicht nur gelungen, Tradition zu vergegenwärtigen und anschaulich erfahrbar zu machen, sondern zugleich über die Region hinaus dem Tourismus neue Impulse zu geben.

Momente der Besinnung wie auch zahlreiche sakrale Kostbarkeiten bietet die katholische Wallfahrtskirche „Mariä Geburt", 1721 von der Äbtissin Victoria Dorothea von Juden aus dem Kloster Gehrden erbaut, 1950 erweitert und 1985 wieder mit den ursprünglichen Barockaltären ausgestattet. Vor allem das Gnadenbild, eine gotische Holzplastik aus dem Jahre 1300, an das die um 1403 erstmals belegte Wallfahrt anknüpft, oder das Bild der „Mutter Anna Selbdritt", eine gotische Eichenplastik von 1510, rufen Bewunderung hervor.

Aktiv gelebtes Brauchtum zeichnet den Ort noch heute aus: So reicht etwa der alte Brauch des sog. „Weihnachtssingens" bis ins 17. Jahrhundert zurück. Am Heiligen Abend versammeln sich Männer und männliche Jugend der Gemeinde um 22.00 Uhr und singen von Stunde zu Stunde an verschiedenen Plätzen des Dorfes alte Weihnachtslieder. Zum Aufwärmen kehrt man zwischenzeitlich in die traditionsreiche Gastwirtschaft Groll ein, die sich schon seit 1910 als „Wachlokal" zur Verfügung stellt. Bis zum Beginn der Christmette um 5.00 Uhr hat man die gesamte Gemeinde „durchsungen", zuletzt zum Wecken mit dem Lied „Herbei, o ihr Gläubigen".

Einzigartig in dieser Region ist, daß in Dalhausen an den Fastnachtstagen keinerlei Festlichkeiten stattfinden sollen! Pest, Typhus und Cholera hatten den Ort hatten in den vergangenen Jahrhunderten schwer heimgesucht, aber ganz besonders schlimm im Jahre 1868 gewütet (ein Jahr nach der gewaltigen Überschwemmungskatastrophe, an die noch eine Gedenktafel am „Alten Korbhaus" beim Kriegerdenkmal erinnert), so daß am 17. Oktober 1868 das feierliche Gelübde abgelegt wurde, am Rosenmontag und Fastnachtsdienstag Anbetungsstunden abzuhalten, um die Fürbitte der Gottesmutter Maria zu erlangen.

Während an den „tollen Tagen" in den umliegenden Orten dem närrischen Treiben nachgegangen wird, rufen dagegen in Dalhausen seither die Glocken die Gemeinde zum Gebet in die Kirche.

Nicht nur geologisch Interessierten fällt etwa 500 m hinter dem Ortsausgang ein hellgrauer Gesteinsblock von ca. 4 m Höhe, 6 m Länge und von über 200 cbm Volumen ins Auge: der Weiße Stein. Wissenschaftler vermuten, daß sich vor etwa 7000 Jahren ein Quellkalkkörper bildete, der dann später umgekippt ist und tiefer rutschte bis zu seinem heutigen Platz. Die derzeitige Austrittsstelle der Quelle lag früher vermutlich oberhalb des Hanges [19]. Das Wasser, das über den Felskörper läuft, läßt den Weißen Stein bei längeren Frostperioden im Winter durch die Eisbildung besonders imposant erscheinen.

Drenke

Dieser etwa 5 km nordwestlich der Kernstadt idyllisch auf einer Anhöhe oberhalb der Weser- und Nethetalung gelegene Ort wurde erstmals um 1203 in einer Übereignungsurkunde für das Kloster Gehrden seitens des Bischofs Bernhard von Paderborn erwähnt.

Der Name läßt sich wohl von einer auf der Höhe zu finden den Quelle, der „Dränke", ableiten, die eine Ansiedlung begünstigte.

Drenke war früher fast ausschließlich auf die Landwirtschaft angewiesen, während heute nur noch wenige Einwohner in ihr tätig sind.

Zahlreiche behäbige Bauernhäuser bestimmen das Bild, die nicht nur die Erinnerung an die „gute alte Zeit" lebendig halten, sondern mehr noch die Divergenz zwischen bäuerlicher Welt und Urbanität anklingen lassen.

Beachtung verdient das Fachwerkensemble hoch über dem Dorfplatz mit seiner Teichanlage: typisch niedersächsische Bauernhäuser aus dem 19. Jahrhundert. Eine Besonderheit - und relativ selten im westfälischen Raum anzutreffen - stellt die Deeleneinfahrt an der Rückseite dieser Gebäude dar.

Zwar ist Drenke die kleinste Pfarrei innerhalb der Erzdiözese Paderborn, doch die Besichtigung der kleinen, liebevoll ausgestatteten katholischen Pfarrkirche St.-Maria-Magdalena - 1859 errichtet und auf eine Stiftung des Drenker Ehepaares Konrad und Maria Hilleker zurückgehend - lohnt schon al-

---

[18] Eine umfassende Vorstellung des Korbmacher-Museums Dalhausen findet sich in: Heimatverein Dalhausen (Hrsg.): Korbmacher-Museum Dalhausen, o.O., o.J.
Sander, Hermann-Josef: Korbmacher-Museum Dalhausen - Auf den Spuren eines traditionsreichen Handwerkes, in: die warte - Heimatzeitschrift für die Kreise Paderborn und Höxter Nr. 83 (55 Jg.), Herbst 1994, 10-12.

[19] Vgl. Knapp, Gangolf: Der Weiße Stein im Bevertal, in: Jahrbuch Kreis Höxter 1983, hrsg. vom Oberkreisdirektor des Kreises Höxter, Höxter 1982, 80.

Drenke

lein wegen der herrlichen Kirchenfenster mit ihrer kunstvollen Glasmalerei und den Darstellungen der hl. Elisabeth, der hl. Magdalena, des hl. Konrad, des hl. Franziskus, des Herzens Mariä und des Herzens Jesu.

Der Barockaltar stammt ebenso aus dem während der Säkularisation aufgelösten Kloster Corvey wie das wertvolle Altarbild von 1700, mit dem Motiv „Kreuzestod Christi", das links und rechts von schlicht geschnitzter Ornamentik eingefaßt ist.

Neben der Kirche findet sich in einer kleinen Grotte eine Statue der hl. Elisabeth. Die aus Muschelkalk in Lebensgröße angefertigte Figur hatte ursprünglich ihren Standort auf der Elisenhöhe - einer bewaldeten Anhöhe mit parkähnlichem, fast 100.000 qm großem Areal, südlich von Drenke gelegen.

Hier hat die Werner-Bock-Schule ihr Domizil - ein Schulungsheim der Gewerkschaft Textil und Bekleidung, seit 1964 benannt nach dem ersten Vorsitzenden dieser Gewerkschaft -, die Drenke in Deutschland bekannt gemacht hat.

Ende 1951 wurde die Anlage als „Bildungs- und Erholungsstätte Elisenhöhe" eingerichtet. Lag die Zahl der Kursteilnehmer 1952 noch bei jährlich 500, ließ sich die Teilnehmerzahl bis Mitte 1970 auf etwa 1.600 im Jahr steigern. Derzeit - mittlerweile bekannt als „Bildungszentrum WBS" - wird das Haus ausschließlich als Bildungs- und Schulungsstätte genutzt. Bei 70 Zimmern und 100 Betten besuchen jährlich etwa 3.000 Personen im Rahmen von Lehrgängen, Tagungen und Sitzungen - auch gewerkschaftlich unabhängiger Organisationen - diesen malerisch gelegenen Ort.

Die Bezeichnung „Elisenhöhe" geht zurück auf das zweigeschossige burgähnliche Bruchsteingebäude mit Treppenturm und zinnenbekröntem Flachdach, 1912 errichtet und nach der Gattin des Erbauers - Elisabeth Temme - benannt, das noch heute „einen Hauch wilhelminischer Zeit"[20] spüren läßt.

Die Entstehung der Burg hängt vielleicht mit der seinerzeit herrschenden „Ruinenromantik" zusammen. Nicht ganz aus-

---

[20] Vgl. Bildungszentrum WBS, Drenke, Rundgang durch die Werner-Bock-Schule (unveröffentl. Manuskript), 2.

Bildungszentrum
WBS bei Drenke.

zuschließen ist aber auch, daß es den Erbauer der Burg, den Neuhäuser Kaufmann Joseph Temme - er war Eigentümer des großen Hotels „Zur Senne" beim Truppenübungsplatz in Sennelager und hatte dort auch das Offizierskasino betrieben - ein bißchen „gepiesackt" haben mag, stets vom Offiziers-Adel umgeben, selbst aber nur „Bürgerlicher" zu sein.[21] Der Bau der Burg sorgte gleichsam für die entsprechende Reputation.

Der Panoramablick auf die Nethe- und Wesertalung hat hier schon zahlreiche Dichter zu Versen beflügelt, so auch den Drenker Heimatdichter Hans Tegethoff (1885 - 1954), dessen Zeilen für sich sprechen:

Elisenhöhe bei Drenke

Lieblich von des Berges Höhe,
Fest gefüget von Gestein
Schaut die Burg Elisenhöhe
Weithin in das Tal hinein.

Wie ein Bauwerk alter Zeiten
Steht sie da mit ihrem Turm,
Mit den Mauern, stark und breiten,
Trotzend jedem Wettersturm.

Drunten tief zu ihren Füßen,
In dem Ficht- und Föhrenwald,
Vogelstimmen uns begrüßen,
Und das Echo sanft verhallt.

Weiter sieht man Saatenfelder,
Blumenwiesen auf der Flur,
Hohe Berge, grüne Wälder
In dem Reiche der Natur.

Auch der Strom, der sanft sich windet
Durch das Tal so spiegelklar,
Wo ein Kloster ward gegründet,
Das bestand fast tausend Jahr.

Städt' und Dörfer in der Ferne,
Nur ein Gutshof in der Nähe
Und ein Dörflein, wo ich gerne
Frohe Heimatkinder sehe.

Auch die Buchen, wo ich träumte
Oft so manchen süßen Traum,
Wo so manchen Vers ich reimte
einsam an dem Waldessaum.

Und wie schaut, den Geist erhebend,
Jetzt die Burg weit in das Land!
Als die Zierde unsrer Gegend
Rühmt sie ihres Meisters Hand.[22]

---

[21] Bildungszentrum WBS, a.a.O., 3

[22] Zitiert nach: Dohmann, Richard:Geschichte aus und um Beverungen, Heimatkundliche Schriftenreihe 3/1987, hrsg. von der Volksbank Beverungen, Beverungen 1987, 25.

Haarbrück

Mit einer Höhenlage von 365,1 m ü. N.N. ist Haarbrück nicht nur der höchstgelegene Ort im südlichen Teil des Stadtgebietes von Beverungen, sondern zugleich höchste Ortschaft des Kreises Höxter. Die ausgesprochene Hochlage begeistert jeden Wanderer und Naturfreund, bietet sich ihnen doch bei klarer Witterung ein Panoramablick par excellence: Nach Süden hin schaut man weit in das Hessische Bergland, nach Westen bis zum Sauerland, nach Osten bis zum Solling, nach Norden bis zum 497 m hohen Köterberg.

Auch die katholische Pfarrkirche St. Bartholomäus - 1883 auf dem Platz einer ehemaligen Kapelle von 1608 errichtet - lohnt einen Besuch. So finden sich in der im neogotischen Stil errichteten Kirche noch zahlreiche Gegenstände der ursprünglichen Ausstattung (u.a. eine Pietà, das Wandbild „Mariahilf", Heiligenfiguren und der Kreuzweg). Die Altäre sind dagegen nach der 1989 erfolgten Renovierung neu errichtet worden, ebenso das St.-Bartholomäus-Fenster über dem Hochaltar.

Weit entfernt von diesen von der heutigen Freizeitgesellschaft geschätzten Offerten, die in Natur und Kultur einen Gegenpol zur Hektik des Alltags sucht, kam der exponierten Lage Haarbrücks früher eine eher schon strategische Bedeutung zu, bildete die vermutlich um 1200 gegründete Siedlung doch seinerzeit eine natürliche Brücke zwischen der Warburger Börde und dem Wesertal bei Herstelle und Beverungen. Zu Recht kann daher der erstmals in der Mitte des 13. Jahrhunderts erwähnte Ortsname „Horbruche" (hor von ahd. horo = Schmutz) durchaus als „Brücke über den Morast" gedeutet werden,[23] vergegenwärtigt man sich die zumeist abenteuerlichen Straßenverhältnisse früherer Zeitläufte, wo ein Durchkommen auf Wegen fast nur über die Höhen möglich war im Gegensatz zu den oftmals sumpfigen Niederungen.

Der Bischof von Paderborn hatte in Herstelle seit der Jahrtausendwende ein größeres Anwesen. Wollten nun er oder seine Verwalter von Paderborn aus durch die Warburger Börde nach Herstelle reisen, bot sich von Borgentreich aus - an Elensburg und Klus Eddessen vorbei - der Weg über die Höhe zwar als kürzeste Verbindung, jedoch auch als gefahrvolles Wegestück an, denn der letzte Teil der Strecke führte durch unbesiedeltes, dichtes Waldgebiet. Was lag folglich näher, als an dieser Stelle eine kleine Siedlung zu gründen, die lange Zeit als „ein Zubehör der Burg Herstelle"[24] angesehen wurde.

---

[23] Vgl. Volckmar, Erich: Die Ortsnamen des Kreises Höxter, Höxter 1896, 39 ff.

[24] Ludorff, Albert: Die Bau- und Kunstdenkmäler des Kreises Höxter, Reihe: Bau- und Kunstdenkmäler von Westfalen, 37. Bd., Kreis Höxter, hrsg. vom Provinzial-Verband der Provinz Westfalen, Münster 1914, 97.

Haarbrück

Bereits um 1325 existierte eine Kapelle, die allerdings wie das Dorf 1447 während der Soester Fehde zerstört wurde. Eine Urkunde aus dem Jahre 1574 erwähnt Haarbrück noch als Wüstung. Gleichwohl kann sich in der Folgezeit wieder ein Dorf entwickeln - eine neue Kapelle wird 1608 errichtet -, das weiterhin von Herstelle abhängig war.

Besitzer der Burg und des Gutes Herstelle war ein Falkenberg, bischöflicher Lehnsmann, dem Haarbrück gehörte und das ihm zehntpflichtig war. Für die Unterhaltung der Kapelle erhielt der 1659 in Herstelle von den aus Höxter vertriebenen Minoriten gegründete Konvent Abgaben, und zwar bis zur Aufhebung des Klosters durch den Reichsdeputationshauptschluß.

Haarbrück vereinigte sich mit der Pfarrei Jakobsberg, die die zuvor an das Kloster Herstelle gezahlten Abgaben erhielt.

Mit dem Tode des letzten Falkenbergers 1733 wurde die Familie von Spiegel zum Desenberg Grundherr, die damit auch Besitzer des sogenannten „Haarbrücker Waldes" war, in dem die Haarbrücker Hude- und Weiderechte besaßen, ihrerseits natürlich zu Abgaben verpflichtet waren.

Bis 1836 blieb der Wald im Besitz der Familie Spiegel. Große Teile des Waldes wurden später gerodet, und dank der Ausweitung der Wirtschaftsfläche verbesserten sich langsam die Lebensverhältnisse in dem Höhenort, wo oft bittere Not geherrscht hatte. Gab es z. B. 1832 noch 59 Webstühle - die Leineweberei war ein überaus wichtiger Nebenerwerb -, galten 30 Jahre später nur noch 34 Bewohner als Leineweber.

Mit der Industrialisierung tauchten neue Berufe auf. Vor allem das Maurerhandwerk, das noch immer einen wichtigen Faktor darstellt, besaß große Bedeutung, auch wenn die Saisonarbeit auswärtiges Arbeiten - vor allem im Ruhrgebiet - mit all seinen vielfältigen Widrigkeiten erforderlich machte, die die heutige automobile Gesellschaft kaum noch nachzuvollziehen vermag.

Ein weiterer Wandel setzte dann nach der Währungsreform ein. Der ehemals landwirtschaftlich ausgerichtete Ort erhielt zunehmend den Charakter einer Mischgemeinde, in der Facharbeiter, Handwerker und Fabrikarbeiter wohnen und von hier ihrer Arbeit nachgehen. [25]

Bronzezeit und auch Funde aus der Römerzeit belegen. So fand man z. B. 1835 beim Ausbaggern der Weser in der Nähe Herstelles eine Münze mit Namen und Bild des römischen Kaisers Honorius (423 n. Chr.).

In den Brennpunkt der Geschichte trat Herstelle während der Sachsenkriege, als Karl der Große um Weihnachten 797 und Ostern 798 hier sein Quartier aufschlug. In den Reichsannalen findet sich der Name „Heristalli", und vermutlich gab Karl Herstelle den Namen seines eigenen Stammsitzes, da beim sächsischen Heristal - das heutige auf dem linken Ufer der Maas gelegene Hericourt bei Lüttich - das Tal der Maas dem der Weser bei Herstelle ähnelt. [26] An den Aufenthalt Karls des Großen in Herstelle erinnert auch noch der Karlstein mit dem Kreuzstein. Historiker halten den etwa 1 m hohen Stein mit der Jahreszahl 797 für das älteste Steinkreuz Westfalens.

Die Jahreszahl 797 ist allerdings erst nachträglich in den Stein eingeritzt worden, ebenso wie sein jetziger Standort unterhalb der Burg nicht der ursprüngliche ist. Vermutlich entstammt das Kreuz, das etwa um die Mitte des 19. Jahrhunderts auf dem aus dem Felsen vorspringenden Steinblock aufgestellt wurde und mit diesem den Karlstein bildet, [27] einer karolingischen Kapelle der früheren mittelalterlichen Burganlage.

Weitere Spuren verweisen auf Karl den Großen, z. B. ein Fenster mit einem Bildnis des Kaisers in der katholischen Pfarrkirche St. Bartholomäus von 1710.

Als Wahrzeichen Herstelles gilt die Burg Herstelle, 1292 erstmals urkundlich erwähnt, die in den folgenden Jahrhunderten mehrmals den Besitzer wechselte. 1822 erwarb Freifrau Ferdinande Heeremann von Zuydtwyck (eine frühere Stiftsdame) die verfallene Burg, und 1826 begann man mit dem Bau der neuen Burg, der 1832 vollendet wurde. Annette von Droste-Hülshoff, eine Nichte der Burgherrin, hielt sich häufiger in diesem „neuantike(n) Schloß" auf, das „mit seinem schweren zinnengekrönten Turme und chorartigen Ausbau halb den Eindruck einer Zwingfeste aus der Feudalzeit, halb den einer Kirche macht." [28] Auch Wilhelm und Ludwig Grimm, die mit der Burgherrin befreundet waren, verweilten hier gern. Über Jahre hinweg Treffpunkt für Gelehrte und Künstler, verlor die Burg nach dem Tod der Besitzerin jedoch

Herstelle

Unweit der Enge zwischen Hessischen und Hannoverschen Klippen strömt die Weser auf Herstelle zu. Der Ort steht auf geschichtsträchtigem Boden, wie Hügelgräberfunde aus der

---

[25] Diese Ausführungen basieren überwiegend auf: Hartmann, Hermann: Haarbrück - Brücke zwischen Börde und Weser - Aus der 730-jährigen Geschichte des Höhendorfes, in: Jahrbuch Kreis Höxter 1987, hrsg. vom Oberkreisdirektor des Kreises Höxter, Beverungen 1986, 243 -256.

[26] Vgl. Dohmann, Richard: Heimatkundliche Schriftenreihe 8/1994, a.a.O., 28.

[27] Vgl. Brockpähler, Wilhelm: Steinkreuze in Westfalen, Münster 1963, 63 f.

[28] Zitiert nach: Hamacher, Theo: Eine Weserfahrt mit Annette von Droste-Hülshoff, in: Dreizehnlinden - Heimatklänge aus dem Höxterland, 17. Jg., Nr. 195/1940, 798.

Herstelle, Ortskern mit Burg.

rasch an Bedeutung und wurde 1929 an die Siedlungsgemeinschaft „Rote Erde" verkauft.

1942 übernahmen die „Deutschen Röhrenwerke" das Gebäude, das fortan den Werksangehörigen als Erholungsheim diente. Qua Schenkung gelangte die Burg mit ihren Anlagen 1969 an den Bund der Hirnverletzten, Kriegs- und Arbeitsopfer, der sie ebenfalls als Erholungsstätte nutzte, doch bereits 1983 den Betrieb einstellte, als die Unterhaltungskosten nicht mehr getragen werden konnten.

Seit 1990 bestehende Pläne, die Burg in ein modernes Hotel umzuwandeln, ließen sich bislang nicht realisieren.

Auf eine ebenfalls wechselvolle Geschichte kann die in der Nähe der Burg gelegene Benediktinerinnen-Abtei vom Hl. Kreuz zurückblicken. Der Ursprung dieses Klosters geht auf Minoriten zurück, die nach ihrer Vertreibung aus Höxter im Jahre 1657 den Schul- und Gemeindedienst von Herstelle übernahmen. Infolge der Säkularisation mußten sie das Kloster 1824 allerdings verlassen, und die Klostergebäude gerieten zusehends in Verfall.

Als die Gemeinde Herstelle das ehemalige Kloster um die Jahrhundertwende zum Verkauf anbot, wurden Benediktinerinnen aus Luxemburg, die ihr ursprüngliches Heimatkloster in Trier aufgeben mußten, auf dieses Angebot aufmerksam, und im Juli 1898 kam der Kaufvertrag zustande. Nach anfänglichen Schwierigkeiten wurde 1924 das Anbetungskloster der Kongregation der Benediktiner eingegliedert und durch Papst Pius XI. zur Abtei zum Hl. Kreuz erhoben.

Mittelpunkt des gemeinsamen Lebens der Benediktinerinnen sind die Eucharistiefeier und das Chorgebet, zu dem sich die Gemeinschaft sechsmal am Tag versammelt.

Zahlreiche Werkstätten (Paramentik mit kleiner Weberei, Batik, Keramik), literarische und künstlerische Arbeiten haben die Abtei nicht nur weit über Deutschlands Grenzen hinaus bekannt gemacht, sondern verschaffen dem Kloster die notwendige wirtschaftliche Grundlage, zu der eine Buch- und Kunsthandlung sowie eine Gärtnerei ebenfalls beitragen. Vom Dorf aus erreicht man das Kloster über die 185 Stufen der Klostertreppe, „die an Länge einer Jakobsleiter nichts nachgibt".[29]

Nicht unerwähnt bleiben darf die Bedeutung der Schifferei für Herstelle. „Hauptnahrungszweig für Herstelle ist noch immer und schon länger als seit 200 Jahren die Schiffahrt. Es werden hierselbst mehr als 108 Personen gezählt, die als Schiffsknechte auf der Weser ihren Verdienst haben."[30] Diese

---

[29] Zitiert nach: Hamacher, Theo: a.a.O.
[30] Multhaupt, Heinrich: Herstelle an der Weser - Chronik eines Weserdorfes, Herstelle 1987, 11.

Dampferanleger in Herstelle.

Jakobsberg

Jakobsberg - 7 km von Beverungen entfernt und mit 307 Einwohnern einer der kleinsten Ortsteile der Stadt Beverungen - liegt auf der westlichen Seite der Weser, und zwar auf einem mächtigen Muschelkalkmassiv, dessen von Kerbtälern zerschnittene Hänge ausgesprochen steil zur Weser und zur Bever hin abfallen.

Erstmals fand Jakobsberg um 978 in den „Traditiones Corbeienses", Schenkungsregister des Benediktinerklosters Corvey, als „Haddenberg" Erwähnung.[32] Vermutlich war der Haddenberg in altsächsischer Zeit eine Kultstätte der Germanen, die dann von missionierenden Mönchen in ein christliches Heiligtum umgewandelt wurde und bei der Einführung des Christentums eine Kirche erhielt.

Zählte der Haddenberg für diese Gegend bereits in altsächsischer Zeit als Mittelpunkt, nahm er zunächst auch bei der Einführung des Christentums eine zentrale Stellung ein, die verlorenging, sobald im Umfeld Jakobsbergs weitere Pfarrkirchen entstanden.

Um 1150 wurde eine neue Kirche am jetzigen Standort errichtet, die noch heute als markantes Wahrzeichen des Ortes gilt. Diese, dem hl. Jakobus dem Älteren geweihte Kirche galt im Mittelalter als bedeutende Wallfahrtsstätte. Angesichts eines wachsenden Pilgerstromes reichte die bisherige Kirche nicht aus, so daß dem romanischen Teil um 1490 ein gotischer Erweiterungsbau angegliedert wurde. Zugleich erhielt das Dorf den Namen Jakobsberg.

Aus der 1485 durch den Paderborner Bischof Simon III. zur Lippe auf Veranlassung des Corveyer Abtes Hermann von Bömelburg ins Leben gerufene St.-Jakobus-Bruderschaft hat sich dann im Laufe der Zeit die St.-Jakobus-Schützenbruderschaft entwickelt, die 1973 ihr 400jähriges Bestehen feiern konnte.

Nicht zuletzt bedingt durch die Wirren der Reformation ließen die Wallfahrten jedoch wieder nach. Ebenso nahm die Jakobusverehrung in dem gleichen Maße ab, wie die Marienverehrung an Geltung gewann. Schon Ende des 17. Jahrhunderts besaß Jakobsberg keinerlei kirchliche Bedeutung mehr. Nicht einmal ein Pfarrer versah hier seinen Dienst, die Bewohner gingen zur Kirche nach Beverungen. Kurzfristig hatten zwar die 1651 aus Höxter vertriebenen Minoriten Hilfe gebracht, die sich in Jakobsberg aufhielten, doch siedelten die Ordensleute bereits 1657 über nach Herstelle.

Eintragung in der Hersteller Ortschronik aus dem Jahre 1842 dokumentiert die lange Tradition und die frühere Bedeutung der Schiffahrt für dieses Weserdorf. 1819 „flog zum erstenmale (!) ein Dampfschiff von Bremen auf dem Weserstrome (an) Herstelle vorbei. Alle Einwohner sahen mit großer Verwunderung und Freude diesem Ereignisse zu. Weil jedoch die Weser zu wenig Wasser hatte, so mußte das Schiff (...), oberhalb Herstelle, von Pferden gezogen werden."[31]

Ab 1843 gewann dann die Dampfschiffahrt auf der Weser immer mehr an Gewicht und löste zusehends die Treidelschiffahrt ab. Als sich zu Beginn der 30er Jahre allmählich die Motorschiffahrt entwickelte, wurde der Hersteller Schifferverein gegründet, der noch heute eine Besonderheit in der Weserregion darstellt.

Als reizvolle Rarität gilt ferner die Personenfähre Herstelle - Würgassen, bis 1902 noch eine Tiefseilfähre, die mit dem Aufkommen der Dampfschiffahrt und des größeren Tiefgangs der Schiffe von einer Hochseilfähre abgelöst wurde. Bis 1940 nutzten vor allem Bauern, die auf der jeweils anderen Weserseite Ländereien besaßen, die damalige Fähre als Wagenfähre. Die jetzige Gierseilfähre (sie bewegt sich an einer Kette, die am Fährseil hängt, von Ufer zu Ufer durch die Strömung, wobei die Stromkraft dabei genutzt wird durch Verkürzung oder Verlängerung des Führungsseiles) dient vor allem den Radwanderern, die nicht die Weserbrücke benützen wollen, als Verbindung zwischen dem Hersteller und Würgasser Ufer.

So ist noch heute - im Zeitalter digitaler Datenautobahnen - ein Stück liebenswerter Fährromantik erhalten geblieben.

---

[31] Multhaupt: a.a.O., 4.
[32] Eine detaillierte Darstellung der Ortschaft Jakobsberg findet sich in: Festausschuß 1000 Jahre Jakobsberg (Hrsg.): 1000 Jahre Jakobsberg - 400 Jahre St.-Jakobus-Schützenbruderschaft, Beverungen 1973.

Jakobsberg

Katholische Pfarrkirche St. Jakobus von 1150 in Jakobsberg.

Interessant zu wissen, daß Unstimmigkeiten zwischen der Diözese Paderborn und Corvey bis ins 18. Jahrhundert hinein für Unruhe sorgten. Corvey hatte nämlich durch einen 1332 zwischen ihm und dem Bistum Paderborn geschlossenen Vertrag die Hälfte von Beverungen an Paderborn abgetreten, mit Ausnahme Jakobsbergs. Infolgedessen war Jakobsberg gänzlich vom Paderborner Gebiet umschlossen, bildete somit eine Exklave im Hochstift Paderborn. Erst 1779 endeten die Streitereien um die Hoheitsrechte durch einen von Kaiser und Papst bestätigten Vertrag, und Jakobsberg wurde in das Hochstift Paderborn eingegliedert.

Was die Wallfahrt angeht, wächst seit einigen Jahren wieder das Interesse an der Jakobusverehrung. So kommen jährlich einige Busgruppen in das Höhendorf zur Andacht in die Jakobuskirche.

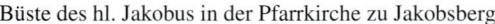

Büste des hl. Jakobus in der Pfarrkirche zu Jakobsberg.

Die Jakobsberger Bevölkerung selbst hält die Jakobuswallfahrt noch heute in einer Prozession zur Kapelle am Jakobusbrunnen lebendig, und zwar jeweils am Sonntag nach dem 25. Juli.

Die Pfarrkirche mit ihrem schlichten, aber doch recht wuchtig wirkenden Westturm, an den sich das ostwärts gerichtete einschiffige Langhaus sowie die größere gotische Halle anschließen, erreicht man über eine Treppe, die zur Kirche hinunterführt. Über das an der Nordwand des Erweiterungsbaus angebaute spitzbogige Portal wird das Kirchenschiff betreten. Den Innenraum der hochgewölbten gotischen Oberkirche beleben zahlreiche Plastiken; besonders fällt an der rechten Chorseite in einer Nische die lebensgroße Büste des heiligen Jakobus auf. Auf dem kunstvoll geschnitzten neugotischen Altar ist vor allem die Kreuzigungsgruppe beachtenswert. Sie bildet den „krönenden" Abschluß des Altares, der - je nach Perspektive - scheinbar im spitzbogigen Chorfenster seine Fortsetzung findet, was den für die Gotik so typischen Raumeindruck schafft.

Über die achtstufige Treppe gelangt man dann in die niedrige romanische Unterkirche, deren ohnehin schon wuchtigen und massiven Raumeindruck die Wölbung noch besonders akzentuiert. Auffallend in diesem Teil der Kirche ist vor allem eine wertvolle geschnitzte „Schmerzensmann"-Figur, der - quasi als Pendant - eine Pietà gegenüber steht.

Der unweit der Kirche gelegene Jakobus-Brunnen erinnert ebenfalls an Jakobus. Hier haben sich im Mittelalter die Pilger gewaschen, und bis ins 18. Jahrhundert hinein soll der Brunnen von Kranken aufgesucht worden sein, da sie von der Heilkraft der Quelle überzeugt waren. In der Nähe des Brunnens beginnt auch ein Kreuzweg mit seinen 14 gemauerten Stationshäuschen und den in ihnen auf Tonbildern dargestellten Kreuzwegstationen.

Die beachtenswerte Idee, hier einen Kreuzweg anzulegen, stammt übrigens von den Jakobsberger Firmlingen des Jahres 1981, die mit ihren Firmvätern in mühevoller Arbeit den Kreuzweg aus Feldsteinen schufen. Die Tonbilder wurden in der nahegelegenen Abtei vom Hl. Kreuz in Herstelle gefertigt. Der Kreuzweg, der am steilen Hang des Kiepenberges verläuft und dann in einem Weg seine Fortsetzung findet, der über das Jakobsberger Hochplateau führt, zählt mit seinen herrlichen Aussichtsmöglichkeiten zweifellos zu den schönsten Wander- und Spazierwegen im Kreis Höxter.[33]

---

[33] Diesen Wanderweg beschreibt umfassend: Sander, Hermann-Josef: Landschaften und Ausblicke wie im Bilderbuch - Eine Wanderung über das Hochplateau bei Jakobsberg, in: Jahrbuch Kreis Höxter 1995 herausgegeben vom Oberkreisdirektor des Kreises Höxter, Borgentreich 1994, 103 - 11)

Rothe

Rothe - an der südlichen Grenze des Altkreises Höxter gelegen - ist mit 187 Einwohnern die kleinste Ortschaft im Stadtgebiet Beverungen.

Urkundlich wird Rothe in der ersten Hälfte des 12. Jahrhunderts erwähnt. So besaß das Kloster Helmarshausen um 1120 hier Besitz. Den Zehnten von Rothe schenkte der Paderborner Bischof Bernhard I. von Oesede dann im Jahre 1138 dem Kloster Marienmünster. Vermutlich ließen sich später auch Einwohner aus dem etwa zwei km nordöstlich gelegenen Eilriddessen in Rothe nieder, als dieser Ort im Dreißigjährigen Krieg bis auf vier Häuser zerstört wurde. [34]

Der Name „Rothe" leitet sich vermutlich von „roden" ab, folglich ein Ort, der durch Rodung entstanden ist. Möglicherweise besteht ebenfalls eine Beziehung zu „röthen", da in dieser Gegend Flachs geröthet bzw. geröstet wurde (Flachsrothen).

Noch immer strukturiert die Landwirtschaft die Physiognomie des Ortes, und im siedlungsgeographischen Sinne gilt Rothe gar nicht als Dorf, sondern eher als Bauernweiler, wird doch der Charakter eines Dorfes maßgeblich von einer Kirche bestimmt, die in Rothe ebenso fehlt wie Schule, Geschäfte und Handwerksbetriebe. Zum Kirchgang begeben sich die Rother Bürger daher in das etwa 1 km südlich gelegene Tietelsen.

In diesem Zusammenhang verdient der Glockenturm von Rothe eigens hervorgehoben zu werden. Dieser 1982 eingeweihte Turm hatte seinerzeit im Erzbistum Paderborn kein Beispiel, denn es gab nicht eine andere Ortschaft, die angesichts einer fehlenden eigenen Kirche ihre Zugehörigkeit zur Muttergemeinde durch einen Glockenturm dokumentierte. Bis zum Dreißigjährigen Krieg läßt sich die Geschichte des Glockenturmes zurückverfolgen. Damals brachten zwei Familien, die ihr Anwesen im erwähnten Eilriddessen (heute

---

[34] Vgl. Dohmann, Richard: Heimatkundliche Schriftenreihe 8/1994, a.a.O., 36.

Rothe

Wartturm bei Rothe.

Tietelsen

Tietelsen - im Nordwesten des Stadtgebietes von Beverungen gelegen - dürfte vermutlich im 7. - 8. Jahrhundert entstanden sein, wurde der Ort doch schon im 9. Jahrhundert in den Corveyer Aufzeichnungen als „Titlikissum" erwähnt und ebenso in einem Schenkungsregister des Klosters Helmarshausen im Jahre 1120 angeführt.

„In Tietelsen könnte der erste Siedler ein Sachse namens Thiedmar gewesen sein. Da mütterliche Liebe sich auch zu dieser Zeit in zärtlichen Benennungen ausdrückte, kann sich die aus dem Altsächsischen überlieferte Verkleinerungsform ‚iliko' mit dem Vornamen verbunden haben. Aus Thiedmar entstand so die Koseform Thiedliko, d. h. Thiedmarchen. Seine Siedlung hieß dann ‚Tiedlikeshusen', eine Bezeichnung, die auch noch die Schreibweise Titlikissum widerspiegelt[36]." Mehrere Adelsgeschlechter verfügten in früheren Jahrhunderten in Tietelsen über Grund und Boden, z. B. die von Stockhausen um 1350, der Edle Herrmann von Schonenburg um 1360, die von Richter im 15. Jahrhundert, sowie im 16. Jahrhundert die von Derenthal zu Natzungen. Um die Mitte

Gut Eilsen) verloren hatten, ihre Glocke mit nach Rothe, für die daraufhin ein Glockenturm errichtet wurde.

Rothe ist ferner für seinen Wartturm aus dem Jahre 1429 bekannt - von den Einheimischen auch als Mäuseturm bezeichnet -, südwestlich der Ortschaft auf einer Anhöhe gelegen. Diese Turmruine war seinerzeit Bestandteil einer mittelalterlichen Landwehr, die zum Schutz der Feldflur angelegt worden war und die sich über die Höhe hinweg bis weit in die Warburger Börde hinein erstreckte. Zumeist bestand eine Landwehr aus mehreren Wällen und Gräben, mit undurchdringlichen Dornenhecken bewachsen, um Feinden - aber auch Tieren - das Eindringen unmöglich zu machen. Auf Anhöhen erhoben sich Warttürme, die vor allem in unsicheren und fehdereichen Zeiten Tag und Nacht mit Spähposten besetzt waren. Nach dem Dreißigjährigen Krieg verfielen diese alten Verteidigungsanlagen zusehends. Das Wall- und Grabensystem wurde eingeebnet bzw. verfüllt, um die Landwirtschaft nicht unnötig zu erschweren. Auch wenn der „Mäuseturm", um den sich zahlreiche geheimnisvolle Sagen ranken[35], nicht zu besteigen ist, eine wunderschöne Aussicht über das Warburger Land hinweg, um das sich die hessischen Vulkankuppen mit ihrem unruhigen Bergbild sowie das Sauerland in südlicher und westlicher Richtung legen und den Horizont bilden, läßt sich auch vom Fuße des Wartturms aus genießen.

---

[35] Dem interessierten Leser soll folgende Erzählung, die Josef Hartmann in seinem Heimatbuch der Gemeinde Rothe, Paderborn 1954 (209 - 211), vorstellt, nicht vorenthalten werden:

„Einst lebte in Rothe ein tüchtiger Schmiedemeister. Eines Tages hing er sich eine Handwerkstasche um, weil er bei seiner Kundschaft in Natingen die Pferde beschlagen wollte. Es dunkelte schon, als er den Heimweg antrat. Rüstig schreitet er fürbaß. Angst kennt er nicht, obwohl sein Weg nahe am Wartturm vorbeiführt. Beim Wartturm soll es nicht mit rechten Dingen zugehen. Dort sollen Irrlichter auf und ab hüpfen, Wehrwölfe ihr Unwesen treiben und selbst der Teufel des öfteren Tanzfest feiern.
Unser Schmied, groß und breitschultrig und von kräftiger Muskulatur, weiß, daß er sich auf seine starken Arme verlassen kann. Plötzlich taucht aus der Dunkelheit eine vermummte Gestalt auf. Ist es ein Mensch oder ein Tier? Der Meister bleibt stehen. Schnell kommt die Gestalt näher.
Jetzt stürzt sie sich auf den Schmied. Ein unheimliches Ringen beginnt. Die Herzen schlagen hörbar.
Ein entsetzliches Fluchen, Anken und Stöhnen durchzittert die stille Abendluft. Nun fällt das Knäuel von Menschenleibern zur Erde und wälzt sich am Boden. Bald liegt der eine, bald der andere oben.
Jetzt gelingt es dem Schmied, mit seinem Hufmesser den Gürtel des Wehrwolfs - um einen solchen handelt es sich hier - zu durchschneiden. Gürtel und Verkleidung fallen zur Erde, und mit ihnen verliert auch der Wehrwolf seine übermenschliche Kraft. Der wutschnaubende Schmied verprügelt ihn nach Strich und Faden. Ungehört verhallen die kläglichen Hilferufe des Übeltäters. Nun fleht er um Gnade. Es ist ein bekannter Bauer aus Rothe, der - als Wehrwolf verkleidet - einsame Wanderer berauben wollte.
Hoch und heilig beteuert er immer wieder, nie wieder Wehrwolf spielen zu wollen. Schließlich läßt ihn der Schmied laufen mit den nicht mißzuverstehenden Worten: Treffe ich dich noch einmal als Wehrwolf an, mache ich Hackfleisch aus dir."

[36] St.-Bartholomäus-Schützenbruderschaft Tietelsen (Hrsg.): Tietelsen und seine Schützen, Borgentreich 1995, 11.

des 17. Jahrhunderts besaßen die von Juden, Burgmänner zu Borgholz, den Zehnten von Tietelsen. Das Geschlecht der von Juden erlosch 1830, so daß das Rittergut Borgholz mit seinem Besitz in Tietelsen an Anton Rinteln überging, der es 1845 an den Herzog von Croy zu Dülmen verkaufte, dessen Familie noch heute Grundbesitz in Tietelsen hat.

Während des Dreißigjährigen Krieges wurde der Ort zerstört - der alte Dorfkern befand sich auf dem jetzigen Friedhof - und später wieder in der heutigen Lage aufgebaut.

Die Bevölkerung war arm, nicht zuletzt bedingt durch die ungünstigen Bodenverhältnisse. So herrschen überwiegend Kalk, Mergel und Tonlagen vor. Die überaus kargen Lebensverhältnisse auf den unwirtlichen Höhen des Berglandes führten dazu, daß mit wachsender Bevölkerungszahl zu Beginn des 19. Jahrhunderts zahlreiche Tietelsener auswanderten, fehlte es doch in diesem agrarisch strukturierten Raum an genügend Arbeitsplätzen, die eine sichere Existenz gewährleisten konnten.[37] Abgesehen von einigen Landwirten, die heute z. T. mit der Direktvermarktung ihrer Produkte ein zweites wachstumträchtiges Standbein gefunden haben, gehen die meisten Erwerbstätigen als Pendler in den umliegenden Städten einer Beschäftigung nach.

Zu erwähnen gilt, daß eine seit 1966 südlich der Ortschaft betriebene Raketenabschußbasis der Nato angesichts veränderter weltpolitischer Strukturen Ende 1993 aufgegeben werden konnte.

Gerade im ländlichen Raum sind oft Kostbarkeiten am Wegesrand zu entdecken, die man gar nicht vermutet, wie die 1801 erbaute, jedoch erst 1892 konsekrierte katholische Pfarrkirche St. Bartholomäus beweist. So ruft dieser von außen recht bescheiden und einfach wirkende Saalbau mit neogotischem Westturm von 1902 beim Besucher Erstaunen hervor, findet sich in ihm immerhin ein wohl einzigartiges Kunstwerk, nämlich eine prächtige Barockkanzel mit für den westfälischen Raum ausgesprochen reicher Ornamentik. Sie wurde um 1700 gefertigt und hatte ursprünglich ihren Standort im Kloster Böddeken (1803 aufgelöst) bei Büren, gelangte dann aber nach der Säkularisation nach Tietelsen.

An der Brüstung der Kanzel sind die vier Evangelisten dargestellt. Die Rückwand weist zwischen zwei mit reichem Blattwerk umwundenen Spiralsäulen eine Nische auf, die von einer Muschel abgeschlossen wird. Getragen wird die Kanzel von einer auf einer Kugel thronenden Putte.

---

[37] Vgl. St.-Bartholomäus Schützenbruderschaft Tietelsen (Hrsg.): Tietelsen und seine Schützen, a.a.O., 110.

Pfarrkirche St. Bartholomäus in Tietelsen.

Barockkanzel von 1700 in der kath. Pfarrkirche in Tietelsen.

Zwei Putten halten das an der Vorderseite der Kanzeldecke angebrachte Wappen. Die Kanzeltreppe fällt ebenfalls auf durch reiches Schnitzwerk.

Folglich besitzt auch der abseits jeglicher Hektik gelegene Ort Tietelsen mit seiner schlichten Kirche und diesem kunsthistorisch bedeutsamen Zeugnis für den Kunstsinnigen einen hohen Erlebniswert.

Wehrden

Wehrden schmiegt sich abseits jeglichen Durchgangsverkehrs in eine windgeschützte Talsenke - umgeben von Stein-

berg, Wildberg, Heggeberg und Solling, der sich auf dem niedersächsischen Ufer der Weser erstreckt und hier fast bis an den Fluß heranreicht.

Der Name des Ortes ist umstritten. Einige Namensforscher bringen ihn mit „Werder" [= Flußinsel, Halbinsel; vgl. auch „Bodenwerder", „Gieselwerder"] in Verbindung. Andere wiederum sehen einen Zusammenhang mit dem keltischen „Virodonum", „Veredun", eine Zusammensetzung aus dem altgallischen „vir" = „grün", „kräftig" und „dunum" = „Schloß", „Burg" - eine Auffassung, die nicht einmal so abwegig erscheint, wird berücksichtigt, daß der bei Wehrden gelegene Wildberg ja schon recht früh besiedelt gewesen ist.[38] Bodenfunde belegen eine menschliche Tätigkeit in diesem Gebiet bereits um ca. 3000 v. Chr.

Urkundlich wird Wehrden allerdings erst um 860 in einer Schenkungsurkunde an Corvey erwähnt, schenkte doch Haduwy, die Schwester des zweiten Corveyer Abtes Warin und Ehefrau des Grafen Amalung, derzeit ihren gesamten Besitz in Wehrden dem Kloster Corvey.

Diese Abtei ist in den folgenden Jahrhunderten der eigentliche Grundherr gewesen, auch wenn Wehrden später von Corvey dem Adelsgeschlecht von Amelunxen als Lehen übertragen wurde und 1695 Hermann Werner Freiherr von Wolff-Metternich zur Gracht, Fürstbischof von Paderborn, das Lehngut erhielt.

Bis 1803 gehörte Wehrden zur gefürsteten Reichsabtei Corvey, nach der Säkularisation vorübergehend zu Hessen-Rothenburg. Von 1807 bis 1813 war Wehrden dem Königreich Westphalen angegliedert und kam danach an Preußen. Kirchlich zählte der Ort mit Blankenau und Drenke zum Kirchspiel Amelunxen. Bis zur kommunalen Neugliederung im Jahre 1970 ist Wehrden selbständige Gemeinde gewesen, seitdem bildet es einen Ortsteil von Beverungen.

Die Entwicklung Wehrdens wurde maßgeblich bestimmt durch den Gutshof der Familie von Wolff-Metternich, standen doch zahlreiche Familien im Dienste dieses Gutes. Handwerker waren in Wehrden kaum vertreten.

Ein Strukturwandel setzte mit dem Bau der Eisenbahn und dem entstehenden Eisenbahnknotenpunkt Wehrden ab 1874 ein. Die bereits 1841 gegründete „Kornackersche Samenzuchthandlung" bot in ihrer Blütezeit ebenfalls vielen Wehrdenern Beschäftigung. Nach ihrer Auflösung im Jahre 1955 sowie der beginnenden Einschränkung des Eisenbahnverkehrs (1985 wurde der Bahnhof Wehrden aufgegeben, seit dem 9. Mai 1988 fahren die Züge an Wehrden vorbei) verschwanden viele Arbeitsplätze.

---

[38] Vgl. Dohmann, Richard: Heimatkundliche Schriftenreihe 8/1994, a.a.O., 41.

Wehrden

Die meisten Arbeitnehmer müssen seitdem ihr Auskommen als Pendler außerhalb Wehrdens suchen.

Auch wenn nur die Außenanlagen zu besichtigen sind - ein Abstecher zum Schloß Wehrden - einem Herrenhaus mit elfachsiger Hauptfront - lohnt immer. Vormals eine Wasserburg, ließ Fürstbischof Hermann Werner von Wolff-Metternich das Gebäude 1696 von dem westfälischen Baumeister Ambrosius von Oelde zu einem Schloß umbauen. Das Wappen des Erbauers gewahrt man über dem durch Säulen eingefaßten Eingangsportal. An der Hauptfront (Westseite) ist mittig eine Treppenanlage angebracht; der dem Dach später vorgebaute leicht geschwungene Giebel gilt als ein typisches Beispiel für den Stil der Weserrenaissance.

Im Schloßpark ragt dann der Droste-Turm empor, benannt nach Annette von Droste-Hülshoff, die gern in Wehrden weilte, zumal ihre Tante Dorly hier vermählt war mit Philipp Reichsfreiherr von Wolff-Metternich.

Der romantische Turm - 1990/1991 renoviert und mit einem neuen Außenputz versehen - hatte es der Dichterin besonders angetan. Sie schreibt: „In Wehrden ist der alte runde Turm für uns zu erklimmen, der herrlichen Aussicht wegen, die sich oben bietet, in ein Thal von üppigen Kornfeldern und Wiesenfluren, stundenweit sich dehnend und doch nicht zu ausgedehnt, daß nicht die Formen der umgebenden Berge klar und deutlich hervorträten. (...) Das Innere unseres Turmes (...) ist mit seiner altertümlichen Einrichtung und seiner Aussicht ein höchst poetischer Aufenthalt, dem auch die Weihe durch Sage und Gespensterglauben nicht fehlt."[39]

Wie schon sein Schloß ließ Hermann Werner von Wolff-Metternich desgleichen die der hl. Familie und dem hl. Stephanus geweihte Pfarrkirche von 1699 von seinem Baumeister Ambrosius von Oelde errichten, dessen Leistung sich insbesondere in der Fassaden- und Portalarchitektur widerspiegelt, denn der Innenraum der Kirche - ein einfacher rechteckiger Saal unter einem wuchtig wirkenden Kreuzgewölbe mit Graten und Schlußsteinen - wirkt doch recht anspruchslos.

Nach K.J. Schmitz korrespondiert die Innenraumgestaltung der Wehrdener Kirche nahezu vollkommen mit dem Innern der Kapuzinerkirche in Paderborn, und auch zur Kirche in Schloß Neuhaus besteht eine Affinität.[40] Der prächtige Ba-

---

[39] Zitiert nach: Heimat- und Verkehrsverein Wehrden in Verbindung mit der Gemeinde Wehrden, a.a.O., 22.
[40] Schmitz, Karl-Josef: Grundlagen und Anfänge barocker Kirchenbaukunst in Westfalen (Reihe: Studien- und Quellen zur westfälischen Geschichte, Bd. 10, hrsg. im Auftrage des Vereins für Geschichte und Altertumskunde Westfalens, Abtl. Paderborn, von Klemens Honselmann), Paderborn 1969, 103.

Schloß Wehrden

Würgassen

Dieser an einer alten Furt auf dem rechten Weserufer gelegene Ort wird bereits im Jahre 944 als „Werigise" erwähnt. Sprachgeschichtlich besteht eine Beziehung zu althochdeutsch „Wirura" (Werra, Weser) und „Gisan" (aufbrodeln, Gischt). Die Namengebung hängt somit offenbar mit einer lokalen Besonderheit zusammen, war die Weser bei Würgassen schließlich noch um die Jahrhundertwende von Felsen durchzogen, die das Wasser aufschäumen ließen.

Vermutlich existierte der Ort schon zur Zeit Karls des Großen, der 797 auf der anderen Weserseite die Ortschaft Herstelle gründete. So weist das Patrozinium der ehemaligen Arnulfskirche auf die Karolinger hin, die den hl. Arnulf von Metz (gest. 643) sehr verehrten.

Recht früh besaß die Abtei Corvey in Würgassen Ländereien. Und auch die Bischöfe von Paderborn konnten hier viel Land erwerben. Zu Beginn des 15. Jahrhunderts entstand daraus ein größeres Gut, das die Bischöfe als Lehen an ihre Vasallen vergaben. Bischof Ferdinand II. von Fürstenberg war es übrigens, der an der Stelle der völlig verfallenen Arnulfskirche 1663 eine dem Erzengel Michael geweihte Kapelle errichten ließ. Diese Kapelle wurde 1919 abgerissen, nachdem 1907 die heutige Michaelskirche entstanden war.[41]

An die damalige Kapelle erinnert noch der über der Sakristeitür der im neugotischen Stil erbauten Pfarrkirche eingeschlossene prächtige Wappenstein (mit allen Titeln des Kurfürsten Clemens August, Herzog von Bayern , Bischof von Paderborn) von 1719, der bis 1907 über dem Portal der Kapelle eingelassen war. Besondere Beachtung verdienen aber auch die vier Engelfenster im Altarraum.

Würgassen ist übrigens der einzige Ortsteil Beverungens, der auf dem rechten Weserufer liegt. Unmittelbar an Würgassen vorbei verläuft die Landesgrenze zu Niedersachsen, und als Kuriosum soll nicht unerwähnt bleiben, daß der Würgasser Schießstand teils auf westfälischem, teils auf niedersächsischem Gebiet liegt.

Bekannt wurde Würgassen vor allem durch das in den Jahren 1967 - 1971 erbaute Kernkraftwerk der Preussen Elektra, das hier im Weserbogen zwischen Beverungen und Bad Karlshafen mit einer Ausgangsgröße von 650 Megawatt Strom zur schwerpunktmäßigen Deckung des Bedarfs im Dreiländereck (Ostwestfalen-Nordhessen-Südniedersachsen) erzeugte. Ca. 400 Mitarbeiter umfaßte die Belegschaft. Damit zählte die PreussenElektra zu den größten Arbeitgebern der Region.

rockaltar hebt sich allerdings deutlich von dem schlichten Kirchenbau ab. Umgeben von geschnitzten Säulen, mit Wappen, Gemälden und Figuren, liefert er ein anschauliches Beispiel für das barocke Formenspiel mit seiner Vorliebe für Kurven und Krümmungen. Das kostbare Altarbild von Johann Georg Rudolphi stellt die „Heilige Familie" dar, ein Thema, das sich aus dem Motiv der „Flucht nach Ägypten" entwickelte und vor allem bis etwa zum 17. Jahrhundert ein beliebtes Sujet gewesen ist.

Radwanderern bedeutet Wehrden heute ein gern besuchtes Ziel, führt doch der 440 km lange Weserradweg von Hann.-Münden nach Bremerhaven unmittelbar am Ort vorbei, und auch die Gierseil-Personenfähre, die Wehrden mit dem niedersächsischen Weserufer verbindet, ist nicht nur für Radler eine wichtige Anlaufstelle.

Wer es rustikal liebt, kann übrigens in der Nähe der Fähre an der Wehrdener Grillstation rasten und sich an dem Bilderbuchblick auf Wasser, Wald und Wiesen erfreuen.

---

41 Vgl. Dohmann, Richard, Heimatkundliche Schriftenreihe 8/1994, a.a.O., 44 f.

Blick auf Würgassen.

Im August 1994 wurde der Siedewasser-Reaktor vom Netz genommen, nachdem bei routinemäßigen Inspektions- und Instandsetzungsarbeiten Risse im Kernmantel entdeckt worden waren. Glaubte man zunächst, den Reaktor wieder „anfahren" zu können, beschloß die Betreibergesellschaft im Juni 1995, das KKW Würgassen aus betriebswirtschaftlichen Gründen stillzulegen. Eine Grundsanierung des Kraftwerkes mit Austausch des Kernmantels hätte allein bis zur Wiederinbetriebnahme ca. 200 Millionen DM gekostet, und später wären erneut Aufwendungen in dieser Höhe angefallen.

Vorgesehen ist nun ein Abbau des Kraftwerkes innerhalb der nächsten zehn bis zwölf Jahre, wobei Kosten von etwa 700 Millionen DM veranschlagt werden.

Würgassen gilt als Tor des Sollings, der sich von Bad Karlshafen bis etwa Holzminden auf dem rechten Weserufer erstreckt und hier bis an den Ort heranreicht. Mit den imposanten Hannoverschen Klippen präsentiert sich zugleich ein landschaftlich großartiges, von Klippen gesäumtes Durchbruchstal der Weser. Bei einer Fläche von 26 ha sind die sieben fast 100 m hohen Hannoverschen Klippen, die seit 1983 unter Naturschutz stehen, die einzigen natürlichen Felsbildungen des Buntsandsteines im Wesertal von nennenswertem Ausmaß. Geologen vermuten, daß die Klippen sich infolge von Auslaugungserscheinungen und dem damit einhergehenden Einstürzen der überlagernden Buntsandsteinmassen herausbilden konnten.

Die sieben Klippen sind noch heute als Erdfälle (Dolinen) zu erkennen. Sie liegen allerdings nur noch in Form halbtrichterförmiger Schluchten und dazwischen vorspringender Kanzeln vor. Die früher vorhandenen Ergänzungshalbtrichter als dazugehörendes Pendant sind von der Weser fortgeräumt worden.[42]

Begeistern die Hannoverschen Klippen wohl jeden Naturfreund, so sind das zwischen Würgassen und Lauenförde gelegene Freizeitgelände Axelsee sowie der Yachthafen Dreiländereck ein beliebtes Ziel für Wassersportler und Campingfreunde.

---

[42] Vgl. Schutzgemeinschaft Deutscher Wald, Kreisverband Höxter (Hrsg.): „Hannoversche Klippen" - Ein Waldnaturschutzgebiet stellt sich vor, Nieheim 1992, 4.

Perspektiven

Das Porträt der Stadt Beverungen dürfte die kulturelle Vielgestaltigkeit und den Reiz der Landschaft besonders akzentuiert haben. Nicht nur für den Bürger, sondern auch dem Besucher des Stadtgebietes erscheint Beverungen als liebens-, lebens- und erlebenswert.

Dort aber, wo die Bewohner gern und zufrieden zu Hause sind und wo Besucher sich wie zu Hause fühlen, entstehen auch Initiativen für die soziale und wirtschaftliche Gestaltung des Raumes. Somit finden sich in Beverungen wesentliche Grundlagen für eine zukunftsträchtige Entwicklung. Gewiß, die Stillegung des Kernkraftwerkes Würgassen wird spürbare wirtschaftliche Einbußen mit sich bringen, wie auch veränderte ökonomische Rahmenbedingungen und der Trend zur Konzentration im Handel Auswirkungen zeigen werden. Aber wie bereits mit dem Ende der 60er Jahre eine deutliche Verlagerung vom primären zum sekundären Sektor erfolgte, dürfte die schon seit Jahren wachsende Bedeutung des ter-

tiären Sektors weiter an Dominanz gewinnen, wobei sich innerhalb dieses Bereiches der Fremdenverkehr als Schwerpunkt und als Chance herauskristallisieren könnte.

Folgende Indikatoren legen diesen Schluß nahe: Das Stadtgebiet von Beverungen bietet ein hervorragendes naturräumliches Potential, das die Integration verschiedener Erholungsarten zuläßt. Zahlreiche historische Objekte der Lokal- und Regionalgeschichte kommen der zunehmenden Tendenz des Kultur-Tourismus entgegen.

Vielfältige und marktgerechte Angebote seitens der kommunalen Verwaltung und der Privatwirtschaft sind vorhanden bzw. lassen sich ausbauen.

Der Trend zum Kurzurlaub/Wochenendtourismus scheint anzudauern. Damit sind Bausteine vorhanden, den ländlichen Raum weiter aufzuwerten und langfristige Entfaltungsmöglichkeiten zu schaffen.

Hermann-Josef Sander, Beverungen-Dalhausen

Borgentreich

Fläche	138,56 qkm	Einwohner (1996)	9.966
Einwohner in den Ortsteilen:			
Borgentreich	2.424	Lütgeneder	531
Borgholz	1.281	Manrode	558
Bühne	1.287	Muddenhagen	255
Drankhausen	78	Natingen	404
Großeneder	864	Natzungen	922
Körbecke	799	Rösebeck	563

Die Landschaft um Borgentreich gelegen, im südöstlichen Teil des Kreises Höxter, an der Grenze zu Hessen, wird gern „der stille Winkel Ostwestfalens" genannt. In der Tat breitet sich vor dem Beschauer ein anmutendes, weiträumiges Gebiet von Ebenen und Hügeln aus. Zahlreiche Bäche und Kleinflüsse durchziehen die Landschaft und entwässern vornehmlich in südlicher und östlicher Richtung: Eggel und Alster zur Diemel, die Bever zur Weser. Nach der naturräumlichen Gliederung gehört der südwestliche Teil des Bereichs zur Warburger Börde und der nördliche, höhergelegene Teil, zum Oberwälderland.

Geologie und Böden

Über den geologischen Aufbau des in einer Höhenlage von 169 bis 371 m über NN liegenden Stadtgebietes schreibt Anton Doms, Bielefeld, in seiner Abhandlung „Spuren unserer Vorfahren" in „Stadt Borgentreich 1281 - 1980", hg. von Franz Mürmann: „Die breiten, 230–280 m hohen Rücken im Norden und in der flacheren südöstlichen Fortsetzung bestehen aus Dolomiten, Tonen und Sandsteinen des unteren Keupers. Nordwärts von Borgentreich und im Bogen nach Süden tritt der mittlere Keuper mit seinem Ton- und Mergelstein, Schilfsandstein zutage. Dieser fällt nach Süden und Westen ab und bildet dort den oberen unregelmäßigen Untergrund der großen Mulde. Sie ist in dünnerer und mächtigerer Lage vom fruchtbaren Löß verfüllt. Das Vorkommen des rötlichbraunen Keupers wird geologisch als Borgentreicher Keupermulde bezeichnet. Im Osten und Süden des Keuperrandes tritt das ältere Gestein, der Muschelkalk der Randhöhen des Diemeltales, hervor. Die Lößzone, die Börde, reicht über die westliche und südliche Stadtgrenze in die Stadtbereiche Willebadessen und Warburg. Vulkanische Ausbrüche stoßen im Norden (Spiegelsberg, Höhe Elendsburg), im Osten (Hoher Berg) und Süden (Weißholz, Tannenkopf) die Formationen zu Kuppen auf. Letztere beleben südlich von Lütgeneder das ebenere Gelände. Sonst bestimmen im südlichen Stadtgebiet, das den größeren Teil der Börde einnimmt, weite flache Bodenschwellen die ausgedehnte und waldlose Landschaft. Teile der nördlichen Keuperrücken und der östlichen Muschelkalkhöhen sind bewaldet." Aufgrund des tektonischen Aufbaus der Erdschichten wurde in den Zechstein-Karbonaten im nördlichen Teil des jetzigen Stadtgebietes Erdöl vermutet. Am Rande des Waldgebietes in der Gemarkung Drankhausen brachte die Deutsche Erdöl Aktiengesellschaft in der Zeit von Oktober 1957 bis Juni 1958 eine Erdölaufschlußbohrung nieder. Die Bohrung wurde nach Durchstoßen des Zechsteins bei einer Endteufe von 2.254,60 m wegen Abweichen der Bohrung von der Senkrechten um 126 m nach Süden negativ abgebrochen.

Borgentreich heute

Durch das Gesetz zur Neugliederung der Gemeinden und Kreise des Raumes Sauerland/Paderborn wurde mit Wirkung vom 1. Januar 1975 neben anderen das Amt Borgentreich aufgelöst und die bisherigen Städte Borgentreich und Borgholz und die Gemeinden Bühne, Drankhausen, Großeneder, Körbecke, Lütgeneder, Manrode, Muddenhagen, Natingen, Natzungen und Rösebeck zur neuen Stadt Borgentreich zusammengeschlossen. Auf einer Fläche von 138,56 qkm in einer Höhenlage von 169 bis 371 m über NN leben heute rd. 10.000 Einwohner. Das entspricht einer Bevölkerungsdichte von 70,7 Einwohner/qkm. Der Durchschnitt im Kreis Höxter beträgt 126,9 Einwohner/qkm und im Land Nordrhein-Westfalen 521,8 Einwohner/qkm.

Das Stadtbild und das Leben der Menschen werden überwiegend von der Agrarwirtschaft geprägt. So beanspruchen die landwirtschaftlich genutzten Flächen rd. 84 % des Stadtgebietes. Waldgebiete bedecken 10 % der Fläche und 5,5 %

Borgentreich

des Gebietes entfallen auf Bau- und Verkehrsflächen. Die landwirtschaftlichen Betriebe bestimmen noch weitgehend den Charakter der Ortschaften. Der Anteil der Beschäftigten in der Landwirtschaft ist aber in der Zeit von 1961 bis 1970 um rd. 50 % zurückgegangen. Heute sind noch 1.275 Personen in land- und forstwirtschaftlichen Betrieben tätig. Reine Wohnsiedlungen sind erst in der Nachkriegszeit entstanden. Daneben bietet die Stadt aber auch Raum zur Ansiedlung von Industrie- und Gewerbeunternehmen. Leider müssen noch viele Bürger in benachbarte Regionen pendeln. Dies führte letztlich auch zu Wanderungsverlusten bei den Einwohnerzahlen. Zwischenzeitlich ist dieser Trend zum Stillstand gekommen.

Die Verkehrswege von und nach Borgentreich sind gut. Die heutige Bundesstraße 241, die das Stadtgebiet durchzieht, war seit 1844 die erste wetterfeste und das ganze Jahr hindurch befahrbare Straßenverbindung von der damaligen preußischen Landesgrenze an der Weser durch den Süden der Provinz Westfalen bis nach Arnsberg. Die Bundesautobahn A 44 ist in 15 km erreichbar. Zu den Regionalflughäfen Calden und Paderborn/Ahden sind es weniger als 40 km.

Die Stadtbezirke verfügen über viele Infrastruktureinrichtungen, wie Wasserversorgung, Abwasserbeseitigungsein-

richtungen, Müllabfuhr, Kindergärten, Schulzentrum mit Hallen- und Freibad, Musikschule, Volkshochschule und Turn- und Sporteinrichtungen verschiedenster Art.

Bereits im Jahre 1920 wurde in Borgentreich die „Höhere Stadtschule Borgentreich in Westfalen" gegründet, allgemein als Rektoratsschule bekannt.

Einen richtungsweisenden Schritt im Bildungsbereich hat die Stadt in den 60er Jahren unternommen, als sie ein Schulzentrum auswies und neue Gebäude für die Volksschule und die Realschule mit Turnhalle in zentraler Lage baute. Heute unterhält die Stadt die Grundschulen Borgentreich (mit Schulkindergarten), Borgholz-Natzungen, Bühne und Großeneder, die Hauptschule und die Realschule Borgentreich. Sieben Kindergärten sind in der Stadt vorhanden.

Wesentlich zur Steigerung der Attraktivität des Zentralorts trägt auch das im Jahre 1980 eingeweihte Orgelmuseum bei. Es ist in dem ehemaligen Rathaus von 1850, einem Bauwerk im klassizistischen Stil, untergebracht. Bis zum Jahre 1972 befanden sich in diesem Gebäude die Stadt- und die Amtsverwaltung.

Das „Oberwälderland", abseits vom Lärm der Industrie und des Verkehrs, hat einiges zu bieten. Radfahrwege durchziehen das Stadtgebiet. Ein reizvoller Blick bietet sich dem Besucher vom „Hohen Berg" zwischen Manrode und Muddenhagen. In einer Höhe von 371 m schweift der Blick weit über die Börde bis zum Eggegebirge, Weserbergland, Solling und zu den Hessischen Mittelgebirgen.

Das kulturelle Angebot der Stadt wird im wesentlichen durch das Orgelmuseum bestimmt. Konzerte gehören zu den regelmäßigen Kulturveranstaltungen in der Stadt. Ein breites Band kultureller Traditionen pflegen zahlreiche Vereine und Verbände. Heimatfeste unterschiedlicher Art finden jährlich in allen Stadtbezirken statt. Hinzu kommt ein breitgefächertes Angebot sportlicher Betätigung.

Orgelmuseum

Sehenswürdigkeiten

Mit Stolz kann die Stadt Borgentreich auf einige Kunstwerke und Zeugen der Vergangenheit aufmerksam machen.

Zu empfehlen ist ein Besuch des einzigartigen Orgelmuseums in Borgentreich. In der abwechslungsreichen Museumslandschaft des Kreises Höxter nimmt das 1980 gegründete Museum einen wichtigen, weit über die Grenzen der Region ausstrahlenden Platz ein. Zwar ist das lange gepflegte Attribut „einziges Orgelmuseum Deutschlands" in der Zwischenzeit überholt, denn die hier erstmals verwirklichte Idee, der „Königin der Instrumente" ein eigenes Museum zu widmen, hat in den letzten Jahren zur Gründung von einigen weiteren Museen mit ähnlicher Thematik geführt. Dennoch hat die im ersten Orgelmuseum Deutschlands einmalige Verbindung von allgemeinverständlicher und unterhaltsamer Einführung in die Herstellung, Funktion und Geschichte der Orgel mit der klanglichen Vorführung einer der bedeutendsten historischen Orgeln Deutschlands bis heute nichts von ihrer Attraktivität eingebüßt. Die seinerzeit erarbeitete Konzeption des Museums „zum Anfassen" und der damit verbundene didaktische Aufbau unterscheidet das Orgelmuseum von anderen Museen, die sich in erster Linie dem reinen Sammeln von Objekten widmen. Nicht die Präsentation möglichst vieler unterschiedlicher Instrumente, sondern die Veranschaulichung der Orgelbaukunst steht im Mittelpunkt der Ausstellungen. Die 2000jährige Geschichte der Orgel bietet hier ein reichhaltiges Betätigungsfeld. Der Besucher erlebt anhand zahlreicher Funktionsmodelle, welche Hauptteile zu einer Orgel gehören, wie alle diese Elemente ineinandergreifen und so ein funktionsfähiges Orgelwerk ergeben. In bester Tradition vieler technischer Museen, begnügt sich der Besucher nicht mit dem Schauen allein, vielmehr wird er für seine mannigfaltigen Aktivitäten beim Treten der Blasebälge, Drücken der Tasten und Ziehen der Registerzüge mit den unterschiedlichsten Orgeltönen belohnt. Ein weiteres Modell beschäftigt sich mit der sogenannten Springlade und stellt gewissermaßen den Bezug zu Borgentreich her. Da die Orgel in der Pfarrkirche gegenüber dem Museum nach diesem nur noch selten anzutreffenden und daher sehr wertvollen Prinzip ge-

Historische Orgel in der Pfarrkirche St. Johannes der Täufer.

Blick in das 1980 gegründete Orgelmuseum.

Balkenturm

baut ist, zählt das 1730 von Johann Patroclus Möller erbaute Instrument zu den hochberühmten Denkmalorgeln ganz Europas. Darüber hinaus führt sie als größte Springladenorgel wahrscheinlich der ganzen Welt das umfangreiche Konzert an historischen Orgeln im Kreis Höxter an und hat den eigentlichen Anstoß gegeben, dieses Museum in Borgentreichs ehemaligem Rathaus zu etablieren.

Ein weiteres Prachtstück des Barock befindet sich in der katholischen Pfarrkirche zu Natzungen. Der herrliche Altar aus dem Jahre 1692 stammt aus der Kirche der 1803 säkularisierten Benediktinerabtei Abdinghof in Paderborn und kam nach langwierigen Bemühungen 1807 nach Natzungen. Ein Prunkstück des Altars ist das 1692 von Johann Georg Rudolphi aus Brakel geschaffene Bild der Anbetung der Heiligen Drei Könige. Der Altar gehört zu den schönsten Hochaltären des Hochstifts Paderborn.

Die Lourdes-Grotte, ein Kleinod am Rande von Borgentreich, wurde in den Jahren 1901 bis 1902 errichtet. Sie ist der Grotte in Lourdes nachgebildet. Im Jahre 1978 erhielt sie eine besondere päpstliche Auszeichnung. Wallfahrer aus nah und fern besuchen sie regelmäßig.

Der Balkenturm in Borgentreich ist der einzige noch erhaltene von ursprünglich sieben zinnengekrönten Türmen aus der um 1280 errichteten Festungsmauer um Borgentreich. Er ist nach einer Familie „von Balken" benannt.

Das Steinerne Haus ist etwa um 1300 gebaut worden, als nach der Stadtbefestigung um 1280 auch für den Königshof inmitten von Borgentreich besondere Schutzanlagen überflüssig geworden waren und beseitigt wurden. Gut 100 Jahre später (1406) ist das Steinerne Haus den Zisterziensern überlassen worden, für die es Hauptsitz ihrer Niederlassung war. Es ist das älteste noch vorhandene Gebäude in Borgentreich.

Die Burg ist bis heute ein herausragender Baukomplex im Borgholzer Ortsbild. Schon 1290 wurde mit dem Bau der Burg begonnen. Da sie bereits 1291 an einen anderen Eigentümer übertragen wurde, ist davon auszugehen, daß sie zu diesem Zeitpunkt soweit fertiggestellt war, daß sie bereits bewohnt werden konnte. Die Übertragungsurkunde von 1291 ist die älteste erhaltene schriftliche Erwähnung von Borgholz. Über das Aussehen der mittelalterlichen Burg ist wenig bekannt. Ein Gemälde von Fabricius aus dem Jahre 1665, die älteste bildliche Darstellung der Stadt Borgholz, zeigt neben weiteren großen Gebäuden einen runden Steinturm im Südosten des Burgbereiches.

Die Klus Eddessen wurde nach dem Dreißigjährigen Krieg an der Stelle errichtet, auf der die Kirche des 1447 zerstörten Ortes Eddessen gestanden hat. Bis in die jüngste Zeit ist Eddessen eine Einsiedelei geblieben. Zahlreiche Prozessionen, insbesondere aus Borgholz, Bühne und Dalhausen, ziehen heute noch regelmäßig zur Kluskapelle.

„Steinernes Haus"

Wehrturm in Borgholz.

Kluskapelle Eddessen in der Gemarkung Bühne.

Ein weiterer Zeuge der Vergangenheit ist die Ruine des Kirchturms der Emmerkerkirche zwischen Borgentreich und Bühne. Sie erinnert an den wüstgewordenen Ort Emmerke.

Es wären an dieser Stelle noch viele Sehenswürdigkeiten aufzuzählen. Der Besucher der Stadt wird schnell auf sie aufmerksam, wenn er die Orte durchwandert und mit der Bevölkerung ins Gespräch kommt.

Die Stadtbezirke

Geschichtlicher Rückblick

Bereits vor über 80 000 Jahren lebten im heutigen Gebiet der Stadt Menschen. Dies bezeugen werkzeugliche Bodenfunde aus der mittleren Altsteinzeit. Zeugnisse aus dem 7.–9. Jahrhundert sind vor allem aus Gefäßbruchstücken, teilweise aber auch aus Resten von Wallgräben und Grabanlagen erhalten geblieben. Diese archäologischen Belege zeugen von Siedlungsanlagen mit dorfähnlichem Charakter bereits in der karolingisch/ottonischen und staufischen Zeit. In Flurnamen sind uns zahlreiche Ortsnamen der heutigen Wüstungen erhalten geblieben.

Urkundliche Nachweise der heutigen Orte sind uns aus dem 9.-13. Jahrhundert überliefert. So werden Lütgeneder 868, Großeneder 887, Bühne 890, Natzungen 1036, Manrode 1115 und Natingen 1226 erwähnt. Rösebeck diente 840 Ludwig dem Frommen als Aufenthaltsort. Aufzeichnungen von Körbecke liegen ebenfalls schon aus dem 9. Jahrhundert vor. Die Städte Borgentreich mit urkundlichem Nachweis von 1280, angelegt möglicherweise früher, etwa ab 1275, und Borgholz, genannt 1291, sind nicht aus vorhandenen Siedlungen entstanden, sondern wurden durch den Bischof von Paderborn neu errichtet - zur Sicherung seiner Herrschaft in diesem Territorium zwischen Desenberg und Weser gegen den Erzbischof von Köln und den Grafen von Everstein. Besiedelt worden sind die „Festungsstädte" von Bewohnern der umliegenden schutzlosen Orte sowohl freiwillig, um hinter den schützenden Mauern Sicherheit und Schutz vor kriegerischen Auseinandersetzungen zu finden, als auch auf Geheiß des Landesherrn, der dadurch die Zahl der wehrfähigen Bevölkerung mehrte. Die umliegenden Ortschaften wurden durch diese Dorfverpflanzungen derart entvölkert, daß sie eingingen. Ihre Bewohner bewahrten aber die gewachsenen Beziehungen, schlossen sich zu Genossenschaften zusammen und erhielten die Orte noch lange als Sondergemeinden mit gleichen Rechten und Pflichten über die Feldmark. Aus dieser Siedlungsgeschichte ist uns der Name Bauerschaft erhalten. Bauer hieß ursprünglich der Siedler, der sich einen festen Wohnsitz schuf. Dieser feste, ständige Wohnsitz hieß das Bur. Die sich einem Siedler anschließenden Bewohner waren die „Nahegeburen" = Nachbarn. Die gesamte Nachbarschaft hieß dann „Burscopia" = Bauerschaft.

Ohne auf Überlieferungen zurückgreifen zu können, kann angenommen werden, daß kurz nach Errichtung der Städte Borgentreich und Borgholz zum Schutze der Feldflur Landwehren errichtet worden sind, denn am 13.10.1429 kommt Erzbischof Dietrich von Mörs mit den Gebrüdern und Vettern von Spiegel und den Städten Borgholz und Borgentreich über die Anlage einer doppelten Landwehr überein, die anscheinend die alten vorhandenen Landwehren der beiden Städte miteinander verband. Hier wird auch über eine Landwehr zwischen Dinkelburg und Rösebeck berichtet.

Zur Zerstörung von Ortschaften kam es in der hessisch-paderbornischen Fehde (1464–1472) und vor allem schon am Ende der Soester Fehde (1447), als zurückziehende hussitische Söldner des Erzbischofs Dietrich von Köln sich plündernd den ihnen versagten Sold sozusagen in Naturalien nah-

men. Zu den verwüsteten Orten zählen: Emmerke, Herberßen, Lütkenbühne, Niedernatzungen und Eddessen.

Borgentreich

Zentralort und Verwaltungssitz ist Borgentreich, eine ländliche Stadt mit bedeutender Geschichte. Der Ursprung Borgentreichs geht vermutlich in die Zeit Karl des Großen zurück. Das Gründungsjahr von Borgentreich steht nicht fest. Der Ort wurde wahrscheinlich 1275, spätestens jedoch bis Mitte 1277 Stadt. Borgentreich ist auf bischöflichem Grund und Boden errichtet worden, der zum Besitz der Paderborner Kirche gehörte. 1283 wurde vermutlich die Johannes dem Täufer geweihte Pfarrkirche fertiggestellt, deren massiver, frühgotischer Turm bis heute erhalten ist. Mit der Stadtanlage war, wie bei allen Paderborner Städten dieser Zeit, auch eine Burg verbunden. Zu ihr könnte das später unter dem Namen Zehnthaus bekannte alte Steinhaus gehört haben, das noch heute erhalten ist. Die Stadt wurde mit einer Mauer und einem Graben umzogen. Nach dem großen Brand von 1806 sind die Mauern und sieben Türme im wesentlichen abgetragen und als Steinbruch für den Wiederaufbau der Stadt benutzt worden. Erhalten geblieben ist bis auf den heutigen Tag nur der Balkenturm. Das Stadtrecht wurde von Bischof Bernhard V. durch Urkunde vom 9.10.1330 erneuert.

Ende des 15. Jahrhunderts lag Borgentreich, gemessen an seiner Steuerleistung, wirtschaftlich auf dem gleichen Rang wie Büren, Brakel, Salzkotten, Nieheim und Steinheim, konnte sich also zur Spitzengruppe der kleinen Städte des

Rathaus

Marktstraße

Hochstifts rechnen. Zum ersten Mal trat Borgentreich 1479 zusammen mit Paderborn, Warburg und Brakel als eine der vier „Hauptstädte" des Hochstifts auf.

Der Dreißigjährige Krieg schädigte die Stadt schwer. 1650 lagen 33 % der Hausstätten wüst; die Besitzer waren gestorben oder geflohen. Noch 1686 hatte die Stadt rund 10.000 Taler Schulden zu tragen. Zwischen 1700 und 1800 stagnierte die Einwohnerzahl. Sie betrug 279 schatzpflichtige Bürger.

Nach der Säkularisation des Hochstifts Paderborn im Jahre 1803 wurde Borgentreich preußisch. Angesichts der 7.000 Morgen großen Feldmark müßten die Borgentreicher eigentlich wohlhabende Leute sein, meinte der Domänenrat in seinem Bericht für die preußische Regierung, aber das sei keineswegs der Fall. Zu diesem Zeitpunkt war die Hälfte der Häuser noch mit Stroh gedeckt und die Stadtmauer war mehr oder weniger zerfallen.

Nach der preußischen Niederlage gegen das napoleonische Frankreich 1807 war der Kanton Borgentreich Teil des Königreiches Westphalen. 1815 kehrte es unter die preußische Herrschaft zurück und nahm 1836 die revidierte preußische Städteordnung von 1831 an. Zwischen 1849 und 1914 verdoppelte sich beinah innerhalb von zwei Generationen die Bevölkerung auf 2.108 Einwohner.

Mit Wirkung vom 1.4.1937 wurde Borgentreich in das Amt Borgholz einbezogen, zugleich erfolgte die Umbenennung in „Amt Borgentreich". Gegen Ende des Zweiten Weltkrieges geriet die Stadt am 1.4.1945 unter amerikanisches Artilleriefeuer. Fast 120 Wohngebäude wurden in Schutt und Asche gelegt.

Seit 1955 war Borgentreich Garnisonsstadt. Bereits wenige Jahre nach Beendigung des Zweiten Weltkrieges errichteten die Engländer etwa 5 km südwestlich von Borgentreich zwischen Lütgeneder und Großeneder in der Gemarkung Stubbig eine Radarstellung. Auf einer Höhe nördlich von Auenhausen wurde später eine große und ortsfeste Radarstation gebaut. Gleichzeitig ist westlich von Borgentreich eine Kasernenanlage und im nordwestlichen Bebauungsbereich für die englischen Soldaten eine Siedlung errichtet worden. Nach Aufstellung eigener Streitkräfte in der Bundesrepublik im Jahre 1956 kam bereits im September 1957 eine Flugmeldekompanie der Bundeswehr nach Borgentreich. Gemäß dem Londoner Vertrag vom 10.6.1958 wurde die Radarstation Auenhausen mit der Kasernenanlage in Borgentreich am 1.4.1960 von der Bundeswehr als erste von vier Groß-Radarstellungen übernommen. Die Soldaten waren in Borgentreich ein vertrautes Bild, bis zur Aufgabe des Standorts am 30.9.1993 im Rahmen der Truppenreduzierung der Bundeswehr.

Borgholz

An einem nach drei Seiten hin abfallenden Ausläufer eines noch im 14. Jahrhundert gerodeten Höhenrückens nordöstlich von Borgentreich liegt die ehemalige Stadt Borgholz. Sie wird erstmals 1291 genannt. Gleich zwei urkundliche Nachrichten belegen, daß es „Borcholte" zu dieser Zeit schon gab. Sie verdankt ihre Entstehung, wie auch die Stadt Borgentreich, den Auseinandersetzungen über das Recht der Landeshoheit zwischen den Erzbischöfen von Köln und den Bischöfen von Paderborn im 13. Jahrhundert. Die Erzbischöfe von Köln versuchten durch einen Ring von Städten und Burgen das westliche Hoheitsgebiet des Bischofs von Paderborn einzugrenzen. Den Befehl zur Anlage des befestigten Ortes hoch über dem Tal des Jordan hatte Bischof Otto von Paderborn 1290 erteilt. Er übertrug dem Bertold Schuwen einen Burgmannsitz, den ersten Burgmannsitz in der bischöflichen Burg Borgholz. Die Gründungsurkunde oder eine Urkunde über die Stadtrechtsverleihung sind bisher nicht bekannt geworden. In einer Urkunde von 1295 wird Borgholz bereits als Stadt bezeichnet. Nach ihrer Gründung lebten in der Stadt nach vorsichtiger Schätzung etwa 500 Einwohner. Aus einem Katasterplan von 1831 kann entnommen werden, daß die gesamte Stadt einschließlich der Burg von einer Mauer umgeben war, die eine Fläche von 6,22 ha umschloß. Die Gesamtanlage läßt darauf schließen, daß Borgholz bis zu diesem Zeitpunkt über seine ursprünglichen Mauern nicht erweitert worden ist. Innerhalb der Mauern war aber noch viel freies Gelände für zukünftige Bauten in Reserve gehalten worden. Im Lauf der Zeit hat Borgholz eine wechselvolle Geschichte erlebt, die an dieser Stelle nicht ausführlich wiedergegeben werden kann.

Borgholz

Bühne, Manrode, Muddenhagen

Mit dem „Hohen Berg", einem erloschenen Vulkan, höchster Punkt im Stadtgebiet, erhebt sich eine prachtvolle waldreiche Hügellandschaft im östlichen Teil des Stadtgebietes. Zahlreiche Bodenfunde geben Zeugnis von einer Besiedlung dieses Raumes bereits zur älteren und mittleren Steinzeit. Als Ort wird Bühne urkundlich im Jahre 890 erwähnt. In diesem Jahr schenkte König Arnulf, ein Nachkomme Karls des Großen, dem Grafen Choppo 30 Königshufe (1 Königshuf = 60 Morgen) in Bühne zu freiem Eigentum. Der erste Gutshof, die Ursiedlung des Ortes, dürfte wesentlich früher gegründet worden sein. Später gelangten die Güter an das Kloster Corvey. Nach neueren Forschungen ist die St. Vitus Pfarrkirche (das Patrozinium deutet auf Corvey hin) um 910 gegründet worden. Die Schreibweise des Ortsnamens hat sich im Laufe der Zeit mehrfach geändert. Aus der bekannten Schreibweise „Piun" wurde zunächst „Biun", dann „Bun", „Bune", „Buene", „Buine" bis zum heutigen „Bühne". Abgeleitet aus dem chattischen Wort „puan" = bauen könnte die Bezeichnung auf einen Ort aus dem vierten Jahrhundert v. Chr. hinweisen. Zur Unterscheidung zu der später wüstgewordenen Siedlung Lütkenbühne tauchen im 13. Jahrhundert auch die Bezeichnungen „Großbühne" und „Ostbühne" auf.

△
Die ehemalige bischöfliche Burg Borgholz

Bühne

298   Kreis Höxter

Fachwerkhaus in Bühne.

Das „Torhaus" im Ortskern von Bühne.

Wesentlich geprägt wurde der Ort durch die Besitzrechte der Familie von Spiegel und deren Zugehörigkeit zur Herrschaft Desenberg. Eine Wasserburg errichteten die Herren von Spiegel zum Desenberg im Jahre 1564 im Westteil des Dorfes. Teile der Befestigungsanlagen sind heute noch erhalten. Insgesamt gab es im Großdorf Bühne vier Rittersitze, nämlich a) den Rotenburger Hof, b) den Klingenburger- oder Kannenhof, c) den Winterhof und d) die Burg Bühne. In der Zeit der Soester Fehden 1447 zerstörten hussitische Söldner

Manrode

Muddenhagen

Orgelbauwerkstatt Simon

zahlreiche Siedlungen um Bühne, u.a. auch Lütkenbühne. Erheblich gelitten haben der Ort und seine Bewohner im Dreißigjährigen Krieg. Auch der Siebenjährige Krieg ging nicht spurlos an ihnen vorüber, zumal Ferdinand von Braunschweig im Jahre 1760 in Bühne sein Lager aufgeschlagen hatte und Bühne sowie die umliegenden Ortschaften für die Verpflegung der Soldaten und Pferde zu sorgen hatten, die Bewohner selbst aber über das tägliche Brot nicht verfügten. Durch die napoleonischen Feldzüge wurde Bühne im Gegensatz zu anderen Orten ebenfalls besonders hart getroffen.

Zum Kirchspiel Bühne gehörte auch die 1015 zum ersten Mal unter dem Namen „Ananroth" genannte Ortschaft Manrode. Später wird der Ort in den Corveyer und Helmarshäuser Güterverzeichnissen genannt. Die Ortsbezeichnung deutet darauf hin, daß Manrode auf jüngerem Rodungsboden entstanden und aus keiner bestehenden Siedlung hervorgegangen ist.

Über den Ort Muddenhagen liegen geschichtliche Aufzeichnungen aus älterer Zeit nicht vor. Die bei Ausschachtungen vorgefundenen Mauerreste und Skelette sind leider nicht wissenschaftlich untersucht worden. Sie deuten jedoch auf eine ältere Ansiedlung hin. Dies ist auch aus der Niederschrift

über Prozessionen des Bühner Pfarrers vom 11.12.1673 zu entnehmen, nach der u.a. in Muddenhagen, wo früher eine Kapelle gestanden hat, der Priester jeweils die Predigt hält. Soweit also ein Gotteshaus vorhanden war, bestand auch eine größere Siedlung, ein Dorf. Zu vermuten ist, daß der Ort und insbesondere die Kapelle in den Hussitenkriegen oder im Dreißigjährigen Krieg zerstört wurden. Schriftlich erwähnt wird Muddenhagen nach der Reformation im paderbornisch-hessischen Grenzvertrag von 1597.

Drankhausen

Im nordwestlichen Teil des Stadtgebietes liegt die kleine Ortschaft Drankhausen. Die Gemarkung umfaßt eine Fläche von 114,548 ha.

Die Geschichte des Ortes liegt im wesentlichen im dunkeln. Die Erstnennung des Ortes finden wir in einer Urkunde des Klosters Helmarshausen vom 24.6.1215. Abt Werner von

Drankhausen,
kleinster Ortsteil
von Borgentreich.

Helmarshausen trifft hierin Anordnungen über die Verwaltung von sechs Mansen in Willegassen, die der Ritter Burchadus dem Kloster überwiesen hatte und jetzt einem Meier Eberhard von Drankhausen verpachtete. Die Schreibweise des Ortsnamens ist mit „Dranchuson" verzeichnet.

Der Zeitpunkt der tatsächlichen Entstehung des Ortes ist damit allerdings nicht bestimmt. Aus der Endung des Ortsnamens auf „-hausen" ergibt sich, daß es sich um eine altsächsische Siedlung handeln könnte. Die Namensgebung von Drankhausen dürfte vorsichtig geschätzt, zwischen 650 und 750 stattgefunden haben, ähnlich wie bei Natingen und Natzungen. Der Anfang des Ortsnamens „Drank-" ist mittelniederdeutsch und altsächsisch gleich unserem neuhochdeutschen „Trank" (tränken u.a); es wurde also die Bezeichnung der Stelle bzw. Ansiedlung, wo reichlich Wasser zum Trinken und Tränken zu finden war, damit bezeichnet. Kirchlich gehörte Drankhausen zur Pfarrei Natzungen und wurde nach Gründung der Stadt Borgholz 1291 nach Borgholz umgepfarrt. Eine Rückpfarrung nach Natzungen erfolgte nach mehrjährigen Bitten seitens der Drankhauser, die ohnehin wegen des kürzeren Weges zur Kirche nach Natzungen gingen, im Jahre 1933. Bis zu diesem Zeitpunkt mußten aber alle kirchlichen Handlungen, wie Taufen, Trauungen, Beerdigungen in Borgholz vorgenommen werden. Der Weg, auf dem die Verstorbenen von Drankhausen nach Borgholz zur Bestattung gefahren wurden, trägt heute noch die Bezeichnung Totenweg. Als zur Pfarrei Borgholz gehörend willigten die Bürger von Drankhausen, wie auch die zu Natingen, in die Borgholzer Gelübde von 1676 anläßlich der Roten Ruhr über die Prozession zur Klus Eddessen am Sonntag nach dem Fest der Kreuzerhöhung ein. Die Einwilligung von Drankhausen wurde dem Borgholzer Pastor von Hermann Freytag, Spiegelscher Richter zu Drankhausen, überbracht. Drankhausen muß also damals ein Spiegelsches Dorf gewesen sein, d.h. die Barone von Spiegel besaßen gutsherrliche Berechtigungen in Form von Lehen- oder Meierrechten und übten somit teilweise auch die Gerichtsbarkeit aus.

Großeneder

Inmitten einer fruchtbaren, von der Eder durchflossenen Landschaft, im westlichen Bereich der Stadt Borgentreich

Großeneder

Heimatstube in Großeneder.

liegt das Dorf Großeneder. Die Erstnennung des „Königshofes Nadri" finden wir um das Jahr 790 in den sogen. Reichsannalen karolingischer Zeit. Im Jahre 887 beurkundet Kaiser Karl III., daß er einige vom Paderborner Bischof Biso als Lehen besessene Höfe in „Nadri" dem Stift Heerse überlasse. Mit einer Urkunde aus dem Jahre 959 schenkt Kaiser Otto I. das königliche Eigentum in Westneder im Hessengau seinem Getreuen Retold. Durch diese Urkunde ist die früheste Identifizierung des heutigen Großeneder ermöglicht. Der Königshof, der etwa 480 Morgen Acker, Wälder sowie Fischteiche und Mühlen umfaßte, kommt durch eine Schenkung Kaiser Heinrichs II. im Jahre 1017 an das Kloster Abdinghof zu Paderborn. Als das Kloster auf seinem Besitz in Großeneder einen Meier einsetzte, der um 1200 in den Rang eines adeligen Ministerialen erhoben wurde, hören wir von einer Familie, die nun den Ortsnamen als Adelsnamen trägt. Diese sehr angesehene Familie „von Nedere" hat sogar 1456 mit Cord von Nedere den Bürgermeister von Brakel gestellt. Der Name der Ursiedlung „Nadri" hat sich im Laufe der Zeit oft verändert. Mitte des 10. Jahrhunderts erscheint für das westlich gelegene Großeneder die Bezeichnung „Westnadri", während das benachbarte östliche Lütgeneder „Astnadri" genannt wurde. Im 13. Jahrhundert trat eine Namenswandlung ein, die darauf schließen läßt, daß Großeneder zu dieser Zeit schon erheblich größer war als Lütgeneder. So wurden 1272 erstmals die Bezeichnungen „Magnus Nedere" und 1286 auch „Maior Nedere" genannt, während Lütgeneder 1288 mit „Minor Nedhere" (Kleinneder) bezeichnet wurde.

Die erste genaue Personenzählung liegt in einer Steuerliste aus dem Jahre 1787 vor. Danach lebten in Großeneder in 123 Haushaltungen 651 Personen. Da die Bevölkerung in dem ganzen nächsten Jahrhundert weiter wuchs, waren viele gezwungen, auszuwandern. Diese Auswanderungswelle hat bis in die Jahre nach 1945 angedauert, aber trotzdem ist zwischen 1801 und 1940 die Bevölkerung von Großeneder auf 900 Menschen angewachsen. Heute leben in diesem Stadtbezirk 864 Menschen.

Körbecke

Der urkundliche Nachweis einer Ersterwähnung des Ortes Körbecke erweist sich als äußerst schwierig, weil ein Ort gleichlautenden Namens im Kreises Soest oder auch Korbach im einstigen Waldeck mit ihren Namensänderungen im Laufe von Jahrhunderten und den Gebietsänderungen Unsicherheiten aufkommen lassen. Von einem Ort „Churbecke" wird aus der Zeit der Missionierung durch den hl. Bonifatius berichtet. Ihm übereignet ein Graf Adalrich Grundstücke von seinen Besitztümern zwischen Fulda und Weser, unter anderem auch in Churbecke und Rosbach. Hier scheint kein Zweifel zu bestehen, daß es sich um das hiesige Körbecke und den Nachbarort Rösebeck handelt. Als Todesjahr des hl. Bonifatius ist 755 bekannt. So darf man davon ausgehen, daß Körbecke zu dieser Zeit bereits bestanden hat. Weitere Nennungen des Ortes erfolgen im Jahre 1015, als ein Edler Hemuca

Fachwerkhaus Schöning in Körbecke.

Landstraße in Richtung Körbecke.

der Kirche zu Paderborn ein Gut „Curbike" schenkt und im Jahre 1018, als Bischof Meinwerk dem Grafen Sygobodo für ein Gegengeschenk das Gut „Curbike" auf Lebenszeit einräumt. Aus der Miterwähnung Warburgs läßt sich unmißverständlich die Identität des hiesigen Ortes Körbecke folgern. In späteren Jahren berichten Urkunden über Groß- und Klein-Körbecke. Während Groß-Körbecke identisch mit der heutigen Ortslage Körbecke gewesen sein muß, ist die Lage des Ortes Klein-Körbecke nirgends verzeichnet. Aufgrund von Bodenfunden, Flur- und Parzellenbezeichnungen dürfte das Dorf nordöstlich der heutigen Ortschaft an der Straße nach Bühne gelegen haben. Zu welchem Zeitpunkt Klein-Körbecke wüst geworden ist, ist unbekannt. Vermutet wird, daß die Siedlung zum Ende der Soester Fehden von den zurückziehenden hussitischen Söldnern, wie die Dörfer Emmerke, Lütkenbühne und Eddessen, zerstört worden ist.

Die Kirche kann nach ihrem Patrozinium, dem hl. Blasius, als mittelalterliche Gründung angesehen werden. Der jetzige neugotische Bau entstand im Jahre 1900. Zwei größere Wappen Ferdinands von Fürstenberg mit Jahreszahl 1663, der alten, 1899 abgebrochenen Kirche entnommen, wurden über dem Westportal der neuen Kirche wieder eingebaut.

Pfarrkirche St. Blasius in Körbecke.

Lütgeneder

Natingen

Lütgeneder liegt im Herzen der Warburger Börde, im westlichen Bereich der Stadt Borgentreich. Die Ortschaft konnte im Jahre 1987 auf ihr 1100jähriges Bestehen zurückblicken. Ihre erste urkundliche Erwähnung geschah im Herbst des Jahres 887, als Kaiser Karl III. auf Bitten des Paderborner Bischofs Biso die Privilegien des 868 gegründeten Kanonissenstiftes „Heerse" (Neuenheerse) bestätigte und dem Kloster zu den Besitzungen von 10 Hufen mit Haus und Hof und allem Zubehör in der „Villa Nadri" schenkte. Aus der Ortsbezeichnung „Nadri" entwickelte sich der Name „Neder", und weil in den ältesten Urkunden noch nicht zwischen West- und Ostneder oder „maior" und „minor neder" (Groß- und Kleinneder) unterschieden wurde, führt auch, wie schon erwähnt, Großeneder die Erstnennung auf diese Urkunde zurück. Bodenfunde aus der jüngsten Steinzeit lassen darauf schließen, daß die Flur von Lütgeneder schon vor mehr als 4000 Jahren von ackerbautreibenden Menschen bewohnt war.

Natingen ist der am nördlichsten gelegene Ort im Stadtbereich. Der Name erscheint erstmals in einer Urkunde des Willebadesser Copiars aus dem Jahre 1226. Hierin entsagen die Grafen von Schwalenberg der Vogtei über die Klöster Willebadessen und Gehrden. Unter den Rittern, welche sich für die Grafen verbürgern, wird auch ein „Tidericus de Natge" genannt. Den urkundlichen Nachweis der Existenz des Ortes liefern uns allerdings erst Urkunden vom 12. März 1268. In der ersten Urkunde bekundet Bischof Simon von Paderborn einen Güterverkauf seitens der Brüder von Natingen an das Kloster Gehrden. Der Ortsname ist mit „Nathge" angegeben. In der zweiten Urkunde verkauft das Kloster Gehrden seinen Hof in Heckeldessen (bei Helmern) dem Kloster Hardehausen. Im Laufe des Textes finden wir auch einen Hinweis auf Natingen mit der Schreibweise „Natenchen".

In Wirklichkeit dürfte Natingen wesentlich älter sein. Die Endung des Ortsnamens auf „-ingen" verrät, daß es sich um

Lütgeneder

Natingen

einen sogenannten patronymischen Ortsnamen handelt, d.h., die Endung „-ingen", mit einem vorangestellten Personennamen verbunden, wurde bei der Siedlung einer Sippe gebraucht. In der Einordnung kann sicher ein Vergleich mit der Geschichte Natzungens gezogen werden, zumal der Personenname als gleichlautend angesehen werden kann. Daß es sich jedoch bei beiden Orten um die gleiche Person einer größeren Sippe mit Siedlungen an verschiedenen Orten handelt, ist daraus wohl nicht zu folgern. Mit der Namensgebung Natingen darf vorsichtig in der altsächsischen Zeit zwischen 650 und 750 gerechnet werden. Die ursprüngliche Lage des Ortes ist mit der heutigen nicht identisch. Die ehemalige Siedlung lag etwa 500 m nördlicher. Ein erhaltener Dorfbrunnen gibt heute noch Zeugnis von der früheren Siedlung. Der Ort ist wahrscheinlich am Ende der Soester Fehden 1447 zerstört worden. Die in den Wäldern Zuflucht suchenden Natinger bauten ihre Häuser nicht an bisheriger Stelle wieder auf, sondern errichteten ein neues Dorf weiter südlich auf der Anhöhe.

Südlich von Natingen lag die Ortschaft „Immedeshusen" (Imbsen o.ä.). Von ihr wird uns bereits aus der Zeit von 1244 bis 1248 berichtet. Über den Grund des Untergangs des Dorfes liegen keine zuverlässigen Überlieferungen vor.

Natzungen

Nördlich von Borgentreich in einer Senke zwischen von West nach Ost verlaufenden Höhenrücken liegt der Ort Natzungen. Die Gemarkung umfaßt eine Fläche von 1.437,35 ha. Gemessen an der Gesamtfläche des Stadtgebietes ergibt sich ein Anteil von 10,4 %.

Die erste urkundliche Namensnennung des Dorfes geht auf das Jahr 1036 zurück. In einer Urkunde vom 15.8. überträgt Bischof Bruno von Würzburg seinem Ministerialen Richbold und dessen Frau Richeze zwei Hufen Land in „Natesingen". Der Ort ist jedoch wesentlich älter. Dies ist seinem Namen zu entnehmen. Die Endung „-ingen", „-ungen" ist mit einem vorangestellten Personennamen verbunden. Demnach heißt Natzungen soviel wie „Siedlung der Sippe des Nat". Einen gleichen Abstammungsnamen trägt Natingen. Nicht zu folgern ist, daß bei beiden Orten die Namen von derselben Person abgeleitet worden sind. Wohl ist anzunehmen, daß zur Unterscheidung der Siedlungen voneinander im Größenvergleich für Natingen die Verkleinerungsform durch Endsilben gewählt worden ist. Somit hat Natzungen wohl schon zu altsächsischer Zeit (500 bis 900 n. Chr.) bestanden und seinen

Namen zwischen 650 und 750 erhalten. Doch schon vor dieser Zeit hielten sich in dem Gebiet der heutigen Gemarkung Menschen auf. Bodenfunde aus der Steinzeit bezeugen dies.

Als Pfarrei wird Natzungen erstmals im Visitationsbericht vom 31. Januar 1231 der Dominikanermönche Conrad und Ernst als Kommissare des päpstlichen Legaten in Deutschland genannt, die u.a. das gesamte Bistum Paderborn in Archidiakonate einteilten. Natzungen ist hierin unter dem Archidiakonat „Yburch" (Iburg) verzeichnet. Die Errichtung der Pfarrei dürfte jedoch wesentlich früher anzusetzen sein und zumindest in die Mitte des 12. Jahrhunderts zurückgehen. Aus einer Urkunde von 1345 geht hervor, daß die Pfarre von Borgholz, vermutlich mit der Stadtgründung (um 1291) errichtet, noch eine Filialkirche von Natzungen war.

In Urkunden von 1319 und 1362 wird zwischen einem Obernatzungen und einem Niedernatzungen unterschieden. Obernatzungen ist mit der Lage des heutigen Natzungen identisch. Niedernatzungen lag in der Nähe des jetzigen Bahnhofs Borgholz südlich der Eisenbahnstrecke. Wann Ober- und Niedernatzungen entstanden sind, ist ungeklärt, wie auch der Untergang von Niedernatzungen. Wahrscheinlich ist der Ort am Ende der Soester Fehde 1447 durch die zurückziehenden

thüringisch-böhmischen Hilfsvölker des Kölner Erzbischofs zerstört worden.

Stark gelitten hat der Ort im Dreißigjährigen Krieg. Hunger, Not und Drangsal trafen den Ort besonders im Siebenjährigen Krieg. Allein in den Jahren 1759–61 starben 111 Einwohner. Wie in fast allen Paderborner Ortschaften hatte auch Natzungen laufend Einquartierungen. Für die Verpflegung der Soldaten und Pferde mußten die Bewohner sorgen, obgleich sie selbst nicht über das tägliche Brot verfügten. Nach der Schlacht im Juli 1760 bei Warburg brach im Winter 1760/61 die größte Not aus. Auch vor der erneuten Schlacht am 24.6.1762 an der Diemel gegen die Franzosen lagerten die alliierten Truppen zwischen Borgholz, Natzungen und Borgentreich. Erst nach Jahren konnte sich die Bevölkerung von den Kriegsschäden erholen.

Am östlichen Ausgang des Ortes erbauten 1728 Freiherr Leopold von Sieghardt und Anna Justina von Boggen das heute noch erhaltene Herrenhaus des Rittergutes. In der Nachkriegszeit diente das Gebäude zahlreichen Flüchtlingen und Evakuierten als Wohnstätte, nachdem im „Dritten Reich" hier ein Landjahrlager eingerichtet war. In den nachfolgenden Jahren verwahrloste das „Schloß", wie es von den Einheimi-

Natzungen

Herrenhaus in Natzungen.

schen genannt wird, zusehends, bis sich 1974 die Familie Müller-Deisig zum Kauf und zur Renovierung des teilweise unter Denkmalschutz stehenden Gebäudes entschloß und hier u.a. eine Studiogalerie einrichtete.

Rösebeck

Im südlichsten Teil des Stadtgebietes liegt Rösebeck. Die Gemarkung umfaßt eine Fläche von 801,58 ha. Sie ergibt damit einen Anteil von 5,8 % an der Gesamtfläche des Stadtgebietes. In Rösebeck leben 563 Einwohner, die 5,7 % der Gesamtbevölkerung der Stadt repräsentieren.

Daß Rösebeck zu den ältesten Orten in der Umgebung zählt, ist unbestritten. Sichere Kunde von der Existenz des Ortes haben wir aus dem Jahre 840. Am 10. Dezember fand in Paderborn ein Reichstag statt, zu dem die Großen des Reiches unter der Führung König Ludwigs des Deutschen zusammengekommen waren. Am 14. Dezember weilte der König in Rösebeck. Hier bestand, wie allerdings erst später belegt ist, ein Reichs- oder Königshof. Daß sich der König am genannten Tage hier aufhielt, wissen wir aus einer Urkunde, die in dem ältesten Corveyer Kopialbuch als Abschrift erhalten ist. Der dort erwähnte Ortsname lautet „Rosbah uilla". Die Bedeutung von „uilla" ist nicht eindeutig zu bestimmen. Es kann allgemein für die Siedlung oder das Dorf stehen, es kann sich aber auch auf einen Hof oder den Königshof im besonderen beziehen. Das „Rosbah" setzt sich offensichtlich zusammen aus den beiden Bestandteilen „Roß" und „Bach", dürfte also „Pferdebach" bedeuten. Zu der Zeit, als Ludwig der Deutsche in Rösebeck Station machte, hatte dort Graf Adalrich Besitz. Zwischen 844 und 850 übertrug Graf Adalrich seine Güter in Rösebeck, Körbecke und einigen anderen Orten dem Kloster Fulda. Am 12. April 965 schenkte Kaiser Otto I. dem Erzstift in Magdeburg den ausdrücklich so bezeichneten Königshof Rösebeck.

Nachweislich besitzt Rösebeck auch eine der ältesten Pfarreien in der Umgebung. Allein nach dem Patrozinium kann die Kirche in Rösebeck nur von Magdeburg gegründet sein. Wann Magdeburg Rösebeck als Besitztum verlor, ist nicht be-

Rösebeck

kannt. Aber bereits 1018 wurde es von Paderborn dem Warburger Grafen Dodiko als Lehen gegeben. Nach dem Tode des
Grafen fiel die Besitzung wieder an den Paderborner Bischof.
Da ab 1010 Kaiser Heinrich II. viel Reichseigentum als Besitz oder zumindest als Lehen an Kirchen, Klöster oder Grafen gab, muß auch Rösebeck zu dieser Zeit an Paderborn gekommen sein. Die Errichtung der Pfarrei in Rösebeck kann
somit zwischen 965 und 1010 angenommen werden. Von einem eigenen Pfarrer in Rösebeck erfahren wir jedoch erst im
Jahre 1256.

Die Wirren des Dreißigjährigen Krieges und des Siebenjährigen Krieges haben Rösebeck stark in Mitleidenschaft ge-

zogen. Die Menschen litten an Armut und Hungersnot. Vor allem im Siebenjährigen Krieg wurden die Bewohner mit er-
drückenden Steuern und Abgaben belastet. Daneben mußte in
den Wintermonaten der folgenden Jahre ab 1758 den Soldaten und Pferden der Streitkräfte Quartier gewährt werden. Allein im Winterquartier 1758 waren 132 Mann in Rösebeck untergebracht. Nach der Schlacht im Juli 1760 bei Warburg
brach im Winter 1760/61 die größte Not aus, da die Vorräte
verbraucht und die Felder verwüstet worden waren.

Joachim Ohlrogge, Stadtdirektor
Martin Temme, Verw.-Angestellter

Brakel

Fläche	173,72 qkm	Einwohner (1996)	17.896

Einwohner in den Ortsteilen:

Auenhausen	135	Hampenhausen	54
Beller	253	Hembsen	1.097
Bellersen	702	Istrup	732
Bökendorf	931	Rheder	322
Brakel	10.318	Riesel	619
Erkeln	696	Schmechten	245
Frohnhausen	313	Siddessen	503
Gehrden	976		

Das Land zwischen Egge und Weser wird wegen seines geologischen Unterbaues „Brakeler Muschelkalkschwelle" genannt. Den naturräumlichen Mittelpunkt dieses Berglandes mit seinen breit gelagerten Plateaus, Talkesseln und Engtälern bildet die weite Talmulde von Nethe und Brucht mit dem Zentralort Brakel. Der Ursprung des Ortes Brakel wird aufgrund archäologischer Quellen für die Mitte des 7. Jahrhunderts angesetzt. Auch der Ortsname - in der niederdeutschen Lautung „Brokel" -, dessen Wortstamm mit dem des Flusses Brucht übereinstimmt und der etwa Bruchwald bedeutet, weist in die Zeit vor der fränkischen Eroberung durch König Karl den Großen.

Die heutige Stadt Brakel ist als Gebietskörperschaft ein junges Gebilde und besteht seit dem 1. Januar 1975. Sie entstand im Zuge von Verwaltungsreformen im Lande Nordrhein-Westfalen. Bereits am 1. Januar 1970 schlossen sich die bis dahin selbständigen Gemeinden des aus preußischer Zeit stammenden Amtes Brakel mit der Stadt Brakel zur Großge-

Brakel

Nethebrücke bei Brakel (Nähe Sudheimerhof).

meinde Brakel zusammen. Diese Gemeinden waren Hinnenburg, Bellersen, Bökendorf mit Abbenburg und Bökerhof, Riesel, Istrup, Schmechten, Hembsen, Erkeln, Beller, Rheder. Dieser ehemalige preußische Amtsbezirk deckte sich weitgehend mit dem Bezirk des bischöflichen Gografen, der als Inhaber landesherrlicher Hoheitsrechte für das Finanz- und Gerichtswesen zuständig war und seinen Sitz in Brakel hatte.

Als am 1. Januar 1975 im Vollzuge der Kreisreform in Nordrhein-Westfalen sich die Kreise Höxter und Warburg zum neuen Kreis zusammenschlossen, gliederten sich aus dem Amt Dringenberg-Gehrden die Gemeinden Gehrden, Siddessen, Frohnhausen, Auenhausen und Hampenhausen der Stadt Brakel an. Seitdem ist die Stadt Brakel mit etwa 174 qkm die flächenmäßig größte Gemeinde, in zentraler Lage nicht nur zu den 14 Ortsteilen, sondern auch zu den Städten im Kreis Höxter. Wegen dieser Zentralität hatten die Kreistage von Höxter und Warburg 1974 Brakel als Kreissitz benannt. Aber durch Landtagsbeschluß wurde Höxter, das dezentral an der östlichen Kreisgrenze liegt, zum Kreissitz bestimmt.

Brakel konnte auf eine Tradition als Kreissitz zurückblicken. Denn nach dem Ende der bischöflichen Herrschaft wurde die Stadt 1803 Sitz eines preußischen Kreises für den nördlichen Teil des ehemals Oberwäldischen Verwaltungsdistrikts des Fürstentums Paderborn und umfaßte die preußischen Ämter Brakel, Driburg, Nieheim, Steinheim, Vörden

und aus dem damaligen Amt Dringenberg die Orte Dringenberg, Gehrden, Siddessen, Altenheerse, Neuenheerse, Kühlsen sowie, westlich der Egge gelegen, die Orte Altenbeken, Kempen, Feldrom und Dahl. Nach der kurzen Herrschaft des Königs Jérôme wurden 1816 die preußische Verwaltungsorganisation und damit auch der Kreis Brakel, allerdings in kleinerem Zuschnitt, wiederhergestellt.

Brakel blieb Kreisstadt, bis durch Kabinettsorder vom 28. Oktober 1831 zum 1. Januar 1832 die Kreise Brakel und Höxter wegen ihres geringen Umfangs zu einem Kreis vereinigt wurden und Höxter zum Kreissitz bestimmt wurde. Gewissermaßen als Ersatz für den Verlust des Kreisstadtranges bildete sich die Gewohnheit heraus, die Kreistage stets in Brakel abzuhalten, und ebenso wurde Brakel teils wegen seiner Lage in der Mitte des Kreises und teils wegen der Umgebung mit geschlossenen Gutskomplexen Mittelpunkt der landwirtschaftlichen Versammlungen. Die schon im Altkreis Höxter gegebene Zentrallage ist im jetzigen Kreisgebiet noch stärker ausgeprägt und hat die zentralörtliche Bedeutung der Stadt gefördert.

In Brakel befinden sich heute behördliche und andere öffentliche Einrichtungen mit überörtlicher Bedeutung: die Zentrale sozialer Dienste in Trägerschaft der Caritas, die wirtschaftsbezogenen Dienststellen des Handwerks (Kreishandwerkerschaft Höxter-Warburg) und der Landwirtschaft

(Landwirtschaftlicher Kreisverband Höxter-Warburg, Landwirtschaftliche Buchstelle, Kreisstelle der Landwirtschaftskammer Westfalen-Lippe).

Breit ist das Angebot an Schulen und Bildungseinrichtungen im Bereich der Allgemeinbildung und der beruflichen und fachbezogenen Ausbildung. Daher ist die Stadt schulischer Schwerpunkt im Zentrum des Kreises Höxter.

In Brakel gab es nach dem Ausbau der bischöflichen Territorialherrschaft mit dem Amt des Gografen ein landesherrliches Gericht. An diese überörtliche Gerichtstradition wurde mit der Einrichtung eines preußischen Land- und Stadtgerichts 1815 angeknüpft. In dessen Tradition steht das heutige Amtsgericht, das auch Familiengericht für den Kreis Höxter und Landwirtschaftsgericht für die Amtsgerichtsbezirke Brakel und Höxter ist.

Die erste Erwähnung Brakels findet sich für das Jahr 836 in dem Bericht eines unbekannten Mönchs über die Überführung der Gebeine des Heiligen Vitus von St. Denis bei Paris ins 825 gegründete Kloster Corvey.

Als am 12. Juni 836 der Zug der Benediktinermönche die „Villa Brechal" erreichte, strömte dort eine große Menge Volkes zusammen. Unter der „Villa Brechal" darf man sich keine geschlossene Dorfanlage vorstellen, sondern eher einen „Siedlungsraum", der sich über einen Kilometer hin auf dem flachen Geländesporn (ca. 135 m ü. NN) oberhalb der Talaue der Brucht (ca. 130 m ü. NN) zwischen Kircheninsel/Thy und der Annenkapelle erstreckte. Die Gehöftegruppe im Kreuzungsbereich des Hellweges, der alten Heer- und Handelsstraße vom Rhein zur Weser, mit der Verkehrsachse aus dem Raum Kassel/Marburg über Warburg in den norddeutschen Raum, gewann durch die Anlage eines karolingischen Haupthofes eine herausgehobene Bedeutung; denn von diesem Siedlungskern aus wurde in fränkischer Zeit die Talaue der Nethe erschlossen, wie die auf Brakel als Mitte orientierten Ortsnamen Sudheim und Ostheim nahelegen.

In einer Urkunde des Paderborner Benediktinerabtes Adalbert aus dem Jahre 1229 wird der bisher als „villa" eingestufte Ort erstmals als „civitas" (Stadtgemeinde) bezeichnet. Deren Bewohner hießen „burgenses" (Bürger). In ihr amtierten „consules" (Ratsleute). Die Erhebung Brakels zur Stadt entsprang dem Willensakt dreier Brüder aus der Familie der Herren von Brakel.

Mit dem von den Stadtherren gewährten Recht der freien Nutzung der Burggräben als Fischteiche (1244) und der Bestätigung des Privilegs auf geringere Geldbußen im stadtherrlichen Gericht (1259) begann die Herausbildung der städtischen Freiheit. Mittelpunkt des frühstädtischen Brakel als geplanter Stadt wurde der großzügig bemessene Marktplatz mit dem diesem Platz angepaßten Rathaus südlich der Kircheninsel. Aus den wirtschaftlichen Interessen der Stadtherren und der gewerblich-fernhändlerisch tätigen Bürger wurden die sich im Stadtgebiet kreuzenden und für den Fernhandel wichtigen Wege über die Straßen Hanekamp, Ostheimer Straße, Thy und Königstraße in rechtem Winkel auf den Marktplatz geführt und so der Fernhandel in die Stadt gezogen. 1299 ging die Gerichtsgewalt der Stadtherren auf den Rat über und wurde von den zwei Bürgermeistern ausgeübt. Die Befreiung von der Pflicht der Heeresfolge und der Verzicht des Bischofs auf die Anlage landesherrlicher Bauten in der Stadt wurden 1289 eingeräumt. 1385 gewährte der Bischof, der inzwischen alleiniger Stadtherr geworden war, den Bürgern das Recht, den Michaelismarkt, der bisher vor den Stadtmauern stattfand, auf dem Platz vor dem Rathaus abzuhalten. Ebenfalls verbriefte er die Zusage, daß der Rat jährlich ohne Zuziehung eines Vertreters des Bischofs gewählt werden dürfe. Damit war eine umfassende städtische Autonomie erreicht.

Zweigeschossiges Fachwerkgiebelhaus in der Straße Am Thy. Inschrift: „Arbeite und sei nicht faul, gebratene Taub fliegt nicht ins Maul, Anno 1763", renoviert 1983.

Als Ausdruck der Marktfreiheit darf die gotische Säule aus dem ausgehenden 14. Jahrhundert angesehen werden. Diese 4,35 m hohe Säule, aus Sandsteinrollen mit einem Durchmesser von 0,49 m errichtet, stand ursprünglich auf dem Marktplatz, bis sie 1896 einem Kriegerdenkmal weichen mußte. Seit 1897 steht sie unter der Linde am Thyplatz, an dem historisch bedeutsamen Ort, von wo die Geschichte der Stadt ihren Ausgang nahm.

Die Stadt hatte um 1350, bevor Seuchenwellen die Bevölkerung auch im Hochstift Paderborn dezimierten, 1.300–1.500 Einwohner. Sie wohnten nach zwei Stadterweiterungen (1280–1300 und 1320–1350) innerhalb eines ringsum befestigten Areals von ca. 23 ha. Im Kreise der mittelalterlichen Städte Westfalens gehörte Brakel damit zu den kleineren. In-

nerhalb des Fürstbistums Paderborn nahm die Stadt nach Paderborn und Warburg den dritten Rang ein.

Nicht die mit Landwirtschaft befaßte Bevölkerung war im 13. Jahrhundert in dieser Stadt führend, sondern eine dem Fernhandel zugewandte Oberschicht, die im Rahmen des hansischen Städtebundes am Handel mit Bier, vor allem aber mit Tuchen, Leinwand, Pelzen und Getreide teilnahm. Belege für die weit ausgreifenden wirtschaftlichen Aktivitäten sind u.a. die Lübecker Neubürgerliste, die für den Zeitraum von 1319–1331 14 Einbürgerungen aus Brakel verzeichnet, und die Verbreitung der Brakeler Münze, von der Funde zwischen Köln und Lublinitz 45 km östlich von Oppeln bezeugt sind.

Brakel besaß die typisch mittelalterliche Stadtsilhouette, die von den Befestigungswerken und den die Bürgerhäuser

Ostheimer Straße

Der Hanekamp (Fußgängerzone) zählt zu den belebtesten Straßen in der Stadt

Blick in die Klosterstraße. Rechts die Fassade der Kapuzinerkirche.

Die Henzengasse ist nach einer Familie Henze, nachgewiesen in der Zeit des Dreißigjährigen Krieges mit einem Garten von über 200 Morgen, benannt.

überragenden Sakralbauten geprägt ist. Ein Gemälde von Fabricius (1665) zeigt die Stadt eingefaßt von der Stadtmauer mit den Türmen und Toren, das Rathaus inmitten der Bürgerhäuser und die das Rathaus weit überragende Stadtkirche St. Michael. Das weite Oval der Kircheninsel unmittelbar an der Kante, wo das Gelände zur Bruchtaue abfällt, tritt innerhalb des Stadtgrundrisses deutlich hervor. Auf diesem Platz stand schon das Kirchlein, in dem die Gebeine des hl. Vitus bei der letzten Rast der Mönche am 12. Juni 836 abgesetzt wurden. Um die Wende vom 12. zum 13. Jahrhundert wurde auf der großen Kircheninsel, dem höchsten Geländepunkt, anstelle eines Vorgängerbaus eine dreischiffige romanische Gewölbebasilika in den Maßen von 33 m Länge und 26 m Breite mit Querschiff und Staffelchor erbaut. Die Herren von Brakel förderten den Kirchenbau durch die Übertragung von Zehnten, denn die Kirche sollte auch den Rang der Stadtherren bezeugen. Die frühstädtische Bürgerschaft wollte mit dem Kirchenbau ihren Wohlstand dokumentieren. Wohlstand und wachsendes Selbstbewußtsein der Bürger fanden ihren Ausdruck in den Erweiterungen der Kirche. Der Pfarrer Berthold von Berg (1280–1345) ließ anstelle der Langhausapsis einen neuen Chorraum im Stil der Gotik mit Rippengewölbe und fünf hohen Maßwerkfenstern errichten.

Durch Erweiterungen der Kirche im Bereich des südlichen Seitenschiffes und des nördlichen Querschiffjoches im 16. und 19. Jahrhunderts erhielt die Kirche den Charakter einer Hallenkirche. Nur das nördliche Seitenschiff blieb in seiner ursprünglichen Form erhalten und vermittelt mit dem Langhaus zusammen noch das Raumgefühl der ursprünglichen romanischen Basilika.

Ungewöhnlich und einzigartig in Westfalen ist die äußere Gestalt der Orgel in St. Michael. Nach der großen Kirchenrenovierung (1968–1971) wurde der historische Orgelaufbau der Jahre 1595–1880 wiederhergestellt. Seit 1977 flankieren wieder zwei beweglich gelagerte Gemäldeflügel den Hauptprospekt der Orgel. Sie zeigen auf der Vorder- und Rückseite Gemälde des in Brakel geborenen und gestorbenen Johann Georg Rudolphi (1633–1693), des bedeutendsten Barockma-

Die Brakeler Neustadt. Der Name bezieht sich auf die Stadterweiterung um 1350, heute nur noch ein Straßenname.

lers im Fürstbistum Paderborn. Geöffnet zeigen die Flügel in barocker Farbigkeit die Verkündigung des Engels an Maria und die Anbetung der Hirten. Sind sie in der Advents- und Fastenzeit geschlossen, verdecken sie den Orgelprospekt mit zwei in Grisaille gemalten Bildern der vier Evangelisten.

Nach den dramatischen Bevölkerungsverlusten durch pestartige Seuchen um die Mitte des 14. Jahrhunderts, die auch Brakel nicht verschonten, war die Bevölkerungsentwicklung in der Stadt im Trend rückläufig. Das gesamte 15. Jahrhundert war im wesentlichen eine Epoche des wirtschaftlichen Niedergangs. 1517, das Jahr des Beginns der reformatorischen Bewegung Luthers, wurde für Brakel zum Katastrophenjahr schlechthin. Ein Feuersturm erfaßte am 11. September 1517 die ganze Stadt. Bürgerhäuser, der Turm der Kirche, in dem in der Glut die Glocken schmolzen, das Kirchendach, durch das es hinfort auf die Altäre regnete, das Rathaus, Türme und Tore der Stadtmauern, das Ritterhaus wurden teils vernichtet, teils schwer beschädigt. Die Folgen dieser Katastrophe sind bis heute im Stadtbild sichtbar. Vom mittelalterlichen Brakel ist der historische Stadtgrundriß im wesentlichen erhalten, aber die alte Bausubstanz der Bürgerhäuser wurde so gründ-

lich vernichtet, daß kein Bürgerhaus aus der Zeit vor 1600 erhalten blieb. Seit 1380 hatte sich die Wirtschaftsstruktur der Stadt gründlich gewandelt. Nicht mehr die auf Fernhandel ausgerichtete Bevölkerungsgruppe dominierte wirtschaftlich. An Einfluß gewann die Schicht der Bürger, die wirtschaftlich auf das Umland bezogen war und neben dem Handwerk zusätzlich Landwirtschaft betrieb. Vor allem seit infolge des spätmittelalterlichen Wüstungsprozesses aus den Ortschaften um Brakel die Bewohner in die Stadt gezogen waren und als sog. Ackerbürger von Hofstellen in der Stadt das Land bebauten, schrumpfte der Brakeler Wirtschaftsraum zunehmend, was sich im Verlust des seit dem 13. Jahrhunderts gewonnenen und behaupteten Geltungsbereichs der Brakeler Münze zugunsten der Warburger Münze zeigte.

Im Hochstift Paderborn setzte sich die lutherische Lehre verhältnismäßig spät durch. Während 1528 in Höxter die Reformation schon im Gange war, wurde Brakel erst unter Bischof Heinrich von Lauenburg (1571–1585) evangelisch. 1584 war die Bürgerschaft bis auf drei Familien protestantisch. Deren Neugeborene mußte man in Erkeln taufen lassen, denn in der Pfarrkirche wurde nur lutherisch gepredigt. Das Eindringen des Protestantismus in Brakel ging mit einem wirtschaftlichen Aufschwung seit 1530 einher, der durch die Neuorganisation der Kaufleute und Handwerker in ihren Gilden bzw. Zünften begünstigt wurde. Das führte zur Wiederbelebung des Handels und des Handwerks. Die Handelsprodukte Brakels waren nach wie vor Bier, Leinen, Felle, Garn und Tuch. Im Tuchhandel mußten sich die Brakeler Kaufleute der Konkurrenz der Elberfelder erwehren. Der von Brakel aus getätigte Getreidehandel spielte sich im ostwestfälischweserländischen Bereich ab.

Die Entstehung des Rathauses ging in der mittelalterlichen Stadt mit der Entwicklung der städtischen Freiheit und der Stadtverfassung einher. Zwar wird für Brakel das Rathaus erstmals für das Jahr 1340 urkundlich erwähnt, doch dürfte dessen Ursprung als Ort der Ratsversammlung, Gerichtssitzungen und Feste in das 13. Jahrhundert zu datieren sein. Nach den schweren Brandschäden des Jahres 1517 wurde das Rathaus nach Norden und Süden erweitert. Die günstige wirtschaftliche Entwicklung der Stadt und ein damit einhergehendes Wachstum der Bevölkerung boten dafür Voraussetzung und Notwendigkeit. 1573 hatte es die Gestalt, in der es sich seit der Außenrenovierung in den Jahren 1964–1965 wieder dem Betrachter darstellt: als zweigeschossiges Gebäude in gotischem Stil mit vierstufigen, von Vierpässen durchbrochenen Staffelgiebeln und gotischen Maßwerkfenstern in den Giebelseiten. Das Maßwerkfenster im Nordgiebel wirkt besonders monumental und korrespondiert mit den Chorfenstern der benachbarten Stadtkirche. Rathaus und Kirche sind getrennt durch die breite Südseite des Kirchplatzes und den

Brakel

Straße am Rathaus. Links die Alte Waage mit dem rekonstruierten, dem Rathaus angepaßten, gotischen Steingiebel. Im Hintergrund die Pfarrkirche St. Michael und (rechts) das Rathaus.

Portal an der Südseite des Rathauses mit Korbbogen und verzierter Quadereinfassung aus dem Jahre 1573 (Renaissance).

Das Rathaus mit dem gotischen Kreuz-Treppengiebel aus dem 13. Jahrhundert.

über Thy und Königstraße verlaufenden alten Hellweg. Dennoch bilden sie durch gemeinsame Stilelemente ein eindrucksvolles Gebäudeensemble, das in der Gegenständigkeit der Baukörper unterschiedliche Obrigkeiten, die weltliche und geistliche Macht, repräsentiert. Wie der Bürger sich in deren Spannungsfeld verhalten sollte, findet seinen Ausdruck in einem Mahnwort aus dem 14./15. Jahrhundert, das heute in einer Steinplatte an der Südseite des Rathauses zu lesen ist:

Die sinngemäße Übersetzung des Textes lautet:
„Zuallererst seid bestrebt, den Willen Gottes zu achten. Und überhaupt: respektiert die Obrigkeit als Träger öffentlicher Gewalt. Dann bleiben Land und Leute bei den Menschen in hohem Ansehen."

Außer dem Mahnwort liest der Besucher des Rathauses links vom Portal den Text dieses Huldigungswortes an die Stadt:

O BROKEL DU BIST ERENPRYS,
WO FINDT MEN DYNES GLIKEN?
IN DÜDSCHLAND SO NE STAD NI IS,
SE MÖTT DY OLLE WYKEN

Das Wort vergleicht die Stadt mit der Pflanze Ehrenpreis, der in den Vorstellungen der Menschen des 16. Jahrhunderts heilende Kräfte gegen Krankheiten, z. B. Epilepsie und Pest, und Abwehrkräfte gegen Blitzschlag sowie Hexen- und Teufelsmacht zugesprochen wurde. Das Wort ist Ausdruck höchsten Lobes und einer besonderen Ehrenbezeugung an die Stadt.

Mit der Wahl Dietrichs von Fürstenberg 1585 setzte im Fürstbistum die Gegenreformation ein, durch die auch die Einwohner Brakels wieder zur katholischen Konfession zurückgeführt wurden. Die Rekatholisierung Brakels war das Werk des Pfarrers Dr. Georg Deppen aus Gehrden, der die

Gründung eines Klosters der Kapuziner in der Stadt betrieb, um die Einwohner „auf den Weg des Heils zu bringen".

Unter Protest und mit jahrzehntelangem Streit zwischen Rat und Bürgern einerseits und den Kapuzinern auf der anderen Seite wurde das Kloster gebaut und die Gegenreformation in Brakel durchgeführt. Südlich des 1665 geweihten Klosters erhebt sich die barocke Kapuzinerkirche. Deren Stifter und Förderer, der prachtliebende Fürstbischof Franz Arnold von Wolff-Metternich zur Gracht, ließ sie 1715–1718 erbauen. Er beauftragte mit dem Bau den gerade 20 Jahre alten Johann Conrad Schlaun. Die Kapuzinerkirche ist daher das erste große Werk des bedeutenden westfälischen Barockbaumeisters.

Die Kapuzinerkirche St. Franziskus.

Als die Kirche 1718 geweiht wurde, hatte die Stadt die katastrophalen Folgen des Dreißigjährigen Krieges noch nicht überwunden. Die unaufhörlichen militärischen Einquartierungen, Kontributionen, Plünderungen hatten Stadt und Bürger in Schulden gebracht. Brakel war „eine kleine armselige Landstadt" geworden und blieb es bis zum Ende der fürstbischöflichen Zeit. 1793 hatte die Stadt 323 Häuser und 1.800 Einwohner. Als das Fürstentum 1803 unter preußisches Regiment kam, war der Verfall in der Stadt so weit fortgeschritten, daß die ohnehin infolge fortgeschrittener Waffentechnik wirkungslos gewordenen Anlagen der Stadtbefestigung so baufällig waren, daß sie 1802/1803 abgebrochen werden mußten. Die Steine der Stadttore wurden verwandt, um die im Herbst und Frühjahr oft unbefahrbaren Straßen auszubessern und zu erhöhen.

Während Tore und Türme heute verschwunden sind, ist die Stadtmauer bis auf wenige Abschnitte in ihrem Verlauf rudimentär erhalten und läßt die Grenze der mittelalterlichen Stadt noch erfahrbar werden. Wall und Graben sind hingegen nur noch auf der östlichen Seite der Stadt zwischen Ostheimer Straße und Königstraße erhalten, denn der einstige Stadtgraben dient in diesem Abschnitt bei Hochwasser als Vorfluter der Brucht. An den anderen Seiten der Stadt wurde der Wall abgetragen und mit dem Erdreich der Graben aufgefüllt, um stadtnahes Gartenland zu erhalten. Diese ehemalige Graben-Wall-Zone wurde 1950 zur Bebauung freigegeben.

Die Bevölkerung der Stadt betrug 1820 in 380 privaten Häusern 2.500 Einwohner, die überwiegend von der Landwirtschaft lebten und in Gewerben arbeiteten, die stützend auf die Landwirtschaft bezogen waren. Die Landwirtschaft, nach der veralteten Wirtschaftsform der Drei- oder Vierfelderwirtschaft betrieben, war von kleinbäuerlichem Zuschnitt: 64 % der landwirtschaftlichen Besitzungen bewirtschafteten 1852 lediglich 2,8 % der landwirtschaftlich genutzten Fläche. Angesichts dieser Verteilung ist es nicht verwunderlich, daß in einer Erhebung von 1847 über das Gewerbe in der Stadt zwei Getreidehändler und ein Gehilfe aufgeführt werden. Obwohl Brakel mit 10.024 Morgen die größte Feldflur im Kreis Höxter besaß, gab es nur einen minimalen Landhandel. Denn was die Menschen ernteten, diente dem Eigenbedarf und der Eigenversorgung.

Eine Kapitalbildung war für den allergrößten Teil der Bewohner nicht möglich. Die wirtschaftliche Lage wurde besonders nach schlechten Ernten schwierig, wie sie unter den

Fachwerkidylle an der Ostheimer Straße.

damaligen Verhältnissen immer wieder auftraten. Die Antwort der Menschen war die Abwanderung. Zwischen 1852 und 1869 wanderten 160 Personen in die USA aus, allein 1852 40 Personen. Nach der Eröffnung der Eisenbahnstrecke Aachen - Köln - Altenbeken - Braunschweig setzte die Abwanderung ins sich entwickelnde Ruhrgebiet ein.

Der Bau der Eisenbahn setzte in der Stadt wirtschaftliche Kräfte frei. Die Bebauung überschritt nach 1864 die Grenze der einstigen Stadtbefestigung, und an dem Wege zum Bahnhof entstanden die ersten Häuser. 1911/12 errichtete hier die seit 1831 wieder bestehende evangelische Gemeinde, die damals etwa 350 Seelen zählte, ihre Kirche.

Weil Brakel über die Eisenbahn an überregionale Wirtschaftsräume angebunden war, vollzog sich, wenngleich langsam und mit Rückschlägen, die Wandlung der Wirtschaftsstruktur hin zur industriellen Fabrikation. Die erste zukunftsweisende Ansiedlung erfolgte nach 1900. 1909 wurde der metallverarbeitende Betrieb Teutonia-Werke für Metallwarenfabrikation Franz Schneider Söhne gegründet. Das Unternehmen Franz Schneider Brakel (Herstellung von Türbeschlägen) hat alle Kri-

Der heute zu sehende Ausbau der Hinnenburg geht im wesentlichen auf das 17. und 18. Jahrhundert zurück. Hauptgebäude Renaissance (Barock), dreigeschossig, mit Eckturm nach Süden. Im Innern reiche Stuckarbeiten. Berühmt das Asseburger Archiv.

Nördlich der Brakeler Kernstadt liegt auf einer 282 m hohen Bergkuppe die Hinnenburg, die als Wohnsitz des Ritters Berthold von Brakel im 13. Jahrhundert erstmals urkundlich erwähnt wird.

Das Kloster Brede, privates Gymnasium für Mädchen und Jungen und höhere Handelsschule, wurde 1483 von den Brüdern Bernhard und Dietrich von Asseburg gestiftet. Das Kloster ist Provinzialmutterhaus und wird von den Schwestern Unserer lieben Frau geleitet.

senzeiten überstanden und ist heute mit über 750 Beschäftigten der größte Betrieb in Brakel. Mit der Gründung der Sperrholzfabrik Fritz Becker KG (Herstellung von Sperrholz-Formteilen für die Möbelindustrie) im Jahre 1936 gelang eine zweite bis heute erfolgreiche Betriebsansiedlung.

Der Zweite Weltkrieg brachte auch für Brakel tiefgreifende Wandlungen wie kaum zuvor in der Geschichte des Ortes und führte dazu, daß der Brakeler Wirtschaftsraum nicht mehr von der Landwirtschaft, sondern von Industrie- und Dienstleistungsbetrieben geprägt ist. Ausgelöst wurde diese Entwicklung durch eine stürmische Bevölkerungszunahme. Betrug die Einwohnerzahl Brakels 1925 ca. 3.900, die sich bis zum Beginn des Zweiten Weltkrieges 1939 nur um 200 Personen erhöhte, so hatte die Stadt 1947 infolge der Vertreibung und Flucht der deutschen Bevölkerung aus Ostdeutschland und der sowjetischen Besatzungszone 6.100 Einwohner. Die Bevölkerung war innerhalb von acht Jahren um 50 % gewachsen. Im Zeitraum von 1955 (6.200 Einwohner) bis 1965 stieg sie auf 7.462 Einwohner. Die Jahre zwischen 1955 und 1965 veränderten das Gesicht der Stadt grundlegend auch durch die Aussiedlung der meisten landwirtschaftlichen Betriebe. Seit 1974 trägt ein Teil der Kernstadt Brakel die staatliche Anerkennung als Luftkurort. Der Kurpark unterhalb der Hinnenburg mit der staatlich anerkannten Heilquelle „Kaiserbrunnen", mit gepflegten Grün- und Wasseranlagen und erstklassiger Hotellerie ist Zentrum der Fremdenverkehrsbemühungen.

Bernhard Junker, Stadt- und Ortsheimatpfleger

Auenhausen

Auenhausen (300 m über NN, 135 Einwohner) liegt auf der Hegge, einem breiten Höhenzuge, in einer Quellmulde und wird 1147 urkundlich erstmals erwähnt. Nach dieser Urkunde schenkte der Paderborner Bischof dem Kloster Abdinghof die Güter zu „Auenhusen". Der Haupthof des Ortes ist bis zum Jahre 1273 dem Kloster Gehrden abgabenpflichtig. Besitzrechte in Auenhausen erhielt später die Familie von Westphalen, die auch die Gerichtsbarkeit besaß.

Auenhausen

Von der kahlen Hochfläche schweift der Blick weit über die Kreisgrenze hinaus. Etwa 200 m vom Ortsrand in nördlicher Richtung liegt eine Radarstation der Bundeswehr. Alle Luftbewegungen werden hier überwacht und in Sekunden erfaßt. Vor dem Zusammenbruch der DDR hatten hier 60 bis 70 Zivilbedienstete aus Auenhausen und Umgebung einen festen Arbeitsplatz. Durch den allgemeinen Personalabbau hat sich die Anzahl der Zivilbediensteten auf 15 Personen reduziert.

In den vergangenen Jahren waren hier im Ort noch Handwerksbetriebe ansässig: Schmiede und Reparaturwerkstatt für landwirtschaftliche Geräte, Stellmacher, Schreiner, Schuster, Schneider und Sattler. Die Post, eine Gastwirtschaft mit Lebensmittelgeschäft und die Schule prägten das Dorfbild. Da Auenhausen zur Kirchengemeinde Frohnhausen gehört, gibt es keine Kirche im Ort.

Auch in der Landwirtschaft wurde der Strukturwandel vollzogen. Nebenerwerbsbetriebe haben ihre Landwirtschaft aufgegeben und an selbständige Landwirte verpachtet. Durch die hohen Anforderungen, die an die Berufstätigen gestellt werden, sowie auch die niedrigen landwirtschaftlichen Erzeugerpreise lohnt sich die Nebenerwerbslandwirtschaft nicht mehr.

Die selbständigen Landwirte wurden zum Umdenken gezwungen, sie bauten größere Stallungen für 300 bis 600 Mastschweine. Mischbetriebe, in denen es noch Kühe und Schweine gibt, existieren nur noch zwei, ein Betrieb hält Milchkühe und Rinder und fünf Betriebe Mastschweine. Waren in den vergangenen Jahren viele Menschen in der Landwirtschaft tätig, wurden diese durch moderne Maschinen ersetzt. In der Regel bewirtschaftet eine Person den Betrieb allein.

Die Entwicklung im kulturellen Bereich hat jedoch zugenommen. Bis vor kurzem gab es als Kulturträger nur die Freiwillige Feuerwehr, die 1994 ihr 100jähriges Bestehen feierte. Seit 1991 existieren eine Jagdhornbläsergruppe und eine Blaskapelle, diese beiden Gruppen sind in einem Musikverein zusammengeschlossen. In der Blaskapelle spielen viele Jugendliche des Ortes. Zum Üben wurde der Raum im Feuerwehrhaus zu klein und außerdem fehlte ein Gesellschaftsraum. Jetzt wurde ein Dorfgemeinschaftshaus an das Feuerwehrhaus angebaut. Durch großzügige Spenden und Eigenleistungen der Bevölkerung war dies möglich.

Alois Queren, Ortsheimatpfleger †

Beller

Eine alte sächsische Siedlung ist das Dorf Beller, dessen ursprünglicher Name in unterschiedlichen Fassungen Balgeri, Balleri, Baldere, Belder, Beldere, Beldern lautete. Wie der Name sagt, war Beller dem Lichtgott Baldur geweiht, der im Nethegau besonders verehrt wurde.

Im 9. oder 10. Jahrhundert gehörte Beller schon zu den Besitzungen des Stiftes Corvey. Im 14. Jahrhundert hatten die Herren von Haversvorde „5 Hufen Landes zu Baldern" als Corveyer Lehen in Besitz. 1426 hatte diese Ritterfamilie noch größeren Besitz in Beller. Auch die Edelherren von Homburg waren im 14. Jahrhundert in Beller begütert, da Ludwig von Homburg 1335 Güter in Baldern der Paderborner Kirche verkaufte. Ferner hatten die Edelherren von Schöneberg Besitz in Beller, Conrad von Schöneberg schenkte nämlich eine Hufe Landes in Beller zur Dotation eines Altares in der Pfarrkirche zu Brakel.

Die Herren von Asseburg besaßen schon früh in Beller die Lehnsherrschaft und Gerichtsbarkeit, waren doch höchstwahrscheinlich große Teile der Allodialgüter der Herren von Brakel in Beller an die von Asseburg übergegangen. Im Jahre 1358 belehnte Bischof Balduin von Paderborn den „Bertold von der Asseburg mit dem ganzen Dorfe Baldern, mit Leuten und Gütern, Gericht und Zehnten innerhalb und außerhalb des Dorfes". Auch die Mühle an der Nethe zu Beller gehörte zu den Besitzungen der Asseburger. 1441 wurde sie jedoch von ihnen verkauft.

Im 15. Jahrhundert sahen sich die Asseburger gezwungen, noch mehrere Güter und den halben Zehnten in Beller zu verkaufen. Streitigkeiten wegen des Gerichts zu Beller, die zwischen der Stadt Brakel und den Asseburgern entstanden waren, legte man 1841 friedlich bei.

Östlich von Beller nach Bruchhausen zu erhebt sich eine bewaldete Bergkuppe, Bellerburg genannt, auf der gegen Ende des 12. Jahrhunderts das Stift Corvey zum Schutze seiner Besitzungen an der Nethe eine Burg, die Balderborch, errichten ließ. Wann die Burg zerstört wurde, steht nicht fest. Im Jahre 1203 und 1244 kommt sie noch in den Urkunden vor.

Der Wald der Bellerburg gehört teils Bruchhausen, die sogenannte Bruchhausische Bellerburg, und teils der Dorfschaft Beller, die sogenannte Bellerburg. In diesem Waldteil waren auch früher schon die Höfe in Beller holzberechtigt, als das Gehölz noch den Asseburgern gehörte. Da wegen der Holzberechtigung der Bewohner von Beller das Waldstück nicht

Beller

viel einbrachte, verkaufte der Graf von Bocholtz-Asseburg den 187,5 Morgen großen Wald am 14. Juni 1827 für 300 Taler an die Gemeinde Beller.

Schon seit dem Mittelalter gehörte Beller zur Pfarrei Erkeln. Seit dem 10. Oktober 1954 gehört es zur Pfarrei Hembsen. Schon früh hatte Beller eine kleine Kapelle gebaut. 1741 wurde eine neue Kapelle errichtet, die dem heiligen Joseph geweiht wurde. Da sie aber zu klein wurde, erbaute man nach dem Ersten Weltkrieg eine größere und schönere Kirche. Am 18. September 1921 wurde sie feierlich eingeweiht, im Jahre 1939 wurde die Orgel gekauft.

1891 wurde ein größerer Raum im Haus der Familie Kronenberg als Schulklasse eingerichtet, die Schule wurde 1901/02 erbaut, 1964 wurde auf Anordnung der Bezirksregierung bei der Angerlinde die erste Mittelpunktschule des Kreises Höxter gebaut, sie trug den Namen „Volksschule Hembsen-Beller". Mit der Einführung der Grund- und Hauptschulen entstand 1969 die „Grundschule Hembsen-Beller-Erkeln", während die weiterführenden Schulen (Haupt-, Realschule, Gymnasium) sich in Brakel befinden.
Nach Kriegsende 1945 bildete die Landwirtschaft eine feste Lebensgrundlage. Heute haben lediglich drei Landwirte noch einen eigenständigen Betrieb.

Eine Gemeindehalle wurde errichtet, in der regelmäßig die Schützenfeste der 1825 gegründeten Schützengilde und andere Veranstaltungen stattfinden. Was Gemeinschaftsgeist vermag, zeigen die in Eigenleistung gebauten Einrichtungen

Feuerwehrgerätehaus, Friedhofskapelle und Schießstand des sehr erfolgreichen Schießvereins.

Franz Tegethoff, Ortsheimatpfleger

Bellersen

Acht Kilometer nördlich von Brakel liegt im Tal der Brucht das Dorf Bellersen oder - wenn wir die Dichterin Annette von Droste-Hülshoff sprechen lassen - „das Dorf B., das, so schlecht gebaut und rauchig es sein mag, doch das Auge jedes Reisenden fesselt durch die überaus malerische Schönheit seiner Lage in der grünen Waldschlucht eines bedeutenden und geschichtlich merkwürdigen Gebirges". Nun - so schlecht gebaut und rauchig ist Bellersen heute nicht mehr, aber die Schilderung der landschaftlichen Einbettung des heute 702 Einwohner zählenden Ortes ist zweifellos weiterhin gültig.

Annette von Droste-Hülshoffs Beschreibung Bellersens finden wir am Anfang ihrer Meisternovelle „Die Judenbuche", durch die das Dorf und seine Bewohner einen Platz in der Literaturgeschichte gefunden haben. Zahlreiche Litera-

Bellersen, der aus der „Judenbuche" von Annette von Droste-Hülshoff bekannte Ort.

turfreunde aus der Nähe und der Ferne besuchen daher den Ort, um hier und in der Umgebung der Atmosphäre jener Kriminalgeschichte aus dem 18. Jahrhundert nachzuspüren. Auf dem alten Friedhof an der Kirche wurde das historische Vorbild des Friedrich Mergel aus der „Judenbuche" beerdigt. Hier sind auch die Großeltern Annette von Droste-Hülshoffs bestattet. Auch der berühmte August von Haxthausen, Agrarhistoriker, Schriftsteller und einer der besten Kenner der russischen Verhältnisse des 19. Jahrhunderts, fand im Schatten der Kirche seine letzte Ruhe.

Bellersen kann auf eine mindestens tausendjährige Geschichte zurückblicken. Die früheste erhaltene Erwähnung stammt aber erst aus dem Jahre 1015. Darin wird bereits eine Kirche genannt. Somit ist Bellersen einer der ältesten schriftlich belegten Kirchorte des Bistums Paderborn. Aus dieser Tatsache ist zu schließen, daß das Dorf schon früh von herausragender Bedeutung war. Da durch das Bruchttal bereits im Mittelalter ein wichtiger Fernverkehrsweg verlief, war Bellersen für die Durchreisenden bedeutender Etappenort. Mehrere Gasthäuser boten den Fremden Erfrischungen, Beköstigung und Nachtlager. Die meisten Einwohner lebten bis in die jüngste Vergangenheit von der eigenen Landwirtschaft oder verdienten ihr Brot in der Forstwirtschaft und auf den umliegenden Gütern. Dorfhandwerker deckten den alltäglichen Bedarf der Bellerser. Heute findet die Mehrzahl der Einheimischen ihren Lebensunterhalt außerhalb des Wohnortes.

Wie alle Dörfer, so hat auch Bellersen im Lauf der Jahrhunderte Zeiten der Not und Bedrängnis, aber auch des Fortschritts und des bescheidenen Wohlstands erlebt. So bedeutete der Dreißigjährige Krieg Elend und Rückschritt. Im Jahre 1746 begann man mit dem Bau der Kirche, die in ihrer barocken, aber schlichten Schönheit bis in die Gegenwart das dorfbildprägende Gebäude ist. Das Gotteshaus überstand fast als einziges Gebäude die größte Katastrophe, die Bellersen seit dem Dreißigjährigen Krieg heimsuchte: Am 28. Juni 1794 brannten in nur zwei Stunden 65 Häuser und damit fast das gesamte Dorf ab. Einige der an den noch in ihrem ursprünglichen Zustand erhaltenen Fachwerkhäusern angebrachten Inschriften nehmen auf diesen schwarzen Tag Bezug.

Dem zunehmenden Wohlstand nach dem Zweiten Weltkrieg und neuen Lebensbedürfnissen fielen leider viele schöne Fachwerkhäuser durch Abriß oder Um- und Ausbau zum Opfer. Ferner erfolgte die Erweiterung des Dorfes nach Norden und Nordosten durch neue Siedlungen, die die überkommene Siedlungsgestalt durch das Übergreifen vom Tal auf die Hänge aufbrachen. Der Ausbau der Durchgangsstraße im Jahre 1980 war ebenfalls ein schwerwiegender Eingriff in die Siedlungsstruktur.

Ein Glücksfall war es, daß Bellersen 1992 zum „Tourismus-Musterdorf" des Landes Nordrhein-Westfalen gekürt wurde. Die damit verbundene finanzielle Förderung ermöglichte eine Verbesserung des Dorfbildes, das nun zwar zeitgemäß, aber dennoch dorfgerecht erscheint. Flächenentsiegelung, Pflasterungen, Anpflanzung zahlreicher Bäume und Sträucher sowie weitere Maßnahmen erweisen sich als attraktivitätssteigernde Verschönerung, die in privaten Initiativen ihre Fortsetzung findet. Bellersen, das schon immer einen Besuch wert war, wird in Zukunft noch mehr Anziehungskraft besitzen.

Horst-D. Krus, Ortsheimatpfleger

Bökendorf

Heute wie seit Hunderten von Jahren muß der Besucher die Durchgangsstraßen verlassen, um den etwas abseits gelegenen Ort Bodinkthorpe zu erreichen. Heute trägt er den Namen Bökendorf als Ortsteil der Stadt Brakel. Dort findet man, auf 9 Grad 13 Minuten östlicher Länge und 51 Grad 46 Minuten nördlicher Breite, eingebettet zwischen flacher Berglandschaft, gehörend zur Brakeler Muschelkalkschwelle, einen Ort mit reichlicher Geschichte.

965 erste urkundliche Erwähnung: Kaiser Otto I. bestätigte die Schenkung des Hofes Bodinkthorpe mit all seinen Hörigen und dem umliegenden Gelände an das Kloster Corvey. Ab 1351 wurde Bodinkthorpe als Eigentum von Corvey innerhalb der nächsten 130 Jahre an verschiedene Lehnsherren übereignet. So wurden zuerst die Herren Albrecht und Hermann von Brakel mit dem Ort Bökendorf belehnt. Nach 1385 wurde Bodekerthorpe von Corvey an die Herren von Modexen zu Lehen gegeben, jedoch auch diese Linie starb aus. Nach 1400 übergab „Abt Wulbrand dat Dorpe Bockendorpe mit siner tobehörige de Königslohe un de Holtmark de darto höret an Johann Spegel van de Lavenvörde me sine Husfrowe" zur Nutznießung auf Lebenszeit.

1479 erwarb das Geschlecht derer von Haxthausen den Ort Bodinkthorpe mit dem gesamten Umfeld. Von den folgenden drei Jahrhunderten ist recht wenig überliefert, außer, daß durch die Pest, das Faustrecht und Plünderungen viele Ansiedlungen ausgelöscht wurden. Drei besondere Überlieferungen sollten jedoch hier Erwähnung finden.

Ein Bökendorfer Bürger, Johann Schneeberg, Adjutant des Rittmeisters Georg von Oeynhausen im Götzischen Regi-

Bökendorf

ment, hat in der Schlacht bei Lützen (1632) dem Schwedenkönig Gustav Adolf mit einem Schwert den Todesstoß versetzt.

1763 wurde der erste Schulunterricht in Bellersen durch den Küster erteilt.

1783 tritt die Gegend durch ein Verbrechen wieder in Erscheinung. Der jüdische Händler Soistmann Berend wird auf dem Heimweg von Bellersen nach Ovenhausen erschlagen unter einer Buche aufgefunden. Dieses traurige Geschehen wurde von Annette von Droste-Hülshof zu der bekannten Novelle „Die Judenbuche" ausgearbeitet.

Ab 1804 verbrachte die Nichte der damaligen Schloßherren Werner und August von Haxthausen, Annette von Droste-Hülshoff (1797–1848), einen Großteil ihrer Jugendzeit auf dem Bökerhof. Gewiß werden ihre Spaziergänge im angrenzenden Laubengang dazu beigetragen haben, ihre Novelle „Die Judenbuche" sowie den Gedichtzyklus „Das geistliche Jahr" und die Abbenburger Gedichte, die unter ihrer Feder entstanden sind, zu verfassen. Ebenso wie der Laubengang bietet der Gutshof mit seinem Garten als erhaltenes Kulturgut dem interessierten Wanderer Einblicke in die damalige Zeit.

Die Familie v. Haxthausen, die zu den ältesten Adelsfamilien des Paderborner Landes gehört, wurde zu Beginn des 19. Jahrhunderts dadurch bekannt, daß sie ihr Herrenhaus zur Wiege des sogenannten Romantiker-Kreises machte. Annette v. Droste-Hülshoff, die Brüder Grimm, Achim v. Arnim, Cle-

mens v. Brentano, Ernst-Moritz Arndt sind nur einige jener Zeit, die Märchen, Sagen, Lieder und Gesänge in Schrift und Noten der Nachwelt erhalten haben.

Das, was Schloß Warthausen bei Biberach a. d. Riß als Stätte der Romantik für Süddeutschland darstellt, ist der Bökerhof für den norddeutschen Raum.

1878 schrieb der Heimatdichter Friedrich-Wilhelm Weber (Geburtsort Bad Driburg-Alhausen) sein Epos „Dreizehnlinden". Bökendorf (Bodinkthorpe) und Abbenburg (Habichtshof) sind Schauplätze des Geschehens.

1950 gründeten heimatverbundene Menschen, die sich der reichen Geschichte Bökendorfs bewußt waren und schon 1927 den Theaterverein „Frohsinn" ins Leben gerufen hatten, eine Freilichtbühne. Mit der Aufführung „Elmar" aus Webers „Dreizehnlinden" begann eine Bühnengeschichte der Laienspielschar, die bisher mehr als 70 Inszenierungen zur Aufführung brachte. Für die Stücke „My Fair Lady" nach Bernard Shaws „Pygmalion" und „Die kleine Hexe" von Otfried Preußler fanden 1996 mehr als 35.000 Besucher den Weg nach Bökendorf.

Durch einen über die Volkshochschule ermöglichten Arbeitskreis wurde der Gedanke geweckt, das noch vorhandene Kulturgut in und um den Bökerhof aufzuarbeiten, insbesondere das Vermächtnis des Romantikerkreises und die kulturelle Bedeutung des Bökerhofes in der Vergangenheit herauszustellen. Am 6. Juni 1989 wurde die aus diesem Grundge-

Das Herrenhaus Bökerhof, im Besitz der Familie von Haxthausen, wurde um 1700 erbaut. Hier verbrachte die Dichterin Annette von Droste-Hülshoff (1797-1848) eine bemerkenswerte Zeit ihres Lebens

Freilichtbühne Bökendorf, Szene aus „My Fair Lady"

danken ins Leben gerufene Bökerhof-Gesellschaft der Öffentlichkeit vorgestellt. Im Monat August 1995 wurde hier ein Museum eröffnet.

Heute, anders als vor vielen Jahren, als die Landwirtschaft in Bökendorf noch dominant war, weist die örtliche Struktur auch schon einen Hauch von Industrialisierung auf. Wo früher Ackerbau und Viehzucht für das Leben in Bökendorf bestimmend waren, gehen die Bürger heute in den nahegelegenen Industrie- u. Handwerksbetrieben ihrer Arbeit nach.

Die Wochenenden sind jedoch für viele Bökendorfer vom Vereinsleben geprägt. Elf aktive Vereine zählt zur Zeit die Ortsgemeinschaft.

Reinhard Koch, Ortsheimatpfleger

Erkeln

Südlich von Brakel im Nethetal liegt Erkeln mit rd. 700 Einwohnern. Der Name „Erkeln" soll aus dem Keltischen kommen, könnte aber auch vom lateinischen „Arcus" (Bogen) abgeleitet sein. Die Nethe macht hier einen großen Bogen. Um-

fangreiche Bodenfunde in der Gemarkung sind Beweise für eine sehr frühe Besiedlung dieses Talkessels. Sehr schöne Steinbeile, Hämmer mit Bohrungen, Bronzebeile und sonstige Funde befinden sich in der Heimatstube. Diese Steinzeugsammlung soll nach Brandt (1967) eine der bedeutendsten in diesem Raum sein.

Die ersten Berichte über Erkeln stammen aus Corvey. Der Zehnte wurde anfangs nach dort abgeführt. Nach dem Urkundenbuch betreuten Johann und Burkhard von der Asseburg eine Stätte in Erkeln. Bis 1803 war Erkeln den Asseburgern verpflichtet. Sie hatten die Gerichtsbarkeit, die Jagd, den Wald, die Fischerei und Grundeigentum. Die Mühle in Erkeln, schon 1476 erwähnt, wurde 1590 mit drei oberschlägigen Gängen durch den Paderborner Bischof Dietrich IV. von Fürstenberg den Asseburgern zu Lehen gegeben. Sie wurde 1819 an den Müller Armbrecht für 6.000 Taler verkauft. Die Wasserkraft mit zwei Turbinen liefert heute noch Strom ins öffentliche Netz.

Einen Einblick in die Besitzverhältnisse um 1700 gibt eine Einwohnerliste. Demnach hatte Erkeln 19 Vollmeier, 13 Halbspänner und 44 Kottsassen (die mit der Hand dienten). Die Kirche als Observanzgemeinde war mit der politischen Gemeinde immer eng verbunden. Schon 1240 wurde Pastor Heinrich urkundlich erwähnt. 1567 wird ein Pastor Lipps genannt. Als Pfarrer Pohlmann (1644–1694) nach Erkeln kam, standen noch 26 Häuser mit 300 Einwohnern. Der Dreißig-

Erkeln im Nethetal.

jährige Krieg hatte fürchterliche Spuren hinterlassen. Pfarrer Detmar Schmitz (1695–1747) war der Erbauer der heutigen Pfarrkirche. Der Pfarrer Tillmann (1782–1819) wurde bekannt durch das Tillmann'sche Gesangbuch, nach dem über 70 Jahre in der Diözese Paderborn gesungen wurde. Zur 1100-Jahrfeier im Jahr 1956 wurde von Pfarrer Hülsmann (1953–1956) eine neue Orgel installiert. Heute wird die Pfarrei zusammen mit Hembsen und Beller versorgt.

In der Kirche befindet sich in einem kleinen Sarkophag eine verdorrte Hand. Sie soll noch aus der alten Kirche vor 1722 stammen. Noch ist nicht klar, ob es eine Geber- oder Mörderhand war.

Das Schulwesen im Hochstift war voll ins kirchliche Leben integriert. So zeigt eine Abrechnung des Lehrers Ernst vom 24. August 1799, wie eng Kirchengemeinde und Lehrerstelle verbunden waren. Bei 130 Kindern lag die Entschädigung jährlich bei 95 Talern 18 Groschen 3 1/2 Pfennigen. Er unterrichtete dafür die Kinder, versah den Küsterdienst, spielte die Orgel und mußte noch Vieh, Land und Garten versorgen.

Auf Druck der Regierung Minden wurde 1837 eine zweiklassige Schule gebaut. Heute ist dieses Gebäude zum Pfarrzentrum umgebaut. Die 1927 errichtete dreiklassige Schule ist dem Caritasverband des Kreises Höxter 1974 verkauft worden. Dieser errichtete einen Sonderkindergarten für 45 körperbehinderte Kinder mit Schwimmhalle, Reithalle und Verkehrsübungsplatz. Der Regelkindergarten wird vom Caritasverband für die Stadt Brakel mitgeführt. Schon seit 1935 wurde von der Gemeinde ein Kindergarten geführt, für den 1952 ein eigenes Gebäude errichtet wurde. In diesem Kindergarten waren eine Waschanstalt mit Trocknung, Heißmangel, Bademöglichkeit und eine Sozialstation untergebracht.

Die Erkelner Pfarrkirche St. Petri in Ketten wurde von Pfarrer Detmar Schmitz (1695-1747) erbaut.

Getragen werden konnten diese Einrichtungen aber nur mit genügend Eigenkapital (Überschuß des Gemeindewaldes) und dem nötigen Einsatz von Initiatoren. Die Anlagen waren seinerzeit beispielgebend für den Kreis Höxter und darüber hinaus. Die technische Entwicklung und der wachsende Wohlstand haben aber inzwischen zur Schließung aller Einrichtungen, außer dem Kindergarten, geführt.

Neben dem Wald hatte für Erkeln ab 1892 bis zur Inflation 1922/23 die „Kienek'sche Stiftung" eine besondere Bedeutung. Der ehemalige Bürger Salomon Katz und seine Frau Theresia geb. Kuhlmann hatten in Amerika ihr Glück gemacht. Nach ihrem Tode vermachten sie ihrer Heimatgemeinde 30.000 Dollar (= 120.000 Goldmark) als Stiftungsvermögen für die „Ortsarmen". Die Gemeindevertretung verfügte über die Stiftungserträge. So kam z. B. noch im Jahre 1913 ein Arzt von Brakel zur Behandlung der Kranken jeden Mittwochnachmittag. Er bekam als Entgelt zweimal 500 Goldmark in diesem Jahr. Die Gesamtausgaben beliefen sich für 1913 auf 5.354,51 Goldmark. Es wurden bezahlt oder bezuschußt die Rechnungen für den Arzt, die Apotheke, den Optiker, den Krankenhausaufenthalt, die Hebamme, das Holzgeld, den Ankauf von Ferkeln, eine Kleiderzulage und für alle „Armen" ein Weihnachtsgeld.

Von großen Zerstörungen im letzten Krieg blieb Erkeln verschont. Nach dem Einmarsch der Amerikaner fand man auf dem „Neuen Weg" zum Steinbruch 13 von den Amerikanern mit Genickschuß getötete deutsche Soldaten. Sie wurden zunächst in Erkeln beigesetzt und später teilweise in die Heimat überführt bzw. auf den Ehrenfriedhof in Brakel umgebettet. An der Fundstelle errichtete die Kriegsgräberfürsorge ein Gedenkkreuz. Am gleichen Weg steht das „Lausekreuz", errichtet als Dank für glückliche Heimkehr aus napoleonischer Gefangenschaft im Jahre 1813.

Aus einem alten Bauern- und Handwerkerdorf ist heute ein moderner Ort mit Industrie und Dienstleistung geworden. Südlich von Erkeln befindet sich ein Industriegebiet. Hier hat sich die Firmengruppe Vauth-Sagel niedergelassen. Sie beschäftigt z. Zt. 320 Mitarbeiter. Es werden Einrichtungen für Pflegedienste im Krankenhausbereich, Zulieferung für Beschlagsysteme hergestellt und Kunststoffbearbeitung vorgenommen. Von den ehemaligen Handwerkern und der Versorgung sind noch ein Bäcker, ein Sattler, eine Gastwirtschaft und ein Lebensmittelgeschäft übrig geblieben.

Die junge Generation der Landwirte ist zum großen Teil in den Nebenerwerb gegangen und doch ist noch viel Leben im Dorf. Beim Neubau des Feuerwehrgerätehauses konnte man sehen, was Gemeinschaftsgeist vollbringen kann. Es wurden für 40.000 DM Eigenleistungen erbracht. Die Schützenbruderschaft von 1708 hält mit Festlichkeiten und Vortragsveranstaltungen die alte Tradition hoch. Der Sportverein von

1910 gibt mit dem Sportplatz und der Mehrzweckhalle Raum für körperlichen Ausgleich. Spielmannszug und Blaskapelle ermöglichen musikalische Betätigung. Das Pfarrzentrum und die Gemeindehalle bieten Platz für Veranstaltungen jeglicher Art.

Bruno Johlen, Ortsheimatpfleger

Frohnhausen

Die Frohnhauser Feldflur hat eine Größe von 480 ha. Am Westrand des Ortes beträgt die Höhenlage 249 über NN, die höchste Erhebung ist östlich in Richtung Auenhausen beim Wasserhochbehälter mit 319 m über NN. Dieser Höhenzug bildet die Wasserscheide nach Osten zum Jordan und nach Westen zur Taufnethe.

Frohnhausen ist mit Auenhausen und Hampenhausen eines der drei sogenannten „Heggedörfer". („Hegge": hochgelegene Fläche, oben auf der Höhe.)

Zur Namensdeutung: „Vrodenhusen" bedeutet „Frühhausen" = Frühe - Tagesanbruch. Die Ortsnamen mit dem Bestimmungswort „husen" bzw. „hausen" rechnet man sprach-

lich in die altsächsische Zeit (500–900 n. Chr.), so daß die Anfänge von Frohnhausen in diesen Zeitabschnitt gehören werden.

Das Älteste, das wir über Frohnhausen wissen, kam erst im wahrsten Sinne des Wortes vor kurzem „an das Tageslicht" und bedarf noch der genauen Auswertung. Gemeint sind hier die Ausgrabungen am Westrand von Frohnhausen, die im Sommer 1960 erfolgten. Es handelt sich hier um einen frühmittelalterlichen Friedhof aus der zweiten Hälfte des 8. Jahrhunderts. Gerade durch die Entdeckung des Frohnhauser Friedhofs sieht sich das Landesamt für Vor- und Frühgeschichte in die Lage versetzt, später einmal über die Christianisierung des Altkreises Warburg zwischen Sachsen- und Hessenland genauere Aufschlüsse zu gewinnen.

Die älteste urkundliche Erwähnung erfolgte 1142 im Zusammenhang mit der Gründung des Klosters Gehrden. Laut Urkunde übergibt Bischof Bernhard dem Kloster Gehrden vier Hufen und ein Haus in „Vrodenhusen". 1581 erhielt die Kirche nach einem Brand ein neues Dachgeschoß, und erstmals erfolgte die Nennung eines Pastors von Frohnhausen, Pastoris joannis Barkei. Zur Pfarrei St. Bartholomäus gehörte schon immer das Nachbardorf Auenhausen, während Hampenhausen, vormals zu Gehrden gehörend, erst 1900 nach Frohnhausen umgepfarrt wurde. Die heutige Kirche wurde 1886–88 im neugotischen Stil nach den Plänen des Diözesanbaumeisters Güldenpfennig erbaut.

Frohnhausen

In der alten Schule ist seit Sommer 1991 ein Kindergarten für die drei Heggegemeinden und Siddessen eingerichtet. Die neue Schule, 1959 bis 1960 auf freiwilliger Basis nach Gründung eines Schulzweckverbandes von den drei Heggegemeinden erbaut, wurde bereits 1968 infolge der Schulreform geschlossen. Anschließend wurde sie an die belgische Garnison Brakel als Kindergarten vermietet und danach von der Lebenshilfe übernommen, die hier zunächst eine Tagesbildungsstätte einrichtete und nun eine Sonderschule für geistig Behinderte unter dem Namen „von-Galen-Schule" betreibt.

Das wirtschaftliche Leben ist seit Jahren stark rückläufig. Die Landwirtschaft hat nur noch sieben Vollerwerbs- und neun Nebenerwerbsbetriebe. Die gewerbliche Wirtschaft verzeichnet nur eine Tiefbaufirma mit ca. 20 Beschäftigten und noch lediglich drei kleine Betriebe. Sogar die zwei Gaststätten haben geschlossen. Die Berufstätigen sind überwiegend als Auspendler in den Nachbarstädten und auch noch weiter bis in Paderborn und Kassel beschäftigt. Die Kinder besuchen auswärtige Ausbildungsstätten. Das Dorf entwickelt sich zunehmend zu einer Wohn- und Schlafstätte.

Willi Fögen, Ortsheimatpfleger

Ersatzsonderschule der Lebenshilfe für geistig Behinderte in Frohnhausen.

Gehrden

In der Gründungsurkunde des Stiftes Heerse vom 16. Mai 868 wird Gehrden erstmalig erwähnt. Eine bischöfliche Eigenkirche im Ort ist für 1136 belegt. Als 1142 die wohl erst seit wenigen Jahren auf der Iburg ansässigen Benediktinerinnen ihren Konvent nach Gehrden verlegten, wurde diese Kirche dem Kloster inkorporiert. Neben dem Paderborner Bischof

Gehrden., 868 erstmals urkundlich erwähnt

Pfarrkirche St. Peter und Paul in Gehrden, ehemalige Benediktinerinnen-Klosterkirche aus dem 12. Jahrhundert.

Bernhard I. von Oesede gilt als Klostergründer Heinrich von Gehrden, der 1142 den Benediktinerinnen sein gesamtes Gut in Gehrden und im benachbarten Siddesen stiftete.

Um 1200 siedelten die Bewohner der Ortschaften Nord- und Südgehrden rings um das Kloster, weil man unter den Mauern des Klosters wohnte. Auf Bitten des Klosters genehmigte der Paderborner Fürstbischof Dietrich von Itter am 1. Mai 1319 dem Konvent die Gründung der Stadt Gehrden. Die Paderborner Landstände (das Domkapitel, die Ritter und die Bürgermeister der 23 Städte) tagten wiederholt in Gehrden. Bis zur Aufhebung des Fürstbistums Paderborn im Jahre 1802 hatte der Bürgermeister der Stadt Gehrden Sitz und Stimme in diesem Gremium.

Bei der Stadtgründung waren größere Rechte noch beim Kloster geblieben, was sich jedoch im Laufe der Jahre allmählich änderte. Die Abtissin, die Domina, hatte nur noch das Recht der Ablehnung der ihr nicht genehmen Ratsherren. Im 17. Jahrhundert gab es häufiger Streitigkeiten zwischen Kloster und Rat. Im Jahre 1668 kam es zu einer schweren Kontroverse zwischen dem Stadtrat und der herrischen Äbtissin Anna Catharina von Oeynhausen, die als sinnfälligen Ausdruck der Abhängigkeit der Stadt vom Kloster ihr Wappen am Rathaus angebracht wissen wollte. Der Stadtrat wandte sich an den Paderborner Fürstbischof, der durch Dekret vom 20. Februar 1668 entschied, daß von nun an das fürstbischöfliche Wappen am Rathaus bleiben sollte.

Im Dreißigjährigen Krieg blieb auch Gehrden nicht verschont. Truppen der Union und der Liga brachen wiederholt ein und „unterwegs wurden Brakel, Dringenberg, Gehrden, kurz der ganze oberwaldische Distrikt eingenommen, mit Feuer und Schwert verwüstet und so rein ausgeplündert, daß kein Stück Vieh darin blieb". Die im Umkreis von Gehrden gelegenen Dörfer Dalhusen, Eckhusen, Edelrsen, Gunterssen, Langeneisine, Osterhusen, Valehusen, Wernesen, Wirdesen werden nach dem Dreißigjährigen Krieg nicht mehr erwähnt.

Stadtbrände suchten Gehrden mehrfach heim. 1673 wurde ein Teil des Ortes zerstört, und 1679 blieben „nur 14 Hütten" verschont. Bei der verheerenden Brandkatastrophe am 16. August 1708 fiel fast das ganze Städtchen in Schutt und Asche; selbst die an der nördlichen Peripherie gelegene Fleckmühle wurde ein Raub der Flammen. 1730 „krähte der rote Hahn" wiederum. Ein Großteil des Ortes ging in Flammen auf.

Die im letzten Viertel des 12. Jahrhunderts nach der Klostergründung von den Benediktinerinnen erbaute dreischiffige romanische Pfeilerbasilka mit Querhaus diente zugleich den Bürgern von Gehrden als Pfarrkirche. Das heutige Erscheinungsbild des Kircheninnenraumes wird geprägt durch die etwa ab 1670 erfolgte grundlegende Neugestaltung der Ausstattung. Das Wappen über dem Mittelbild weist den Hochaltar als eine Stiftung (1682) des Fürstbischofs Ferdinand von Fürstenberg aus. Die Barockorgel, 1679 vom Höxteraner Orgelbaumeister Andreas Schneider für die Abteikirche Marienmünster gefertigt, kam 1737, erweitert um ein Manual (Rückpositiv) und ein Pedal, in die Gehrdener Kirche.

Während des Siebenjährigen Krieges (1756–1763) brachten die requirierenden Heereshaufen erneut Not und Schrecken über Kloster und Stadt. Einmal waren es die Franzosen, dann wieder die Alliierten (Engländer, Preußen, Braunschweiger, Hessen). Am 1. März 1760 z.B. besetzte der Erbprinz von Braunschweig mit Truppen Driburg, Dringenberg, Gehrden, Peckelsheim, Warburg u. a. Gegen Ostern stellte sich Hungersnot ein, und Krankheiten griffen so sehr um sich, daß viele Häuser ausstarben. Am 4. August 1761 kamen 6.000 französische Kavalleristen und requirierten alles Getreide, das den Bürgern noch zur Verfügung stand.

„Jérôme, Sie sind als König von Westphalen anerkannt." Mit dieser knappen Feststellung setzte Napoleon am 7. Juli 1807 seinen jüngsten Bruder als Regenten eines neu gebildeten Staates von ca. 2 Millionen Einwohnern ein. Jérôme zog am 10. Dezember als König in Kassel ein. In Gehrden wurde eine „Mairie" (Bürgermeisteramt) eingerichtet.

Durch Dekrete der Franzosen vom 7. Juli und 16. September 1810 wurde das Nonnenkloster Gehrden aufgehoben, „weil die Zahl der Nonnenklöster in unserem Königreich unverhältnismäßig groß ist", in Wirklichkeit, weil die Staatskasse leer war. Die Klostergebäude, Ländereien und Zehnten wurden zum Verkauf ausgeschrieben.

Es gab zwei Konkurrenten: Einmal Caspar Heinrich von Sierstorpff, Bad Driburg, zum anderen Theodor Werner Graf von Bocholtz-Asseburg, der am Hofe Jérômes die Stellung eines Präsidenten der Finanzsektion und Oberzeremonienmeisters bekleidete. Dieser war als Dompropst zu Paderborn in der Lage, am 1. November 1810 für 350.000 Franc die Klosteranlage und zugehörigen Ländereien zu erwerben. Das war das Ende der fast siebenhundertjährigen Geschichte des Benediktinerinnen-Klosters Gehrden. Graf Bocholtz ließ das in der Verlängerung der Kirche liegende Konventsgebäude und die beiden Querhäuser (Kapitelhaus und Refektorium) abbrechen. Der Baum- und Klostergarten wurde zum Park umgestaltet.

Der Gründer des Driburger Bades, Caspar Heinrich von Sierstorpff, erwarb 1826 dann doch das ehemalige Klostergut. Es blieb bis 1933 in Besitz der gräflichen Familie. Dann wechselten die Besitzer. 1965 erwarb das Familienerholungswerk der Erzdiözese Paderborn die Gebäude.

1813 fiel nach der entscheidenden Niederlage Napoleons in der Völkerschlacht bei Leipzig Gehrden zum zweitenmal nach 1802 an Preußen.

Abseits der großen Verkehrswege lag in der Folgezeit das kleine Landstädtchen am Rande der allgemeinen Entwicklung. Erst 1923 hält die Elektrizität in Gehrden Einzug und 1926 erfolgt der Anschluß an die öffentliche, zentrale Wasserversorgung.

Nach dem Tilsiter Frieden von 1807 waren alle Schützengilden als „staatsgefährliche Vereine" aufgehoben worden. Die Schützenbrüder hatten ihre Waffen und Insignien abzu-

Pfarrkirche St. Peter und Paul, Blick auf den Hauptaltar (1682).

liefern. 1824 konnte die Gehrdener Schützenbruderschaft wieder gegründet werden. Sie ließ ein neues Kleinod anfertigen, das heute noch vom Schützenkönig getragen wird.

1955 wurde mit einer umfangreichen Sicherung der Pfarrkirche begonnen, die 1966 nach der farblichen Freilegung und Renovierung der gesamten Inneneinrichtung einschließlich der Altäre, des Orgelprospektes und des Orgelwerkes den Abschluß fand. Bei dieser umfangreichen Gesamtrenovierung der Orgel wurden die historische Disposition von 26 Registern Gesamtumfang auf zwei Manualen und einem Pedal wiederhergestellt und die pneumatischen Windladen durch Schleifladen ersetzt.

Die ersten Ferienhäuser - insgesamt 18 - wurden 1960 im Mittelholz, das als Feriendorfgebiet ausgewiesen wurde, errichtet. „Neu entdeckt" wurde Gehrden 1963 bei der Suche des Landes Nordrhein-Westfalen nach Gebieten für die Erholung. Ansatzpunkte waren der Reiz des Weserberglandes, die historische Bausubstanz als Brücke zur Vergangenheit und der Erlebniswert eines in sich geschlossenen Dorfes.

Der Bebauungsplan von 1966 wurde in dem ursprünglich

Hampenhausen, Hof Rohde.

vorgesehenen Umfang nicht realisiert. Auf Grund der verringerten Wachstumsmöglichkeiten und des wirtschaftlichen Wandels gab man den Gedanken einer Flächensanierung im Ortskern auf. Es blieb mehr alter Baubestand erhalten als vorgesehen war. Der Schwerpunkt verlagerte sich auf die Erneuerung von Einzelobjekten und den Bau eines Bürgerhauses im Jahre 1975. Im Rahmen des Wettbewerbes „Unser Dorf soll schöner werden" konnte Gehrden 1995 im Landeswettbewerb eine Silbermedaille erringen.

Vom 13. bis 21. Juni 1992 fanden die Feierlichkeiten zum Jubiläum von Kloster, Kirche und Kommune unter der Überschrift „868*1142*1992 Gehrden" statt. Am 14. August 1994 erklang wieder das neunstimmige, als historisch wertvoll eingestufte und eines der wenigen vollständig erhaltenen Klostergeläute in Westdeutschland nach etwa zweijähriger Renovierung und Restaurierung.

Der vom Angelsportverein Gehrden angelegte und am 20. August 1994 eröffnete Gewässerlehrpfad gibt einen Einblick in die Vielfalt der Natur in und an heimischen Fluß- und Bachläufen. Neben den in Öse und Nethe -sowie in den benachbarten Teichen und Flüssen- vorkommenden Fischarten zeigen die Schautafeln auch Abbildungen der hier beheimateten Vogelarten, Pflanzen und Kleinlebewesen mit entsprechenden Erläuterungen. Der Lehrpfad fand nicht nur in der Fachwelt großen Anklang, Beachtung und Anerkennung.

Winfried Wächter

Hampenhausen

Hampenhausen ist eines der kleinsten Dörfer in Ostwestfalen. Das Dorf liegt am Rande des Eggegebirges im Weserbergland. Es ist eines der wenigen Dörfer im hiesigen Raum, deren ursprüngliche Form sich bis heute größtenteils erhalten hat. In Hampenhausen leben heute, im Jahre 1996, elf Familien, von denen zehn in der Landwirtschaft tätig sind. Die Schwerpunkte dieser Betriebe, die eine landwirtschaftliche Nutzfläche zwischen 35 und 80 ha bewirtschaften, liegen in der Schweinezucht bzw. -mast und im Ackerbau. Das Dorf ist geprägt von alten Fachwerkhäusern sowie einem alten Baumbestand inmitten des Ortes. Den Mittelpunkt bilden der Dorfteich sowie eine angrenzende freie Fläche, auf dem die Kinder ihren Spielplatz haben. Die drei Ortschaften Frohnhausen, Auenhausen und Hampenhausen bilden zusammen eine Kirchengemeinde. Genannt werden diese Orte zusammen die Heggegemeinden.

Hampenhausen, Hof Welling.

Hampenhausen war bis zur kommunalen Neugliederung 1975 eine eigenständige Gemeinde, die zum Amt Dringenberg gehörte. Erstmalig erwähnt wurde Hampenhausen im Jahre 850 in den Corveyer Annalen. Damals gehörte der Ort zum Kloster Gehrden. Bis zum 18. Jahrhundert mußten die hiesigen Bauern ihren Zehnten dort abliefern. Bis in die fünfziger Jahre dieses Jahrhunderts gab es sogar noch eine kleine Schule im Ort.

Rainer Hartmann, Ortsheimatpfleger

Hembsen

Die Gemeinde Hembsen ist am linken Ufer der Nethe gelegen. Waldreiche Höhenzüge sind der Imberg im Nordosten, der Uhlenberg mit dem Brakeler Berg im Norden sowie im Südwesten das Ostheimer Feld mit dem anschließenden Ortberg in Richtung Erkeln. Im Hintergrund des Nethetales schließt sich dann der Höhenzug mit der sog. „Bellerburg" bis zum Nachbarort Bruchhausen an. Der kleine Bach „canrode" zwischen Hembsen und Ottbergen gelegen, bildet die Grenze zwischen dem alten Paderborner und dem Corveyer Lande. Die Ortsbezeichnung Hembsen gibt es erst seit dem 16. Jahrhundert. Es wird als „Hemmedesun" 800 n. Chr. zum ersten Mal genannt. Weitere Namen: Hemmedessen, Hemmedisson, Hemmedasson, Hemmedissen, Hemmedeshusen. Das Gemeindewappen zeigt „in goldenem Felde einen herschauenden schwarzen Widderkopf". Es handelt sich um das Wappen der früher hier ansässigen, aber schon im 15. Jahrhundert ausgestorbenen Familie „von Hemedissen". In Hembsen besteht ein reges Vereinsleben: Der älteste und größte Verein ist die Schützengesellschaft von 1590, gefolgt vom Handwerkerverein, gegründet 1894, und der Freiwilligen Feuerwehr von 1900. Es folgen der Turn- und Sportverein 1913, die Katholische Frauengemeinschaft, die Kolpingfamilie, die Modellfluggemeinschaft, der Tennisclub „Nethegau", die Reservistenkameradschaft, die Kapelle der Freiwilligen Feuerwehr und der Feuerwehr-Spielmannszug.

Im Jahr 1295 wird erstmals ein Pastor in Hembsen aufge-

Hembsen

führt. Ab 1683 hielten die Kapuziner von Brakel sonntags Meßdienst in Hembsen. Die heutige Kirche wurde 1838 nach zehnjähriger Bauzeit fertiggestellt. 1897 wurde Hembsen selbständige Pfarrei. Von 1803 bis 1859 hat ein tüchtiger Normallehrer namens Josef Rosche die hiesige Schulstelle verwaltet. Ab 1879 gab es laut Chronik eine zweiklassige Schule. Die bisherige Schule wurde sehr reparaturbedürftig, somit wurde der Neubau einer größeren Schule geplant. 1911/12 war der Neubau der Volksschule Hembsen vollendet. Das Gebäude galt seinerzeit als das modernste und schönste Schulhaus im Kreise Höxter. Im Jahre 1965 wurde durch die neue Gebietsaufteilung des Schulwesens in Hembsen eine neue Schule als vierklassige Grundschule für die Orte Hembsen, Beller und Erkeln eingeführt.

Joseph Potthast, Ortsheimatpfleger

Istrup

Istrup liegt an der B 64 zwischen Brakel und Bad Driburg im schönen Aatal. Die Aa entspringt bei Alhausen und mündet kurz vor Brakel in die Nethe (ca. 15 km). Vor Istrup wird die Aa aufgestaut, um einen Großteil des Wassers durch den Mühlengraben zur Bäckerei und Mühle von Istrup zu leiten, dort wird es noch heute zur Stromerzeugung genutzt. Ca. 500 m hinter dem Damm mündet der Escherbach, der sich vom Escherberg seinen ca. 4 km langen Weg ins Aatal bahnt, in die Aa.

Istrup wird zum ersten Mal urkundlich erwähnt im Zusammenhang mit einem Streit um das Kloster Gehrden. Es handelt sich dabei um die Herren Fridrich und Regebodo von Histincthorp. Auch im Zusammenhang mit Bruningus de Histincthorp, dessen zwei Töchter als Nonnen ins Kloster Gehrden eintraten, erscheint die Jahreszahl 1158 auf einer Urkunde. Und weiter heißt es, daß um 1190 ein Anton von Istincthorp eine eingetauschte Hufe (meist 30 Morgen Land) dem Kloster Gehrden vermacht. 1190 tritt ein Pfarrer Thitmar zu Istincthorpe in einer Urkunde auf. Die Pfarrei Istrup muß also schon früh gegründet worden sein. Sie gehörte zum Bezirk Iburg und unterstand dem Domkämmerer zu Paderborn als Archidiakon. Das Besetzungsrecht der Pfarrstelle übte die Äbtissin des Stiftes Heerse (Neuenheerse) aus. In der ältesten Zeit war die Zahl der Ortschaften, die zur Pfarrei Istrup gehörten, bedeutend größer als heute, wo nur noch Herste und Schmechten dazugehören. Außer diesen beiden Gemeinden waren um 1230 noch nach Istrup eingepfarrt: Benhusen, Jaddenhusen, Escherde, Brokhusen, Osterhusen, Holthusen und Eckhusen, Sassen und Dalleshem, die im späteren Mittelalter wüst wurden.

Istrup

Die Pfarrkirche St. Bartholomäus in Istrup wurde 1696/97 gebaut.

Istrup war ab dem 12. Jahrhundert der Sitz eines Rittergeschlechts, das bis Ende des 15. Jahrhunderts fortbestand. Vom Siegel der Herren von Ystorp leitet sich das heutige Istruper Wappen ab (drei Rosen).

Die Schreibweise der Ortschaft änderte sich wie die des Rittergeschlechts mehrfach: Histincthorp (1158), Istinctthorp (1190), Ystinctorp (1231), Istendorpe (1251), Ystendorp (1252), Isentdorpe, Yssentorp, Isentorp und Istorp, das dem heutigen Ortsnamen Istrup dann schon sehr ähnlich war. Die heutige Pfarrkirche, die dem hl. Apostel Bartholomäus geweiht ist, stammt aus den Jahren 1696/1697. Die Inventargegenstände sind im Barockstil gehalten und zum Teil erneuert. Eine besondere Kostbarkeit in der Kirche ist die Madonna im Sternenkreuz. Anna Maria Hatteisen, Mutter jenes Geistlichen, der die Kirche erbauen ließ, stiftete sie im Jahre 1709. Ein künstlerisch wertvolles Gitter trennt die Taufkapelle vom Kirchenschiff. Nach verschiedenen Veränderungen wurde die Kirche 1966–1970 komplett renoviert. Als Krönung der Renovierung gilt das neue Hochaltarbild, das die Gottesmutter mit dem Jesuskind, der teuflischen Schlange den Kopf zertretend, darstellt. Das um 1700 entstandene Bild stammt aus der Gegend von Bingen und befand sich zuletzt im Wallraf-Richartz-Museum in Köln.

Der Rustenhof 1 km östlich von Istrup besteht schon seit 1372. Die nahegelegene Bartholomäuskapelle wurde zur hl. Messe benutzt. Anläßlich der Bartholomäus-Feier fand jährlich eine feierliche Prozession zur Bartholomäuskapelle statt. 1722 ließen die Eheleute Ernst Constantin von Asseburg und seine Frau Lucia Odila von Wolff-Metternich die Kapelle bauen. Sie stammt von dem berühmten westfälischen Baumeister Johann Conrad Schlaun. Der jetzige Eigentümer (seit 1931) Freiherr von und zur Mühlen (Merlsheim) ließ die Kapelle 1987 renovieren.

1862 begann der Bau der Eisenbahn durch Istrup. Am 1. Oktober 1864 wurde die Eisenbahnstrecke Altenbeken - Holzminden eröffnet. Mit dem Bau der jetzigen Bundesstraße durch Istrup wurde 1864 begonnen. Diese B 64 wurde im Oktober 1994, also nach genau 130 Jahren, durch die Eröffnung des Teilabschnittes der neuen B 64, die nicht mehr direkt durch den Ort führt, entlastet.

1976/77 wurde ein Bürgerhaus in Eigenleistung der Dorfbevölkerung errichtet. Im Bürgerhaus sind auch eine Kegelbahn und der neue Feuerwehrgeräteraum untergebracht. Nun haben die Istruper Vereine genügend Räumlichkeiten für ihre Festlichkeiten, Übungsabende und Versammlungen zur Verfügung.

Andreas Böddeker, Ortsheimatpfleger

Rheder

Rheder liegt ungefähr im geographischen Mittelpunkt des heutigen Kreises Höxter. Im engen Tal der Nethe, eines Zuflusses der Weser, von bewaldeten Berghöhen begrenzt, durchschneidet die heutige B 252 von Lippe kommend als „Ostwestfalenstraße" das kleine Dorf und verbindet die nördliche Region Westfalen-Lippes mit den nach Süden und Westen führenden Autobahnanschlüssen im Süden des Kreisgebietes. Rheder liegt 145 m über dem Meeresspiegel, die höchsten Erhebungen in seiner Gemarkung erreichen etwa 250 m. Geologisch gesehen gehört Rheder zur „Brakeler Muschelkalkschwelle" oder auch zum „Brakeler Bergland".

Bronzezeitliche Grabhügel rund um Rheder zeugen von einer frühen Besiedlung. Spuren einer vorchristlichen Siedlung wurden 1980 entdeckt, u. a. Reste einer sog. „Grubenhütte". Anhand zahlreicher Fundstücke lassen sie sich ziemlich sicher in die Eisenzeit etwa 100 v. Chr., in die sog. „La-Tène-Zeit" datieren.

Die Paderborner Fürstbischöfe und das adelige Damenstift Heerse teilten sich den Lehnsbesitz in Rheder. Lehnsträger waren die Herren von Brakel, die Edelherren von Schöneberg, später die Landgrafen von Hessen sowie die Benediktinerinnenklöster Gehrden und Willebadessen.

Ab 1400 werden die von Mengersen, deren ursprünglicher Wohnsitz in einer Ortschaft gleichen Namens (vielleicht auch „Mengersheim") zwischen Frohnhausen und der Hegge lag (eine Flurbezeichnung erinnert noch heute an den wüst gewordenen Ort), nach und nach mit Gütern zu Rheder belehnt und erhalten schon bald das Bauer- und Untergericht sowie das Pfandrecht. Sie legten hoch über dem Nethetal einen Burgsitz an, die Flurbezeichnung „Borg" erinnert noch heute an die Frühzeit der Ortsgeschichte.

Hermann IV. von Mengersen, der auch als Begründer der Mengersenschen Hauptlinie zu Rheder gilt, stiftet einen Altar in der Kapelle zu Reder und leitet somit die Loslösung von der Mutterpfarrei Brakel ein. Die Gründung der Kapelle, die der Heiligen Jungfrau, der hl. Catharina und den zehntausend Märtyrerinnen geweiht wird, fällt in das Jahr 1434. Erst 1598 hält die Reformation in Rheder Einzug, im sog. „Agendestreit" gegen Fürstbischof Dietrich von Fürstenberg nahm Cord von Mengersen eine führende Stellung ein. Doch schon zwei Generationen später kehrt Christian Falko von Mengersen, der von den Jesuiten in Paderborn erzogen worden war, zum katholischen Glauben zurück. Der Dreißigjährige Krieg beschert dem Ort beinahe den Untergang. Unersättliche Kontributionsforderungen haben Not und Armut zur Folge. Die weithin bekannte Sage vom „Trompetersprung" und damit verbundene Geschichten aus dem Volksmund geben noch

Blick vom Kirchturm auf das Dorf Rheder in südlicher Richtung. Rechts die Burg.

Ländliche Idylle bei Rheder mit Blick auf St. Katharina im Nethetal.

heute ein beredtes Zeugnis von den Greueltaten der Kriegsleute. Wahrscheinlich 1646 wird Rheder gebrandschatzt, der Burgsitz geschleift. Im Jahre 1625, so gab der verschollene „Schützenbrief" Auskunft, veranlaßt Bodo Burchard von Mengersen die Aufstellung einer Schützengilde zur Abwehr der sich häufenden Übergriffe auf Hab und Gut der Einwohner und seines Besitzes.

Im Jahre 1686 kommt es nach jahrelangen Streitigkeiten zwischen Christian Falko von Mengersen und den Einwohnern Rheders durch Vermittlung fürstbischöflicher Beamter zu einem Kompromiß um das Recht des Bierbrauens. Die „Kruggerechtigkeit" wird dem Gutsherrn zugesprochen, der 2. Juli 1686 gilt seither als offizielles Gründungsdatum der Brauerei Rheder, des auch heute noch einzigen Wirtschaftsbetriebes des Ortes. Burchard Bruno von Mengersen und seine Ehefrau Maria Theresia von Hörde zu Eringerfeld beauftragen im Jahre 1714 die Münsteraner Architekten Gottfried Laurenz Pictorius und Lambert Friedrich Corfey mit der Planung eines neuen Familiensitzes. Wenigstens die Vorburg wird 1716 nach verändertem Plan von G. L. Pictorius unter der Bauleitung von Johann Conrad Schlaun realisiert. Burchard Bruno von Mengersen, Erster Minister am fürstbischöflichen Hof, erweist sich zunehmend als Förderer des

338   Kreis Höxter

Hochaltar in der
1718 fertiggestellten
Pfarrkirche
St. Katharina,
in Rheder.

Schloß in Rheder.

jungen Schlaun, er ist Motor und Finanzier des Kapuzinerkirchenbaus in Brakel und holt parallel zum Projekt in Brakel Schlaun nach Rheder, damit seine Kirchenstiftung durch Schlauns Einstieg in vollendeter Form fertiggestellt werde. Der architektonische Entwurf des Baukörpers geht nach kunstwissenschaftlicher Analyse eher auf Gottfried Laurenz Pictorius zurück und ist nicht, wie bislang stets angenommen, von J. C. Schlaun. Das Portal der Pfarrkirche wie auch die gesamte Innenausstattung, vornehmlich der faszinierende Hochaltar, sind hingegen auf Entwürfe Schlauns zurückzuführen. 1750 wird durch Franz Josef von Mengersen und seine Gemahlin Sophie Antoinette das Schloß errichtet. Sie sind auch die Stifter der Königskette für die St. Michaels-Schützengilde im gleichen Jahr. Friedrich Wilhelm Bruno von Mengersen tritt 1800 das Erbe in Rheder an und wird 1814 vom Preußenkönig Friedrich Wilhelm III. aufgrund seiner Verdienste in den Freiheitskriegen in den Grafenstand erhoben. Er ist auch der Stifter der ersten Schützenfahne, die in der Schloßkapelle aufbewahrt wird (1820). Sein ältester Sohn, Graf Joseph Bruno, war der letzte Mengersen auf Rheder. Als „Dichtergraf des Nethegaus" bekannt geworden, trat er mit Romanen und Epen sowie Gedichtsammlungen hervor.

Der Schöngeist und Philosoph gilt auch als Schöpfer des Schloßparks, an den sich das 10 ha große Naturschutzgebiet „Sieseberg" anschließt. Die typische Flora des Muschelkalkbodens, wie Bärlauch und Perlgras, Buchenbestände sowie Auen-Flora sind hier anzutreffen. Große Ausdehnungen des Märzbechers sowie Orchideenvorkommen erfreuen den Naturschützer. Der Wollige Hahnenfuß, die Quirlige Weißwurz, der Echte Steinsame zählen zu den weiteren vorkommenden Raritäten. Auch die Fauna im Nethetal ist recht artenreich: Nicht nur die Wasseramsel, sondern auch der Eisvogel sind hier noch heimisch, ja selbst der Schwarzstorch wurde als Gast wiederholt gesehen.

Die Agrarstruktur hat sich in den letzten Jahrzehnten auch in Rheder grundlegend verändert. Nur noch drei landwirtschaftliche Betriebe bemühen sich, durch Schwerpunktbildung in der Produktion ihren Familienbetrieb aufrechtzuerhalten.

Die Gräfl. v. Mengersen'sche Dampfbrauerei sowie das Rittergut Rheder stellen heute insgesamt etwa 25 Erwerbstätigen einen Arbeitsplatz zur Verfügung.

Kulturell macht Rheder auf sich aufmerksam durch die alljährlichen Schloßkonzerte, durch das im Schloßpark stattfindende Reitturnier des Reitervereins „Nethegau" Brakel sowie durch das Schützenfest der St. Michael-Schützenbruderschaft.

Johannes Bröker, Ortsheimatpfleger

Riesel

Bischof Unwan von Paderborn übertrug im 10. Jahrhundert elf Zehntrechte dem Kloster Herisi (Neuenheerse). Unter diesen elf war auch die Villa (Dorf) Hrisal. Diese Urkunde wird auf das Jahr 920 geschätzt. Es ist bis heute die erste urkundliche Erwähnung von Riesel. Doch da um 920 Hrisal schon abgabenpflichtig war und somit ein Dorf aus mehreren Bauernhöfen gewesen sein muß, dürfte es wesentlich älter sein. Von einigen Chronisten wird seine Entstehung auf 400–500 n. Chr. datiert.

Interessant ist auch der Wandel der Schreibweise des Ortsnamens. Die älteste Überlieferung ist „Hrisal". Im Jahre 1130 schrieb man „Risele", später „Rysele", „Rysel", „Rysell". Auf einer Landkarte von 1622 erscheint die bis heute erhaltene Bezeichnung „Riesel". Die Einwohnerzahl in Riesel betrug im Jahre 1831 bereits 427 Personen.

Um das Jahr 1387 wurde in Riesel eine Kapelle gebaut. Dies geht aus einer Urkunde des Grafen Hermann von Everstein vom 13. Juli 1387 hervor, der zum Bau einer Kapelle zu Rysele eine Kottstätte stiftete. Im Jahr 1450 wurde die Kapelle durch den Anbau eines Chores erweitert und eine selbständige Seelsorgestelle errichtet. 1923 wurde der große Kirchturm errichtet. 1900 bis 1905 wurde die Kirche erheblich erweitert. Die heutige Orgel wurde 1975 eingebaut.

Am Rande des Triftholzes, Auf der Trift, ist im Jahr 1739 von Johannes Crux und Eva-Gertrud Becker die Kapelle erbaut worden. Dies geht auch aus der Inschrift über der Tür

Riesel

hervor, die aus dem Lateinischen übersetzt lautet: „Dieses Heiligtum weihen dir, oh Jungfrau, die unten genannten. Sei ihnen eine wohlwollende Königin und Helferin. Johannes Crux, Bürgermeister in Brakel und Eva-Gertrud Becker aus Dringenberg, Eheleute."

Die Kapelle wurde der Heimsuchung Marien geweiht. Schon kurz nach dem Bau wurde es Sitte, daß die Prozession am Feste Maria-Heimsuchung zur Kapelle zog. Diese Prozession muß jedoch schon früher bestanden haben, denn schon im Jahre 1738 bat die Gemeinde Riesel in einer Bittschrift beim Generalvikariat darum, die Prozession auf Maria-Heimsuchung als theophorische (gottragende) Prozession abhalten zu dürfen. Nach Aufhebung des Kapuzinerklosters in Brakel um 1840 kam der jetzige Altar in die Kapelle. Dieser Altar wurde 1734 aus Alabaster im Barockstil gefertigt und ist heute eine besondere Sehenswürdigkeit.

In frühester Zeit wurden die Rieseler Kinder in der Pfarrschule in Brakel unterrichtet. In späteren Jahren hat der Brakeler Geistliche, der in Riesel den Gottesdienst hielt, die Kinder im Dorf unterrichtet. In der Zeit, als die Städte begannen, eigene Schulen zu errichten, haben auch die Dörfer ihre eigenen Schulmeister erhalten, die jedoch oftmals keine spezifische Ausbildung hatten. Als der Unterricht beständiger wurde, wurden in der Regel neben den Kirchen Schulgebäude errichtet. So auch in Riesel. 1828 und 1909 erhielt das Dorf neue Schulgebäude. Aus den Schulchroniken lassen sich die Namen der Lehrer in Riesel bis zu dem Jahr 1687 zurückverfolgen. 1567 riet der Bischof als Landesherr den größeren Städten, anstelle der Bürgerwehren Schützenbruderschaften zu gründen. So bildete Brakel im Jahr 1567 eine solche Schützenbruderschaft. Wann die erste Schützengesellschaft in Riesel gegründet worden ist, ist nicht nachzuvollziehen. Die ältesten noch vorhandenen Statuten datieren vom 27. Mai 1746. Aus diesen Statuten geht hervor, daß es sich nicht um die ersten Statuten dieser Art handelt, denn sie wurden nur neu gefaßt. Deshalb muß angenommen werden, daß die Schützengesellschaft in Riesel schon viel früher entstanden ist. 1947 trat sie dem Bund der historischen deutschen Schützenbruderschaften bei.

Die politische Selbständigkeit des Dorfes Riesel wurde mit den Neugliederungsbeschlüssen der Jahre 1968–1970 aufgegeben. Riesel ist seit 1970 ein Stadtteil der Großgemeinde Brakel. Auch wurde der eigene Schulbetrieb 1968 aufgegeben. Riesel gehört ab 1968 zum Schulverband Brakel. Alle Kinder werden mit Schulbussen zu den einzelnen Schulen in Brakel gefahren.

Neben der Schützenbruderschaft gibt es in Riesel noch nachgenannte Vereine: Männergesangverein St. Georg - gegründet 1897, Turnverein Riesel - gegründet 1912, Sportverein Aa und Nethetal Rheder-Riesel - gegründet 1975, Spielmannszug Riesel - gegründet 1923, Eggegebirgsverein, Abteilung Riesel - gegründet 1990.

Bis 1977 gab es in Riesel noch eine selbständige Pfarrgemeinde. Seit 1977 wird die Pfarrgemeinde seelsorgerisch von Brakel aus versorgt. Das bestehende Schulgebäude wurde in den Jahren 1990 und 1991 umgebaut und von der Erdgeschoßnutzung her in das neu errichtete Dorfgemeinschaftshaus integriert. Gleichzeitig wurde in Riesel in diesen Jahren ein Kindergarten gebaut und in Betrieb genommen.

Hans-Ingolf Nüsse, Ortsheimatpfleger

Schmechten

Seit der Gebietsreform im Jahre 1970 ist Schmechten ein Ortsteil der Stadt Brakel. Es liegt am Ostrand des Eggegebirges. Die Landschaft um Schmechten ist geprägt von kleinen Hügeln; der Ort selbst liegt in einer Tallage mit Höhen von 210 m bis 260 m ü. NN. Die Mittelzentren Brakel und Bad Driburg, die vorwiegend zum Schul- und Arztbesuch und zum Einkaufen angefahren werden, sind etwa 10 km von Schmechten entfernt. Die Stadt Paderborn und die Stadt Höxter sind etwa 30 km entfernt. Durch den Neubau der Bundesstraße 64 erhält Schmechten mit einer eigenen Ab- und Auffahrt schnellen Anschluß an die genannten Ober- und Mittelzentren. Der PKW ist das wichtigste Verkehrsmittel, da die Bahnhöfe in Brakel und Bad Driburg ca. 10 km entfernt und die Zugverbindungen schlecht sind.

Ein großer Teil der Schmechtener Bevölkerung ist wie eh und je in der Landwirtschaft beschäftigt. Neben ca. 15 Betrieben des Vollerwerbs existieren eine Reihe von Nebenerwerbsbetrieben, so daß die Landwirtschaft immer noch eine zentrale Rolle als Wirtschaftsfaktor im Dorf einnimmt. Der Rest der Arbeitnehmer fährt als Pendler in die Orte der näheren und weiteren Umgebung zur Arbeit. Die in früheren Jahren bestehenden Handwerksbetriebe sind fast vollständig aufgegeben worden.

Schulen und Kindergarten befinden sich im Nachbarort Gehrden bzw. als weiterführende Schulen in den Städten Brakel und Bad Driburg. Im Jahre 1968 wurde die Schmechtener Schule geschlossen, die dann über viele Jahre als Tagesstätte der Lebenshilfe für geistig Behinderte genutzt wurde. Heute ist der untere Bereich ein Teil der „Metbrunnen-Halle", die Anfang der 90er Jahre angebaut wurde und heute den Mittelpunkt des dörflichen Vereinslebens darstellt. Die Halle wurde

Schmechten

mit Geldspenden und Eigenleistung der Schmechtener Bevölkerung und einem Zuschuß der Stadt Brakel und des Kreises Höxter gebaut. Sie wird heute mit ihren kleinen und großen Räumlichkeiten für Festlichkeiten aller Art genutzt. Größter Verein wie eh und je ist die St. Sebastian-Schützenbruderschaft, die jungen Leute sind Mitglieder der Freiwilligen Feuerwehr und der Landjugend, die Frauen in der Frauen- und Müttergemeinschaft.

Kirchlich bildet Schmechten eine Pfarrei zusammen mit Herste und Istrup, seelsorgerisch wird Schmechten zur Zeit aus Herste mitbetreut. Die jetzige Kreuzkirche stammt aus dem Jahre 1908. Diese wurde erbaut, da die alte romanische Kapelle aus dem Jahre 1000 beim vorgesehenen Umbau einstürzte und nicht mehr erhalten werden konnte. An ihrer Stelle befindet sich die heutige Kreuzkirche. Diese und die nahegelegene „Metbrunnen-Halle" bilden heute wie früher das Zentrum des Dorfes.

Der Ort wird erstmalig erwähnt auf der Provinzialsynode zu Worms im Jahre 868. Die Kaiserurkunde ist heute als Nachbildung in der „Metbrunnen-Halle" aufgehängt. Aus den alten Namen „Smathie" oder „Smathium" hat sich der heutige Ortsname entwickelt. Eng verbunden war Schmechten immer mit dem Stift Neuenheerse, dem man zur Abgabe des Zehnten verpflichtet war. Besonders vom Siebenjährigen Krieg wurde Schmechten hart getroffen. Auf den Durchmärschen der Franzosen wurde geplündert und geraubt, so daß, wie die Chronik berichtet, am Ende des Krieges nur noch ein Pferd und eine Kuh in Schmechten vorhanden waren.

Eine wichtige Bedeutung hatte seit jeher der Schmechtener Metbrunnen, an der Straße nach Herste gelegen. Dieser wurde schon von dem Araber Tartuschi im Jahre 973 als Heilquelle benutzt. Seine Blütezeit erlebte er unter dem Fürstbischof Ferdinand von Fürstenberg (1661–1683). Er weilte oft auf seiner Sommerresidenz in Dringenberg und besuchte täglich den Schmechtener Metbrunnen und ließ ein Badehaus errichten. Heute hat der Metbrunnen durch den Kurort Bad Driburg viel von seiner einstigen Bedeutung verloren. Er dient heute als Ort des Verweilens, wobei besonders in den Sommermonaten sein Wasser von vielen getrunken und auch mitgenommen wird.

Rainer Krelaus, Ortsheimatpfleger

"Golddorf" Siddessen, gelegen im Herzen des Nethegaues.

Siddessen

Siddessen liegt im Herzen des Nethegaues, jener von Friedrich Wilhelm Weber so herrlich besungenen Flußlandschaft zwischen Egge und Weser. Eingebettet in den von Öse und Nethe an ihrem Zusammenfluß gebildeten „schönsten Wiesengrund", bieten anmutige Hänge ringsum, auf denen Felder und Wälder reizvoll wechseln, einen ansprechenden landschaftlichen Rahmen. Wer auf der Ostwestfalenstraße durch den Ort fährt, berührt ihn nur am Rande, doch hat er den Blick frei auf seinen baulichen Mittelpunkt: ein Barockportal mit einer neugotischen Kirche. Das von der Natur reich gesegnete Dorf, in dem noch viele blumengeschmückte Fachwerkhäuser zu sehen sind, hat auch auf dem Gebiete der Kunst etwas zu bieten. Das erwähnte Portal, eine Stiftung des Fürstbischofs Ferdinand von Fürstenberg aus dem Jahre 1668, ist der Rest der ehemaligen Dorfkapelle. Dieses schöne Portal ist das älteste erhaltene Bauwerk der Gemeinde und als Eingang zum Kirchplatz Mitte und Zierde des Dorfes. Oben prangt das Wappen des Erbauers, der durch eine lateinische Inschrift darunter mitteilen läßt, daß er diese Kapelle der hl. Agatha geweiht und zur Vertiefung des Glaubens der Umwohner errichtet habe.

Baumeister der Kirche war Franz Mündelein, Schüler und Mitarbeiter des Diözesanbaumeisters Professor Güldenpfennig. Die Innenausstattung ist ebenfalls neugotisch und harmoniert gut mit der Architektur. Besonderen Hinweis verdienen zwei Eichenholzreliefs, welche die Weihnachts- und Emmausszene darstellen. Sie sind eine französische Arbeit, die 1937 von Pastor August Sommer aus dem Privatbesitz eines Warburger Bürgers erworben wurde. Der damalige Pfarrer wollte damit der Gemeinde seinen Dank abstatten. Sie hatte nämlich durch unerschrockenes Handeln in den Jahren 1936

Das Barockportal vor der neugotischen Kirche St. Agatha in Siddessen ist eine Stiftung des Fürstbischofs Ferdinand von Fürstenberg aus dem Jahre 1668.

und 1937 nach achtmonatiger Haft dessen Befreiung aus dem Nazigefängnis erreicht.

In der Feldflur, die Siddessen umgibt, künden viele Kreuze von Frömmigkeit und Gottvertrauen der früheren Generationen. Am Nord- und am Südwestausgang des Dorfes stehen je ein Bildstock, von denen der eine aus dem Jahre 1723 die hl. Apollonia und der andere aus dem Jahre 1750 den hl. Antonius aus Ägypten darstellen. Seit kurzem weiß man, daß der Bildstock der hl. Apollonia ein Werk des Christophel Papen aus Giershagen ist. Beide sogenannten Heiligenpöstchen sind vom Kloster Gehrden errichtet worden. Dieses hatte das Zehntrecht und die niedere Gerichtsbarkeit in Siddessen, wo die Bauernhöfe Meierhöfe des Klosters waren.

Das einst von der Landwirtschaft geprägte Dorf hat nur noch wenige bäuerliche Betriebe. Viele Menschen haben heute einen Arbeitsplatz in den umliegenden Städten.

Jahrhundertelang war Siddessen, das 1015 erstmals urkundlich erwähnt wurde, politisch und religiös mit Kirche und Kloster in Gehrden verbunden. Mit dem Bau der eigenen Kirche 1908 fanden die Wege bei Wind und Wetter nach Gehrden ein Ende. Hingegen ist heute das Dorf ohne Schule. Viel Eigeninitiative, darunter die gemeinschaftlich errichtete Ösehalle, zur Erhaltung und Ausgestaltung des Ortsbildes und zur Bewahrung des kulturellen Erbes führten zur Stärkung dörflicher Identität und schließlich 1991 zur Goldmedaille auf Landesebene im Wettbewerb „Unser Dorf soll schöner werden".

Herbert Dohmann, Ortsheimatpfleger

Alte Bogenbrücke über die Nethe in Siddessen.

Der „Wasserhof" in Siddessen.

Höxter

Fläche	157,87 qkm	Einwohner (1996)	32.853
Einwohner in den Ortsteilen:			
Albaxen	1.820	Höxter	14.788
Bödexen	989	Lüchtringen	3.427
Bosseborn	657	Lütmarsen	904
Brenkhausen	1.459	Ottbergen	1.867
Bruchhausen	751	Ovenhausen	1.233
Fürstenau	1.331	Stahle	2.599
Godelheim	1.028		

Die Kreisstadt

Unter den Städten an der Oberweser kann Höxter auf die älteste Geschichte zurückblicken. Diese steht in engem Zusammenhang mit der Geschichte der im Jahre 822 von Kaiser Ludwig dem Frommen gegründeten Benediktinerabtei Corvey, die ein Jahr später die „villa" und die „marca Huxori", das heutige Höxter und seine Umgebung, von ihm zum Geschenk erhielt. Seitdem gehören Höxter und Corvey so eng zusammen, daß man trotz mancher Gegensätze getrost von einer Einheit sprechen kann. Ihre gegenseitige Abhängigkeit spiegelt sich in der wirtschaftlichen Entwicklung Höxters wider.

Wenn auch erste Spuren einer kontinuierlichen Besiedlung nach neueren archäologischen Funden bereits in das 6. Jahrhundert n. Chr. zu datieren sind, so hat sich diese Siedlung doch erst in Verbindung mit der Geschichte des glanzvollen Corvey zu einer Stadt entwickeln können. Freilich hat dazu in

Kreisstadt Höxter
mit Weserbogen.

Höxter

nicht geringem Maße ihre günstige Lage beigetragen. Hier überquerte nämlich eine von Westen nach Osten schon in frühgeschichtlicher Zeit führende Handelsstraße, der sogenannte Hellweg in seiner östlichen Fortsetzung, die schiffbare Weser. Er traf hier auf eine zweite Hauptstraße, die Bremer Straße, die Kassel und Bremen verband und Beverungen, Bad Pyrmont und Rinteln berührte. In Beverungen mündete der aus dem Waldeckschen kommende „Eiserweg". Damit waren wertvolle Voraussetzungen für die Entwicklung wirtschaftlichen Lebens gegeben.

Bereits im Jahre 836 wird für Höxter, das nach neueren Ausgrabungen bereits um 800 herum eine eigene Kirche besaß, ein Weserübergang (Fähre) bezeugt, nachdem Corvey schon drei Jahre vorher ein Markt- und ein Münzprivileg - letzteres als erstes seiner Art im rechtsrheinischen Deutschland - erhalten hatte.

Der Lokal- und der Fernverkehr, der schon bald nach der Gründung des Klosters lebhaft gewesen war, nahm noch erheblich zu, als Corvey nach der Überführung der Reliquien des hl. Vitus im Jahre 836 Wallfahrtsort dieses sächsischen Nationalheiligen wurde. Auch mag der Name der im 12. Jahrhundert erbauten ersten Nikolaikirche, der hl. Nikolaus ist bekanntlich der Schutzpatron der Seefahrer und Handelsleute,

Schloß Corvey, Eingang zum Schloß mit Brücke und Torpfeilern. Im Hintergrund der Bibliotheksturm. ▷

Corvey, Gesamtansicht von Nordwesten. Die ehemalige Benediktinerabtei „nova corbeia", Corvey an der Weser, ist nach dem französischen Mutterkloster Corbie benannt.

348 Kreis Höxter

Corvey, Front-
ansicht mit Weser-
dampfer, auf-
genommen von
der Sollingseite.

Westwerk der ehemaligen Corveyer Abteikirche St. Stephanus und Vitus.

Schloß Corvey, Nordansicht.

Schloß Corvey mit der Abteikirche St. Stephanus und Vitus in der Abenddämmerung. Die ehemalige gefürstete Reichsabtei war ein Grundpfeiler christlich abendländischer Kultur und zählt heute noch zu den bedeutendsten aller westfälischen Kunststätten.

auf Schiffahrt und Handel hinweisen. Freilich ist, wie schon angedeutet, die Bedeutung Höxters als wirtschaftliches Zentrum des Oberwesergebietes während der Blütezeit Corveys in den ersten drei Jahrhunderten nach seiner Gründung von dem Kloster sehr überschattet worden, gehörte doch Corvey neben St. Gallen, Reichenau, Fulda und Wehrden zu den bedeutendsten Benediktinerabteien des frühen Mittelalters und verfügte als Ausgangspunkt für die Christianisierung des Nordens auch über weitreichende Handelsbeziehungen.

Die Lage des im Jahre 833 überlieferten Marktes ist bisher ungeklärt. Das Kloster wird lediglich als Marktherr überliefert. Neuere archäologische Forschungen nähren Indizien, daß sich - wie erwähnt - ein frühes Handelszentrum am Hellwegübergang in Höxter befand.

Durch Urkunde des Abtes Erkembert von Corvey aus dem Jahre 1115 wurden die Abgaben der Fernhändler und Knochenhauer auf dem höxterschen Brückenmarkt festgesetzt. Seit dieser Zeit sind auch feste Verkaufsstände der Knochenhauer am Brückenmarkt überliefert. Der in der betreffenden Urkunde erwähnte Markt ist der bei der damals bereits bezeugten Weserbrücke liegende dreieckige Platz, der natürlich größer war als der heutige Platz vor dem Rathaus. Daneben dürfte es aber schon früher einen Markt gegeben haben, den sogenannten alten Markt, und zwar dort, wo sich die West-Ost-Straße mit der Nord-Süd-Straße kreuzte, also wahrscheinlich in Form einer Erweiterung der Bremer Straße. Zu Anfang der Regierungszeit Kaiser Friedrichs I. Barbarossa (1152–1190) erhielt Höxter durch diesen eine Bestätigung seines Befestigungsrechtes. Höxter war Münzstätte der Corveyer Äbte. Funde von Corveyer und Höxterschen Münzen, selbst in Skandinavien und Rußland, lassen auf ausgedehnte Handelsverbindungen des Klosters und der Stadt schließen.

Zu Anfang des 13. Jahrhunderts bekam Höxter auch ein eigenes Maßsystem, und die regelmäßige Abhaltung von Jahrmärkten ist seit etwa 1250 quellenmäßig zu verfolgen. Gewöhnlich dauerten die Märkte acht Tage. Ihre Verkaufszeit war beschränkt und mußte von den fremden Händlern und Handwerkern eingehalten werden. Klarheit gelangte in die rechtliche und damit auch in die wirtschaftliche Situation, als Höxter um die Mitte des 13. Jahrhunderts das Dortmunder Stadtrecht übernahm.

Aus dieser Zeit lassen sich auch bereits Gilden (Zünfte) belegen. So erhielten im Jahre 1276 die Höxterschen Wandschneider Gerechtsame und Gildebrief, vier Jahre später die Kürschner und Schmiede. Die Ratsordnung des Jahres 1314 kennt bereits sieben privilegierte Gilden, sogenannte freie Ämter: Kauf- oder Wandschneider, Kürschner, Wollenweber, Schuhmacher, Bäcker, Schmiede und Knochenhauer (Metzger).

Die heute noch in weiten Teilen erhaltene Stadtmauer entstand nach 1152 und war um das Jahr 1250 fertiggestellt. Bis

Erker an der Dechanei.

Kreuzgang der Abteikirche.

Abteikirche St. Stephanus und Vitus in Corvey.

Marktstraße mit Dechanei.

zur Mitte des 19. Jahrhunderts genügte der ummauerte Raum, der den für damalige Verhältnisse beträchtlichen Flächeninhalt von 42 ha hatte. Trotzdem hatte die Stadt damals ein stark landwirtschaftliches Gepräge. Die präurbane Siedlung Corvey wurde gegen Ende des 12. Jahrhunderts als Konkurrenz zu Höxter, das sich zu dieser Zeit vom Landesherren zu emanzipieren suchte, gegründet. Um 1200 bestehen mit Höxter und dem Suburbium Corvey zwei Städte in unmittelbarer Nachbarschaft. Diese, vor allem wirtschaftliche Dualität endet mit der Zerstörung des Suburbiums durch die Bürger von Höxter und den Bischof von Paderborn im Jahre 1265. Danach war die Stadt Höxter allein der Sitz von Handel und Handwerk und damit der Mittelpunkt eines Wirtschaftsgebietes, welches das Gebiet der Reichsabtei umfaßte, die im Laufe des 13. Jahrhunderts allmählich eine Landeshoheit als eigenes Fürstentum aufgebaut hatte. Von der Kunstfertigkeit der Handwerker zeugen noch heute viele Gebäude der Stadt. Sie fuhren mit ihren Schiffen nach Bremen, und umgekehrt legten Bremer Kaufleute in Höxter an.

Für die Mitte des 14. Jahrhunderts sind sieben Mühlen bezeugt, die sich der in der Stadt geschickt verteilten Wasserläufe bedienten. Diese Wasserläufe dienten aber auch dem Brauwesen. Es hatte sich bereits frühzeitig entwickelt, denn auch die Bauern mußten sich das Bier von den Bürgern aus der Stadt holen. Zum Brauen wurde nur der zugelassen, der ein eigenes Brauhaus hatte, das er wirklich bewohnte, und der das rückständige Brau- und Pfannengeld entrichtet hatte. Den zum Brauen erforderlichen Hopfen baute man in zahlreichen Hopfengärten um die Stadt herum an. Die Brauer selbst durften bis 1653 in ihren Häusern gegen Erstattung der Sellebierakzise das Bier verzapfen und verkaufen. Der Preis wurde durch das städtische Brauamt oder durch die landesherrliche Behörde, die auch die Brauordnung erließ (die erste stammt aus dem Jahre 1382), festgesetzt. Maßgebend bei der Festsetzung des Preises war naturgemäß auch die Beschaffenheit der Getränke. Von allen diesen Brauereien hat sich bis in die 60er Jahre dieses Jahrhunderts nur die Brauerei des Heinrich Krekeler erhalten, deren Bestehen sich bis in das Jahr 1576 zurückverfolgen läßt. Wegen der Bedeutung des Brauwesens für das ganze Fürstentum Corvey wandten ihm auch die Äbte ihre Aufmerksamkeit zu, indem sie die Belange von Stadt und Land auszugleichen suchten. Sie sorgten deshalb dafür, daß gute und preiswerte Getränke im Verkehr zwischen Stadt und Land in den Handel kamen, sicherten aber andererseits auch den Absatz, indem sie die Landbevölkerung von der Stadt abhängig machten.

Der Höhepunkt der wirtschaftlichen Entwicklung der Stadt liegt im hohen Mittelalter. Bereits im 13. Jahrhundert ist eine beginnende wirtschaftliche Rezession feststellbar, die durch die zurückgehende Bedeutung der Reichsabtei Corvey einerseits und eine Verlagerung von Fernhandelswegen andererseits bedingt ist. Die rückläufige Wirtschaftsentwicklung setzt sich, von kriegerischen Auseinandersetzungen beschleunigt, bis ins 19. Jahrhundert fort.

Nicht ohne Einfluß auf die Wirtschaftsentwicklung war das Verhältnis zwischen dem geistlichen Landesherrn und der Stadtverwaltung. Vor allem nahm mit dem Erstarken der Stadt auch ihr Wille zur Selbständigkeit zu. 1332 erhält die Stadt Höxter mit dem Sühnebrief des Fürstabtes Ruprecht von Tornburg eine weitgehende politische Autonomie vom Landesherren verbrieft, die erst 1674 mit der Eroberung der Stadt durch Christoph-Bernhard von Galen ein Ende findet.

Der verhältnismäßig frühe Einzug der Reformation (1533) und die dadurch ausgelösten Rekatholisierungsbestrebungen der Äbte führten zu sich verschärfenden Gegensätzen zwischen der Stadt und den Fürstäbten.

Eine wichtige wirtschaftliche Stütze stellte der Waldreichtum der Stadt dar; denn Höxter war dank der Förderung durch seine Territorialfürsten, die Äbte von Corvey, in den Besitz großer Waldungen gekommen. Im Süden lag der Ziegenberg mit dem westlich anschließenden Galgenstieg, der Brunsberg mit Mit-

Bachstraße mit den Türmen der Kilianskirche.

MS Höxter vor der Stadtkulisse.

telsberg, im Norden der Räuschenberg und nordwestlich in beträchtlicher Entfernung von der Stadt das Heiligengeistholz. Aus diesen Wäldern befriedigte die Stadt sowohl den eigenen Bedarf - vornehmlich für die städtischen Bauten, die Wehranlagen und den Brand in den Verwaltungsräumen - als auch die Nachfrage ihrer Einwohner. Doch mußte außerdem aus dem Braunschweigischen Solling, an dessen westlichem Teil die Bürgerschaft von Höxter bis ins 16. Jahrhundert hinein ein bestimmtes Nutzungsrecht besaß, Brennholz zur Stadt gebracht werden. Die Stadt mußte also darauf bedacht sein, daß die Wälder richtig bewirtschaftet wurden und das Brennholz erhalten blieb. Mit noch größerer Sorgfalt wachte der Magistrat über die Erhaltung des hochstämmigen Holzes, der Eichen und Buchen, die nicht nur der Stadt und der Bürgerschaft das Bauholz für die öffentlichen und privaten Gebäude boten, sondern auch durch ihre Früchte, die Eicheln und Eckern, im Herbst die Schweinemast ermöglichten. Steuern und Lasten waren damals jedoch sehr ungleich verteilt und die Erwerbsmöglichkeiten offenbar zurückgegangen, wie ein vergeblicher Aufstand der Einwohner (1601 - 1604) gegen Rat und Landesherrn, die sogenannte Höxtersche Rebellion, deutlich zeigt.

Einen besonders starken Einschnitt in der Entwicklung der Stadt bedeutete der Dreißigjährige Krieg, in dessen Verlauf die Stadt mehrmals geplündert und gebrandschatzt wurde, am schlimmsten im Jahre 1634 (Höxtersches Blutbad). Die Stadt, von deren einstigem Reichtum heute noch die ehemaligen Adelshöfe und die schönen Fachwerkhäuser aus dem 16. Jahrhundert, vor allem der in den Jahren 1608 - 1618 ausgeführte Umbau des mittelalterlichen Rathauses, zeugen, verarmte nunmehr völlig. Der Niedergang kann aber nicht nur mit den Verwüstungen während des Krieges erklärt werden. Auch die konfessionellen Unterschiede zwischen dem überwiegend katholischen Hinterland und der überwiegend evangelischen Stadt Höxter hemmten die vorher vom Abt stark geförderte wirtschaftliche Zusammenarbeit zwischen Stadt und Land. Der wirtschaftliche Rückgang war weiter durch das Zusammenschrumpfen des Fernhandels bedingt. Der Zustand der Straßen hatte unter den Verheerungen des Krieges stark gelitten. Auch die allgemeine Wirtschaftslage, in welche die Stadt mit ihren alten Handelsbeziehungen verflochten war, mußte sich auswirken.

Dazu kam die Abschottung der Nachbarstaaten durch die Politik des Merkantilismus im Zeitalter des Absolutismus, der die Einfuhr von Erzeugnissen des Gewerbes aus fremden Ländern möglichst zu unterbinden suchte. Höxter mußte unter dieser Politik um so schwerer leiden, als das Corveyer

Historisches Rathaus.

Land klein war und an vier Länder grenzte, nämlich an das Hochstift Paderborn im Westen und Süden, im Osten an das Herzogtum Braunschweig-Wolfenbüttel, im Norden - über die hannoversche Exklave Bodenwerder - an das Kurfürstentum Hannover und an das Fürstentum Lippe. Schon in unmittelbarer Nachbarschaft der Stadt, in der Nähe des späteren Bahnhofs Fürstenberg/Weser, hemmten die Zollschranken des Herzogtums Braunschweig den freien Verkehr.

Schließlich blieb das kleine Fürstentum an der Oberweser auch von den großen Auseinandersetzungen der europäischen Mächte nach dem Dreißigjährigen Kriege nicht verschont. Nachdem der Corveyer Konvent im Jahre 1662 infolge der Notlage des kleinen Fürstentums auf die Wahl eines eigenen Abtes verzichtet und statt dessen den streitbaren Fürstbischof von Münster, Christoph Bernhard von Galen, zum Administrator von Corvey gewählt hatte, wurde dieses in den Holländischen Krieg Ludwigs XIV. (1672 - 1679) hineingezogen, da Christoph Bernhard Bundesgenosse des französischen Königs war. Höxter erhielt eine französische Besatzung, und als diese am 28. November 1673 die Stadt verließ,

brach sie die lebenswichtige Weserbrücke ab, wodurch die Stadt nicht nur die Verbindung mit ihrem jenseits der Weser liegenden Acker- und Weidebesitz verlor, sondern auch in ihrem Verkehr mit dem Braunschweigischen Gebiet stark behindert wurde. Fürstbischof von Galen war zwar nach dem Gnaden- und Segenrezeß des Jahres 1674 bemüht, durch verschiedene Verwaltungsmaßnahmen die darniederliegende Wirtschaft der Stadt zu beleben, aber sie konnten sich angesichts der schweren Schläge der früheren Jahrzehnte nicht auswirken.

Auch der Siebenjährige Krieg (1756 - 1763) brachte viel Elend in das Fürstentum Corvey, zumal die Region einen wichtigen Schauplatz des Krieges darstellte und so unter Truppendurchzügen und Einquartierungen zu leiden hatte. Von den Einquartierungslasten und Kontributionen wurde die Stadt hart betroffen, und von den fremden Soldaten eingeschleppter Typhus hielt unter den Bürgern reiche Ernte, so daß es überall an Arbeitskräften mangelte und Hungersnot die weitere Folge war. Der Wohlstand war aufs neue vernichtet. Nichts verdeutlicht wohl das Stagnieren des Lebens in der

Das ehemalige Kiliani-Küsterhaus, heute: Standesamt.

Fachwerkhäuser in der Straße Am Rathaus.

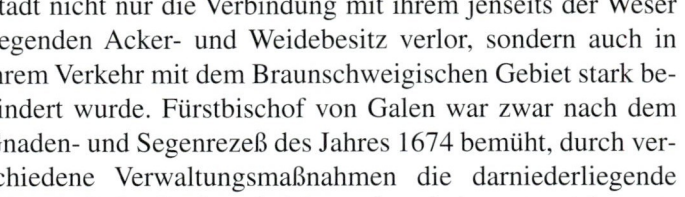

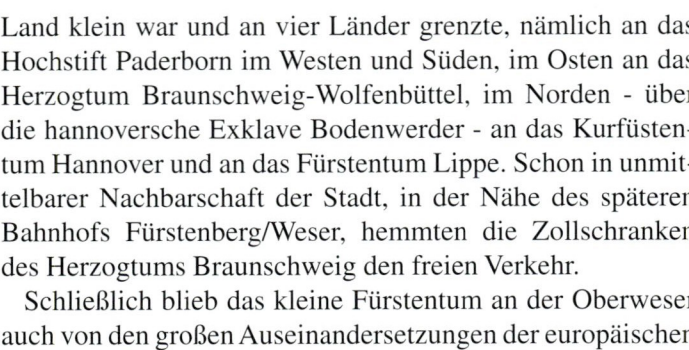

Marktstraße/
Westerbachstraße.

Stadt mehr als die Tatsache, daß die Einwohnerzahl in ganzen hundert Jahren (1700 - 1800) gerade um 98 stieg.

Das städtische Gewerbe war weiter zurückgegangen und der Ackerbau war damals nicht nur die hauptsächliche, sondern auch fast die einzige Erwerbsquelle der Stadt. Auch zu Beginn des 19. Jahrhunderts spielten Ackerbau und Viehzucht noch eine große Rolle. So gab es 1813 in Höxter bei 2.866 Einwohnern und rund 1.400 Häusern 82 Pferde, 534 Kühe, 820 Schweine und 1.989 Schafe. Über die Struktur der Bevölkerung in dieser Zeit gibt eine im Jahre 1803 von dem Höxterschen Bürger Johann Heinrich Timper angefertigte Übersicht Aufschluß. Nach ihr zählten damals das Krämeramt 12, das Kürschneramt 3, das Wollweberamt 2, das Bäckeramt 16, das Schusteramt 35, das Schmiedeamt 11, das Knochenhaueramt 16, das Leinenweberamt 68 (mit 85 Webstühlen), das Fischeramt 25, das Schneideramt 16, das Spindelmacheramt 7, das Schreiner- und Zimmeramt 10 und das Maureramt 3 aktive Geschäfte. Außerdem gab es 3 Sattler, 3 Rademacher, 3 Drechsler, 1 Blechschläger, 1 Lohgerber, 5 Färber und Drucker, 1 Orgelbauer, 3 Goldschmiede, 2 Fenstermacher, 1 Schornsteinfeger, 1 Töpfer, 2 Hutmacher, 2 Kupferschmiede, 2 Knopfmacher, 2 Perückenmacher, 2 Seiler, 1 Tierarzt, 2 Ärzte, 4 Feldschere und 1 Apotheker. Zum Brauamt gehörten 90 Häuser.

Eine stete, wenn auch langsame Aufwärtsentwicklung setzte erst nach Beendigung der Napoleonischen Kriege (1815) ein. Nachdem auch die Erhebung Corveys zum Fürstbistum (1792) die 1802/03 (Reichsdeputationshauptschluß) durchgeführte Säkularisation nicht hatte verhindern können und das kleine Fürstentum zunächst dem Fürsten von Nassau-Oranien (zusammen mit Dortmund und Fulda) und sodann dem Königreich Westphalen (1807 - 1813) unter Napoleons Bruder Jérôme zugesprochen worden war, wurde es auf dem Wiener Kongreß (1814/15) dem Königreich Preußen einverleibt (Provinz Westfalen). Diese Einverleibung war gleichbedeutend mit der Integration in ein größeres, politisch gefestigtes Wirtschaftsgebiet; daher wurde sie im allgemeinen von der Bürgerschaft begrüßt, wenn auch die Stadt an politischer Bedeutung verlor. Der Verlust des Stadtstaat-Charakters wurde jedenfalls durch den Auftrieb, den das Wirtschaftsleben erhielt, aufgewogen. Höxter wurde Kreisstadt und blieb es auch, als die beiden Kreise Höxter und Brakel im Jahre 1832 zusammengelegt wurden.

Zur gleichen Zeit wurde die 1673 zerstörte Weserbrücke nach 150 Jahren wieder errichtet und nach zweijähriger Bauzeit am 1. Januar 1833 feierlich eingeweiht. Der wirtschaftliche Aufstieg wurde allerdings durch allgemeine Mißernten in den ersten Jahrzehnten des neunzehnten Jahrhunderts stark gehemmt. Trotzdem stieg die Einwohnerzahl von 3.419 im Jahre 1840 auf 7.246 im Jahre 1895, also um rund 110 v.H. Auch hatte die Stadt im Jahre 1865 Anschluß an die Westfälische Eisenbahn gefunden, die eine rasche und gute Verbindung mit der preußischen Hauptstadt Berlin wie mit dem äußersten Westen des Reiches ermöglichte. Allerdings war die getroffene Lösung für Höxter insofern nicht ganz befriedigend, als es nur Durchgangsstation wurde, während - überwiegend als Folge des Länderpartikularismus - in den Orten Altenbeken und Kreiensen bedeutendere und in Ottbergen, Wehrden und Holzminden kleinere Knotenpunkte entstanden. Bis heute ist es aber gelungen, die für den modernen Verkehr keineswegs ausreichende Eisenbahnverbindung durch Schaffung zahlreicher Autobuslinien zweckmäßig zu ergänzen, so daß das auch heute noch vorwiegend landwirtschaftliche Hinterland für den Verkehr zur Kreisstadt erschlossen ist.

Haus Freise in der Nicolai-Straße.

Die stete, wenn auch langsame Aufwärtsentwicklung zeigt sich auch in der Gründung der Sparkasse und Leihanstalt im Jahre 1852 und in dem verhältnismäßig raschen Ansteigen ihrer Spareinlagen; sie erreichten am Ende des Jahres 1877 (also nach 25 Jahren) bereits die für damalige Zeiten sehr stattliche Summe von 3.364.139,70 M. Nun drängte die Einwohnerschaft über den Mauerbereich der Innenstadt hinaus und erschloß sich neue Wohnbezirke.

Im allgemeinen läßt sich aber feststellen, daß die Stadt den allgemeinen großen Aufschwung des 19. Jahrhunderts nicht in dem gleichen Tempo und in dem gleichen Umfang mitmachte wie viele andere ihrer meist jüngeren Schwestern Westfalens; denn größere Industriewerke fanden, da der Höxtersche Raum an industriell verwertbaren Bodenschätzen verhältnismäßig arm ist, nicht den Weg in die Stadt, und aus den in ihr vorhandenen gewerblichen Betrieben entwickelten sich keine großen Unternehmungen. Versuche, die auf diesem Ge-

Denkmal Hoffmann v. Fallerslebens.

biete in der ersten Hälfte des 19. Jahrhunderts gemacht worden waren, scheiterten entweder nach kurzer Zeit oder sie kamen über bescheidene Anfänge kaum hinaus. Auch die Leinenweberei, die im 18. Jahrhundert und teilweise noch im 19. Jahrhundert betrieben wurde, konnte sich gegen die beispielsweise im Bielefelder und Barmener Raum entstehende, mit modernen Maschinen operierende Textilindustrie nicht mehr behaupten. Nur wenige industrielle Gründungen des 19. Jahrhunderts haben sich bis heute erhalten, und zwar das im Jahre 1857 gegründete Serongsche Unternehmen (Papierverarbeitungswerk und Großdruckerei) und die Gummifädenfabrik (gegr. 1872), heute eine der größten in Deutschland.

Eine bedeutende Erweiterung des wirtschaftlichen Lebens stellte sich nach der Währungsreform im Jahre 1948 ein, als an die Stelle der reglementierten Wirtschaft der Kriegs- und ersten Nachkriegsjahre die soziale Marktwirtschaft trat. Erst jetzt konnte sich auch der Zuzug von mehreren tausend Ostvertriebenen, der bereits 1945 begonnen und ein Steigen der Einwohnerzahl von 8.543 im Jahre 1939 auf 13.020 im Jahre 1946 zur Folge gehabt hatte, auswirken. Er brachte eine allgemeine Belebung von Handel und Handwerk mit sich und ließ eine Bautätigkeit von bisher nie gekannten Ausmaßen entstehen. Die Stadt wurde mit der bedeutenden Erweiterung ihrer Wohnfläche allerdings auch vor neue große Aufgaben und schwere finanzielle Belastungen gestellt, die sie im Hinblick auf das damals fast völlige Fehlen von großen Industriebetrieben nur schwer bewältigen konnte. Daher bedurfte es größter Anstrengungen, angesichts der großen Fülle neuer städtischer Aufgaben einen ausgeglichenen Haushaltsplan aufzustellen. Die Stadt hat deshalb die schon seit Beginn unseres Jahrhunderts festzustellenden Bemühungen, auch durch Belebung des Fremdenverkehrs neue Einnahmequellen zu erschließen, wesentlich verstärkt.

Die Sozialstruktur der Stadt Höxter ist heute überwiegend mittelständisch geprägt. Besonderheiten ergeben sich aus der Tatsache, daß Höxter als Verwaltungsmittelpunkt mehr Beamte und sonstige im öffentlichen Dienst Tätige zählt, als es bei zahlenmäßig vergleichbaren Städten der Fall ist, daß ferner Höxter als Stadt mit reger Kulturtätigkeit und geschichtlicher Tradition in einer sehr schönen landschaftlichen Umgebung ein Anziehungspunkt für Pensionäre und Rentner ist und schließlich, daß Höxter auch als Schulstadt einen guten Namen hat.

Bis zur kommunalen Neugliederung im Jahre 1970 hat die Stadt eine ganze Reihe bedeutender Maßnahmen durchgeführt. So errichtete sie zwei neue Grundschulen, baute eine neue Realschule und erweiterte das Gymnasium, errichtete eine Kläranlage und führte die Altstadtsanierung durch.

Auf freiwilliger Basis schloß die Stadt Höxter sich am 1. Januar 1970 mit elf Gemeinden des früheren Amtes Höxter-Land und der Gemeinde Bruchhausen (Amt Beverungen) zu einer Flächengemeinde zusammen, die eine Größe von 157,8 qkm hat. Die Einwohnerzahl vor der kommunalen Neugliederung betrug 16.486, danach 34.823. Dieser Zusammenschluß machte Höxter zum kulturellen und wirtschaftlichen Mittelpunkt des Kreises Höxter und zur größten Stadt zwischen Weser, Diemel und Egge. Sie ist heute Entwicklungsschwerpunkt zweiter Ordnung nach dem Landesentwicklungsplan II und Kreisstadt des 1975 aus den Kreisen Höxter und Warburg neugebildeten Kreises Höxter.

Im industriellen Bereich dominieren die Betriebe der Keilriemenproduktion, der Herstellung von Ventilatoren, Fördertechnik sowie der Kunststoff- und Papierverarbeitung. Hinzu kommt eine Vielzahl von leistungsfähigen Klein- und Mittelbetrieben, die mit ihren Angeboten den Bedarf im örtlichen Raum und darüber hinaus ausreichend abdecken. Nördlich der Kernstadt wurde ein Industriegebiet ausgewiesen. Zusätzliche Impulse erwartet die Stadt Höxter mit der Inbetriebnahme des Umwelttechnologie- und Gründerzentrums Höxter-Holzminden.

Marktstraße während des Schützenfestes.

Unter den in der Stadt befindlichen sozialen Einrichtungen nimmt eine Sonderstellung die weltweit bekannte Weserbergland-Klinik für physikalische Medizin ein, die seit über 45 Jahren besteht.

In der Kernstadt sind alle Pflichtschulen und weiterführenden Bildungseinrichtungen, Realschule, Gymnasium, Kreisberufs- und Berufsfachschulen (Handelsschule, Höhere Handelsschule), Universität-Gesamthochschule Paderborn - Abteilung Höxter mit den Fachbereichen Landespflege und Technischer Umweltschutz vorhanden. In einem modernen Schulzentrum werden die Schüler des Gymnasiums, der Realschule und einer Hauptschule unterrichtet (2.500 Schüler). Die aus der früheren Staatlichen Ingenieurschule hervorgegangene Abteilung Höxter der Universität-Gesamthochschule Paderborn hat in den 70er Jahren einen großen neuen Gebäudekomplex am Ziegenberg errichtet. Die Stadt Höxter ist Sitz zahlreicher Behörden und Dienststellen, so der Kreisverwaltung für den Kreis Höxter, des Finanzamtes, der Allgemeinen Ortskrankenkasse für den Kreis Höxter, der Allgemeinen Innungskrankenkasse für den Kreis Höxter, des

Amtsgerichtes, des Arbeitsamtes, der vertrauensärztlichen Dienststelle der Landesversicherungsanstalt für das Kreisgebiet Höxter sowie einer Garnison.

Dem Sport stehen ein beheiztes Schwimmbad und ein Hallenbad zur Verfügung, ferner im gesamten Stadtgebiet 14 Sportplätze. Es besteht die Möglichkeit zum Reiten, Rudern und Kanufahren. Im Schulzentrum befindet sich eine Sechsfachturnhalle, auf dem Räuschenberg ein Flugplatz (Verkehrslandeplatz 2. Ordnung für Segel- und Motorflugzeuge). Auch Tennis, Drachenfliegen, Fallschirmspringen und Surfen sind möglich. Die Freizeitanlage Höxter-Godelheim (Godelheimer Seenplatte) konnte in ihrem nördlichen Teil im Frühjahr 1995 in Betrieb genommen werden.

Auf dem Gebiet des Fremdenverkehrs kann auf gepflegte Hotels und gut eingerichtete Pensionen, Spezialitätenrestaurants und Gaststätten mit guter Küche für alle Ansprüche verwiesen werden. Kurangebote bestehen im staatlich anerkannten Luftkurort Bruchhausen mit seiner staatlich anerkannten Heilquelle, Erholungsmöglichkeiten in allen übrigen

Höxter,
im Hintergrund die
Weserberglandklinik.

Ortschaften, insbesondere in Bödexen und Ovenhausen (Sieger im Bundeswettbewerb „Unser Dorf soll schöner werden").

Die Stadt Höxter verfügt über ein umfangreiches kulturelles Angebot. Hier sind einmal die Aufführungen im Stadttheater Höxter mit Schauspiel, Oper und Operette zu erwähnen sowie größere musikalische Veranstaltungen (Kirchenmusiktage) und zahlreiche Veranstaltungen der Volkshochschule Höxter-Marienmünster, ferner das Buchangebot der zur Mittelpunktbücherei erklärten Stadtbücherei mit 30.000 Bänden. Erwähnt werden muß auch die Musikschule, die als e.V. geführt wird.

Die Kulturkreis Höxter-Corvey GmbH, deren Gesellschafter der Kreis Höxter, die Stadt Höxter und der Herzog von Ratibor, Fürst von Corvey, sind, veranstaltet alljährlich im Mai und Juni im Kaisersaal des Schlosses Corvey und in der Abteikirche die bekannten Corveyer Musikwochen sowie weitere Sonderkonzerte während des Sommers. Sie ist ferner Trägerin des Museums Höxter-Corvey, das mit seinen vielfältigen Sonderausstellungen von jährlich mehr als 100.000 Besuchern frequentiert wird.

Die Bemühungen des Kulturkreises, Corvey zu einem kulturellen Mittelpunkt des Oberweserraumes zu entwickeln, werden vom Land Nordrhein-Westfalen und dem Landschaftsverband Westfalen-Lippe finanziell gefördert. Insbesondere sind in die Neuordnung des Museums, die mit erheblichen Umbauten verbunden ist, bedeutende finanzielle Mittel geflossen. Das Projekt, das schon über mehrere Jahre läuft, wird in etwa drei Jahren abgeschlossen werden können, um Corvey auch im Museumsbereich zu einem besonderen Anziehungspunkt zu machen.

Für die Entwicklung der Stadt in der Zukunft wird die Fortsetzung der Sanierung der Altstadt von Bedeutung sein. Der Ausbau des historischen Rathauses zum sozio-kulturellen Zentrum ist 1994 abgeschlossen worden. Es wird für Ausstellungen und kulturelle Veranstaltungen, Vorträge, Versammlungen und Tagungen, aber auch vom Rat und seinen Ausschüssen für seine Sitzungen im hohen Maße in Anspruch genommen.

Der Kaisersaal in Schloß Corvey, bekannt durch Konzerte internationaler Künstler und Orchester.

Die Schloß-Bibliothek in Corvey zählt zu den bedeutendsten Bibliotheken unseres Landes.

Der Zusammenschluß der Stadt Höxter mit den elf Gemeinden des früheren Amtes Höxter-Land und der Gemeinde Bruchhausen zu einer Flächengemeinde mit mehr als 35.000 Einwohnern im Jahre 1970 ist für die Stadt Höxter von großer Bedeutung gewesen. Diese Gemeinwesen, die ohne Zweifel ebenfalls von dem Anschluß an die Stadt Höxter profitiert haben, sollen nun nachstehend vorgestellt werden.

Rudolf Lohmann, Höxter

Albaxen

Die Albaxer Gemarkung verläuft von der Weser bis hoch in den Räuschenberg, schließt den Räuschenbergflugplatz ein und verläuft vom Bödexer Wald bis Stahle. Albaxen ist so alt wie die Corveyer Geschichte. Durch die Urkunde über die Schenkung der Villa Huxori an das Kloster Corvey durch Kaiser Ludwig den Frommen wird Albaxen als „Albachtessen" erwähnt. Dieser Name wird bis in das 12. Jahrhundert geführt. Von dann an wird der Name Albaxen verwendet. Im Jahre 1315 wird die Thonenburg bei Albaxen errichtet. Diese Burg war bis vor wenigen Jahren noch bewohnt und befindet sich in der Restaurierung.

Der Dreißigjährige Krieg hinterließ auch in Albaxen große Drangsale und Not.

1696 wird die alte Kirche abgebrochen und unter Abt Christoph von Bellinghausen neu errichtet.

Im Jahre 1700 hat Albaxen 65 Häuser und 518 Einwohner. 1775 wird beim Ortsteil Nachtigall eine Ziegelei erbaut. Hier entsteht auch eine Braunkohlenzeche. 1881 wird die alte

Schule an der Kirche abgebrochen und eine neue errichtet. 1904 erhält Albaxen die erste Wasserleitung und 1914 elektrisches Licht. Die Zeche Nachtigall wird 1924 stillgelegt. 1970 schließt sich die Gemeinde Albaxen der Stadt Höxter an; sie hat heute 1.820 Einwohner.

Das örtliche Leben wird durch eine rege Vereinstätigkeit geprägt. Ein Heimatmuseum gibt umfangreiche Einblicke in die Geschichte der Ortschaft. Sehenswert ist auch das Schmiedemuseum mit der Vorführung von Kunstschmiedearbeiten und Hufbeschlägen. Der nahgelegene Flugplatz auf dem Räuschenberg sowie der Köterberg sind auf neu angelegten Wanderwegen bequem zu erreichen.

Josef Hüls, Ortsheimatpfleger

Albaxen, An der Trift 1.

Albaxen, Haus Nachtigall.

Bödexen

Bödexen liegt in einem frühgeschichtlichen germanischen Siedlungsraum, was auch die Hünengräber im etwa 1 km vom Dorf entfernt liegenden „Herbstberg" beweisen. Der Ortsname Bodekishusen wird bereits im 9. und 10. Jahrhundert in den „Traditiones Corbeienses" des 822 gegründeten Benediktiner-Klosters Corvey erwähnt, das hier ein kleines Besitztum hatte. Diese Besitzung erweiterte man später wohl durch Rodungen.

Die erste sichere Nachricht bringt uns eine Tauschurkunde von 1185 zwischen dem Bischof Sifrid von Paderborn und dem Abt von Corvey, in der der Abt für das Landgut Ossendorf die Zehnten aus den beiden Marken „Albaxen et Bode-

Voss-Mühle im Bödexer Tal.

Ein schöner Ausblick auf Bödexen.

Katholische Pfarrkirche St. Anna in Bödexen, heute: Museum.

kissen" erhielt. In einer Urkunde vom 31. Januar 1231 ist die Aufteilung des Hochstiftes Paderborn in sechs Archidiakonate erwähnt. Das vierte Archidiakonat ist Höxter mit 20 Pfarreien, unter ihnen Bödexen. Als im Jahre 1361 der Abt von Corvey im benachbarten Fürstenau eine Burg errichtet, verliert Bödexen seine Pfarrechte und wird Filiale von Fürstenau. Mit dem Bau der am Fuße des Köterberges gelegenen St. Anna-Kirche wurde nach dem Dreißigjährigen Krieg im Jahre 1681 unter großen Opfern begonnen. Sie wurde am 1. August 1683 von dem als friedliebend und selbstlos bekannten Abt Christoph von Bellinghausen konsekriert. 1768 wurde Bödexen wieder Pfarrei, verlor 1811 unter französischer Fremdherrschaft noch einmal seine Pfarrechte und erhielt sie erst 1823 endgültig wieder.

Seit der Gründung des Dorfes bis in die jüngste Vergangenheit weiß die Chronik immer nur von großer Armut zu berichten. Abseits der großen Heerstraße und der Weser in einem engen Talkessel gelegen, hat Bödexen immer nur ein Schattendasein geführt. Die Armut der Bödexer war sprichwörtlich und ein geflügeltes Wort bei den Nachbarn in den umliegenden Dörfern. Eine bescheidene Landwirtschaft und fünf Korn- und Ölmühlen, vom Wasser der Saumer angetrieben, sicherten der Bevölkerung nur ein karges Dasein. So blieb es nicht aus, daß Bödexen sich zu einem „Maurerdorf" entwickelte und viele Einwohner in der Fremde ihr Brot ver-

Bödexen,
Weiße Mühle.

dienten. Ein Jahrzehnte in Bochum existierender „Bödexer Heimatverein" mit zeitweilig über 30 Mitgliedern zeugt von der Liebe zur Heimat und einem ausgeprägten Zusammengehörigkeitsgefühl.

Bödexen ist seit 1984 „Staatlich anerkannter Erholungsort". Der Fremdenverkehr ist durch die schöne und ruhige Lage der Ortschaft von großer Bedeutung. Modern eingerichtete Hotels, Pensionen und ländliche Gasthöfe bieten westfälische Küche, aber auch internationale Spezialitäten an. Ein abwechslungsreiches Veranstaltungsprogramm wird im „Haus des Gastes" geboten. Ein reges Vereinsleben verbindet die Bürgerschaft.

Gisbert Hundacker, Ortsheimatpfleger

Bosseborn

Bosseborn gehört zu den schon früh erwähnten Orten des Corveyer Landes. Ein Graf Rodger übertrug bereits im 9. Jahrhundert Besitzungen in Maygadessen und Bosseborn (Boffes Buriium) für das Seelenheil seines Vaters Theodor an das Kloster Corvey. Bei der Einteilung der Diözese Paderborn in Archidiakonate im Jahre 1231 wird Bosseborn nicht als selbständige Pfarrei genannt, wahrscheinlich deshalb, weil es von seiner Größe her nicht so bedeutend war. Es war damals mit Ovenhausen und Lütmarsen zusammen ein Teil der Pfarrei auf dem Heiligenberg. Dies änderte sich erst zu Beginn des 17. Jahrhunderts. Die Lebensverhältnisse im Dorf gestalteten sich durch seine hohe Lage auf einer Ebene von 310 m als sehr schwierig. Die Bevölkerung lebte von der Landwirtschaft und war Witterungsunbilden stärker ausgesetzt als die Dörfer in den Tälern. Ein kaltes Frühjahr und ein heißer Sommer beeinträchtigten die Ernteerträge erheblich. Haupteinnahmequelle der Bosseborner Landwirte war deshalb die Milchwirtschaft und die Rindviehzucht. Heute ist die Landwirtschaft als Erwerbszweig an die zweite Stelle getreten. Der überwiegende Teil der Erwerbstätigen arbeitet in der Kernstadt Höxter und in Brakel.

Durch den Anschluß an die Stadt Höxter im Wege der kommunalen Neugliederung im Jahre 1970 hat die Ortschaft eine erhebliche Förderung erfahren. Der schmucke Ort wird auch von Fremden gern besucht. Ein reges Vereinsleben verbindet die Bürger, die bei vielen baulichen Maßnahmen selbst mit Hand angelegt haben.

Wilhelm Kühn, Ortsheimatpfleger

Katholische Pfarrkirche in Bosseborn.

Römerstraße in Bosseborn.

Brenkhausen

Brenkhausen wird erstmals im Jahre 822 in einem Bericht über die Gründung des Klosters Corvey erwähnt. Damals kaufte Kaiser Ludwig der Fromme die Siedlung Höxter und deren Feldmark, um sie dem neuen Kloster zu schenken. Nach dem Bericht reichte die höxtersche Feldmark im Nordosten bis vor „Berinkhusen". Brenkhausen dürfte also über 1170 Jahre alt sein, wenn man dieser Nachricht Glauben schenken kann. Leider ist der Bericht nicht im Original erhalten, sondern nur in Abschriften aus dem 12. und 13. Jahrhundert.

Erst ab 1173 folgen die nächsten Nachrichten. Zu jener Zeit muß Brenkhausen schon ein recht ansehnliches Dorf gewesen sein, das auch die Heimat eines Adeligen namens „Johannes de Berinkhusen" war. In dem Ort wurde eine Mühle betrieben, die Konrad von Amelunxen 1198 an das Kloster Corvey verkaufte. Es existierten mindestens zwei große Höfe, von de-

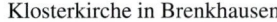

Klosterkirche in Brenkhausen.

nen einer 1173 dem Kloster Gehrden bei Brakel geschenkt wurde.

Abt Hermann von Corvey, der von 1223 bis 1257 sein Amt inne hatte, gründete in Brenkhausen ein Zisterzienserinnenkloster. Leider ist das genaue Gründungsdatum des Klosters nicht bekannt. Die Nonnengemeinschaft muß spätestens Mitte der 1240er Jahre in Brenkhausen ansässig gewesen sein, da für jene Zeit ihr Probst erwähnt wird. Im Jahre 1278 wurde das Kloster eingeweiht. Aus jenem Jahr ist eine Urkunde erhalten, die den Gläubigen, die die Brenkhäuser Kirche an ihrem Weihetag oder an den Jahrestagen der Weihe besuchten, einen Sündenablaß von 100 Tagen zusichert. Das Kloster Brenkhausen erhielt den Namen „vallis dei", d.h. Gottestal, und neben den hl. Johannes trat Maria als typische Schutzpatronin der Zisterzienserinnenkirchen.

Die Ortschaft Brenkhausen hatte schon 1231 - also vor dem Eintreffen der Nonnen - eine Pfarrkirche, die nach der alten Diakonatseinteilung zum Sitze Höxter gehörte und ein Johannes-Baptist-Patrozinium besaß, d.h., daß die Kirche unter den Schutz dieses Heiligen gestellt wurde. Die 1273 neu erstellte Kirche wurde dann als Pfarr- und Klosterkirche errichtet, ein Umstand, der bis ins 18. Jahrhundert hinein gelegentlich Reibereien mit sich brachte. Im Jahre 1287 bestätigte Abt Heinrich von Homburg zu Corvey (1278 - 1301) dem Kloster das Patronatsrecht über die Kirchen Ottbergen und Brenkhausen. Demnach konnte das Kloster über die Verwaltung des Kirchengutes dieser beiden Kirchen mitbestimmen und es hatte ein Vorschlagsrecht bei der Stellenbesetzung durch einen Geistlichen.

Die Klosterkirche behielt ihre Funktion als Pfarrkirche für Brenkhausen auch später bei. Der Pfarrer wurde jeweils von der Äbtissin ausgesucht, und die Äbtissin erhielt auch den Zehnten, die „Kirchensteuer", von den Brenkhäuser Einwohnern. Spätestens seit der Mitte des 14. Jahrhunderts nahmen die Nonnen auch Mädchen zur Erziehung im Kloster auf, deren Eltern sich durch Schenkungen erkenntlich zeigten. Wieviel Nonnen der mittelalterliche Konvent umfaßt hat, können wir nicht mit Gewißheit sagen; in Anlehnung an die Nachrichten aus dem frühen 17. Jahrhundert ist mit einer durchschnittlichen Anzahl von 10 bis 16 Frauen zu rechnen.

Ab etwa 1560 geriet das Kloster in Krisen. Alles begann offensichtlich mit einigen unzuverlässigen Pröbsten, die das Kloster in religiösen und moralischen Verruf brachten, es um Besitzungen betrogen und beraubten. Nach Corveyer Stellungnahmen soll in Brenkhausen über lange Jahre kein geordnetes Klosterleben möglich gewesen sein, u.a. wegen einer zu geringen Anzahl von Nonnen. Da der Zisterzienserorden selbst nicht für Abhilfe hatte sorgen können, sah sich der Abt von Corvey berechtigt, in die Geschicke des Klosters einzugreifen und es 1601 in ein Benediktinerinnenkloster umzuwandeln.

Damit waren die Krisenzeiten für das Kloster Brenkhausen jedoch nicht überstanden. 1613 wurde die Gegend von der Pest heimgesucht, und fünf Jahre später begann der Dreißigjährige Krieg, in dessen Verlauf das Kloster mehrmals überfallen und geplündert wurde. Die zehn dort lebenden Nonnen flohen dann immer für einige Zeit in die Stadt Höxter.

Nach dem Dreißigjährigen Krieg ging es jedoch, vor allem mit den Finanzen des Klosters, erstaunlich schnell aufwärts. Der baugewaltige Florentius von dem Velde, der seit 1696 Fürstabt des Corveyer Landes war, nahm den Neubau der barocken dreiflügeligen Klosteranlage in Angriff.

Nach der Säkularisation hat der frühere Klosterbesitz wechselvolle Zeiten erlebt: Zunächst wurde er 1803 im Rahmen der Aufhebung als geistlicher Besitz den fürstlichen Domänen des Prinzen von Nassau-Oranien als weltlichem Landesherrn zugeschlagen. Die Nonnen hatten in den Klausurgebäuden noch bis zu ihrem Lebensende Wohnrecht und bekamen eine Pension ausgezahlt. 1823 starb in Brenkhausen die letzte dort verbliebene Nonne.

Während der Franzosenzeit dotierte Napoleon den Besitz Brenkhausen seinem General Colbert. Nach Beendigung der Franzosenzeit durfte Zar Alexander das ehemalige Klostergut seinem Generalmajor Friedrich-Karl von Tettenborn übergeben, der dann im Jahre 1818 diesen Besitz an den mediatisierten Landgrafen Viktor Amadeus von Hessen-Rotenburg verkaufte. Durch Vererbung war das Klostergut bis 1960 Besitz des Herzogs von Ratibor, Fürst von Corvey.

Seit den 60er Jahren dieses Jahrhunderts stand das barocke Kloster leer und gehörte dem Land Nordrhein-Westfalen, das es 1993 für den symbolischen Preis von einer Mark an die koptische orthodoxe Kirche verkaufte. Die Kopten sind seit 1994 dabei, das Kloster zu renovieren und es als Kloster sowie christliche Begegnungsstätte zu nutzen.

Der noch erhaltene gotische Ostflügel wurde von der katholischen Pfarrgemeinde in den 70er Jahren als Pfarrheim umgebaut. Die das Kloster umgebenden Wirtschaftsgebäude sowie das Pfarrhaus wurden bis auf die noch stehende Klostermauer abgerissen und die heutigen städtischen Flächen eingegrünt.

Im Dorf Brenkhausen gab es zur Klosterzeit zwei Mühlen, eine Schmiede, eine Stellmacherei, die gleichzeitig Zimmerer- und Tischlerarbeiten miterledigte, sowie einen Dorfkrug. Alle übrigen Einwohner lebten von der Landwirtschaft. Neben eigenem Grundbesitz hatten die Bauern Hüterechte in den umliegenden Wäldern für ihr Vieh, deckten ihren Bedarf an Nutz- und Brennholz, trieben in günstigen Jahren über die Trift ihre Schweine zur Eichel- und Bucheckernmast in den Wald und holten daraus Laub und Streu für das Vieh. Die Gänse trieb man über die Tränke oberhalb der Teiche auf die Gänseweide, die Kühe an die „Lange Wiese" und die Ziegen auf den Räuschenberg.

Kloster Brenkhausen, Westseite/Südportal.

Nach dem Bau der Eisenbahnlinie 1868 von Altenbeken über Höxter nach Kreiensen arbeiteten viele Brenkhäuser Männer als spezialisierte Hochofenmaurer „in der Fremde". Brenkhausen gehörte mit Fürstenau, Albaxen, Lüchtringen und Stahle zu den Weserdörfern, deren Maurer als Spezialisten in aller Welt Gas- und Stahlwerke errichteten.

In den 60er Jahren verkaufte die Schwester des Herzogs von Ratibor das Klostergut, welches sie als Lastenausgleich von ihrem Bruder erhalten hatte, an die Siedlungsgesellschaft Rote Erde, Münster. Diese siedelte auf den Ländereien vertriebene Landwirte aus dem Osten an und führte mit den Restflächen eine Flurbereinigung durch. Nachdem viele Bauern aus dem alten Dorfkern ausgesiedelt wurden, erfolgte die Dorfsanierung, der viele der schönen alten Fachwerkhäuser zum Opfer fielen. Seit der kommunalen Neugliederung gehört die Ortschaft Brenkhausen zur Großgemeinde Höxter. Im Norden und Süden des alten Dorfkerns entstanden große Neubausiedlungen.

Wilhelm Pamme, Ortsheimatpfleger

Bruchhausen

Die häufig vorkommenden Ortschaften des Namens Bruchhausen verdanken diese Benennung ihrer mehr oder weniger
ähnlichen Lage in einem Brook oder Bruch, einer tiefliegen-
den Fläche, die von Wasserlachen durchsetzt bzw. von einem
Bach durchflossen ist (Silberbach). Das Grundwort „-hau-
sen" besagt einen Wohnsitz aus mehreren Höfen oder einen
Haupthof mit Abzweigungen, Brok-/Broichhusen. Das geschichtlich alte Dorf Bruchhausen unweit der ehemaligen
Reichsabtei Corvey entspricht genau nach Lage und Entstehung seiner Bezeichnung. Der Silberbach führt in einer Länge von mehr als einem Kilometer durch das Dorf und zeigt als
Sammelbecken der Regen- oder Schneemengen seine gefähr-
liche Macht durch öftere Überschwemmung der dörflichen
Hauptstraße. Der untere Teil der Feldmark ist Sumpfgelände
mit dem bezeichnenden Namen „Grundlose", auch „Spring"
genannt.

Der Haupthof ist noch immer der alte Rittersitz der von
Brokhusen/Mense/Kanne, heute im Besitz derer von Wolff-
Metternich.

Bruchhausen, Brokhusenstraße 29.

Nächst der jahrhundertelangen Ausprägung der Lebensge-
wohnheiten der Stammbevölkerung im Dienste des Adelsho-
fes hat auch die Ortslage im Bruch, wenigstens für einen längeren Zeitraum, die Ausübung des Leineweber- und Blei-
chergewerbes begünstigt (Bleichwiesen im Nethetal mit besonders weichem Wasser). Erst die Überführung der Leinen-

Blick auf den
Kurort Bruchhausen.

Judenfriedhof in Bruchhausen.

weberei aus dem Handgewerbe und der Hausbleiche in den modernen maschinellen Großbetrieb (Windelsbleiche bei Bielefeld) machte vor etwa 50 Jahren den heimischen Werkstätten ein Ende. Viele Einwohner fanden auch Arbeit im Eisenbahnknotenpunkt Ottbergen bei der Bahn.

Die landschaftlich schöne Lage der Ortschaft im Tal der Nethe führte zur Intensivierung des Fremdenverkehrs seit Mitte der 50er Jahre. Die Silberquelle wird als Heilquelle sowohl von den Bewohnern der Ortschaft als auch von Besuchern rege zu Trinkkuren genutzt. Bruchhausen erhielt 1968 die staatliche Anerkennung als Heilquellen-Kurbetrieb. Im gleichen Jahr sprach sich der Gemeinderat im Rahmen der Gebietsreform für den Anschluß an Höxter aus, der am 1. Januar 1970 erfolgte. Bruchhausen erfuhr von da an eine erhebliche Förderung durch die Stadt, insbesondere durch den Bau eines Kurmittelhauses mit Trinkhalle im Jahre 1975 und deren Badeabteilung, die im April 1976 eröffnet wurde, durch die Erweiterung des Kurparkes und den Ausbau der Schule zum „Haus des Gastes". Im Oktober 1974 erhielt Bruchhausen die Bezeichnung „staatlich anerkannter Luftkurort".

Rudolf Lohmann, Höxter

Fürstenau

Bei der Suche nach den Wurzeln dieses Dorfes stößt man auf eine erste namentliche Erwähnung von „Vorstenowe" im Jahre 1241. Es kann jedoch nicht ausgeschlossen werden, daß eine Siedlung schon viel früher vorhanden war.

Fürstenau lag damals an der nordwestlichen Grenze der Reichsabtei Corvey und eignete sich aus diesem Grund besonders gut als Standort für eine Burg zur besseren Verteidigung des Territoriums und zum Schutz der Bevölkerung vor Fehden, die benachbarte Fürsten und Edelherren anzettelten, um ihren Einfluß- und Herrschaftsbereich zu vergrößern. Es läßt sich tatsächlich anhand von mehreren Abtverzeichnissen belegen, daß der Abt von Corvey 1348 eine Burg bauen ließ, die jedoch keinen langen Bestand hatte und letztmalig im Jahr 1427 erwähnt wird. Seitdem ist über das Schicksal der Burg nichts mehr bekannt. Auch Überreste sind nicht vorhanden.

Fürstenau gehörte schon sehr früh zu den bedeutenden Orten des Fürstentums Corvey, wie eine Volkszählung aus dem Jahre 1700 belegt. Schon damals betrug die Bevölkerung 747

Fürstenau (Ortskern), aufgenommen vom Turm der Pfarrkirche St. Anna.

Einwohner; eine Zahl, die einen deutlichen Abstand zu anderen Corveyer Dörfern mit durchschnittlich 350-400 Einwohnern aufweist.

Während des Dreißigjährigen Krieges war das dörfliche Leben von Not und Elend geprägt. Plünderungen und Verwüstungen führten zu einem starken wirtschaftlichen Niedergang. Hinzu kommt, daß die Pest dem Dorf Fürstenau im Jahre 1607 nahezu die Hälfte seiner Einwohner nahm. Es wurden 253 Todesopfer gezählt. Dreißig Jahre später forderte eine Hungersnot noch einmal 140 Todesopfer.

Die Bürger lebten in der Regel von der Schafzucht und Landwirtschaft, die traditionsgemäß als Dreifelderwirtschaft betrieben wurde. Es handelte sich ausschließlich um kleinere Gehöfte, die einen Besitz von 88 Morgen (22 ha) nicht überstiegen. Der Bedarf an Nutz- und Brennholz wurde durch den „Fünfgemeindewald" gedeckt.

Fürstenau, Hohehäuser Straße.

Von großer Bedeutung ist das Jahr 1652, in dem die Ortschaft Fürstenau von Abt Arnold von Waldois zu einem Marktflecken erhoben wurde. Damit erhielt der Ort gewisse städtische Rechte. Zwei Bürgermeister und der Rat traten an die Spitze der Gemeinde.

Der Bau der Kirche im Stil der Renaissance wurde 1603 beendet. Der Beginn ist nicht eindeutig zu klären, die Eintragungen hierüber gehen bis auf das Jahr 1579 zurück. Nach dem Ersten Weltkrieg wurde die Kirche zu einer Kreuzkirche erweitert und zum Teil neu gebaut. In welchem Jahr die Fürstenauer Schule gegründet wurde, läßt sich ebenfalls nicht genau feststellen. Die älteste Erwähnung findet sich in einer Schrift, die auf das Jahr 1668 verweist.

Da die Landwirtschaft wenig ertragreich war, gewann der Maurerberuf mit Beginn der Industrialisierung zum Beginn des 20. Jahrhunderts immer mehr an Bedeutung. Auch Fürstenau entwickelte sich, ähnlich wie Albaxen, Bödexen, Lüchtringen und Stahle, zu einem typischen „Maurerdorf", in dem die Männer für viele Monate im Jahr ins Ruhrgebiet zogen, während Frauen und Kinder zu Hause weiterhin in der Landwirtschaft arbeiteten.

Beide Weltkriege waren für Fürstenau von Angst und Schrecken gekennzeichnet. Im Juli 1945 wurden bei einem Überfall ehemaliger polnischer Fremdarbeiter sieben Einwohner getötet - in einer Nacht, die bei vielen Einwohnern unvergessen geblieben ist.

Im Zuge der kommunalen Neugliederung wurde Fürstenau 1970 Ortsteil der Großgemeinde „Stadt Höxter". Trotz des Verlustes der Selbständigkeit hat Fürstenau seine Identität nicht verloren. Die landschaftlich reizvolle Lage am Fuße des Köterbergs und die gute Infrastruktur verleihen dem Ort eine hohe Wohn- und Lebensqualität, zu der auch ein reges Vereinsleben beiträgt.

Anton Hoppe, Ortsheimatpfleger

Godelheim

Godelheim hat heute 1.028 Einwohner (381 im Jahre 1700). Unmittelbar vor den Toren der Stadt, an der Mündung der Nethe in die Weser gelegen, mit Blick auf Fürstenberg, bietet Godelheim durch seine malerische Bergwaldumgebung beste Möglichkeiten zu ausgedehnten Spaziergängen.

Die erste urkundliche Erwähnung erfuhr Godelheim 822 unter dem Namen Gudolmo, woraus der heutige Name Godelheim entstand. Ein Urnenfeld mit den Steinkranzgräbern auf der Sandwische bei Godelheim weist darauf hin, daß diese Gegend schon in der späten Bronze-/frühen Eisenzeit besiedelt war. Nördlich der Ortschaft liegt der Brunsberg, benannt nach Herzog Bruno, einem Heerführer Widukinds. Hier besiegte im Jahre 775 Karl der Große die Sachsen.

In den Jahren 965 - 985 wurde unter dem Abt Ludolf eine Kirche erbaut. Sehr bemerkenswert ist der aus dem 12. Jahrhundert stammende romanische Taufstein. Der Altar stammt aus dem Jahre 1727. Am 24. März 1753 bekam die Kirche in Godelheim vom Schneidermeister Kirchhoff aus Wien ein Partikel des Hl. Kreuzes geschenkt. Kirchhoff stammte aus Godelheim und war am Hof des Kaisers tätig. Die Reliquie

Fachwerkhäuser in Godelheim.

In den Jahren 1966 bis 1968 wurde ein neuer Sportplatz im ehemaligen Kiesloch gebaut. In den Jahren 1969/70 errichtete der Verkehrsverein Godelheim bei Maygadessen ein Wassertretbecken mit Schutzhütte. Die im Frühjahr 1995 in Betrieb genommene Freizeitanlage Höxter-Godelheim ist über die B 64/83 erreichbar.

Franz Büker, Höxter

Lüchtringen

Lüchtringen war vor der Eingemeindung im Jahr 1970 die größte Landgemeinde des Kreises Höxter. Die Ortschaft liegt am rechten Weserufer und reicht mit ihrem Grundbesitz bis in die Waldungen des Sollings hinein. Es handelt sich um eine sehr alte Ansiedlung, die wahrscheinlich bis ins 5. Jahrhundert n. Chr. zurückdatiert werden kann. Ihre erste urkund-

Kapelle an der Fähre in Lüchtringen.

Bildstock in Godelheim, Driburger Straße 2.

wird seit dieser Zeit auf Kreuzauffindung und am dritten Fastenfreitag besonders verehrt. Ein Teil der im 17. Jahrhundert erbauten Kirche wurde 1961 abgerissen. Die Einweihung der Kirche in der jetzigen Form fand am 6. Oktober 1963 statt.

Von dem Landesherren Fürstabt Kaspar von Böselager wurde im Jahre 1736 eine Heilquelle in Betrieb genommen und später darüber ein Brunnenhaus errichtet. In preußischer Zeit verfiel das Bad wieder. Eine Neufassung der Quelle und Errichtung eines Trinkhauses erfolgte in den Jahren 1964 bis 1967 durch die Freifrau von Weichs. Leider ist die Quelle heute nicht mehr in Betrieb.

Erste Angaben über eine Schule in Godelheim stammen aus dem Jahre 1664.

1864 wurde die Eisenbahnlinie zwischen Altenbeken und Holzminden gebaut, und Godelheim erhielt einen Haltepunkt. Kurz vor Ausbruch des Ersten Weltkrieges 1914 erhielt Godelheim elektrisches Licht. Eine Wasserleitung wurde 1919 verlegt.

Blick über die Weser auf Lüchtringen mit der Pfarrkirche St. Johannes Baptist. Im Vordergrund MS Höxter.

liche Erwähnung liegt in der Zeit des Abtes Warin von Corvey, der bis 854 regierte.

Das früher überwiegend aus Bauhandwerkern und zwanzig Meyerhöfen bestehende Dorf hat heute eine bevorzugte und günstige Wohn- und Verkehrslage zwischen den Kreisstädten Höxter und Holzminden. Das Gemeinschaftsleben und Vereinswesen des Ortes ist sehr ausgeprägt. Es gibt zahlreiche Sportvereine (Leichtathletik, Fußball, Tennis, Kegeln, Angelsport, Skilanglauf), die Schützenbruderschaft mit einer Schießsportanlage, den Reit- und Fahrverein mit Reithalle, drei Tennisplätze und drei Kegelbahnen. Der Dampferanleger der Oberweserdampfschiffahrts GmbH und ausgedehnte Wanderwege im waldreichen Naturpark Solling-Vogler sowie gut ausgebaute Rad- und Wanderwege an beiden Ufern der Weser laden zur Erholung ein.

Die katholische Pfarrkirche St. Johannes Baptist wurde im neugotischen Stil im Jahre 1903 errichtet, nachdem ihre Vorgängerin aus dem Jahre 1696 zwei Jahre vorher durch Blitzschlag abgebrannt war. Mehrere gut gepflegte Kapellen und Stationskreuze in der Ortslage bezeugen eine traditionsbewußte Gemeinschaft des Dorfes. Lüchtringen war historisch stets ein Brückenkopf des Corveyer Landes gegen die braunschweigischen Herrschaftsansprüche im Solling.

Das kleine Fachwerk-Fährhaus am Strom und die braungrünen Sandsteindächer der alten Häuser und kleinen Kapellen sowie der hochragende Kirchturm der Pfarrkirche prägen das malerische Bild eines typischen Weserdorfes.

Franz Fromme, Ortsheimatpfleger

Lütmarsen,
Kirchstraße 24.

Lütmarsen

Der Ort „Luitmaressen" wird erstmals in der Geschichte Corveys 823 als Westgrenze der „Villa regia Hucxoris" genannt, doch erst 1151 wird in den Urkunden des Klosters Corvey wiederum „Luitmaressen" erwähnt. 1155 bestätigt Papst Hadrian IV. dem Kloster Corvey unter Abt Wibald den Zehnten des Hofes Luitmaresen. Von der Zeit ab treten in den Corveyer Akten die Namen „Luithmarssen", „Luitmaressen", „Luitmarsen" öfter auf.

1350 wurde die Ortschaft von der Pest heimgesucht, die furchtbar wütete. Auch unter dem Dreißigjährigen Krieg hatte Lütmarsen schwer zu leiden. Hinzu kam noch eine Wolfsplage. Noch 1675 wurden bei einer Treibjagd auf dem Bramberg 27 Wölfe erlegt.

1698 erwarb der Braunschweigsche Kammerrat und Oberamtmann zu Forst (Holzminden) Baron Johann von Mansberg das Lehensgut Lütmarsen für 20.000 Taler. Er wurde durch den Abt Florenz am 14. Oktober 1698 damit belehnt und am 24. März 1699 nochmals darin bestätigt mit der Bedingung, „keine öffentlichen religiösen Übungen auf dem Hofe abzuhalten" (von Mansberg war evangelischen Glau-

bens). Er durfte auch keine evangelischen Glaubensbrüder im Dorfe Lütmarsen ansiedeln. Das Gut blieb 235 Jahre im Besitz derer von Mansberg.

Lütmarsen, das in unmittelbarer Nähe der Stadt Höxter liegt, ist Siedlungsgebiet auch für die Bürger der Kernstadt. In der Ortschaft befindet sich die Heiligenbergschule, eine Sonderschule für Lernbehinderte.

Rudolf Lohmann, Höxter

Ottbergen

Ottbergen liegt im Tal einer waldreichen Berglandschaft an der Nethe, einem Nebenfluß der Weser. Die Ortschaft ist Ausgangspunkt zu ausgedehnten Wanderungen. Der staatlich anerkannte Luftkurort Bruchhausen ist 1 km entfernt. Der mit erheblichen öffentlichen Mitteln restaurierte Wiemers-Meyersche Hof prägt das Ortsbild. Er wird als Gemeindehaus genutzt. Eine in unmittelbarer Nähe neu in Betrieb genommene

Nethebrücke in Ottbergen.

Brauerei versorgt nicht nur die Ortschaft Ottbergen, sondern viele Gaststätten im gesamten Stadtgebiet mit einem vorzüglichen Bier.

„Odburgun", „Othberghe", „Otberch", „Otberg" - so die namentliche Entwicklung der Ortschaft Ottbergen in ihrer über 1100jährigen Geschichte. Nach einem im Jahre 1479 auf Veranlassung des Corveyer Abtes Hermann II. von dem Klosterbruder Johannes aus dem Kloster Falkenhagen neu geschriebenen Schenkungsregister (*Traditiones Corbeienses*) „übergab Alfric in Odburgun einen Hof mit Familie, die ihn bestellte" (um 848). In einer undatierten, zwischen 1190 und 1205 gesetzten Urkunde, wird der Name Ottbergen erwähnt.

Die älteste Archidiakonatseinteilung der Paderborner Diözese vom Jahre 1231 nennt Ottbergen unter den Pfarrorten, welche zum Sitz Höxter geschlagen werden.

Durch eine Fehde zwischen Paderborn und Corvey im Jahre 1510 wurde fast die ganze Ortschaft Ottbergen vernichtet. Auch der Dreißigjährige Krieg brachte Not und Verwüstungen, ebenso der Siebenjährige Krieg (1756/63). Im Jahre 1761 forderte die Typhus-Epidemie den Tod von 81 Menschen. Es starb fast jeder zweite Einwohner des Ortes.

Ein großes Stück sehr alter Geschichte ruht auf der alten Stootmolle, später Stootmühle genannt. Bereits im Jahre

Der Wiemers-Meyersche Hof in Ottbergen, heute: Gemeindehaus.

1609 wurde diese Mühle zur Herstellung von bestem Büttenpapier umgebaut und blieb seither im Familienbesitz. Die jetzigen modernen Produktionsanlagen exportieren bunte Kartonagen in alle Welt.

1861 begann für das damals 583 Einwohner zählende Dorf das Eisenbahnzeitalter. Nach längeren Planungen wurde schließlich die Strecke Altenbeken - Ottbergen - Holzminden fertiggestellt; die Strecke Ottbergen -. Northeim konnte erstmals am 18. Januar 1878 befahren werden. Als dann in diesem Jahre in Ottbergen ein großes Bahnbetriebswerk für die Dampflokomotiven dazu kam, wurde der Ort eine blühende Gemeinde.

In den 60er Jahren dieses Jahrhunderts setzte ein Rückgang im Personen- und insbesondere im Güterverkehr ein, der zu Rationalisierungen führte, die auch in Ottbergen spürbar wurden: Das Bahnbetriebswerk wurde 1976 mit der Außerbetriebssetzung aller Dampfloks zur Außendienststelle; es folgte die Schließung der Lehrlingswerkstatt. Im Jahre 1979

verlor Ottbergen die Bahnmeisterei. Heute hat der Bahnhof noch eine Bedeutung als Umsteigestation an den Bahnlinien Altenbeken - Ottbergen - Göttingen/Northeim und Altenbeken - Ottbergen - Kreiensen

Das schrecklichste Ereignis für die Ortschaft in diesem Jahrhundert war der Bombenangriff am 22. Februar 1945: 33 US-Bomber warfen über 50 schwere Sprengbomben auf den Eisenbahnknotenpunkt Ottbergen. Bei diesem Angriff mußten 91 Menschen ihr Leben lassen.

Für die jahrhundertelang selbständige Gemeinde brachte das Jahr 1970 eine entscheidende Wende. Die kommunale Neugliederung führte zum Zusammenschluß der Gemeinde Ottbergen mit der Stadt Höxter.

Fritz Grewe, Ortsheimatpfleger

Ovenhausen, St. Michaelskapelle auf dem Heiligenberg.

Ovenhausen

Das Dorf Ovenhausen, seit der kommunalen Neugliederung im Jahr 1970 Ortsteil der Stadt Höxter, gehörte zum Gebiet des Klosters Corvey, und seine Geschichte ist auf das engste mit der des Klosters verknüpft. Der Name Ovenhausen stammt aus sächsischer Zeit. Es ist nicht unbegründet anzunehmen, daß der Name des freien, sächsischen Edelings „Ovo", der im Jahre 823 in einem Schenkungsregister des im Jahr zuvor gegründeten Klosters Corvey mehrmals als Zeuge erwähnt wird, der Siedlung seinen Namen gegeben hat, so daß „Ovenhausen" soviel wie „Haus des Ovo" bedeutet. Die erste gesicherte Nachricht von der Existenz Ovenhausens ist in einer Corveyer Urkunde aus dem Jahr 887 zu finden, in der erwähnt wird, daß Kaiser Karl der Dicke einen Teil des Ortes „Ovenhus" dem Kloster schenkte.

Eine nicht weniger enge Verbindung besteht zwischen Ovenhausen und dem im Südosten des Dorfes gelegenen „Heiligenberg". Hier hatten im Jahr 1078 zwei Corveyer Mönche eine Kirche zu Ehren des heiligen Michael errichtet, die bis zum Ende des 16. Jahrhunderts Pfarrkirche für die Orte Ovenhausen, Bosseborn, Lütmarsen und einige wüst gewordene Ansiedlungen war. Im 15. Jahrhundert taucht auf nicht geklärte Weise die heilige Salome als Nebenpatronin der Kirche auf. Ihre Verehrung übertraf bald die des heiligen Michael, so daß der Heiligenberg in einer Urkunde des Klosters Marienmünster sogar „Salomeberg" genannt wird. Mit der Verlegung der Heiligenbergpfarre ins Tal nach Ovenhausen am Ende des 16. Jahrhunderts behielt man das in Deutschland einzigartige Salome-Patrozinium für die neuerbaute Pfarrkirche und ihre Nachfolgekirchen bei.

Im Dreißigjährigen Krieg und in der unmittelbaren Zeit danach hatte das Dorf unter durchziehenden Truppen und Räuberbanden, die plündernd und brandschatzend durchs Land zogen, zu leiden, so daß das Volk total verarmte und die Äcker verwüstet dalagen. Kaum erholt, brachte der Siebenjährige Krieg (1756-1763) mit wiederholten Einquartierungen und den zu zahlenden Kriegssteuern dem Ort den wirtschaftlichen Ruin.

Nach mehrmals wechselnden Landeshoheiten kam das Fürstentum Corvey 1813 zu Preußen. Die Bemühungen Preußens um die Förderung von Ackerbau, Handel und Gewerbe, um den Bau von Straßen und Wegen und vor allem um die Verbesserung der Bildung der Bürger durch Einrichtung neuer Schulen fielen in Ovenhausen auf fruchtbaren Boden, so daß eine stete, wenn auch langsame Aufwärtsentwicklung einsetzte, die durch die beiden Weltkriege mit Inflation und Währungsreform unterbrochen wurde.

Nach den schwierigen und harten Aufbaujahren brachte der in Ovenhausen lebendige Bürger- und Gemeinschaftssinn die Entwicklung wieder in Gang, als deren Höhepunkt die im Jahr 1977 erreichte Auszeichnung „Bundesgolddorf" anzusehen ist. Ovenhausen gilt seitdem als die schönste Ortschaft im Stadtgebiet.

Der beliebte Erholungsort liegt landschaftlich reizvoll vor den Toren der Stadt Höxter. In einem schmucken Tal, dessen Hänge, die mit Laub- und Nadelwäldern bestanden sind, stellenweise nahe an das Dorf heranreichen, findet der Erholungsuchende Ruhe und Entspannung. Von den Höhen ringsherum gibt es überraschend schöne Ausblicke auf das Dorf. Gepflegte Fachwerkhäuser mit eindrucksvollen Inschriften, vorbildlichen Grünanlagen, reicher Blumenschmuck an den Häusern und in den Vorgärten prägen das Ortsbild. Ausgedehnte, gut markierte Wege mit vielen Ruhebänken in den wildreichen Bergwäldern der Umgebung bieten Möglichkeiten zu ausgiebigen Wanderungen.

Franz-Josef Gottlob, Ortsheimatpfleger

Alter Schafstall in Ovenhausen.

Stahle

Stahle markiert mit seiner „Großen Masch" den absolut östlichsten Winkel Westfalens. Das über 1150jährige Weserdorf hatte 1938 1.252 Einwohner, 1946 (mit Evakuierten, Flüchtlingen und Vertriebenen) 1.635, jetzt weit mehr als das Doppelte der Vorkriegsjahre. Die nach Lüchtringen zweitgrößte Ortschaft der Stadt Höxter ist die historische Eingangspforte des geschichtsträchtigen Corveyer Landes, und zwar sowohl von der unmittelbar östlich des Flusses gelegenen niedersächsischen Kreisstadt Holzminden (früher: Land Braunschweig) als auch von der nördlichen Nachbargemeinde Heinsen (früher: Land Hannover) her.

Der Name Stahle tauchte als „Stela" erstmals im Jahre 832 in einem Verzeichnis der von Corvey abhängigen Besitzungen (*Traditiones Corbeienses*) auf. Damals übereignete ein Uffed in Stela, in Aldbretshus (Albaxen), in Higenhus (Heinsen), in Hamereshus (Hummersen) etliches an Feldern und Wäldern der Abtei Corvey. Namhafte Geschichtsforscher legen die Ersterwähnung auf die Jahre um 832 bzw. direkt auf 832 fest. Stahle („Stela", „Stalo") ist allerdings viel älter; es liegt in einem frühgeschichtlichen germanischen Siedlungs-

Bauernhaus in Stahle, Am Schling 8.

raum. Dieses beweisen u.a. Funde im bebauten Gebiet aus der Zeit um Christi Geburt. Eine Lanzenspitze stammt aus der Merowingerzeit (7. Jahrhundert).

Früher gab es Ministerialen (Dienstmannen, Verwalter), die sich nach dem Orte nannten: Christian von Stahle (1190), Friedrich von Stahle (1204 - 1249). Die Corveyer Lehnsregister aus dem 14. und 15. Jahrhundert verzeichnen eine Reihe

Stahle

adliger Geschlechter, die mit Gütern in Stahle beliehen waren: die von Hagen, von Nigenkerken, von Wenthusen, von Haversvörde, von Hedewigessen, von Werdinghusen. Ein alter Stahler Namen lautet „Werdehausen".

Stahle ist ein „Grenzdorf", obwohl der Nachbarort Heinsen ursprünglich - bis zur zweiten Hälfte des 13. Jahrhunderts - ebenfalls zum Bistum Paderborn gehörte und erst Polle zum Bistum Minden. Die neue Grenzziehung in Richtung Stahle, wo im hiesigen Bereich der inzwischen untergegangene Ort „Masch" (auch „Marsch", „Mersche") gelegen hatte, war oftmals Gegenstand heftiger Streitigkeiten zwischen den Landesherren. So kam es schließlich unter großem Zeugenaufgebot zu einem etwa zwanzigjährigen Proceß vor dem Reichskammergericht in Speyer, der erst 1581 endete. Danach wurden die umstrittenen Gebiete - von der Weser bis zum Köterberg - genau vermessen und durch Grenzzeichen markiert.

Die Stahler Bevölkerung hatte während der großen Kriege der vergangenen Jahrhunderte oft größte Not zu erleiden. Anno 1632, also im Dreißigjährigen Krieg, wurde das Dorf vollständig zerstört. Im Sommer 1757, während des Siebenjährigen Krieges, hatten französische Truppen in der Nähe ein Lager aufgeschlagen. Die verängstigte Bevölkerung war tributpflichtig. In der sogenannten „Franzosenzeit" - unter Napoleon - begann 1810 die Aushebung von Rekruten für die französische Armee.

Zeiten des Niederganges durch Kriege, Seuchen folgten Zeiten des Aufschwunges. So gilt als Beweis für den ungebrochenen Wiederaufbauwillen der bekannte Merianstich „Holtzmünden" aus dem Jahre 1654. Dieser Stich gibt auf der Stahler Weserseite eine ganze Reihe von Häusern wieder. Bis 1885 war Stahle mit Holzminden durch eine Fähre verbunden, danach durch eine Brücke. Die alte Bogenbrücke wurde am 6. April 1945, unmittelbar vor dem Einmarsch der amerikanischen Truppen, gesprengt.

Schon im sogenannten „Falkenhagener Copiar" wird 1262 ein „Johannes de Eyßen" als Rektor der Kirche in Stahle erwähnt. Die erste urkundlich bekannte Kirchweihe war 1697. Die Marienkapelle, Anno 1834 auf dem Feldberge errichtet aufgrund eines Gelöbnisses, erhielt vor einigen Jahren offiziell den Rang einer Wallfahrtsstätte des Erzbistums Paderborn. Vier Prozessions- und Wegekapellen (Heiligenhäuschen) an den alten historischen Ortseingängen wurden Anno 1700, 1704, 1707 und 1754 errichtet. Das ist weithin einmalig. Stahle ist daher auch das „Dorf der Kapellen".

Dem ersten Stahler Schulgebäude aus dem Jahre 1690 folgten weitere. Teilweise wurden Häuser für schulische Zwecke umgebaut oder vorübergehend in Anspruch genommen. Jüngst entstand ein Schulzentrum (Grundschule für Stahle und zweizügige Hauptschule für die Ortschaften Stahle, Albaxen, Bödexen, Fürstenau und Lüchtringen).

In mehr als zehnjähriger ehrenamtlicher Arbeit entstand ab 1949 eine romantische Freilichtbühne. Theater, Konzerte, Jugendtreffen (auch mit Franzosen und Engländern), Schul- und Kindergartenfeste beweisen, daß die Stätte aus dem Leben des Weserdorfes nicht mehr wegzudenken ist.

Stahle war Medaillengewinner beim Landeswettbewerb „Unser Dorf soll schöner werden" und Landessieger für die „Beste Gemeinschaftsleistung".

Heinz Mönkemeyer, Ortsheimatpfleger

Marienmünster

Fläche	64,23 qkm	Einwohner (1996)	5.341
Einwohner in den Ortsteilen:			
Altenbergen	518	Kleinenbreden	120
Born	59	Kollerbeck	807
Bredenborn	1.515	Löwendorf	261
Bremerberg	127	Münsterbrock	150
Eilversen	66	Papenhöfen	216
Großenbreden	108	Vörden	1.199
Hohehaus	195		

Wer den Namen Marienmünster hört, denkt an die altehrwürdige Benediktinerabtei, die 1128 errichtet wurde, oder die junge Stadt, die seit dem 1. Januar 1970 besteht. Bei der auf freiwilliger Basis im früheren Kreis Höxter durchgeführten kommunalen Neugliederung schlossen sich die ehemals selbständigen Städte Bredenborn und Vörden sowie die Gemeinden Altenbergen, Born, Bremerberg, Eilversen, Großenbreden, Hohehaus, Kleinenbreden, Kollerbeck, Löwendorf, Münsterbrock und Papenhöfen zu einer neuen Stadt zusammen. Die Namensgebung für die neue Stadt gestaltete sich schwierig. Jede der beiden Titularstädte erhob hierauf Ansprüche. Hatte Bredenborn die meisten Einwohner (1.271), so konnte Vörden (925 Einwohner) auf den Sitz der Verwaltung und den Amtsnamen verweisen, der ursprünglich auch für die neue Stadt vorgesehen war. Die historischen, kulturellen und wirtschaftlichen Beziehungen, die jede der 13 Amtsgemeinden mit dem inmitten des Stadtgebietes stehenden Kloster Marienmünster verbanden, waren jedoch ausschlaggebend

Abtei
Marienmünster.

für den neuen Namen Marienmünster. Die Stadt ist somit die einzige im Kreis Höxter, die nicht den Namen eines Zentralortes trägt.

Marienmünster liegt im Grenzbereich des alten Nethegaues im Süden, des Wetigaues im Norden und des Augaues im Osten im ehemals sogenannten Oberwälder Land im nördlichen Kreis Höxter an der Grenze zum Kreis Lippe. Landschaftlich dehnt sich das Stadtgebiet aus vom Rand der fruchtbaren Steinheimer Börde im Westen bis zum Fuß des 500 m hohen Köterberges im Osten. Die südliche und südöstliche Begrenzung bildet die Brakeler Muschelkalkschwelle. Der größte Teil des Stadtgebietes gehört zur sich nach Norden öffnenden Lippischen Keupermulde. In Norden, Osten und Südosten erhebt sich die Landschaft zu Bergrücken mit Höhenlagen über 300 m ü. N.N. und senkt sich nach Westen und Südwesten allmählich bis 160 m ü. N.N. ab.

Im Landesentwicklungsplan ist Marienmünster als Grundzentrum mit weniger als 10.000 Einwohnern ausgewiesen. Fast alle Einrichtungen der Infrastruktur sind vorhanden. Turnhalle, Hallenbad, Kindergärten, Grundschulen und eine Hauptschule sind vor Ort. Die Stadt unterhält eine eigene Musikschule; eine Volkshochschule wird zusammen mit der Stadt Höxter betrieben. Bis auf einen kleinen Teil im Westen ist das gesamte Stadtgebiet als Erholungsgebiet festgelegt. Die Landwirtschaft mit Feldern und Weiden prägt den Charakter der weiträumigen Landschaft. In der Landwirtschaft selbst arbeiten nur noch 10 % der erwerbstätigen Bevölkerung, während der Großteil im produzierenden Gewerbe tätig ist. An das überregionale Straßennetz ist Marienmünster durch die Bundesstraße 239 und die Landesstraße 823 angeschlossen. Die landschaftlich reizvolle Lage bot gute Voraussetzungen, Fremdenverkehr für die Stadt nutzbar zu machen. Die waldreiche Hügellandschaft um die ehemalige Abtei ist hierfür wie geschaffen. Unterhalb des Hungerberges konnte Anfang der 70er Jahre ein Freizeitgelände ausgewiesen werden. Ein Stausee und eine Kneipp-Anlage wurden angelegt. Veranstaltungen runden das Bild ab. Dazu trägt auch die ehemalige Abtei bei, die durch Konzerte auf der berühmten Barockorgel nicht nur in Ostwestfalen bekannt ist und jedes Jahr viele Besucher zählt.

Der Fremdenverkehr entwickelte sich in den zurückliegenden Jahren kontinuierlich. Die Übernachtungszahl liegt nach 20 Jahren Fremdenverkehrsarbeit bei über 45.000 Übernachtungen. Dem Stadtteil Vörden verlieh der Regierungspräsident Detmold 1988 die Bezeichnung Erholungsort. Im Jahre 1990 wurde Marienmünster beim 2. Bundeswettbewerb „Familienferien in Deutschland" für besonders familienfreundliche Ferienangebote von der Bundesministerin für Jugend, Familie, Frauen, Gesundheit, Prof. Dr. Ursula Lehr, ausgezeichnet.

Einen guten Namen hat sich die Stadt auch in der Wiederherstellung eines dörflichen Wohnumfeldes erworben. In zahlreichen Maßnahmen ist der Dorfcharakter wieder neu entstanden. Die Dorferneuerung hat zur Verschönerung der Ortsbilder und damit auch zur Entwicklung des Fremdenverkehrs beigetragen. Die Maßnahmen bildeten die Grundlage, daß die Stadt das Land Nordrhein-Westfalen 1986 auf der internationalen Grünen Woche in der Sonderschau „Dorfforum Berlin 1986 - Planung im ländlichen Raum" vertreten durfte. Die Einweihung des neugestalteten Dorfplatzes in Bredenborn nahm der Landesminister für Umwelt, Raumordnung und Landwirtschaft, Klaus Matthiesen, 1987 vor.

Die Benediktinerabtei Marienmünster

Weithin sichtbar erheben sich am Fuße einer Waldhöhe die Türme Marienmünsters. Graf Widukind I. und seine Gattin Lutruth von Itter stifteten 1128 die Abtei als Sühnekloster in unmittelbarer Nähe der Oldenburg. Dies war die Stammburg

Oldenburg

der Grafen des Wetigau, die sich seit 1127 Grafen von Schwalenberg nannten. Widukind erbte von seinem Schwiegervater die Vogtei über das von Bischof Meinwerk 1036 gegründete Busdorf-Stift in Paderborn und Grafenrechte im Ittergau. Er wird 1116 als Vizevogt des Klosters Corvey genannt, 1123 als Hochvogt, und übt damit im Auftrag des Bischofs die hohe Gerichtsbarkeit aus. Damit war er im Einflußbereich des Paderborner Bischofs der mächtigste Graf. Zum Fest Mariä Himmelfahrt 1128 weihte Bischof Bernhard I., ein Neffe Widukinds, Kloster und Kirche zu Ehren der hl. Jungfrau Maria, des hl. Apostels Jakobus d. Ä. und des hl. Christophorus. Die geistliche Betreuung übernahmen zwölf Mönche aus der Benediktinerabtei Corvey. Nach seinem Tode im Jahre 1137 wurde Graf Widukind im Westwerk der Kirche beerdigt. Sein Epitaph befindet sich jetzt auf der rechten Chorseite.

Ein wirtschaftlicher und kultureller Niedergang setzte im 15. Jahrhundert ein. Auch das klösterliche Leben in der Abtei war stark herabgesunken. Durch den Anschluß an die Bursfelder Kongregation erlebte das Kloster eine neue Blütezeit.

Von der Reformation blieb das Kloster nicht unberührt. Die Ideen Luthers sind in verschiedenen umliegenden Ortschaften auf fruchtbaren Boden gestoßen. Aus den inkorporierten Pfarreien zog 1532 Abt Heinrich III. seine Mönche zurück in die Abtei, weil er sich ihrer Glaubenstreue nicht mehr sicher sein konnte. In Absprache mit dem Bischof übernahmen Diözesanpriester die Seelsorge. Nur die Klosterpfarreien Bredenborn und Vörden wurden von den Mönchen betreut, die aber im Kloster wohnten. 30 Jahre dauerte es, bis die Mönche ihre Arbeit in den umliegenden Dörfern voll wieder aufnahmen. Mit Ausnahme der ständig vom Kloster verwalteten Gemeinden hat der Protestantismus in der Umgebung starken Anhang gehabt. Vor allem der Adel trat für die neue Glaubensrichtung vehement ein.

Leid und Verwüstung brachte der Dreißigjährige Krieg mit den Überfällen des „Tollen Christian" von Braunschweig 1622 und 1626. Nach dem Bericht des kaiserlichen Notars Daniel Kroes vom 16. Juni 1626 stellten seine Soldaten in Kirche und Kloster 1.500 Pferde ab, zerschlugen wertvolle Einrichtungsgegenstände und vernichteten Paramente, Urkunden und die Bibliothek. Von 1641 bis 1646 belagerten plündernde schwedische und hessische Truppen das Kloster. Übrig blieben größtenteils nur Trümmer. Der Wiederaufbau der Abtei erfolgte ab 1661 unter dem Abt Ambrosius Langen. Er ließ durch Ludwig Baer aus Lügde die Kirche als Hallenkirche neu errichten. Von der alten romanischen Pfeilerbasilika blieben nur das Mittelschiff, das Querschiff, der Vierungsturm und die Westtürme bestehen.

Mitte des 19. Jahrhunderts zeigten sich an der Kirche erhebliche Bauschäden. So entschloß man sich 1854 zum vollständigen Abbruch und Neubau des südlichen Seitenschiffes

und beider Westtürme. Die Türme wurden als selbständiges Bauelement nach dem Vorbild der St. Kilian-Kirche in Höxter neu errichtet und der Zwischenbau mit einer Zwerggalerie versehen. Die barocken Turmhauben ersetzte man durch gotische Spitzhelme. An die Stelle des barocken Daches mit seinen vier Giebeldächern über dem Seitenschiff kam ein geschlossenes Satteldach, das alle drei Schiffe deckte.

Ende des 17. Jahrhunderts wurde das Gotteshaus mit prächtigen barocken Ausstattungsstücken versehen. Paul Gladbach aus Rüthen (Möhne) fertigte 1682 den neuen Hochaltar, 1683 den dem hl. Joseph geweihten Pfarraltar, 1684 den Michaelsaltar. Die Farbfassung des Hochaltars erfolgte ab 1698 durch den Meister Berning aus Kallenhardt im Sauerland. Das Bild des Hochaltars enthält die Anbetung der Hirten. Aus der ursprünglichen Kirche erhalten ist ein spätgotisches Vesperbild. Die wertvolle Pietà, die um 1500 von dem Mönch Wiggerinck geschaffen wurde, wird als „Gnadenbild" verehrt. Sie steht heute in einem barocken Gehäuse.

Ein besonderes Prunkstück der Abteikirche ist die große Barockorgel. Der weitbekannte Lippstädter Meister Johann Patroclus Möller fertigte die Orgel im Jahre 1737. Die Vorgängerorgel ging an die Benediktinerinnenabtei Gehrden, wo sie heute noch steht. Abgestimmt auf das Kirchenschiff baute Möller die heute größte erhaltene Barockorgel Westfalens, deren wuchtige Pedaltürme vor den Pfeilern angebracht sind und in das Gotteshaus ragen. 42 Register sind auf Hauptwerk, Rückpositiv, Brustwerk und Pedal verteilt. Die ursprünglich auf Springladen gesetzten Werke stehen heute auf Schleifladen. Der einmalige Klang der Orgel und der seltene Farbreichtum der Soloregister werden von Fachleuten gerühmt. Namhafte Organisten geben auf ihr regelmäßig Konzerte, die auch im Rundfunk übertragen werden.

Erneut zerstört wurden die Existenzgrundlagen des Klosters im Siebenjährigen Krieg (1756-1763). Bei den Kämpfen zwischen Rhein und Weser, die Preußen mit den verbündeten Engländern, Hannoveranern und Braunschweigern gegen die Hessen und Franzosen führte, kam es auch hier zu zahlreichen Gefechten und Truppenbewegungen, die Einquartierungen, Lebensmittellieferungen, Leistungen von Vorspanndiensten, Gestellen von Arbeitskräften und hohe Reparationen mit sich brachten. 1757 rückten 200 Husaren und 300 Fußsoldaten in Marienmünster ein, darum herum bezogen 6.000 Pfälzer und zwei Bataillone Österreicher und Franzosen Stellung. 1760 suchten Braunschweiger und Hannoveraner das Kloster heim. Das Kloster verwandelte sich in einen Pferdestall. Die Soldaten raubten und plünderten, schlachteten Rinder, Schafe und das Geflügel. 1761 kam es im Gebiet um Marienmün-

Abtei Marienmünster ▷

Johann-Patroclus-Möller-Orgel in der Abteikirche Marienmünster.

ster zu einem Gefecht mit erheblichen Zerstörungen. 90 Seiten beanspruchte der Bericht des Abtes von Marienmünster über die Geschehnisse in und um Marienmünster. Zum Ende des Krieges waren die wirtschaftliche Grundlage des Klosters zerstört, die Felder verwüstet. Hinzu kam, daß bei einer Kuhpest der Viehbestand erheblich zurückgegangen war. Nach anhaltender Trockenheit 1766 gab es mehrere Mißernten. Die Bevölkerung verarmte.

Den tiefsten Einschnitt in die Geschichte der Abtei brachte und hinterließ die Säkularisation 1803. Auf königliche Kabinettsorder vom 10. März 1803 wurde das Kloster aufgehoben, die Mönche mit einer Pension entlassen und aller Klosterbesitz eingezogen. Zu diesem Zeitpunkt gehörten dem Konvent 39 Mönche an, von denen 16 seelsorgerische Aufgaben wahrnahmen. Alle weltlichen Güter und Besitzungen fielen an den preußischen Staat, und dies war nicht wenig. Im Laufe der Jahrhunderte waren die Güter durch Schenkungen und Erwerb auf 627 Morgen Ackerland, 171 Morgen Weideland, 9 Morgen Gärten und ca. 1.250 Morgen Forst angewachsen. Der preußische Staat veräußerte diesen Besitz je zur Hälfte an einen katholischen und einen evangelischen Interessenten, um sich in der Glaubensfrage neutral zu verhalten. Die noch vorhandenen Bücher, das Altarsilber im Wert von 1.652 Ta-

lern, acht große und 39 kleine Gemälde und 34 Porträts ehemaliger Äbte wurden verkauft und versteigert. Die Kirche blieb als Pfarrkirche für die katholische Gemeinde bestehen. Da trotz Auflösung des Klosters die Pfarrei also weiterbestand, konnten zwei Mönche ihre Arbeit fortsetzen. Die seelsorgliche Betreuung der umliegenden Pfarreien übernahmen Diözesanpriester. Nachdem 1957 die Regierung von Indonesien ein Visaverbot für holländische Missionare und Ordensleute erließ, bot ihnen die Deutsche Bischofskonferenz an, in Deutschland Niederlassungen zu gründen. So kam Mitte der 60er Jahre der Orden der Passionisten nach Marienmünster. Der neue Standort entsprach ihren Vorstellungen, zumal der Gründer der Kongregation, der hl. Paul vom Kreuz, besonders die Seelsorge in armen, ländlichen Pfarreien betrieben hatte. Das Erzbischöfliche Generalvikariat Paderborn schloß mit den Patres einen Dienstleistungsvertrag: jeder Passionistenpater übernahm als Pfarrverweser seelsorgliche Aufgaben in dem Gebiet um Marienmünster. Zur Pfarrgemeinde der Abtei gehören die Ortschaften Born, Bremerberg, Großenbreden, Hohehaus, Kleinenbreden, Löwendorf, Münsterbrock und Papenhöfen. Weiter betreut werden die Kirchengemeinden Vörden-Eilversen und Altenbergen. Der kulturelle Mittelpunkt der Abtei in der neuen Stadt ist ungebrochen und zeigt sich so weiterhin auch nach außen.

Von beiden großen Weltkriegen ist der Raum Marienmünster direkt nur wenig berührt worden. Dies änderte sich ab März 1945, als die 3. US-Panzerdivision von Marburg kommend einen schnellen Vorstoß nach Norden und Osten unternahm. Nach den Kämpfen um Paderborn rückten die US-Truppen unaufhaltsam in Richtung Weser vor. Am 5. und 6. April 1945 erreichte die 83. US-Infanteriedivision die Dörfer um Marienmünster. Vereinzelt gab es Widerstand. Größtenteils hatten die Bewohner in den Ortschaften rechtzeitig die weiße Fahne gezeigt, so daß größerer Schaden verhindert wurde. Dennoch starben an diesen Tagen drei Menschen, ein russischer Zwangsarbeiter, ein amerikanischer Soldat und ein deutsches Kind. Durch Beschuß sind einige Häuser und Scheunen abgebrannt oder beschädigt worden.

An das Leben jüdischer Bewohner in den Dörfern des heutigen Marienmünster erinnern im gegenwärtigen Erscheinungsbild der Stadt jüdische Friedhöfe in Löwendorf und Vörden mit ihren Grabsteinen. Sie stehen als stumme Zeugen der Vergangenheit in der Gegenwart. Bereits Anfang des 18. Jahrhunderts lebten Juden in Vörden und Löwendorf. Ihnen war der Aufenthalt im Hochstift durch den Fürstbischof mittels Geleitbrief gestattet worden. In damaliger Zeit bildeten die Juden eine als rechtlos behandelte Gruppe. Um überhaupt im Hochstift geduldet zu werden, brauchten sie einen Geleit-

Hochaltar in der Abteikirche Marienmünster ▷

Ferienpark Vörden

brief des bischöflichen Landesherrn. Erst dadurch erhielten sie eine gewisse Rechtssicherheit. Hierfür mußten sie ihm allerdings hohe Gebühren entrichten. Daneben erhoben die Gemeinden von den Juden ein „Beiwohnergeld". So mußten die Juden zumeist doppelt so hohe Gebühren und Abgaben entrichten wie die übrigen Bürger. Das Bürgerrecht hingegen konnten sie nicht erwerben. Damit waren ihre Rechte und Erwerbsmöglichkeiten eingeschränkt. Ihnen blieb nur, sich als Händler und Pfandleiher zu betätigen, und dies noch mit Einschränkungen. Da es Christen untersagt war, gegen Zinsen Geld zu verleihen, betätigten sich die Juden verstärkt auf diesem Gebiet. Die rechtliche Gleichstellung erreichten sie erst 1808 in der napoleonischen Zeit des Königreichs Westphalen. Nach 1800 nahmen Juden auch Wohnsitz in Born, Hohehaus, Bredenborn, Papenhöfen und Kollerbeck. Mitte des 19. Jahrhunderts berechtigte König Friedrich Wilhelm IV. die Juden, sich in Synagogengemeinden zusammenzuschließen. Die Juden in dem 1841 gebildeten Amt Vörden wurden zwei Synagogengemeinden zugeordnet, und zwar die Juden aus Löwendorf der Synagogengemeinde Fürstenau und die Juden aus Vörden, Bredenborn und Papenhöfen der Synagogengemeinde Vörden. In den übrigen Dörfern lebten zu dieser Zeit keine Juden. Mitte bis Ende des 19. Jahrhunderts verließen viele Juden die Orte und das Amt Vörden. Bei der

Jahrhundertwende lebten Juden nur noch in Bredenborn und Vörden.

Nach 1933 wurden die Juden von vielen wirtschaftlichen Betätigungen ausgeschlossen. Sie wurden schikaniert und diskriminiert. Da die Bevölkerung sich sehr zurückhaltend verhielt, erschien u. a. ein wütender Artikel im NS-Volksblatt vom 28. Mai 1934, in dem Altenbergen zum „Eldorado" der Juden erklärt wurde. In der „Reichskristallnacht" 1938 wurden vier Juden verhaftet und nach Höxter überführt. Zwei weitere Juden wurden in das Polizeigefängnis Vörden eingeliefert. An mehreren Wohnhäusern der Juden sind Fensterscheiben eingeschlagen worden. Eine Synagoge hat nicht gestanden. Wohl war ein Betsaal vorhanden, der aber nicht zerstört oder verwüstet wurde. Die Juden nutzten ihn bis zur Deportation im Winter 1941/42. Allerdings wurde hier seit der „Kristallnacht" nicht mehr lautet gebetet. Nach den Vorgängen des November 1938 machte das „Dritte Reich" den Juden das Leben unerträglich. Viele entschlossen sich auszuwandern. So gelang es auch mehreren Juden aus Bredenborn und Vörden zu emigrieren. Am 13. Dezember 1941 fand die erste Deportation aus Vörden in die Konzentrationslager statt. Zwei weitere Transporte folgten. Nur wenige Juden überlebten die Konzentrationslager und kehrten in ihre Heimat zurück.

Altenbergen

Wann das Dorf Altenbergen entstanden ist, ist nicht bekannt. Eine Überlieferung ist nicht vorhanden. In seinen Veröffentlichungen nimmt Christoph Völker an, daß Altenbergen in die Zeit Kaiser Karls des Großen zurückreicht.

Die Grundherrschaft, die Gerichtsbarkeit und das Zehntrecht in Altenbergen waren von der Abtei Corvey lehnsabhängig. Die Lehen trugen die Herren von der Ascheburg, von Modexen und von Habenberg und seit 1491 die von Haxthausen, die bis zur Ablösung der alten Verpflichtungen Grund-, Gerichts- und Zehntherren von Altenbergen waren.

Urkundlich wird Altenbergen erstmals 1231 im Archidiakonatsverzeichnis als zum Sitz Steinheim gehörender Pfarrort erwähnt. 1324 übergab Bischof Bernhard V. von Paderborn die Pfarrei Altenbergen an das Benediktinerkloster Marienmünster. Er behielt sich die nicht unerheblichen Kircheneinkünfte vor und übertrug den gesamten Wald an die Burg Vörden. Zur Ablösung der Holz- und Weiderechte, die die Bewohner von Altenbergen in diesen Waldungen hatten, gaben die von Haxthausen später 200 Morgen an Altenbergen zurück. Unaufhörliche Plackereien und Plünderungen durch Räuberbanden beeinträchtigten den Bauernstand in den wilden Zeiten des Faustrechts im 14. und 15. Jahrhundert auch in Altenbergen. Ende des 15. Jahrhundert stand nur noch die alte Kirche. Das Ackerland war zum größten Teil wieder Wald geworden.

Im 16. Jahrhundert wurde Altenbergen wieder neu besiedelt und entwickelte sich zu einem regelrechten Dorf. Nach mündlicher Überlieferung in Altenbergen soll das Dorf früher auf einer anderen Stelle, näher um die Kirche herum gelegen haben und später der besseren Wasserverhältnisse wegen weiter nach Westen verlegt worden sein. Tatsächlich liegt jetzt die Kirche am östlichen Rand des Dorfes, welches sicherlich nicht ursprünglich gewesen ist. Vermutlich ist die Verlegung des Dorfplatzes bei der Wiederbesiedlung im 16. Jahrhundert geschehen. Im 16. Jahrhundert gewann die Reformation für längere Zeit in Altenbergen die Oberhand. Die Gemeinde hatte zeitweise zwei lutherische Pastöre, die wahrscheinlich durch die Herren von Haxthausen, welche sich der neuen Lehre zugewandt hatten, nach Altenbergen entsandt worden waren. Am Fest Mariä Geburt 1617 vertrieben die Altenbergener auf Veranlassung des Fürstbischofs Theodor von Für-

Altenbergen

stenberg den letzten lutherischen Pfarrer. Unter dem Dreißigjährigen Krieg hatte auch Altenbergen stark zu leiden. Selbst Pfarrhaus und Schule gingen zugrunde. Auch von Feuersbrünsten blieb Altenbergen nicht verschont. Waren 1617 in drei Stunden 33 Häuser abgebrannt, so ist besonders der Passionssonntag 1781 zu erwähnen, an dem das Pfarrhaus samt der Küsterei und sieben anderen Häuser dem Feuer zum Opfer fielen. Die damalige Kirche war bereits massiv und hat daher mehrere Feuersbrünste überstanden. Sie stammte aus dem 13. Jahrhundert und wurde erst 1899 abgerissen und durch eine neue Kirche ersetzt. Diese allerdings hatte nur bis zum Ende des Jahres 1969 Bestand. Wegen festgestellter Baufälligkeit mußte sie abgerissen werden. Es entstand ein neues Gotteshaus, welches am 20. September 1961 Weihbischof Paul Nordhues konsekrierte.

Von inzwischen historischer Bedeutung ist das Windrad von Altenbergen, welches in den Jahren 1908-1911 östlich

der Ortschaft erbaut wurde. Es diente bis etwa zum Jahr 1959 zur Versorgung der Bevölkerung mit Frischwasser. Als Wahrzeichen von Altenbergen stellt dieses Windrad im Bereich der Stadt Marienmünster eine herausragendes technisches Denkmal dar. Es ist einerseits das größte erhaltene Denkmal dieser Art in der Region, andererseits ist der technische Funktionsablauf noch in Einzelheiten ablesbar. Es handelt sich um einen 24flügeligen eisernen Schnelläufer mit Windfahne und kleinerer Querfahne. Das Windgerüst selbst besteht aus einem aufwendigen Winkelprofilstrebenwerk mit zahlreichen Verspannungen in den Knotenpunkten. Die Anlage steht auf einem Betonunterbau über dem Pumpensumpf. Die Ergiebigkeit des Wassers war nicht immer ausreichend, so daß Mitte der 50er Jahre eine neue Tiefenbohrung mit einer Teufe von 128 m niedergebracht wurde. Diese Quelle lieferte ausreichendes Wasser für die Ortschaft, sodaß das Windrad seine Bedeutung verlor. Heute speist es noch den Dorfteich.

Windrad in Altenbergen.

Born

Born ist der kleinste Ortsteil und liegt zwischen Kollerbeck und Sommersell nahe der lippischen Grenze. Früher nannte sich der Ort „Elbrachtessen", „Elbrachtessen", „Elbrechsen", „Elbrexen", „Elbrexter Born" und gehörte zum alten Besitz der Grafen von Schwalenberg und in einer Seitenlinie den Grafen von Pyrmont, die ihre dortigen Güter im 13. Jahrhundert dem Kloster Marienmünster schenkten oder verkauften. Im Jahre 1309 schenkten sie auch die restlichen Besitzungen dem Kloster. Nach vielen Streitigkeiten zwischen den Herren von Oeynhausen als Pfandherren der Oldenburg und dem Kloster Marienmünster wurde 1515 die Schnatgrenze der Feldmarken der Oldenburg und Elbrachtessen festgesetzt. Nach einem weiteren Vergleich zwischen den gleichen Parteien im Jahre 1554 mußten die Bauern ihre Frondienste halb auf der Oldenburg und halb auf dem Klostergut ableisten. Der Ort wird erstmals 1541 „Born" genannt. In den Pyrmonter Lehnsbriefen für die Oeynhausen findet sich 1565 die Ortsbezeichnung „Borun" mit dem Felde zu Elbrechtsen, so daß Born anstelle des ausgegangenen Dorfes „Elbrechtsen" entstanden sein könnte.

Im 17. und 18. Jahrhundert gab es einen unerbittlichen Konflikt mit dem benachbarten Kloster Marienmünster um die Schafhude in der Bornschen Feldmark. Der Streit, der sich über fast 100 Jahre hinzog, ist nach Durchlaufen vieler gerichtlicher Instanzen erst 1774 durch das Weltliche Hofgericht zu Paderborn entschieden worden. In diesem Streit zeigt

Born

sich exemplarisch, in welchen Existenznöten die Landwirte damaliger Zeit waren und wie sie auf jedes Stückchen Ackerland zum Anbau und nach der Ernte für die Beweidung des Viehs angewiesen waren. Die Borner wandten sich u.a. gegen die alleinige Schafhude durch das Kloster Marienmünster im Bornschen Felde und die Beackerung von Feldern außerhalb der gewohnten Zeiten, so daß die Flächen von den Bornern nicht mehr beweidet werden konnten. Die Borner verliehen ihren Ansprüchen teilweise gewalttätigen Ausdruck und nahmen mehrfach Klosterschafe zum Pfand. Der geschlossene Widerstand der Borner führte schließlich zum Erfolg. Ihnen wurde zugestanden, ab Martini ihr Vieh in ihrer Feldmark zu hüten und darüber hinaus auch den dort gelegenen, dem Kloster Marienmünster zugehörigen sogenannten Greventeich mit ihrem Vieh zu betreiben. Zum heutigen Verständnis muß angemerkt werden, daß zur damaligen Zeit eine gemeinschaftliche Weide bestand, die nur als Hude benutzt wurde, daneben durften alle anderen Flächen an Wald, Feld und Wiese zu bestimmten Zeiten gehütet werden. Die Waldhude dauerte bis zur Eichelreife. Die im Privatbesitz befindlichen Wiesen und Äcker konnten nur bis zum 1. oder 15. Mai begangen werden (Vorhude) und im Herbst begann die Nachhude, auch Stoppelhude genannt, gewöhnlich am 1. September. Das Brachland dagegen durfte das ganze Jahr als Trift benutzt werden. Auf den Brachflächen waren regelmäßig die Koppeln für Schafe, Ziegen oder Rinder und bisweilen für Schweine angelegt.

Nach der Säkularisation 1803 gelangte der Klosterhof mit dem Bornholze in den Besitz der Bornschen Bauern und der dortigen Gemeinde. Ende des Jahres 1817 wurde in Born ein Nebenzollamt errichtet, um an der Grenze zum Fürstentum Lippe den Zoll zu erheben, dieses aber bereits zum 12. Dezember 1818 „wegen der schlechten Wege" wiederaufgegeben. 1884 errichteten die Einwohner von Born auf einem Grundstück der Gemeinde eine Kapelle, die sie unter den Schutz der hl. Jungfrau Maria stellten. Born ist ein kleines Dorf mit alten Bauernhöfen in lockerer Bauweise und mächtigem Baumbestand geblieben. Die großen landwirtschaftlichen Hofstellen bestimmen noch heute die Atmosphäre.

Bredenborn

Über die Entstehung des Dorfes Bredenborn ist geschichtlich nichts überliefert. Auch Spuren der ersten Besiedlung des am Südostrand des Steinheimer Beckens gelegenen Ortes konnten bislang nicht aufgeschlossen werden. Die erste Erwähnung Bredenborns ist im Zusammenhang mit der Stiftung des Klosters Marienmünster durch Graf Widukind von Schwalenberg im Jahre 1128 datiert. Graf Widukind von Schwalenberg hatte das Kloster auch mit Gütern zu Bredenborn ausgestattet. Paderborns Bischof Bernhard I. von Oesede bestätigt in der Gründungsurkunde, daß auch er seinen dortigen Besitz zur Unterstützung dem Kloster überträgt. 1138 erhält das Kloster vom Bischof auch den Zehnten zu Bredenborn. Demnach muß zu dieser Zeit Bredenborn schon ein bedeutender Ort gewesen sein.

Die Ursprünge der Besiedlung reichen aber möglicherweise bis ins 7. oder 8. Jahrhundert zurück. Überliefert ist in den Besitzverzeichnissen (Traditionsbüchern) des Klosters die Existenz des Ortes Hobrachtessen, gelegen zwischen Bredenborn und Entrup am Beberbach. Die Ortschaft ist seit Jahrhunderten wüst, heute jedoch erinnert der Flurname „Hobrexen" an seine Existenz. Die Endung des Ortsnamens „-essen" ist von -„hausen" abgeleitet. Orte mit den Namensendungen „-hausen" gehen bis in die fränkische Zeit der Eroberung des Sachsenlandes durch Karl den Großen zurück. Der Vorstoß Karls führte in dieser Zeit in die hiesige Region. Bodenfunde, insbesondere Keramikscherben des 8. bis 14. Jahrhunderts, sind im Bereich von Hobrachtessen gemacht worden. Weitere ausgegangene Orte um Bredenborn sind Brockhusen an der Straße nach Sommersell, Silwahen etwas östlich der heutigen Pfarrkirche und Marbecke.

Über mehr als zwei Jahrhunderte sind Quellen nicht vorhanden, in denen der Ort wieder erwähnt wurde. Erst in der Zeit der Fehden des 14. Jahrhunderts tritt Bredenborn wieder in die „Geschichte" ein. Zum Schutz des Klosters Marienmünster entschloß sich Abt Hermann von Mengersen, Bredenborn und Vörden mit einer Burg zu befestigen. Bereits 1323 waren Amtshaus, Kapelle und elf Häuser von Mauer

Bredenborn

und Wassergraben umschlossen. Dienstleute des Klosters sorgten für den Schutz der neuen Stadt (*Oppidum*). Es war dem Abt nicht vergönnt, die Burgen Vörden und Bredenborn auf Dauer zu wirklichen Schutzwehren auszubauen. Schon 1341 war er aus politischen und finanziellen Gründen genötigt, Bredenborn dem Paderborner Bischof Balduin von Steinfurt zu übertragen und erhielt im Tauschwege dagegen Zehnten und andere Güter in Nieheim. Somit hatte der Paderborner Bischof von der Abtei Marienmünster die Herrschaft über Bredenborn erneut übernommen. Bredenborn besaß schon 1334 eine Kapelle. Eine Kirche erhielt die Stadt 1652, welche Fürstbischof Dietrich Adolph von der Reck Allerheiligen 1656 dem Patron St. Joseph und der hl. Agatha weihte und Bredenborn damit zur selbständigen Pfarrei erhob. Die Verwaltung der Pfarrei oblag weiterhin dem Kloster Marienmünster und währte bis zu Säkularisation.

Obgleich zur Stadt erhoben, hat Bredenborn nie städtisches Gepräge gefunden. Die Bevölkerung blieb von der Landwirtschaft geprägt. Auch konnte sich in der Region mangels notwendiger Anknüpfungen und abseits großer verkehrlicher Verbindungen kein Stadtklima entwickeln. Die Menschen blieben über die Zeit der Geschichte „kleinere Leute" und Bauern. Zurückzuführen ist dies nicht zuletzt auch darauf, daß die Befestigung des Ortes lediglich zu Schutzzwecken des Klosters erfolgte und nur ein kleines Areal umfaßte. Die Gebäude einschließlich der Kapelle waren aus Holz und Lehm errichtet und mit Stroh gedeckt. Die Stadtmauer muß 4 - 5 m hoch, gut einen 1 m dick und mit zwei Toren mit Zugbrücken versehen gewesen sein. Ihr vorgelagert war ein Wassergraben. Der Klingelbach, der Mühlengraben und der Fauleteichgraben sind heute noch Überbleibsel dieser alten Stadtbefestigung. Von der Stadtmauer sind nur noch wenige Reste erhalten. Die Steine sind, als der Schutzzweck entfallen war, vielfach zum Wiederaufbau von durch Brand zerstörten Häusern verwendet worden.

Im Dreißigjährigen Krieg hatte Bredenborn wie alle umliegenden Ortschaften durch Truppendurchzüge und Plünderungen stark zu leiden. Hinzu traten Seuchen (1672-1676) und durch Dürrekatastrophen bedingte Hungersnöte (1684). Die Bredenborner gelobten angesichts dieser Unglücke die Prozession zum Fahrenberg und zum Liebenfrauenborn. Der Ort erholte sich von den Mißgeschicken recht bald; bereits 1657 wird von der Abhaltung zweier Jahrmärkte berichtet. Auch die immer wieder eintretenden Brandkatastrophen waren

Fachwerkhaus in Bredenborn.

nicht so verheerend, daß die Ortschaft in ihrem Bestand gefährdet gewesen wäre. In der „Bredenbornerischen Feuerordnung" vom 1746 ist geregelt, daß den schnellsten Bürgern Prämien gezahlt werden. Eine solche Regelung ist für die Region ungewöhnlich. Hatte dies vielleicht mit dazu beigetragen, daß Schadensfeuer schnell bekämpft wurden?

Aus dem 18. Jahrhundert sind mehrere farbige Schilderungen über Holzfrevel überliefert. Die Dichterin Annette von Droste-Hülshoff hat in der „Judenbuche" solche literarisch aufgearbeitet, die um die Wende des 18. Jahrhunderts in den Waldungen bei Bredenborn, Bellersen und Abbenburg verübt worden sind. Sie berichtet, daß in Mondnächten 30, 40 Wagen mit ungefähr doppelt so viel Mannschaften jeden Alters, vom halbwüchsigen Knaben bis zum 70jährigen Ortsvorsteher, auszogen und ganze Waldstrecken in einer Nacht fällten und fortschafften. Die Förster und sonst eingesetzten Aufsichtspersonen waren gegen die „Blaukittel" mehr oder weniger machtlos. Einen detaillierten Bericht hat im Jahre 1798 ein von Haxthausenscher Förster verfaßt und dem „Herrn Amt-

Liboriuskapelle in Bredenborn

mann zu Bredenborn" zugestellt. Darin beklagt er sehr eindrucksvoll das Fällen und den Raub von Bäumen und Holz in den von ihm zu zu beaufsichtigenden Waldungen. Sogar den Kaplan aus Bredenborn habe er eines Tages „bewaffnet mit einem großen Stecken mit einem Wagen und etliche Mannschaften in voller Arbeit angetroffen, einen Heister gehauen zu haben". In einem anderen Fall, schreibt er, „traf ich sogar des Herrn Amtmanns Hoischen seine Knechte in meiner Beholzung in voller Beschäftigung an, und fuhren einen großen Heister, den selbe gefällt, ganz gekümter Weise, an mich sich nicht störend, fort". Die Bauern bedienten sich auch der Gewalt. So berichtet der Förster weiter, daß nach Vorfällen im Januar und Februar 1795 er mit fünf Schützen, welche er zu seinem Schutz mitgenommen hatte, den Forst beging, dieser aber mit einer solchen Menge Bredenborner besetzt war, daß sowohl er als auch die Schützen fliehen mußten. Ähnliches hat sich im weiteren mehrfach ereignet. Er ersucht den Amtmann, dafür Sorge zu tragen, daß er seinen Forst ruhig begehen könne und dieser „vor dem Wahnsinn der Bredenborner" gesichert werde und etwa bei Ausübung eines „Exzesses" von Bredenbornern der Amtmann „die ganze Stadt für Schaden und Strafe halten möge, widrigenfalls er das große Unglück befürchte", und sein „Leben alsbald aufgeopfert sein wird". In einer weiteren Bittschrift glaubte der Förster den Amtmann selbst unter den Frevlern. Noch einmal bat er, Vorkehrungen zu ergreifen, damit diesem Unwesen Einhalt geboten werde. Dies sind Beispiele aus einem fast 300jährigen Rechtsstreit zwischen denen von Haxthausen und den Bredenbornern, einem Streit, wie er in der frühen Neuzeit für ländliche Gegenden typisch war. Ursache waren wie überall ungeklärte besitzrechtliche Verhältnisse.

Erst Mitte des 19. Jahrhunderts einigten sich nach vielen Gerichtsverfahren und Urteilen beide Teile dahingehend, daß Bredenborn auf alle Gerechtsame verzichtete, dafür aber Masterholz und Bollkasten (ca. 500 Morgen Wald) als Eigentum bekam und dazu noch 3.250 Taler. Nach dieser Einigung hörten auch die Holzfrevel auf. Die teilweise stark in Mitleidenschaft gezogenen Waldungen konnten sich wieder erholen. Von der Säkularisation war Bredenborn insofern betroffen, als das Paderborner Domkapitel in Bredenborn rd. 280 Morgen Saatland, 150 Morgen Wiesen und 838 Morgen Wälder verlor. 1812 verfügte die preußische Regierung die endgültige Aufteilung des Vermögens.

Der Zusammenhalt der Bevölkerung hat dem Ort in den vergangenen Jahrhunderten eine starke Ausprägung verliehen. Nach außen wird dies sichtbar durch die Gründung eines Heimatschutzvereins und mehrerer Bruderschaften, wobei vor allem die Liborianische Bruderschaft zu nennen ist, die 1747 das erste Liborifest feierte. Beredtes Zeugnis ist heute noch die Liborikapelle aus dem Jahre 1812.

Bremerberg

Nach dem Corveyischen Schenkungsregister aus dem 9. und 10. Jahrhundert gehörte Bremerberg zu den ältesten Besitzungen des Stiftes. Als Graf Widukind von Schwalenberg 1128 das Kloster Marienmünster stiftete, stattete er es auch mit Gütern zu Bremen aus. Den Zehnten im Dorf erhielt das Kloster 1287 durch Kauf von den Schwalenberger Grafen Adolf und Albert. Der heutige Ortsname entstand aus den früheren Bezeichnungen „Breme", „Bremen", „Lüttekenbremen." In der Fehdezeit des 14. Jahrhunderts überließ Marienmünster 1342 das Dorf Lüttekenbremen den Brüdern Volmer und Heinrich von Wehrdere zum Schutz und zur Verteidigung. Die von den Bauern von Bremerberg zu leistenden Frondienste hatten sie ab 1554 halb auf der Oldenburg, halb für das Kloster Marienmünster auszuführen. Um 1589 gehörte Bremerberg zur Pfarrei Altenbergen und kam im 17. Jahrhundert nach Marienmünster. Nach der Klosteraufhebung blieb der Klosterhof in Erbpacht, während der dazugehörige Wald, in dem zu Klosterzeiten die Dorfbewohner berechtigt waren, in den Besitz des Staates kam. Der Ort zählt heute 127 Einwohner und hat eine Gemarkungsfläche von 321,76 ha. Bremerberg liegt auf einem Bergrücken und ist vermutlich auf einen Hof des Klosters Marienmünster zurückzuführen. Der Ort ist von der Landwirtschaft geprägt worden und hat auch heute noch einen bäuerlichen Charakter. Allerdings lebt heute nur noch ein Teil der Bevölkerung von der Landwirtschaft.

1924/25 errichteten Bremerberger Bürger ein eigenes Gotteshaus in Eigenleistung. Die Kapelle ist dem hl. Kaiser Heinrich und seiner Gemahlin, der hl. Kunigunde, geweiht. Die seelsorgliche Betreuung erfolgt nach wie vor von der Abtei Marienmünster. Zum Schulbesuch mußten die Kinder nach Altenbergen. Die erste Schule bauten sich die Bremerberger deshalb schon 1821. Grund für den Bau waren die Probleme der Kinder, im Winter den Nachbarort zu erreichen. Die einklassige Volksschule wurde 1963 geschlossen. Seither fahren die Kinder zum Unterricht zu den Schulen in Vörden. In Eigenleistung und mit finanzieller Unterstützung der Stadt errichteten die Einwohner im Jahre 1993 auch eine Friedhofskapelle. Seit dem 16. Jahrhundert bereits besteht in Bremerberg eine Schützenbruderschaft. Sie geht wie anderenorts auf das Schutzbedürfnis in damaliger Zeit zurück.

Bremerberg

Eilversen

Das Dorf Eilversen wird bereits in den Corveyer Lehnsregistern des Abtes Erkenbert mit einigen Höfen genannt, die zum Haupthof Dungen-Hohehaus gehörten. Wenige Jahre später zählt Eilversen zu den Gütern des Klosters Marienmünster und seit dem 14. Jahrhundert zum Samtamt Oldenburg, dem gemeinsamen Besitz der Edelherren zur Lippe und des Bischofs von Paderborn. Aus dem 13. Jahrhundert ist ein Adelsgeschlecht bekannt, das den Namen des Dorfes trägt. Ritter Ludolf von Eilverdessen und dessen Frau Rixa mit ihrem Sohn Johannes (1244 - 1300) gehörten zur Gefolgschaft der Schwalenberger Grafen und des Bischofs von Paderborn. Lange Zeit hatten die Herren von Oeynhausen die Eilverser Mark zu Lehen, bis sie 1505 an Cord von Haxthausen überging. Seit 1589 gehörte Eilversen zur Pfarrei Altenbergen und mit dieser zum Kloster Marienmünster. 1854 wurde eine Kapelle im Dorf errichtet und dem hl. Johannes dem Täufer ge-

weiht. Der heute noch bestehende Heimatschutzverein geht auf das Jahr 1576 zurück. Auch er entstand aus dem Schutzbedürfnis vor Überfällen.

Großenbreden/Kleinenbreden und Papenhöfen

Zwischen der Oldenburg und Vörden, dem Münsterholze, dem Hungerberg und Löwendorf lag im Mittelalter ein größerer Ort, der „Wenedhen" (1118-80), „Winethe" (1203), „Winethen" (1240), „Wenethen" (1241), „Wenden" (1430) hieß. Hier hatten die aus Marienmünster stammenden Mönche den Zehnten erworben. Im 16. Jahrhundert sind aus Wenden die drei Dörfer Großenbreden (Wendenbreden 1541, Wendelbre-

Eilversen

Marienmünster

Großenbreden

Kleinenbreden

den 1650, Großenwendelbreden 1793), Kleinenbreden (Lütkenbreden 1650, Lütkenwendenbreden 1793) und Papenhöfen (früher die Höfe zu Wenden 1545) entstanden. Die zu Papenhöfen gehörende Bauerschaft Bönekenberg kommt ab 1430 als Ortsbezeichnung vor. Die Ansiedlung ist im 16. Jahrhundert anstelle des untergegangenen Dorfes Mechtestorpe (1138) oder Mestorp (1339) entstanden, wo im 9. und 10. Jahrhundert das Stift Corvey schon begütert war. Die seelsorgerische Betreuung oblag von Anfang an dem Kloster Marienmünster. Bereits 1740 erhielt Großenbreden eine eigene Kapelle, die dem hl. Jakobus d. Ä. geweiht ist. Den Bau eines eigenen Gotteshauses unternahmen die Papenhöfener 1959. Die Kapelle ist am 17. Juni 1960 dem hl. Antonius von Padua geweiht worden.

In Großen- und Kleinenbreden besteht die St. Jakobus-Schützenbruderschaft, die auf das Jahr 1574 zurückgeht. Beide Orte sind landwirtschaftlich geprägt. Die Landwirtschaft selbst ist heute jedoch nicht mehr der Haupterwerbsbereich, sie wird größtenteils nur noch als Nebenerwerb betrieben. Das Gemeinschafts- und Kulturleben beider Orte ist zusammengewachsen. Regelmäßige Feiern und Veranstaltungen werden gemeinsam ausgerichtet. Eigenständigkeit hat sich hingegen in Papenhöfen entwickelt. Auch hier kann die St. Antonius-Schützenbruderschaft auf eine 400jährige Vereinsgeschichte zurückblicken.

Hohehaus und Löwendorf

Die Ortschaft Hohehaus geht auf den früheren Ort Dungen zurück. Dungen wird bereits um 825 in den Corveyer Traditionen, den Güterschenkungsregistern des Klosters, genannt. Das Kloster erhielt damals mehrere Schenkungen und besaß hier einen Haupthof, zu dem 22 Hufen Land gehörten. Auch Löwendorf war mit Degen cothus und anderen später wüsten Orten am Fuße des Köterberges im 9. und 10. Jahrhundert ei-

Papenhöfen

Hohehaus

ne der ältesten Corveyer Besitzungen. Es bildete ein Vorwerk des Haupthofes in Nieheim, über das Bischof Meinwerk von Paderborn 1036 sein Stift Busdorf zehntberechtigt machte. Neben Corvey muß auch Marienmünster hier schon sehr früh Besitzungen erworben haben, weil Abt Hermann von Mengersen 1339 die Hälfte seiner dortigen Einkünfte dem Grafen Hermann von Everstein und dessen Sohn Otto auf sechs Jahre übergab, den dortigen Klosterbesitz zu schützen. 1360 sind die Corveyer Güter mit dem Kirchenlehen als Besitz des Grafen Hermann von Pyrmont nachgewiesen. Dieser übergab sie nun als direkte Lehen an die Familie von Kanne. Das Kirchenlehen zu Löwendorf muß nach den Pyrmonter Lehnsbriefen für die Kannen jedoch ausgeschlossen gewesen sein. 1407 belehnt Heinrich von Pyrmont die Kannen zu Lügde mit Löwendorf, Dungen, mit dem Dorfe zu dem Rode und zu dem Koten samt Zehnten und der Gerichtsbarkeit, die sich über Löwendorf, Hohehaus und Saumer ausdehnte. Nach dem Aussterben der Pyrmonter erhielten die Grafen von Spiegelberg die Grafschaft, die wiederum die Kannen zu Lügde belehnten. Corvey hingegen betrachtete die Güter nach dem Aussterben der Pyrmonter als heimgefallen und belehnte die Kannen nach dem Erlöschen der Grafen von Spiegelberg unmittelbar. 1595 wird Dungen noch als Dorf genannt. In einer Urkunde von 1602 tritt ein neuer Ortsname auf, indem es dort heißt: „Dorf zu Dungen, so itzo das Hagehauß genannt". Nach 1660 tritt nur noch die heutige Bezeichnung „Hohehaus" auf. 1695 verkauften die damaligen Inhaber der Löwendorfer Patrimonialgerichtsbarkeit, die Brüder von Kanne zu Bruchhausen, Friedrich Mordian und Johann Wilhelm (Domdechant) unter Einwilligung von Corvey das Lehen an den damaligen Fürstbischof Hermann Werner von Wolff-Metternich. Barockbaumeister Ambrosius von Oelde baute für den Fürstbischof Hermann Werner ein Schloß in Löwendorf. Dieses stand nahe dem Dorfteich. Am Abend mußte immer jemand am Teich stehen und Steine ins Wasser werfen, weil die Frösche zu laut quakten und seine Exzellenz, der Fürstbischof, nicht einschlafen konnte.

1813 verkaufte Landrat Philipp Freiherr von Wolff-Metternich das Gut Löwendorf für 12.400 Taler an acht Bauern aus Löwendorf, deren Nachkommen heute noch im Ort wohnhaft sind. Seitdem ist Löwendorf selbstverwaltende Gemeinde. Da die Bauern befürchteten, ein neuer Graf würde einziehen und sie erneut als Einnahmequelle nutzen, rissen sie das Gut ab. Die Steine nutzten sie für die Erweiterung des Kirchenbaues, der im Jahre 1826 zur heutigen Größe ausgebaut wurde. In der Nähe der Ortschaft liegt die Bauerschaft Saumer. Diese wird in den Corveyern Lehnsregistern von 1375 erwähnt. Damals besaß Albert von Boffesen den Zehnten auf Saumer. Diesen Zehnten sowie viele andere Corveyer Güter und Einkünfte veräußerte das Kloster im Jahre 1576.

Für die Siedlungen Löwendorf, Hohehaus, Saumer und andere kleine, später eingegangene Orte bestand eine gemeinsame Kirche. Diese befand sich ursprünglich in dem ausgegangenen Ort Langenhagen, wurde aber schon bald nach Löwendorf verlegt. Löwendorf selbst wird 1231 als Leverinetrop als Pfarrort im Archidiakonat Steinheim bezeichnet. Noch 1480 muß die Pfarrei bestanden haben. Im 16. Jahrhundert ging die Verwaltung der Pfarrei wahrscheinlich auf Marienmünster über. Löwendorf mit den anderen Ortschaften wurde Filiale der Klosterabtei. Bereits im 16. und 17. Jahrhundert war die Löwendorfer Kirche als Wallfahrtsort weit und breit bekannt. Als 1656 der Paderborner Fürstbischof Dietrich Adolf von der Reck zur Visitation in Marienmünster weilte, berichteten ihm mehrere Einwohner von Löwendorf Einzelheiten über Wunder in der Kapelle. Danach sollen viele Gebrechliche und Gelähmte zur Kapelle gekommen sein und vor dem von altersher verehrten Bild des hl. Patroclus gesund geworden und zu diesem Zeugnis ihre Krücken hinterlassen haben. Berichtet wird auch von einem Ritter oder Soldaten aus Sommersell, der um 1600 einmal zu der Kapelle geritten sei und zu dem Wunderbild spöttisch gesagt habe, daß, wenn es Kraft und Macht hätte, sich wehren solle. Dabei habe er dem Bild mit dem Schwert die Nase abgeschlagen. Als der Ritter nach Sommersell zurückgekehrt sei, sei er krank geworden und die Nase sei ihm abgefault.

Hohehaus und Löwendorf haben unter vielfältigen Kriegseinwirkungen ebenfalls stark zu leiden gehabt. Besonders der Dreißigjährige und der Siebenjährige Krieg haben Einfälle mit sich gebracht, die teilweise zur schwersten Zerstörung der Orte geführt haben.

Da die Kinder aus Hohehaus zur Schule nach Löwendorf mußten und der Weg dahin besonders im Winter sehr schlecht war, errichtete die Gemeinde 1928 ein eigenes Schulgebäude.

Löwendorf

Fachwerkhäuser am Anger in Löwendorf.

Im Zuge der Schulreform wurde die Schule 1969 aufgelöst. Die Kinder fahren seitdem zu den Schulen in Vörden.

Kollerbeck

Über die Entstehung von Kollerbeck ist nichts überliefert. Es kann aber angenommen werden, daß die ersten Ansiedlungen und die Entwicklung zu einem Dorf in engem Zusammenhang mit der in der Nähe liegenden Oldenburg, der früheren Schwalenburg, steht. Urkundlich erwähnt wird Kollerbeck zuerst in einem Verzeichnis der Gütererwerbungen, die Erzbischof Philipp von Köln machte. Er kaufte am 2. April 1184 von Widukind II., dem Sohn des Stifters der Abtei Marienmünster, das Eigengut Oesdorf bei Pyrmont und erwarb u.a. auch lehnsfreien Grundbesitz des Grafen in Kollerbeck. Zu dieser Zeit hat damit Kollerbeck bereits als Ort bestanden.

Alsdann wird Kollerbeck erst wieder im Jahre 1231 im Archidiakonatsverzeichnis des Bistums Paderborn als Pfarrei genannt. Die Pfarre Kollerbeck gehörte zum Archidiakonat Steinheim. Wenn Kollerbeck zu dieser Zeit bereits eine Pfarrei war, muß angenommen werden, daß der Ort damals ein größeres Dorf gewesen ist. Aus dem Jahre 1240 ist eine Urkunde erhalten, in der ein Johannes, „Priester von Collerbike", als Zeuge unterzeichnet hat. In einer weiteren Urkunde von 9. August 1250 tritt ein Pfarrer Everhardus von Kollerbeck als Zeuge in einer Urkunde des Grafen Widukind von Schwalenberg für Marienmünster auf. Die Pfarrei muß bis Ende des 15. Jahrhunderts bestanden haben. Gegen Anfang des 17. Jahrhundert war Kollerbeck bereits eine Filiale von Marienmünster. Eine Kirche war nicht mehr vorhanden. In Kollerbeck ist aber der Ort überliefert, wo die ehemalige Pfarrkirche gestanden haben soll, nämlich ein Weidegrundstück nördlich vom Unterdorf, das den Namen „Finkenburg" trägt.

Im selben Jahr (1231), als der Ort zuerst als Pfarre genannt wird, erscheint auch zum ersten Male urkundlich ein „Frethericus de Colribike" (Friedrich von Kollerbeck). Graf Wi-

Kollerbeck

dukind I. von Schwalenberg war sein Großvater. Die Edelherren von Kollerbeck gehörten also dem hohen Adel an. Friedrich ist wohl später nach Kollerbeck gezogen und hat von diesem Ort einen neuen Namen angenommen. Die Kollerbeck scheinen ihre hohe gesellschaftliche Stellung nicht haben halten können. Sie werden später unter den Ministerialen des Bischofs von Paderborn genannt. Ob Friedrich bei der Wohnsitznahme in Kollerbeck eine Burg angelegt oder ob sie schon vorher bestanden hat, läßt sich nicht nachweisen. Von der einstigen Wasserburg ist nur noch der Burgplatz vorhanden, der im Volksmund „Schwoitzerboirg" genannt wird. Er liegt nördlich des Dorfes und ist im Osten durch einen tiefen Graben von der übrigen gleichhoch liegenden Fläche abgeschnitten. Nach Südwesten fällt der Vorsprung ziemlich steil ins Tal des Niesebaches ab. Im Norden stößt er an tieferliegendes Gelände, das wahrscheinlich früher ein Sumpf gewesen ist. Mauerreste sind heute noch zu finden. Die Bewohner haben wahrscheinlich Kenntnisse des Weinbaues besessen, denn ganz in der Nähe des Burghügels trägt noch heute ein Garten die Bezeichnung „Woinhoff" (Weingarten) und ein anstoßendes Feld heißt „Woinfeld".

Das Geschlecht der Grafen von Schwalenberg starb 1365 im Mannesstamme aus. Schon einige Jahre vorher war die Besitzung an das Bistum Paderborn verkauft oder verpfändet worden. Nach einer Urkunde vom 17. Januar 1358 verglichen sich die neuen Besitzer der Grafschaft dahin, daß die Hoheitsrechte in den Ämtern Oldenburg und Stoppelberg jetzt je zur Hälfte zwischen Paderborn und Lippe geteilt wurden. Damit gehörte Kollerbeck halb nach Paderborn und halb nach Lippe. Hieraus erklären sich viele Streitigkeiten der Ämter untereinander.

Der Besitzwechsel hatte auch Auswirkungen auf Kollerbeck. In einer Urkunde vom 24. März 1451 werden alle Ortschaften aufgeführt, die zur Oldenburg gehörten. An erster Stelle wird „Kollerbeck mit dem Dick" genannt. Simon zur Lippe hatte seinen Anteil an der Oldenburg mit Zubehör an die von Oeynhausen versetzt. Der Paderborner Anteil an der Oldenburg war nur zeitweise in den Händen derer von Oeynhausen. So blieb es bis Anfang des 19. Jahrhunderts. Bei der Verstaatlichung des Kirchenbesitzes 1803 änderte sich dieser Zustand.

Zur selbständigen Pfarrei wurde Kollerbeck 1899 erhoben. Die dem hl. Täufer Johannes geweihte Kirche ist 1861 erbaut. Das Schützenwesen in Kollerbeck geht in das 15. und 16. Jahrhundert zurück. Ein älterer Schützenbrief ist datiert vom 17. Mai 1603. Der Schützenbrief „der alten Schützen" von Kollerbeck stammt aus dem Jahre 1730. Aus diesem Schützenbrief ergibt sich, daß die Schützengesellschaft bereits zuvor bestanden hat. Seit 1577 bereits besteht der Heimatschutzverein.

Die Bauerschaft Langenkamp ist vermutlich im 16. Jahrhundert entstanden. Sie wird urkundlich Anfang des 17. Jahrhunderts erwähnt. Langenkamp war ein landwirtschaftlicher Weiler und ist dies größtenteils auch heute noch. Allerdings sind hier Strukturveränderungen in jüngster Zeit zu erkennen. Am Antonius-Tage des Jahres 1957 faßten die acht Langenkämper Familien den Entschluß, eine kleine Kapelle zu bauen. Im Februar 1958 konnte der Grundstein gelegt werden. Das Gelände stellte Heinrich Rheker zur Verfügung. Die Kapelle ist unter den Schutz Maria Königin gestellt.

Das älteste Schulhaus in Kollerbeck datiert aus dem Jahre 1790/91 und ist im Ortskataster von 1830 bereits als Schule eingetragen. Das Gebäude diente bis 1897 für den Schulunterricht und als Wohnung des Lehrers. Es war zu klein geworden und wurde 1896/97 durch ein neues Schulgebäude ersetzt. Das dritte Schulgebäude entstand im Jahre 1927 an der Pyrmonter Straße. Das heutige Schulgebäude stammt aus dem Jahre 1961. In ihm ist seit 1969 die Grundschule untergebracht. Die Jahrgänge 5 bis 10 fahren zur Hauptschule nach Vörden oder besuchen andere weiterführende Schulen in den Nachbarstädten.

Münsterbrock

Das Dorf Münsterbrock entstand an der Stelle der wüsten Orte Katshem und Asserinchusen, wo das Kloster Marienmünster seit der Gründung begütert war. Bischof Bernhard I. von Paderborn gab 1140 den Zehnten in beiden Bauerschaften

Münsterbrock

hinzu. Das Dorf Katshem, später Ketsen, lag zwischen der Grevenburg und Sommersell. Die alte Dorflage ist heute durchschnitten von der neuen Straße Münsterbrock - Steinheim. Ketsen ist in den nächsten Jahrhunderten wüst geworden. Doch der Name des Dorfes hat sich weiterhin erhalten in dem großen Fischteich des Klosters, dem „Ketser Dyk".

Im Jahre 1527 wird zum ersten Male das Dorf Münsterbrock in den Geschichtsbüchern der Äbte von Marienmünster genannt: „Anno 1527, 15. May, am Vortag des Märtyrer Bonifatius, haben wir die ersten Bauern in Ketsen/Münsterbrock aufgenommen". 1551 wird Münsterbrock neben Ketsen (1544) genannt. Nach einem Vertrage von 1554 mußten die Bauern von Münsterbrock Dienst halb auf der Oldenburg, halb auf Marienmünster leisten. Nach Aufhebung des Klosters 1803 veräußerte der preußische Staat das dortige Klostergut.

In Münsterbrock leben gegenwärtig 150 Menschen. Wiesen, Felder und Wälder wechseln in der 612,3 ha großen Gemarkung. In dieser liegen auch die Abtei und die Oldenburg. Das Erwerbsleben hat sich auch hier stark gewandelt. Heute werden nur noch zwei Bauernhöfe bewirtschaftet. Die im Jahre 1957 nahe der Abteikirche neu erbaute Schule ist schon nach wenigen Jahren wieder geschlossen worden. Die Kinder fahren heute zu den Schulen in Kollerbeck und Vörden. In dem am alten Kirchweg gelegenen Steinbruch errichtete die Kirchengemeinde eine Marienstatue. Das Grundstück hat die Familie Hachmann, Münster, der Kirchengemeinde unentgeltlich überlassen. Die Einweihung der Grotte mit der Statue Mutter der hl. Hoffnung fand am 24. August 1985 durch Pater Hubert Ennenga, Marienmünster, statt. An ihr beteiligten sich die ganze Gemeinde und viele Marienverehrer aus den Nachbargemeinden. Eine neue Kreuzwegstation mit 15 Stationen entstand 1991/92 am Prozessionsweg zum Dickenberg. Die Einweihung erfolgte am 18. Oktober 1992 durch Pater Ennenga. Die beiden religiösen Wallfahrtsstätten „Mutter der hl. Hoffnung" und der Kreuzweg werden von vielen Gläubigen aus Nah und Fern aufgesucht.

Vörden

Zu welchem Zeitpunkt die erste Ansiedlung von Vörden entstanden ist, läßt sich nicht nachweisen. Vörden hat eine Kirche, die dem hl. Kilian geweiht ist. Um 1140 war Graf Folodagk, Hochvogt des Paderborner Bischofs Badurad, im Gebiet von Bökendorf begütert. Er ist wohl der Erbauer der Kilian-Kirche von Vörden gewesen. Die Kirche ist in ihren

Anfängen vermutlich eine Gutskapelle gewesen, die zwischen der Burg und „Dunklem Ort" gestanden hat.

Ursprünglich führten die Adelsfamilien nur Vornamen. Im 12. Jahrhundert legten sie sich Geschlechternamen bei, die oft mit dem vorhandenen Orts- oder Flurnamen ihres Bezirks identisch waren. So wird im Jahre 1123 ein Thideric de Vorde bzw. de Vordei erwähnt. Wahrscheinlich waren sowohl er als auch seine Vorfahren Lehnsinhaber des früheren Gutes bei den Vorden. In einer Urkunde des Klosters von 15. August 1260 erscheint der Name des Geschlechtes nochmals mit dem Knappen Werner von Worden (Vorden). Auch in späteren Jahren ist die Bezeichnung Vorden zu finden. Der Ortsname „Vorden" wird auf eine Furt oder Vurth zurückgeführt. Durchgänge durch Gewässer werden im niederdeutschen Sprachgebrauch „Vort" oder „Vorde" genannt. Die Schreibweise des Ortsnamens hat sich im Laufe der Jahrhunderte verändert und ist zum heutigen „Vörden" geworden.

In den unruhigen Zeiten des Faust- und Fehderechts Anfang des 14. Jahrhunderts entschloß sich 1319 der Abt von Marienmünster, Hermann von Mengersen, zum Schutz des Klosters Bredenborn und Vörden mit einer Burg zu befestigen, um sowohl Angriffe abzuwehren als auch die Bebauung der Felder zu sichern. Die Fertigstellung der Befestigungsanlage dauerte fünf Jahre. Dem Abt gelang es aber nicht, die Burg mit hinreichender Burgmannschaft zu besetzen, darum übergab er dem Paderborner Bischof Bernhard V. zur Lippe 1324 Burg und Stadt Vörden mit dem Gogericht und stellte sich mit seinem Kloster in den Schutz der Paderborner Kirche. Der Bischof seinerseits übertrug der Abtei die Seelsorge in den umliegenden Städten und Dörfern, u.a. in Altenbergen und Vörden, deren Kirchen mit ihren Einkünften dem Kloster einverleibt wurden.

Das neue Stadtrecht brachte den Bürgern von Vörden neue Rechte und Verpflichtungen. An den Bischof waren jährlich für jedes Haus sechs Pfennige zu zahlen. Jeder Hof stellte das sogenannte Rauchhuhn und hatte Kornabgaben zu leisten. Wurde eine Stätte vererbt oder verpachtet, war ein Gulden an den Bischof zu zahlen. Jeder erwachsene Bürger war außerdem verpflichtet, jährlich vier Tage, die sogenannten Diensttage, für die Burg zu leisten. Demgegenüber hatten die Bürger das Recht, in den Burgwäldern ihr Brennholz zu schlagen und ihre Schweine zur Mastzeit in den Eichenwäldern zu hüten. Vörden wuchs vor allem in den unruhigen Zeiten des 14. und 15. Jahrhunderts. Aus den umliegenden Ortschaften suchten die Bewohner Schutz in den Mauern der Stadt. Alte Flurnamen erinnern noch heute an die wüst gewordenen Dörfer.

Vörden ist wiederholt durch Brände zerstört worden. Von der alten, größtenteils aus der romanischen Zeit stammenden Kirche blieb nur ein Teil des Turmes erhalten. (Die heutige

Marienmünster

Vörden.
Im Hintergrund die
Abteikirche Marien-
münster.

Herrenhaus
„Schloß Vörden".

Pfarrkirche ist 1901 von dem Paderborner Bischof Dr. Wilhelm Schneider konsekriert worden.) 1504 fielen einem Brande sieben Häuser zum Opfer und 1511 ging die ganze Stadt mit der Burg durch Feuer zugrunde. 1540 zerstörte Feuer bis auf die Burg erneut die ganze Stadt. Aus dem Jahre 1639 wird noch einmal von einem Stadtbrand berichtet, der einige Häuser und den Kirchturm mit Glocken zerstörte. Auch aus dem 19. Jahrhundert sind Brandkatastrophen verzeichnet. So fielen 1857 12 Häuser und das Pfarrhaus einem Feuer zum Opfer. 1867 wurden bei einem Gewitter 17 Häuser und das Rathaus eingeäschert. 1875 brannten neun Häuser. Einige Fachwerkhäuser sind verschont geblieben und bis heute erhalten.

Der Besitz und die Pfandschaft von Burg und Stadt sind vielfach verpfändet und beliehen worden. Paderborns Bischof Simon II. von Sternberg verpfändete nach einer Urkunde vom 23. März 1387 die Burg für 624 Mark an Bernd von Holthusen und dessen Sohn Bernhard und an Berthold und Helmbracht von Natzungen. Deren Erbe Otto von Holthusen verkaufte am 23. Februar 1481 die Pfandschaft Vörden an den Domherrn Otto von Oeynhausen zu Paderborn für 2.008 Mark Silber Warburger Währung. Am 6. August 1482 bekennt der Knappe Friedrich von Oeynhausen, daß er vom Bischof Simon von Paderborn mit zwei Burglehen tom Voirde (zu Vörden) belehnt sei, welche vorher die von Imedeshusen-Voßwinkel besessen hatten. 1505 verpfändeten Arnd von Oeynhausen, seine Frau Gysela und seine Brüder dem Konrad von Haxthausen für 30 Goldgulden ihr Gut vor den Vorden. Bischof Heinrich IV. (Herzog von Sachsen-Lauenburg) von Paderborn löste 1582 vom Erbhofmeister Elmarhus von Haxthausen die beiden ihm verpfändeten Ämter Bredenborn und Vörden, indem er Bredenborn an sich nahm und Vörden an Haxthausen als Burglehen gab. Damit kam Vörden ganz in den Besitz derer von Haxthausen. Gottschalk von Haxthausen erhielt das Haus Vörden. Er tauschte 1606 das Pfarrhaus gegen den ihm gehörenden „Borggeße" (Burgriß). Dies war eine kleine Burganlage, die der Hauptburg gegenüber lag. Nunmehr nahm der Platz den Namen Mönchehof an, wie er auch heute noch heißt.

Aus der Geschichte des Mönchehofs ist eine Episode überliefert, die einen eindrucksvollen Blick in die damaligen Verhältnisse eröffnet. Berichtet wird, daß das Kloster Marienmünster seit 1613 den Zehnten in der gesamten Vördener Feldmark besaß. Zwischen der Stadt und dem Kloster bestand seit langem ein gespanntes Verhältnis: Die Mönche hatten den Zehnten jährlich für sechs bis acht Fuder Getreide an die Stadt verpachtet. Den Bürgern war dadurch die Zehntlast bedeutend erleichtert, sie wollten aber den Preis noch weiter drücken. Die Mönche waren das 1660 leid. Sie beschlossen, auf dem ihnen gehörenden Hof eine Zehntscheune zu bauen,

um den Zehnten wieder selbst einzutreiben. Die Vördener versagten dem Abt die Errichtung der Zehntscheune mit der Begründung, eine solche habe nie bestanden. Der Prior setzte sich aber durch. So wollten die Vördener dann die Mönche nicht über die Straßen fahren lassen, da diese beschädigt würden. Der Abt konterte, daß er dann ein Loch durch die Stadtmauer brechen und sich so den Zugang zum Hof verschaffen werde, zumal der Weg vom Kloster zum Hof dadurch erheblich abgekürzt werde. Dreimal, 1654, 1695 und 1707, suchte der Abt bei der bischöflichen Regierung in Paderborn erfolglos um die Erlaubnis nach, die Stadtmauer öffnen zu dürfen. 1727 gehen die Mönche zum „Großangriff" über. Sie brechen kurz vor Weihnachten ein Loch in die Mauer und bauen eine Tür ein. Bürgermeister Johann Hölting läßt die Bürgerglocke läuten. Die Vördener laufen zusammen. Schnell ist die durch das Kloster angebrachte Tür abgerissen und angezündet. Sie hinterläßt einen Feuerschein, als stünde ganz Vörden in Flammen. Tags darauf läßt der Bürgermeister die Öffnung wieder zumauern. Das Kloster wendet sich an das Offizialatgericht in Paderborn. Dieses gebietet den Vördenern bei Strafe, die weggerissene Pforte wiederherzustellen und allen Schaden zu ersetzen. Das Kloster läßt die Mauer wieder durchbrechen, aber wieder entbrennt ein Sturm der Entrüstung. Es hagelt Steine, Fenster des Mönchehofes klirren. Der Klosterknecht Johann Jürgen Dubbert wird beinahe totgeschlagen. Die klösterlichen Arbeiter fürchten um ihr Leben. Das Kloster sucht Unterstützung und Rentmeister Schlüter, Verwalter des Amtes Steinheim, kommt mit zwei Soldaten der Landmiliz nach Vörden, um für Ruhe zu sorgen und die Pforte durchzusetzen. Bürgermeister Johann Konrad Meyer läßt sofort Alarm läuten. Mit vielerlei Gerät bewaffnet stellen sich die Vördener ihnen entgegen. Mönche und Soldaten müssen flüchten. Darauf werden Bürgermeister und Kämmerer nach Paderborn zitiert und dort in Haft genommen. Nach drei Tagen entläßt man sie gegen das schriftliche Versprechen, bei Verpfändung ihrer gesamten Habe sich in Zukunft aller Tätlichkeiten zu enthalten und auch der Bürgerschaft dies zu bedeuten. Das Kloster kommt aber in der Sache nicht weiter. Aus Furcht vor den Vördenern weigern sich Mönche und andere Bedienstete, einen Handschlag beim Bau der Pforte zu tun.

Am 28. Juni 1732 endlich erläßt der Geheime Rat zu Paderborn kraft kürfürstlichen Erlasses vom 26. Mai den Befehl, das Kloster beim Bau der Pforte nicht mehr zu behindern, widrigenfalls die Stadt unter Strafe von 100 Goldgulden gestellt werde. Das Kloster unternimmt so am 5. Juli 1732 einen erneuten Versuch. Zwei nichts ahnende Tiroler, Handlanger des Abtes, werden nach Vörden geschickt. Am Hungerberg hören sie schon den Ruf eines Ziegenhirten: „Sie kommen, sie kommen!" Am Eingang fragt ein Weib, ob sie ihr Totenhemd mitgebracht hätten, und in der Stadt schreit ein

Torbogen, Einfahrt zum Gutshof Derenthal'sche Stiftung (früher: Wirtschaftsgebäude der Klosterabtei).

anderes Weib: „Heraus, heraus mit Gräpen und Schippen!" Die Vördener bedienen sich einer List. Sie schicken diesmal die Frauen vor, damit Bürgermeister und Rat sich hinterher damit herausreden können, sie hätten mit der Sache nichts zu tun gehabt, und die Strafe die Stadt so nicht treffen könne. Der Plan gelingt zunächst, die Arbeiter flüchten. Am 8. August 1732 erscheint ein Kommando von 30 Soldaten, um die Arbeiter beim Bau zu schützen. Endlich kann die Pforte gebaut werden. Die Soldaten haben Anweisung erhalten, sich beim Bürgermeister und Rat einzuquartieren und sich aus der Stadtkasse täglich für den Leutnant 24 Groschen, für den Feldwebel 12 Groschen, für die Korporale 8 Groschen und für jeden Musketier 6 Groschen so lange auszahlen zu lassen, bis sich die renitente Stadt zum Gehorsam angeschickt habe. Fünf Tage blieben die Soldaten und stellten dafür eine Rechnung von 30 Reichstalern, 28 Groschen auf, welche die Stadt auch zahlen muß. Zum Zeichen seines endlichen Sieges ließ Abt Benedikt in die Pforte einen Stein einsetzen mit der Inschrift: „fecit Benedictus abbas a. 1730", d. h.: Errichtet von Abt Benedikt im Jahre des Herrn 1730. Die Jahreszahl stimmt nicht, denn erst 1732 ist die Pforte gebaut worden. Zwei Jahre lang hatte also der bereits fertige Stein gelegen, ehe er an seinen Platz kam. Nun plötzlich erkannten die Bürger, wie bequem die Pforte für sie selbst war. Die lang umstrittene Toröffnung wurde so gern benutzt, daß später sogar ein Prozeß geführt werden mußte, ob dieser Weg ein öffentlicher sei. Die Frage ist allerdings negativ entschieden worden.

Nach Aufhebung des Klosters Marienmünster ging der Mönchehof zu Vörden auf Hermann Roland aus Großenbreden, der ihn 1817 in Erbpacht bekam. 1883 ging der Mönchehof in freies Eigentum der Familie Elsing, genannt Mönchemeyer, über. Durch Einigung mit Werner Moritz Maria von Haxthausen, auf den das Gut 1818 übergegangen war, fand 1836 die Altpfandschaft ihr Ende. 1840 ging das Gut Vörden auf Guido von Haxthausen über.

Wie allerorts im Mittelalter war die Gesamtheit der wehrfähigen Bürger zur Verteidigung der Stadt verpflichtet. Dem Landesherrn und seinen örtlichen Statthaltern, hier den Herren von Haxthausen, lag in den unruhigen Zeiten im eigenen Interesse viel an einer Verteidigungsbereitschaft der ihnen unterstehenden Dörfer und Städte. Sie förderten die Bestrebungen zur Gründung von Schützengesellschaften. Die Be-

Der Kump in Vörden.

stätigung von Schützengesellschaften fand ihren Niederschlag in der Vergabe eines Schützenbriefes. Ein solcher ist für Vörden aus dem Jahre 1574 bekannt. Wahrscheinlich handelt es sich aber um die Bestätigung eines schon lange bestehenden Schützenzusammenschlusses. So blickt auch die heutige Schützenbruderschaft auf eine langjährige Tradition zurück.

Problematisch war bei einer Stadt mit Höhenlage die Wasserversorgung, vor allen in trockenen Sommern. Löschwasser stand dann kaum in ausreichender Menge zur Verfügung. Für diesen Zweck wurde gern ein „Kump" errichtet. So auch in Vörden. Der jetzige Kump stammt aus dem Jahre 1883 und hat ein Fassungsvermögen von rd. 80 cbm. Er geht auf frühere Bauten zurück. Das Wasser wurde in Röhren aus durchbrannten Eichenstämmen aus dem Quellgebiet im Hogge in die Stadt geleitet. Stücke dieser Altvördener Wasserleitung sind gelegentlich bei Bauarbeiten aufgefunden worden. Nach

dem Bau einer zentralen Wasserversorgungsanlage im Jahre 1913 hat der Kump seine eigentliche Bedeutung verloren. Ortsbildprägend erinnert er heute noch an frühere Zeiten.

Auf dem Hungerberg befand sich die 30. Station der optisch-mechanischen Telegraphenlinie Berlin-Köln-Koblenz. Sie wurde 1832 gebaut und im Mai 1849 aufgehoben. Die optische Telegraphenstation bestand aus einem aus dem Turm herausragenden Mast, an dem paarweise untereinander angeordnet insgesamt sechs Flügel in senkrechter Ebene angebracht waren. Sie hatten Signalstellungen von 45 Grad, 90 Grad, 135 Grad, 180 Grad und somit 4.096 mögliche Zeichen. Die baufällige Station wurde 1851 zu einer Kapelle umgebaut, die 1928 renoviert und erweitert wurde. Die 14 Bildstöcke der Kreuzwegstation stifteten 1857 Familien aus dem Ort.

Gerhard Sendler, Stadtoberamtsrat

Nieheim

Fläche	79,82 qkm	Einwohner (1996)	7.334

Einwohner in den Ortsteilen:

Entrup	393	Merlsheim	382
Erwitzen	192	Nieheim	3.414
Eversen	553	Oeynhausen	559
Himmighausen	580	Schönenberg	42
Holzhausen	503	Sommersell	716

Nieheim, staatlich anerkannter Luftkurort.

Die Stadt Nieheim erstreckt sich etwa zur Hälfte ihrer Fläche über den Süden der Steinheimer Börde, einen relativ tief gelegenen Ausraum aus weichen Keupertonen und -mergeln, die mit fruchtbarem Löß bedeckt sind. Dieses intermontane Becken wird von höheren Bergländern umrahmt, die aus härterem Gestein aufgebaut sind. Nach Süden und Westen greift das Stadtgebiet auf diesen Bergrahmen über, der hier aus Muschelkalk besteht. Wegen ihrer Lößböden wurde die Börde früh entwaldet und besiedelt. Im Gegensatz dazu ist das Bergland noch mit Wald bedeckt. Die Grenze zwischen Börde und Bergland folgt etwa der 200 m-Höhenlinie. Die Börde und das Nieheimer Stadtgebiet werden von der Emmer durchflossen, die südlich von Hameln in die Weser mündet.

In der Börde liegen die zur Stadt gehörenden Ortschaften Entrup, Eversen, Oeynhausen und Sommersell, sowie in den Tälern des Muschelkalkberglandes Holzhausen und Erwitzen im Süden, Himmighausen, Merlsheim und Schönenberg im Westen.

Mit ihrer Geschichte reicht die Stadt Nieheim bis tief in das Mittelalter. Was die Stadtwerdung angeht, so geht es Nieheim wie vielen Städten im westfälischen Raum, die ihrer Urkunde zur Stadterhebung verlustig gegangen sind und deren Begründung sich lediglich aus literarischen oder anderen sekundären Quellen erschließen läßt.

So erfahren wir zur Stadtgründung Nieheims nur etwas aus der Urkunde, in der Steinheim einige Jahre nach Nieheim vom Paderborner Bischof zur Stadt erhoben wird. Am 2. Februar 1275 erhebt der Bischof von Paderborn, Simon I., das Dorf Steinheim in den Rang einer Stadt und verfügt urkundlich:

„Wir, Simon von Gottes Gnaden Bischof von Paderborn, entbieten allen, die dieses Schriftstück vor Augen haben werden, im Namen des Erlösers Heil. Damit nichts, was im Laufe der Zeit geschieht, in Vergessenheit gerät, erscheint es angezeigt, diesem schriftlich und in öffentlicher Form Dauer und Geltung zu verleihen. Nach Beratungen mit den Freunden und Beamten unserer Kirche, ausgerichtet auf den Nutzen, den Vorteil sowie die Ehre unseres Bistums, befestigen wir das Dorf Steinheim und erheben es zur Stadt.

Den dortigen Bewohnern verleihen wir die Freiheit und hoffen, daß sie sich dieses Privilegs erfreuen und Nutzen daraus ziehen, dieses Privilegs, durch das Unser hochverehrter Oheim und Vorgänger im Amt, unser Herr Bernhard, Bischof von Paderborn, seligen Angedenkens, das Dorf Nieheim zur Stadt erhoben hat, ihm die Freiheit gegeben und aufgefordert hat, sich daran zu erfreuen. Das haben Wir dann nachträglich bestätigt und durch unser Siegel rechtskräftig gemacht".

Die Freiheit, die der Paderborner Bischof als Landesherr den ehemaligen Dorfbewohnern Steinheims verleiht, bedeutet zum einen die Loslösung der Bauern aus den damals üblichen Abhängigkeiten anderen Lehensträgern gegenüber, de-

nen sie im hohen Maße zu Hand- und Spanndiensten, zu Abgaben, oft auch zur Heerfolge verpflichtet waren, zum anderen die Erlaubnis, durch die Einrichtung eines Rates sich nun selbst verwalten zu dürfen.

Für die Datierung der Erhebung Nieheims zur Stadt gibt diese Urkunde erst einmal her, daß Nieheim als Stadt älter ist als Steinheim, das diese Rechtsstellung 1275 erhält. Die Stadtgründung Nieheims muß aber in die Regierungszeit des Bischofs Bernhard (1228-1247) fallen, da er - wie in der Begründung für die Erhebung Steinheims zur Stadt erläutert - als Grundherr verantwortlich für die Erhebung Nieheims zur Stadt während seiner Regierungszeit war; die Erhebung fällt in die letzten fünf Jahre seines Wirkens, vielleicht sogar exakt auf das Jahr 1243. Nieheim dürfte damals etwas mehr als 200 Einwohner gehabt haben.

Deshalb feierte Nieheim im Jahr 1993 sein 750jähriges Bestehen als Stadt, und auch die Nieheimer Schützengesell-

Umzug anläßlich der 750-Jahr-Feier der Stadt Nieheim (1993).

schaft kann ihre jahrhundertealte Tradition auf dieses bischöfliche Schriftstück gründen.

Der Mauerring Nieheims, der auch heute noch im Stadtbild gut sichtbar ist, verdeutlicht die räumliche Kleinheit des damaligen Gemeinwesens Nieheim, dessen Attraktivität in der Folge der Stadtgründung dann aber auch für Handwerker und Handelsleute so groß war, daß bald eine regelrechte Landflucht einsetzte.

Für den Paderborner Bischof als Grundherrn bedeuteten Stadtgründungen neben damals vorrangigen militärischen Gesichtspunkten, daß Menschen vom Land weg in die Stadt gezogen wurden und durch ihre Arbeit als Ackerbürger, aber auch in Handel und Gewerbe, zusätzliche Einnahmen an Zins und Zöllen erwarten ließen.

Im Schutz der Stadtmauern begann nun mit kommunaler Selbstverwaltung, mit Marktrecht, Münzrecht, mit der Handels- und Gewerbefreiheit sowie mit der zumindest niederen Gerichtsbarkeit städtisches Leben zu blühen. Es entstanden Zünfte und Gilden und die Kalandbruderschaft (Gebetsbruderschaft von Geistlichen und Laien); Nieheim wird durch die Abpfarrung von Pömbsen selbständige Kirchengemeinde; die Stadt wird Mitglied der Hanse als Beistadt von Paderborn. Von all diesen Vorgängen zeugen heute noch die schöne spätgotische Pfarrkirche St. Nikolaus, das mächtige dreigeschossige Richterhaus (1701), das ehrwürdige Rathaus (1610), die Alte Schule, die Kumpe (Brunnen) sowie der Holsterturm, ein ehemaliger Wartturm, heute das Wahrzeichen der Stadt.

Die Entwicklung dieser kleinen Stadt wie die fast aller benachbarten Städte wurde immer wieder durch die üblichen Fehden und Strauchdiebereien im ausgehenden Mittelalter, die Zeit der Reformation und Gegenreformation, den Dreißigjährigen Krieg mit seinem Blutzoll, den Siebenjährigen Krieg, Feuersbrünste und Pestepidemien gehemmt. Letztlich aber haben Kreativität und Fleiß der Bürger immer wieder einen glücklichen Neuanfang und Wiederaufbau ermöglicht.

Der enorme Wandel, den Nieheim nach 1945 bis zur kommunalen Neugliederung im Jahre 1970 durchmachte, kann so charakterisiert werden: In der Nachkriegszeit hatte die Hauptverwaltung der Barmer Ersatzkasse in Nieheim Zuflucht gefunden. Trotz aller intensiven Bemühungen von Rat und Verwaltung wurden Sitz und Verwaltung 1956 nach Wuppertal-Barmen verlegt. Mehr als 600 Einwohner, das waren 20% aller Einwohner der Kernstadt, mußten Nieheim als Arbeitsstätte, teils auch als Heimat verlassen. Es dauerte lange Jahre, bis sich Nieheim von diesem Aderlaß erholte.

Die kommunale Neugliederung am 1. Januar 1970 brachte für die Stadt nicht nur eine flächenmäßige Veränderung. Durch den Zusammenschluß mit den bis dahin selbständigen Gemeinden Entrup, Erwitzen, Eversen, Himmighausen,

Pfarrkirche St. Nikolaus mit Gebäudeteilen aus dem 13. Jahrhundert.

Das Richterhaus (1701) im Herzen der Stadt.

Pfarrkirche St. Nikolaus mit Kump und Fachwerkbebauung.

Holsterturm, Wahrzeichen der Stadt.

Rathaus (Weserrenaissance) mit Pranger und Elle, 1610.

Holzhausen, Merlsheim, Oeynhausen, Schönenberg und Sommersell ist unter Wahrung der jede Ortschaft prägenden Eigenart ein Lebensraum entstanden, in dem heute auf einer Fläche von nahezu 80 qkm, davon ca. 55% Ackerflächen, 15% Grünland, 22% Wald und 8% sonstige Flächen, rund 7.500 Einwohner leben, die bestrebt sind, die Großgemeinde als Mittelpunkt ihrer zwischenmenschlichen, gesellschaftlichen, wirtschaftlichen und kulturellen Beziehungen zu sehen. Mit der Ausweisung eines großen Gewerbegebietes ging die Ausweisung neuer Baugebiete, die Errichtung des Schulzentrums mit Haupt- und Realschule, die Sicherung der drei Grundschulen in Nieheim, Oeynhausen und Sommersell sowie die Errichtung von Kindergärten ebenfalls an diesen ortsnahen Standorten einher. Sowohl dem Schulsport als auch der Freizeitgestaltung dienen vier Sporthallen, sieben Sportplätze, zwei Tennisplätze und mittlerweile zwanzig Kinderspielplätze.

Der sich Ende der 60er Jahre abzeichnenden Strukturveränderung auf dem Krankenhaussektor wurde rechtzeitig Rechnung getragen mit der Umgestaltung dieses Komplexes in ein modernes Altenwohn- und Krankenheim, das in der Region einen ausgezeichneten Ruf besitzt.

Von den jetzt ca. 2.600 Erwerbstätigen in der gesamten Stadt sind 40,1% im produzierenden Gewerbe, 19,3% im Handel und Verkehr, 7,9% in der Forst- und Landwirtschaft sowie 32,7% in übrigen Wirtschaftszweigen, insbesondere im Dienstleistungsbereich, tätig. Durch die verkehrsgünstige Lage Nieheims an der in Nord-Süd-Richtung verlaufenden sogen. „Ostwestfalenstraße" (B 252) ist sowohl die schnelle Anbindung an die Autobahn A 2 Ruhrgebiet/Berlin als auch an die Autobahn A 44 Dortmund/Kassel gegeben.

Nach Abschluß der Stadtsanierungsmaßnahmen präsentiert sich die Kernstadt Nieheim nunmehr mit einem neuen attraktiven Gesicht. Zahlreiche Geschäfte bieten ein vielfältiges Angebot und Einkaufsmöglichkeiten ohne lange Wege. Nach wie vor aber prägt die Landwirtschaft insbesondere in den Ortschaften der Stadt das Erscheinungsbild der Landschaft.

Höhepunkte im Festkalender der Stadt sind alljährlich Karneval und Schützenfeste. Nieheim zählt zu den Karnevalshochburgen in Ostwestfalen. Der Nieheimer Rosenmontagszug gilt weithin als Attraktion und zieht Tausende von Schaulustigen an.

Daß die Entwicklung der gewerblichen Wirtschaft nicht allein ausreichen würde, um Nieheims Lebensfähigkeit zu sichern, ist früh erkannt worden. So lag es auf der Hand, die landschaftlich reizvolle Lage und die klimatischen Gegebenheiten zu nutzen, um den Wirtschaftszweig Fremdenverkehr systematisch auszubauen. Fast das gesamte Stadtgebiet ist

In Abständen von drei Jahren findet das Antreten der „Alten Schützengesellschaft" auf der Marktstraße statt.

Karneval in Nieheim, „friedvoller Sturm" auf das historische Rathaus.

Kurze Rast vor der Kulisse des historischen Rathauses.

Landschaftsschutzgebiet, und große Teile davon sind außerdem im Naturpark Eggegebirge gelegen. Die Natur ist noch weitgehend intakt, und die Vielfalt, Eigenart und Schönheit der Landschaft eignen sich besonders für stille Erholung oder - wie man heute sagt - für den „sanften Tourismus". So werden z.B. alle Anstrengungen unternommen, die für das Erscheinungsbild der Landschaft charakteristischen Nieheimer Flechthecken zu erhalten und die auf mehreren Trockenrasenflächen angesiedelten verschiedenen Orchideenarten zu schützen. Der Gewinn des 3. Bundeswettbewerbs „Familienferien in Deutschland" 1994 und die offizielle Ernennung zum staatlich anerkannten Luftkurort 1995 spiegeln die jahrzehntelangen Bemühungen um den Fremdenverkehr in der Stadt Nieheim wider.

Heute präsentiert sich die Stadt ihren Einwohnern und Gästen „gastlich rundherum". Dazu gehört auch das kulturelle Leben.

Das Geburtshaus des Dichters Peter Hille in Erwitzen dient nicht nur als Sitz der gleichnamigen Gesellschaft, sondern als literarischer Begegnungsort und Tagungsstätte. Die Kolping-Bildungsstätte im Weberhaus und die Gesamtdeutsche „Bildungsstätte der Deutschen Jugend in Europa" bieten umfang-

Familienausflug zum Holsterberg.

reiche Seminarangebote für verschiedene Zielgruppen an. Auch die 1994 eingeweihte Öffentliche Begegnungsstätte „Haus Hartmann", ein ehemaliges, jetzt neu restauriertes Vierständer-Fachwerkhaus, ist als modern eingerichtete Tagungsstätte ebenso zu nutzen wie für feierliche Anlässe, Vorträge und kleinere Ausstellungen. Das Heimatmuseum in der „Alten Volksschule" zeigt eine einmalige Sammlung alter Säcke, eines der ältesten Transport- und Vorratsmittel.

Mit einem 130 km langen Wanderwegenetz rund um den Holsterturm stellt sich Nieheim als idealer Urlaubsort für passionierte Spaziergänger und Wanderer dar. Ein Waldlehrpfad und geführte Wanderungen mit dem Förster gehören zum Angebot.

Einen seltenen Einblick in die Anfänge der mechanischen Nachrichtenübermittlung bietet die rekonstruierte optische Telegraphenstation Nr. 32 Oeynhausen, deren Linie in der Mitte des 19. Jahrhunderts von Berlin nach Koblenz führte. Die Station ist auf Voranmeldung zu besichtigen.

Als einmalige Besonderheit ist wohl die kulinarische Spezialität der Stadt, der „Nieheimer Käse", zu betrachten. Wurde dieser besonders fettarme, eiweißhaltige und somit sehr gesunde Sauermilchkäse aus Magermilch zu Anfang des 19. Jahrhunderts noch in Dutzenden von Hauskäsereien hergestellt, so wird er heute nur noch in einem Betrieb produziert.

Vom Verkehrs- und Kneippverein werden sogenannte Käseseminare veranstaltet, in denen Käsefreunde nicht nur in der mit traditionellen Gerätschaften ausgestatteten Küche des Heimatmuseums die althergebrachten Methoden des Käsemachens ausprobieren können, sondern außerdem verfeinerte Formen und ein breites Spektrum interessanter Nieheimer Käserezepte kennenlernen.

Berühmte Persönlichkeiten der Stadt

Dietrich v. Nieheim war wohl der bedeutendste Sohn der Stadt Nieheim. Er wurde nur eine kurze Wegstrecke von Nieheim entfernt auf Schloß Wölberg nahe der Emmer in den Jahren zwischen 1338 und 1348 geboren. Nach dem Besuch der Schule in Marienmünster, dem Studium der Rechtswissenschaft und der Geschichte sowie den damals obligatorischen Wanderjahren finden wir Dietrich 1378 als hohen Beamten des päpstlichen Hofes in Avignon wieder.

In den kirchenpolitischen Wirren des ausgehenden 14. und beginnenden 15. Jahrhunderts beginnt Dietrich seine literarischen Arbeiten mit dem Ziel der Reform der Kirche. Er wird als Teilnehmer des Konzils von Konstanz (1415), an dem er als ernannter und geweihter Bischof, wenn auch ohne Residenz und Diözese, für die „Deutsche Nation" teilnimmt, ein Rufer der kirchlichen Erneuerung - allerdings ohne rechtzeitiges Gehör.

Große Verdienste erwarb sich Dietrich v. Nieheim um das bekannte und heute noch bestehende Hospiz „Anima" in Rom. Ein Niederländer hatte in Rom eine Art Beherbergungsbetrieb für arme Rompilger gegründet, „zu Nutz und Frommen der Armen Christi und anderer elender Personen deutscher Nation". Dieses Hospiz bestand aus einem Haus für Frauen, einem Haus für Männer sowie einem Bethaus, ein Komplex mit dem Namen Sanctae Mariae (mater) Animarum. 1406 wurde diese Anstalt päpstlich anerkannt und von Abgaben befreit. Dietrich v. Nieheim wurde Rektor dieses Hauses, und er vermachte der Anima zwei weitere Häuser und einen Weinberg. Die Anima ist heute ein ausgiebiger Komplex mit noch den gleichen Zielsetzungen, erweitert um den „Campus Teutonicus", wo deutschsprachige Theologen wohnen, die an der päpstlichen Universität Gregoriana studieren. Dietrich v. Nieheim starb am 22. März 1418 in Maastricht, wo er laut einer Notiz im Directorium Chori in der Stiftskirche St. Servatius begraben liegt.

Der Dichter, Arzt und Politiker Friedrich Wilhelm Weber (1813–1894) verbrachte die letzten sieben Jahre seines Lebens in Nieheim, das sich mit Stolz nach ihm „Weberstadt" nennt. Ende des vorigen und im ersten Drittel dieses Jahrhunderts zählte er zu den meistgelesenen deutschen Dichtern.

Sein um 900 n.Chr. und zwischen Egge und Corvey angesiedeltes Epos „Dreizehnlinden" erreichte Millionenauflagen, da es zur obligatorischen Standardliteratur von Schülern und Studenten des europäischen Raumes gehörte. Weber verlebte glückliche Jahre in Nieheim, ausgefüllt mit selbstloser ärztlicher Tätigkeit, unterbrochen durch längere Aufenthalte in Berlin, wo er mehr als 30 Jahre als Abgeordneter der Zentrumspartei den Wahlkreis Höxter-Warburg im preußischen Abgeordnetenhaus vertrat. Seine letzte Ruhestätte fand Friedrich Wilhelm Weber auf dem Nieheimer Friedhof. Sein Hauptwerk „Dreizehnlinden" ist, vielfach neu aufgelegt, im Buchhandel immer noch erhältlich.

Noch heute besuchen viele Menschen die Grabstätte des Dichters und seiner Angehörigen, aber auch die Gedenkräume im Weberhaus, dem einstigen Wohnhaus des Dichters, das vor etlichen Jahren zur Bildungsstätte des Kolpingwerkes und einer Heimvolkshochschule ausgebaut worden ist und das ganze Jahr über Bildungs- und Freizeithungrige von weither anzieht.

Der Vagant und poetische Mystiker Peter Hille (1854–1904) stammt aus der zu Nieheim gehörenden Ortschaft Erwitzen und war wohl der literaturhistorisch bedeutendste Dichter dieser Region. Er hinterließ eine vielgestaltige und tiefgründige Dichtung und zählt zu den bedeutendsten Wegbereitern der literarischen Moderne in Westfalen. Peter Hille durchwanderte halb Europa. Dem oberflächlichen Blick des „Philisters" mußte er als „Landstreicher" erscheinen, doch wer ihn näher kennenlernte, war beeindruckt von seinem Wissensreichtum und seiner unbeirrbaren Religiosität. Sein letztes Lebensjahrzehnt verbrachte er in Berlin im Kreis namhafter Künstler und Schriftsteller. Seine Romane und Dramen, seine Prosa, Skizzen und Essays, vor allem aber seine Lyrik und seine Aphorismen sind erst seit kurzem Gegenstand eingehender Interpretationen.

In seinem Roman „Die Hassenburg" hat Peter Hille seiner Heimat ein einzigartiges literarisches Denkmal gesetzt. Das Geburtshaus des Dichters in Erwitzen wurde zu einer literarischen Gedenk- und Begegnungsstätte ausgebaut und dient der ca. 300 Mitglieder in Deutschland und Europa zählenden Peter-Hille-Gesellschaft als Tagungsort für ihr alljährlich im September stattfindendes Hille-Wochenende.

Hugo Lassalle (1898–1990) - als japanischer Staatsbürger seit 1948 nannte er sich auch Makibi Enomiya - ist in Nieheim-Externbrock zur Welt gekommen. Sein Lebenswerk ist die Erschließung der japanischen Zen-Praxis als Weg zu einer tieferen Glaubenserfahrung für Christen. Der seit 1929 vorwiegend in Japan wirkende Jesuitenpater erlebte 1945 den Abwurf der ersten Atombombe aus unmittelbarer Nähe. Auf seine Initiative hin wurde 1954 in Hiroshima eine Friedenskirche errichtet. In rund 100 Veröffentlichungen legte Pater Hugo M. Enomiya-Lassalle dar, wie in der ungegenständlichen Meditation „die Seele Gott bis an die Grenzen ihrer Möglichkeiten entgegenkommt". Der von ihm aufgezeigte Weg mystischer Erfahrung hat in den christlichen Kirchen Europas unübersehbar Fuß gefaßt. Kurz vor seinem Tode besuchte Pater Lassalle seine Geburtsstadt Nieheim und trug sich in ihr „Goldenes Buch" ein. Viele seiner Bücher sind im Buchhandel weiterhin erhältlich.

Der Vergil-Übersetzer Johannes Götte (1907–1994) stammt aus der zu Nieheim zählenden Ortschaft Merlsheim. In jahrzehntelangem Bemühen hat der lange Zeit in Berlin lehrende Altphilologe zusammen mit seiner Frau Maria, geb. Haendly, die lateinischen Verse des „römischen Homer" textkritisch überprüft, kommentiert und in wohlklingende deutsche Hexameter verwandelt. „Man geht nicht zu weit, wenn man diese als die am besten gelungene Verdeutschung bezeichnet", so urteilt Prof. Dr. Bernhard Kytzler über die auch heute noch vom Verlag Artemis (München – Zürich) edierte Vergil-Ausgabe. Dieses Urteil gilt noch heute. Nach dem Tod seiner Frau ließ sich Johannes Götte noch zum Priester weihen.

Das lebenslange Domizil des Heimatdichters Fritz Kukuk (1905–1987) war der schöne alte Dorfkrug „Zum Kukuk" in der Ortschaft Himmighausen. Mit volkstümlicher Lyrik, Kurzprosa und Sinnsprüchen erfreute der Landgastwirt jahrzehntelang unzählige Besuchergruppen. Einsfühlung mit der Natur und Heimat, aber auch Einsamkeitserfahrungen sind die Grundmotive seines Dichtens. In seinen besonders empfehlenswerten Büchern „Kinner van Duarpe" und „Sturm üawer Land" geben sich aber auch heitere „Vertellkes" und „Dönekes" ein vergnügliches Stelldichein. Viele ehrenvolle Auszeichnungen hat der Heimatdichter Fritz Kukuk vor allem im Ausland erfahren. Seine Gedichte (darunter eine „Europa-Hymne") wurden in den letzten Jahren vielfach vertont und aufgeführt.

Entrup

In der näheren Umgebung des Dorfes gefundene Lanzen- und Pfeilspitzen sowie ein Faustkeil lassen auf eine sehr frühe Besiedlung Entrups schließen. Die heutige Ortschaft Entrup, stellenweise auch „Entorf", „Entrop", „Eynctorpe" oder „Eyntrup" genannt, ist im Jahre 1289 erstmals urkundlich unter dem Namen „Villa Entroppe" erwähnt. Der Beiname „Villa" läßt bei Entrup darauf schließen, daß die Ursiedlung dieser Bauerschaft zu dieser Zeit bereits zu einer geschlossen Dorfschaft

Kirche bereits im 18. Jahrhundert. Die schulpflichtigen Kinder mußten in die Pfarrschule nach Sommersell. Erst 1806 nach der vom Steinschen Schulreform baute man in Entrup ein eigenes Schulgebäude, das 1961 abgerissen wurde. Das heutige als Pfarrheim genutzte Schulgebäude stammt aus dem Jahr 1926. Im Zuge der 1970 durchgeführten Kommunalreform gehört Entrup zur Stadt Nieheim.

Erwitzen

Erwitzen, stellenweise auch „Eremwordessen", „Ermwordessen", „Ernwordessen", „Erwersen" oder „Erworsen" genannt, wird seit der ersten Hälfte des 13. Jahrhunderts öfter als Stammort des Rittergeschlechts von Ermwordessen erwähnt, das Ende des 15. Jahrhunderts ausstarb. Bis zu Anfang des 19. Jahrhunderts gehörten der Grund (Boden) und das Dorf wohl dem Bischof von Paderborn als Landesherren. Der Besitz kam nach der Säkularisierung um 1820 mit dem Bo-

Kriegerkapelle auf dem Filleberg in Entrup.

mit mehreren Höfen und Kötterstellen gehörte. Daher ist auch anzunehmen, daß der Urhof viel früher angelegt worden ist.
Im Jahr 1289 erwarb das Kloster Falkenhagen die Hälfte des Dorfes Entrup von den Gebrüdern von Ermwordessen (Erwitzen). 1360 verkaufte der Knappe (hier: Ritter des niederen Standes) Godecke von Paderborn das halbe Dorf an Johann von Oeynhausen. Einige Höfe in Entrup waren zudem noch königsfreie Güter; ab 1487 ist Burchhard von Oeynhausen Obermann dieser Freien. In einem Streit über die Gerichtsbarkeit und die Dienste für Lippe (Schwalenberg) ließen die Edelherren zur Lippe am Sonntag, den 27. April 1544, einige Bauern gefangen nehmen; sie mußten schließlich auf Vorstellung von Paderborn wieder freigegeben werden.

In kirchlicher Hinsicht gehörte Entrup zur Pfarrei Sommersell. Der erste nachweisbare Geistliche war Pater Gregorius Köchling vom Benediktinerkloster Marienmünster. Im Jahre 1819 erfolgte die Grundsteinlegung der heutigen Kirche, die 1948 erweitert wurde. Zu der Kirche gehört auch der seit 1880 geweihte Friedhof. Nicht unweit stand hier von 1832 –1849 die Station Nr. 31 der optischen Telegraphenlinie Koblenz - Berlin, deren „Schwester" noch heute in Oeynhausen zu besichtigen ist.

Die schulischen Pflichtaufgaben in Entrup übernahm die

Geburtshaus des Dichters Peter Hille (1854-1904) in Erwitzen. Heute literarische Gedenk- und Begegnungsstätte.

414   Kreis Höxter

Erwitzen

senhof in Pömbsen an die Familie derer von der Borch in Holzhausen. In Erwitzen wurde der poetische Mystiker Peter Hille (1854-1904) geboren. Der Dichter, „ein König an Geist und Seele", hat in seinem Roman „Die Hassenburg" seiner Heimat ein literarisches Denkmal gesetzt.

Gottschalk von Haxthausen. Neben diesem königsfreien Gut bezog auch das Kloster Willebadessen ansehnliches Korngefälle aus Eversen. Ein kleine Kirche konnte nach längeren Verhandlungen mit den Grundbesitzern im Jahre 1888 gebaut werden. Vorher gab es nur die 1707 gebaute Kapelle. Im Jahre 1883 hatte das kleine Dorf 441 Einwohner und war 385 ha groß.

Eversen

Zum ersten Mal soll Eversen um das Jahr 900 erwähnt worden sein, als das Kloster Corvey einige Güter in „Efereshusen" erwerben konnte. Vier Jahrhunderte später erhielt Bernhard zur Lippe nach der Teilung der Grafschaft Schwalenberg 1361 das Dorf Eversen zugesprochen. Mehrere Grundbesitzer teilten sich die Erträge aus dem Bereich Eversen: das Kloster Marienmünster, die Ritter von Oeynhausen und ab 1467

Himmighausen

Am 4. November 1015 schenkten Wiebrand und Gattin Tetta *Hemmicanhusun* mit allem Zubehör der Paderborner Kirche. So wurde Himmighausen bischöfliches Tafelgut. Aber viele in der Nähe gelegene bronzezeitliche Gräber und gefundene römische Münzen aus dem 3. und 4. Jahrhundert lassen den

Eversen

Himmighausen

Schluß zu, daß hier bereits eine vor- und frühgeschichtliche Besiedlung vorhanden war.

Der heutige Ort ist aus einem Gutshof der Paderborner Kirche, die ihn als Lehen einem Ministerialen übertrug, entstanden. Der Lehensträger nannte sich im Anschluß nach dem Gute „von Himmighausen". Im Jahre 1237 sind die Gebrüder Gottfried und Everhard de Hemikehusen urkundlich bezeugt. Nach dem Aussterben dieses Geschlechtes treten die Ritter von Iburg auf. Mitte des 15. Jahrhunderts wird Gottschalk von Schilder, Erbkämmerer des Hochstiftes, mit dem Orte und Gerichte Himmighausen belehnt. Die Familie hat über 250 Jahre in Himmighausen gewohnt, ihre Lebensführung im heutigen Gutshaus, welches 1602 erbaut wurde, war schlicht. 1710 kam der Besitz durch Heirat an den Reichshofrat Karl Heinrich von Donop, der das jetzige Schloß erbauen, aus finanziellen Gründen aber den Schloßflügel unvollendet ließ. Im Jahre 1794 belehnte der Paderborner Fürstbischof die Familie von Mengersen mit dem Besitz, da die von Donops aus Zahlungsunfähigkeit das Gut abgeben mußten. Die Erben von Clemens August von Mengersen veräußerten es an den Grafen von Oeynhausen-Reelsen. Heute ist es im Besitz der Familie von Puttkammer.

Die unterkellerte einschiffige Kirche ist 1660 erbaut worden. Über dem Hauptportal der kleinen Kirche ist ein Wappenstein eingefügt. Er trägt das Wappen der Familie von Donop und von Schilder. Die Kirche war als Gruftkapelle gedacht und dem hl. Antonius von Padua geweiht. Alljährlich wird in einer Wallfahrt dieses Heiligen besonders gedacht. Der jetzige Kirchenbau ist aus dem Jahre 1969.

In der Nähe des Ortes wurde 1885 ein großes vorgeschichtliches Brandgräberfeld (1.000 Gräber) entdeckt. Ein in der Nähe gelegener Berg mit dem Namen Varusberg hat viele Forscher zu der Annahme verleitet, daß hier die große Schlacht um 9 n.Chr. stattfand. Ein besonderer Anziehungspunkt ist die Gaststätte „Zum Kukuk", die lange Zeit von dem Heimatdichter Fritz Kukuk betrieben wurde. Heute findet der interessierte Besucher hier noch schöne Wandplatten von 1596, 1629 und 1726, die Kain und Abel, das salomonische Urteil und die spinnende Jungfrau darstellen.

Himmighausen

Geburtshaus des Heimatdichters Fritz Kukuk.

Holzhausen

Die erste mögliche urkundliche Erwähnung des Ortes Holzhausen soll 872 als Kellesholthusen erfolgt sein. Ein Adelsgeschlecht nennt sich im weiteren Verlauf „von Holthusen". Der Ort selbst gehörte zur Grafschaft Schwalenberg.

Die drei Brüder von Holthusen erbauten 1312 eine Burg. Nach dem Aussterben des Geschlechtes von Holthusen belehnte 1484 der neue Lehnsherr, Bischof Simon III., seinen Amtmann und Landdrosten von Dringenberg, Arndt von der Borch, und Engelhard von Dudenhusen mit den Gütern Holzhausen. Die Familie von der Borch ist somit eines der ältesten ritterbürtigen Geschlechter Westfalens mit dem ursprünglichen Sitz im Lippischen (Detmold). Sie erwarb mit Zustimmung des Landesherrn wenig später den Anteil von Dudenhusen. Mit dem Tode von Ferdinand von der Borch um das Jahr 1720 fiel der Besitz an Friedrich Otto von der Borch zu Schönebeck (Hannover). Seine Nachkommen sind noch heute Besitzer des Rittergutes.

Ende des 19. Jahrhunderts zählte Holzhausen 475 Einwohner. Das klassizistische Herrenhaus der Burg mit seinem Wassergraben, der sogenannten Gräfte, ist von 1802-1809 neu erbaut worden, weil die ältere Burg wohl ein Raub der Flammen geworden ist. Die Nebengebäude mit Fachwerkgiebeln sind aus dem 17. Jahrhundert. Das Schloß mit der hohen Umfassungsmauer ist neben Schloß Vinsebeck ein gelungenes Beispiel eines Herrenhauses aus dem 19. Jahrhundert.

Als Pfarrort ist Holthusen im Jahre 1231 genannt; zu dieser Zeit unterstand es dem Archidiakonatssitz Steinheim. Heute wird Holzhausen kirchlich durch Nieheim betreut. Die jetzige einschiffige Pfarrkirche ist, wie viele Kirchen in der Umgebung, im Renaissancestil erbaut und stammt aus dem 17. Jahrhundert. Am Portal bezeugt dies ein Stein mit der Jahreszahl 1676. An der Südseite befindet sich allerdings noch ein Tympanon aus dem 12. Jahrhundert. Das Taufbecken ist vielleicht romanisch.

Holzhausen

Herrenhaus

Schloß „Gut Holzhausen", Familienbesitz des Freiherrn von der Borch.

Merlsheim

Die frühen Anfänge von Merlsheim, das früher „Merlhossen" und „Merlhusen", später „Merlsen" (Merle=Amsel/Drossel, seit 1958 in das Ortswappen übernommen) genannt wurde, sind nicht genau zu erkennen. In einer Urkunde des Benediktinerklosters Marienmünster wird anläßlich einer Güterübertragung am 24. Februar 1292 der Ratsherr Johann von Merlhossen als Zeuge erwähnt. Hier erscheint der Name „Merlhossen" zum ersten Mal urkundlich. Bei der Pfarrtrennung 1299 zwischen Pömbsen und Nieheim wird Merlsheim als zur Pfarrei Pömbsen gehörig bezeichnet.

Eine wertvolle Quelle über die Entwicklung und das Aussehen von Merlsheim und Umgebung lieferte im 18. Jahrhundert der im Haus Merlsheim angestellte Sekretär Pyrach. Er zeichnete um das Jahr 1737 das Dorf Merlsheim mit seinen 16 Häusern, in denen 7 Meier, 6 Halbmeier, 9 Kötter und 12 Gemeine oder kleine Kötter mit ihren Familien wohnten. Bereits zum Ende des 18. Jahrhunderts sind 34 Hausbesitzer in einer Kopfschatzliste aufgeführt. Mit Beginn der Führung einer durch die königliche Verordnung vom 12. Dezember 1817 befohlenen Ortschronik im Jahre 1824 zählte der Schreiber neben dem Gut Haus Merlsheim 1 Schulhaus, 41 Feuerstellen mit Scheunen und Stallungen mit insgesamt 235 Einwohnern. Eine Abschrift des Amtsgerichtes Nieheim-Steinheim von 1852 belegt 27 Ackerwirte, 16 Haus- und Grundbesitzer und 7 Beilieger ohne Grundbesitz. Heute zählt das „Amseldorf", wie es liebevoll von seinen Bewohnern genannt wird, ca. 400 Einwohner.

Das Gut Haus Merlsheim, welches auch heute noch mit Erfolg betrieben wird, hat im Laufe der Geschichte einen häufigen Wechsel an Besitzern erlebt. Im Jahre 1331 besitzt der Bischof in Merlsheim drei Meierhöfe. Um 1390 wird hier die Familie von Oeynhausen mit Landbesitz belehnt. Bei der Erbteilung um 1420 erhält Sievert von Oeynhausen das Dorf mit allen Rechten und allem Zubehör. Zugleich übernimmt er die Verpflichtung, „eine Vestung und Borch bei das Dorf" zu bauen.

Merlsheim

Blick auf Oeynhausen.

Schloß „Haus Merlsheim", Perle der Weserrenaissance.

Im 16. Jahrhundert fällt das Haus in die Hände des braunschweigischen Ritters von Rengershausen, dessen Zweig im Mannesstamme 1632 erlischt. Mitte des 17. Jahrhunderts belehnt der Paderborner Fürstbischof Dietrich Adolph von der Reck den Domdechant Kasper von Ketteler mit dem Dorf. Nach mehrmaligem Wechsel gelangte es im Jahre 1845 durch Ersteigerung schließlich in den Besitz der Familie von Hövel. Nach dem Ersten Weltkrieg (1920) zog die auch heute noch besitzende Familie von und zur Mühlen in das Haus Merlsheim ein. Das heute sichtbare Haus ist in mehreren Jahrhunderten Bautätigkeit entstanden. So finden sich verschiedene kunsthistorische Stilrichtungen, wie z.B. die der Weserrenaissance, in der mit einer Gräfte umgebenen Wohnanlage wieder.

Das Dorf selber entwickelte sich neben dem Haus kontinuierlich. Bereits Mitte des 18. Jahrhunderts ist eine Lehrtätigkeit eines „alten Sergeanten" in der Dorfschule nachgewiesen. Im 19. Jahrhundert wurde in einem angemieteten Gebäude und schließlich in dem 1880/81 erbauten Schulhaus (heute Bürgerhalle) bis 1967 der Unterricht abgehalten.

Oeynhausen

In den Corveyer Traditionen wird Oeynhausen als „Agingehusen" und „Ogenhusen" 936–1037 urkundlich erwähnt. Im 10. Jahrhundert war Corvey hier begütert. Im Jahre 1036 schenkte der Bischof Meinwerk dem neuen Busdorfstift in Paderborn den Zehnten des Haupthofes in Oyenhusen mit 6 Vorwerken. Aus den bischöflichen Gutsvögten dieses Hofes entstand das Geschlecht der Freiherren und Grafen von Oeynhausen. Ein Mitglied dieses Geschlechts, der Berghauptmann Karl von Oeynhausen (1795 auf der Grevenburg geboren, gestorben 1865), gab dem von ihm 1830-45 gegründeten Bade Oeynhausen seinen Namen.

Im 16. Jahrhundert hatten die von Oeynhausen in Oeynhausen selbst noch Lehensgrundbesitz, durch Heirat ging dieser in die Familie derer von Spiegel zum Desenberg über, die Amt und Dorf von 1669 bis zum Anfang des 19. Jahrhunderts vom Bischof von Paderborn als Lehen trugen. Durch Kauf ging dann der Gutsbesitz in die Hand der Gemeinde Oeynhausen über. Die katholische einschiffige Kirche im Ort ist im Renaissancestil gehalten und den Heiligen Cosmas und Damian geweiht. Über dem Eingang an der Westseite steht ein Chronogramm, das die Jahreszahl 1790 angibt.

In der Mitte des 19. Jahrhunderts diente die Finnstätte, ein Berg nahe Oeynhausen, als Aufstellungsort der Station Nr.32 der optischen Telegraphenlinie Koblenz - Berlin. Die Station

Optische Telegraphenstation Nr. 32 in Oeynhausen.

ist heute originalgetreu rekonstruiert und nach Absprache mit dem Heimatverein Oeynhausen zu besichtigen.

Schönenberg

Schönenberg („Sconenberghe", „Schonenberghe") ist urkundlich als „Sconenberghe" erstmals 1299 genannt. In diesem Jahr erfolgte durch den Paderborner Bischof Otto die Zuweisung zur Pfarrei Pömbsen. Die Grundrechte hatte der im benachbarten Merlsheim beheimatete Adel. Daher ist die Entwicklung des Ortes und die wechselvolle Geschichte sehr eng mit der von Merlsheim verbunden. Bei einer Zählung der Bevölkerung im Jahre 1883 hatte Schönenberg 83 Einwohner, überwiegend kleine Bauern und Kötter.

Schönenberg,
kleinster Ortsteil
der Stadt Nieheim.

Burg Grevenburg
in Sommersell/
Grevenburg,
Familienbesitz
des Freiherrn
von Oeynhausen.

Sommersell, Kariensiek, Grevenburg

Sommersell, auch „Somersele", „Somersylen", „Summersele" oder „Sumersili" genannt, wird 1231 erstmalig in einer Urkunde erwähnt, worin neben anderen die Pfarrei Sumersile dem Archidiakonat Steinheim zugewiesen wird (siehe Holzhausen). In der zweiten Hälfte des 14. Jahrhunderts hatten die von Bose den lippischen Anteil des Dorfes Sommersell in Pfandschaft, welcher 1380 überging an die von Oeynhausen, damals die Pfandherren der Oldenburg. Bereits 1427 erhielten diese das Dorf von Simon IV., Edelherrn zur Lippe, zum Lehen. Durch den Tausch aus dem Jahre 1513 und den Vergleich von 1515 erwarb das Kloster Marienmünster von den Gebrüdern von Oeynhausen deren Hälfte des Grevendieks, dessen andere Hälfte bereits dem Kloster gehörte. Arndt von Oeynhausen, der bei der brüderlichen Erbteilung Sommersell erhalten hatte, erbaute hier 1536 schließlich ein Vorwerk (kleinerer Fronhof, Wirtschaftshof). Deshalb kam es mit dem Kloster Marienmünster um die Nutzungsrechte (Gerechtsamen) an dem Grundstück „Grevendiek" zu harten Auseinandersetzungen, die erst 1554 in einem Vergleich beigelegt wurden. Das Vorwerk wurde in den Jahren 1566-79 zu der heutigen Burganlage erweitert. Die Brüder Rabe Arndt und Falk Arndt verließen ihren Stammsitz, die Oldenburg, und ließen sich hier dauerhaft nieder. Die Grevenburg wurde nun Stammsitz ihrer Familie, die zwei Rittersitze umfaßte, den „Kammerherrenhof" und den „Oberjägermeisterhof". Die von Falk Arndt begründete jüngere Linie von Oeynhausen zu Grevenburg wurde um 1722 mit Rabe Christoph von Oeynhausen in den Grafenstand erhoben. Das Wasserschloß, das seinen Namen nach dem Bach Greve erhalten hat, ist im Renaissancestil erbaut: der älteste Teil ist ein Fachwerkbau mit überkragten Geschossen und geschnitzten Balkenköpfen, erbaut in den Jahren 1566-79, ein weiterer Ausbau erfolgte 1635. Die Wälle sind heute eingeebnet, ehemals reichten sie bis zum Dachansatz. Das Schloß ist auch heute noch im Besitz der Familie von Oeynhausen.

Kariensiek ist heute ein Teil von Sommersell. Es gehörte als Dorf seit dem Mittelalter bis 1807 zum Samtamt Oldenburg, das von Paderborn und Lippe gemeinsam verwaltet wurde. 1970 kam Kariensiek im Zuge der Kommunalreform zur Stadt Nieheim.

Peter Bonk / Hartmut Drews / Johannes Kröling

Steinheim

Fläche	75,69 qkm	Einwohner (1996)	13.378

Einwohner in den Ortsteilen:

Bergheim	1.089	Rolfzen	518
Eichholz	256	Sandebeck	1.023
Grevenhagen	290	Steinheim	8.262
Hagedorn	118	Vinsebeck	1.267
Ottenhausen	555		

Steinheim heute

Steinheim ist ein lebendiges Mittelzentrum, gelegen in der Steinheimer Börde an der Grenze des ehemaligen Hochstifts Paderborn zu Lippe. Die Großgemeinde bildet den engeren Bereich des Mittelzentrums, dessen natürlicher Einzugsbereich die Städte Nieheim und Marienmünster zum großen Teil sowie Bereiche aus den angrenzenden lippischen Städten Horn-Bad Meinberg und Schieder-Schwalenberg mit umfaßt. Steinheim ist über die B 252 (Ostwestfalenstraße) oder die Bundesstraße 1 und die Bahnlinie Hannover-Altenbeken gut erreichbar. Ein interessanter Stadtkern mit großer Fußgängerzone, die intakte Landschaft mit den herausragenden Baudenkmälern Schloß Thienhausen und Schloß Vinsebeck inmitten von abwechslungsreichen Wiesen, Feldern, Wäldern und Gewässern und die acht Ortsteile mit ihren Eigenarten und Besonderheiten charakterisieren die für Besucher anziehende und interessante Großgemeinde. Steinheim hat eine gute Ausstattung mit Schulen einschl. Gymnasium und Musikschule.

Steinheim

Landwirtschaft und Industrie, hier insbesondere die Möbelherstellung, haben bis vor wenigen Jahren in der Kernstadt Steinheim dominiert. Heute sind nur noch wenige ausgesiedelte landwirtschaftliche Vollerwerbsbetriebe in Steinheim vorhanden, diese bewirtschaften dafür fast die gesamte landwirtschaftliche Fläche weiter.

In der holzverarbeitenden Industrie hat sich nach dem Kriege ein Wandel von damals ca. 40 kleineren Betrieben der Holzwirtschaft und 10 mittelständischen Möbelfabriken mit Schwerpunkt Stilmöbelherstellung zu wenigen großen Unternehmen vollzogen, die im Bereich Möbelproduktion, Möbelhandel und Spanplattenherstellung tätig sind. Betriebe aus anderen Bereichen, z.B. Fahrzeugbau und Bekleidungshandel, konnten angesiedelt werden.

Das Modellprojekt „Ökologisches Dorf der Zukunft" in Ottenhausen mit dem Ziel, die Naturausstattung, aber auch die Lebensfähigkeit der dörflichen Wirtschaft und der Landwirtschaft nachhaltig zu sichern, ist als beispielhaft für die Dorferneuerung zu nennen.

Empfehlenswert ist es, Steinheim über die gut ausgebauten Radwege, insbesondere den R 1, der von der holländischen Grenze bis nach Königsberg führt und dabei landschaftlich besonders reizvoll direkt durch die Steinheimer Börde verläuft, zu erkunden.

Reinhard Spieß

Die Steinheimer Börde

Die Steinheimer Börde ist neben dem Brakeler Bergland und der Warburger Börde eine der Hauptlandschaften des früheren Oberwälder Landes, des östlichen Teils des früheren Hochstifts Paderborn. Sie liegt zwischen dem Eggegebirge mit seinem hügeligen Vorland und der Weser im Oberen Weserbergland. Die Steinheimer Börde ist ein fast kreisrundes Becken mit einem Durchmesser von etwa 15 km. Sie ist eine fast waldfreie Bördelandschaft, jedoch keine fade Kultursteppe, sondern eine sanftbewegte Fläche, bei der Kornfelder und Wiesen sich abwechseln. Baumkulissen an der Emmer, am Heubach und an zahlreichen kleinen Bächen verleihen der Landschaft einen besonderen Reiz. Schon nach wenigen Kilometern findet man in allen Himmelsrichtungen bewaldete bergige Gebiete.

Der Stoppelberg, Wahrzeichen der Steinheimer Börde.

Die Steinheimer Börde ist uraltes Siedlungsgebiet. Sie war schon vor vielen tausend Jahren von Menschen bewohnt. In der Steinheimer Börde gibt es neben den von der Industrie, vorwiegend von der Holzverarbeitung geprägten Bördestädten Steinheim und Nieheim viele große und kleine Haufendörfer und zahlreiche große Güter mit Schlössern und Wasserburgen. In der Börde leben z.Zt. ca. 25.000 Menschen auf einer Fläche von 167 qkm. Das weithin sichtbare Wahrzeichen der Steinheimer Börde ist der 240 m hohe bewaldete Stoppelberg.

Heinz Gellhaus

Die Kernstadt Steinheim in Geschichte und Gegenwart

Bereits in der Jungsteinzeit übte das Steinheimer Becken durch seine fruchtbaren Böden und seinen Wasserreichtum

Marktplatz, Kump und Turm der katholischen Pfarrkirche St. Marien.

eine große Anziehungskraft auf die Ackerbau und Viehzucht treibenden Menschen aus. So ist es jedenfalls aus Funden abzulesen, die in der Umgebung der Stadt vor Jahrzehnten und in neuester Zeit gemacht worden sind.

Auf das Alter des Dorfes Steinheim könnte die Ortsbenennung hinweisen. Möglicherweise zeichnete sich diese Siedlung schon früh durch einen in der damaligen Zeit höchst seltenen Steinbau aus, der dann als Besonderheit namensgebende Kraft hatte und einen älteren Ortsnamen überdeckte. Das heutige „Steinheim" könnte in die fränkische Zeit zurückführen. Die Forschung vermutet in Steinheim neben Eresburg und Paderborn sogar eines der frühen Missionszentren unseres Landes. Eine steinerne Saalkirche unter der jetzigen Pfarrkirche reicht bis ins 9./10. Jahrhundert zurück. Schriftlich belegt ist die Existenz Steinheims aus der Zeit um 970 in Güterschenkungen an das Kloster Corvey.

Eine Urkunde von 1036 nennt ein Vorwerk in Steinheim, dessen Einkünfte der Bischof Meinwerk an das Stift Busdorf bei Paderborn überwies. Nach dem aus Neuhaus stammenden Steinheimer Geschichtsschreiber Pyrach sollen die Gebäude des Vorwerks dort gelegen haben, wo später die bischöfliche Burg stand, nämlich vor dem Windtor auf dem sogenannten Holzhof. Schade ist es, daß diese Burg den Dreißigjährigen Krieg nicht überstanden hat.

In der 2. Hälfte des 12. Jahrhunderts wurde die jetzige katholische Kirche gebaut und auf den Namen Mariä Himmelfahrt geweiht, heute verkürzt St. Marien genannt. Um 1480, 1665 und 1878 erweiterte man die Kirche, der Turm hat im Laufe der Zeit mehrfach sein Aussehen verändert.

Ist die herausgehobene Funktion des Dorfes Steinheim bis ins 13. Jahrhundert hinein heute wegen Quellenmangels nicht mehr deutlich zu fassen, so gibt die Gründung des Archidiakonats Steinheim im Jahre 1231 einen eindeutigen Hinweis auf die zentralörtliche Stellung der Siedlung. Zum Archidiakonatssprengel Steinheim gehörten damals über 30 Ortschaften, unter ihnen waren Blomberg, Lügde, Nieheim, Vörden, Schwalenberg und Schieder.

Zur Abwehr der Kölner Bestrebungen, das Bistum Paderborn einzukreisen, ließ Bischof Simon I. von der Lippe 1275 auch das Dorf Steinheim zur Stadt erheben. Steinheim wurde sowohl aus strategischen als auch aus wirtschaftlichen Gründen Stadt. Verlockend für die Steinheimer dürfte dabei die neue Freiheit gewesen sein. Sie wurden weitgehend aus den bisherigen Abgaben-, Dienst- und Rechtsverhältnissen gegenüber dem Bischof entlassen. Die bürgerliche Verwaltung wurde jetzt ausschließlich von einem gewählten Rat besorgt, die niedere Gerichtsbarkeit durch den Stadtrichter. Die Rechte des Bischofs, der weiterhin Stadtherr blieb, wurden von einem Drosten wahrgenommen, dem ein Amtmann an die Hand gegeben wurde. Der Bau der Stadtmauer mit dem

Hochaltar in St. Marien.

zenzaltäre einrichten, 1493 stifteten Bürgermeister, Rat und eine Bruderschaft eine Kommende zu Ehren des hl. Kreuzes und der Apostel Philippus und Jakobus. Es ist daher sicher kein Zufall, daß der Anbau des gotischen Hochchores (um 1481), der Kauf des wertvollen Schnitzaltares (um 1515) und die Aufstellung des etwa gleichaltrigen Sakramentshäuschens in diese vorreformatorische Zeit fallen.

Die Reformation muß schnell Anhänger gefunden haben. Der aus Steinheim stammende Humanist Hermann Tulichius war mit Luther so gut bekannt, daß der Reformator ihm seine Schrift „Von der babylonischen Gefangenschaft der Kirche" (1520) widmete. Auch Philipp Melanchthon hat Tulichius wegen seiner profunden Lateinkenntnisse sehr geschätzt. Der große Geschichtsschreiber Reiner Reineccius, der 1541 in Steinheim geboren wurde, hat sicher nur wenige Katholiken in seiner Vaterstadt gekannt, denn bis in das 17. Jahrhundert hinein war der weitaus größte Teil der Steinheimer evangelisch.

In dieser Zeit, zwischen 1560 und 1596, schließen sich mit Genehmigung der Stadt, nicht des Bischofs, folgende Bruderschaften und Gilden zusammen: Schuhmacher und Büttler, Acker- und Hausleute, Schneider, Leineweber, Groß- und Kleinschmiede, Kupferschläger, Groppengießer und Messermacher. Daß es daneben auch noch andere Handwerker gab, z.B. Loh- und Weißgerber, Tischler, Maurer, Zimmerleute, später auch Glockengießer, sei nur am Rande erwähnt. Von

Siegel der Steinheimer Schuhmacherzunft um 1700. Steinheim hatte bis zu Beginn des 19. Jahrhunderts in Westfalen die größte Konzentration von Schuhmachern (ca. 50 selbständige Meister).

Niederen Tor (Höxterstraße), dem Oberen Tor (Marktstraße) und dem Wendtor (Detmolder Straße) brachte eine riesige Arbeitslast für die Bürger mit sich. Im Laufe der Zeit stürzten immer wieder Teile der Stadtmauer ein, besonders an sumpfigen Stellen oder da, wo sie auf Fließsand gegründet waren.

Um 1324 wurde die Pfarrei Steinheim, zu der auch die Ortschaften Belle, Billerbeck, Ottenhausen und Rolfzen sowie die Güter Thienhausen und Breitenhaupt gehörten, dem Kloster Marienmünster inkorporiert, d.h., der Steinheimer Pastor war jeweils ein Benediktinerpater aus Marienmünster, die Einkünfte aus der Pfarrei flossen dafür dem Kloster zu. Im 15. Jahrhundert ist ein besonders reiches religiöses Leben in Steinheim festzustellen. Bereits 1403 richtete die Stadt auf eigene Kosten eine tägliche Frühmesse ein, wir hören von den Bruderschaften des hl. Leichnams, Unserer Lieben Frau und Johannes des Täufers, die 1446 eine Kommende beim St. Vin-

größerer Bedeutung für die wirtschaftliche Entwicklung in Steinheim wurden die Schuhmacher, die ihre Waren bis ins 19. Jahrhundert hinein weit über den engeren Raum hinaus verkauften.

1604 beteiligte sich die evangelische Stadt an dem Bündnis mit Hessen gegen den Bischof Dietrich von Fürstenberg, vier Jahre später aber mußte Steinheim dem Bischof von Paderborn Strafe bezahlen und Gehorsam versprechen.
Im Laufe der Geschichte wurde die Stadt mehrmals in ihrer Entwicklung zurückgeworfen, so durch die Pest in den Jahren 1349, 1541, 1618 (als in der Pfarrei Steinheim 375 Menschen starben) und 1636/37, als nachweislich in der Stadt allein etwa 230 Menschen umkamen. Seit der Einsetzung des Rochustages als Stadtfeiertag 1637 durch Bürgermeister und Rat ist Steinheim vor einer weiteren Pestepidemie verschont geblieben. Über den Zusammenhang mögen die Heutigen streiten.

Der Dreißigjährige Krieg ließ die Stadt in Armut und Elend versinken, der Hexenwahn schlug unmittelbar darauf noch einmal ein dunkles Kapitel in der Stadtgeschichte auf. Steinheim hatte sich noch nicht erholt, als etwa 100 Jahre später der Siebenjährige Krieg über die Bewohner mit verheerenden Folgen hereinbrach. 1761 starben 182 Personen.

Zu dem Unheil, das Steinheim traf, gehören auch die Stadtbrände. Überliefert sind große Stadtbrände aus den Jahren 1580, 1694, 1729 und 1790, kleinere Brände gab es 1744 und 1911.

Im Jahre 1802 kam Steinheim mit dem ganzen Hochstift Paderborn infolge der Säkularisation an Preußen, gehörte von 1807-1813 dem französischen Königreich Westphalen unter der Herrschaft Jérômes an und fiel auf dem Wiener Kongreß 1815 wieder an Preußen zurück. Schon nach dem Stadtbrand von 1729 waren verschiedene Steinheimer aus feuerpolizeilichen Gründen vor den Mauern der Stadt neu angesiedelt worden, die Ausdehnung über diesen mittelalterlichen Stadtring hinaus setzte sich im 19. Jahrhundert im verstärktem Maße fort. Zählte die Stadt 1811 genau 1.663 Einwohner, so waren es im Jahre 1900 immerhin schon über 3.000. Das 19. Jahrhundert brachte für die Stadt den Beginn des allmählichen Überganges von einer Ackerbürgerstadt zu einer Industriestadt, der sich in unserem Jahrhundert mit einer damals kaum vorauszuahnenden Schnelligkeit fortsetzte. An Entwicklungsstationen sei nur hingewiesen auf die Errichtung der neuen Knabenschule 1818/1819 (1966 abgebrochen), auf den Rathausneubau von 1835-37, auf die Anlage des Kumps 1855, den Bau der evangelischen Kirche 1857, die Gründung der Rektoratschule 1864; ebenfalls in diesem Jahr eröffnete Anton Spilker seine Kunsttischlerei, die zum Lehr- und Stammbetrieb für die Steinheimer Möbelindustrie wurde. 1879 errichtete man das Amtsgericht, in etwa zeitlich parallel dazu verlief der Um- und Ausbau der katholischen Pfarrkir-

che, 1880 wurde der städtische Friedhof an der Pyrmonter Straße angelegt, 1884 erbaute die jüdische Kultusgemeinde die prächtige Synagoge an der Marktstraße/Schulstraße, die 1938 in der sog. „Reichskristallnacht" auf barbarische Weise zunächst geschändet und dann abgebrochen wurde. Mit dem Bau des St. Rochus-Hospitals und der Gründung des Bürgerschützenvereins im Jahre 1890 wurden deutlich überkonfessionelle Bestrebungen bemerkbar. Als letztes, nicht zu übersehendes Bauwerk im 19. Jahrhundert ist die Aufstockung des Kirchturms der katholischen Pfarrkirche in seiner heutigen Form anzugeben. Von nicht zu unterschätzender Bedeutung wurde der Bau der Eisenbahn in den Jahren 1868-1873. 1901 wurde die neue Volksschule im Hollental eingeweiht. 1903 begann die Steinheimer Möbelfabrik mit der Herstellung von Serienmöbeln, 1904 stand die neue evangelische Volksschule an der Hospitalstraße, in den Jahren 1902 - 1904 wurde ein städtisches Elektrizitätswerk errichtet.

Die Zeit des Nationalsozialismus mit ihren brutalen Rechtsverletzungen, die in den 30er Jahren noch hinter einer geschickten Propaganda versteckt wurden, brachte auch für Steinheim großes Leid. Die Zahl der im Zweiten Weltkrieg aus Steinheim gefallenen oder vermißten Soldaten, der verschollenen und ermordeten Zivilpersonen steht bis heute nicht genau fest. Bedingt durch die Kriegsereignisse strömten Evakuierte aus den Städten des Ruhrgebietes und unmittelbar nach dem Kriege Flüchtlinge aus den deutschen Ostgebieten in die Stadt. Zählte man im Jahre 1939 knapp 4.000 Einwohner, so waren es im Februar 1950 schon 5.766.

Neue Siedlungen entstanden. 1955 wurde ein Schwimmbad erbaut, 1956 eine neue Volksschule errichtet. Anfang der 60er Jahre entstand die Realschule, in der Weststadt erhielt Steinheim eine neue Hauptschule. 1970 wurde im Zweckverband der Städte Steinheim, Marienmünster und Nieheim die Friedrich-Wilhelm-Weber-Schule für Sonderpädagogik in Steinheim eröffnet. Das 1973 eingerichtete Steinheimer Gymnasium konnte bereits 1975 ein eigenes Schulgebäude beziehen, ebenfalls 1975 wurde das neue St. Rochus-Krankenhaus eingeweiht. Die Kernstadt Steinheim hatte Anfang 1978 knapp 7.000 Einwohner, die seit 1970 existierende Großgemeinde hatte zum gleichen Zeitpunkt gut 12.200 Einwohner. Am 1. Mai 1976 zählten die Betriebe der Großgemeinde, ohne Haus- und Landwirtschaft, 4.045 Arbeitnehmer, davon entfielen auf die Industrie 1.523, auf den Einzelhandel 348, auf den Großhandel 234 und auf den Dienstleistungsbereich 1.036 Personen.

Da das alte Steinheimer Schützenhaus für größere Veranstaltungen auf Stadtebene schon seit vielen Jahren zu klein geworden war, wurde es 1987 zu einem modernen Bürgerzentrum mit großer Bühne erweitert.

Das Emmerauen-Programm soll in großem Maßstab für eine grundlegende ökologische Verbesserung in der Flußaue der Emmer sorgen. Schon heute sind nicht mehr zu übersehende Fortschritte hinsichtlich der Schönheit der Landschaft und der Umweltoptimierung erreicht.

Daß in der Kernstadt Steinheim daneben die Feierfreude nicht zu kurz kommt, kann man leicht am Dreiklang der alljährlich wiederkehrenden großen Feste ablesen: dem Karneval, dem Schützenfest und der Steimschen Kirmes.

Josef Menze

Bergheim

Bergheim ist mit 1.089 Einwohnern das zweitgrößte Dorf in der Großgemeinde Steinheim. Es liegt 165 m ü. NN. Bis zur Gebietsneugliederung 1970 war Bergheim selbständige politische Gemeinde. Schon vorher hatte es in der fürstbischöflichen, zeitweise in der preußischen und nach dem Zweiten Weltkrieg in der nordrhein-westfälischen Zeit viele Jahrhunderte durch die jeweiligen Ämter starke Verbindungen zur Kernstadt Steinheim. Für die Großgemeinde Steinheim erhielt Bergheim ab 1970 besondere Bedeutung durch die Ausweisung eines ca. 600.000 qm großen Industrie- und Gewerbeparks.

Bergheim liegt inmitten der Steinheimer Börde, vor dem Hömerberg und am Homebach. Berg und Bach erinnern an das frühere Dorf Homa, das zwischen dem 13. und 15. Jahrhundert von den Bewohnern aufgegeben und wüst geworden ist. Homa wurde bereits 859 in den Corveyer Traditionen erwähnt. Bergheim dürfte nicht jünger sein als Homa.

Bergheim wird zweifelsfrei 1031 als „Berchem in pago Wetigau" genannt. Kaiser Konrad II schenkte damals sein Landgut Sandebeck und Besitzungen in „Villa Berchem" der Kirche zu Paderborn, die damit Lehnsherrin wurde. Im Jahr 1365 verpfändete Bischof Heinrich von Paderborn das Dorf Bergheim an Johann v. Oeynhausen und Bernd v. Holthusen. Jahrhunderte blieben die Herren v. Oeynhausen Besitzer des „freien Hofes" in Bergheim, der später an die Pächter und Meier in Bergheim aufgeteilt wurde. Bei der Säkularisation 1803 gab es in Bergheim 12 Meier, 11 Halbmeier und 42 Kötter und Häusler.

Bergheim

Industriepark Steinheim-Bergheim

Kirchlich war Bergheim ursprünglich nach Sandebeck eingepfarrt. Nach Wiedererrichtung der Pfarre Vinsebeck 1662 wurde es dieser zugewiesen. Bergheim besaß 1575 eine eigene, dem hl. Liborius geweihte Kapelle. Die jetzige Kirche ist 1895 erbaut. 1921 wurde Bergheim von Vinsebeck abgepfarrt. Es entstand hiernach eine selbständige Pfarrvikarie und 1944 eine eigene Pfarrei.

Der Ort Bergheim liegt inmitten der sog. „Königsgüter". Diese bildeten sich aus einem breiten Streifen alter Ackerflächen, der bei Reelsen vor Bad Driburg beginnt und sich über die fünf Dörfer Himmighausen, Sandebeck, Bergheim, Vinsebeck und Ottenhausen bis nach Lippe hineinzieht und ursprünglich wohl zum Königsgut Schieder gehörte. Diese „Tafelgüter" dienten zur Versorgung der königlichen Hofhaltung. Sie wurden von Karl dem Großen zumeist in der Nähe seiner Heerstraßen ausgewiesen. Vermutlich handelte es sich bei den Tafelgütern um enteigneten Besitz altsächsischer Edelinge.

Der Bau der Eisenbahnlinie Altenbeken-Hannover, 1868 begonnen und 1872 fertiggestellt, brachte Bergheim wirtschaftlichen Aufschwung. Bis in die jüngste Zeit waren viele Bergheimer Bürger bei der Eisenbahn beschäftigt.

In dem Bergheimer Industriegelände mit Industriestammgleis und Anschluß an die Ostwestfalenstraße haben sich heute Unternehmen verschiedener Fachrichtungen (Karosseriebau, Maschinenbau, Fleischverarbeitung, Furnierhandel, Furnierverarbeitung, Sanitär- und Großküchenbau, Recycling-Betrieb, Möbelwerkstätten, Leuchtenhandel, Drahtzieherei und Verzinkerei, Nähmaschinenfabrik, Ladenausbau und Metall- und Treppenbau) angesiedelt. Am westlichen Ortsrand befindet sich ein größeres Gemeindezentrum: Bürgerhalle, Grundschule, Turnhalle, Kindergarten, Feuerwehrgerätehaus, Tennisplatz und Sportplatz.

Spazierwege führen über den Keilberg nach Himmighausen und über den Hömerberg nach Sandebeck und zum Eggegebirge. Die Ortschaft verfügt über gute Gastronomie- und Beherbungsbetriebe und über Pensionen. Besonders stolz ist Bergheim auf seinen Sebastianus-Spielmannszug, der mehrfach Deutscher Meister sowie Landessieger und Kreismeister wurde.

Heinz Gellhaus

Eichholz

Eichholz liegt etwa 3 km südlich der Kernstadt Steinheim an der Ostwestfalenstraße zwischen Emmer und Heubach. Die Gemeinde ist die jüngste Ortschaft in der Großgemeinde Steinheim. Sie entstand nach dem Zweiten Weltkrieg im Zuge der Bodenreform aus der teilweisen Aufteilung der Güter Vorder- und Hintereichholz. Die Güter blieben mit verkleinertem Grundbesitz bestehen. Die Ortschaft Eichholz war 1962 selbständige Gemeinde geworden. Sie ging 1970 im Zuge der Gebietsneugliederung in der Großgemeinde Steinheim auf. In der anfänglichen Siedlung Eichholz fanden etwa 380 Menschen, vorwiegend Heimatvertriebene aus den nach dem Zweiten Weltkrieg verlorengegangenen deutschen Ostgebieten, eine neue Heimat. Die ersten 10 Siedler konnten im Mai/Juni 1953 in ihre Häuser einziehen.

Die gesamte damals zur Verfügung stehende Fläche betrug ca. 410 ha Acker- und Wiesenland. Ein Teil dieses Geländes fiel an die politischen Gemeinden Vinsebeck, Steinheim und Bergheim. Bei den Resthöfen Vorder- und Hintereichholz verblieben 40 bzw. 50 ha. Auf der verbleibenden Fläche von 250 ha wurden 24 „Vollbauernstellen" eingerichtet. Diese erhielten je einen halben bis einen Morgen als Gartenland zugewiesen.

Aus der ursprünglichen Siedlung Eichholz mit Siedlern aus Schlesien, Ostpreußen, Pommern, Posen und Westfalen entwickelte sich ein gut funktionierendes Gemeinwesen. 1955 erhielt Eichholz eine zweiklassige Gemeinschaftsschule, in der anfangs 52 Schüler unterrichtet wurden. Ende der 60er Jahre wurde die Schule durch eine Änderung der Schulgesetzgebung jedoch wieder aufgelöst. Schon früh wurde in einer Scheune an der jetzigen Ostwestfalenstraße jährlich ein Scheunenfest gefeiert. Ab 1958 fanden die jährlichen großen Feste im Feierraum der Schule statt. Ab 1972 stand eine neue Gemeindehalle zur Verfügung.

Anfang der 60er Jahre erhielt die Gemeinde einen Friedhof mit einer Friedhofskapelle. Die Friedhofsanlage gilt als eine der schönsten in der Umgebung. 1994 wurde mit dem Bau der Gesamtkanalisation begonnen.

Herrenhaus Hintereichholz

Für „Ferien auf dem Bauernhof" zeigen sich erfreuliche Ansätze. Ein Hof hat sich auf Fremdenverkehr mit Übernachtungen eingestellt.

Das heutige Haus Vordereichholz geht auf das Jahr 1687 zurück. Bauherren waren die Brüder Friedrich v. Oeynhausen, Domherr zu Paderborn, und Dietrich Adolf v. Oeynhausen, Drost zu Steinheim. Die runde Hauskapelle mit dem spitzen Kegeldach stiftete der Hildesheimer Domherr Friedrich v. Oeynhausen. Bei der Bodenreform nach dem Zweiten Weltkrieg ging das erhalten gebliebene Restgut durch Kauf in den Besitz der Familie Lödige über, die Vordereichholz bereits zwei Jahrzehnte verwaltet hatte. Der jetzige Besitzer, Landwirt Werner Lödige, hat durch umfangreiche Sanierungsmaßnahmen wesentlich zum Erhalt der Baulichkeiten beigetragen.

Das „Hintere Haus Eichholz" baute Heinrich v. Oeynhausen (†1646). Nach dem Aussterben der Familie von Oeynhausen kam das Gut Hintereichholz an die Familie v. Weichs zur Wenne. Das Restgut fiel nach der Bodenreform an die bisherige Pächterfamilie Türich, die es heute noch besitzt. Das Herrenhaus, gut restauriert, ist ein ansehnlicher Fachwerkbau.

Heinz Gellhaus

Grevenhagen

Das Dorf Grevenhagen, 250 m ü. NN., ist bei der Gebietsneugliederung 1970 zur Großgemeinde Steinheim gekommen. Es gehörte vorher zum heutigen Kreis Lippe. Im Austausch gegen Grevenhagen erhielt Lippe damals die bis dahin zum Amt Steinheim gehörende Gemeinde Kempenfeldrom.

Grevenhagen liegt in einem idyllischen Talkessel im hügeligen östlichen Vorland des Eggegebirges. Wegen seiner reizvollen Lage nennt der Volksmund den Ort und seine Umgebung „Kleinsauerland". Zu Grevenhagen gehört auch die in der Nähe des Ortes liegende kleine Siedlung Hohenbreden. Der Eggekamm bei Grevenhagen gehört zu den schönsten Abschnitten des Eggegebirges. Ein Aufstieg zu einer Wanderung lohnt sich. In Grevenhagen entspringt der Fischbach. Er fließt bei Himmighausen in die Emmer. Die Verkehrsanbindung an ein überörtliches Straßennetz war bis Ende vorigen Jahrhunderts unzureichend. Erst kurz vor der Jahrhundertwende wurde ein befestigter Weg angelegt, mit dem eine zügige Verbindung nach Horn geschaffen wurde. Nach der Gebietsneugliederung 1970 erfolgte der Ausbau einer modernen Gemeindeverbindungsstraße mit Anschluß an die L 954 Bad Driburg-Horn-Paderborn.

Grevenhagen in landschaftlich reizvoller Umgebung.

Bis zur Säkularisation war Grevenhagen eine lippisch-paderbornische Samtgemeinde. In dem Dorf hatten das lippische Herrscherhaus und auch der Paderborner Fürstbischof Gerechtsame. Über die Entstehung des Ortes ist nichts weiter bekannt. Zahlreiche Hünengräber, die sich auf den Hügeln und in den Bergen befinden, beweisen, daß die Gegend von Grevenhagen bereits in prähistorischer Zeit von Menschen besiedelt war. Die Entstehung der Ortschaft fällt vielleicht in das 15. Jahrhundert. 1535 wird sie zum erstenmal in einem Schriftstück des Landesschatzregisters Detmold erwähnt. Hohenbreden wird 1590 als „Auff der Hohen Breden" bezeichnet. Der Name Grevenhagen leitet sich von einem Namen „Greving" = „Dachs" ab. Nach einer alten Überlieferung soll der Ort mit seiner Gemarkung ein Patengeschenk des Fürstbischofs von Paderborn an einen lippischen Prinzen sein.

In Grevenhagen lebten früher die meisten Menschen von der Landwirtschaft. Es war aber im Ort auch das Mollenhauerhandwerk stark vertreten. In einem Einwohnerverzeichnis des Bauernrichters Heinekamp aus dem Jahr 1872 sind elf Mollenhauer aufgeführt.

Die kirchlichen Verbindungen Grevenhagens gingen seit alten Zeiten nach Sandebeck. Das wird auch der Grund dafür gewesen sein, daß die Grevenhagener Bevölkerung nicht wie das Mutterland Lippe in der Reformationszeit zum protestantischen Glauben übertrat. 1950/51 wurde in Grevenhagen unter großen Opfern der Bevölkerung eine Kirche gebaut.

Heinz Gellhaus

Hagedorn

Hagedorn, der kleinste Ortsteil der Stadt Steinheim, entstand am Ende des 15. Jahrhunderts als Hagensiedlung im Grenzbereich zwischen der Grafschaft Lippe und dem Fürstbistum Paderborn. 1522 wird das Dorf erstmals erwähnt, als sich beide Herrschaften über Dienste und Abgaben der Einwohner einigten. Die Geschichte des Dorfes ist durch die äußerst komplizierte Grenzlage geprägt. Hagedorn bildete mit dem Dorf Rolfzen und den Rittergütern Breitenhaupt und Thienhausen das Samtamt Stoppelberg, das gemeinsam von Lippe und Paderborn verwaltet wurde, und dessen Einkünfte sich beide je zur Hälfte teilten.

Die Grafen zur Lippe waren seit der Reformation die Landesherren, welche die Konfession der Bewohner bestimmten. Folglich bekannten diese sich zum reformierten Glauben und waren nach Schwalenberg eingepfarrt. Gerichtsherren waren dagegen die Fürstbischöfe in Paderborn, nach deren Gesetzen das Leben im Dorf verlief. Durch die Jahrhunderte versuchten beide Seiten stets, sich auch die Rechte des anderen anzueignen. Hagedorn blieb immer ein Streitobjekt. Die Bewohner selbst tendierten stärker nach Lippe, weil durch Kirche, Schule und Friedhof in Schwalenberg starke innere Bindungen wirksam waren. Als dann 1806/07 von der neuen französischen Regierung die Samtämter aufgehoben wurden, teilte man Hagedorn, entgegen allen Rechtsgrundlagen, dem Canton Steinheim zu, indem wahrheitswidrig behauptet wurde, die Mehrheit der Einwohner sei katholisch. Zum Canton und späteren Amt gehörte Hagedorn, bis es bei der Kommunalreform 1970 Ortsteil der Stadt Steinheim wurde.

Unabhängig von Kommunal- und Landesgrenzen entwickelten die Einwohner der nur wenige hundert Meter voneinander entfernt liegenden Dörfer Hagedorn, Ruensiek und Kariensiek ein enges Zusammengehörigkeitsgefühl. 1902 errichteten sie gemeinsam in Hagedorn eine Schule und sieben Jahre später einen gemeinsamen Friedhof.

Bei der Kommunalreform von 1970 wurde auf innere Befindlichkeiten keine Rücksicht genommen: Hagedorn ist politisch ein Ortsteil der Stadt Steinheim und gehört kirchlich zur Pfarrei Schwalenberg. Ruensiek blieb politisch und kirchlich bei Schwalenberg, während Kariensiek politisch und kirchlich der Nachbarstadt Nieheim zugeordnet wurde.

Das Dorfbild wird nach wie vor von der Landwirtschaft geprägt, der nichtbäuerliche Teil der Bevölkerung pendelt zur Arbeit in die nahen Städte. Um das gesellschaftliche Leben bemühen sich seit Jahren die Freiwillige Feuerwehr und der sehr aktive Heimatverein.

Johannes Waldhoff

Ottenhausen

Ottenhausen ist nachweislich einer der ältesten Orte im Kreis Höxter. Die erste Erwähnung unter dem Namen „Adekenhusen" fällt in die zweite Hälfte des 9. Jahrhunderts und stammt aus einem Corveyer Güterregister.

Ottenhausen, heute 555 Einwohner, 513 ha, war ein typisches Haufendorf und wurde durch die Landwirtschaft geprägt. Heute gibt es noch 23 landwirtschaftliche Betriebe, davon zehn Vollerwerbsbetriebe. Bis zum Jahr 1970 war Ottenhausen eine eigenständige Gemeinde und wurde dann in die Stadt Steinheim eingegliedert.

Hagedorn

Beim Wettbewerb „Unser Dorf soll schöner werden" erhielt Ottenhausen 1993 die Auszeichnung „Landes- und Bundesgolddorf", belohnt mit Goldmedaillen. Darüber hinaus wurde Ottenhausen vom Land Nordrhein-Westfalen als „Ökologisches Dorf der Zukunft" in ein spezielles Förderprogramm aufgenommen.

Auf Vorschlag der Landesanstalt für Ökologie, Bodenordnung und Forsten hat das Deutsche Nationalkomitee Naturschutz das Modellprojekt Ottenhausen im Rahmen des zweiten Europäischen Naturschutzjahres 1995 als „Projekt des Monats" ausgewählt.

Die Bauernburg ist das älteste Steinwerk in Ottenhausen. Fachleute schätzen, daß diese Sicherheitsburg im 13./14. Jahrhundert erbaut wurde. Im Jahr 1630 wurde die Burg von

einem Rittmeister Joh. Brauns um ein Stockwerk erweitert, versehen mit einem Wehrgang. Lange diente sie als besonderer Schutz vor Angriffen. Nach dem Dreißigjährigen Krieg verloren die Burgen ihre schützende Funktion. Die Bauernburg verfiel. Die Söhne des Rittmeisters bauten im Ort andere Gehöfte. Das Gebäude diente danach lange Zeit als Schafstall und Lagerraum landwirtschaftlicher Erzeugnisse.

Ab 1981 wurde die Burg mit ihren bis zu 1,20 m dicken Wänden renoviert. Wertvoll ist das Kellergeschoß mit seinen zwei tonnenförmigen Gewölben. Heute dient es der Gastronomie und ist eine besondere Attraktion. Im Erdgeschoß ist in mühsamer Kleinarbeit ein Heimatmuseum entstanden. In einer Dorfschmiede, Stellmacherei, Tischlerei und Schuhmacherei werden die früheren ortstypischen Werkzeuge ausge-

„Bundesgolddorf" Ottenhausen. Nach Aussage der Landesregierung von Nordrhein-Westfalen „Ökologisches Dorf der Zukunft".

Dieses Bauernhaus in Ottenhausen, Josefstraße 21, wurde beim Wettbewerb „Unser Dorf soll schöner werden" als 1.Sieger prämiert.

In der Bauernburg Ottenhausen hat u.a. das Heimatmuseums sein Domizil.

stell. Das Dachgeschoß dient als Versammlungs-, Filmvor- führungs- und Darstellungsraum. Die Bauernburg ist somit das „Schatzkästchen" von Ottenhausen.

Schon lange gibt es in Ottenhausen ein gutes Vereinsleben. Das größte Fest der Bevölkerung ist das alljährlich gefeierte Schützenfest. Es wird an drei Tagen zusammen mit dem Pa- tronatsfest Maria Heimsuchung (2. Juli) gefeiert. Sehr viele kulturelle Veranstaltungen sind in den letzten Jahren durch den Heimatverein und die Kolpingfamilie gestaltet worden.

Ottenhausen besaß seit alters her eine Kapelle, die heute nicht mehr besteht. Erwähnt wird sie erstmals in einem Be- richt vom Jahre 1570. Die jetzige Kirche wurde 1900 nach den Plänen des Steinheimer Baumeisters Wilhelm Lakemeier erbaut.

Dechant Anton Gemmeke wurde am 24. November 1859 zu Ottenhausen geboren und starb im Alter von nahezu 80 Jah- ren am 4. September 1938. Umfangreiche Veröffentlichungen zur Heimatgeschichte und darüber hinaus sind von ihm erar- beitet worden. Neben der Geschichte des Dorfes Ottenhausen sind hier einige Werke zu nennen: Geschichte der Katholi- schen Pfarreien in Lippe; Die Säkularisation des adeligen Da- menstiftes zu Neuenheerse; Die Kalandsbruderschaft zu Neu- enheerse; Die große Heiligenlegende des Klosters Böddeken; Der ehemalige optische Telegraph Berlin-Köln-Koblenz

durch das Paderborner Land u.a. Sein größtes Werk, und so- mit die eigentliche Lebensarbeit, war das im Jahr 1931 fertig- gestellte Buch unter dem Titel „Geschichte des adeligen Da- menstiftes zu Neuenheerse".

Franz-Josef Wiechers

Rolfzen

Bereits in den Corveyer Traditionen, den Güterschenkungsre- gistern des Klosters, wird Rolfzen als „Hrorlevessen" um das Jahr 973 erstmals erwähnt. Als dann die einst so mächtigen Schwalenberger Grafen 1349 ausstarben, entstanden aus de- ren restlichen Besitzungen gemeinsam verwaltete Ämter, de- ren Einkünfte zwischen der Grafschaft Lippe und dem Fürst- bistum Paderborn nach festgelegtem Schlüssel aufgeteilt wurden. Das Freigericht unter dem Stoppelberg, das Dorf Rolfzen und die Rittersitze Breitenhaupt und Thienhausen bildeten das Samtamt Stoppelberg, dem auch die später ent- standene Gemeinde Hagedorn zugeordnet wurde. Verwaltet wurde dieses Samtamt von der oberhalb von Marienmünster

Rolfzen
mit Stoppelberg
im Hintergrund.

gelegenen Oldenburg aus. Von den Einkünften des Samtamtes erhielt Lippe zwei Drittel und Paderborn ein Drittel.

Das wirtschaftliche Leben Rolfzens wurde durch die komplizierte Ämterverfassung beeinflußt, zumal auch das Kloster Marienmünster hier Grundbesitz und Rechte hatte. Geprägt wurde die Wirtschaftsstruktur wesentlich durch die beiden dominierenden Rittergüter Breitenhaupt und Thienhausen, in deren Besitz sich der größte und fruchtbarste Teil der Rolfzener Feldflur befand. Durch die Jahrhunderte gab es im Dorf nur fünf bis sieben Höfe, dagegen eine entsprechend starke klein- und unterbäuerliche Bevölkerungsschicht mit allen daraus resultierenden Problemen.

Im 19. Jahrhundert setzte eine starke Auswanderungswelle nach Nordamerika, zumeist in den Staat Iowa, ein. Parallel dazu suchte ein Teil der Männer als Saisonarbeiter im Rhein-Ruhr-Gebiet Arbeit und Brot. Der Anschluß Steinheims an das Eisenbahnnetz im Jahre 1872 brachte bessere Verkehrsbedingungen für die Saisonarbeiter. Er ermöglichte auch das Aufblühen der Steinheimer Möbelwerkstätten. Als Pendler fanden viele Rolfzener Einwohner in der benachbarten Stadt ihr Auskommen. Wanderarbeit und Auswanderung verloren allmählich ihre Härte und den Zwang, für viele Monate oder für immer die dörfliche Heimat verlassen zu müssen.

Kirchlich war Rolfzen stets nach Steinheim eingepfarrt und somit seit 1324 dem Kloster Marienmünster inkorporiert. 1685 wurde mit Unterstützung des Klosters im Dorf eine Kapelle gebaut und 1697 eine Glocke geweiht. Die baufällig gewordene Kapelle wurde 1907 durch die heutige Dorfkirche ersetzt. 1941 wurde Rolfzen Pfarrvikarie, und ab Mai 1946 wohnte erstmals ein Geistlicher im Dorf. Die Toten des Dorfes wurden in all den Jahrhunderten in Steinheim im Schatten der Pfarrkirche begraben, bis 1832 am Dorfrand ein eigener Friedhof angelegt wurde.

Bemerkenswert früh wird bereits 1693 eine eigene Schule in Rolfzen erwähnt, die üblicherweise eine kirchliche Einrichtung war. 1827 wurde ein eigenes Schulhaus erbaut, das 1891 umgebaut und 1912 durch einen Neubau ersetzt wurde. Nach dem Abbruch dieses Gebäudes entstand ab 1964 ein moderner Schulneubau, der jedoch nicht mehr im ursprünglichen Sinn genutzt wurde, weil noch während der Bauzeit die Dorfschulen aufgelöst und mit den Steinheimer Schulen zusammengefaßt wurden.

Heute hinterläßt die seit Menschengedenken tiefgreifendste Agrarkrise auch im Dorfbild deutliche Spuren. Geschichtlich wertvolle Bausubstanz und ortsbildprägende Hofanlagen drohen unwiederbringlich verloren zu gehen. Dagegen blüht das gesellschaftliche Leben, das traditionell von der bald vierhundert Jahre alten St. Georgs-Schützenbruderschaft dominiert wird. Daneben wirken in der Dorfgemeinschaft der Gemischte Chor Rolfzen, der Sportverein SC 30 Rolfzen, die Frauengemeinschaft, verschiedene Gymnastikgruppen und die Freiwillige Feuerwehr, die, wie in den meisten Dörfern, neben dem Feuerschutz auch kulturelle Aufgaben wahrnimmt.

Das Rittergut Breitenhaupt geht in seinem Ursprung auf die um das Jahr 972 und 993 in den Corveyer Traditionen erwähnte Siedlung Bredenbeck zurück, welcher der „Bredenhop" zugeordnet war. 1492 wurde auf diesem Hof eine Wohnburg errichtet, in der 1528 erstmals die aus Lügde stammende Familie von Kanne erwähnt wird. Ihre Nachfahren bewohnen noch heute das Rittergut.

Die alte Wohnburg geriet in Verfall und mußte 1780 abgebrochen werden. Das heutige Wohnhaus entstand um 1850. Bemerkenswert sind die denkmalgeschützten Wirtschaftsgebäude der Hofanlage, die nach 1780 aus den Materialien der alten Burg errichtet wurden.

Abseits der lauten Straßen liegt in einem Seitental der Emmer das romantische Wasserschloß Thienhausen. Diese Perle frühneuzeitlicher Baukunst entstand aus einer älteren Burganlage, welche die Herren von Haxthausen im Stil der Weserrenaissance zu einem prächtigen zweiflügeligen Schloß aus-

Schloß Thienhausen, Weserrenaissance.

bauten. Der 1609 errichtete Ziergiebel des Südflügels gehört zu den schönsten dieser Stilrichtung.

Vermutlich wird Thienhausen bereits zusammen mit Rolfzen um das Jahr 973 in den Corveyer Traditionen erwähnt. Jedenfalls befand sich der Hof zu „Tiedenhausen" bereits früh im Besitz der Herren von der Lippe zu Vinsebeck. Nach wechselvollen Schicksalen war das Schloß weitgehend dem Verfall preisgegeben, als August von Haxthausen es 1846 erwarb. Er setzte die Gebäude instand und füllte sie mit neuem Leben, indem er Thienhausen als „Herberge der Gerechtigkeit" zur gastfreien Heimstatt für Romantiker, Dichter, Schriftsteller, Künstler und Gelehrte machte. Ein buntes Volk kam und ging, über das er als „Tyrann von Thienhausen" nach eigenen Gesetzen herrschte. Hinter der skurrilen Fassade verbarg sich eine Persönlichkeit, die zu den schöpferischsten im geistigen Westfalen des 19. Jahrhunderts gehörte. Als Agrarhistoriker arbeitete er über die Agrarverfassungen der deutschen Territorien. Drei Jahre lang unternahm er im Auftrag des Zaren Reisen durch weite Teile des russischen Reiches. Die Ergebnisse dieser Forschungen legte er in einem dreibändigen Werk vor, dem 1852/56 noch die zweibändige „Transkaukasia" und 1866 „Die ländliche Verfassung Rußlands" folgten. Maßgeblich beteiligt war er an den Vorbereitungen der mißlungenen russischen Bauernbefreiung von 1861, und bis an sein Lebensende erarbeitete er unter strenger Geheimhaltung Pläne zu einer grundlegenden Agrarreform in Rußland. Daneben war er begeisterter Volkskundler, Lieder- und Antiquitätensammler. Als einer der führenden Laien im deutschen Katholizismus bemühte er sich lebenslang um die Wiedervereinigung mit den Ostkirchen. Der „Peterspfennig", die jährliche Spende der deutschen Katholiken für den Unterhalt der vatikanischen Verwaltung, geht auf ihn zurück.

Nach Haxthausens Tod 1866 bezog der Arzt und Dichter Friedrich Wilhelm Weber das Schloß. Hier entstand sein bekanntestes Werk, das Versepos „Dreizehnlinden". Mit einer Million verkauften Exemplaren wurde es eines der erfolgreichsten Bücher des 19. Jahrhunderts im deutschen Sprachraum. Auch heute noch wird es bei seinem Paderborner Ursprungsverlag Schöningh viel verlangt.

Johannes Waldhoff

Sandebeck

Das Dorf Sandebeck liegt im Hügelland, das der Egge östlich vorgelagert ist. Die höchste Erhebung ist der Velmerstot mit 468 m, der tiefste Punkt der Gemarkung liegt in der Wintru-

per Talaue mit 189 m. 40 % der Gemarkung sind bewaldet.

Die Besiedlung Sandebecks ist für die frühe altsächsische Siedlungsperiode (nach 500) anzunehmen. „Sandebeck" („Sannanabiki" - „Sandenabiki" - „Sandenabike" - „Sandenebeke" - „Sandenbeck") bedeutet im Altsächsischen „an dem versandeten sandigen Bache". Der unterhalb des Sandsteinkammes der Egge entspringende Bach, an dem das Dorf liegt, wird im Volksmund „die Bike" genannt.

Sandebeck wurde am 3. August 1031 erstmals erwähnt. Bei dieser Ersterwähnung handelt es sich um eine Schenkungsurkunde. Das Königsgut Sandebeck ging aus dem Besitz des Kaisers Konrad II. in den des Bischofs Meinwerk von Paderborn über. 1032 schenkte der Kaiser dem Bischof große Waldungen, u.a. auch den Eggewald Sandebeck. Ob bereits Karl der Große in Sandebeck ein sächsisches Gut zum Königseigentum erklärte oder ob das Königsgut neu angelegt wurde, ist nicht bekannt. Zu dem Königshof gehörte ein Verband abhängiger Bauernhöfe. Die Vorrechte dieser Bauern, die „Königsfreien", vererbten sich jahrhundertelang weiter. Noch heute gibt es in der Katasterkarte die Bezeichnung „Am Friedhof" und ein Bauer wird „Friedhöfer" genannt. Dieses hat nichts mit der Bedeutung „Friedhof" im heutigen Sinne zu tun - es ist die Ableitung von „Freihof".

An den Plätzen fränkischen Königsgutes erfolgte eine frühe Missionierung. Das Patrozinium der Sandebecker Kirche - des fränkischen Heiligen Dionysius - weist auf die Kirchengründung in karolingischer Zeit hin. Um Sandebeck herum gab es mehrere Siedelstellen, die in der spätmittelalterlichen Wüstungsperiode aufgegeben wurden. Das Kirchdorf Sandebeck hatte eine „sammelnde" Funktion innerhalb der Gemarkung. Die Pfarrei umfaßte Sandebeck mit Wintrup, Bergheim, Oeynhausen, Himmighausen mit Keilberg, Erpentrup, Langeland, Dohlenhof zu Hamberge, Kempen mit Durbeke, Feldrom mit Kattenmühle. Die Gläubigen ließen in der Sandebecker Kirche ihre Kinder taufen, hier fanden Firmungen und Trauungen statt, und die Toten des gesamten Kirchspiels (auch von Kempen und Feldrom jenseits der Egge) fanden neben der Pfarrkirche ihre letzte Ruhestätte. Auch die Adeligen von der Lippe, Wintrup, und von Schilder, Himmighausen, wurden im Chor der Kirche beerdigt. Die 1615 erbaute Kirche zeigte im Grundriß bereits die gleiche Länge wie die jetzige. Die heutige Kirche, im neugotischen Stil errichtet, schmücken Schätze aus dem alten Gebäude: eine Doppelmadonna (Spätbarock), ein Taufstein (Renaissance von 1627), ein Weihwasserbecken (Renaissance von 1620), eine Glocke (mit der Jahreszahl 1623). Ein Opferstock aus Eggesandstein trägt die Inschrift „Gevete den arme - Anno 1588" und dürfte daher aus der noch vor 1615 bestandenen Kirche stammen.

Ende des 18. Jahrhunderts erlangte die Glashütte Sandebeck Bedeutung. Auf dem „Sandebecker Berge am Hohlen

Sandebeck liegt im hügeligen Vorland des Eggegebirges.

Weg" (alter Eggeweg) befand sich zudem ein „vortrefflich Sandsteinbruch", der an einen Steinhauer verpachtet war. Der Eggesandstein vom Velmerstot fand nicht nur im Dorf Sandebeck beim Bau von Kirche und Häusern, bei Grabdenkmälern und Feldkreuzen Verwendung; der in Quadern gebrochene Werkstein wurde weit ins Land bis zum Rhein und bis nach Berlin (Reichstagsgebäude) geliefert.

Seit den 50er Jahren dieses Jahrhunderts wandelt sich das Siedlungsbild des Dorfes. Um 1960 siedelten mehrere Bauern aus. Mit diesen Aussiedlungen hat sich ein Kreis in der Siedlungsentwicklung geschlossen: die Wüstungen - die verlassenen Plätze des Mittelalters - wurden wieder besetzt. Das Haufendorf selbst ist immer noch eng bebaut. Die bäuerliche Struktur geht jedoch durch die wirtschaftliche Entwicklung weiter zurück. Einfamilienhäuser „wachsen" die Hänge der Hügel hinauf. Das der Egge vorgelagerte Längstal wird zunehmend von Fabrikgebäuden beherrscht.

Das kulturelle Zentrum des Dorfes liegt - wie seit Jahrhunderten - bei der Kirche. Hier befinden sich Kindergarten, Jugendheim, Altenbegegnungsstätte. Das ehemalige Vincenzheim wurde als Dorfgemeinschaftshaus eingerichtet.

Es gibt einen Tennisplatz und einen Modellflugplatz. Ferner hat das Dorf noch Bahnhof, Post, Bankfiliale, Bäckerei, „Tante-Emma-Läden", Gaststätten. Hotels und Restaurants genügen gehobenen Ansprüchen. Neu ausgebaute Radwege sind eine Verbindung zu den umliegenden Ortschaften. Es gibt zahlreiche Wanderwege in Feld und Wald.

Rosemarie Ostermann

Vinsebeck

Vinsebeck liegt im romantischen Heubachtal 5 km südwestlich der Kernstadt Steinheim. Das Landschaftsbild lebt vom Kontrast zwischen weiten, fruchtbaren Ackerflächen des Steinheimer Beckens, den schattigen Buchenwäldern auf den Bergen und Hängen der östlichen Ausläufer des Eggegebirges und des Teutoburger Waldes und den saftigen Wiesen im Heubachtal. Charakteristisch im Heubachtal sind die mächtigen Hudebäume, unter denen das Vieh, wie seit Jahrhunderten, Schutz vor Hitze und Regen sucht. Zu allen Jahreszeiten schön sind die herrlichen Alleen und Haine in der Nähe des Schlosses. Weite Aussichten bietet der Frankenberg über den nördlichen Keis Höxter und das südöstliche Lippische Bergland. Der Kreiswanderweg und der Radfahrweg R 1 erschließen diese schöne Gegend. Nicht umsonst gehört dieser Flecken Erde zum Naturpark Südlicher Teutoburger Wald - Eggegebirge.

Urkundlich wird Vinsebeck erstmalig im Jahr 1031 unter „Villa Vinsebiki in pago Wetiga" (Dorf Vinsebeck im Wetigau) erwähnt. Kaiser Konrad II. schenkte damals seinen Besitz dem Paderborner Bischof Meinwerk. Vinsebeck war bereits 1237 ein Pfarrdorf. Um 1350 erwerben die Herren von der Lippe in Vinsebeck und Umgebung Eigen- und Lehnsbesitz und errichten hier ihr Stammhaus. In einer 400 jährigen Zeit als Grundherren haben sie die wirtschaftlichen, rechtlichen und religiösen Verhältnisse im Dorf maßgeblich bestimmt. Die Bewohner Vinsebecks traten unter dem Einfluß der Herren von der Lippe früh zur lutherischen Lehre über. Die protestantische Periode dauerte ca. 100 Jahre. Im Jahre 1662 wurde vom Paderborner Fürstbischof, der zugleich Landesherr war, wieder eine katholische Pfarrei in Vinsebeck eingerichtet. Nach der Säkularisation im Jahre 1802 fiel Vinsebeck an Preußen. 1807 geriet das Hochstift Paderborn unter französische Herrschaft und gehörte zum Königreich Westphalen. Nach der Zeit Napoleons (1815) stellte man das Land wieder unter preußische Verwaltung. Vinsebeck gehörte nun zur Provinz Westfalen, dem Regierungsbezirk Minden, ab 1842 Höxter, zum Kreis Brakel, ab 1946 Detmold, und auf unterer Verwaltungsebene zum Amt Steinheim. Bei der Gebietsreform im Jahre 1970 ist Vinsebeck in die Stadt Steinheim eingemeindet worden und ist seitdem eine Ortschaft der Stadt Steinheim.

1770 gab es im Dorf 71 bewohnte Häuser, 21 Meierhöfe und 50 Kötterhäuser. Bis zum Beginn des Zweiten Weltkrieges stieg die Zahl der Wohneinheiten auf 150 an. Bis zu dieser Zeit lebte der größte Teil der Bevölkerung direkt von der Landwirtschaft. Stark beeinflußt durch die Aufnahme von Evakuierten aus den zerbombten Großstädten des Ruhrgebietes und durch den Zuzug von Heimatvertriebenen aus den deutschen Ostgebieten stieg die Zahl der Einwohner von 900 im Jahre 1949 auf heute 1.247 und die Zahl der Häuser in der gleichen Zeit von 150 auf heute 345 an. Um 1960 gab es in Vinsebeck mehrere Gewerbebetriebe, wie Steinbruch, Gipsbergwerk, Graf Metternich-Brunnen und zwei Möbelfabriken mit insgesamt rund 250 Arbeitsplätzen. Heute sind noch eine Möbelfabrik und der Brunnenbetrieb vorhanden.

In den Jahren von 1950 bis heute hat sich das Ortsbild stärker verändert als in den fast 1.000 Jahren davor. Das wird deutlich sichtbar durch den Bau der Wasserleitung und des Kanalnetzes und durch das Entstehen ganzer Wohnsiedlungen an

Vinsebeck

den Ortsrändern. Für die 1980 fertiggestellte neue Ortsdurchfahrt mußten sieben alte Wohnhäuser abgerissen werden.

Vinsebeck besitzt viele Gemeinschaftseinrichtungen, insbesondere eine Grundschule mit Turnhalle, einen Sportplatz, ein Feuerwehrgerätehaus, einen Friedhof, ein Pfarrheim mit Jugendräumen, einen modernen Kindergarten, eine Segelflughalle und eine neue Schutzhütte für Wanderer. Das Vereinsleben ist sehr rege. Die Zusammenarbeit unter den elf Vereinen ist gut. Die Vereine haben enorme Eigenleistungen beim Bau von Gemeinschaftseinrichtungen erbracht.

Die katholische Pfarrkirche St. Johannes der Täufer mit ihrem 32 Meter hohen Turm bildet den sichtbaren Mittelpunkt des Dorfes. Die Kirche ist äußerlich ein schlichter Bau. Aber so einfach sie im Äußeren ist, so reich ist die Ausstattung im Inneren. Der älteste Teil der Kirche wurde im Jahre 1605, wohl an der Stelle einer vorherigen Kapelle, erbaut und durch Anbauten in den Jahren 1609, 1668, 1740 und 1850 erweitert. Beim Eintritt in die Kirche fällt der Blick auf den barocken Hochaltar. Dieser entstand im Jahre 1640 als Stiftung der Herren von der Lippe. Zwei mächtige, gedrehte Säulen mit vergoldetem Rankenwerk rahmen das 282 cm hohe und 177 cm breite Gemälde in Öl auf Leinwand ein. Es stellt die Krönung Mariens dar und stammt von dem in Brakel geborenen bekannten Paderborner Hofmaler Johann Georg Rudolphi. Neben dem schönen Barockaltar zieren die Kirche sehenswerte Epitaphien der Familie von der Lippe. Es gibt in der Region kaum eine Kirche, die solch interessante Grabdenkmäler aufzuweisen hat wie die Kirche in Vinsebeck.

Das Wasserschloß in Vinsebeck ist von besonderer Bedeutung als eines der schönsten Barockschlösser Westfalens. Es wurde in den Jahren 1718-1720 erbaut und steht auf einer quadratischen Insel, die von einer 17 m breiten wassergefüllten Gräfte umgeben ist. Vor der Hauptfront liegt eine terrassenförmige Fläche, die von zwei runden Türmen flankiert wird und zu der man über eine Brücke gelangt.

Im Inneren verdienen der Festsaal, das Mohren-Zimmer, das Grüne Zimmer, das Chinesische Zimmer, das Driburger Zimmer, das Italienische Zimmer, der Steinerne Saal und die Schloßkapelle besondere Beachtung. Von außergewöhnlicher Qualität ist der Stuck, der Wand und Deckenfelder füllt. Mit seinen reichhaltigen erhaltenen Wandbespannungen muß Schloß Vinsebeck auch als besonderes Beispiel barocker Wohnkultur gelten, für das es in Westfalen und darüber hinaus in dieser Geschlossenheit heute nur noch wenig Vergleichbares gibt. Der Park mit seinen alten Steinfiguren und herrlichen alten Parkbäumen gibt dem Schloß einen gebührenden Rahmen. Das Schloß kann nach Voranmeldung unter sachkundiger Führung besichtigt werden.

Heinz Schäfers

Wasserschloß Vinsebeck, Spätbarock (Regencestil)

Warburg

Fläche	168,70 qkm	Einwohner (1996)	24.481
Einwohner in den Ortsteilen:			
Bonenburg	1.139	Menne	856
Calenberg	436	Nörde	777
Dalheim»	97	Ossendorf	1.249
Daseburg	1.332	Rimbeck	1.538
Dössel	634	Scherfede	2.943
Germete	1.046	Warburg	9.922
Herlinghausen	403	Welda	824
Hohenwepel	628	Wormeln	657

Warburg liegt im Südosten des ehemaligen Hochstiftes Paderborn, im in historischer Zeit so oft umstrittenen Grenzgebiet zu Hessen und Waldeck. Die Stadt umfaßt eine Gesamtfläche von 169 Quadratkilometern. Damit ist sie flächenmäßig größer als die Großstädte Aachen, Bochum oder Bonn. Warburg weist eine ausgesprochen gute Verkehrserschließung auf: Die Kernstadt und Scherfede verfügen über Bahn-Stationen, Warburg ist zudem Inter-Regio-Haltepunkt. In nur 45 bzw. 25 km Entfernung liegen mit Paderborn-Ahden und Kassel-Calden zwei Regionalflughäfen. An den großräumigen Verkehr ist die Stadt zudem über die Anschlußstelle an die A 44 (Dortmund-Kassel) eingebunden.

Unter strukturellen Gesichtspunkten wird die heutige Stadt Warburg von Landwirtschaft, Industrie, Handel, Handwerk und Dienstleistungssektor geprägt und gilt als Handels- und Dienstleistungszentrum für die ostwestfälisch hessische Grenzregion.

Warburg

In der Warburger Altstadt.

Dem Fremdenverkehr wird seit Jahrzehnten steigende Bedeutung zugemessen, dieser Bereich konnte auch in den vergangenen Jahren Zuwachsraten verzeichnen. Ein entscheidender Faktor dafür liegt in der Attraktivität des Stadtbildes der Kernstadt, das die alte Doppelstadtstruktur noch weitgehend erkennen läßt. Aus Mittelalter und früher Neuzeit sind umfangreiche und noch heute stadtbildprägende Teile der Befestigungsanlagen, zwei Marktplätze, zwei Rathausbauten, mehrere Kirchen und eine ganze Reihe von Bürgerhäusern in Fachwerk und Steinbauweise erhalten. Die Südansicht der Stadt wird zu den schönsten Stadtansichten in Westfalen gerechnet. Das Warburger Museum im „Stern" dokumentiert die Geschichte der Stadt seit ihren ersten Anfängen. Im Landesprogramm „Historische Stadt- und Ortskerne in Nordrhein-Westfalen" ist Warburg bereits jahrelang erfolgreich und engagiert tätig.

Auch die Ortsteile Scherfede, Nörde und der Luftkurort Germete erweisen sich als lohnenswerte Ziele für den Fremdenverkehr. Gut ausgebaute Wanderwege und Radwanderwege bieten die Möglichkeit, Freizeit in einer reizvollen Landschaft zu genießen.

Das Erscheinungsbild einer ganzen Reihe von Warburger Ortsteilen macht deutlich, daß die Nutzung der fruchtbaren Bördeböden auch heute noch trotz aller Strukturkrisen prägend ist. Die Erträge bei Getreide und Rüben und aus der Viehwirtschaft sind außergewöhnlich hoch.

In der Industrie wurden in der Zeit zwischen 1968 und 1986 rund 1.000 neue Arbeitsplätze geschaffen. Der ausgeprägte Dienstleistungssektor bietet rund 50% der Erwerbstätigen Arbeitsplätze. Als Einkaufsstadt im Grenzbereich zu Hessen hat Warburg auch über den Rahmen des Mittelzentrums hinaus Bedeutung.

Obwohl die Stadt 1975 den Kreissitz verlor, konnten doch eine Reihe von wichtigen, nichtstädtischen Behörden und Einrichtungen in Warburg erhalten werden: Teile der Kreisverwaltung, Finanzamt, Amtsgericht und Schöffengericht, Amt für Agrarordnung.

Wie bereits in der Vergangenheit, so ist Warburg auch heu-

Historisches Rathaus, Gymnasium Marianum und evangelische Kirche (v.l.).

te ein wichtiger Schulstandort: 5 Grundschulen, 2 Hauptschulen, 1 Realschule, 2 Gymnasien, 1 Sonderschule, die Höhere Berufsfachschule, die Fachoberschule, die Berufsfachschule, die Berufsgrundschule mit Vorklasse, die Berufsschule und die Fachschule für Sozialpädagogik zählen mehrere tausend Schüler. Der Volkshochschulzweckverband Diemel-Egge-Weser und die städtische Musikschule bereichern das Bildungsangebot wesentlich. Die Jugendbildungsstätte des Erzbistums Paderborn und die Landvolkshochschule Anton Heinen in Hardehausen nehmen jedes Jahr mehr als 20.000 Bildungssuchende auf.

Das kulturelle Angebot der Stadt entspricht ihrer Funktion als Mittelzentrum. Organisiert werden die zahlreichen kulturellen Aktivitäten in vielen Fällen von örtlichen Vereinen. Um nur einige typische Beispiele zu nennen: Das „Kulturforum Warburg e.V." bietet regelmäßig unter anderem Kleinkunst-

veranstaltungen und Konzerte an, der Museumsverein zeichnet für bis zu zehn Sonderausstellungen pro Jahr im Museum im „Stern" verantwortlich.

Die Warburger „Meisterkonzerte" als Veranstaltungsreihe der Stadt, gesponsert von Industrie und Handel, haben sich mit hochrangigen Interpreten der klassischen Musik weit über den Warburger Raum hinaus als feste und anspruchsvolle kulturelle Größe etabliert.

Die Veranstaltungsreihe „Theater in Warburg", die seit 1980 von der Stadt Warburg in Zusammenarbeit mit der Volkshochschule durchgeführt wird, gehört inzwischen zum festen Bestandteil der Warburger Kulturszene.

Drei jährlich durchgeführte Festveranstaltungen, nämlich „Maifest", „Kälkenfest" und „Warburger Oktoberwoche", bieten in ihren Rahmenprogrammen Kultur für jeden Geschmack.

Museum im „Stern", im Hintergrund das Warburger Rathaus von 1568.

Neolitische Bildzeichen auf dem Wandstein einer Grabkammer aus der Zeit der Wartberg-Kultur.

Ein Blick in die Frühgeschichte

Begonnen hat die Geschichte des Warburger Raumes bereits weit vor Christi Geburt. Spuren einer Freilandstation südlich des Desenberges bezeugen den Aufenthalt altsteinzeitlicher Jäger. Aus der Mittleren Steinzeit liegen Funde vor, die auf die Anwesenheit von Jägern, Fischern und Sammlern hindeuten.

Im 6. Jahrtausend vor Christus ließen sich die ersten Bauern auf den fruchtbaren Bördeböden nieder. Seit dieser Zeit kann man von einer kontinuierlichen Besiedlung sprechen.

Für Aufsehen nicht nur in der Fachwelt sorgten die Funde aus der Zeit der Wartbergkultur des ausgehenden 4. Jahrtausends vor Christus. Ein markantes Kennzeichen liegt in der besonderen Art der Grabkultur. Die Toten dieser Zeit fanden ihre Ruhe in großen Kollektivgräbern. In Warburg wurden bisher acht dieser imposanten Grabbauten nachgewiesen. Das Grab Warburg III gehört mit den beeindruckenden Maßen von 32,6 x 2,4 m zu den längsten bekannten Galeriegräbern Europas. Bis auf eine Ausnahme sind die Grabbauten aus tonnenschweren Steinen, die aus kilometerweit entfernten Steinbrüchen herangeschafft werden mußten, errichtet worden. Nur eine relativ durchorganisierte Gesellschaft mit einem ausgeprägten Jenseitsglauben kann als Erbauer solcher Totenhäuser angesehen werden. Als besonders bemerkenswertes archäologisches Zeugnis wird ein Wandstein aus einem der Gräber eingestuft: Auf drei Flächen sind Bildzeichen eingeritzt. Sie besaßen religiöse und/oder magische Bedeutung und lassen sich als Gebet an oder Beschwörung der sogenannten Dolmengöttin deuten. Dieser Wandstein ist heute im Warburger Museum im „Stern" zu besichtigen.

Auch aus allen folgenden Zeiträumen liegen archäologische Beweise für die kontinuierliche Besiedlung vor. So wurden z.B. in Daseburg die Spuren einer Schmiedesiedlung aus der römischen Kaiserzeit entdeckt. Die spezialisierten Handwerker lebten über zwei Generationen zu Füßen des Desenberges.

Eine wichtige Fundstelle für das Frühmittelalter bildet der Gaulskopf, eine Erhebung unweit von Ossendorf. Hier wurde unter anderem eine kleine Kapelle entdeckt. In der Zeit der Auseinandersetzungen zwischen Sachsen und Franken war die befestigte Anlage auf dem Gaulskopf ein bedeutsamer Platz und der Sitz eines fränkischen Herren.

Die Warburger Ortsteile

Ihre jetzige Gestalt gewann die Stadt Warburg durch die kommunale Neugliederung des Jahres 1975. Seitdem bilden die ehemalige Kreisstadt und 15 Umlandgemeinden gemeinsam ein Mittelzentrum mit einer Versorgungsfunktion für bis zu 50.000 Menschen. Die einzelnen Ortsteile werden im folgenden in ihrer historischen Entwicklung vorgestellt.

Bonenburg

Bonenburg dürfte im Mittelalter durch die Zusammenfassung mehrerer Orte entstanden sein. In der Bonenburger Flur sind mehrere Wüstungen nachgewiesen. Das Dorf Bonenburg geriet noch in mittelalterlicher Zeit unter den Einfluß des Klosters Hardehausen. In den Akten des Klosters taucht der Name erstmals 1392 auf. Bereits lange Zeit vorher war Hardehausen Grundbesitzer im Raum Bonenburg. Im 18. Jahrhundert errichtete der Orden im Dorf, auch als Ausdruck seiner Herrschaft zu verstehen, ein Amtshaus und eine Zehntscheune. Zu Beginn des 19. Jahrhunderts zählte Bonenburg rund 400 Bewohner.

Die Einbindung in das Verkehrsnetz, schon 1843 wurde die Poststraße gebaut, wirkte sich positiv auf die Entwicklung der Gemeinde aus. Einen spürbaren Aufschwung brachte die Ein-

richtung der Bahnlinie Altenbeken-Warburg. Tonvorkommen waren Grundlage wichtiger wirtschaftlicher Veränderungen im 19. Jahrhundert. Um 1850 begann die Herstellung von Dachziegeln. Für das Jahr 1882 sind zwei Zieglermeister in Bonenburg bezeugt. Die 1896 gegründete Ziegelei entwickelte sich bald zu einem bedeutenden Industrieunternehmen. Bau- und Baugrundstoffindustrie stellen auch heute noch einen gewichtigen Teil der Arbeitsplätze.

1650 war eine Kapelle errichtet worden, die dem Heiligen Kreuz geweiht war. Das Jahr 1741 brachte den Kirchenbau, die Kirche wurde 1868 und 1934 erweitert. Bis 1831 gehörte Bonenburg zur Pfarrei Scherfede.

Mit seiner landschaftlich reizvollen Lage am Rande des Eggegebirges bietet Bonenburg ein attraktives Ziel für Naturfreunde.

Calenberg

Calenberg besaß zur Zeit der fürstbischöflichen Herrschaft das Stadtrecht und wurde zu den Landtagen des Hochstifts Paderborn eingeladen. Die Anfänge Calenbergs sind noch

Bonenburg

Burg und Ort Calenberg.

nicht ganz geklärt. Sicher ist, daß 1299 der Erzbischof von Köln vom damaligen Herren der Burg Calenberg das Öffnungsrecht erhielt. Fünf Jahre vorher war die Holsterburg, eine kleine Befestigungsanlage zwischen Warburg und dem heutigen Calenberg, zerstört worden. Vielleicht ließen sich die Bewohner der Siedlung bei dieser Burg dann in Calenberg nieder. Die kleine Stadt Calenberg, 1326 erstmals erwähnt, entwickelte sich wohl im Schutz der Burg gleichen Namens. Die Burg wurde bereits 1307 vom Paderborner Bischof eingenommen.

In die Auseinandersetzungen um die Festlegung der Territorialgrenzen im Süden des Paderborner Herrschaftsgebietes war die Befestigung Calenberg häufig verwickelt. Auch in der Fehde mit Hessen 1464 - 1471 blieb die Burg in der Hand des Paderborner Bischofs. Bis ins 16. Jahrhundert saßen, von Unterbrechungen abgesehen, die Raben von Pappenheim als Lehnsleute des Paderborner Fürstbischofs auf der Burg, die mehr und mehr den Charakter eines Amtshauses erhielt und im 17. Jahrhundert verpachtet wurde. Damit setzte auch der Verfall der Anlage ein. Im 19. Jahrhundert erwarb die Familie Schuchard den Besitz. Damals erhielt die Burg durch umfangreiche Baumaßnahmen ihr heutiges Aussehen.

Dalheim

Dalheim an der Diemel ist heute der kleinste Ortsteil von Warburg. Über die Anfänge der Siedlung lassen sich aufgrund der Namensgleichheit mit dem Ort bzw. mit dem Kloster im ehemaligen Kreis Büren kaum genaue Angaben machen. Gesichert ist jedoch, daß bereits in der Bronzezeit hier Menschen ansässig waren. Zwei Bodenfunde aus dieser Epoche, ein Lappenbeil und eine Sichel, lassen diese Aussage zu. Durch den Fund der Sichel ist Getreideanbau belegt, zudem läßt sie aufgrund ihrer Gestaltung eine Beziehung zur süddeutschen Urnenfelderkultur vermuten.

1464 wird in Dalheim eine kleine Kapelle erwähnt, sie ist aber wohl im 16. Jahrhundert verfallen. Seit der zweiten Hälfte des 17. Jahrhunderts gehörte Dalheim zur Pfarrei Calenberg. Bis ins 19. Jahrhundert hatten Dalheim und Calenberg einen gemeinsamen Lehrer.

Nach einer nicht abgesicherten Überlieferung soll Dalheim bereits im 9. Jahrhundert gegründet worden sein. Vielleicht ist der Rittersitz Dalheim genauso alt. Gesichert ist, daß dieser Besitz bis 1423 der Warburger Ratsfamilie Busse gehörte. Während des Dreißigjährigen Krieges fiel das Gut an den

Dalheim
mit Desenberg.

Oberlehnsherren, die von Spiegel zum Desenberge, zurück. Die Familie von Spiegel verkaufte den Besitz im 20. Jahrhundert.

Dalheim wird auch heute noch stark von der Landwirtschaft geprägt. Andere Dalheimer finden ihre Arbeitsplätze in der Kernstadt Warburg.

Kirche im Ortskern von Daseburg.

Daseburg

Zu Füßen des landschaftsbeherrschenden Desenberges liegt 5 km nordöstlich der Kernstadt mit Daseburg der drittgrößte Ortsteil von Warburg. Schon vor mehr als 6500 Jahren wurde auf den fruchtbaren Bördeböden nachweislich Ackerbau betrieben. Die Reichhaltigkeit der Bodenfunde läßt auf eine nahezu kontinuierliche Besiedlung schließen.

Bereits in den „Corveyer Traditionen" des 9. Jahrhunderts findet ein „Desburg" Erwähnung. Die Kirche von Daseburg ist dem hl. Alexander geweiht. Dieses sehr alte Patrozinium hat Anlaß zu der Vermutung gegeben, daß bereits im 9. Jahrhundert hier eine Kirche stand. Unter Bischof Meinwerk besaß das Bistum Paderborn im 11. Jahrhundert Grund-

Der Desenberg, Wahrzeichen der Warburger Börde.

besitz in Daseburg. Die Bauern von Daseburg unterstanden jahrhundertelang der Herrschaft der Adelsfamilien auf der Burg auf der Höhe des Desenberges. Seine ländliche Struktur hat sich Daseburg bis heute bewahrt.

Vom Desenberg aus, dem Zeugen früherer vulkanischer Tätigkeit, bietet sich ein hervorragender Ausblick in die reizvolle Bördelandschaft. Der Desenberg ist einer der markantesten Basaltkegel unseres Landes. Entstanden ist er im Tertiär. Im Kern enthält der Berg einen Förderschlot aus Basalt, während die Hänge aus nichtvulkanischem Keuper bestehen. Der harte Basaltkern des Desenberges widerstand der Erosion und überragt heute die Börde weithin. Schon früh wurde er befestigt. 1021 kam er an den Paderborner Bischof Meinwerk, später an das Bistum Mainz und an die Grafen von Northeim. 1070 fiel er an den über die sächsische Adelsopposition siegreichen König Heinrich IV. Von Heinrich dem Löwen wurde er an die Grafen von Schwalenberg vergeben. 1198 waren Burg und Berg in Paderborner Hand. Schließlich wurden die von Spiegel, eine ursprünglich kölnische Ministerialenfamilie, mit dem Sitz belehnt. Es gelang ihnen, um den Desenberg herum eine eigene Herrschaft zu etablieren. 1471 wurden die Burgherren, die sich zwischenzeitlich zu verselbständigen versucht hatten, gezwungen, die Lehnshoheit

Johann Georg Rudolphi, Desenberga prope Warburgum, 1672, Radierung.

Paderborns anzuerkennen. Bereits im 14. Jahrhundert hatten die ersten Familienzweige die Burg verlassen und sich feste Häuser in Peckelsheim, Schweckhausen und Borlinghausen zugelegt. Im 17. Jahrhundert wurde der Desenberg endgültig verlassen.

Dössel

Urkundlich belegt ist die Ansiedlung Dössel nach dem heutigen Überlieferungsbestand erstmals um 1200 in einem Güterverzeichnis des Klosters Corvey. Für 1291 ist zudem ein „Hermann de Dusele" bekannt. Das Kloster Corvey läßt sich für das Mittelalter mehrfach als Grundherr in Dössel nachweisen, die Mönche gaben ihren Besitz zum Teil als Lehen an die von Pappenheim und von Geismar weiter, zum Teil verkauften sie ihn an das Paderborner Abdinghofkloster und das Kloster Hardehausen. Daneben waren weitere Adelsfamilien in Dössel begütert, so die Grafen von Everstein und die von Waldeck und die Familien von Niehausen und von Spiegel.

Die Anfänge der kirchlichen Organisation in Dössel liegen (noch) weitgehend im Dunkel. Das Bördedorf gehörte lange Zeit als kirchliche Filiale zu Daseburg, gleichwohl stand in Dössel eine kleine Kapelle, die der hl. Katharina geweiht war. Nach Angaben aus dem 17. Jahrhundert bewahrte dort eine Katharinenstatue Reliquien dieser Heiligen.

1542 erhielt Dössel ein neues Gotteshaus, der baufällig und zu klein gewordene Bau wurde 1862 durch eine dreischiffige Hallenkirche ersetzt. Das Patronatsrecht über die Kirche lag schon seit der ersten Hälfte des 17. Jahrhunderts bei der Warburger Ratsfamilie von Geismar. Ein Zweig dieser Familie erbaute in der zweiten Hälfte des 17. Jahrhunderts Haus Riepen als Sitz in Dössel. Bis ins 19. Jahrhundert blieb das Gut im Besitz dieser Familie.

In Dössel und den benachbarten Gemarkungen werden über 1.000 ha landwirtschaftlich genutzt. Die heute noch strukturbestimmende Landwirtschaft hat mit ihrer intensiven Nutzung des fruchtbaren Bördebodens eine weitgehend offene, baumlose Kulturlandschaft geschaffen, die für die Börde charakteristisch erscheint.

Dössel
mit dem Desenberg
im Hintergrund.

Germete

1994 wurden über 90 Millionen Flaschen Germeter Mineralwasser getrunken. Ein Sauerbrunnen in Germete ist nach örtlicher Überlieferung bereits durch den Abt Stephan Overgaer von Hardehausen im 17. Jahrhundert als heilsames Mittel bei allerlei Gebrechen erwähnt worden. Im 19. Jahrhundert gewannen die Bemühungen, die Mineralwasservorkommen von Germete kommerziell zu nutzen, erste Konturen; im 20. Jahrhundert setzte die industrielle Nutzung ein.

Bereits in den dreißiger Jahren fanden die ersten Kurgäste den Weg nach Germete, doch sollte es bis 1985 dauern, bis Germete die staatliche Anerkennung als Luftkurort erhielt. Heute verfügt Germete mit Trinkhalle, Kurpark und dem Kurmittelhaus mit medizinischer Badeabteilung, um nur die wichtigsten Beispiele zu nennen, über alle wichtigen infrastrukturellen Kennzeichen eines modernen Kurortes.

Die urkundliche Ersterwähnung fand Germete kurz nach dem Jahre 1000. 1450 erscheint es dann als Pfarrort, doch der Baubefund des heute noch erhaltenen romanischen Kirchturms läßt den Schluß zu, daß schon lange vorher hier zumindest eine Filialkirche existiert haben muß. Ob diese nun zu St. Peter auf der Warburger Vorstadt Hüffert oder zur Pfarrei Osdagessen gehörte, ist bis heute noch nicht geklärt.

Das benachbarte Osdagessen wurde bereits im 9. Jahrhundert erwähnt, fiel aber wohl im 16. Jahrhundert wüst, wobei ein Teil der Bevölkerung nach Germete abwanderte.

Jahrhundertelang war Germete ein Bauerndorf, bevor die Nutzung der Mineralwasservorkommen den Anstoß zu einem entscheidenden Wandel einleitete. Der Strukturwandel ist auch im Ortsbild zu erkennen: Im Rahmen einer umfangreichen Sanierungsmaßnahme wurden die landwirtschaftlichen und gewerblichen Betriebe aus dem Ortskern ausgesiedelt und das Dorf den Erfordernissen des Kurbetriebes angepaßt.

Herlinghausen

In der Gründungsurkunde des Damenstiftes Heerse vom Jahre 868 wird das heutige Herlinghausen erstmals urkundlich er-

Im Kurpark von Germete.

Blick auf die mittelalterliche Kirche von Herlinghausen.

wähnt. Damit zählt der kleine Ort nahe der hessischen Grenze zu den ältesten Ortsteilen der Stadt Warburg. Die Überlieferungslage zur Geschichte Herlinghausens im Mittelalter ist eher schlecht. Sicher ist, daß es um den Besitz der kleinen Ansiedlung zwischen den Territorien Paderborn und Hessen-Kassel zu langwierigen Auseinandersetzungen kam, die schließlich sogar das Reichskammergericht beschäftigen sollten. Selbst der 1597 abgeschlossene Vertrag zwischen den beiden Kontrahenten schuf keine letzte Klarheit: Dem Paderborner Fürstbischof wurde die Landeshoheit einschließlich Reichssteuern und Landfolge zugesprochen, doch die Gerichtsbarkeit, das Jagdregal und die Kirchenbestallung lagen bei den Herren von der Malsburg, die seit 1544 Lehnsträger in Herlinghausen waren. Die Malsburger dürften auch den Übertritt Herlinghausens zum Luthertum entscheidend gefördert haben. Durch den Vertrag von 1597 war Herlinghausen faktisch dem Einfluß des Fürstbischofs entzogen.

Die komplizierte Stellung Herlinghausens zwischen dem Hochstift und Hessen fand noch im 19. Jahrhundert einen in-

teressanten Nachklang: Obwohl politisch zu Preußen gehörend, blieb die Kirchengemeinde bis 1845 kirchenrechtlich an Hessen gebunden, um dann mit der evangelischen Gemeinde Warburg vereinigt zu werden. Das Jahr 1897 sah Herlinghausen dann wieder als selbständige Kirchengemeinde.

Seinen ländlichen Charakter hat sich Herlinghausen bis heute weitgehend bewahren können. Bemerkenswert ist die aus dem 13. Jahrhundert stammende frühgotische Kirche.

Hohenwepel

Zwei markante Bauwerke bestimmen das Ortsbild von Hohenwepel am Rande der Börde: der Wasserturm aus dem frühen 20. Jahrhundert an der Straße nach Menne und die

Pfarrkirche des 19. Jahrhunderts mit ihren beiden mächtigen Westtürmen.

Bereits für die Jungsteinzeit sind archäologische Nachweise menschlicher Besiedlung erbracht worden. Im frühen 11. Jahrhundert ist Hohenwepel erstmals urkundlich erwähnt: Der Paderborner Bischof Meinwerk wies die Siedlung dem Grafen Dodiko zu lebenslanger Nutzung zu. Grundherrliche Rechte besaßen hier der Bischof, die Klöster Corvey, Busdorf, Hardehausen und Abdinghof und die Adelsfamilien von Schöneberg, von der Asseburg, von Pappenheim-Canstein, von Amelunxen und von Spiegel. Der Zehnt stand im 13. Jahrhundert den Schulten von Warburg zu, später dann den von Pappenheim und der Familie Sieghard aus Warburg.

Im Jahre 1426 wird erstmalig ein Pfarrer für Hohenwepel namentlich genannt. Vielleicht geht die Gründung der Hohenwepeler Pfarrkirche, die der hl. Margarete geweiht ist, auf eine Initiative des Paderborner Bischofs zurück. Urkundliche Erwähnung findet eine Kirche bereits 1418. Einem Großbrand, der rund 50 Gebäude des Dorfes in Schutt und Asche legte, fiel 1830 auch der Vorgängerbau der jetzigen Kirche zum Opfer. 1839 konnte der Grundstein für den Neubau gelegt werden.

Der Wasserturm, das Wahrzeichen Hohenwepels, wurde 1913 in Betrieb genommen. Die Gemeinden Hohenwepel, Dössel, Menne und Ossendorf hatten sich zusammengeschlossen, um dieses technische Bauwerk zu errichten und um eine gemeinsame Wasserversorgung aufzubauen. Der Turm erfüllt seine Funktion noch heute.

Trotz seiner verkehrsgünstigen Lage ist Hohenwepel bis ins 20. Jahrhundert eine von der Landwirtschaft dominierte Gemeinde geblieben.

Wasserturm, Wahrzeichen von Hohenwepel.

Menne

Ins Licht der urkundlichen Überlieferung tritt Menne im 9. Jahrhundert, damals übergab ein Leudmar seinen Besitz in „villa nuncupante menni" an das Kloster Corvey. Der Bischof von Paderborn, die Klöster Abdinghof, Busdorf und Hardehausen, die Familien von Everstein und von Pappenheim sind als weitere Rechteinhaber in Menne nachgewiesen. Zu Beginn des 17. Jahrhunderts befand sich ein Adelssitz bzw. Gutshof im Besitz der Warburger Familie Sieghard. 1675 kam das Gut an die Familie von Wrede. Im 19. Jahrhundert ging der Besitz an die Familie Fischer über, die ihn noch heute innehat. Seit der zweiten Hälfte des 19. Jahrhunderts wurde der Umfang der Nutzflächen durch Grunderwerb wesentlich gesteigert. Auch gegenwärtig wird das Gut noch landwirtschaftlich genutzt.

Kirchlich gehörte Menne im 15. Jahrhundert zu Papenheim, einer zwischen Menne und den Städten Warburg gelegenen Siedlung, die im Dreißigjährigen Krieg völlig zerstört und nicht wieder besiedelt wurde. 1847 wurde die dem hl. Antonius von Padua geweihte Kirche als Nachfolgebau einer Kapelle in Menne errichtet, im 20. Jahrhundert erfolgte die Abpfarrung Mennes von Hohenwepel.

Im 19. Jahrhundert konnte Menne einen beachtlichen Bevölkerungsanstieg verbuchen. Am Ende des Jahrhunderts erhielt der Ort einen eigenen Bahnhof.

Mit dem Beginn der fünfziger Jahre des 20. Jahrhunderts wurde Menne als Wohngemeinde mehr und mehr attraktiv.

Kirche in Menne.

Johann Conrad Schlaun als Generalmajor, zwischen 1761 und 1773, Öl auf Leinwand.

Nörde

In Nörde wurde am Ende des 17. Jahrhunderts einer der bedeutendsten Baumeister des Spätbarock in Nordeuropa geboren, Johann Conrad Schlaun (1695 - 1773). Sein Vater war hier als Richter und Verwalter im Auftrage des Klosters Hardehausen tätig. Das Geburtshaus Schlauns mußte leider 1971 einer Baumaßnahme weichen.

Schlaun hatte nach wenig erfolgreichem Schulbesuch in Paderborn die militärische Laufbahn eingeschlagen und so seine Ausbildung zum Architekten und Ingenieur erhalten. Seine ersten eigenständigen Bauwerke errichtete er ab 1715 im Hochstift Paderborn: Im nahen Brakel steht mit der 1715 begonnenen Kapuzinerkirche sein Erstlingswerk, in Brakel-Rheder baute er die Pfarrkirche, in Büren war er am Jesuiten-

kolleg beteiligt, in Paderborn schuf er das Stadthaus des Klosters Dalheim, das später Wohnsitz des Erzbischof wurde, in Delbrück errichtete er ein neues Pfarrhaus. Für die Warburger Neustadtkirche entwarf er einen Hochaltar, von dem heute noch Kernstücke zu besichtigen sind.

Schlauns eigentliche Karriere begann mit dem Regierungsantritt des Wittelsbachers Clemens August als Fürstbischof von Paderborn, der schließlich als „Herr der fünf Kirchen" fünf geistliche Herrschaften in einer Hand vereinigte. Als Baumeister dieses prunkliebenden Kurfürsten und als Hausarchitekt des westfälischen Adels schuf Schlaun Paläste und Landhäuser, Kirchen und Schlösser, die bis heute das Bild der Kulturregion zwischen Köln und Osnabrück nachhaltig prägen. Zu seinen bekanntesten Arbeiten zählen sicherlich der Erbdrostenhof und die Clemenskirche in Münster und das dortige Residenzschloß. Mit Rüschhaus vor den Toren der Stadt Münster schuf er sich ein privates Sommerrefugium, das später als Wohnsitz von Annette von Droste-Hülshoff berühmt werden sollte.

Das Kloster Hardehausen hatte bereits im Mittelalter zielgerichtet Besitz auch in Nörde erworben, so daß das Dorf bald

Nörde, der Geburtsort des Barockbaumeisters Johann Conrad Schlaun.

zu den sogenannten Klosterdörfern zählte. Entstanden ist der Ort wohl aus der Zusammenlegung von zwei ursprünglich getrennten Siedlungen. Die Ersterwähnung in einem klösterlichen Güterregister des 12. Jahrhunderts bezeugt das hohe Alter der Ansiedlung. Bis ins 19. Jahrhundert prägte die enge Verbindung mit dem Kloster das Leben der Menschen in Nörde. Land- und Forstwirtschaft haben die Erwerbstätigkeit in diesem Warburger Ortsteil bis in die unmittelbare Gegenwart wesentlich bestimmt. Heute sind die meisten Berufstätigen Auspendler.

Für Erholungssuchende und Naturfreunde bietet Nörde mit seiner günstigen Lage am Südrand der bewaldeten Ausläufer des Eggegebirges gute Möglichkeiten.

Ossendorf

Als „Ossenthorpe" taucht Ossendorf im 9. Jahrhundert erstmals urkundlich auf. Das Kloster Corvey war hier in dieser Zeit bereits begütert. Neben den Benediktinermönchen von der Weser wurden als Grundherren für Ossendorf nachgewiesen: das Paderborner Abdinghofkloster und die Klöster Wormeln, Willebadessen, Heerse und Böddeken sowie die Adelsfamilien von Asseln, von Pappenheim zu Canstein und zu Calenberg, von Schöneberg und von Spiegel. Der Paderborner Bischof hatte bereits seit dem 12. Jahrhundert mit dem Erwerb von Gütern und Rechten in Ossendorf begonnen, so daß ihm schließlich der Zehnt, das Krugrecht, der Zoll an der Grenze zu Waldeck und die Besetzung der Richterstelle zustanden.

Das Patrozinium des hl. Johannes des Täufers kann als Hinweis auf ein hohes Alter der Ossendorfer Kirchenorganisation gesehen werden. Als zu Beginn des 20. Jahrhunderts im neuromanischen Stil die heutige Kirche errichtet wurde, wurden in den Neubau auch ganz bewußt Teile des wesentlich älteren Vorgängerbaus übernommen.

Von Ossendorf aus wurde über Jahrhunderte Nörde kirchlich betreut. In der Ossendorfer Kirche wurde am 8. Juni 1695 der Sohn Johann Conrad des Nörder Richters Henricus Schluen getauft. Dieser Sohn, der später die Schreibweise seines Namens in „Schlaun" umwandelte, sollte als einer der bedeutendsten Baumeister des Barock in die Kunstgeschichte eingehen. Henricus Schluen erwies sich als eifriger Förderer der Ossendorfer Kirche, unter anderem ließ er 1710 einen Sakri-

Ossendorf

Neuromanische Pfarrkirche St. Johannes der Täufer in Ossendorf.

steianbau errichten. In der Sakristei erinnert noch heute die gußeiserne Grabplatte Schluens an sein Engagement für Ossendorfs Gotteshaus.

Rund 1,5 km südlich von Ossendorf wurde im 15. Jahrhundert der weithin sichtbare Heinturm als Teil der Außenbefestigungen der Stadt Warburg errichtet. Während des Siebenjährigen Krieges wurde nordöstlich des Heinberges die Schlacht bei Warburg geschlagen. Die günstige Verkehrslage Ossendorfs erwies sich in Kriegszeiten als Nachteil: Im Dreißigjährigen Krieg, im Siebenjährigen Krieg und zu Beginn des 19. Jahrhunderts führten Kriegsgreuel, Einquartierungen und Truppendurchzüge das Dorf wiederholt an die Grenze der Existenz.

Unweit von Ossendorf lagen früher Dorf und Burg Asseln. Der Ort wurde bereits in merowingischer Zeit besiedelt und erscheint seit der ersten Hälfte des 11. Jahrhunderts vermehrt in der schriftlichen Überlieferung. Wohl im 14. Jahrhundert fiel die Siedlung wüst. Weite Teile der Wüstung und die ehemalige Burg erwarben die Städte Warburg im 15. Jahrhundert. 1770 wurde die Ruine des Burgturmes als Steinbruch genutzt.

Rimbeck

Im „Weißen Holz" bei Rimbeck lag im 4. Jahrtausend vor Christus eine befestigte Höhensiedlung der Wartberg-Kultur. Nachdem der Siedlungsplatz verlassen worden war, wurde hier ein Galeriegrab angelegt, dessen Überreste heute noch zu besichtigen sind. Bei archäologischen Untersuchungen zu Beginn des 20. Jahrhunderts fand man noch die Skelettreste von 160 Menschen, die in diesem Gemeinschaftsgrab bestattet worden waren.

Die urkundliche Ersterwähnung fällt in das 9. Jahrhundert, in den Corveyer Güterregistern wird „Rimbechi" genannt. Ein neuer Abschnitt der Geschichte begann für Rimbeck mit dem Aufstieg des Zisterzienserklosters Hardehausen. Fast der gesamte Rimbecker Grundbesitz und alle Rechte kamen durch Schenkungen, Tausch und Käufe in die Hand des Klosters. So waren 1332 nahezu alle Dorfbewohner dem Kloster wachszinspflichtig. Im 15. Jahrhundert sicherte sich das Kloster auch die patrimoniale Dorfgerichtsbarkeit.

Für mehr als ein halbes Jahrtausend, bis 1803, blieb die Geschichte des Warburger Ortsteiles eng mit der des Klosters Hardehausen verknüpft, ja wurde von diesem wesentlich bestimmt.

Erst 1915 wurde Rimbeck von Scherfede abgepfarrt, doch schon in der frühen Neuzeit wird eine der hl. Elisabeth gewidmete Kapelle in Rimbeck erwähnt, deren Altar 1720 konsekriert wurde. In der romanischen Kapelle fungierte als Hauptaltar ein auf 1694 datierter Dreifaltigkeitsaltar aus Marmor, Alabaster und Mehlstein, der aus der Werkstatt von Heinrich Papen stammt. 1904 wurde er in die heutige Pfarrkirche übernommen, dort hat er einen Platz im Seitenschiff gefunden. In der Rimbecker Kirche befinden sich noch vier weitere Arbeiten aus der bekannten Giershagener Werkstatt: ein Relief „Vision des hl. Bernhard", ein Antependium, ein Alabasterrelief „Joachim und Anna" und eine Skulptur der hl. Elisabeth.

Der Bau der Bahnlinien Bestwig-Warburg und Scherfede-Holzminden in der zweiten Hälfte des 19. Jahrhunderts bedeutete für Rimbeck einen wirtschaftlichen Anstoß.

Zwar hat Rimbeck auch heute noch eine Reihe von landwirtschaftlichen Vollerwerbsbetrieben aufzuweisen, doch auch in anderen Bereichen bieten sich Arbeitsplätze.

Kirche in Rimbeck.

Scherfede

Das erste Zisterzienserkloster in Westfalen wurde im 12. Jahrhundert im heutigen Scherfede-Hardehausen gegründet. Es entwickelte sich zu einem bedeutenden Grundbesitzer und herrschte schließlich weitgehend über die vier Dörfer Bonenburg, Rimbeck, Nörde und Scherfede. In der zweiten Hälfte des 13. Jahrhunderts zählte das Kloster mehr als 300 Konversen. Kloster Hardehausen war so erfolgreich, daß 1349 sogar eine Aufnahmebeschränkung in Kraft gesetzt werden mußte. Nachdem zunächst Schweinezucht und -mast die ökonomische Basis gebildet hatten, gewannen mit dem 14. Jahrhundert Schafzucht und Wollverarbeitung erhöhte Bedeutung.

Der Gebäude-
komplex des ehe-
maligen Klosters
Hardehausen, heute:
Landvolks-
hochschule
„Anton Heinen".

Zu Beginn des 14. Jahrhunderts ging das Kloster vermehrt von der Eigenbewirtschaftung zum Zins- und Zehntwesen über. Unter Stephan Overgaer, dem bedeutendsten Abt der Neuzeit, wurden die Abteigebäude grundlegend erneuert. 1803 wurde die Abtei aufgehoben, der Grundbesitz wurde

Landvolkshochschule „Anton Heinen" in Hardehausen.

preußische Domäne. Heute sind im auch landschaftlich reiz-vollen Hardehausen die Landvolkshochschule „Anton Hei-nen" und das Jugendhaus Hardehausen als Jugendbildungs-stätte des Erzbistums Paderborn untergebracht.

Das heutige Scherfede wird in den „Corveyer Traditionen" der ersten Hälfte des 9. Jahrhunderts erstmals urkundlich er-wähnt. Für das Jahr 1231 ist die Existenz einer Kirche be-zeugt; sie stand, nach einem Umbau im 17. Jahrhundert, bis 1857. Das Kirchenpatrozinium des hl. Vinzenz Levita läßt vermuten, daß die Pfarrei wesentlich älter ist als der erste nachgewiesene Kirchenbau.

Die Geschichte Scherfedes war bis ins 19. Jahrhundert eng mit der des nahen Klosters Hardehausen verknüpft: Zu Be-ginn des 15. Jahrhunderts besaß das Kloster alle wichtigen Rechte und Güter des Ortes. Noch heute steht in Scherfede als sichtbares Zeichen der einstigen Klosterherrschaft die mitt-lerweile grundlegend renovierte Zehntscheune von Harde-hausen. 1695 fertiggestellt, nahm sie die Abgaben auf, die die Bewohner von Scherfede an das Kloster zu leisten hatten.

Nach der Säkularisation wurde Scherfede eine selbständige Gemeinde, die bis zur Mitte des 19. Jahrhunderts ein Bauern-dorf mit rund 500 Bewohnern war. Die zweite Hälfte des Jahr-hunderts stand im Zeichen eines Strukturwandels. 1863 wur-de eine Wollfabrik gegründet, noch entscheidender war aller-dings der Bau der Bahnlinien Bestwig-Warburg und Scherfe-

Die ehemalige Zehntscheune in Scherfede.

de-Holzminden: 1905 erreichte Scherfede, derart begünstigt durch Verkehrsanbindung, Handel und Gewerbe, fast die Grenze von 2.000 Einwohnern. In der Folgezeit wirkte sich die günstige Lage der Gemeinde im Verkehrsnetz weiter positiv auf die Ansiedlung von Klein- und Mittelbetrieben aus. So zählte man 1957 über 2.600 Einwohner.

Heute ist Scherfede neben der Kernstadt Warburg der bedeutendste wirtschaftliche Schwerpunkt der Stadt Warburg. Der Raum Scherfede-Hardehausen entwickelte sich in den letzten Jahrzehnten auch zu einem beliebten Erholungsraum.

Warburg

Zu Füßen der Burg – Anfänge der Städte Warburg

Schon in karolingischer Zeit verfügte das Bistum Paderborn über umfangreichen Besitz im Warburger Raum. Um 1020 schenkte dann der erbenlose Graf Dodiko, dessen Burg auf dem Warburger Burgberg stand, seine Eigengüter der Paderborner Kirche. Bis ins 19. Jahrhundert sollte der geistliche Oberhirte als Herr über das Hochstift Paderborn auch weltlicher Herrscher über Warburg sein.

Im Schutz der Burg und am wichtigen Fernhandelsweg Paderborn - Kassel siedelten sich neben den Dienstleuten des bischöflichen Grafen schon bald die ersten Kaufleute und Gewerbetreibenden an. Zunächst entwickelte sich eine noch ungeordnete Ansiedlung. Im 12. Jahrhundert organisierte der Bischof von Paderborn einen planmäßigen Stadtausbau. Bereits 1195 wird dann die Stadt Warburg als zweiter wichtiger Hauptort des Bistums neben der Stadt Paderborn genannt.

Eine von Beginn an planmäßige Anlage war die Neustadt Warburg, eine Gründung Bischof Bernhards IV. Als der Bischof 1254/56 seine Städte um Finanzhilfe angehen mußte, erreichte die Altstadt die rechtliche Gleichstellung mit der Neustadt. Noch bis ins 15. Jahrhundert hinein existierten allerdings in engster Nachbarschaft zwei Städte formell unverbunden nebeneinander.

Blütezeit der Städte Warburg

Im 13. und 14. Jahrhundert vollzog sich der Aufstieg der alten und der neuen Stadt Warburg und der Vorstadt Hüffert zu einem Verband, der „die Börde, den Diemelraum und darüber hinaus den oberwäldischen Distrikt wirtschaftlich und politisch beherrschte"[1]. Das nächste Jahrhundert brachte auch den formellen Zusammenschluß von Alt- und Neustadt, die schon vorher in entscheidenden Fragen gemeinsam gehandelt hatten. Der „Grote Breff" von 1436, der diesen bedeutenden

---

[1] Schoppmeyer, Heinrich: Warburg in Mittelalter und Neuzeit. Herrschaftssitz - Doppelstadt - territorialer Vorort. In: Mürmann, Franz (Hrsg.): Die Stadt Warburg 1036 - 1986. Beiträge zur Geschichte einer Stadt, Bd. I. Warburg 1986, S. 248.

Die älteste Originalurkunde des Warburger Stadtarchivs. 17. Mai 1256: Bischof Simon von Paderborn verfügt Rechtsgleichheit für die Bewohner von Alt- und Neustadt Warburg.

Siegel von Altstadt (links) und Neustadt Warburg unter dem „Groten Breff" von 1436.

Schritt der Stadtgeschichte festhält, gilt als die wichtigste Warburger Urkunde.

Das 14. Jahrhundert sah die beiden Städte auf dem Höhepunkt ihres wirtschaftlichen und politischen Erfolges. So gelang es, der städtischen Gerichtsbarkeit eine weitgehende Autonomie zu sichern. An der Ausbildung der landständischen Verfassung des Hochstifts waren die beiden Städte Warburg mit Paderborn lebhaft beteiligt, regionale Städtebünde waren ohne Warburg nicht denkbar. Als Beispiel für die militärische Schlagkraft Warburgs sei der im Zusammengehen mit dem Landesherren errungene Sieg über eine Ritterkoalition in der Schlacht am Desenberg im frühen 14. Jahrhundert angeführt. Fundament der politischen Dominanz war die wirtschaftliche Prosperität der beiden Städte. Ein ausgeprägter Handel mit Getreide und Textilien und ein blühendes Braugewerbe bilde-

ten das Rückgrat. Als entscheidende Standortfaktoren sind die Leistungsstärke des Umlandes und eine ausgesprochen günstige Verkehrslage zu nennen. Die Exportgewerbe der Woll- und Leinenweber, Gerber, Lederwerker und Kürschner und ein ausdifferenziertes Metallgewerbe bildeten einen weiteren wichtigen Wirtschaftssektor. Der wirtschaftliche Erfolg schlug sich in der Bautätigkeit und im Ausbau der kirchlichen und sozialen Infrastruktur nieder.

Schon seit dem Ende des 13. Jahrhunderts war der Dominikanerorden in Warburg ansässig, er prägte, mit einer Unterbrechung im 19. Jahrhundert, das geistliche und kulturelle Leben der Stadt bis in die unmittelbare Gegenwart mit. Außen- und sicherheitspolitisch bildeten die Städte Warburg einen wichtigen Faktor der Paderborner Territorialhoheit. Wirtschaftlicher Wohlstand und die Einbindung der führen-

Detail vom „Eckmänneken" in der Altstadt, dem ehemaligen Versammlungshaus des Bäckeramtes.

Altstädter Pfarrkirche St. Marien.

den Gewerbe in die Ratstätigkeit ließen soziale Unruhen nicht aufkommen.

1553/54 wurde in Warburg Anton Eisenhoit geboren. Er gilt heute als einer der bedeutendsten Goldschmiede und Stecher des Manierismus und wird zu den Hauptmeistern des 16. Jahrhunderts gerechnet. Unter anderem fertigte er für den Paderborner Fürstbischof Dietrich von Fürstenberg eine silberne Altarausstattung, den sogenannten „Herdringer Silberschatz". Für Jost Bürgi, den Kasseler Hofuhrmacher und Verfertiger astronomischer Geräte, gravierte er Himmelsgloben und versah sie mit kostbaren Applikationen. 1592 schuf er für die Warburger Schützengesellschaft ein Schützenkleinod. 1603 starb Anton Eisenhoit in Warburg, wo er seine Werkstatt gehabt hatte.

Nach dem Dreißigjährigen Krieg - die Ackerbürgerstadt Warburg

Die Braun-Hogenbergsche Ansicht der Stadt Warburg aus dem 16. Jahrhundert hält den Baubestand der wohlhabenden Mittelstadt mit Mauerring und Türmen, Vorstadt, Kirchen, Kapellen und Bürgerhäusern fest. Nach der Krise des Spätmittelalters gelang es noch einmal, an die Erfolge der mittelalterlichen Blütezeit anzuknüpfen.

Doch der Dreißigjährige Krieg bedeutete für die Stadt eine Katastrophe. Kriegsgreuel und Pest dezimierten die Einwohnerzahl, so daß am Ende des Krieges wohl nur noch 1.700 –1.800 Menschen in der Stadt lebten. Die Kontributionszahlungen mit der gewaltigen Gesamtsumme von mehr als

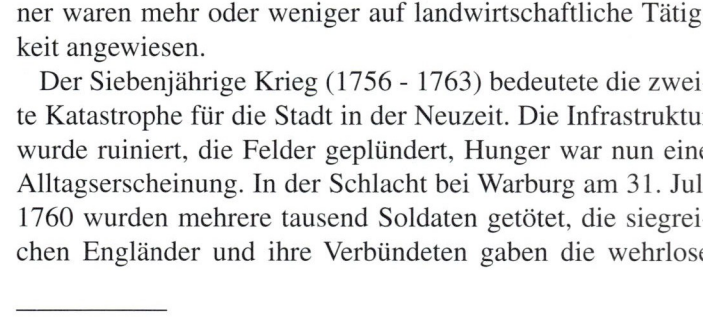

Die Pfarrkirche St. Johannes Baptist überragt im Mittelpunkt des Marktplatzes die Warburger Neustadt.

400.000 Reichstalern hatten die Stadt finanziell ausgeblutet. Dieser Krieg bedeutete einen massiven Einschnitt, „der eine Periode der Warburger Geschichte abschloß und eine neue, weniger glanzvolle eröffnete."[2] Ein grundlegender ökonomischer und politischer Wandel trat ein. Das Wiederaufleben des Handels wurde dadurch be-, ja verhindert, daß die traditionellen Warburger Kaufmannsfamilien im Krieg ihrer wirtschaftlichen Basis beraubt worden waren. Sie zogen sich in ein ständisch angemessenes, aber weitgehend risikoloses Rentiersdasein zurück, das seine Basis in ausgedehntem Grundbesitz hatte. Die das Handwerk dominierenden Zünfte waren, wie z.B. auch in Paderborn, ihrem überlieferten Selbstverständnis nach nicht an exportorientierter Produktion über den lokalen Bedarf hinaus interessiert. Getreidehandel war aufgrund landesherrlicher Reglementierungen weitgehend unmöglich: um Hungersnöte im Hochstift bekämpfen zu können, erließen die Fürstbischöfe wiederholt Ausfuhrverbote. Höchstpreisedikte ließen den Handel zusätzlich unattraktiv erscheinen. Warburg war eine Ackerbürgerstadt mit einem Handwerkerbesatz, der den lokalen Markt versorgte und mit einer breiten Schicht von Tagelöhnern. Alle Stadtbewohner waren mehr oder weniger auf landwirtschaftliche Tätigkeit angewiesen.

Der Siebenjährige Krieg (1756 - 1763) bedeutete die zweite Katastrophe für die Stadt in der Neuzeit. Die Infrastruktur wurde ruiniert, die Felder geplündert, Hunger war nun eine Alltagserscheinung. In der Schlacht bei Warburg am 31. Juli 1760 wurden mehrere tausend Soldaten getötet, die siegreichen Engländer und ihre Verbündeten gaben die wehrlose

---

[2] Schoppmeyer, a.a.O., S. 272.

Gesamtansicht Warburg von Braun/Hogenberg, 1574.

Ansicht der Stadt Warburg von Karl Fabritius (1664) - Ausschnitt nach der Kopie von Behre.

„Warburg in Westphalia", 1782, englischer Kupferstich.

Stadt zur Plünderung frei. Der Krieg hatte die Menschen des Warburger Landes in eine katastophale Situation gebracht, Landwirtschaft, Handel und Gewerbe konnten kaum die Grundbedürfnisse stillen, der Geldwert war zerrüttet. Vor diesem Hintergrund ist die drastische Schilderung der Eindrücke eines Durchreisenden von 1788 zu verstehen, der über Warburg festhielt:

„Seinen theils verfallenen Mauern nach zu urtheilhen, scheint es vordem von mehrerer Bedeutung als jetzt gewesen zu seyn; traurig aber dagegen ist nun der Anblick dieser Hauptstadt. Überbleibsel eines großen massiven Gebäudes, welches das Rathaus gewesen zu seyn scheint, entstellen den ohnehin sehr schmutzigen Marktplatz noch mehr. Die Straßen sind mit (...) gewöhnlichem Mist vor vielen schlecht gebauten, theils mit rot und grün beschmierten Häusern hoch belegt."[3]

Die Stadt war nicht nur wirtschaftlich abgesunken, sie verlor auch den politischen Einfluß und den eigenen Gestaltungsspielraum weitgehend. Der auch in den geistlichen Staaten sich ausbreitende Absolutismus und Bürokratismus stärkten die Stellung des Landesherren, das Hochstift offenbarte sich zudem bis ins 19. Jahrhundert als ausgeprägter Ständestaat, der durch den landsässigen Adel direkt oder indirekt dominiert wurde. Was sich die Stadt im Mittelalter an Eigenständigkeit in der Gerichtsbarkeit erkämpft hatte, verlor sie in der Neuzeit wieder weitgehend. Seit dem Mittelalter war der Warburger Rat ohne landesherrliche Einflußnahme in sein Amt gekommen. Doch 1667 setzte Fürstbischof Ferdinand von Fürstenberg einen neuen Wahlmodus durch, der dem Gografen die Rolle eines staatlichen Kommissars bei der Ratswahl zuwies. An die Stelle des auf relativer Autonomie fußenden mittelalterlichen Selbstverwaltungsorgans trat ein Rat, der dazu tendierte, ein „Subelement staatlicher Bürokratie zu werden, das unter der Aufsicht eines landesherrlichen Beamten arbeitete"[4]. Auch leichte Modifikationen, die im 18. Jahrhundert erfolgten, änderten nichts an der Tatsache, daß der städtischen Körperschaft wesentliche Elemente ihrer Eigenständigkeit und Selbstverantwortlichkeit und ihres Gestaltungsspielraumes genommen worden waren. Schoppmeyer zieht das Fazit:

„So erreichte Warburg, das zusammen mit Paderborn, Brakel und Borgentreich die Städtekurie auf den Paderborner Landtagen führte und daher wie die drei anderen Städte sich mit dem Titel Hauptstadt schmücken konnte, die von Gedanken der französischen Revolution geprägte Epochenwende um 1800 in wirtschaftlicher Stagnation, nicht ohne soziale Spannungen und mit einer bürokratisch-absolutistisch beschnittenen Stadtverfassung."[5]

Notwendige wirtschaftliche oder politische Reformen von Seiten der Landesherren fanden nicht statt, nicht die Ursachen der Mißstände wurden beseitigt, sondern nur durch ein ge-

legentliches oberflächliches Kurieren wurden die Symptome zu mildern gesucht. Und wo der gute Wille des Landesherren vorhanden war, setzte ihm die politische Grundstruktur des Hochstifts mit den Interessen des Adels Grenzen.

Das 19. Jahrhundert: Warburg wird preußisch - und wieder zentral

Das 19. Jahrhundert verzeichnete in nur 15 Jahren vier unterschiedliche Herrschaften. Im August 1802 rückten preußische Truppen in die Stadt ein, die Zeit unter dem „Krummstab" war vorbei.

Im Juli 1807 konstituierte Napoleon auf dem Höhepunkt seiner Macht das Königreich Westphalen mit Regierungssitz im nahen Kassel, Warburg wurde Hauptort eines Kantons im Distrikt Höxter. Nach dem Wiener Kongreß wurde Warburg definitiv eine preußische Stadt. Die erste Bestandsaufnahme der preußischen Bürokratie zeichnete von Warburg noch immer das Bild einer durch die Landwirtschaft dominierten Stadt mit 2.011 Einwohnern und 410 Häusern. Nur zögernd kam eine politische, soziale und wirtschaftliche Modernisierung des ehemaligen Hochstiftes in Gang, an der auch die Stadt an der Diemel partizipierte. 1816 wurde Warburg Kreisstadt und entwickelte sich in der Folgezeit in bescheidenem Rahmen wieder zum Zentrum des Bördelandes. Als Beispiele für den Gewinn an zentraler Funktion seien angeführt: Die Eröffnung des Krankenhauses 1837; die Gründung der Kreissparkasse 1844; der Baubeginn der Bahnverbindung Warburg-Hümme-Kassel 1849; die Eröffnung der Bahnlinie Warburg-Altenbeken-Paderborn 1853; die Umwandlung der Kuhlemühle in eine Papierfabrik 1864; der Ausbau des Progymnasiums zur Vollanstalt 1874; die Einrichtung des Amtsgerichtes 1879; die Gründung der Zuckerfabrik 1882. Mit dem Ende des 19. Jahrhunderts überwand die Bebauung den engen Mauerring aus mittelalterlicher Zeit.

Stadtentwicklung der Kernstadt im 20. Jahrhundert

Der im 19. Jahrhundert grundgelegte Aufschwung der Stadt Warburg als Zentrum der Börde fand in den ersten Jahrzehnten des 20. Jahrhunderts seine Fortsetzung. Ein Reiseführer aus den zwanziger Jahren berichtet: „Warburg ist eine Kreisstadt mit über 6300 Einwohnern, die zum größten Teil katholischen

---

[3] Zitiert nach Schoppmeyer, a.a.O., S. 275.
[4] Schoppmeyer, a.a.O., S. 281.
[5] Schoppmeyer, a.a.O., S. 282.

Warburg um 1900.

Straße in der Warburger Altstadt.

Glaubens sind. (...) Die Schulverhältnisse sind sehr günstig. (...) Die Industrie ist vertreten durch eine Zuckerfabrik, Papierfabrik, Buchdruckereien, Molkerei, Autowerkstatt, durch Brauereien, Reparaturwerkstätten für landwirtschaftliche Maschinen. Bedeutend ist auch die Brotbäckerei; das Warburger Brot hat weithin einen guten Ruf. Der Haupterwerbszweig der Bevölkerung ist die Landwirtschaft, der Handel erstreckt sich auf den Verkauf von Landesprodukten. Noch in den letzten Jahren sind einige große Landesproduktengeschäfte entstanden. Vorwiegend ist es die fruchtbare Warburger Börde, welche die günstigen Handelsverhältnisse bedingt."[6]

Nach dem Zweiten Weltkrieg stieg, bedingt durch den Zustrom von Flüchtlingen und Vertriebenen, die Einwohnerzahl der Stadt vorübergehend auf über 11.000 an.

In der Nachkriegszeit vollzog sich dann die eigentliche Herausbildung des industriellen Sektors in der Kernstadt und in den Umlandgemeinden.

---

[6] Borgdorf, Joseph: Warburg und Umgebung. Erdkundliches, Geschichtliches und Sehenswürdigkeiten. Warburg o.J., S. 6 - 8.

Nach Plänen von Justus Wehmer ließ der damalige Herr von Haxthausen im 18. Jahrhundert das Schloß bauen, das heute noch erhalten ist. Zusammen mit einer standesgemäßen Orangerie und einem imposanten Garten entstand in dem kleinen Bauerndorf eine beeindruckende Barockanlage. Durch Heirat ging der Besitz 1787 an die Familie von Brackel über. Auf Schloß Welda wurde 1835 eine der bedeutendsten Schriftstellerinnen des katholischen Westfalen geboren, Ferdinande von Brackel.

Gegen die oft recht massiven Versuche des Adels, in die Rechte der Gemeinde Welda einzugreifen, setzte sich das Dorf durchaus zur Wehr, selbstverständlich auf juristischem Wege.

Landwirtschaftlich bestimmt blieb Welda bis in die Gegenwart. Ansätze zur Industrieansiedlung scheiterten zuerst im 19. Jahrhundert, als versucht wurde, eine Drahtnägelfabrik zu etablieren, und dann wieder im 20. Jahrhundert, als dem Versuch, die Kalkvorkommen wirtschaftlich zu nutzen, nur eine kurze Zeitspanne bestimmt war. Doch der Strukturwandel in der Landwirtschaft hat auch vor Welda nicht Halt gemacht:

In der Warburger Neustadt.

Einen wichtigen Impuls für die wirtschaftliche Entwicklung bedeutete 1969 die Aufnahme Warburgs in den Kreis der Bundesausbauorte.

Welda

Die derzeit letzte Veröffentlichung zur Geschichte des Warburger Ortsteiles Welda trägt den Titel: „Ein Dorf zwischen Adel und Kirche". Tatsächlich sind über Jahrhunderte diese beiden Kräfte bestimmend gewesen für das Dorf Welda, das im 9. Jahrhundert erstmals urkundlich erwähnt wird. Spätestens seit dem 12. Jahrhundert war es Lehen der Herren von Wellede; als die Familie im 15. Jahrhundert ausstarb, wurde Gottschalk von Haxthausen vom Paderborner Bischof mit Welda belehnt. Die Familie von Haxthausen bestimmte bis weit ins 18. Jahrhundert wesentlich die Geschichte des Dorfes mit.

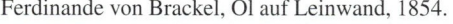

Ferdinande von Brackel, Öl auf Leinwand, 1854.

Schloß Welda, um 1837-40, Lithographie.

Hielt noch im Jahre 1900 nahezu jeder der damals 122 Haushalte Vieh, gibt es heute nur noch acht Vollerwerbsbetriebe.

Von besonderer kunsthistorischer Bedeutung ist der Altar in der St.-Kilians-Kirche von Welda, eine Arbeit von Heinrich Papen.

Wormeln

Die Anwesenheit von Menschen im heutigen Wormeln bereits in der Jungsteinzeit und in der Bronzezeit wird durch entsprechende Bodenfunde belegt.

„Wurmlahun" als Siedlungsname begegnet zuerst 1015-1020, als Graf Dodiko, der seinen Sitz auf dem nahen Warburger Burgberge hatte, Besitz oberhalb des Dorfes an die Paderborner Kirche gab. Vom 11. Mai 1246 datiert die Stiftungsurkunde für das Zisterzienserinnenkloster Wormeln, das von den Grafen von Everstein errichtet wurde. Kirchlich gehörte Wormeln bis zum 16. Jahrhundert zur Diözese Mainz, erst dann wurde es paderbornisch. Politisch stand es schon vorher unter der Hoheit des Paderborner Bischofs.

Die Güterausstattung des Klosters, dessen Hauptbesitz in Wormeln lag, erwies sich bereits im Mittelalter als bedrohlich schmal. Seit dem 14. Jahrhundert besaß das Kloster auch den Zehnten des Dorfes Wormeln. Im 18. Jahrhundert entzündete sich an der Auslegung des Zehntrechtes dann ein bis in die militärische Auseinandersetzung eskalierender Streit, der als „Wormelner Klosterkrieg" in die Geschichte des Hochstiftes Paderborn eingegangen ist. Begonnen hatte der Konflikt mit der Forderung des Klosters, im Einklang mit den herrschenden Zehntordnungen die zehntschuldigen Garben von einem Feld zum nächsten weiterzuzählen und auch die Deckgarben in die Zählung einzubeziehen. Die juristische Auseinandersetzung ging bis zum Reichskammergericht, das zu Gunsten des Klosters entschied. 1797 sollte mittels militärischer Exekution die Entscheidung durchgesetzt werden. Daraus entwickelte sich eine gewalttätige Auseinandersetzung zwischen Militär und Bauern, die sogar Todesopfer forderte. Das Kloster wurde geplündert. Die Empörung der Wormelner Bauern hatte Zulauf aus Nachbarorten und aus der Stadt Warburg gefunden, der Fürstbischof wußte sich nur durch den Einsatz von hessischer Mi-

Kloster Wormeln

F. J. Brand,
Wormeln, 1836ff,
Federzeichnung.

litärunterstützung zu helfen. Unter dem massiven Druck brach der Widerstand zusammen.

Dem Kloster waren nach diesem Ereignis nur noch wenige Jahre beschieden: Wie viele andere Ordensniederlassungen des Hochstiftes auch, wurde es zu Beginn des 19. Jahrhun-

derts aufgelöst. Der Besitz kam in bürgerliche Hände und wurde als landwirtschaftlicher Betrieb geführt.

Franz-Josef Dubbi, Leiter des Archivs
und des Museums der Stadt Warburg

Willebadessen

Fläche	128,13 qkm	Einwohner (1996)	9.001

Einwohner in den Ortsteilen:

Altenheerse	412	Löwen	429
Borlinghausen	474	Niesen	579
Eissen	770	Peckelsheim	1.951
Engar	300	Schweckhausen	227
Fölsen	276	Willebadessen	3.123
Helmern	197	Willegassen	91
Ikenhausen	172		

Die Stadt Willebadessen liegt im westlichen Teil des Kreises Höxter und grenzt hier an den Kreis Paderborn an. Die Entfernungen zum Oberzentrum Paderborn und zur Kreisstadt Höxter betragen jeweils rd. 30 km.

Die Stadt weist eine gute Verkehrserschließung auf: Mit der B 252 (Ostwestfalenstraße), der L 763, L 820, L 828 und L 837 durchqueren wichtige überregionale Straßenzüge das Stadtgebiet und stellen vor allem in Nord-Süd-Richtung direkte Verbindungen her. Die Autobahn A 44 (Dortmund-Kassel), kann bei Warburg und Diemelstadt erreicht werden, die Bundesbahn über die Bahnhöfe Warburg und Altenbeken.

Willebadessen zählte am 31.10.1996 rd. 9.000 Einwohner. Die Stadt umfaßt eine Gesamtfläche von 128,13 qkm. Die Durchschnittshöhe beläuft sich auf 295 m über NN, der höchste Punkt (Teutonia-Klippen) liegt 430 m über NN und der niedrigste Punkt (Zentralkläranlage Niesen) 160 m über NN.

Willebadessen im Naturpark Eggegebirge/Südlicher Teutoburger Wald.

Der Stadtbezirk reicht von der Warburger Börde im Osten bis zu den Höhen des Eggegebirges im Westen. Die geologischen Verhältnisse im Stadtbereich wechseln sehr stark, z.B. Basalt am Hüssenberg, Löß im Osten, Neokomsandstein im Westen und dazwischen Keuper, Muschelkalk und Lias. Aus der jeweiligen Bodenart ergibt sich im allgemeinen auch die Bodennutzung. So sind vorherrschend in den Löß- und Keupergebieten, teilweise auch auf dem Muschelkalk Ackerbau und in den Tälern und an den Hängen Weiden anzutreffen. Auf der Egge und dem Muschelkalkrücken hat sich Wald angesiedelt, und zwar überwiegend Fichte sowie Buche und mit Abstand Eiche.

Die land- und forstwirtschaftliche Struktur, die damals ungünstigen Verkehrsverhältnisse sowie der Mangel an ausreichenden Bodenschätzen haben in früheren Jahrzehnten die Gründung von Industriebetrieben und deren Existenz sehr erschwert. Der Holzreichtum, besonders im westlichen Teil der Stadt, führte zur Gründung von holzverarbeitenden Betrieben wie Sägewerke, Zimmereien, Bau- und Möbeltischlereien, Leitern- und Kistenfabriken, Mastenverarbeitung usw.

Eine weitere Möglichkeit zur Verbesserung der Wirtschaftsstruktur, insbesondere im westlichen Teil des Stadtbereiches, bietet der Fremdenverkehr. Die bewaldeten Berge, die weiten Talauen, die geologischen Verhältnisse sowie eine reiche Tier- und Pflanzenwelt bieten beste Voraussetzung für den Aufbau und Ausbau des Fremdenverkehrs. Das westliche Stadtgebiet gehört zum Naturpark „Eggegebirge/Südlicher Teutoburger Wald".

Wenn auch die neue Stadt Willebadessen im großen und ganzen noch ländlich strukturiert ist, so zeigt sich in den Siedlungsschwerpunkten Peckelsheim und Willebadessen doch eindeutig ein verstärkter gewerblicher Bereich.

Peckelsheim ist Sitz der Stadtverwaltung, des Schul- und Sportzentrums sowie anderer zentraler Behörden und Versorgungseinrichtungen.

Willebadessen ist als „staatlich anerkannter Luftkurort" insbesondere Fremdenverkehrs- und Kulturzentrum. Hier sind neben den Erholungseinrichtungen insbesondere der Kurpark im Klosterbereich mit dem „Haus des Gastes" und dem Rosengarten, der Stadtgarten, das Wildgehege, die Bruchquelle (Mineralquelle) und die Internationale Bildungsstätte zu erwähnen.

Die Stadt Willebadessen ist auch Schulstandort: zwei Grundschulen, eine Hauptschule, eine Realschule, eine Sonderschule für Lernbehinderte.

Der Volkshochschulzweckverband „Diemel-Egge-Weser", das Christliche Bildungswerk „Die Hegge" und die Internationale Bildungsstätte der Auslandsgesellschaft Nordrhein-Westfalen bereichern das Bildungsangebot erheblich.

Die Stadt Willebadessen hat in den letzten Jahren erhebliche Anstrengungen unternommen, die öffentliche Infrastruktur zu sichern und weiter auszubauen. Die wichtigsten Einrichtungen zusammengefaßt sind:

Schul- und Sportzentrum Peckelsheim mit Grund-, Haupt-, Real- und Sonderschule, Turnhallen und Hallenbad, Grundschule Willebadessen mit Turnhalle, Haus des Gastes, Kurpark, Tennisanlagen, Wildgehege, Mineralquelle im Luftkurort Willebadessen, Kindergärten in Eissen, Niesen, Peckelsheim, Willebadessen, Altenheim in Willebadessen, Sport- und Spielplätze in allen Stadtteilen, weitläufige und gepflegte Rad- und Wanderwege im gesamten Stadtgebiet, Stadtbüchereien, Musikschule, Internationale Bildungsstätte der Auslandsgesellschaft NRW in Willebadessen und Christliches Bildungwerk „Hegge" in Niesen, Stadthallen bzw. Dorfgemeinschaftshäuser in allen Stadtteilen.

Unter strukturellen Gesichtspunkten wird die heutige Stadt Willebadessen von Landwirtschaft, Handel, Handwerk und Dienstleistungssektor geprägt. Dem Fremdenverkehr wird seit vielen Jahren Bedeutung zugemessen. Gut ausgebaute Wander- und Radwege bieten allen Interessierten die Möglichkeit, ihre Freizeit in einer reizvollen Landschaft zu genießen.

Die Stadtbezirke

Die Stadt Willebadessen besteht seit dem 1. Januar 1975. Sie ist durch die kommunale Neugliederung gebildet worden aus den Städten Peckelsheim und Willebadessen sowie aus den Gemeinden Altenheerse, Borlinghausen, Eissen, Engar, Fölsen, Helmern, Ikenhausen, Löwen, Niesen, Schweckhausen und Willegassen. Die beiden Siedlungsschwerpunkte Peckelsheim und Willebadessen bilden ein Unterzentrum mit einem Versorgungsbereich von bis zu 10.000 Menschen. Die einzelnen Stadtteile werden im folgenden in ihrem Landschafts- und Siedlungsbild und ihrer historischen Entwicklung vorgestellt.

Altenheerse

Altenheerse besitzt eine landschaftlich schöne Lage am Berghang und in einer Talmulde.

Der auf rd. 300 m über NN aufsteigende Höhenzug im Westen ist bewaldet und gehört zu den Ausläufern des Eggegebirges. Der übrige Gemarkungsteil wird landwirtschaftlich genutzt.

Altes Herrenhaus des früheren großen Meierhofes (Stiftshof) in Altenheerse.

Die alte Ortsbebauung erstreckt sich entlang der Hauptstraße und ist weitgehend bäuerlichen Ursprungs mit feststellbarem Modernisierungstrend. Der Dorfmittelpunkt liegt an der Hauptstraße mit Ehrenmal, Brunnen und angrenzendem Kinderspielplatz. Am nordöstlichen Ortsrand grenzt eine das Ortsbild mitprägende große Hofanlage - der ehem. Amtshof des Damenstiftes Neuenheerse - an.

Altenheerse bestand bereits 868 z.Z. der Gründung des Damenstiftes „Heerse", das in der Gemarkung von „Herisi" entstand. Unter dem Namen „Altenherisi" erscheint der Ort zum ersten Male 1066. Seine Geschichte ist mit dem Schicksal des Stiftes Heerse eng verknüpft. Begütert waren die Rittergeschlechter von Papenheim, v. Brakel, v. Calenberg und v. Schönenberg in Altenheerse. Im Laufe der Zeit verzichteten diese auf ihre Rechte und verkauften ihren Besitz an das Stift Heerse. Die Ländereien wurden vom Stift vermeiert. Der frühere Meierhof, der erwähnte Stiftshof, befindet sich heute in Privatbesitz. In der Gemarkung Altenheerse lag einst auch die Ortschaft „Schonloh", eine Niederlassung, an die noch heute eine Kapelle gleichen Namens erinnert, früher auch Sitz eines Freistuhls der Grafschaft Dringen und häufiger Versammlungsort der Landstände des Fürstbistums Paderborn.

Borlinghausen

Borlinghausen liegt in einem recht breiten Talraum, dem südlichen Senkungsfeld der Egge. Der im Westen verlaufende Bergzug mit dem höchsten Punkt der Stadt Willebadessen (ca. 430 m ü. NN) ist ein beliebtes Wandergebiet und zudem ein geschichtsträchtiges Territorium: Der Klippenweg mit steil abfallenden Felsblöcken und der Eggeweg waren früher eine wichtige Heeres- und Handelsroute, heute bilden sie einen Teilabschnitt des Hauptwanderweges von der Nordsee zum Bodensee. Im Osten steigen die bewaldeten Berghänge flacher an und gehen in die abwechslungsreich gegliederte Landschaft des Oberwälder Landes über.

Ein Blick auf die heutige Siedlungsstruktur vermittelt große Gegensätzlichkeiten: Der alte Dorfbereich wird von der Schloßanlage und Kirche geprägt. Durch die zweigleisige Eisenbahnhauptstrecke Altenbeken - Warburg wird der Ortskern getrennt. Hier befindet sich das Neubaugebiet in westlicher Hanglage.

In der Gemarkung Borlinghausen steht noch die 1000jährige Eiche, deren zum Teil hohler Stamm einen Umfang von

Wasserschloß
Borlinghausen,
erstmals 1396
urkundlich erwähnt.

1000jährige Eiche in der Gemarkung Borlinghausen.

11 m hat. In der nördlichen Gemarkung liegt die Siedlung Teutonia, die Mitte des vergangenen Jahrhunderts mit der Verhüttung des örtlich gewonnenen Eisenerzes entstand. Das Werk wurde bereits nach 20 Jahren aufgegeben. Es folgten eine Glasfabrik, eine Kalkbrennerei und eine Ziegelei. Heute werden dort in einem holzverarbeitenden Betrieb schwerpunktmäßig Kinderspielgeräte hergestellt.

Borlinghausen wurde erstmals im Jahr 1065 in einer Corveyer Urkunde als „Burchartinchusen" erwähnt. Der Name „Burchartinchusen" änderte sich mehrfach im Laufe der Jahrhunderte, zuletzt in „Borlinghausen". Seine wechselvolle Geschichte ist bis in die jüngste Vergangenheit aufs engste mit dem Schloß verflochten. Das Wasserschloß, schon 1396 genannt, ging Anfang des 15. Jahrhunderts in den Besitz der v. Spiegel über, deren Linie 1876 ausstarb. Besitzer des Schlosses ist heute Frhr. v. Weichs.

Auf dem Eggekamm liegt nahe am Hauptwanderweg der sog."Bierbaums-Nagel", ein steinerner Aussichtsturm, der 1847 vom damaligen Schloßherrn Bierbaum errichtet wurde.

In der nördlichen Gemarkungsgrenze liegt der ebenfalls denkmalgeschützte Gutshof „Laake".

Eissen

Das Landschaftsbild von Eissen wird durch die naturräumlichen Vorgaben der Warburger Börde bestimmt: hoher Ackeranteil, geringer Gehölzbestand an Wegen und Grünlandparzellen. Eissen besitzt noch alle wesentlichen Merkmale eines Ortes in dieser Bördelandschaft: ausgeprägten dörflichen Charakter mit einer beachtlichen bäuerlichen Grundstruktur.

Mittelpunkt des Stadtteils ist die Pfarrkirche „St. Liborius". Von der früheren Kirche (13. Jahrhundert) im romanischen Baustil wurde der Chor und Westturm in einen größeren Neubau aus den Jahren 1912/14 übernommen. Das Umfeld um die Kirche wird z.Z. im Rahmen einer Dorferneuerungsmaßnahme neu gestaltet. Ein weiterer wichtiger Standort im Ortsbild ist die Kriegerkapelle mit Grünanlagen. Hieran schließen sich die ehem. Schule, der Sportplatz, der neue Kindergarten, Kinderspielplatz, Feuerwehrgerätehaus mit Löschteich an. Mit der neuen Gemeindehalle und dem ehemaligen Bahnhof prägen die vorgenannten Einrichtungen maßgeblich das Ortsbild.

Hüssenberg, ein Basaltkegel in der Nähe von Eissen.

Ehemaliger Bahnhof in Eissen, technisches Baudenkmal aus den Jahren 1872/76.

Engar

Engar liegt im südwestlichsten Zipfel des Stadtgebietes. Das schmale Wiesental des Ederbaches und die umgebenden bewaldeten Höhenrücken prägen die Landschaft sowie Wohnen. Es war ursprünglich ein Lehen der Grafen von Waldeck. Im Laufe der Jahrhunderte wechselten häufig die Besitzer. Heute ist es in Privatbesitz.

"Höpperteich" in Engar. Hier findet jährlich die „Höppertaufe" für Neubürger statt.

Die älteste Bezeichnung ist „Engiri". Der Ort wird zwischen 918 und 937 des öfteren erwähnt. In dieser Zeit verwandelt der Paderborner Bischof Unwan den Heerser Besitz zu Engar in „freies Eigentum". Seit dem 13. Jahrhundert ist mit dem Zehnt- und Grundbesitz des Stiftes Heerse in Engar die Familie v. Welda belehnt. Die Herren v. Steinheim besaßen seit 1448 durch Kauf größeren Besitz, besonders im Engarbruch (diente bis 1920 der Torfgewinnung). Der Besitz der Familie v. Steinheim ging 1635 an die Familie derer v. Lippe über, 1666 an die v. Grevenstein und später im 18. Jahrhundert durch Erbfolge an die v. Schade, denen er bis 1831 gehörte. Nach wiederholtem Besitzerwechsel wird 1845 das Gut mit den Ländereien vom Herzog von Croy, Dülmen, er-

und Erholungswert von Engar. Im Osten erstreckt sich die weite Warburger Börde. Landschaftsbestimmend und von kulturhistorischer Bedeutung ist das Gut Engar, eine Hofanlage aus dem 19. Jahrhundert mit Herrenhaus, „u"-förmigem Wirtschaftstrakt und wertvollem Baumbestand. Etwas abgesetzt von der Ortslage liegt im Süden das Baugebiet mit der Gemeindehalle. Zur Gemarkung Engar gehört auch die Bauernsiedlung Deppenhöfen. In wirtschaftlicher Hinsicht war der Ort schon immer sehr stark vom Gut abhängig.

Ein markanter Punkt ist der Höpperteich. Hier findet jährlich für Neubürger ein Fest mit der Höppertaufe statt.

Eissen wird erstmalig in den Güterverzeichnissen des 12. Jahrhunderts von Busdorf und Helmarshausen genannt und tritt bereits in der Urkunde über die Neueinteilung der Paderborner Archidiakonate vom Jahre 1231 als Pfarre auf. Der Name „Eysen" erscheint zum ersten Male laut Chronik des Klosters Corvey in einer Urkunde des Bischofs Bernhard von Paderborn im Jahre 1189. Eissen hat in den Kriegen des 17. und 18. Jahrhunderts, aber auch noch unter dem Brand im Jahre 1879 stark gelitten und den größten Teil der alten Bausubstanz verloren. In der Gemarkung Eissen liegt das Gut Aldorp-

worben, der es 1956 an die Siedlungsgesellschaft „Rote Erde" abgetreten hat.

Fölsen

Fölsen besitzt eine landschaftlich reizvolle Lage am Rande des Nethetals in einem steil eingeschnittenen, von Norden kommenden Seitental, weiträumig umgeben von bewaldeten Bergkuppen. Die relativ breite Bachaue der Nethe ist naturnah ausgeprägt. Der Ort entwickelte sich in den letzten zwei Jahrzehnten etwas weitläufig, sowohl am Südhang des Nethetals als auch im nördlichen Seitental um die Gemeindehalle.

Das gewachsene Dorfgefüge hat in jüngster Vergangenheit spürbare Veränderungen und Substanzverluste erfahren. Der Neuverlegung der L 820 mußten zwei alte Fachwerkgehöfte

Ehemaliges Pfarrhaus in Fölsen (Vierständerfachwerkbau), 1697 errichtet. ▷

Die 1746 gebaute barocke Pfarrkirche St. Johannes Baptist in Fölsen.

weichen. Die Geschlossenheit des alten Dorfkerns ist durch diese Straßenbaumaßnahme leider nicht mehr vorhanden. In der Gemarkung Fölsen liegen im östlichen Abschnitt der Netheaue die ehem. Wassermühle (heute Pension), das alte Forsthaus mit der früheren Ölmühle an der Straße nach Helmern sowie das Gut Haverhausen an der Nethe flußaufwärts in Richtung Willebadessen.

Fölsen wird erstmalig urkundlich 1215 unter „Voltessen" genannt. Im gleichen Jahr ist der Ort bereits eine Pfarre und auch der Sitz eines Grafen Erpo. Der Grundbesitz liegt in der Hand des Domkapitels in Paderborn. Im Laufe der Jahrhunderte haben die Eigentümer häufig gewechselt. So hat ein Ritter Gerhard v. Spiegel zu Peckelsheim das Dorf Fölsen 1391 erworben.

Die Kirche, im Barockstil gebaut, ist ein einschiffiger Bau und stammt aus dem Jahre 1746. Über dem Portal der Westseite des Turmes steht die Jahreszahl mit dem Namen der Gründer: Engelhard v. Bocholtz und Theresia v. Asseburg. Die Altäre der Kirche sind Stiftungen adeliger Häuser. Die beiden Beichtstühle stammen aus dem säkularisierten Kloster Dalheim. Das steinerne Wasserbecken ist aus dem Jahre 1665, das ehemalige Pfarrhaus (heute Privatbesitz), ein Fachwerkbau, stammt aus dem Jahre 1697.

Helmern

Das kleine „Haufendorf" liegt geschützt in einer Talmulde an der Helmerte mit waldigen Höhenrücken. Das Ortsbild wird geprägt von dem im Osten vorgelagerten Rittergut Helmern, einer beeindruckenden, auf eine mittelalterliche Burg zurückgehenden Anlage. Landschaftsprägend ist der Gutspark mit altem Baumbestand und einer Kastanienallee, die von Süden her axial auf das Einfahrtstor der Gutsanlage zuführt. Am südlichen Ortsrand verläuft der Helmerte-Bach.

Helmern kann auf eine mehr als 1000jährige Geschichte zurückblicken. Bis heute sind im großen und ganzen die dörfliche bauliche Grundstruktur und die enge Anlehnung an das Gut erhalten.

Eine wechselvolle Geschichte hat diesen Ort geprägt. Der erste urkundlich (937) erwähnte Ortsname ist „Elmeri". Von 1213-23 wird der Ort urkundlich „Helmere" genannt. Weitere Erwähnungen der „Civitas Elmeri" findet man im 11. und 12. Jahrhundert. Die Eigentümer wechselten häufig, bis der Besitz in die Hände der v. Spiegel überging.

Grundherrliche Rechte besaß der Landesherr, der Bischof von Paderborn. Lehnsträger waren die Klöster Willebadessen

Gut Helmern

Gutshaus der Familie von Spiegel in Helmern.

(1250), Hardehausen (1256) und das adelige Damenstift Heerse. Erben des Güterbesitzes wurden später die v. Nyhausen, die ihn 1438 durch Austausch an Gerd v. Spiegel abtraten. In dieser Familie verblieb der Besitz bis heute. Sie hatte früher über Helmern und das Fölsener Pfarrgebiet die Gerichtsbarkeit. Die v. Spiegel betrieben neben ihrer Landwirtschaft nicht nur eine Mergelmühle bei Fölsen, sondern auch den Abbau von Gips bei Helmern.

Im Dreißigjährigen Krieg wurde das gesamte Dorf eingeäschert. Die heute einschiffige Kirche wurde im Jahre 1713 erbaut. Die alte Burg ist im 18. Jahrhundert abgebrochen und als neues Herrenhaus wieder aufgebaut worden.

Ikenhausen

Der kleine Ort liegt auf einer Anhöhe am Rande eines schmalen Wiesentals im Südwesten des Stadtbezirks. Unmittelbar im Osten schließt sich der bewaldete Bergrücken des Forstes Dülmen an. Prägendes Landschaftselement ist die naturnahe Bachaue. Das dörfliche Grundgefüge mit Hofstellen blieb bis heute erhalten und hat seine bäuerliche Struktur bewahrt.

Die Kirche bildet den Mittelpunkt des Ortes. Ein barocker Fachwerkbau von 1736 wurde jedoch wegen Brandschaden

Ikenhausen

Die Kirche, Mittelpunkt des Ortes Ikenhausen.

Unter der erstmals 1298 erwähnten Femelinde in Löwen fanden sogenannte Freigerichte statt.

abgebrochen, stattdessen 1911 ein Bruchsteingebäude mit Rundbogenfenstern, Dachreitern und Schiefereindeckung errichtet, zugleich das einzige Baudenkmal am Ort.

Ikenhausen wird 1120 unter „Villa Ikkenhuson" erstmals erwähnt. Im gleichen Jahr hatte das Kloster Corvey hier Besitz. 1158 erwarb auch das Kloster Willebadessen in Ikenhausen Grundbesitz. Ein Rittergeschlecht scheint für den Ort namensgebend gewesen zu sein. Zu Anfang des 15. Jahrhunderts ist „Ikensen" ein Waldecker Lehen. Die v. Spiegel in Borlinghausen besaßen im 18. Jahrhundert das Zehntrecht in Ikenhausen sowie die Gerichtsbarkeit.

Löwen

Löwen ist heute ein Ort mit recht unterschiedlichen Aspekten. Er liegt in geschützter Lage am Rand des sog. Peckelsheimer Grabens, besitzt die mit am ausgeprägtesten erhaltene bäuerliche Substanz und dörfliche Struktur im Stadtgebiet. Die alte Dorflage erstreckt sich entlang der Haupt- und Nebenstraßen. Die ortsbildprägende Bausubstanz ist fast durchweg bäuerlicher Herkunft. Ein markanter Punkt ist die Femelinde

(1298 erwähnt) am nördlichen Ortseingang. Löwen war Sitz eines Freigerichtes. Im Süden dagegen, deutlich abgesetzt vom Ortskern, entstand ein Neubaugebiet. Mittelpunkt des Ortes ist die kath. Kirche St. Kilian, ein kreuzförmiger Saalbau mit romanischen Resten, Südanbau und Westturm mit Treppenanlage, datiert von 1595; Chor- und Querhaus wurden 1870/95 errichtet. Das Kirchengebäude ist in jüngster Zeit gründlich renoviert worden. Im Zuge einer Dorferneuerungsmaßnahme wurde das Umfeld der Kirche neu gestaltet.

Die älteste urkundliche Erwähnung des Ortes unter dem Namen „Lovene" stammt aus dem Ende des 10. Jahrhunderts. Als Pfarre „Lovene" bestand der Ort bereits 1123. Besitzgeschichtlich wichtig sind die grundherrlichen Rechte der Familien v. Spiegel und v. Pappenheim, der Klöster Hardehausen und Willebadessen sowie des Stiftes Heerse.

Herrenhaus in Niesen.

Niesen

Niesen liegt nördlich von Peckelsheim im Tal der Nethe. Den Ort zeichnet seine landschaftlich schöne Lage in einer Talmulde aus. Der Blick richtet sich auf die Schloßanlage mit Park und Gebäude des ehemaligen Gutsbetriebes. Prägend sind auch die naturnahe Aue der von Westen den Ort durchfließenden Nethe und der angrenzende mit Laubwald bestandene Bergrücken.

Die älteste Schreibform von Niesen ist „Nyhusen". Der Ort wird 1275 urkundlich erwähnt. Im Jahre 1458 tritt als Lehnsherr über Niesen der Edelvogt des Stiftes Heerse, der Landgraf von Hessen, auf. Im 15. Jahrhundert erwerben die v. Nyhusen großen Besitz. Sie waren u.a. Burgmannen in Peckelsheim. Ihr Stammhaus haben sie neben der alten Burg in Niesen im 16. Jahrhundert neu erbaut. Im Jahre 1719 sterben die v. Nyhusen aus. Den Grundbesitz erwirbt die Familie v. Bocholtz. Er geht über auf den Freiherrn v. Vietinghoff-Scheel. Jetziger Eigentümer ist Frhr. v. Elverfeldt. Der heutige Gutsbezirk umfaßt das Herrenhaus, Wirtschaftsgebäude und die Kapelle. Das barocke Herrenhaus von 1704 brannte 1951 ab und wurde auf alten Fundamenten verkleinert wieder aufgebaut.

Historisches Pfarrhaus im Ortskern von Löwen.

480   Kreis Paderborn

Die Kapelle im
Schloßgarten von
Niesen.

Die Kapelle im Schloßgarten, einschiffig und dreijochig, wurde 1674 erbaut. Die neue Kirche ist 1923 errichtet worden. In der nördlichen Gemarkung von Niesen steht die Donatuskapelle aus dem 19. Jahrhundert.

Zur Gemarkung Niesen gehört die „Hegge", ein ehemaliges Vorwerk des Schlosses auf der nordöstlichen Hoffläche. Das Christliche Bildungswerk „Die Hegge" hat dort ebenfalls vor 50 Jahren eine Einrichtung geschaffen.

Die charakteristische Dorfgestalt ist in den Grundzügen noch erhalten. Dem Schloß vorgelagert entstand ein mit Hofstellen dicht bebauter Ortskern. Der Ort besitzt durchaus noch eine bäuerliche Grundstruktur, allerdings mit rückläufiger Tendenz.

Peckelsheim

Peckelsheim liegt im westlichen, ländlich geprägten Bereich des Kreises Höxter zwischen Eggegebirge und Weser am Nordrand der Warburger Börde. Der alte Peckelsheimer Orts-

kern liegt geschützt in einer Mulde, die zum Peckelsheimer Graben sanft ansteigt. Ihre Abgrenzung findet diese Mulde in den bewaldeten Höhen der Löwener Berge, im Hoddenberg, in den Muschelkalkhöhen im Norden und im Süden am Hüssenberg, einem Zeugen vulkanischer Tätigkeit.

Peckelsheim wurde erstmalig in den „Corveyer Traditionen" von 836/839 als „Pykulessun" erwähnt. Der Name ist über „Pikelessen", „Pikelsen", „Peckelsen", „Pickelsheim" und „Peckelsheimb" zu „Peckelsheim" entstanden. Dort, wo heute die Peckelsheimer Pfarrkirche und die Restgebäude der Burg stehen, befand sich die erste Siedlung der früheren Stadt Peckelsheim. Es war der „Hof Peckelsheim". Im Jahre 1290 bat das Kloster Corvey den Paderborner Bischof, den Peckelsheimer Hof zu einer festen Burg auszubauen zum Schutz der Bauerndörfer gegen auswärtige Feinde. So ließ Bischof Otto Graf von Rietberg in den Jahren von 1294 bis 1300 die Burg Peckelsheim errichten.

Viele Adelsgeschlechter waren Burgherren in Peckelsheim. Die letzten waren die Freiherren von Spiegel. Schon 1394 waren sie Mitherren auf der Burg. Im Jahre 1715 erwarben sie die gesamte Burganlage mit reichem Landbesitz. Von 1900 an verkauften die Nachkommen Gebäude und Ländereien. Die ehemalige Burganlage ist noch gut zu erkennen. Das Haupt-

Peckelsheim, Verwaltungssitz der Stadt Willebadessen.

haus hat alle Kriege und Brände überstanden. Es ist das älteste Gebäude von Peckelsheim.

Unter Bischof Dietrich, Edelherr von Itter, wurde die Stadtbefestigung bis 1318 in der Hauptanlage fertiggestellt. 1350 war die feste Stadt Peckelsheim endgültig vollendet. Schon am 31. Juli 1318 hatte Bischof Dietrich Peckelsheim zur Stadt erklärt. Durch diese Verleihungsurkunde erhielt Peckelsheim die damals üblichen Stadtrechte, Marktrecht, niedere Gerichtsbarkeit, Steuer- und Zollfreiheit. Es bekam ein eigenes Wappen, Stadtsiegel und eine Flagge (rot-blau).

Im heutigen Peckelsheim ist die alte Stadtanlage nicht mehr zu erkennen. Große Brände legten die schönen Fachwerkhäuser in Schutt und Asche. Am 12. September 1688 wurden 126 Häuser, das Rathaus, der Turmhelm der Stadtkirche, das Kirchdach, die Schule und das Hospital ein Raub der Flammen. Bereits 1697 brannten zum zweiten Male Turmhelm und Kirchdach ab nebst zwei Schulen und 113 Häusern. Die größte Feuersbrunst aber legte am 28. August 1905 vier Fünftel der Stadt in Asche, und zwar 194 Gebäude. Am Ende des Zweiten Weltkrieges gingen 53 Gebäude Ostern 1945 durch Beschuß der Amerikaner verloren.

Die evangelische Trinitatiskirche in Peckelsheim wurde 1840/41 nach den Plänen des bekannten Baumeisters Schinkel errichtet.

Mittelalterliche Burganlage aus dem 12. Jahrhundert in Peckelsheim.

Im Jahre 1826 erfolgte mit Genehmigung des kgl. preußischen Ministeriums die Gründung der evangelischen Pfarrgemeinde. Nach den Bauzeichnungen und unter Betreuung des damaligen Baumeisters Schinkel der kgl. Oberbaudeputation in Bielefeld wurde in den darauffolgenden Jahren die evangelische Trinitatiskirche errichtet. Neben der alten Burg ist auch das ehemalige Zehnthaus, das vom Abdinghofkloster in Paderborn um 1700 erbaut wurde, erhalten geblieben. In diesem

Haus mußte früher der Zehnt abgeliefert werden. Von 1851 bis 1874 befand sich im Zehnthaus das Landratsbüro. Damals war Peckelsheim Kreisverwaltungsstadt. Heute ist das vorgenannte Gebäude Bestandteil des Rathauses.

Peckelsheim ist Sitz der Stadtverwaltung, des Schul-und Sportzentrums sowie anderer zentraler Behörden und Versorgungseinrichtungen.

Das fruchtbare Bördeland war für Peckelsheim seit jeher eine gute Grundlage für die vielen landwirtschaftlichen Betriebe. Doch neben der Landwirtschaft entwickelten sich bereits im Mittelalter viele Handwerksbetriebe, die leider in neuester Zeit immer mehr ihre Existenzgrundlage verloren haben. Heute ist neben der Landwirtschaft und einigen Geschäften des Einzelhandels insbesondere noch das Dienstleistungsgewerbe vertreten.

Schweckhausen

Der Ort Schweckhausen liegt in einer flachen Talsenke des Ugge-Baches und wird beherrscht vom Schloß Schweckhau-

Das gegen Ende des 16. Jahrhunderts im Weserrenaissancestil errichtete Wasserschloß in Schweckhausen.

sen, einer Wasserburganlage mit großem Wirtschaftshof und Park mit altem Baumbestand. Zur Gemarkung Schweckhausen gehört auch das Gut Schönthal, ein ehemaliges Vorwerk des Schlosses an der Straße nach Eissen. Durch einen Großbrand 1780 wurden leider die meisten Bauern- und Gesindehäuser vernichtet. So finden wir nur noch geringe Reste älterer Bausubstanz vor. Besonders erhaltenswert sind neben dem Wasserschloß das denkmalgeschützte Fachwerkgebäude (ehem. Forsthaus), die beiden Schmiede- und Wagnerhäuschen und das langgestreckte eingeschossige Fachwerkgebäude, das „Lange Haus", einstmals von vier Gutsarbeiterfamilien bewohnt.

Schweckhausen ist auch heute noch überwiegend landwirtschaftlich strukturiert. Die jetzige Agrarstruktur wurde nachhaltig von der Bodenreform im Zuge der 1955-1969 durchgeführten Flurbereinigung beeinflußt.

Die Anfänge des Schlosses reichen bis ins 14. Jahrhundert zurück. Das Herrenhaus mit Gräfte wurde im 16. Jahrhundert errichtet. Über dem Torbogen des Haupteinganges liest man die Jahreszahl 1581. Die Gutshofanlagen entstanden im 18. und 19. Jahrhundert. Besitzer des Wasserschlosses ist jetzt der Herzog v. Croy in Dülmen.

Die 1904 errichtete Pumpenwindmühle, ursprünglich Wassergewinnungs- und Speicheranlage für das Gut Schönthal in der Nähe von Schweckhausen, ist für Westfalen einmalig und von hohem technischen Wert.

Willebadessen

Willebadessen liegt an der Nethe, unweit des Höhenrückens des Eggegebirges, geographisch zwischen dem Naturpark Eggegebirge/Südlicher Teutoburger Wald, der Weser und dem Nordrand der Warburger Börde. An dem Anteil landwirtschaftlich genutzter Gebäude (überwiegend Nebenerwerbsbetriebe) ist noch heute die alte Funktion des bäuerlich geprägten Stadtbereichs erkennbar. Heute werden die Gebäude weitestgehend zu Wohnzwecken genutzt.

Aufgrund seiner günstigen topographischen Lage hat sich Willebadessen zum staatlich anerkannten Luftkurort entwickelt.

Im räumlichen Erschließungsbild des Stadtkerns ist die historische Situation auch heute noch deutlich ablesbar. Das ehemalige Kloster bildete mit dem Ort eine räumliche Einheit. Mittelpunkt der Stadt war der Alte Markt. Im heutigen Stadtbild bilden die baulich geprägten Stadtbereiche und öffentliche weiträumige Grünflächen mit der historischen Klosteranlage einen reizvollen Kontrast und stellen die wesentliche Besonderheit des Stadtbildes von Willebadessen dar. Stadtbildprägend sind insbesondere die historischen Gebäude im Kurpark (Torhaus, Kirche, Klostergebäude und Torbogen).

Die Gründung der Stadt durch Bischof Dietrich von Itter erfolgte am 18. April 1317. Er verlieh dem Kloster das Recht, auf seinem Grund und Boden und zu seinem Schutze ein befestigtes Städtchen anzulegen. Das Kloster übertrug am Katharinentage 1318 dem Gemeinwesen die Stadtrechte, deren Urschrift sich heute noch in Willebadessen befindet. Bürger der Stadt wurden die Bewohner der alten bäuerlichen Siedlung und ferner die Einwohner einiger Nachbardörfer, die um ihrer Sicherheit willen ihren bisherigen Wohnort aufgaben und in die Stadt zogen.

Das Kloster war über 700 Jahre Kulturträger der Stadt Willebadessen. Der Stifter war Ludolph v. Oesede, ein Bruder des Bischofs, der hier begütert war und seinen Besitz dem Kloster übereignete. Die in der Stiftungsurkunde genannte Kirche wurde sowohl von den Einwohnern als auch den Klosterinsassen gleichzeitig genutzt, bis das Kloster zu Beginn des 13. Jahrhunderts für sich eine eigene Kirche baute, die heutige Pfarrkirche. Als Willebadessen 1318 die Stadtrechte erhielt, baute das Kloster für die Bewohner des Ortes eine eigene Stadtkirche. Das Kloster sowie die Feldfluren schützte eine Landwehrbefestigung, während auf der Höhe die alte sächsische Behmburg (Karlschanze) die Wacht übernahm. Diese im Osten sich an den Klippenrand anlehnende, über 35 Morgen große, nach der südlichen Angriffsseite durch einen Vorwall

Teilansicht der ehemaligen Klosteranlage in Willebadessen.

Eingangsbereich (Innenseite) zum Kurpark in Willebadessen.

geschützte Wallburg bildete, wie die Iburg bei Bad Driburg, eine wehrhafte Befestigungsanlage und wird, wie diese, mit Karl dem Großen in Verbindung gebracht. Der Name „Karlschanze" stammt erst aus dem 17. Jahrhundert. Diese alte Volksburg hatte mehrere Erdwälle. Nach Süden sieht man noch drei Erdwälle in größeren Abständen. Sie sind heute zerfallen. Dennoch kann man recht deutlich die ganze Anlage erkennen. In unmittelbarer Nähe der Karlschanze liegt der Opferstein, ein sechs Meter hoher mächtiger Stein. Im Volksmund heißt er „Der faule Jäger". Unterhalb des vorgenannten Felsens liegt die Drudenhöhle. Darin wohnte der Sage nach die Drude, eine Priesterin.

Willebadessen kommt zuerst in einer Urkunde von 1065 bei der Grenzbezeichnung eines königlichen Forstmannes Kaiser Heinrichs IV. vor und wird dort „Wilbotissun" genannt. Der Name dieser Siedlung hat sich mit wechselndem Sprachgebrauch im Laufe der Jahrhunderte oft verändert. Es finden sich in Urkunden Namen wie „Wilbadesen", „Wilbadensen", „Wilbadsen", „Wilbodissen", „Wilboldissen", „Wiletissen", „Wylbodessen", „Wildesbodessen" u.a. Das 1149 vom Paderborner Bischof Bernhard von Oesede gegründete Benediktinerkloster lehnte sich an eine bereits vorher bestehende bäuerliche Siedlung an, die auch schon eine gewisse kirchliche Bedeutung hatte. Bei der Klostergründung besaß sie bereits ein kleines Gotteshaus, vermutlich eine Filialkirche der alten Großpfarrei Iburg.

Der Grundbesitz des Klosters lag überwiegend in der Stadt selbst. Darüber hinaus besaß es viele Grund- und Zehntrechte in mehreren Dörfern östlich der Egge bis nach Welda hin. Fischerei- und Huderechte sowie großer Waldbesitz sorgten für zusätzliche Einkünfte. Die vormalige Gemeindeflur zerfiel seit der Gründung des Klosters bis zu dessen Aufhebung in Dorf- und in Klosterbesitz.

Die neuere Zeit hat das im Mittelalter so bedeutende Kloster nicht mehr lange bestehen lassen. So wurde es am 7. Juli 1810 aufgehoben und schon am 8. September desselben Jahres an den Kammerherrn v. Spiegel zu Borlinghausen verkauft, dem die Pflicht auferlegt wurde, den Nonnen Wohnung und dem Pfarrer Unterhalt zu gewähren. Im Jahre 1871 kam der Besitz durch Erbgang an die Familie v. Wrede, die ihn bis heute innehat.

Die alte Klosterkirche und das ehemalige Konventsgebäude gehören zu den bedeutenden Baudenkmälern im Hochstift Paderborn. Sehenswert an der alten Klosteranlage sind der schöne östliche Kreuzgang (1704) und der Kreuzgang im Westteil (1713). Aus dem 15. Jahrhundert stammen ein Vituskelch und eine Zylindermonstranz. Eine Holzplastik sowie zwei wertvolle Reliqienschränke gehören dem 14. Jahrhundert an. Das Kleinod der Kirche ist jedoch der Vitusschrein aus dem Jahre 1207.

Willegassen

Willegassen

Willegassen, der kleinste Stadtbezirk, liegt im Osten des Stadtgebiets in einer flachen Talmulde. Die überwiegend noch als Grünland genutzte Aue des Uggebaches und der im Norden liegende Wald „Fahlenbruch" prägen das Landschaftsbild.

Der Ort hat bis heute sein dörflich-bäuerliches Gefüge bewahrt. Die ehemaligen Hofstellen liegen an einem Straßenzug. Es gibt nur noch wenige Fachwerkgebäude. Mittelpunkt des Ortes ist die ehemalige Schule von 1893 - heute Dorfgemeinschaftshaus - mit dem sog. Glockenturm. Mit dem benachbarten Schweckhausen verbinden Willegassen historische Gemeinsamkeiten (frühere Gutsherren) und enge Verflechtungen bis in die Gegenwart (Kirche und Vereine).

Der Name „Wigodessun" taucht erstmalig 1048 in Urkunden des Klosters Abdinghof auf. 1120 berichtet das Kloster Helmarshausen von Besitzungen in „Wigatessun". Im Jahre 1270 erscheint der Name „Wilgedessen" im Kloster Corvey. Das Heerser Stift schreibt 1740 erstmals „Willegassen".

Wolfgang Otte, Peckelsheim

Literaturhinweise

Die Literaturangaben folgen der durch die Autoren getroffenen Auswahl. Sie verstehen sich als hoffentlich hilfreiche Hinweise und erheben keinen Anspruch auf Vollständigkeit.

Kreis Paderborn

Altenbeken

Arbeitskreis „Dorfgeschichte Buke": Buke, eine vergangene bäuerliche Welt. o. O., o. J.
Dalkmann, Josef: 750 Jahre Kirche und Pfarrei Buke. Festzeitschrift zur 750-Jahrfeier.
Küting, Heinz: Schwaney - Zur Geschichte eines tausendjährigen Siedlungsraumes. Hrsg. von der Gemeinde Schwaney. Paderborn 1963.
Neuhäuser, Heinrich/Schmitz, Adalbert N.: Geschichte der Gemeinde Altenbeken. Hrsg. von der Gemeinde Altenbeken. Paderborn 1989.

Bad Lippspringe

Düsterloh, Diethelm (Hrsg.): Bad Lippspringe - Heilbad und heilklimatischer Kurort (Paderborner Geographische Studien, Bd. 7). Paderborn 1994.
Fürstenberg, Paul: Geschichte der Burg und Stadt Lippspringe. Paderborn 1910.
Kurverwaltung Bad Lippspringe/Kuranstalten und Forschungsinstitute Bad Lippspringe (Hrsg.): Bad Lippspringe - Heilbad im Grünen. Festschrift zum Abschied von Kurdirektor und Geschäftsführer Horst Birwé. Bad Lippspringe 1990.
Pavlicic, Michael (Bearb.): Lippspringe - Beiträge zur Geschichte. Hrsg. von der Stadt und dem Heimatverein Bad Lippspringe. Paderborn 1995.
Tofall, Hans: Bad Lippspringe - Kurstadt mit Anziehungskraft. In: Der Kreis Paderborn. Wirtschaftsstandort mit Lebensqualität. Paderborn 1996.
Wieschok, Günter/Gottesbüren, Fritz: Lippspringe im 19. Jahrhundert. Bilder und Berichte unserer Stadt. Horn-Bad Meinberg 1979.

Borchen

Fremdenverkehrsverband Paderborner Land und Verkehrsverein Brilon (Hrsg.): Tourenbeschreibung zum „Alme-Radweg" o. O., o. J.
Hachmann, Eckart: Unveröffentliches Manuskript zum Heimatbuch der Gemeinde Borchen.
Lengeling, Aloys: Unveröffentlichtes Manuskript zum Heimatbuch der Gemeinde Borchen.
Riepe, Bernhard: Unveröffentlichtes Manuskript zum Heimatbuch der Gemeinde Borchen.

Büren

Dören, Hans-Josef: 800 Jahre Büren - 1195 bis 1995. In: Die Warte 85, 1995, S.29 -32.
Fremdenverkehrsverband Paderborner Land und Fremdenverkehrsverband Corveyer Land (Hrsg.): Barock im Paderborner und Corveyer Land. Büren 1994.
Heimatschutzverein Siddinghausen (Hrsg.): Festschrift zum 36. Kreisschützenfest in Siddinghausen vom 4. bis 6. September 1993. Büren 1993.
Henkel, Gerhard: Geschichte und Geographie des Kreises Büren. Paderborn 1974.
Hüser, Karl: Wewelsburg 1933 - 1945. Kult- und Terrorstätte der SS. Eine Dokumentation (Schriftenreihe des Kreismuseums Wewelsburg, Bd. 1). Paderborn 1987.
Müller, Gerhard: Zeugen der Erdgeschichte - Beispiele aus dem Paderborner Land. (Heimatkundliche Schriftenreihe der Volksbank Paderborn, Nr. 23). Paderborn 1992.
Schoppmeyer, Heinrich: Büren im Mittelalter. In: Westfälische Zeitschrift 138, 1988, S. 193 - 209.
Schützenverein Weine e.V. (Hrsg.): Weine - Dorf und Schützengeschichte, Bd. 1. Büren 1986.
Westfälischer Heimatbund in Zusammenarbeit mit dem Westfälischen Amt für Denkmalpflege/Landschaftsverband Westfalen-Lippe (Hrsg.): Die ehemalige Jesuitenkirche Maria Immaculata zu Büren (Westfälische Kunststätten, Heft 74). Münster 1995.

Darüber hinaus:
Dorfchroniken der Ortsteile, unveröffentlichte Manuskripte der Heimatvereine Büren und Steinhausen sowie der Ortsheimatpfleger der Bürener Ortsteile.

Delbrück

Amt Delbrück (Hrsg.): Delbrücker Land. Delbrück 1970.
Bertelsmeier, Elisabeth: Bäuerliche Siedlung und Wirtschaft im Delbrücker Land. Münster 1942.
Bewermeier, Ingrid/Kößmeier, Bernhard: St. Landolinus Boke. Delbrück 1986.
Delbrück, Heimat- und Luftbildatlas. Coesfeld 1988.

Hallermann, Hermann: Die Verfassung des Landes Delbrück bis zur Säkularisation des Fürstbistums Paderborn. In: Westfälische Zeitschrift 77/II, 1919, S. 76-126.

Heimatverein Ostenland (Hrsg.): 700 Jahre Ostenland/Thomehope. Paderborn 1989.

Keyser (Hrsg.): Westfälisches Städtebuch. Stuttgart 1954.

Kreuz-Büchlein. Geschichte und Verehrung des heiligen Kreuzes in Delbrück im Hochstift Paderborn. Nebst der Todesangst-Bruderschaft, wie sie monatlich in Delbrück erhalten wird. Paderborn 1907.

Lahrkamp, Helmut: Graf Johann von Sporck. In: Westfalen 38, 1960, S. 62-71.

Leesch, Wolfgang/Schubert, Paul/Segin, Wilhelm: Heimatchronik des Kreises Paderborn. Köln 1970.

Ministerium für Stadtentwicklung und Verkehr des Landes Nordrhein-Westfalen (Hrsg.): Archäologie in Nordrhein-Westfalen. Ein Land macht Geschichte. Mainz 1995.

Pollmann, Angelika: Geschichte des Delbrücker Landes. Horb am Neckar 1990.

Tiborsky, Klaus: Der Boker Heide-Kanal. Münster 1986.

Tönsmeyer, Josef: Das Lippeamt Boke. Rheine 1968.

Darüber hinaus:

Unveröffentlichte Manuskripte der Ortsheimatpfleger der Delbrücker Ortsteile.

Hövelhof

Bäuerliche Bezugs- und Absatzgenossenschaft Hövelhof: Aus der Geschichte der Senne. Selbstverlag 1935/36.

Bertelsmeier, Elisabeth: Bäuerliche Siedlung und Wirtschaft im Delbrücker Land. (Landschaft und Siedlung in Westfalen, H. 14)Münster 1942. Nachdruck 1982.

Bitter, C.H.: Bericht über den Notstand in der Senne zwischen Bielefeld und Paderborn. Berlin 1853.

Bürgerverein Espeln: 70 Jahre Bürgerverein Espeln. Hövelhof-Espeln 1990.

Buschmeier, Johannes: Straßen und Wege in Hövelhof. Namen, Natur und Landschaft, Geschichte. Paderborn 1995.

Geldern-Crispendorf, Günter von: Der Landkreis Paderborn. Münster/Köln 1953.

Gemeindechronik Hövelhof, o. J.

Gürtler, Rudolf: Mitte der Senne, Schloß Holte-Stukenbrock. Gütersloh 1985.

Hagen, Behr: Bilderbogen der westfälischen Bauerngeschichte. In: Unser Land, Geschichte und Geschichten, Bd. 1 und Bd. 2, Münster-Hiltrup 1988.

Heimatverein Ostenland (Hrsg.) : 700 Jahre Ostenland/Thomehope. Paderborn 1989.

Honselmann, Wilhelm: Hövelhof, Meier zu Hövel, Hövelmeier und Hövelmann. In: Genealogie, Bd. 18, Heft 9, 1986.

Katholische Filialkirchengemeinde St. Joseph, Hövelsenne: Hövelsenne. Geschichte einer Kirche und ihrer Gemeinde. Paderborn 1974.

Katholisches Pfarramt Hövelhof: 275 Jahre St. Johannes Nepomuk zu Hövelhof. Paderborn 1981.

Leesch, Wolfgang/Schubert, Paul/Segin, Wilhelm: Heimatchronik des Kreises Paderborn. Köln 1970.

Maasjost, Ludwig: Landschaftscharakter und Landschaftsgliederung der Senne. Emsdetten 1933.

Piesczek, Uwe (Hrsg.) : Truppenübungsplatz Senne. Paderborn 1992.

Pollmann, Angelika: Geschichte des Delbrücker Landes. Horb am Neckar 1990.

Schier, Hubert/Schier, Norbert: Geschichte und Geschichten einer Familie. Paderborn 1989.

Schmidt, Joseph Hermann: Gutachterlicher Bericht über das Europäische Sommerfieber in den flachen Moorgegenden des Kreises Paderborn. Paderborn und Arnsberg o. J.

Schneider, Peter: Natur und Besiedlung der Senne. In: Spieker: Landeskundliche Beiträge und Berichte, Bd. 3. Münster 1952.

Schniedertüns, Philipp: Hövelhof. Spar- und Darlehnskasse Hövelhof 1952.

Lichtenau

Fremdenverkehrsverband Paderborner Land und Fremdenverkehrsverband Corveyer Land (Hrsg.): Barock im Paderborner und Corveyer Land. Büren 1994.

Bauer, Heinz/Henkel,Gerhard: Geschichte und Geographie des Kreises Büren. Paderborn 1984.

Kreis Paderborn, Liegenschaftskataster 1994.

Kreisverwaltung Paderborn (Hrsg.): Unser Kreis Paderborn, o. J.

Landschaftsverband Westfalen-Lippe (Hrsg.): Kurzführer Kloster Dalheim,. o. J.

Lippert, Willy: Das Eggegebirge und sein Vorland. Wanderführer. Hrsg. vom Eggegebirgsverein. 4., erweiterte und überarbeitete Auflage, Bad Driburg 1986.

Stadt Lichtenau (Hrsg.): Lichtenau 1326 - 1976.

Paderborn

Balzer, Manfred: Dortmund und Paderborn. Zwei Aufenthaltsorte der fränkischen und deutschen Könige in Westfalen (8. - 13. Jhd.). In: Westfälische Forschungen 32, 1982, S. 1 - 20.

Balzer, Manfred: Ergebnisse und Probleme der Pfalzenforschung in Westfalen. In: Blätter für deutsche Landesgeschichte 1984, S. 105 - 134.

Bauer, Heinz/Hohmann, Friedrich Gerhard: Die Stadt Paderborn. Paderborn 1987.

Bauer, Heinz/Hohmann, Friedrich Gerhard: Der Dom zu Paderborn. Paderborn 1987.

Cohausz, Johann Adolf: Die Novemberrevolution 1918/19 in Paderborn und das katholische Rätedenken. In: Westfälische Zeitschrift 126/127, 1976/77, S. 347 - 438.

Decker, Rainer: Die Revolution von 1848/49 im Hochstift Paderborn. Paderborn 1983. (Heimatkundliche Schriftenreihe der Volksbank Paderborn, Nr. 14).

Decker, Rainer: Der Kampf um Paderborn. Bischof Dietrich von Fürstenberg und die städtische Opposition 1600 - 1604. Paderborn

1991 (Paderborn - Geschichte in Bildern, Dokumenten, Zeugnissen, Heft 6).

Erzbischöfliches Generalvikariat Paderborn (Hrsg.): Realschematismus des Erzbistums Paderborn, Westlicher Teil. Paderborn 1988.

Fisch, Elisabeth: Die Paderborner Heimatfront 1914 - 1918. Lebensmittelknappheit und Hunger. In: Westfälische Zeitschrift 142, 1992, S. 361 - 385.

Geldern-Crispendorf, Günter von: Der Landkreis Paderborn. Münster/Köln 1953. (Die Landkreise in Nordrhein-Westfalen. Reihe B: Westfalen, Bd.1).

Grothmann, Detlef: Paderborn in der Weimarer Republik 1918 - 1930. Paderborn 1990 (Paderborn - Geschichte in Bildern, Dokumenten, Zeugnissen, Heft 5).

Guttwein, Renate/Meier, Alexandra/Müller, Rolf-Dietrich: Paderborner Bibliographie 1986/1987. Paderborn 1989.

Guttwein, Renate/Müller, Rolf-Dietrich: Paderborner Bibliographie 1980/1981. Paderborn 1988.

Guttwein, Renate/Müller, Rolf-Dietrich: Paderborner Bibliographie 1984/1985. Paderborn 1987.

Heimat- und Verkehrsverein Elsen e.V. (Hrsg.): Elsen. Alte Gemeinde - junger Stadtteil. Paderborn 1986.

Hohmann, Friedrich Gerhard: Das Hochstift Paderborn - ein Ständestaat. Paderborn 1975. (Heimatkundliche Schriftenreihe der Volksbank Paderborn, Nr. 6).

Hohmann, Friedrich Gerhard: Das Ende des Zweiten Weltkrieges im Raum Paderborn. In: Westfälische Zeitschrift 130, 1980, S. 339 - 397.

Honselmann, Klemens: Der Kampf um Paderborn und die Geschichtsschreibung. In: Westfälische Zeitschrift 118, 1968, S. 229 - 338.

Honselmann, Klemens: Die Bistumsgründungen in Sachsen unter Karl dem Großen - mit einem Ausblick auf spätere Bistumsgründungen und einem Exkurs zur Übernahme der christlichen Zeitrechnung im frühmittelalterlichen Sachsen. In: Archiv für Diplomatik, Schriftgeschichte, Siegel- und Wappenkunde 30, 1984, S. 1 - 50.

Hucke, Wilhelm: Das Kirchspiel Elsen einst und jetzt. Elsen 1960.

Hüser, Karl/Stambolis, Barbara: Von der Weimarer Republik ins Dritte Reich oder Eine Zentrumshochburg wird gleichgeschaltet. 1930 - 1935. Paderborn 1983. (Paderborn - Geschichte in Bildern, Dokumenten, Zeugnissen, Heft 1).

Hüser, Karl: Unter dem Hakenkreuz: Im Gleichschritt, marsch! 1935 - 1945. Paderborn 1991. (Paderborn - Geschichte in Bildern, Dokumenten, Zeugnissen, Heft 3).

Hüser, Karl/Knievel, Hans/Natus, Uwe: Wewer in Geschichte und Geschichten 835 - 1985. Paderborn-Wewer 1985.

Kampmann-Mertin, Ute: Paderborner Bibliographie 1578 bis 1945. Das Schrifttum über die Stadt Paderborn. Paderborn 1992.

Kiepke, Rudolf: Paderborn - Werden, Untergang, Wiedererstehen. Paderborn 1949.

Klose, Hans-Christian (Hrsg.): 700 Jahre Benhausen (1283 - 1983). Paderborn-Benhausen 1983.

Koch, Josef: Die Grafschaft Enenhus. Geschichte des Gogerichtes und Amtes Beken. Neuenbeken 1974. (Schriftenreihe der Arbeitsgemeinschaft für Heimatforschung und Heimatkunde Neuenbeken, Heft 1).

Koch, Josef: St. Petrus und Paulus. Pfarrkirche auf bischöflichem Haupthof Beken. Schlangen 1982. (Schriftenreihe des Heimatvereins Neuenbeken e.V., Nr. 4).

Koch, Josef: Die Orts- und Feldflur von Neuenbeken unter besonderer Berücksichtigung der Reformen des 19. Jahrhunderts. Teil I. Paderborn-Neuenbeken 1986. (Schriftenreihe des Heimatvereins Neuenbeken e.V., Bd. 5, Teil I).

Leesch, Wolfgang/Schubert, Paul/Segin,Wilhelm: Heimatchronik des Kreises Paderborn. Köln 1970. (Heimatchroniken der Städte und Kreise des Bundesgebietes, Bd.73).

Lobbedey, Uwe: Die Ausgrabungen im Dom zu Paderborn 1978/80. 4 Bde. Bonn 1986. (Denkmalpflege und Forschung in Westfalen, Bd. 11).

Ludorf, Albert: Die Bau- und Kunstdenkmäler des Kreises Paderborn. Münster 1899.

Meier, Alexandra/Müller, Rolf-Dietrich: Paderborner Bibliographie 1988/1989. Paderborn 1991.

Meyer, Engelbert (Hrsg.): Bendeslo - Marienloh 1036 -1986. Paderborn 1986.

Müller, Gerhard/Maasjost, Ludwig: Paderborn heute. Geographie, Geschichte, Kultur und Wirtschaft. Paderborn 1985.

Müller, Rolf-Dietrich: Paderborn und seine heutigen Stadtteile im 19. Jahrhundert. Eine Beschreibung. In: Rost, Ellen (Hrsg.): Auf nach Amerika! Beiträge zur Geschichte der Amerika-Auswanderung des 19. Jahrhunderts aus dem Paderborner Land und zur Wiederbelebung der historischen Beziehungen im 20. Jahrhundert. Band 1: Stadt Paderborn. Paderborn 1994. S. 45 - 61.

Naarmann, Margit: Die Paderborner Juden 1802 - 1945. Emanzipation, Integration und Vernichtung. Paderborn 1988. (Paderborner Historische Forschungen, Nr. 1).

Naarmann, Margit: Die Bischofsstadt Paderborn im Kulturkampf 1871 - 1882. Paderborn 1992. (Paderborn - Geschichte in Bildern, Dokumenten, Zeugnissen, Heft 7).

Pavlicic, Michael/Nitsche, Hubert: Kleiner Führer durch die alte Pfarrkirche St. Heinrich und Kunigunde in Schloß Neuhaus. Paderborn 1984.

Pavlicic, Michael/ Kanne, Elisabeth von/ Leiwen, Josef: Hausinschriften an Fachwerkhäusern im Kirchspiel Neuhaus. Ein Beitrag zur Siedlungsgeschichte, Volks- und Familienkunde eines alten kirchlichen Verwaltungsbezirkes. Paderborn 1986.

Pavlicic, Michael: Zur Geschichte des Ortes Sennelager. In: Piesczek, Uwe (Hrsg.): Truppenübungsplatz Senne. Zeitzeuge einer hundertjährigen Militärgeschichte. Chronik, Bilder, Dokumente. Paderborn 1992, S. 359 - 405.

Piesczek, Uwe (Hrsg.): Truppenübungsplatz Senne: Zeitzeuge einer hundertjährigen Militärgeschichte. Chronik, Bilder, Dokumente. Paderborn 1992.

Predeek, Georg: Der Schloßführer. Ein Führer durch das Schloß von Schloß Neuhaus und seine Geschichte. Paderborn 1994.

Richter, Wilhelm: Geschichte der Stadt Paderborn. Paderborn 1899 (Bd.1) und 1903 (Bd. 2).

Richter, Wilhelm: Der Übergang des Hochstifts Paderborn an Preußen. In: Westfälische Zeitschrift 62 II, 1904, S. 163 - 235, 63 II, 1905, S. 1 - 62, 64 II, 1906, S. 1 - 65, 65 II, 1907, S. 1 - 112.

Schlotmann, Anton: Dahl im Wandel der Zeiten. Paderborn 1936.

Schmude, Henner/Pavlicic, Michael: Preußisches Militär im Paderborner und Corveyer Land 1802 - 1918. Paderborn 1990. (Heimatkundliche Schriftenreihe der Volksbank Paderborn, Heft 21).

Schoppmeyer, Heinrich: Der Bischof von Paderborn und seine Städte. Paderborn 1968. (Studien und Quellen zur westfälischen Geschichte, Bd. 9).

Schoppmeyer, Heinrich: Paderborn als Hansestadt. In: Westfälische Zeitschrift 120, 1970, S. 313 - 376.

Stadt Paderborn und Universität-Gesamthochschule Paderborn (Hrsg.): Paderborn 1945-1955. Zerstörung und Aufbau (Ausstellungskatalog). Paderborn 1987.

St. Hubertus-Schützenbruderschaft Dahl 1927 e.V. (Hrsg.): 950 Jahre Dahl (1036 - 1986). Bilder und Zeugnisse aus Vergangenheit und Gegenwart. Paderborn-Dahl 1986.

Stoffers, Albert: Das Hochstift Paderborn zur Zeit des Siebenjährigen Krieges. In: Westfälische Zeitschrift 69 II, 1911, S. 1 - 90 und 70 II, 1912, S. 68 - 182 .

Stoob, Heinz (Hrsg.): Westfälischer Städteatlas, Lieferung II, Nr. 11, Paderborn. Dortmund 1981.

Trier, Bendix (Hrsg.): GrabungsKAMPagne Paderborn 1994. Archäologische und historische Forschungen zur Siedlungsgeschichte am Kamp. Münster 1995.

Westerwalbesloh, Renate/Müller, Rolf-Dietrich: Paderborner Bibliographie 1982/1983. Paderborn 1985.

Wurm, Franz Friedrich (Hrsg.), überarbeitet und ergänzt von Paul Michels und Josef Middeke: Schloss Neuhaus. Geschichte von Ort und Schloss. Paderborn 1957.

Salzkotten

Amt Salzkotten-Boke (Hrsg.): Stadt und Amt Salzkotten. Paderborn 1970.

Bergmann, Rudolf: Die Wüstungen im Geseker Hellwegraum, o. O., o. J.

Festschrift 275 Jahre St. Laurentius-Schützenbruderschaft Thüle 1711 - 1986. o. O., o. J.

Kohlenberg, Hans: Thüle - ein Bildband. Salzkotten 1978.

Salzkotten-Upsprunge: Festschrift 775 Jahre Upsprunge. 1991.

Stadt Salzkotten/Grothmann, Detlef (Hrsg.): 750 Jahre Stadt Salzkotten. 2 Bde. Paderborn 1996.

Stukenberg, Albert Anton: Verne und sein Gnadenbild. Sonderausstellung des Diözesanmuseums Paderborn über das Gnadenbild von Verne und seine Verehrungsgeschichte. Ausstellungskatalog. Frühjahr 1997.

Tönsmeyer, Hans: Heimatblatt 1995, Folge 17. (Der Patriot, Lippstadt).

Tönsmeyer, Josef: Das Lippeamt Boke. Rheine 1986.

Darüber hinaus:
Salzkotten-Oberntudorf: Ortschronik und Gemeinderatsprotokolle.
Salzkotten-Scharmede: Ortschronik und Gemeinderatsprotokolle.
Salzkotten-Verlar: Ortschronik und Gemeinderatsprotokolle.
Salzkotten-Verne: Pfarrarchiv Verne.

Wünnenberg

Stadt Wünnenberg (Hrsg.): Heimatbuch der Stadt Wünnenberg. Wünnenberg 1987.

Kreis Höxter

Bad Driburg

Gräfliche Kurverwaltung Bad Driburg (Hrsg.): Privatheilbad Bad Driburg. 200 Jahre im Familienbesitz 1781-1981. Bad Driburg 1981.

Kreisverwaltung Höxter (Hrsg.): Der Kreis Höxter. Oldenburg 1978.

Leesch, Wolfgang/Schubert, Paul: Heimatchronik des Kreises Höxter. Köln 1966.

Schuknecht, Franz: Bad Driburg. Stadt-Heilbad-Landschaft. Hrsg. von der Stadt Bad Driburg. Horb am Neckar 1994.

Stadt Bad Driburg (Hrsg.): Bad Driburg. Landschaft, Geschichte, Volkstum. Paderborn 1965.

Städtisches Verkehrsamt Bad Driburg: Berichte über die Kurjahre 1976-1981.

Beverungen

Abtei vom Heiligen Kreuz Herstelle (Hrsg.): Herstelle an der Weser - Bilder aus der Geschichte eines Weserdorfes. Paderborn 1950.

Abtei vom Hl. Kreuz Herstelle (Hrsg.): Herstelle an der Weser - Dorf, Burg und Kloster in Vergangenheit und Gegenwart. Paderborn 1978.

Bratvogel, Friedrich: Der Kreis Höxter (Kreis- und Stadthandbücher des Westfälischen Heimatbundes). Münster 1952.

Brockpähler, Wilhelm: Steinkreuze in Westfalen. Münster 1963.

Dohmann, Richard: Geschichte aus und um Beverungen. (Heimatkundliche Schriftenreihe, 3/1987, hrsg. von der Volksbank Beverungen). Beverungen o. J.

Dohmann, Richard: Geschichte aus und um Beverungen. (Heimatkundliche Schriftenreihe 8/1994, hrsg. von der Volksbank Höxter - Beverungen e.G.). Beverungen o .J.

Feldmann, Joseph: 1000 Jahre Dalhausen - 750 Jahre Pfarrei. Paderborn 1971.

Festausschuß 1000 Jahre Jakobsberg (Hrsg.): 1000 Jahre Jakobsberg - 400 Jahre St.-Jakobus-Schützenbruderschaft. Beverungen 1973.

Festkomitee der Stadt Beverungen (Hrsg.): 1100 Jahre Beverungen, 550 Jahre Stadt. Beverungen 1967.

Freund, Heinrich/Nolte, Hermann/Dohmann, Richard: Blankenau. Geschichtliche Dorfbilder aus alter und neuer Zeit, 2. erweiterte Aufl. Borgentreich 1985.

Giefers, Wilhelm Engelbert: Jacobsberg. In: Zeitschrift für vaterländische Geschichte und Altertumskunde 29, 1871, 121-138.

Giefers, Wilhelm Engelbert: Zur Geschichte der Stadt Beverungen. In: Zeitschrift für vaterländische Geschichte und Altertumskunde 29, 1871, 1-52.

Gröper, Adolf: Spezialität Kochkäse, o. O., o. J.

Günther, Ralf: Geschichte der Stadt Beverungen, hrsg. vom Schützenverein Beverungen von 1693 e.V./ Volksbank Höxter - Beverungen e.G./ Rudolf Gocke. Paderborn 1993.

Hartmann, Hermann: Haarbrück - Brücke zwischen Börde und Weser. Aus der 730jährigen Geschichte des Höhendorfes. In: Jahrbuch Kreis Höxter, hrsg. vom Oberkreisdirektor des Kreises Höxter. Beverungen 1986, S. 243-256.

Hartmann, Josef: Heimatbuch der Gemeinde Rothe. Paderborn 1954.

Heimat- und Verkehrsverein Wehrden in Verbindung mit der Gemeinde Wehrden (Hrsg.): Wehrden - Bilder aus der Geschichte eines 1100 Jahre alten Dorfes an der Weser. Holzminden 1960.

Isenberg, Gabriele: Zur Geschichte der evangelischen Georgskirche in Amelunxen. In: Westfalen 61, 1983/I,7-24.

Knapp, Gangolf: Der Weiße Stein im Bevertal. In: Jahrbuch Kreis Höxter 1983, hrsg. vom Oberkreisdirektor des Kreises Höxter. Höxter 1983, S. 73-81.

Leesch, Wolfgang/Schubert, Paul: Heimatchronik des Kreises Höxter. Köln 1966.

Ludorff, A.: Die Bau- und Kunstdenkmäler des Kreises Höxter. (Bau- und Kunstdenkmäler von Westfalen, 37. Band) Münster 1914.

Maasjost, Ludwig: Das Brakeler Bergland - Der Nethegau (Landschaftsführer des Westfälischen Heimatbundes, Band 6) 2. verbesserte Auflage. Münster 1962.

Maasjost, Ludwig: Südöstliches Westfalen (Sammlung geographischer Führer, Band 9). Stuttgart 1973.

Mitteilungsblatt des Kreisheimatpflegers 1974, Nr. 8: Aus der Geschichte des Dorfes Amelunxen, S. 59-68.

Multhaupt, Heinrich: Herstelle an der Weser - Chronik eines Weserdorfes. Herstelle 1983.

Nolte, Hermann: Stadt-, Dorf- und Landschaftsbilder aus dem Amt Beverungen. Ein Heimat- und Wanderbuch. Paderborn 1956.

Sagebiel, F.: Baumeister in und um Corvey. Detmold 1973.

Sander, Hermann-Josef: Pfarrkirche St. Marien Dalhausen (Kleine Kunstführer durch Kirchen, Schlösser und Sammlungen im mitteleuropäischen Kulturraum). Regensburg 1996.

Schmitz, Karl-Josef: Grundlagen und Anfänge barocker Kirchenbaukunst in Westfalen (Studien und Quellen zur westfälischen Geschichte, Bd. 10). Paderborn 1969.

Schücking, Levin/Freiligrath, Ferdinand: Das malerische und romantische Westphalen. Paderborn 1988 (Reprint der 2. Auflage Paderborn 1872).

Schutzgemeinschaft Deutscher Wald, Kreisverband Höxter (Hrsg.): „Hannoversche Klippen" - Ein Waldnaturschutzgebiet stellt sich vor. Nieheim 1992.

St.-Bartholomäus-Schützenbruderschaft Tietelsen (Hrsg.): Tietelsen und seine Schützen. Borgentreich 1995.

Volckmar, Erich: Die Ortsnamen des Kreises Höxter. Höxter 1896.

Borgentreich

Borgdorf, Joseph: Warburg und Umgebung. Erdkundliches, Geschichtliches und Sehenswürdigkeiten, o. O., o. J.

Doms, Anton: 700 Jahre Stadt Borgentreich, o. O., o. J.

Hengst, Karl: Das alte Kirchspiel Bühne. 1967.

Hoppe, Johannes: Natzungen. 1953.

Kindl, Harald: Geschichte der Katholischen Pfarrgemeinde Natzungen St. Nikolaus. 1982.

Kleinert, A.: 1000 Jahre Großeneder. o. O., o. J.

Krus, Horst-D.: Borgholz 1291 - 1991. o. O., o. J.

Leifeld, Josef/Reddemann, Alfons: Aus der Geschichte des Dorfes Lütgeneder. o. O., o. J.

Mürmann, Franz: 700 Jahre Stadt Borgentreich. o. O., o. J.

Nüsse, Josef: Heimatgeschichte von Schweckhausen-Willegassen I und II. 1979/80.

Rave, Wilhelm: Bau- und Kunstdenkmäler von Westfalen. Münster 1939.

Schoppmeyer, Heinrich: Borgentreich durch 700 Jahre Geschichte. o. O., o. J.

Brakel

Engemann, Herbert: Die Kapuziner in Brakel. (Brakeler Schriftenreihe Nr. 7). Brakel 1991.

Ernst, Ulrich: Wirtschaftliche und soziale Verhältnisse in der Stadt Brakel im 19. Jahrhundert. In: Brakel 829 - 1229 - 1979. Höxter 1979, S. 197 - 226.

Ernst, Ulrich: Brakel, in: Kreis Höxter 1803 - 1983, Höxter 1983, S. 99 - 111.

Ewald, Ruprecht: Geschichte der Stadt Brakel. Brakel 1925.

Maasjost, Ludwig: Das Brakeler Bergland / Der Nethegau. (Landschaftsführer des Westfälischen Heimatbundes 6). Münster 1966.

Schoppmeyer, Heinrich: Brakel 836 - 1803. Geschichte und Struktur. In: Brakel 829 - 1229 - 1979. Höxter 1979, S. 42 - 132.

Stephan, Hans-Georg: Archäologische Betrachtungen zur Siedlungsgeschichte der Landschaft um Brakel von der Vorgeschichte bis zum späten Mittelalter. In: Brakel 829 - 1229 - 1979. Höxter 1979, S. 9 - 41.

Stoob, Heinz: Westfälischer Städteatlas, Lieferung I, Nr. 4, 1975. Blatt Brakel.

Höxter

Eichholz, Ludwig/Wiesemeyer, Helmut: Die wirtschaftliche Entwicklung der Stadt Höxter, auf den neuesten Stand gebracht von Stadtverwaltungsdirektor a.D. Rudolf Lohmann. o.O., o.J.

Finke, Anton: Lütmarsen: Die Geschichte des Dorfes Lütmarsen. o. O., O. J.

Kersting, Franz: Die Geschichte der Katholischen Pfarrei Bruchhausen. Bruchhausen im Nethetal, o. J.

Redegeld, Joseph: Geschichte des Dorfes und der Pfarre Ovenhausen. o. O., o. J.

Remmert, Anton: Ottbergen und die Geschichte seiner Eisenbahn. Jahrbuch Kreis Höxter 1980.

Marienmünster

Boelte, Hans: Der Kreis Höxter „in jenen Tagen". Das Kriegsende 1945 zwischen Weser und Egge. 2. Auflage, hrsg. von K.-H. Behre. Herford 1979.

Büker, Josef: Die Juden in den Dörfern der Stadt Marienmünster (1840-1945). Eine Dokumentation. Kollerbeck 1990.

Büker, Josef: Die Frühgeschichte Kollerbecks: In: Kollerbeck/Langenkamp - Gestern und Heute, hrsg. vom Heimatschutzverein Kollerbeck v. 1577 e. V. Kollerbeck 1994. S. 9 - 10.

Engemann, Herbert: Die Eingesessenen von Born wider den Hw. Herrn Prälaten von Marienmünster - ein langer Hudestreit. In: Jahrbuch Kreis Höxter 1990, S. 307-314.

Gerhing, Willy: Mestrop - eine Wüstung im Löwendorfer Felde. In: Jahrbuch Kreis Höxter 1992. S. 103-111.

Glowczewski, Georg von: Volkstümliche Seelsorge in der Nachfolge des hl. Paul vom Kreuz. Passionisten-Patres aus Holland seit über 10 Jahren in Marienmünster. In: Die Warte Nr. 18, Juli 1978, S. 7-8.

Grothe, Ewald: Dreiteilige Arbeitsserie zur Geschichte Bredenborns: Vom Gutshof zur bischöflichen Stadt; Städtisches Leben in Bredenborn - die Entwicklung vom 14. zum 17. Jahrhundert; Bredenborn im 18. und 19. Jahrhundert. In: Westfalen-Blatt Nr. 232, 234 und 235 vom 7./9./10.10.1987.

Grothe, Ewald/Meyer, Franz, unter Mitarbeit von Britta Padberg und Thomas Strathmann: Verfolgt, vergast, vergessen. Die Geschichte der Juden in den Ortschaften der Stadt Marienmünster, hrsg. von Arbeitskreis Stadtgeschichte Marienmünster. Marienmünster 1990.

Heuheuser, Heinrich: Aus der Geschichte der Stadt Vörden. In: Die Warte Nr. 29. März 1981, S. 39-43.

Keck, A.: Über die Hude in der Bredenborner Feldmark. In: Heimatbuch des Kreises Höxter 1927, S. 83-85.

Keck, A.: „Holzfrevel" in den um Bredenborn liegenden Waldungen im 18. Jahrhundert. In: Heimatbuch des Kreises Höxter 1925, S. 90-95.

Klocke, Bernhard: Die Oldenburg - Historische Stätte in der Waldeinsamkeit. In: Die Warte Nr. 18, Juli 1978, S. 28-29.

Klocke, Bernhard: Häuser und Mobiliar in einem westfälischen Dorf. Münster 1980.

Ludorf, A. (Bearb.): Die Bau- und Kunstdenkmäler von Westfalen. 37: Band. Kreis Höxter. Nachdruck Warburg 1984.

Machalke, Josef: Die Abteikirche Marienmünster. 8. ergänzte Auflage. Marienmünster 1986.

Mönks, Dr.: Die „Alten Schützen" zu Collerbeck. In: Heimatbuch des Kreises Höxter 1927, S. 118-131.

Pöppel, Diether: Das Benediktiner-Kloster Marienmünster. 15. August 1128 - 31. März 1803, hrsg. von der Pfarrgemeinde St. Jakobus d. Ä. Marienmünster o. J.

Pöppel, Diether: Stadt und Pfarrei Bredenborn. In: Jahrbuch Kreis Höxter 1995. S. 187-196.

Pöppel, Diether: Die Schwalenberger Grafen und ihre Burgen im jetzigen Kreis Höxter. In: Jahrbuch Kreis Höxter 1993. S. 205-215.

Pöppel, Diether: Die ältesten Pfarrkirchen des Kreises Höxter. Die Entwicklungen der Pfarreien bis zum Jahr 1000. In: Jahrbuch Kreis Höxter 1991. S. 191-207.

Reuter, Rudolf: Die Orgel in der Klosterkirche Marienmünster. In: Die Warte Nr. 18. Juli 1978, S. 5-6.

Schrader, Franz-X.: Nachrichten über Vörden im Kreis Höxter. In: Zeitschrift für vaterländische Geschichte und Alterthumskunde 69, 1911, S. 359-372.

Schrader, Franz-X.: Regesten und Urkunden zur Geschichte der ehem. Benediktinerabtei Marienmünster. In: Zeitschrift für vaterländische Geschichte und Alterthumskunde 45, 1887, S. 129-159.

Völker, Christoph: Beiträge zur Baugeschichte des Klosters Marienmünster. In: Heimatbuch des Kreises Höxter 1925, S. 37-44.

Völker, Christoph: Aus der Vergangenheit des Dorfes Altenbergen. In: Heimatbuch des Kreises Höxter 1925, S. 108-111.

Völker, Christoph: Eine Episode aus der Vördener Stadtgeschichte. In: Heimatbuch des Kreises Höxter 1925. S. 74-80.

Nieheim

Birkelbach, Helmut: Drei Nieheimer Dichter. Verkehrs- und Kneippverein Nieheim. o. J.

Bonk, Peter: Anmerkungen zu Dietrich von Nieheim. In: Jahrbuch Kreis Höxter 1982.

Drews, Hartmut: Nieheim, gastlich rundherum. In: Die Warte, 56. Jahrgang, Nr.86.

Haase, Carl: Die Entstehung der westfälischen Städte. Münster 1960.

Rave, Edmund: Kurzer geschichtlicher Überblick über die Entstehung und geschichtliche Entwicklung der alten Nieheimer Schützengesellschaft. Nieheim 1885.

Reineke, Ferdinand: Stadt Nieheim. In: Kreis Höxter 1803-1983. Höxter 1983, S.147 ff.

Darüber hinaus:

Unveröffentlichte Manuskripte der Ortsheimatpfleger der Orte Merlsheim (Herr Blume), Holzhausen (Herr Ulrich) und Sommersell (Herr Benning) 1995.

Unveröffentlichtes Manuskript von Stadtdirektor Johannes Kröling, o. J.

Unveröffentlichtes Manuskript von Dr. Martin von und zur Mühlen, Haus Merlsheim, o. J.

Unveröffentlichte Manuskripte des Verkehrs- und Kneippvereins Nieheim, o. J.

Steinheim

Böger, R.: Der Reichshof Schieder. In: Zeitschrift für vaterländische Geschichte und Altertumskunde 61, 1903.

Gawlick, Hans Joachim: Eichholz. In: Heimatbuch Steinheim. 1982, S. 189 ff.

Gawlick, Hans Joachim: 25 Jahre Eichholz. In: Mitteilungen des Kulturausschusses der Stadt Steinheim, Heft 21, I/1978.

Gedenkbuch der Stadt Steinheim. Unterlagen und Daten: Anton Hansmann/Heimatverein, Text und Dokumentation: Johannes Waldhoff. Paderborn 1980.

Gellhaus, Heinz: Kurzgefaßte Stadtchronik. In: Steinheimer Jahreshefte des Heimatvereins Steinheim. 1982-1994.

Heinekamp, Richard: Grevenhagen. In: Heimatbuch Steinheim. 1980.

Lippert, Willy: Das Eggegebirge und sein Vorland, Wanderführer. 4., erweiterte und überarbeitete Auflage, Bad Driburg 1986.

Schüttler, Adolf: Die Steinheimer Börde. (Landschaftsführer des Westfälischen Heimatbundes, Heft 13). Münster 1990.

Volckmar, Erich: Die Ortsnamen des Kreises Höxter. 1896.

Waldhoff, Johannes: Das Dorf Bergheim. In: Heimatbuch Steinheim. 1982.

Waldhoff, Johannes: Die Rittergüter Vorder-Eichholz und Hinter-Eichholz. In: Heimatbuch Steinheim. 1982, S. 199 ff.

Waldhoff, Johannes: Chronik und Geschichte des Dorfes Rolfzen. o. O. 1992.

Warburg

Bialas, Rudolf: Bodendenkmäler der Jungsteinzeit. In: Festschrift zum 40jährigen Bestehen des Warburger Heimat- und Verkehrsvereins. Warburg 1994, S. 25 - 3

Bialas, Rudolf/Kuchenbuch, Karl: Warburg. Eine malerische Stadt in Westfalen. Warburg 1996.

Bockelkamp, Wilhelm: Wormeln. Aus der Geschichte von Kloster und Dorf. Warburg 1996.

Borgdorf, Joseph: Warburg und Umgebung. Erdkundliches, Geschichtliches und Sehenswürdigkeiten. Warburg o. J.

Clausmeyer, Hubert (Gesamtredaktion): Der Landkreis Warburg. Geschichte, Landschaft, Wirtschaft. Oldenburg 1966.

Engemann, Herbert: Desenberg. Untersuchungen zur Klärung der Burgsituation. Mit einem Beitrag von Hans-Georg Stephan. In: Bauer, Walter u.a.: Beiträge zur archäologischen Burgenforschung und zur Keramik des Mittelalters in Westfalen. Bonn 1979, S. 131 - 142.

Ernst, Ulrich: Die Gründung der Kreissparkasse zu Warburg. In: 150 Jahre Sparkasse in Warburg. Warburg 1994, S. 1 - 38.

Ernst, Ulrich: Die wirtschaftliche und soziale Entwicklung des Kreises Warburg im 19. Jahrhundert. Paderborn 1980.

Floren, Josef: Chronik und Heimatbuch von Bonenburg. o. O. 1982 (masch.).

Freund, Walter: Warburg. Kleiner kunstgeschichtlicher Führer. 2., erweiterte Auflage. Warburg 1983.

Gottlob, Adolf: Geschichte der Stadt Warburg. Münster 1936.

Hake, Bruno: Welda - ein Dorf zwischen Adel und Kirche. Warburg 1994.

Hagemann, Ludwig: Geschichte und Beschreibung der beiden katholischen Pfarreien in Warburg. Paderborn 1903/04.

Honselmann, Klemens: Die alten Mönchslisten und die Traditionen von Corvey. Paderborn 1982.

Keyser, Erich (Hrsg.): Westfälisches Städtebuch. Stuttgart 1954.

Kuhne, Wilhelm: Rimbeck als Hardehauser Klosterdorf. Ein Beitrag zur Geschichte des Diemelraumes. Paderborn 1982.

Landkreis Warburg (Hrsg.): Gedenkschrift anläßlich des 200. Jahrestages der Schlacht bei Warburg am 31. Juli 1760. Quellen und Studien zur Geschichte des Siebenjährigen Krieges in Warburg und Umgebung. Paderborn 1961.

Maasjost, Ludwig: Südöstliches Westfalen. Berlin/Stuttgart 1973.

Ministerium für Stadtentwicklung und Verkehr des Landes Nordrhein-Westfalen (Hrsg.): Historische Stadt- und Ortskerne in Nordrhein-Westfalen. o. O. o. J.

Müller, Gerhard: Zeugen der Erdgeschichte. Beispiele aus dem Paderborner Land. Paderborn 1992.

Mürmann, Franz (Hrsg.): Die Stadt Warburg 1036 - 1986. Beiträge zur Geschichte einer Stadt. Bd. I und II. Warburg 1986.

Plass, Anton: Ossendorf - ein Heimatbuch. Warburg 1966.

Rodenkirchen, Nikolaus (Bearb.): Die Bau- und Kunstdenkmäler von Westfalen. Bd. 44: Kreis Warburg. Münster 1939.

Schneider, Heinrich: Die Ortschaften der Provinz Westfalen bis zum Jahre 1300 nach urkundlichen Zeugnissen und geschichtlichen Nachrichten. Münster 1936.

Schwarze, Wilhelm: Aus Scherfedes vergangenen Tagen. Paderborn 1984.

Schweins, Hubert: Der Kreis Warburg in Wort und Bild. Paderborn 1961.

Stadt Warburg in Zusammenarbeit mit dem Fremdenverkehrsverband Warburg-Südegge (Hrsg.): Fremdenführer durch das Warburger Land. Warburg o.J.

Stoob, Heinz (Hrsg.): Westfälischer Städteatlas. Lieferung I 10: Warburg. Dortmund 1973.

Strümper, Walter: Vom Ackerbürger zum Stadtbürger. Warburg 1992.

Willebadessen

Deutsche Landesentwicklungsgesellschaft: Vorbereitende Untersuchungen für die Sanierung der Stadtkerne Peckelsheim und Willebadessen. Hannover 1987 u. 1992.

Gesellschaft für Landeskultur: Untersuchung zur Dorferneuerungsbedürftigkeit. Bremen 1988.

Lippert, Willy: Das Eggegebirge und sein Vorland, 4. erweiterte u. überarbeitete Auflage. Bad Driburg 1986.

Rodenkirchen, Nikolaus/Pfeiffer, Gerhard: Die Bau- und Kunstdenkmäler von Westfalen: Kreis Warburg. Münster 1939, Neuauflage 1994.

Darüber hinaus:
Ortschroniken der jeweiligen Stadtteile.

Die Spitzen von Politik und Verwaltung im Hochstift Paderborn

Kreis Paderborn

Reinold Stücke, **Landrat**

Dr. Rudolf Wansleben, **Oberkreisdirektor**

Bürgermeister(in)

Dagmar Kleinemeier, Bürgermeisterin der Gemeinde Altenbeken
Martin Schulte, Bürgermeister der Stadt Bad Lippspringe
Bodo Kaiser, Bürgermeister der Gemeinde Borchen
Friedhelm Kaup, Bürgermeister der Stadt Büren
Meinolf Päsch, Bürgermeister der Stadt Delbrück
Heinrich Sallads, Bürgermeister der Gemeinde Hövelhof
Manfred Müller, Bürgermeister der Stadt Lichtenau
Wilhelm Lüke, Bürgermeister der Stadt Paderborn
Konrad Rump, Bürgermeister der Stadt Salzkotten
Josef Stratmann, Bürgermeister der Stadt Wünnenberg

Stadt- und Gemeindedirektoren

Helmut Fecke, Gemeindedirektor in Altenbeken
Hans Tofall, Stadtdirektor in Bad Lippspringe
Bernhard Riepe, Gemeindedirektor in Borchen
Wolfgang Runge, Stadtdirektor in Büren
Robert Oelsmeyer, Stadtdirektor in Delbrück
Werner Thor, Gemeindedirektor in Hövelhof
Helmut Winzen, Stadtdirektor in Lichtenau
Dr. Werner Schmeken, Stadtdirektor in Paderborn
Heribert Rempe, Stadtdirektor in Salzkotten
Winfried Menne, Stadtdirektor in Wünnenberg

Kreis Höxter

Hubertus Backhaus, **Landrat**

Bürgermeister

Heinrich Happe, Bürgermeister der Stadt Bad Driburg
Walter Frischemeyer, Bürgermeister der Stadt Beverungen
Günter Niggemann, Bürgermeister der Stadt Borgentreich
Johannes Krömeke, Bürgermeister der Stadt Brakel
Klaus Behrens, Bürgermeister der Stadt Höxter
Franz Beineke, Bürgermeister der Stadt Marienmünster
Josef Wiechers, Bürgermeister der Stadt Nieheim
Fritz Richtsmeier, Bürgermeister der Stadt Steinheim
Paul Mohr, Bürgermeister der Stadt Warburg
Heinrich Ernst, Bürgermeister der Stadt Willebadessen

Stadtdirektoren

Klaus Ehling, Stadtdirektor in Bad Driburg
Walter Herold, Stadtdirektor in Beverungen
Joachim Ohlrogge, Stadtdirektor in Borgentreich
Friedhelm Spieker, Stadtdirektor in Brakel
Walter Anderson, Stadtdirektor in Höxter
Ulrich Jung, Stadtdirektor in Marienmünster
Johannes Kröling, Stadtdirektor in Nieheim
Reinhard Spieß, Stadtdirektor in Steinheim
Walter Seulen, Stadtdirektor in Warburg
Karl-Heinz Glaremin, Stadtdirektor in Willebadessen

(Stand: 1.1.1997)

Autorenverzeichnis

Bergmann, Heinrich (Schriftführer des Heimatvereins Scharmede): Salzkotten-Scharmede (S. 206-208)

Berlage, Franz-Josef (Gemeindeamtmann der Gemeinde Borchen): Borchen (S. 70-81)

Böddeker, Andreas (Ortsheimatpfleger): Brakel-Istrup (S. 334-336)

Dr. Bonk, Peter (Oberverwaltungsrat, Leiter der Volkshochschule Bad Driburg/Brakel): Bad Driburg (S. 237-258), Nieheim (S. 405-423, in Gemeinschaft mit Hartmut Drews und Johannes Kröling)

Bröker, Johannes (Ortsheimatpfleger): Brakel-Rheder (S. 336-340)

Büker, Franz (Ortsheimatpfleger): Höxter-Godelheim (S. 369-370)

Dohmann, Herbert (Ortsheimatpfleger): Brakel-Siddessen (S. 343-345)

Drews, Hartmut (Amtsleiter für Fremdenverkehr und Kultur der Stadt Nieheim): Nieheim (S. 405-423, in Gemeinschaft mit Peter Bonk und Johannes Kröling)

Dubbi, Franz-Josef (Leiter des Archivs und des Museums der Stadt Warburg): Delbrück in Verbindung mit den Ortsheimatpflegern (S. 99-115), Warburg (S. 442-468)

Finke, Wilhelm (Stadt- und Ortsheimatpfleger): Salzkotten-Niederntudorf (S. 203-204)

Fögen, Willi (Ortsheimatpfleger): Brakel-Frohnhausen (S. 328-329)

Fromme, Franz (Ortsheimatpfleger): Höxter-Lüchtringen (S. 370-371)

Gellhaus, Heinz (Stadtoberverwaltungsrat a. D.): Steinheim (S. 425-426), Steinheim-Bergheim (S. 429-430), Eichholz (S. 431-432), Grevenhagen (S. 432-433)

Gottlob, Franz-Josef (Ortsheimatpfleger): Höxter-Ovenhausen (S. 374-375)

Grewe, Fritz (Ortsheimatpfleger): Höxter-Ottbergen (S. 372-374)

Dr. Grothmann, Detlef (Historiker, Paderborn): Salzkotten (S. 197-202, in Gemeinschaft mit Walter Hemmen), Salzkotten-Thüle (S. 209-211)

Hartmann, Rainer (Ortsheimatpfleger): Brakel-Hampenhausen (S. 332-333)

Dr. Hemmen, Walter (Vorsitzender des Heimatvereins Salzkotten): Salzkotten (S. 197-202, in Gemeinschaft mit Detlef Grothmann)

Hoppe, Anton (Ortsheimatpfleger): Höxter-Fürstenau (S. 367-369)

Hückelheim, Karl-Heinz (Chronist der Ortschaft Salzkotten-Mantinghausen): Mantinghausen (S. 202)

Hüls, Josef (Ortsheimatpfleger): Höxter-Albaxen (S. 360)

Hundacker, Gisbert (Ortsheimatpfleger): Höxter-Bödexen (S. 361-363)

Ilskens, Hermann (Pressereferent der Großgemeinde Hövelhof): Hövelhof (S. 116-126, in Gemeinschaft mit Werner Thor)

Johlen, Bruno (Ortsheimatpfleger): Brakel-Erkeln (S.326-328)

Junker, Bernhard (Stadt- und Ortsheimatpfleger): Brakel (S.309-319)

Kellner, Herbert (Ortsheimatpfleger): Salzkotten-Verlar (S. 213-214)

Koch, Reinhard (Ortsheimatpfleger): Brakel-Bökendorf (S.323-326)

Krelaus, Rainer (Ortsheimatpfleger): Brakel-Schmechten (S. 341-342)

Kröling, Johannes (Stadtdirektor der Stadt Nieheim): Nieheim (S. 405-423, in Gemeinschaft mit Peter Bonk und Hartmut Drews)

Krus, Horst D. (Kreisarchivar des Kreises Höxter, Brakel): Wünnenberg (S. 216-233), Brakel-Bellersen (S. 322-323)

Kühn, Wilhelm (Ortsheimatpfleger): Höxter-Bosseborn (S. 363)

Lohmann, Rudolf (Stadtverwaltungsdirektor a. D.): Höxter (S. 346-360), Höxter-Bruchhausen (S. 366-367), Höxter-Lütmarsen (S. 372)

Meding, Marlene (Ortsheimatpflegerin): Salzkotten-Oberntudorf (S. 204-206)

Menze, Josef (Realschullehrer a.D.): Steinheim (S. 426-429)

Mönkemeyer, Heinz (Ortsheimatpfleger): Höxter-Stahle (S. 376-377)

Müller, Rolf-Dietrich (Leiter des Stadtarchivs Paderborn): Paderborn (S. 148-173, 178-196)

Nüsse, Hans-Ingolf (Ortsheimatpfleger): Brakel-Riesel (S. 340-341)

Ohlrogge, Joachim (Stadtdirektor der Stadt Borgentreich): Borgentreich (S. 289-308, in Gemeinschaft mit Martin Temme)

Ostermann, Rosemarie (Lehrerin a. D.): Steinheim-Sandebeck (S. 438-439)

Otte, Wolfgang (Stadtoberamtsrat der Stadt Willebadessen): Willebadessen (S. 469-486)

Pamme, Wilhelm (Ortsheimatpfleger): Höxter-Brenkhausen (S. 364-365)

Pavlicic, Michael (Stadtarchivar der Stadt Bad Lippspringe): Bad Lippspringe (S. 61-69)

Potthast, Joseph (Ortsheimatpfleger): Brakel-Hembsen (S. 333-334)

Queren, Alois (Ortsheimatpfleger): Brakel-Auenhausen (S.319-320)

Raabe, Markus (Gemeindeinspektor der Gemeinde Altenbeken): Altenbeken (S. 51-60)

Reinhardt, Jens (Stellv. Pressereferent der Stadt Paderborn): Paderborn (S. 147-148, 173-178)

Sander, Hermann-Josef (Leiter des Verkehrsamtes der Stadt Beverungen): Beverungen (S.259-288)

Schäfers, Heinz (Ortsheimatpfleger): Steinheim-Vinsebeck (S. 439-441)

Prof. Dr. Schoppmeyer, Heinrich (Universität Bochum): Geschichte des Hochstifts Paderborn und des Paderborner Landes (S. 9-30)

Schulte, Norbert (Ortsheimatpfleger): Salzkotten-Upsprunge (S. 211-212)

Sendler, Gerhard (Stadtoberamtsrat der Stadt Marienmünster): Marienmünster (S. 378-404)

Spieß, Reinhard (Stadtdirektor der Stadt Steinheim): Steinheim (S. 424-425)

Tegethoff, Franz (Ortsheimatpfleger): Brakel-Beller (S.321-322)

Temme, Martin (Städt. Verw.-Angestellter, Borgentreich): Borgentreich (S.289-308, in Gemeinschaft mit Joachim Ohlrogge)

Thor, Werner (Gemeindedirektor der Großgemeinde Hövelhof): Hövelhof (S. 116-126, in Gemeinschaft mit Hermann Ilskens)

Toisy, Elke (Leiterin des Verkehrsamtes der Stadt Büren, in Verbindung mit den Ortsheimatpflegern): Büren (S. 82-98)

Vockel, Georg (Redakteur, Paderborn): Land und Leute, gestern und heute. Streiflichter aus dem Hochstift (S. 31-35)

Vogenbeck, Günter (Essen, Heimatverein Holsen-Schwelle-Winkhausen): Salzkotten-Schwelle (S. 208-209)

Wächter, Winfried (Verwaltungsangestellter): Brakel-Gehrden (S. 329-332)

Waldhoff, Johannes (Stadtheimatpfleger): Steinheim-Hagedorn (S. 433), Rolfzen (S. 436-438)

Weierling, Petra (Verwaltungsangestellte, Neuenbeken): Borchen (S. 70-81)

Weinstrauch, Rüdiger (Heimatverein Verne): Salzkotten-Verne (S. 214-215)

Wiechers, Franz-Josef (Vorstandsmitglied im Heimatverein Ottenhausen): Steinheim-Ottenhausen (433-436)

Winzen, Helmut (Stadtdirektor der Stadt Lichtenau): Lichtenau (S. 127-146)

Bildquellenverzeichnis

Atkins, Chris, Paderborn-Schloß Neuhaus: 190 o.,191; Beine, Josef, Delbrück: 114 u. l.; Benteler, Alex, Paderborn-Benhausen: 179 o.; Berlage, Franz, Borchen: 72, 75 u., 76, 77 o., 80 u.; Bilstein, Wolfgang, Steinheim: 385, 388, 392, 393 o., 396, 398, 399, 405, 414, 415 u., 417, 419, 420 u., 429, 434; Borgmeier, Hans-Günter, Lichtenau: 144; Brand, Franz, Paderborn-Wewer: 194, 195 o.; Bröker, Johannes, Brakel-Rheder: 337, 338; Buck, Peter, Paderborn-Wewer: 131 o. r., 132, 135 o., 137 o., 141 u., 142, 143, 145; Büttner, Johannes, Büren-Wewelsburg: 98 o.; Chemella, Benno, Warburg: 446, 447, 448, 450, 452, 453, 454 l., 455, 456 o., 457, 459 l., 460; Drewes, Christoph, Paderborn-Elsen: 347; Drewes, Josef, Paderborn-Elsen: Umschlag (vorn), 36, 55 o., 60, 66, 67 u., 69, 77 u., 78, 79, 80 o., 82, 83, 84 o. l., 84 u., 86, 87 o., 88 o., 90 o., 97, 102, 104, 109, 114 o., 122, 123, 126 o. l., 129, 130, 134 u., 146, 149, 150 u., 152 u., 153, 154, 155 u., 157, 158, 160, 161, 164, 165, 166, 167, 168, 170 o., 172, 173, 177 o., 181, 182, 183, 184, 185, 187, 189 u., 192, 195 u., 199 o., 200, 201, 207, 208, 209, 210, 214, 215, 231 u., 237, 238, 239, 241, 242, 243, 244, 245 o., 246 u., 247, 253 u., 254, 262, 263, 264, 286, 310, 311 r. u., 312, 313, 314, 315, 316, 317, 318 o., 325 o., 332, 333, 334, 339, 340, 349, 351, 352 u., 354, 357, 378, 389, 407 u., 408, 442, 443, 444, 456 u., 458, 465 u., 466 o., 476, 482 u., 484, 485; Ellerbrock, Wolfgang, Hövelhof: 116, 117, 118, 119, 120, 121, 124, 125, 126 o. r.; Erzbischöfliche Akademische Bibliothek, Archiv des Paderborner Studienfonds, Paderborn: 162; Erzbischöfliches Diözesanmuseum, Paderborn: 150 o., 163 u., 175 u., 176, 177 u.; Evangelischer Kirchenkreis, Paderborn, Heidi Welslau: 151 l.; Dr. Franzbecker, Rolf, Paderborn-Dahl: 179 u., 180, 186; Fremdenverkehrsverband Warburg Südegge e.V.: 451; Gellhaus, Heinz, Steinheim: 425; Hake, Bruno, Warburg: 466 u.; Haneke, Michael, Beverungen: 287; Hansmann, Josef, Steinheim: 437; Heimatverein Ottenhausen, Steinheim-Ottenhausen: 435 u.; Heimatverein Steinhausen, Büren-Steinhausen: 95; Henze, Fritz, Büren-Ahden: 88 u.; Hoppe, Anton, Höxter-Fürstenau: 368 o.; Husemann, Rolf, Höxter: 291 u., 293 o., 298 o. l., 303; Jonas, Franz-Josef, Borchen-Alfen: 74; Katholische Kirchengemeinde St. Nikolaus, Nieheim: 407 o.; Klee, Wolfgang, Hövelhof: 52, 75 o., 189 o., 469; Klocke, Wolfg. Hans, Verlag, Paderborn: 155; Kloster Brede, Brakel: 319; Koch, Rudolf, Altenbeken: 51, 58, 59; Kriener, Conny, Fotostudio, Büren: 85; Kriete, Fotostudio, Bad Lippspringe: 63; Krus, Horst D., Brakel-Bellersen: 322; Kuchenbuch, Karl, Warburg: 459 r., 461, 462 o.; Kurverwaltung Bad Lippspringe, Bad Lippspringe: 61, 62, 64, 65, 67 o., 68; Lummer, Maria, Büren-Hegensdorf: 93; Maas,

Aloys, Delbrück-Boke: 107, 108; Mackowiak, Hans-Georg, Lichtenau-Atteln: 131 o.l., 133, 137 u., 139; Mackowiak, Michael, Lichtenau-Atteln: 134 o.; Michels, Lothar, Marienmünster: 261 o., 318 u., 325 u., 348, 350, 352 o., 353, 355, 356, 358, 359, 360 o. l., 381, 449 o.; Mönkemeyer, Heinz, Höxter-Stahle: 376 u.; Nixdorf MuseumsForum, Paderborn, Jan Braun: 174 o., 178; Ostmann, Helmut, Lichtenau: 138, 140, 141 o.; Ovenhausen, Fotostudio, Steinheim: 427 o., 441; Presse- und Informationsstelle der Universität Gesamthochschule Paderborn, Paderborn: 174 u.; Queren, Franz, Brakel: 320; Raabe, Markus, Altenbeken: 53, 54, 55 u., 56, 57; Rentkammer Corvey, Höxter-Corvey: 347 u.; Rohlf, Reinhard, Paderborn: 127; Sander, Gerhard, Borchen: Umschlag (hinten); Sander, Hermann-Josef, Beverungen: 259, 261 u., 265, 266, 268, 269, 270, 271, 273, 274, 275, 278, 279, 280, 281, 282, 284, 285; Schlenger, Hans-Erwin, Paderborn-Schloß Neuhaus: 190 u., 193; Schleicher, Willi, Lichtenau-Blankenrode: 135, 136; Schrick, Annemarie, Beverungen: 277; Stadtarchiv Paderborn: 159, 163 o., 170 u., 171, 188; Stadtarchiv Warburg: 445 l., 449 u., 462 u., 463, 465 o., 467 ; Stadt Bad Driburg, Karl-Heinz Menne: 252, 256; Stadt Borgentreich: 290, 291 o., 292, 293 u., 294, 295, 296, 297, 298 o.r., 298 u., 299, 300, 301, 302, 304, 305, 306, 307, 308; Stadt Brakel: 309, 311 l. u., 321, 324, 326, 327, 328, 329, 330, 331, 335, 342, 343, 344; Stadt Delbrück: 103; Stadt Höxter: 360 r., 361, 362, 363, 364, 365, 366, 367, 368 u., 369, 370, 371, 372, 373, 374, 375, 376 o.; Stadt Höxter, Manfred Mauksch: 346; Stadt Marienmünster: 379, 382, 383, 386, 387, 390, 391, 393 u., 394, 395, 403; Stadt Marienmünster, Gerhard Sendler: 397, 401, 404; Stadt Salzkotten: 198, 199 u., 202, 203, 204, 205, 211, 212, 213; Stadt Steinheim: 424, 440; Stadt Steinheim, Dirk Wilkening: 430; Stadt Willebadessen: 471, 472, 473, 474, 475, 477, 478, 479, 480, 481, 482 o., 483; Stadt Wünnenberg: 216, 217, 220, 221, 222, 223, 224, 225, 226, 227, 228, 229, 230, 231 o., 232; Städtisches Verkehrsamt Bad Driburg, Hermann Sömer: 240, 245 u., 246 o., 248, 249, 250, 251, 253 o., 255, 257, 258; Stiene, Heinrich, Warburg: 445 r.; Verein für Geschichte und Altertumskunde Westfalens, Abteilung Paderborn: 169, 468; Verkehrsamt der Stadt Büren: 84 o. r., 87 u., 89, 90 u., 91, 92, 94, 96, 98 u.; Verkehrsverein Paderborn, Matthias Schüssler: 147, 151 r., 152 o., 156, 159, 175 o.; Verkehrs- und Kneippverein Nieheim: 406, 409, 410, 411, 413, 415 o., 416, 418, 420 o., 421; Waldhoff, Johannes, Steinheim: 426, 427 u., 431, 432, 435 o., 436, 439; Westfälisches Museum für Kunst und Kulturgeschichte, Münster: 454 r.; Weiß, Erhard, Paderborn: 99, 100, 105, 106, 110, 111, 112, 113, 114 u. r., 283;